L'action culturelle territoriale en droit public français

Droit du patrimoine culturel et naturel
Collection dirigée par Marie Cornu et Jérôme Fromageau

Cette collection initiée par le groupe de recherches « Droit du patrimoine culturel et naturel » a pour but de développer et enrichir la réflexion sur les objets et modes de protection dans le domaine du patrimoine culturel et naturel. Les questions que soulèvent la conservation, la circulation, la valorisation du patrimoine sollicitent, en effet, ces deux disciplines. Le contexte d'un monument historique, son environnement, le paysage dans lequel il s'inscrit sont souvent essentiels à sa mise en valeur. Le droit de la culture et le droit de l'environnement développent cependant des concepts propres. Ils ne sont pas toujours en accord sur les méthodes et les moyens de protection, d'où l'intérêt de la confrontation et de la comparaison des ressources tirées de ces deux dispositifs.

C'est pourquoi la réflexion doit se renouveler sur les concepts fondamentaux du patrimoine sur la délimitation des éléments qui méritent protection, des outils qu'il faut nécessairement adapter. Dans la compréhension des différents mécanismes et l'ouverture vers de nouveaux modèles, le droit comparé est essentiel, ainsi que le droit international.

Dernières parutions

Valentine MOLINEAU, *Le rôle du musée dans la lutte contre le trafic illicite de biens culturels*, 2023.
Marie CORNU et Jérôme FROMAGEAU (dir.), *Les collections privées, Approches historiques et juridiques*, 2022.
Perrine MARX, *La place de la création contemporaine dans la fabrique urbaine. Etat des lieux juridique de l'initiative artistique dans la ville,* 2021.
Mylène LE ROUX (dir.), *La reconversion du patrimoine public monumental. L'exemple du Grand Hôtel Dieu de Lyon*, 2020.
Guillaume LAMBERT, *Blanchiment et marché de l'art. Le droit et la pratique*, 2020.

Christophe Doubovetzky

L'ACTION CULTURELLE TERRITORIALE EN DROIT PUBLIC FRANÇAIS

Préface de Serge Regourd

L'Harmattan

5-7, rue de l'École-Polytechnique ; 75005 Paris
http://www.editions-harmattan.fr
ISBN : 978-2-14-025638-7
EAN : 9782140256387

Remerciements

Je tiens à présenter mes remerciements les plus sincères à Monsieur le Professeur Serge Regourd pour avoir accepté de diriger ma thèse. Ses précieux conseils, ses encouragements et sa bienveillance ont été déterminants pour l'accomplissement de cette recherche.

J'exprime également toute ma gratitude et ma profonde reconnaissance à Mesdames les Professeurs Pascale Gonod et Olivia Bui-Xuan, ainsi qu'à Messieurs les Professeurs Noé Wagener et Jacques Viguier pour l'honneur et le plaisir qu'ils m'ont faits en acceptant de siéger dans le jury de soutenance de ma thèse.

À Elise et Elaïa

Résumé

Les théories générales des fonctions de l'État ne permettent pas de constater l'existence d'une ou de plusieurs fonctions culturelles étatiques et partant des collectivités territoriales ; contrairement à ce qui est souvent affirmé. Leur action culturelle résulte donc de la mise en œuvre des fonctions traditionnelles, notamment de police et de prestation, dans un domaine particulier.

Il est alors possible d'affirmer que l'action culturelle territoriale occupe une place singulière, attestée par son droit, dans l'évolution des modalités de l'action publique, de la conception de l'État et de son organisation territoriale.

L'action culturelle territoriale est d'abord au service de l'État qu'elle contribue à faire émerger et à maintenir. Sa participation au processus de légitimation de celui-ci se manifeste à travers son volontarisme culturel dans les territoires. L'action des entités territoriales ne peut alors demeurer *a priori* que circonscrite et subordonnée. Cette conception conduit à analyser la déconcentration culturelle et à relativiser les notions de décentralisation et de coopération culturelles qui font l'objet d'une attention particulière ces dernières années.

L'intérêt des collectivités territoriales pour la culture les incite cependant à s'approprier l'action culturelle territoriale et ses instruments. Elles peuvent ainsi mener leur propre politique culturelle et éventuellement construire autour d'elle une stratégie globale de développement du territoire, et ce, dans un contexte marqué par la compétitivité et la concurrence des territoires, la construction européenne et la mondialisation. La révision et la modernisation de l'action publique impliquent une évolution des modalités de l'action culturelle territoriale. Celle-ci, comme les revendications relatives à la reconnaissance des droits culturels, contribue alors aux mutations de l'organisation territoriale de la République et favorise l'émergence d'un de ses nouveaux principes, la différenciation territoriale.

In fine, le droit de l'action culturelle territoriale, en tant qu'instrument de celle-ci, est un révélateur privilégié du renouvellement des problématiques juridiques classiques liées à l'organisation territoriale et aux transformations de l'action publique. La singularité du domaine culturel empêche néanmoins de le considérer uniquement comme un exemple de ces évolutions. Il en est en effet un facteur.

Mots clés : *droit public, droit administratif, droit de la culture, organisation territoriale de l'Etat, modernisation de l'action publique, action culturelle, droits culturels, langues*

Abstract :

The general theories about the French State functions do not allow the existence of one or several state cultural functions issued by the regional and local authorities to be established or witnessed; that disproves what is most often claimed. The cultural action of the local authorities hence comes out from the implementation of usual functions, and especially the police function as well as the service delivery in a given domain.

That's why one may argue the local cultural action has a peculiar role in the evolution of the various modalities of the state action, of the state conception, and of its regional and local organization; that is testified by its right.

The primary purpose of the local cultural action is to serve the State, as the former helps the emergence of the latter, and maintains it. Its involvement in the state legitimation process is demonstrated by its cultural voluntarism in the territories. In these conditions, the action of the local authorities can only stay *a priori* as circumscribed and subordinated. This conception leads to the analysis of the cultural devolution, and to the notions of cultural decentralisation and cultural cooperation that have been given a specific attention these last years.

Yet, local authorities' interest for culture is an incentive to appropriate the local cultural action and its tools. Thus they can lead their own cultural policy and potentially build around them a global strategy for the development of the territories; this happens in a context shaped by the competitiveness of the territories, the European construction, and the globalization. The revision and the modernization of the public action imply an evolution of the modalities of the local cultural action. The latter, like the claims related to the acknowledgement of the cultural rights, contributes to the mutations of the local organization of the French Republic, and fosters the emergence of one of its new principles: the local differentiation.

In fine, the right of the local cultural action, when considered as the tool of the latter, is very insightful about the renewal of classic legal problems linked to the local organization and to the transformation of the public action. Nonetheless, and due to its singularity, the cultural domain cannot be considered solely as an example of those evolutions ; it is indeed a part of them.

Keywords : *public law, administrative law, cultural legal framework, regional and local organization of the State, modernization of the public action, culture, cultural rights*

Préface

Le droit de la culture a suscité un certain nombre de manuels, de traités, spécialisés, mais fort peu de recherches doctorales. Comme si la matière recouvrait, évidemment, nombre d'éléments de connaissances, sous l'angle de la présentation du droit positif, en termes d'institutions et de compétences, dans les divers secteurs bénéficiant du label culturel, mais sans véritablement donner lieu à des débats doctrinaux, en termes épistémologiques, ou de confrontations d'analyses.

Constat un peu paradoxal dès lors qu'il pourrait être retenu que le droit d'une part, la culture d'autre part, constituent deux modes de régulation des sociétés, et que les dispositifs juridiques sont eux mêmes en filiation de principes et considérations d'ordre culturel, influençant les sources et modes d'intervention de la puissance publique, au même titre que des déterminantes économiques et sociales.

Tel est bien le défi que s'est proposé de relever l'auteur de cette belle thèse, Christophe Doubovetzky : ne pas se satisfaire des eaux tranquilles de la description positiviste mais plonger résolument dans les eaux tourmentées du débat doctrinal. Démarche saluée en l'occurrence « pour son audace » durant la soutenance.

D'abord, l'objet de la thèse - L'action culturelle territoriale - analysée à partir de ses expressions juridiques, est appréhendée comme une grille de compréhension d'une problématique plus large concernant les évolutions, voire les mutations, de l'organisation territoriale elle-même et des modalités d'intervention de la puissance publique.

Ensuite, et conformément à cette ambition, l'étude de la relation entre droit et action culturelle postule que le droit ne saurait ici être perçu comme une simple technologie que les politiques culturelles mettraient en œuvre de manière exogène. Mais que, selon une relation dialectique, le droit investit lui-même le champ culturel pour participer à la détermination et à la mise en œuvre de ces politiques culturelles.

L'auteur a parfaitement intégré ces prolégomènes, et de manière corrélative, s'engageant pleinement sur le terrain de la théorie du droit, il s'interroge sur le point de savoir s'il est possible d'identifier une « fonction culturelle de l'Etat ». Celle-ci prendrait alors place aux côtés des grandes fonctions classiquement célébrées, de police ou de prestation.

Il mobilise à cet égard, les meilleures références de la doctrine, de Carré de Malberg à Charles Eisenmann, pour conclure de manière négative. L'action culturelle territoriale, réalisée dans les domaines multiples de la culture (des monuments historiques au cinéma) par l'Etat et les collectivités territoriales, correspond ainsi à l'usage traditionnel des fonctions traditionnelles précitées de police et de prestation.

Le débat ainsi ouvert quant à une éventuelle fonction de production de l'ordre symbolique, comme cela fut évoqué durant le débat de soutenance est particulièrement vertueux pour alimenter la réflexion et mieux mesurer l'importance de la culture dans les enjeux de société.

Le mérite, et la cohérence juridique, de la démonstration est pourtant d'avoir su conserver le primat du cadre proprement juridique. Ce dernier périmètre, rigoureusement conçu, n'autorisait guère une réponse positive, alors même que l'analyse en cause fait écho aux constats les plus élémentaires de la philosophie du droit selon lesquels, pour paraphraser Kant, le droit ne saurait venir à l'existence juridique selon les seules voies du droit.

Maîtrise méthodologique d'autant mieux fondée que l'action culturelle territoriale a précisément déjà fait l'objet de nombre d'études dans d'autres disciplines académiques, en histoire et en sociologie ou en sciences politiques, par exemple, alors que le droit offre un champ d'analyse irréductible à ces disciplines.

Car, précisément, les authentiques contributions doctrinales ne sauraient s'émanciper du réel, c'est à dire de l'état du droit positif. A cet égard, l'auteur apporte une importante contribution à l'analyse contemporaine de « l'action culturelle des pouvoirs publics « (titre de la thèse d'A.Y Mesnard, de 1969). Comme cela fut également souligné durant la soutenance, cet apport à l'intelligibilité des dispositifs de l'action culturelle pouvait déjà suffire à légitimer scientifiquement cette recherche, prenant en particulier en compte les considérables évolutions accomplies quant aux rôles respectifs de l'Etat central et des collectivités territoriales sur le terrain culturel.

L'originalité du propos est, conjointement de replacer les données contemporaines dans une perspective du temps long, selon une technique que la fiction littéraire ou cinématographique qualifie de « flash- Back », en rompant la continuité narrative et ignorant volontairement des séquences historiques, intermédiaires dépourvues de portée pour la compréhension du présent. En réalité, cette approche se fonde sur le choix judicieux d'avoir opté pour une analyse de type archéologique et non historique.

Il apparaît alors que l'action culturelle est toujours dominée par la figure de l'Etat central quelle que soit la part grandissante, voire majoritaire, du financement public par les collectivités territoriales.

Cette approche formelle est peu commune dans les recherches juridiques et de nature à pouvoir surprendre le lecteur mais elle paraît la bienvenue pour les sujets en cause. Construction assurément produite par la passion culturelle de l'auteur. Si nombre de thèses peuvent apparaître comme un rencontre fortuite entre un sujet et un chercheur (tel fut le cas du signataire de ces lignes), tel n'est pas le cas en l'occurrence : Christophe Doubovetzky fut un « cultureux » avant de devenir un authentique juriste, de telle sorte que sa thèse eut, hors de toute délibération préalable, la question culturelle comme sujet.

Un tel « background « culturel a su parfaitement se couler dans les moules de la construction juridique : dans les deux parties successives de son approche explicative-inductive, l'auteur étudie d'abord les modalités de la stratification proprement étatique de l'action culturelle territoriale, puis celles de l'appropriation de cette action selon les collectivités territoriales.

Cette deuxième partie, renoue de manière stimulante avec les problématiques classiques de la décentralisation, loin des slogans simplistes, aujourd'hui prévalents, de la communication politique sur le pseudo pacte girondin. Les développements spécifiques sur l'Outre-mer, mais aussi et surtout la Bretagne ou le Pays basque constituent à cet égard de meilleurs éclairages de l'actuelle période de différenciation territoriale.

Pour toutes ces raisons, cette recherche ne saurait désormais être ignorée de tous ceux qui s'intéressent au droit de la culture et aux choix - ou non choix contemporains- de politique culturelle.

Serge Regourd
Professeur émérite de l'Université Toulouse 1 Capitole

Principales abréviations

AAI	Autorité administrative indépendante
AJCT	*Actualité juridique collectivités territoriales*
AJDA	*Actualité juridique du droit administratif*
Al.	Alinéa
AN	Assemblée nationale
art.	Article
Ass.	Assemblée plénière
Bibl.	Bibliothèque
C.	contre
CA	Cour d'appel
CAA	Cour administrative d'appel
C. cass	Cour de cassation
CC	Conseil constitutionnel
CE	Conseil d'Etat
Cf.	Se référer à
Chap.	Chapitre
Chron.	Chronique
Civ. 1re/ 2e	1re ou 2e Chambre civile de la Cour de cassation
CNC	Centre national du cinéma et de l'image animée
CNIL	Commission nationale de l'informatique et des libertés
Coll.	Collection
Comm.	Commentaires
Concl.	Conclusions
Cons.	Considérant
Contra	En cens contraire
CSA	Conseil supérieur de l'audiovisuel
D.	*Recueil Dalloz*
DA	*Droit administratif*
DC	Décision
Dir.	Sous la direction
Ed.	Édition
EDCE	*Etudes et documents du Conseil d'Etat*
Et s.	Et suivants
En part.	En particulier
EPCI	Etablissement public de coopération intercommunale
Ex.	Exemple
Fasc.	Fascicule
GDCC	*Grandes décisions du Conseil constitutionnel*

GACJUE	*Grands arrêts de la Cour de justice de l'Union européenne*
GAJA	*Grands arrêts de la jurisprudence administrative*
Gaz. Pal.	*Gazette du palais*
GDCC	*Grandes décisions du Conseil constitutionnel*
Ibid.	À l'endroit indiqué dans la citation précédente
in	Au sein de
Infra	Ci-dessous
JA	*Juris art etc.*
JCl.	*JurisClasseur*
JCP G	*La semaine juridique édition générale*
JCP A	*La semaine juridique édition administrations et collectivités territoriales*
JO	*Journal officiel de la République française*
JO, Débats, AN	*Journal officiel, Débats parlementaires, Assemblée nationale*
JO, Débats, Sénat	*Journal officiel, Débats parlementaires, Sénat*
***JO* (UE/CE)**	*Journal officiel (de l'Union européenne, des Communautés)*
L.	Loi
LGDJ	Librairie générale droit et jurisprudence
LPA	*Les Petites Affiches*
Not.	Notamment
N°	Numéro
Obs.	Observations
Op. cit.	*Opus citatum* (réalisés par titre)
p.	Page
Part.	Particulièrement
Préc.	Précédent
Prés.	Présenté par
PUAM	Presses Universitaires d'Aix-Marseille
PUF	Presses Universitaires de France
QPC	Question prioritaire de constitutionnalité
RA	*Revue administrative*
Rec./Lebon	*Recueil des arrêts du Conseil d'Etat*
Req.	Requête
Rép.	Répertoire
RFAP	*Revue française d'administration publique*
RFDA	*Revue française de droit administratif*
RFDC	*Revue française de droit constitutionnel*
RDH	*Revue des droits de l'Homme*

RDP	*Revue de droit public et de la science politique en France et à l'étranger*
RIDC	*Revue internationale de droit comparé*
RTDE	*Revue trimestrielle de droit européen*
S.	*Recueil Sirey*
S.	Suivant
Spéc.	Spécialement
Supra	Ci-dessus
T.	Tome
TA	Tribunal administratif
TC	Tribunal des Conflits
Trad.	Traduction
Trib. civ.	Tribunal civil
V.	Voir
Vol.	Volume

Avant-propos

Cet ouvrage est issu d'un travail de thèse soutenu publiquement en novembre 2018. Il est enrichi des principales évolutions intervenues depuis dans les différentes thématiques abordées (droit de l'expérimentation, différenciation territoriale, statut de l'Alsace, code de la commande publique, loi sur les langues régionales, loi sur les bibliothèques, *etc.*) et non de l'ensemble des réformes, notamment techniques, qui pour certaines n'impactent pas le sens de l'analyse menée. L'importance de la mise à jour tout comme l'influence de la crise de la Covid-19 sur l'action culturelle territoriale (non envisagée ici) attestent de l'actualité permanente de ce sujet et invitent à poursuivre l'investigation.

Dans cette perspective, des choix formels ont été réalisés afin de faciliter la lecture de l'ouvrage et, le cas échéant, son utilisation dans le cadre de recherches ultérieures. Ces derniers doivent être explicités. La longueur de certaines notes de bas de page s'explique par la volonté de citer *in extenso* des dispositions ou des exemples peu connus, ainsi que des sources complémentaires. Les références citées sont parfois extraites d'anciennes éditions, même si l'ouvrage a fait l'objet d'une réédition plus récente. Cela résulte, outre de considérations pratiques, du souhait de rendre compte de l'évolution de la doctrine. Les dernières éditions au jour de la soutenance sont mentionnées dans la bibliographie. Les références numériques, en note de bas de page, ne mentionnent pas la date de consultation du site. Celles-ci ont fait l'objet d'une vérification au terme du travail de recherche. Les discours sont cités à partir des transcriptions officielles pour des raisons pragmatiques. Néanmoins, seul le prononcé fait foi.

Janvier 2022.

Sommaire

Introduction générale

1. L'intérêt croissant pour l'action culturelle, y compris dans une perspective comparée, est désormais établi[1]. Les différentes études à son propos permettent d'abord de mettre en évidence la multiplicité des acceptions de la « culture » et de constater qu'elle peut relever soit essentiellement du « privé », soit du « privé » et du « public », selon des modalités d'organisation variables. Elles conduisent ensuite à constater la diversité des difficultés auxquelles elle est confrontée et des réponses qui y sont apportées. En ce domaine donc, « tout est possible, mais rien n'est sûr »[2].

2. Les collectivités territoriales comme l'État conservent en France une place centrale dans l'action culturelle ; ce dernier légitimant par ailleurs l'intervention des autres acteurs publics selon une conception communément admise[3].

3. L'action culturelle étatique est justifiée, en général, par le développement économique et le droit à la culture. L'inscription de ce droit dans le Préambule de la Constitution de 1946[4] suggère en effet une action positive de l'État pour sa réalisation conformément à la théorie classique des

---

[1] V. par ex : M. PONGY, G. SAEZ, *Politiques culturelles et régions en Europe*, L'Harmattan, 1994, en particulier « Introduction », p. 11 s. et M. PONGY, « Spécificités et convergences dans l'intervention des régions dans la culture », p. 287 s. ; P. POIRRIER (dir.), *Politiques culturelles et patrimoines. « Vielle Europe » et « Nouveaux Mondes »*, Actes Sud, Culture et musées, 2007 ; P. POIRRIER (dir.), *Politiques et pratiques de la culture*, La Documentation française, les Notices, 2010, en particulier : P.-M. MENGER, « Les politiques culturelles en Europe : modèles et évolutions », notice n° 21, p. 277 s. et A.-M. AUTISSIER, « Pour une politique culturelle européenne », notice n° 22, p. 287 s. ; D. SAINT-PIERRE, C. AUDET (dir.), *Tendances et défis des politiques culturelles. Cas nationaux en perspective*, Presses de l'Université de Laval, 2010 ; P. POIRRIER (dir.), *Pour une histoire des politiques culturelles dans le monde*, La Documentation française, 2011, en particulier : A.-M. AUTISSIER, « Les politiques culturelles. Modèles et évolutions », p. 465 s. ; A. SPIZIG, « Le modèle culturel français vu de l'Allemagne », *in* L. PIGNOT, J.-P. SAEZ (coord.), « Décentralisation et culture : vers un grand chambardement ? », *Observatoire des politiques culturelles*, 2013, n° 43, p. 56.

[2] L. GOMEZ, *Tout est possible, mais rien n'est sûr*, Delcourt, Mirages, 2015, p. 2.

[3] V. par ex : J.-M. PONTIER, « Les interventions culturelles des collectivités territoriales », *JCl. Collectivités territoriales*, fasc. 4172, 2009.

[4] Alinéa 13, Préambule de la Constitution du 27 octobre 1946.

« droits créances »[5], et ce, d'autant plus qu'une partie des droits contenus dans ce texte nécessitent pour leur application l'édiction de dispositions plus précises[6].

4. Une part de la doctrine considère alors, du fait de ces actions étatiques, que l'État remplit en France une fonction ou des fonctions culturelles[7]. L'idée de l'existence d'une fonction culturelle étatique est renforcée par l'analyse économique selon laquelle, notamment depuis les travaux de W. Baumol et W. Bowen, « l'économie de la culture est tributaire des subventions publiques »[8]. Ces auteurs constatent en effet, s'appuyant sur l'exemple du spectacle vivant, que les activités qui en relèvent sont vouées au déficit ; elles dépendent en cela du subventionnement public, au risque de disparaître.

5. Dans son ouvrage intitulé *L'État et la culture*[9], R. Caron se livre ainsi à une étude consacrée « à l'analyse des fonctions culturelles de l'État ». Les Professeurs J.-M. Pontier, J.-C. Ricci et J. Bourdon distinguent dans le même sens cinq fonctions culturelles que sont la conservation, la diffusion, l'animation, la formation et la création, elles-mêmes divisibles en sous-fonctions[10].

6. L'affirmation de l'existence de fonctions culturelles est fondée en droit sur les analyses classiques des fonctions de l'État, notamment des

---

[5] A l'inverse « les droits-libertés », « droits à statut négatif » leurs sont opposés, et impliquent une abstention de l'État. Cette distinction « droits à statut positif », « droits à statut négatif » doit néanmoins être nuancée. L'obligation positive de l'État existe également dans les droits-libertés puisque ce dernier doit garantir l'exercice d'une liberté. V. not. : L. FAVOREU, P. GAÏA, R. GHEVONTIAN, J.-L. MESTRE, O. PFERSMAN, A. ROUX, G. SCOFFONI, *Droit constitutionnel*, Dalloz, Précis, 12e éd., 2009, p. 313 s. Cette problématique des droits créances fait l'objet de développements spécifiques dans la suite de la démonstration. Cf *infra* : la reconnaissance des droits culturels.

[6] M. WALINE, note sous CE, 29 novembre 1968, *Tallagrand* et CE, 31 janvier 1969, *Moraly*, *RDP*, 1969, p. 687 s.

[7] J.-M. PONTIER, J.-C. RICCI, J. BOURDON, *Droit de la culture*, Dalloz, Précis, 2e éd., 1996, p. 136 s. ; F. THURIOT, *Décentralisation culturelle et territoires*, Université de Reims, 1998, p. 61.

[8] Sur l'apport de ces travaux voir en particulier F. BENHAMOU, *L'économie de la culture*, La Découverte, Repères, 6e éd., 2010, p. 4 s. ; F. BENHAMOU, « Les biens culturels une exception économique ? », *in* P. POIRRIER (dir.), *Politiques et pratiques de la culture*, La Documentation française, 2010, p. 215 s.

[9] R. CARON, *L'État et la culture*, Paris, Economica, 1989.

[10] J.-M. PONTIER, J.-C. RICCI, J. BOURDON, *Droit de la culture*, *op. cit.*, p. 137.

Professeurs R. Carré de Malberg[11], F.-P. Benoit[12] et C. Eisenmann[13]. Les propos du Professeur J.-M. Pontier sont à cet égard sans ambiguïté : « L'existence de fonctions culturelles est liée à l'analyse des fonctions de l'État, les conceptions relatives à ces fonctions, c'est-à-dire relativement à leur étendue, pouvant varier considérablement selon les lieux, les moments, et les idéologies. Mais l'analyse des fonctions de l'État se prête aussi à une analyse juridique, Carré de Malberg, l'ayant fait remarquablement de son temps »[14].

7. Dans un tel contexte, la question théorique de l'existence de cette ou de ces fonctions culturelles étatiques se pose, même s'il paraît *a priori* loisible de s'intéresser aux actions culturelles étatiques sans passer par le préalable des fonctions de l'État. Celle-ci, qui n'a fait l'objet d'aucune étude spécifique, est soulevée avec d'autant plus d'acuité que l'action dans le domaine culturel varie d'un État à un autre ; ce qui est en principe contraire à l'idée même de fonction étatique[15].

8. Quelques indications terminologiques préalables sont nécessaires. La définition de la « culture » ne soulève pas, à ce stade de l'étude, de difficultés particulières dès lors que l'analyse menée ici est indifférente au sens retenu[16]. Il en est de même pour celle de l'État, entendu « comme le cadre du pouvoir politique [organisé] »[17] ou comme constituant « l'institutionnalisation du

---

[11] J.-M. PONTIER, « Réflexions discursives sur une catégorie juridique spéculative : les services publics culturels » *in* J. LEGER, J.-M. PONTIER (dir.), *Les services publics culturels*, Presses Universitaires d'Aix-Marseille, 2012, p. 32.

[12] J.-M. PONTIER, J.-C. RICCI, J. BOURDON, *Droit de la culture*, *op. cit.*, p. 137.

[13] *Ibid.*

[14] J.-M. PONTIER, « Réflexions discursives sur une catégorie juridique spéculative : les services publics culturels » *in* J. LEGER, J.-M. PONTIER (dir.), *Les services publics culturels*, *op. cit.*, p. 32.

[15]. Cf. *infra*. V. l'analyse critique de C. Eisenmann sur la théorie des fonctions de R. Carré de Malberg *in* C. EISENMANN, « La théorie des fonctions de l'État chez Carré de Malberg », *Journées Carré de Malberg*, Strasbourg, Dalloz, 1966 *in* C. EISENMANN, *Ecrits de théorie du droit, de droit constitutionnel et d'idées politiques*, textes réunis par C. LEBEN, Editions Panthéon-Assas, LGDJ, 2002, p. 232 ; R. DRAGO, « Les fonctions de l'État dans la pensée de Charles Eisenmann », *in* P. AMSELEK (dir.), *La pensée de Charles Eisenmann*, Economica, 1986, p. 76. V. aussi : C. EISENMANN, « Les fonctions de l'État », *in* E. FAURE, L. TROBATAS (dir.), *Encyclopédie Française, Tome X : l'État*, Paris, Société Nouvelle de l'Encyclopédie Française, 1964, p. 291 s. *in* C. EISENMANN, *Ecrits de théorie du droit, de droit constitutionnel et d'idées politiques*, *op. cit.*, 183 s.

[16] La présentation des débats relatifs à la détermination de ce qui relève de la culture et le choix de la conception retenue pour cette étude sont présentés ultérieurement. Cf. *infra*.

[17] M. VERPEAUX, *Droit constitutionnel français*, PUF, Collection droit fondamental, 2e éd., 2015, p. 19. L'émergence de l'État et son maintien font l'objet de développements spécifiques. Cf. *infra* (en part. Partie 1, Titre 1). Cependant, pour une présentation synthétique des différentes conceptions de l'État, de ses éléments constitutifs et de ses

pouvoir politique »[18]. À l'inverse, la notion[19] de fonction doit être précisée. C'est en effet elle qui est au cœur des difficultés inhérentes à la recherche des fonctions étatiques et partant des fonctions culturelles étatiques. La « fonction » peut alors être envisagée d'un point de vue interne et d'un point de vue externe[20].

9. D'un point de vue interne, l'analyse étymologique du mot « fonction », du latin « *functio,-onis* », suggère que ce mot désigne un « accomplissement », une « exécution »[21]. L'acception originelle de la fonction est donc proche de son sens commun entendu comme un « ensemble d'opérations concourant au même résultat et exécutées par un organe ou un ensemble d'organes » ou un « rôle joué par un élément dans un ensemble, [la] destination d'un appareil ; [l'] activité, [le] rôle, [la] destination de quelque

---

origines. V. par ex. : O. GOHIN, *Droit constitutionnel*, LexisNexis, Manuel, 3e éd., 2016, p. 15 s. ; V. CONSTANTINESCO, S. PIERRE-CAPS, *Droit constitutionnel*, PUF, Thémis, 7e éd., 2016, p. 243 s. ; R. DEBBASCH, *Droit constitutionnel*, LexisNexis, objectif droit cours, 11e éd., 2017, p. 7 s. ; M.-A. COHENDET, *Droit constitutionnel*, LGDJ, Cours, 3e éd., 2017, p. 82 s. ; J.-G. GICQUEL, J.-E. GICQUEL, *Droit constitutionnel et institutions politiques*, LGDJ, Domat, 32e éd., 2018, p. 61 s. ; F. MELIN-SOUCRAMANIEN, P. PACTET, *Droit constitutionnel*, Sirey, 36e éd., 2018, p. 35 s. ; P. ARDANT, B. MATHIEU, *Droit constitutionnel et institutions politiques*, LGDJ, Manuel, 2018, p. 27 s. ; L. FAVOREU, P. GAÏA, R. GHEVONTIAN, J.-L., MESTRE, O. PFERSMANN, A. ROUX, G. SCOFFONI, *Droit constitutionnel*, Dalloz, Précis, 2018, p. 36 s.

[18] M. VERPEAUX, *Droit constitutionnel français, op. cit.*, p. 19.
Est alors exclue l'approche purement anthropologique de l'État. En effet, « si la culture représente l'appartenance des individus à différents groupes, elle existe et lie naturellement, et non par la force, certains échelons des groupes. La nécessité de demander l'intervention publique pour protéger, développer, diffuser ce domaine « secondaire » et « spontané » au profit des citoyens, paraît alors absurde. Dans ce cadre, l'intervention publique en matière culturelle ne se présente pas comme tout à fai[t] utile. Néanmoins, ce concept ne semble pas se poser comme superflu en France ». C.-W. WU, *La coopération entre les personnes publiques en droit public français en matière culturelle*, PUAM, 2009, p. 18.

[19] « [...] la notion part du réel et le synthétise en quelque sorte par induction ; elle est descriptive de l'objet. Le concept, lui, est d'abord une création de l'esprit, à laquelle, ensuite on peut fournir une extension dans le réel ». X. BIOY, « Notions et concepts en droit interrogations sur l'intérêt d'une distinction », G. TUSSEAU (dir.), *Les notions juridiques, Journée d'étude de la promotion d'agrégation de droit public 2005-2006*, Economica, 2009, p. 37.

[20] Est reprise ici la logique du raisonnement du Professeur G. Timsit dans sa thèse : G. TIMSIT, *Le rôle de la notion de fonction administrative en droit administratif français*, Bibliothèque de droit public, Paris, 1963.

[21] Il n'est pas inintéressant par ailleurs de relever qu'en bas latin ce mot pouvait désigner un « service public » V. « fonction » A. REY (dir.), *Dictionnaire culturel en langue française*, 2006.

chose » ou enfin « [le] rôle exercé par quelqu'un au sein d'un groupe, d'une activité [...], [la] profession, [l'] exercice d'une charge, d'un emploi »[22].

10. En philosophie et en biologie d'où la notion de fonction est issue, sa définition rejoint l'idée d'une activité essentielle exercée par un organe[23]. À cet égard, le Professeur G. Timsit, s'appuyant sur la définition biologique, met en exergue les corrélations entre les notions de fonction et d'organe, la fonction désignant soit l'objet de l'activité de l'organe, soit la finalité qui l'anime dans son action[24].

11. D'un point de vue externe, il s'agit de situer la notion de fonction par rapport à des notions voisines que sont celles de pouvoir[25] ou d'attribution. L'auteur précité[26], analysant le rapport réciproque entre le pouvoir et la fonction, conclut que la fonction apparaît « à la fois comme une activité destinée à l'édiction des normes en vertu du pouvoir dont disposent les organes[27] et comme le résultat de cette activité : actes juridiques ou matériels ». Fonction et pouvoir ne se situent donc pas sur le même plan. De la même manière, confrontant attribution et fonction, l'auteur souligne que « la notion de fonction [...] n'apparaît plus seulement comme activité d'un organe ; elle est l'une des attributions, l'une des fins de l'organe »[28].

---

[22] « fonction », [en ligne], www.larousse.fr.
[23] « fonction » : « rôle essentiel joué par une chose dans l'ensemble dont elle fait partie » ou « un ensemble d'opérations concourant à un même but ou jouant un même rôle » *in* N. BARAQUIN, A. BAUDART, J. DUGUE, J. LAFFITE, F. RIBES, J. WILFERT, *Dictionnaire de philosophie*, Armand Colin, 4e éd., 2011 ; V. aussi cité souvent « fonction sens général » : « Rôle propre et caractéristique joué par un organe dans un ensemble dont les parties sont interdépendantes. Cet ensemble peut être mécanique physiologique psychique ou social ». A. LALANDE, *Vocabulaire technique et critique de la philosophie*, PUF, Quadrige, 2010 ; M. BLAY, *Grand Dictionnaire de la philosophie*, Larousse, 2003.
[24] G. TIMSIT, *op. cit.*, p. 11.
[25] À noter qu'il arrive que lors de la définition de la fonction on la distingue de la notion de compétence. La « notion de compétence emporte à la fois l'idée d'un domaine d'action propre et l'idée d'une limitation de ce domaine ». J.-M. PONTIER, J.-C. RICCI, J. BOURDON, *Droit de la culture*, *op. cit.*, p. 137.
[26] G. TIMSIT, *op. cit.*, p. 6.
[27] Pour G. Timsit le pouvoir est « essentiellement une manifestation de volonté » alors que la fonction « est elle - *a priori*- une manifestation d'activité, c'est-à-dire un acte normateur ou un acte matériel ». S'appuyant sur des définitions des pouvoirs issues des œuvres du Doyen Hauriou et de Carré de Malberg, il en conclut par ailleurs que « le pouvoir est une volonté au service d'une activité ». V. M. HAURIOU, *Précis de droit constitutionnel*, 1ère éd., 1923, p. 308 et R. CARRE DE MALBERG, *Confrontation de la théorie de la formation du droit par degrés avec les idées et les institutions consacrées par le droit positif français*, Paris, 1933, p. 30.
[28] G. TIMSIT, *op. cit.*, p. 11.

12. La dualité relevée dans les analyses interne et externe de la fonction se retrouve dans les autres sciences, dont le droit. Elle trouve son importance dans l'étude des fonctions de l'État et, *a fortiori*, dans la recherche d'une fonction culturelle de ce dernier.

13. Le rappel des théories relatives aux fonctions de l'État conduit à constater les limites de la recherche théorique sur la fonction ou les fonctions culturelles de l'État[29]. L'action étatique dans le domaine culturel résulte donc d'un choix politique de l'usage des fonctions classiques, de police, de prestation et de relations étrangères en la matière. Les différences constatées dans celle-ci suivant les époques et les lieux découlent du changement dans l'utilisation de ces fonctions, suivant le « sens » que le politique veut lui donner (Section 1). Le caractère théoriquement opératoire de cette conception permet alors de préciser l'objet de la recherche avant d'en déterminer la méthode d'analyse (Section 2).

Section 1 : Les limites de la recherche théorique : l'existence d'une fonction culturelle de l'État

14. La distinction posée par le Professeur C. Eisenmann et reprise par le Professeur G. Timsit entre « la fonction-objet » et la « fonction-fin » continue de faire figure de référence et à être la plus utilisée lors de l'étude des fonctions de l'État, malgré la multiplicité des modèles intellectuels sur la question. Cependant, ni les théories juridiques, ni les théories politico-sociales des fonctions de l'État ne permettent d'envisager l'existence d'une fonction culturelle de ce dernier.

15. Pour une part de la doctrine, étudier les fonctions de l'État c'est analyser « les actes étatiques pris en eux-mêmes, et non pas rapportés à une fin politico-sociale »[30]. R. Carré de Malberg oppose ainsi la théorie des fonctions de l'État et la théorie des « missions », « attributions », « tâches » de l'État. La première, qui doit être réalisée par le juriste, constitue l'analyse des actes étatiques considérés en eux-mêmes. Il s'agit alors d'étudier « toute la singularité de leur régime juridique »[31]. La seconde, qui doit relever des

[29] Comme d'ailleurs des fonctions économiques, sociales…
[30] C. EISENMANN, « Les fonctions de l'État », *op. cit.*, p. 189 s.
[31] J. CAILLOSSE, « Les fonctions sociopolitiques de l'État », *in* M. TROPER, D. CHAGNOLLAUD (dir.), *Traité international de droit constitutionnel*, Dalloz, Traité Dalloz, 2012, T. 3, p. 331.

théoriciens sociaux ou politiques[32], consiste à s'interroger « sur les finalités servies par ces mêmes actes »[33].

16. Dans une telle perspective, deux types d'analyses juridiques des fonctions de l'État sont possibles : les analyses rationnelles et les analyses positives. Les analyses positives, en particulier de R. Carré de Malberg[34], se fondent sur le régime juridique des actes, indépendamment de toute considération relative à ce que sont les actes en eux-mêmes[35]. Les analyses rationnelles des Professeurs, H. Kelsen, G. Jellinek, L. Duguit et M. Hauriou en particulier[36], se proposent « de classifier et de définir les fonctions de l'État en se fondant uniquement sur des caractères qui sont inhérents aux actes qui en sont l'exercice et la manifestation, sur les traits qui sont en eux »[37], malgré les différences qui existent entre chacune d'entre elles.

17. Chaque type d'analyses est susceptible d'être divisé en de multiples théories en raison par exemple du nombre de fonctions qu'elles admettent. Au sein de la catégorie des analyses rationnelles existent ainsi des théories dualistes, trialistes et quadrialistes[38]. Cependant, s'attarder sur chaque théorie paraît dépourvu de portée dans le cadre de cette étude.

---

[32] R. CARRE DE MALBERG, *Contribution à la théorie générale de l'État*, Dalloz, rééd. 2004 (première éd. 1920), T. 1, p. 260. ; C. EISENMANN, « Les fonctions de l'État », *in op. cit.*, p. 183 s. et C. EISENMANN, « La théorie des fonctions de l'État chez Carré de Malberg » *in Journées Carré de Malberg*, Strasbourg, Dalloz, 1966, p. 49 s., *in ibid.*, p. 221 s. ; J. CAILLOSSE, « Les fonctions sociopolitiques de l'État », *in* M. TROPER, D. CHAGNOLLAUD (dir.), *op. cit.*, p. 330 s.

[33] *Ibid.*, p. 331.

[34] R. CARRE DE MALBERG, *Contribution à la théorie générale de l'État*, Dalloz, rééd. 2004 (première éd. 1920), T. 1, p. 260. ; C. EISENMANN, « Les fonctions de l'État », *op. cit.*, p. 183 s. et C. EISENMANN, « La théorie des fonctions de l'État chez Carré de Malberg » *in Journées Carré de Malberg*, Strasbourg, Dalloz, 1966, p. 49 s., *ibid.*, p. 221 s.

[35] L'expression régime juridique des actes recouvre globalement selon Charles Eisenmann les règles de compétence et de procédure ainsi que les règles concernant la portée des actes et notamment leur force juridique.

[36] Ces dernières sont présentées par Charles Eisenmann *in* C. EISENMANN, « Les fonctions de l'État », *op. cit.*, p. 190 s.

[37] A titre d'exemple, peuvent être citées les fonctions identifiées par le juriste allemand Jellinek, rappelées par Charles Eisenmann, lequel distingue « la législation [qui] pose des normes juridiques abstraites [...] ; la juridiction [qui] déclare pour un cas concret du droit incertain ou contesté ou des données et des intérêts juridiques ; l'administration [qui] assure des tâches concrètes conformément aux normes juridiques ou dans le cadre des limites tracées par elles, par des moyens qui constituent un système multiple et très diversifié ». C. EISENMANN, « Les fonctions de l'État », *op. cit.*, p. 195 s.

[38] C. EISENMANN, « Les fonctions de l'État », *op. cit.*, p. 195 s.

18. Il apparaît en effet qu'aucune de ces analyses n'est susceptible d'admettre l'existence d'une fonction et *a fortiori* de fonctions culturelles de l'État. L'interrogation sur l'existence – ou pas – d'une fonction culturelle de l'État conduit nécessairement à s'intéresser aux buts, aux attributions de ce dernier dans une perspective finaliste. Or, le postulat même des analyses juridiques des fonctions de l'État est d'exclure celle-ci. La recherche d'une fonction culturelle étatique dans le cadre des théories juridiques des fonctions de l'État apparaît donc comme un échec patent.

19. Les théories politico-sociales des fonctions de l'État adoptent une position inverse. Ces dernières s'intéressent aux rôles que celui-ci assume au regard de la collectivité étatique. Dans une telle perspective finaliste, l'existence d'une fonction culturelle semble davantage envisageable et peut être étudiée par des juristes comme un problème normatif ou comme ayant des conséquences normatives.

20. Selon la doctrine majoritaire, l'État exerce alors trois fonctions. En effet, « la diversité des modèles ne saurait faire illusion : ces modèles ne sont bien souvent que variations à la marge sur un principe de classification dominant »[39].

21. Ces dernières, déjà pressenties par R. Carré de Malberg lors de son bref énoncé des attributions de l'État[40], ont été mises en exergue par le Professeur C. Eisenmann. Il s'agit des fonctions de police, de prestation et de relation extérieure. La séparation stricte de ces différentes fonctions peut être

---

[39] J. CAILLOSSE, « Les fonctions sociopolitiques de l'État », *op. cit.*, p. 342. Pour une présentation succincte de ces modèles, v. *ibid.*, p. 341 s. ; C. EISENMANN, « Les fonctions de l'État », *op. cit.*, p. 210 s. Les autres analyses font l'objet de moins de consensus et le raisonnement, mené ici pour exclure l'existence d'une fonction culturelle, peut être transposé dans le cadre d'une confrontation avec ces autres théories.

[40] « Les diverses activités de l'État peuvent se ramener aux trois principaux chefs suivants : 1° L'État a pour destination d'assurer la sécurité de la nation au regard des nations étrangères. 2° Il a pour mission, à l'intérieur de faire régner l'ordre et le droit dans les relations des individus les uns avec les autres. 3° En outre, et contrairement à la doctrine de l'« État-gendarme, […] il n'est pas douteux que l'État ne soit appelé à remplir une mission de culture, en vertu de laquelle il lui appartient de travailler par lui-même, c'est-à-dire par tous les moyens spéciaux dont il dispose, au développement de la prospérité matérielle et morale de la nation : dans cet ordre d'idée, il est permis de soutenir que l'État est fondé à revendiquer pour lui toutes les attributions qui répondent à une nécessité ou à une utilité nationales, du moins dans la mesure où l'activité privée des nationaux se montre impuissante ou insuffisante à y pourvoir ». R. CARRE DE MALBERG, *Contribution à la théorie générale de l'État, op. cit.*, p. 260 à 262. Il est intéressant à cet égard de relever que R. Carré de Malberg parle, s'agissant de ce qui correspond à la fonction de prestation, d'une « mission de culture ».

dans les faits nuancée[41]. La question demeure donc de la possible existence d'une fonction culturelle étatique.

22. La fonction de police est envisagée dans un sens large issu de l'Ancien Régime. Il s'agit de « la réglementation de la condition, c'est-à-dire finalement la conduite des particuliers »[42] et ensuite de l'application de cette réglementation entendue comme « la déduction de toutes les sortes de conséquences qui s'y peuvent attacher pour les cas individuels et concrets »[43]. La fonction de prestation à l'inverse est la fonction assumée par l'État lorsqu'il « entreprend de procurer aux particuliers, de mettre à leur disposition, finalement : de leur offrir, soit des services, soit des biens en nature – des « choses » – ou en monnaie – de l'« argent » »[44]. Il convient de souligner que les fonctions de prestation et de service entendues ici ont donc un sens plus large que celui contenu dans les notions de service public ou de police administrative[45]. À ces deux premières fonctions, s'ajoute la fonction de gestion des affaires étrangères ou de relations internationales.

23. Une partie de la doctrine actuelle considère qu'à côté de ces trois fonctions politico-sociales traditionnelles existe désormais la fonction de régulation[46], laquelle peut être appréhendée d'un point de vue matériel comme « une nouvelle fonction publique là où l'État revoit à la baisse tant son rôle de producteur de biens et services que celui de direction des acteurs économiques »[47]. Elle consiste alors pour l'État à superviser, comme un arbitre, le jeu économique en se bornant essentiellement à « poser des règles aux opérateurs et en s'efforçant d'harmoniser leurs actions »[48]. Cette conception est discutable. Il semble en effet possible d'y voir simplement un changement des modalités de mise en œuvre des trois fonctions traditionnelles.

---

[41] V. par ex : J. CAILLOSSE, « Les fonctions sociopolitiques de l'État », *op. cit.*, p. 342 ; J.-F. LACHAUME, H. PAULIAT, C. BOITEAU, C. DEFFIGIER, *Droit des services publics*, LexisNexis, 2e éd., 2015, p. 27 s.

[42] C. EISENMANN, « Les fonctions de l'État », *op. cit.*, p. 213. V. également pour une analyse critique de la position de C. Eisenmann : R. DRAGO, « Les fonctions de l'État dans la pensée de Charles Eisenmann », *in* P. AMSELEK (dir.), *La pensée de Charles Eisenmann*, *op. cit.*, p. 79.

[43] C. EISENMANN, « Les fonctions de l'État », *op. cit.*, p. 213.

[44] *Ibid.*, p. 214.

[45] Pour la confrontation entre les notions : *ibid.*, p. 215 s.

[46] Il convient de souligner que la notion de régulation est susceptible d'acceptions, tant diverses que controversées dans la doctrine juridique, seule est retenue ici celle qui la considère comme une fonction de l'État.

[47] J. CAILLOSSE, « Les fonctions sociopolitiques de l'État », *op. cit.*, p. 344.

[48] J. CHEVALLIER, *Science administrative*, PUF, Thémis droit, 4e éd., 2007, p. 230.

24. La *summa divisio* tripartite ou quadripartite, induite par la théorie politico-sociale des fonctions de l'État, ne laisse pas plus de place à l'existence d'une fonction culturelle que les théories juridiques. Ce constat trouve sa justification dans l'analyse théorique et dans un retour au sens même de la fonction, laquelle suppose une certaine homogénéité dans les éléments qui la constituent afin d'en garantir l'unité[49]. De fait, la finalité culturelle de l'État se trouve réalisée tant par l'usage de la fonction de police que par l'usage de la fonction de prestation, de relations extérieures ou de régulation[50]. La réglementation relative aux téléchargements illégaux et l'octroi de subventions à une troupe de théâtre participent par exemple tous deux de la concrétisation du rôle de l'État dans le domaine culturel. Il ne saurait en conséquence exister une fonction culturelle puisque par définition la réalisation des objectifs culturels de l'État passe par l'utilisation de ses fonctions politico-sociales.

25. Ce constat est déjà implicitement présent dans la doctrine à travers l'usage fréquent des expressions « service public de la culture » ou « police de la culture ». K.-H. Voizard, à ce propos, souligne dans sa thèse que « l'État culturel s'appuie sur ces deux dispositifs classiques de l'action publique [...] » et fait même référence à une « fonction de service public » et à une « fonction de police administrative »[51] ; bien que ces expressions semblent cependant abusives au regard des définitions des fonctions de police et de prestation.

26. La notion de fonctions étatiques est donc dotée d'un contenu spécifique qui exclut l'existence d'une fonction culturelle étatique. Les analyses des Professeurs J.-M. Pontier, J.-C. Ricci et J. Bourdon[52], comme

---

[49] À cet égard, il convient de souligner que le caractère d'homogénéité de la fonction se retrouve sous la plume de la majorité des auteurs qui étudient les fonctions de l'État, et ce, même s'ils n'en tirent pas toutes les conséquences.

[50] Si celle-ci est retenue. K.-H. VOIZARD, « La régulation du secteur culturel », *in* D. GUIGNARD, S. HAMDOUNI, S. REGOURD (dir.), *Du changement et de la permanence de l'État*, Publisud, 2016, p. 403 s.

[51] K.-H. VOIZARD, *L'État culturel et le droit, Approche juridique des interventions culturelles de l'État en France*, Université Panthéon-Assas, Thèse soutenue le 21 octobre 2011, p. 213.

[52] Les auteurs s'appuient également dans leur analyse et pour des raisons de cohérences démonstratives sur une des définitions intermédiaires de la fonction utilisée par F.-P. Bénoit à savoir la fonction entendue comme « une catégorie de missions constituant un ensemble homogène » *in* F.-P. BENOIT, *Le droit administratif français*, Dalloz, 1968, p. 32. Il est cependant à souligner que cet auteur définit *in fine* la « fonction au sens scientifique du terme » comme « une catégorie de missions constituant un ensemble homogène par leur régime, et notamment compte tenu de leur attribution à un organe déterminé, élément essentiel de ce régime », *Ibid.*, p. 40. L'argument issu de la définition de F.-P. Bénoit par les Professeurs J.-M. Pontier, J.-C. Ricci et J. Bourdon semble donc erroné en ce que l'homogénéité permettant de déterminer les différentes fonctions est une homogénéité fondée sur la finalité de l'acte et non sur son régime.

celles de R. Caron, paraissent alors devoir être récusées, s'agissant tout du moins des références aux études générales des fonctions de l'État.

27. La mise en évidence des limites de la recherche d'une fonction culturelle de l'État permet la résolution de problématiques théoriques récurrentes et le choix de la méthode d'analyse, suite à la détermination de l'objet d'étude.

Section 2 : Une analyse opératoire : la construction de l'objet de la recherche

28. La conception exposée précédemment selon laquelle les théories générales des fonctions de l'État ne permettent pas de constater l'existence d'une ou de plusieurs fonctions étatiques dans le domaine culturel s'avère théoriquement opératoire. Elle évite un certain nombre d'écueils récurrents lors de l'analyse des fonctions de l'État. Elle s'inscrit en effet dans le cadre d'une véritable réflexion sur les « fonctions » et plus particulièrement sur « les fonctions de l'État ». Elle permet en outre de préciser l'objet de la recherche puis d'en déterminer la méthode d'analyse.

29. L'étude réalisée tend à renouer avec une véritable théorie des fonctions laquelle implique un retour à la définition classique de la fonction qui « ne peut être caractérisée et distinguée que par une sorte de données : celles qui ont trait au résultat ou au produit de l'activité exercée, à sa nature, à ses qualités »[53] et qu'en conséquence, « dans la définition d'une fonction ne peuvent pas intervenir d'éléments d'un autre ordre, puisqu'ils ne se rapportent pas à l'idée de fonction »[54].

30. Il s'agit bien par ailleurs d'une étude des fonctions « de l'État ». En effet, s'interroger sur les fonctions de l'État implique que l'on « adopte le point de vue de l'État »[55], c'est-à-dire que l'on prenne celui-ci en tant « qu'appareil gouvernant, [...] dans sa totalité, comme une unité globale, indivisément »[56], comme un bloc. Il n'est pas question de s'intéresser à ce stade à la répartition des tâches entre les multiples organes ou groupes d'organes ni même aux moyens utilisés.

---

[53] C. EISENMANN, « La théorie des fonctions de l'État chez Carré de Malberg », *op. cit.*, p. 229.
[54] *Ibid.*
[55] *Ibid.*, p. 231.
[56] *Ibid.*

31. Cette analyse permet enfin d'éviter l'écueil qui consiste à faire varier les fonctions de l'État suivant les époques et les zones géographiques, ce qui est théoriquement peu opportun. Elle explique aussi les différences qui existent dans les actions culturelles des États dans une perspective spatio-temporelle. Une telle conception justifie les propos de C.-W. Wu selon lesquels si le concept de culture peut apparaître comme superflu[57], ce n'est pas le cas en France[58]. L'État a en effet fait le choix d'intervenir en ce domaine depuis longtemps[59].

32. Cette conception permet, après avoir déterminé l'objet de la recherche (§1), d'en préciser l'intérêt et partant la méthode d'analyse (§2).

§1 : Définition et délimitation de l'objet de la recherche

33. L'analyse de l'action culturelle territoriale en droit administratif français conduit à définir cet objet (A) et à le délimiter (B).

A) Définition de l'objet de la recherche

34. L'utilisation des théories générales des fonctions de l'État ne permet pas de constater l'existence d'une ou plusieurs fonctions culturelles étatiques contrairement à ce qui est souvent affirmé.

35. L'action culturelle territoriale désigne donc l'action publique réalisée dans le domaine particulier de la culture par l'État et les collectivités infra-étatiques. L'action publique, objet politique, est définie dans cette perspective dans une dimension productive. Elle désigne « la capacité à définir des buts collectifs, à mobiliser les ressources nécessaires à leur poursuite, à prendre les décisions qu'impose leur obtention et à assumer les conséquences qui en découlent »[60]. L'action culturelle territoriale résulte donc d'un choix politique quant à l'usage des fonctions traditionnelles de police et de prestation dans le domaine culturel. Elle contribue alors, comme toute action publique, à la « diffusion de représentations et de modèles de comportements »[61]. Dans ce cadre, l'action culturelle territoriale constitue l'approche permettant de saisir ce que sont l'État[62] et les collectivités territoriales, de même que les relations

---

[57] C.-W. Wu, *La coopération entre les personnes publiques en droit public français en matière culturelle*, *op. cit.*, p. 18.

[58] Cela confirme la conception selon laquelle il ne saurait exister une fonction culturelle qui existerait dans certains États et serait absente dans d'autres.

[59] Cf. *infra*.

[60] P. Duran, *Penser l'action publique*, LGDJ, Droit et Société Classics, 2010, p. 35. V. aussi : P. Muller, Y. Surel, *L'analyse des politiques publiques*, Montchrestien, Clés, 1998, p. 16 ; J. Chevallier, *Science administrative*, PUF, Thémis, 5e éd., 2013, p. 66.

[61] V. J. Chevallier, *Science administrative*, *op. cit.*, p. 66.

[62] P. Muller, *Les politiques publiques*, PUF, Que sais-je ?, 2009, p. 56 s.

qu'ils peuvent entretenir. L'étude de l'action culturelle a donc été préférée à celle de la politique publique culturelle, car l'État intervenait, agissait dans le domaine culturel, avant qu'il existe une véritable politique culturelle, qui apparaît véritablement en 1959[63].

36. L'État peut choisir d'exercer lui-même cette action culturelle ou en confier certains aspects à d'autres acteurs publics ou privés. Le droit de l'action culturelle territoriale de l'État est alors « l'instrument à partir duquel [il] agit juridiquement, par lui-même ou par l'intermédiaire de relais, afin de satisfaire les aspects culturels de l'intérêt général »[64], sur les différentes parties de son territoire.

37. Il offre dans cette perspective la possibilité aux collectivités territoriales de faire usage des fonctions de police ou de prestation par l'octroi de compétences, relevant le cas échéant du domaine culturel. Ces entités décentralisées peuvent exercer directement ou indirectement leurs actions culturelles sur leur territoire. Le droit de l'action culturelle des collectivités territoriales apparaît alors, par analogie avec celui de l'État, comme l'instrument à partir duquel les collectivités territoriales agissent juridiquement, par elles-mêmes ou par l'intermédiaire de relais, pour satisfaire, sur leur territoire, les aspects culturels de l'intérêt général.

38. Le droit de l'action culturelle territoriale de l'État et le droit de l'action culturelle des collectivités territoriales constituent donc le droit de l'action culturelle territoriale. Il convient dès lors de la délimiter.

B) Délimitation de l'objet de la recherche

39. La délimitation de l'objet de la recherche résulte du caractère à la fois territorial (1) et culturel (2) de l'action, mais aussi de l'inscription de son étude en droit, et plus particulièrement en droit administratif (3).

1) Le caractère culturel de l'action territoriale

40. L'action territoriale envisagée a un caractère culturel. L'identification de ce qui relève dans cette étude du domaine culturel s'avère donc indispensable pour identifier l'action culturelle territoriale, objet de la recherche.

---

63 Cf. *infra*.

64 K.-H. VOIZARD, *L'État culturel et le droit*, *op. cit.*, 2011 p. 22.

41. Les difficultés inhérentes à la définition ou à l'identification de la culture font l'objet de nombreuses études[65] et découlent de la subjectivité[66] qui y est généralement associée. Une étude récente révèle ainsi que *les représentations de la culture* dans la population française relèvent de 28 registres distincts, traduisant la polysémie incontestable du terme[67].

42. La question de la définition ou de l'identification de ce qui en relève ne se pose cependant pas dans les mêmes termes si l'étude porte sur le *droit de la culture objet* appréhendé de manière notionnelle et abstraite ou à l'inverse, de façon concrète dans un système juridique déterminé – ce qui est le cas ici.

43. D'un point de vue notionnel en effet, la définition du *droit de la culture*, en tant qu'ensemble de règles juridiques portant sur la culture, reste pertinente indépendamment même de ce qui est entendu par cette dernière par accord tacite des futurs utilisateurs du langage et indépendamment de tout usage. Le contenu de la notion de culture, qui pourrait d'ailleurs faire elle-

---

[65] V. not. : D. CUCHE, *La notion de culture dans les sciences sociales*, La Découverte, Repères, 3e éd., 2004 ; P. FONTAINE (coord.), *La culture*, Ellipses, Philo, 2007 ; M. MAUVIEL, *L'Histoire du concept de culture*, L'Harmattan, 2011 ; C. ROMAINVILLE, *Le droit à la culture, une réalité juridique. Le régime juridique du droit de participer à la vie culturelle en droit constitutionnel et en droit international*, Bruylant, 2014, p. 59 s. ; et plus brièvement : A. DE LAUBADERE, « préface » *in* A.-H. MESNARD, *L'action culturelle des pouvoirs publics*, LGDJ, 1969, p. 1 s. ; P. E. LITTRE, « culture », *Dictionnaire de la langue française*, Hachette, T.2, 1874 ; M. BLAY (dir.), *Grand dictionnaire de philosophie*, Larousse, CNRS Editions, 2003, p. 230 s. ; C. RIVIERE, « Culture » *in* S. AUROUX (dir. du volume), *Les notions philosophiques. Dictionnaire*, Philosophie occidentale, PUF, T. 1, 1990, p. 529 s. ; B. CASSIN (dir.), *Vocabulaire européen des philosophies*, Seuil, Le Robert, 2004, p.78 (et l'ensemble des renvois aux notions proches, mais distinctes) ; A. REY (dir.), *Dictionnaire culturel en langue française*, Le Robert, 2005, p. 2052 s. ; P. KAUFMANN, « Culture et civilisation » *in* R. ALLEAU (dir.), *Dictionnaire de la philosophie*, 2006, p. 445 s. ; P. MANIGLIER, « La culture » *in* J.-P. ZARADER (dir.), *Les grandes notions de la philosophie*, Ellipses, 2010, p. 190 s. ; A. LALANDE, *Vocabulaire technique et critique de la philosophie*, PUF, Quadrige, 3e éd., 2010, p. 199 s. ; N. BARAQUIN, A. BAUDART, J. DUGUE, J. LAFITTE, F. RIBES, J. WILFERT, *Dictionnaire de philosophie*, *op. cit.*, p. 130 s. ;

[66] V. not. aussi les débats entourant l'intervention de l'État dans le domaine culturel : A. FINKIELKRAUT, *La défaite de la pensée*, Paris, Gallimard, 1989 ; M. FUMAROLI, *L'État culturel. Essai sur une religion moderne*, Paris, Editions de Falloi, 1991 ; J.-L. HAROUEL, *Culture et contre-cultures*, PUF, 1994 ; J.-P. SYLVESTRE (dir.), « Toutes les pratiques culturelles se valent-elles ? », *Hermès, cognition, communication, politique*, 1996, n° 20 ; G. GENTIL, P. POIRRIER, *La politique culturelle en débat. Anthologie 1955-2012*, La Documentation française, 2013 ; C. ROMAINVILLE, *Le droit à la culture, une réalité juridique, op. cit.*, p. 177 s.

[67] J.-M. GUY, *Les représentations de la culture dans la population française*, Départements des études, de la prospective et des statistiques, ministère de la culture et de la communication, 2016-1.

même l'objet d'une définition stipulative[68], n'influe donc pas directement sur la réflexion relative à ce droit.

44. A l'inverse, si l'analyse porte sur le droit de la culture entendu cette fois comme un ensemble de règles, plus ou moins homogènes, relatif à la culture dans un système donné, l'étude semble subordonnée à la détermination de ce qui relève de la culture dans ce système[69]. Une analyse scientifique du droit de la culture impose cependant que soit exclue une appréhension subjective de la culture – approche pourtant majoritaire – et donc de l'action culturelle. L'organisation de la première partie de l'ouvrage des Professeurs J.-M. Pontier, J.-C. Ricci et J. Bourdon[70] apparaît particulièrement éclairante sur la nécessité initiale d'appréhender ce qui relève de la culture dans le système examiné. Les auteurs consacrent en effet le premier chapitre à « l'étude de la culture de la société française et à ses enjeux », avant de s'intéresser au droit de la culture. Les rappels historiques permanents des interventions de l'État relèvent de la même logique.

45. Une réponse à la problématique de la subjectivité est proposée par K.-H. Voizard. Celui-ci, après avoir souligné que le droit de la culture ne peut être « entendu comme le droit applicable à ce qui relève *a priori* du secteur culturel[71] »[72] suggère une méthodologie tendant à « la délimitation du droit de l'action culturelle de l'État »[73] et donc indirectement d'une partie du droit de la culture dans un système juridique donné, à savoir en France. L'auteur indique en effet, « que pour délimiter l'action culturelle de l'État, il n'y a [...] pas de choix plus sûr que de s'en remettre à ce que l'État considère ainsi » et qu'en ce sens « le droit attaché à l'action que l'État qualifie de culturelle, constitue le droit de l'action culturelle de l'État »[74]. Il utilise alors un critère

---

[68] La définition stipulative a « une nature de convention entre les usagers futurs du langage : on admet qu'à partir de maintenant dans un texte donné, un corpus linguistique donné, une expression donnée, ainsi que tous ses synonymes, si on les admet, sera utilisée dans une signification donnée ». Elle se distingue de la définition explicative. Celle-ci correspond à l'usage sans en saisir toutes les variétés, contrairement à la définition lexicale, pour parvenir à « un instrument sémantique précis et efficace, capable d'éclairer et d'orienter la discipline dans laquelle il sera employé ». U. SCARPELLI, *Qu'est-ce que le positivisme juridique ?*, LGDJ, La pensée juridique, 1998, p. 5 et 6.

[69] En droit du sport, ou du travail, les auteurs s'attachent aussi à caractériser ces notions dans les introductions pour définir ces droits et cerner leur objet d'étude.

[70] J.-M. PONTIER, J.-C. RICCI, J. BOURDON, *Droit de la culture*, *op. cit.*, p. 5 s. V. dans le même sens l'introduction de la thèse A.-H. MESNARD, *L'action culturelle des pouvoirs publics*, *op. cit.*, p.13 s.

[71] Puisqu'il est impossible de le déterminer scientifiquement de manière objective.

[72] K.-H. VOIZARD, *L'État culturel et le droit*, *op. cit.*, p. 23.

[73] *Ibid.*

[74] *Ibid.*

organique, selon lequel « le droit dont la mise en œuvre est confiée au ministère en charge de la culture correspond au droit de l'action culturelle de l'État », et un critère textuel « qui permet de délimiter le droit de l'action culturelle de l'État à partir des normes juridiques dont celui-ci est l'auteur »[75]. La délimitation résulte alors d'une interprétation des énoncés juridiques. Celle-ci peut d'abord être littérale ; relèvent alors des normes juridiques culturelles celles qualifiées expressément de culturelles. Elle peut ensuite être téléologique ; « il s'agit alors de relever les thèmes couramment assimilés au champ culturel et présents dans les énoncés juridiques »[76] en s'assurant de leur finalité en rapport avec l'action culturelle de l'État.

46. Une telle analyse semble permettre de pallier d'une part la recherche d'une définition *a priori* de la culture, et d'autre part, de canaliser la subjectivité du chercheur. Elle connaît néanmoins, malgré sa pertinence et son pragmatisme, des limites d'ordre théorique et méthodologique.

47. D'un point de vue théorique, la distinction entre critère organique et textuel peut être contestée. Il semble en effet possible de considérer que le premier critère constitue une émanation du second. La « répartition des tâches que l'État opère » et qui donne « une connotation culturelle au droit mis en œuvre par le ministère chargé de la culture »[77] est elle-même le résultat de textes.

48. Cette conception permet d'abord de passer outre certaines critiques portant sur le critère organique, relevées par l'auteur lui-même. Il en est ainsi de la difficile prise en compte des actions culturelles menées par les autres ministères, des « règles autonomes » du ministère – « la protection des biens à partir du droit d'auteur, du droit des métiers de la création ou encore du droit des métiers du spectacle » –, ou encore des collectivités territoriales[78].

49. Elle pallie ensuite l'impasse de la recherche de l'action culturelle de l'État basée essentiellement sur le critère organique si le « ministère en charge

---

[75] *Ibid.*, p. 29.
[76] *Ibid.*, p. 31.
[77] *Ibid.*, p. 24.
[78] *Ibid.*, p. 26 s.

de la culture »[79] venait à disparaître[80] ; ses attributions se retrouvant alors confiées éventuellement à d'autres institutions étatiques[81].

50. La détermination de l'action culturelle de l'État est bien *in fine* délimitée par l'interprétation littérale ou téléologique des énoncés juridiques. Peu importe leur auteur, s'il peut être considéré qu'il met en œuvre l'action culturelle de l'État.

51. Quant aux limites méthodologiques, elles découlent de la subjectivité du chercheur qui ne peut pas, par définition, être complètement évitée. La méthodologie retenue influence d'abord la perception de l'objet d'étude. Il en est de même de l'interprétation des normes qui fonde le critère textuel, déterminant pour la délimitation du droit de l'action culturelle territoriale, tel que présenté précédemment. L'interprétation des normes juridiques, entendue comme la signification de l'énoncé juridique, soulève en effet une multiplicité de problématiques liées au processus même d'interprétation, à commencer par le choix même de la méthode d'interprétation[82], ici téléologique et littérale. Le constat de la réintégration patente d'une forme de subjectivité apparaît notamment lors de l'usage de l'interprétation téléologique qui conduit à intégrer à l'objet d'étude « les thèmes couramment assimilés au champ culturel »[83]. La détermination de leur substance et de ce qui en relève est de fait subjective.

52. La délimitation du seul droit de l'action culturelle de l'État est insuffisante. Celle du droit de l'action culturelle des collectivités territoriales

---

[79] Cette expression, empruntée à K.-H. Voizard, « regroupe les différentes appellations et les différents statuts du ministère chargé des affaires culturelles ». K.-H. VOIZARD, *L'État culturel et le droit, op. cit.*, p. 24, note 21.

[80] L'existence de ce ministère est contestée depuis sa création tant au niveau central, qu'au niveau de ses services déconcentrés. V. not. : J.-M. PONTIER, « Ministère de la culture : inutilité, nécessité ? », *AJDA*, 2009, p. 634 s. ; A. QUENTIN, « L'État a-t-il perdu toute sa capacité d'influence ? », *La scène*, 2015, n° 77, p. 68 s. ; E. WALLON, « Avis de turbulences pour les politiques culturelles territoriales », *Nectart*, 2015, n° 1, p. 69 s. ; E. NEGRIER, « Le pire n'est pas sûr », *Nectart*, 2015, n° 1, p. 78 s. ; E. ETHIS, F. LEXTRAIT (coord.), Dossier : « Politique culturelle : l'État peut-il encore inventer ? », *Nectart*, 2017, n° 4, p. 36 s.

[81] Cette réflexion est également valable pour les interventions étatiques dans le domaine culturel avant la création du ministère chargé des affaires culturelles, et ce, même s'il n'était pas possible à l'époque de parler véritablement d'action culturelle dans le sens moderne du terme.

[82] Sur ce point voir notamment : E. MILLARD, *Théorie générale du droit*, Dalloz, Connaissance du droit, 2006, not. p. 92 s. ; X. MAGNON, *Théorie(s) du droit*, Ellipses, 2008, not. p. 41 s. ; M. TROPER, *La philosophie du droit*, PUF, Que sais-je ?, 2e éd., 2008, p. 98 s.

[83] K.-H. VOIZARD, *L'État culturel et le droit, op. cit.*, p. 31.

doit, elle aussi, être envisagée en tant que composante de l'objet d'étude du droit de l'action culturelle territoriale. L'utilisation, par analogie, de la démarche précédente se révèle *a priori* difficile. L'usage contestable[84] du critère organique d'abord est malaisé, pour les collectivités territoriales comme pour l'État. Le critère textuel semble *a contrario* pouvoir être retenu pour déterminer l'action culturelle des collectivités territoriales, avec les mêmes limites que celles évoquées précédemment pour celle de l'État. Il est cependant envisageable qu'apparaisse alors une autre difficulté. Il est en effet possible, même probable, que l'État et chacune des collectivités territoriales aient une conception différente, voire contradictoire, de ce qui relève de leurs actions culturelles respectives, voire de l'action culturelle en général. Le domaine de l'action culturelle apparaît dans cette perspective comme potentiellement illimité, rien n'en étant en principe exclu, sauf exception étatique expresse. L'impact de telles considérations sur l'étude doit être relativisé. D'une part, l'État encadre l'action des collectivités territoriales, y compris dans le domaine culturel. D'autre part, selon une conception communément admise[85], il légitime l'action des autres acteurs en ce domaine, ce qui implique une convergence des « conceptions du domaine culturel » vers celle de l'État.

*

53. En résumé, l'action culturelle est donc entendue dans cette étude, selon une démarche compréhensive, comme l'action réalisée dans les domaines que l'État et par conséquent les collectivités territoriales à sa suite qualifient ainsi selon les critères d'interprétation littérale et téléologique des énoncés juridiques. La conception de la culture de l'État a évolué avec le temps. Centrée initialement sur les beaux-arts, la langue et le patrimoine, elle s'est peu à peu élargie au spectacle vivant, au cinéma ou encore aux médias, de manière parfois considérée comme contestable[86]. Le champ de l'action culturelle envisagée est donc plus vaste que ceux de la politique publique culturelle (ou de la culture) ou des droits culturels, qui peuvent cependant en constituer des éléments. En effet, la politique publique de la culture, en tant qu'ensemble cohérent, a, en France, une « résonance résolument

---

[84] Cf. *supra*.

[85] V. par ex : J. M. PONTIER, « Les interventions culturelles des collectivités territoriales », *JCl. Collectivités territoriales*, fasc. 4172, 2009 et les ouvrages consacrés au droit de la culture.

[86] Voir not. : J.-L. HAROUEL, *Culture et contre-cultures*, *op. cit.* ; J.-P. SYLVESTRE (dir.), « Toutes les pratiques culturelles se valent-elles ? », *Hermès, cognition, communication, politique*, *op. cit.*; G. GENTIL, P. POIRRIER, *La politique culturelle en débat. Anthologie 1955-2012*, *op. cit.*

contemporaine »[87] puisqu'elle repose sur l'idée même de politique. Or une politique est « un système de finalités, d'objectifs instrumentaux et de moyens voulus par un groupe et mis en œuvre par une autorité »[88]. L'action culturelle analysée va alors au-delà de la seule politique publique culturelle. De fait, une action publique existait historiquement en ce domaine avant la mise en place d'une véritable politique publique. Son étendue dépasse également celle du droit à la culture, susceptible de la légitimer[89], ou des droits culturels[90]. Ces derniers peuvent en effet être définis, à ce stade de l'étude, comme « une catégorie de droits de l'homme relative aux conditions intellectuelles et spirituelles des individus ou des groupes »[91] qui « visent notamment à promouvoir le développement culturel et à sauvegarder l'identité culturelle des individus et des peuples, ainsi qu'à favoriser l'épanouissement de l'être humain en encourageant sa participation à la vie culturelle de la communauté »[92].

*

54. Il s'avère intéressant de relever que la conception étatique de la culture en France constitue alors un instrument de production symbolique. Elle correspond en effet à l'un des sens de la « culture » identifié et retenu par C. Romainville[93]. La culture ainsi appréhendée constitue « l'objectivisation et l'expression des pratiques qui ont pour thème le travail sur le sens des expériences humaines et sociales »[94]. À travers la « création et [le] patrimoine »[95], la culture apparaît comme « le matériau concret à partir duquel le travail abstrait sur les sens des choses de l'existence peut s'opérer »[96]. Cette recherche et cette construction du sens des expériences humaines et sociales

---

[87] J.-M. PONTIER, J.-C. RICCI, J. BOURDON, *Droit de la culture*, 1990, p. 68.
[88] E. DE WARESQUIEL, *Dictionnaire des politiques culturelles*, Larousse, CNRS éditions, 2001, p. 510. V. aussi : G. HERMET, B. BADIE, P. BIRNBAUM, P. BRAUD, *Dictionnaire de la science politique et des institutions politiques*, Armand Colin, 8e éd., 2015, p. 244 s. ; P. MULLER, *Les politiques publiques*, PUF, Que sais-je ?, 11e éd., 2015, p. 20 ; Y. MENY, J.-C. THOENIG, *Politiques publiques*, PUF, 1989.
[89] Cf. *infra*.
[90] Cf. *infra*.
[91] M. CORNU, J. FROMAGEAU, C. WALLAERT (dir.), *Dictionnaire comparé du droit du patrimoine culturel*, CNRS éditions, 2012, p. 437.
[92] *Ibid.*
[93] C. ROMANVILLE, *Le droit à la culture, une réalité juridique, op. cit.*
[94] *Ibid.*, p. 91.
[95] *Ibid.*, p. 73.
[96] Cet ensemble de pratiques aptes à faire sens constituant lui-même une acception de la culture selon l'auteur. *Ibid.*, p. 69 s.

se réalisent à partir « d'œuvres et de traditions » lesquelles « incorporent ou incarnent en retour l'ouverture aux significations »[97].

55. L'État et les collectivités territoriales sont donc susceptibles d'influencer indirectement la perception « du sens des choses de l'existence »[98] par le droit de l'action culturelle. Celui-ci devient alors un enjeu de représentation, cette dernière étant entendue selon le Professeur S. Rials comme « un substitut à la réalité [...], l'image plus ou moins déformante d'une réalité qui se dérobe »[99].

56. Cette conception explique que l'action culturelle, comme action publique réalisée dans le domaine particulier de la culture par l'État et les collectivités infra-étatiques – qui résulte d'un choix politique quant à l'usage des fonctions traditionnelles de police et de prestation dans le domaine culturel – constitue une action culturelle au sens de volonté d'identification ou d'identité culturelle. Ce phénomène est particulièrement visible à travers l'usage de l'action culturelle pour la mise en place et le maintien de l'État[100] ou encore les revendications des collectivités territoriales tendant à une meilleure identification de leurs spécificités culturelles à des fins de développement économique, de communication, de rayonnement territorial et parfois de reconnaissance identitaire[101].

2) Le caractère territorial de l'action culturelle

57. L'action culturelle envisagée dans cette étude a un caractère territorial. Il s'agit donc à la fois de l'action culturelle des collectivités territoriales et de l'action culturelle de l'État envisagée sur son territoire – pris dans son ensemble – et dans les territoires qui le composent. Le territoire désigne ici, dans une conception classique, un « espace délimité et juridicisé »[102], une « aire géographique que s'est appropriée une communauté humaine et sur laquelle s'exerce une autorité politique »[103]. Le qualificatif

---

[97] *Ibid.*, p. 74.
[98] *Ibid.*, p. 73.
[99] S. RIALS, « Représentation de la représentation », *Droits*, 1987, n° 6.
[100] Cf. *infra*.
[101] En particulier régionale Cf. *infra*.
[102] D.TABUTEAU, « Politiques de santé et territoire », *RDSS*, 2009, p.7.
[103] D. GUIGNARD, J. VIGUIER, « Vers une nouvelle forme d'État », *in* N. KADA, *De la réforme territoriale à la réforme de l'État*, PUG, 2011, p. 229. V. dans le même sens par ex. : J.-M. PONTIER, « La problématique du territoire et du droit », *in* M. DOAT, J. LE GOFF, P. PEDROT (dir.), *Droit et complexité. Pour une nouvelle intelligence du droit vivant*, PUR, Collection « L'univers des normes », 2007, p. 39 s. ; F. MELIN-SOUCRAMANIEN, P. PACTET, *Droit constitutionnel*, Sirey, 37e éd., 2019 (sortie 2018), p. 37 ; P. ARDANT, B. MATHIEU, *Droit constitutionnel et institutions politiques*, 30e éd.,

« territorial » a été dans cette perspective préféré à celui de « local », non seulement en raison de la double dimension de la territorialité étatique, mais aussi de la terminologie retenue dans les dispositions législatives et constitutionnelles relatives aux « collectivités territoriales »[104] et non « locales »[105].

58. Une circonscription géographique s'impose alors. Dans une perspective pragmatique et eu égard aux particularités, à l'hétérogénéité des statuts et aux évolutions singulières de l'Outre-mer qui nécessiteraient à elles seules une étude spécifique[106], le choix est d'abord fait de se limiter à la seule analyse du droit de l'action culturelle territoriale sur le territoire français métropolitain. Néanmoins, si la circonscription de l'objet d'étude est indispensable pour mener à bien toute recherche scientifique, il est parfois fait référence à l'Outre-mer ou à des exemples étrangers chaque fois que cela s'avère pertinent ; ce qui permet également d'échapper à tout dogmatisme de principe.

3) L'inscription de l'étude en droit public

59. L'étude envisagée relève *a priori* du droit de la culture entendu comme objet et comme discipline. Le constat du caractère nécessairement « limité » de cette dernière nécessite d'envisager l'action culturelle en droit et plus particulièrement en droit public.

60. L'analyse réalisée participe de la connaissance de l'objet de recherche que la doctrine qualifie de manière traditionnelle de droit de la culture – *droit de la culture objet*. Ce dernier désigne alors, de manière communément admise, l'ensemble des règles juridiques qui portent sur la culture[107]. Les contributions à l'étude de ce droit, anciennes et nombreuses, ont conduit une partie de la doctrine à la consécration d'une discipline autonome – *droit de la*

2018, p. 30 s. ; F. HAMON, M. TROPER, *Droit constitutionnel*, LGDJ, Manuel, 39e éd., 2018, p. 32.

[104] Sur le débat tendant à l'assimilation ou à la distinction du « territorial » et du « local », en particulier pour les collectivités avant la révision constitutionnelle de 2003. V. par ex. : V. DONNIER, « Collectivité territoriale », *in* N. KADA, R. PASQUIER, C. COURTECUISSE, V. AUBELLE (dir.), *Dictionnaire encyclopédique de la décentralisation*, Berger Levrault, 2017, p. 181.

[105] Titre XII, de la Constitution du 4 octobre 1958.

[106] En ce sens, v. par ex. : P. MAUROY, *Refonder l'action publique locale, Rapport au Premier ministre*, La Documentation Française, 2000, p. 52.

[107] Et ce malgré une certaine hétérogénéité persistante par ex. : A. RIOU, *Le Droit de la culture et le droit à la culture*, ESF éditeur, 2e éd., 1996, p. 36 et 37 ; M. CORNU, « Droit de la culture », *in Dictionnaire des politiques culturelles de la France depuis 1959*, Larousse et CNRS Editions, 2001, p. 219 ; S. MONNIER, E. FOREY, *Droit de la culture*, Lextenso éditions, Master Pro, 2009, p. 5 et p. 18. V. aussi *infra*.

culture discipline –. Cette dernière, consacrée à l'étude du droit de la culture objet, paraît pouvoir être rattachée à cette étude. Or l'inclusion d'une recherche implique en principe l'usage d'une méthodologie spécifique.

61. Il convient alors de préciser que le *droit de la culture discipline* n'existe au mieux que comme *discipline départementale*[108] – répartition et identification administrative des types d'études et de recherches – et non comme *discipline épistémologique*[109] – « en tant que type d'épistémologie »[110]. En effet, cette dernière suppose, outre la stabilisation d'un objet de connaissance, un paradigme propre[111]. Or le droit de la culture ne saurait répondre aux critères de scientificité[112]. S'il est possible d'admettre, non sans difficulté en termes d'identification et de circonscription, que le *droit*

---

108 La distinction entre *discipline départementale* et *discipline épistémologique* a été posée par Régis Ponsard *in* R. PONSARD, *Les catégories juridiques et le Conseil constitutionnel. Contribution à l'analyse du droit et du contentieux constitutionnels*, Thèse Université Paris 1 Panthéon Sorbonne, 2011, p. 169 et 170.

109 *Ibid.*

110 *Ibid.*

Il apparaît inutile ici de rentrer plus avant dans les débats tendant à la détermination de la notion même de discipline, et ce, bien que soit souvent déplorée la faiblesse des questionnements à son propos. V ; P. FAVRE, « Retour à la question de l'objet ou faut-il disqualifier la notion de disqualifier la notion de discipline ? », *Politix*, n° 29, 1995, p. 141 s. ; F. AFFERGAN, B. VALADE, « Discipline » *in* S. MESURE, P. SAVIDAN (dir.), *Dictionnaire des sciences humaines*, PUF, 2006, p. 276 ; J. BOUTIER, J.-C. PASSERON, J. REVEL (dir.), *op. cit.*, et particulièrement l'avant-propos « Qu'est-ce qu'une discipline ? », p. 7 s. et la contribution de J.-L. FABIANI, « À quoi sert la notion de discipline ? », p. 11 s. ; M. OUSTINOFF, « (In)discipline et interdisciplinarité : des mots aux choses » *in* J.-M. BESNIER, J. PERRIAULT (coord.), « Interdisciplinarité : entre discipline et indiscipline », *Hermès La Revue*, n° 67, novembre 2013, p. 21 s. ; J.-L. FABIANI, « Vers la fin du modèle disciplinaire ? », *ibid.*, p. 90 s.

111 Dans un sens Kuhnien strict, il ne peut pas y avoir deux paradigmes en même temps. La présence d'un paradigme est en effet synonyme de science normale non divisée en approches concurrentes. T. KUHN, *La structure des révolutions scientifiques*, Flammarion, coll. Champs sciences, 2008 (première édition : *The structure of scientific revolutions*, Chicago, University of Chicago Press, 1962), p. 29 s.

112 La recherche de la satisfaction de ces critères est la démarche réalisée par les auteurs souhaitant déterminer la scientificité d'un certain nombre de domaines d'études. V. par ex. : pour le développement durable, E. ZACCAI, « Développement durable et disciplines scientifiques », *Natures Sciences Sociétés*, 2007, n°4, p. 379 s., et not. pour l'objet part. p. 380 et 381, pour la méthode p. 381 s. ; pour les relations internationales, D. BATTISTELLA, *Théories des relations internationales*, Presses de la fondation nationale des sciences politiques, pour l'objet part. p. 14 s., pour la méthode p. 29 s. ; pour la discipline juridique voir notamment « l'introduction » *in* X. MAGNON, *Théorie(s) du droit*, *op. cit.*, p.1 s. et « l'introduction » E. MILLARD, *Théorie générale du droit*, *op. cit.*, p. 1, bien que l'ensemble de ces deux ouvrages soit consacré à cette question.

de la culture objet constitue un objet de connaissance spécifique, l'existence d'un paradigme propre est à exclure.

62. Introduite par T. Kuhn en 1962 dans la première édition de *La structure des révolutions scientifiques*[113], la notion de « « paradigme scientifique » désigne [...] un ensemble de principes théoriques, méthodologiques et pragmatiques, pas forcément précis ni explicites, mais opérants, qui sont portés par les membres d'une discipline ou spécialité scientifique et qui sous-tendent les pratiques effectives de cette collectivité »[114]. Il est donc « ce que les membres d'une communauté scientifique possèdent en commun, et, réciproquement, une communauté scientifique se compose d'hommes qui se réfèrent au même paradigme »[115]. La recherche d'une telle communauté en *droit de la culture* paraît illusoire. En effet, si à l'aide des critères évoqués par T. Khun pour préciser cette appartenance à une communauté scientifique, tels que « la nature du plus haut diplôme, l'appartenance à des sociétés de spécialistes ou le fait de lire certains périodiques » semble permettre de l'appréhender, il n'en est rien. De fait, les études consacrées au droit de la culture sont menées avant tout par des juristes, selon une démarche de juriste[116], et les articles du droit de la culture sont publiés, malgré tout pour l'essentiel, dans des revues juridiques non spécialisées en « droit de la culture » et donc selon un paradigme juridique indépendant du champ d'application de la norme. Un tel constat n'est guère surprenant, en ce que le droit de la culture n'est spécifique que dans une perspective finaliste et non en raison des caractères intrinsèques des normes qui le composent. L'étude menée relève ainsi de l'analyse juridique – en tant que *discipline épistémologique*.

*

63. L'intérêt d'une étude juridique de l'action culturelle territoriale apparaît alors. L'action culturelle territoriale fait en effet l'objet de nombreuses études dans différentes disciplines comme la science politique, l'économie, la sociologie, ou l'histoire[117]. Or le droit offre un point de vue spécifique de l'action culturelle territoriale, et des choix offerts aux différents

---

[113] À noter, que dans sa postface de 1969, pour répondre à une partie des objections qui lui étaient adressées, Kuhn précise cette notion de paradigme, T. KUHN, *La structure des révolutions scientifiques*, *op. cit.*, p. 237 s. en part. p. 238. Celle-ci connaissait vingt-deux acceptions dans le texte de 1962 ; précision apportée par le Professeur J.-L. Fabiani dans J.-L FABIANI, « À quoi sert la notion de discipline ? », *in op. cit.*, p. 16.

[114] L. SOLER, « Paradigme » *in* S. MESURE, P. SAVIDAN (dir.), *Dictionnaire des sciences humaines*, *op. cit.*, p. 829.

[115] T. KUHN, *La structure des révolutions scientifiques*, *op. cit.*, postface - 1969, p. 240.

[116] Peu importe d'ailleurs leur postulat théorique.

[117] V. les ouvrages des différentes disciplines précédemment cités.

acteurs. Il est au cœur même de l'action culturelle. Il semble en effet que l'action culturelle territoriale de l'État et des collectivités infra-étatiques puisse être découverte dans les règles de droit portant sur celle-ci – le droit en étant la « substance visible »[118] – voire qu'elle ne puisse être véritablement comprise qu'à travers ce prisme[119] – le droit influençant la manière même de penser l'action culturelle territoriale. En ce sens, et plus largement, le Professeur P. Legendre a pu affirmer que « l'État [...] ne se laisse pas saisir sans prise en compte des agencements juridiques »[120]. L'analyse juridique est donc essentielle pour appréhender l'action culturelle territoriale qui apparaît alors comme une clé de compréhension de mutations plus générales de l'action publique et de l'organisation territoriale.

64. L'analyse juridique de l'action culturelle territoriale permet enfin de passer outre un certain nombre de difficultés empirico-descriptives affectant les autres disciplines et notamment le risque du caractère relatif de l'analyse envisagée, caractère dû à la diversité des situations et des politiques culturelles propres à chaque territoire.

65. Le choix d'inscrire l'analyse dans le champ du droit public et plus particulièrement du droit administratif s'est imposé. Il relève d'abord de considérations intuitives et pragmatiques. De fait, l'objet de recherche renvoie nécessairement à la décentralisation et aux fonctions de police et de prestation dont le service public ou la police administrative constituent des figures essentielles et qui sont traditionnellement examinées en droit administratif.

66. Le droit administratif permet ensuite, et surtout, l'appréhension la plus globale de l'objet de la recherche, l'action culturelle territoriale. Il a pu en effet être affirmé « qu'on dispose avec le droit administratif [...] de tout un stock d'informations, tant sur la manière dont l'État s'est construit que sur ses

---

[118] P. MULLER, Y. SUREL, *L'analyse des politiques publiques*, *op. cit.*, p. 16.

[119] Cela semble rejoindre dans une certaine mesure notamment les perspectives ouvertes par Emile Durkheim et de manière différente par Pierre Bourdieu ou encore Pierre Legendre. V. not. : E. DURKHEIM, *De la division du travail social*, PUF, Quadrige, 8e éd., 2013 (1e éd., 1930), not. p. 27 s. ; P. BOURDIEU, *Sur l'État, Cours au Collège de France 1989-1992*, Raisons d'agir/Seuil, not. p. 95 ; P. LEGENDRE, *Trésor historique de l'État en France. L'administration classique*, Fayard, Les savoirs, 1992, not. p. 16 (aussi 45 s.). Pour une présentation synthétique v. par ex : C. DIDRY, « Durkheim et le droit, ouvertures et limites d'une découverte sociologique », 2006, [en ligne] ; A. MAHE, « Emile Durkheim », *in* O. CAYLA, J.-L. HALPERIN, *Dictionnaire des grands œuvres juridiques*, 2008, p. 147 s. ; M. IACUB, P. MANIGLIER, « Pierre Legendre », *in ibid.*, p. 346 s. ; J. CAILLOSSE, *L'État du droit administratif*, LGDJ, Droit et société, 2015, n° 56, p. 30.

[120] P. LEGENDRE, *Trésor historique de l'État en France. L'administration classique, Fayard*, *op. cit.*, p. 16.

modes de renouvellement »[121], celui-ci assurant alors sa « traçabilité »[122]. Le Professeur J. Caillosse précise à cet égard que cette conception ne tend ni à considérer que l'État se réduit à un texte « écrit et toujours en train de s'écrire »[123], ni que le droit de l'État se réduit à sa seule région administrative. Il s'agit selon lui « simplement de prendre acte du fait que le droit constitutionnel français n'a rempli que tardivement ses fonctions édifiantes »[124].

67. Par ailleurs, et dans le même sens, l'action culturelle territoriale tend, en particulier dans le cadre de l'État-providence, à satisfaire les aspects culturels de l'intérêt général[125]. Or la poursuite de l'intérêt général – tel que défini par le pouvoir politique – est le « but unique et le motif fondamental de l'activité administrative »[126]. La satisfaction de l'intérêt général[127], qui transcende les intérêts particuliers et s'impose, justifie alors le recours à un droit spécifique : le droit administratif[128]. Cette affirmation ne saurait impliquer que toutes les actions – en particulier culturelles – de l'État ou des collectivités territoriales relèvent exclusivement du droit administratif ou que seul le droit administratif permette la satisfaction de l'intérêt général.

---

[121] J. CAILLOSSE, *L'État du droit administratif*, *op. cit.*, p. 32.

[122] *Ibid.*

[123] *Ibid.* En ce sens, v. aussi not. : J.-L. MESTRE, « L'histoire du droit administratif », *in* P. GONOD, F. MELLERAY, P. YOLKA (dir.), *Traité de droit administratif*, T. 1, Dalloz ; Traités Dalloz, 2011, p. 3 s.

[124] *Ibid.* Sur l'implantation du droit administratif dans les droits savants et donc son ancienneté, v. not. : P. LEGENDRE, « La royauté du droit administratif », *in op. cit.*, p. 588.

[125] Cf. *infra.*

[126] D. TRUCHET, *Droit administratif*, PUF Thémis, 7e ed., 2017, p. 47.

[127] Avec toutes les difficultés liées à son acception sur lesquelles il est inutile de revenir en détail ici. Sur cet aspect, voir notamment les références citées à la note suivante.

[128] *Ibid.*, V. dans le même sens s'agissant des ouvrages récents not. : J.-F. LACHAUME, « La définition du droit administratif », *in* P. GONOD, F. MELLERAY, P. YOLKA (dir.), *Traité de droit administratif*, *op. cit.*, p. 130 s. ; Y. GAUDEMET, *Droit administratif*, LGDJ Manuel, 21e éd., 2015, p. 45 (malgré les critiques énoncées) ; M. LOMBARD, G. DUMONT, J. SIRINELLI, *Droit administratif*, Dalloz, Hypercours, 12e éd., 2017, p. 9 ; X. LATOUR, C. VALLAR, *Droit administratif général*, Bréal, Grand Amphi Droit, 2017, p. 29 ; J. MORAND-DEVILLER, P. BOURDON, F. POULET, *Droit administratif*, LGDJ, Cours, 2017, p. 37 s. ; J. WALINE, *Droit administratif*, Dalloz, Précis, 27e éd., 2018, p. 10 s. ; P.-L. FRIER, J. PETIT, *Droit administratif*, LGDJ, Domat, 12e éd., 2018, p. 18 s. et 243 s. ; B. PLESSIX, *Droit administratif général*, LexisNexis, 2e éd., 2018, p. 564 s. ; P. DELVOLVE, *Le droit administratif*, Dalloz, Connaissance du droit, 7e éd., 2018, p. 3 ; P. GONOD, *Droit administratif général*, Dalloz, Les mémentos Dalloz, 2018, p. 6 ; V. aussi not. : J. CHEVALLIER, « Réflexions sur l'idéologie de l'intérêt général », *in* J. CHEVALLIER (dir.), *Variations autour de l'idéologie de l'intérêt général*, PUF, 1978 ; CONSEIL D'ÉTAT, *L'intérêt général*, La Documentation française, Etudes et documents, n° 50, 1999, p. 239 s., R. CHAPUS, *Droit administratif général*, T. 1, Montchrestien, Domat, 2001, p. 5.

Cependant, même dans l'hypothèse où « la personne publique laisse l'initiative privée jouer seule en matière de satisfaction de l'intérêt général, les activités en cause n'échappent pas pour autant et totalement à l'intervention des personnes publiques »[129]. Elles peuvent en effet réglementer ces activités privées, et ce d'autant plus qu'elle concourt à la satisfaction de l'intérêt général, sur le fondement de leurs pouvoirs de police administrative en particulier[130].

68. Si le droit administratif demeure l'angle d'approche principal, les autres branches du droit public, notamment constitutionnel et financier, voire du droit privé sont mobilisées, chaque fois que cela se révèle nécessaire à la démonstration.

69. L'usage exclusif de l'analyse juridique doit cependant lui-même être assoupli contrairement à ce qu'ont pu prétendre certaines études[131]. De fait, il existe une interdisciplinarité interne à l'analyse juridique puisque celle-ci impose parfois de réaliser « des opérations qui relèvent – par ailleurs également – de l'analyse plus générale qu'en offrent d'autres disciplines scientifiques, comme par exemple la logique, la linguistique appliquée, [...] et tant d'autres disciplines »[132]. Le recours à des disciplines auxiliaires à l'analyse juridique et mise à son service s'avère par ailleurs indispensable. En effet, « toute discipline épistémologique a besoin de recourir à des opérations qui se nourrissent des enseignements d'autres disciplines-épistémologiques »[133].

70. Dans cette perspective, l'intérêt de l'étude du droit de l'action culturelle territoriale revêt plusieurs aspects. Certains découlent directement de la spécificité de l'action culturelle dont son droit témoigne, d'autres résultent de l'évolution plus générale du droit administratif à laquelle il contribue et dont il atteste. Une méthode d'analyse pertinente doit alors être choisie.

§2 : Intérêt de la recherche et méthode d'analyse subséquente

71. L'intérêt de l'analyse du droit de l'action culturelle doit être présenté (A) avant d'exposer la méthode d'analyse retenue à cette fin (B).

---

[129] J.-F. LACHAUME, « La définition du droit administratif », *op. cit.*
[130] *Ibid.* Sur la police administrative et son rôle d'encadrement des activités privées, y compris d'intérêt général, v. aussi les autres ouvrages de droit administratif cités. Cf. aussi *infra*.
[131] K.-H. VOIZARD, *L'État culturel et le droit*, *op. cit.*, p. 19 et p. 20.
[132] R. PONSARD, *op. cit.*, p. 180.
[133] *Ibid.*, p. 189.

A) L'intérêt de la recherche

72. L'intérêt de la recherche est dual. La composante intrinsèque du premier résulte de la singularité du droit de l'action culturelle territoriale liée aux enjeux de la seconde (1). Sa composante extrinsèque découle des mutations du droit administratif auxquelles le droit de l'action culturelle territoriale participe et, par là même, dont il témoigne (2).

1) Composante intrinsèque de l'intérêt de la recherche

73. L'action culturelle territoriale est diverse et évolutive. L'intérêt des collectivités territoriales pour la culture, à la suite de l'État, est en effet croissant. Elles en sont même devenues des acteurs essentiels[134]. Aussi, leurs interventions dans ce domaine sont importantes[135]. L'action culturelle territoriale tend alors à revêtir des sens différents dont le droit atteste en tant qu'instrument.

74. L'État utilise en effet initialement l'action culturelle territoriale pour la consécration et le maintien de sa forme moderne, par l'installation d'un rapport vertical avec les individus[136] et horizontal entre eux, dans une perspective de régénération de la société[137]. Dans un second temps, l'État mobilise l'action culturelle territoriale pour répondre de manière efficace et adaptée à un besoin de la population, éventuellement exprimé, sur une partie de son territoire. La politique culturelle de démocratisation culturelle, de promotion de la création artistique, de protection ou encore de valorisation du patrimoine contribue alors à le légitimer, et ce, d'autant plus qu'est consacré constitutionnellement le droit à la culture[138].

75. L'État s'appuie à cette fin, en plus de ses propres institutions, sur les collectivités territoriales notamment par la coopération[139] et le contrôle qu'il

---

[134] V. par ex. : J.-M. BOCKEL, *Rapport d'information fait au nom de la délégation aux collectivités territoriales et à la décentralisation sur l'incidence de la nouvelle donne territoriale sur la politique de décentralisation culturelle*, Sénat, n° 543, 2 mai 2017, p. 7 ; P. POIRRIER, « Les collectivités territoriales et la culture : des beaux-arts à l'économie créative » *in* P. POIRRIER (dir.), *Politiques et pratiques de la culture*, La Documentation française, 2010, notice 5, p. 65 s.

[135] V. not. : J.-P. SAEZ, V. GUILLON, C. FAYE, *Note de conjoncture sur les dépenses culturelles des collectivités territoriales (2016-2018)*, Observatoire des politiques culturelles, février 2018.

[136] P. ROSANVALLON, *L'État en France de 1789 à nos jours*, Points, Seuil, 1990, p. 105.

[137] *Ibid.*, p. 106.

[138] Alinéa 13, Préambule de la Constitution du 27 octobre 1946.

[139] V. par ex. : P. POIRRIER, R. RIZZARDO, *Une ambition partagée ? La coopération entre le ministère de la Culture et les collectivités territoriales (1959-2009)*, La

exerce sur celles-ci pour s'assurer par exemple de la qualité des services ou de la protection du patrimoine culturel[140]. Ces dernières contribuent ainsi à l'action culturelle territoriale étatique. En France, l'action culturelle apparaît alors comme au service de l'État qu'elle contribue à faire émerger, à maintenir et à légitimer[141].

76. Les collectivités territoriales s'approprient cependant progressivement également l'action culturelle territoriale et ses instruments. Cette dernière peut en effet être utilisée pour mener une politique culturelle incluse éventuellement dans une stratégie plus globale de développement du territoire dans un contexte de plus en plus marqué par la recherche de leur compétitivité. Elle peut ainsi contribuer à l'éducation ou à l'insertion sociale et/ou devenir un enjeu de développement économique, de communication symbolique sur l'identité et l'image de la collectivité, sur son rayonnement[142] et/ou constituer un objet de revendications identitaires.

77. Les actions culturelles territoriales des collectivités peuvent alors être réalisées dans des perspectives similaires, distinctes, voire opposées à celle de l'État. L'analyse du droit de l'action culturelle territoriale permet alors de révéler la nature, la complémentarité et/ou la concurrence des actions culturelles des différents acteurs sur un même territoire[143] ainsi que la manière de gérer celles-ci dans un contexte international et européen renouvelé.

78. Le droit de l'action culturelle territoriale a dans cette perspective fait l'objet d'une évolution visible dans la multiplication des textes, souvent ponctuels, à son propos[144] ; ce qui nuit à son appréhension et à sa compréhension. Parmi les dispositions récentes, les plus représentatives sont

---

Documentation française, 2009 ; M. DARDY-CRETIN, *Histoire administrative du ministère de la culture, 1959-2012*, La Documentation française, 2012, p. 266 s.

[140] V. par ex. : E. MIRIEU DE LABARRE, « Naissance d'un statut général des musées, l'apport du livre IV du code du patrimoine », *op. cit.*, p. 1349 ; C. BOSSEBOEUF, « Le contrôle de l'État sur la gestion des musées territoriaux. Des questions encore en suspens », *AJDA*, 2014, p. 1423 s.

[141] C. PATRIAT, *La culture, un besoin d'État,* Hachette Littératures, 1998, p. 65.

[142] V. par ex. : J. DUPUIS, N. BELLOUBET, *Guide de l'élu délégué à la culture*, territorial éditions, dossier d'experts, 2013, p. 33 s. ; J.-P. SAEZ, « La culture comme pilier d'une économie positive. Entretien avec Edouard Philippe », *Observatoire des politiques culturelles*, 2013, n° 43, p. 39 s.

[143] V. par ex. : P.-L. FRIER, « La répartition actuelle des compétences entre l'État et le pouvoir local », *AJDA*, 2000, p. 58. ; R. RIZZARDO, « La répartition réelle des rôles entre l'État et le pouvoir local », *AJDA*, 2000, p. 81.

[144] V. par ex. : J.-M. PONTIER, *La décentralisation cultur*elle, LGDJ, Systèmes, 2018, p. 20 s.

sans doute le Code du patrimoine[145] et la loi relative à la liberté de la création, à l'architecture et au patrimoine[146].

79. L'intérêt extrinsèque de la recherche résulte de ce que le droit de l'action culturelle territoriale témoigne des mutations du droit public, notamment administratif, et de l'organisation territoriale de la République, en même temps qu'il concourt à leur réalisation.

2) Composante extrinsèque de l'intérêt de la recherche

80. Le contexte d'évolution du droit de l'action culturelle constitue la composante extrinsèque de l'intérêt de la recherche à son propos. Il en est ainsi d'une part des transformations de l'action publique et de son droit, d'autre part des mutations de l'organisation territoriale, et ce, même si le droit de l'action culturelle y occupe une place singulière.

81. L'action publique et son droit connaissent en effet depuis plusieurs années d'importantes évolutions dans le cadre des politiques de réformes et de modernisation. Ces « réformes montrent que l'administration n'est pas restée figée, mais qu'elle a pris la mesure des nouveaux enjeux ou défis à relever »[147]. La *Révision Générale des Politiques Publiques*[148] et la *Modernisation de l'Action publique*[149] n'ont pas un contenu substantiellement différent[150]. L'une et l'autre sont ainsi destinées à « favoriser et soutenir les travaux en vue d'évaluer et de moderniser l'action publique ; d'améliorer le service rendu aux citoyens et aux usagers ; contribuer à la bonne gestion des deniers publics »[151]. Le programme « Action publique 2022 », présenté fin 2017[152], semble s'inscrire dans la même perspective. Celui-ci a en effet trois objectifs prioritaires : « améliorer la qualité des services publics [153]» en accordant une place accrue au numérique, « offrir aux agents publics un

[145] Ordonnance n° 2004-178 du 20 février 2004 relative à la partie législative du code du patrimoine, *JO*, 24 février 2004, p. 3707, texte n° 44 ; Décret n° 2011-574 du 24 mai 2011 relatif à la partie réglementaire du code du patrimoine (livres Ier à VI), *JO*, 26 mai 2011, p. 9084.
[146] La loi n° 2016-925 du 7 juillet 2016 relative à la liberté de la création, à l'architecture et au patrimoine, *JO*, 8 juillet 2016, texte n° 1.
[147] H. OBERDORFF, N. KADA, *Les institutions administratives*, Sirey, 8e éd., 2016, p. 253.
[148] (2007-2012).
[149] (2012-2017).
[150] J. WALINE, *Droit administratif*, Dalloz, 26e éd., 2016, p. 99.
[151] *Ibid.*
[152] PREMIER MINISTRE, Circulaire n° 5968/SG, 26 septembre 2017, Programme « Action publique 2022 ».
[153] *Ibid.*

environnement de travail modernisé »[154] et « accompagner rapidement la baisse des dépenses publiques »[155]. Un rapport précise pour partie ces objectifs à travers vingt-deux axes de propositions. L'une d'entre elles consiste en la refonte de l'administration autour de la confiance et de la responsabilisation[156].

82. Les réformes successives invitent ainsi, dans une logique managériale, à la recherche de la performance[157], de l'efficacité, de la compétitivité, de la rationalisation administrative et de la qualité des services. Dans cette perspective, le recours à des personnes privées ou à des procédés du droit privé – et en particulier le contrat[158] – est accru, ce qui a pour effet « l'hybridation du droit »[159] de l'action publique.

83. L'intégration européenne et les engagements internationaux de la France ont aussi des impacts sur le droit de l'action publique et partant sur celui de l'action culturelle territoriale. Il en est ainsi par exemple, pour la première, des règles de la concurrence dans la passation des contrats, ou encore de celles relatives aux régimes des aides[160] indispensables à l'action culturelle. Les seconds ont permis récemment l'inscription législative des droits culturels[161]. Cette consécration et les conséquences qu'elle suppose sont revendiquées depuis longtemps par les collectivités territoriales, parfois dans une perspective identitaire.

---

[154] *Ibid.*
[155] *Ibid.*
[156] Proposition 1, V. BEDAGUE-HAMILIUS, R. MCINNES, F. MION (prés.), pour CAP 2022, juin 2018, *Rapport. Service public se réinventer pour mieux servir*, Action publique 2022, publication juillet 2018.
[157] L'organisation d'un colloque portant sur ces questions s'avère symptomatique de cette évolution. N. ALBERT (dir.), *Performance et droit administratif*, LexisNexis, Débats et colloques, 2010. V. aussi : J. CHEVALLIER, *Science administrative*, *op. cit.*, not. p. 36 et p. 517 s.
[158] V. par ex. : Y. LUCHAIRE (dir.), *Collectivités territoriales et gouvernance contractuelle*, L'Harmattan, 2006. L'existence d'un dossier consacré à « La contractualisation en droit public : bilan et perpective », à la RFDA, début 2018 en atteste. V. en particulier dans celui-ci : J. CHEVALLIER, « Contractualisation(s) et action publique », *RFDA*, 2018, p. 209.
[159] J.-R. PELLAS, *Droit de la culture*, LGDJ, Systèmes, 2015, p. 109.
[160] PREMIER MINISTRE, Circulaire du 26 avril 2017 n° 5929/SG, Application des règles européennes de concurrence relatives aux aides publiques aux activités économiques, Annexe 1.
[161] Article 103, Loi n° 2015-991 du 7 août 2015 portant nouvelle organisation territoriale de la République, *JO*, 8 août 2015 p. 13705 ; Article 3, Loi n° 2016-925 du 7 juillet 2016 relative à la liberté de la création, à l'architecture et au patrimoine, *JO*, 8 juillet 2016, texte n° 1.

84. Le droit de l'action culturelle, en tant que droit de l'action publique dans un domaine spécifique, contribue donc aux transformations de ce dernier en même temps qu'il en témoigne[162], malgré son éventuelle singularité.

85. L'organisation territoriale de la République connaît aussi depuis plusieurs années d'importantes mutations, le cas échéant, en lien avec la volonté de modernisation de l'action publique et l'affirmation du « référentiel managérial »[163]. Il en est ainsi pour la déconcentration comme pour la décentralisation, puisque l'une et l'autre demeurent intrinsèquement liées.

86. La déconcentration consiste désormais, selon la Charte de la déconcentration de 2015, à « confier aux échelons territoriaux des administrations civiles de l'État le pouvoir, les moyens et la capacité d'initiative pour animer, coordonner et mettre en œuvre les politiques publiques définies au niveau national et européen, dans un objectif d'efficience, de modernisation, de simplification, d'équité des territoires et de proximité avec les usagers et les acteurs locaux »[164]. La réduction du nombre de directions régionales de l'État et leur réorganisation autour du préfet en 2010 illustre cette conception, même si elle est chronologiquement antérieure.

87. Dans le cadre de la déconcentration, la culture occupe une place particulière. Elle est en effet l'une des cinq directions régionales restantes et la seule avec la direction régionale de l'alimentation, de l'agriculture et de la

---

[162] V. par ex. : M. GUENAIRE, « La qualité juridique à l'intérieur de l'administration : l'exemple du ministère de la Culture et de la Communication », *AJDA*, 1990, p. 75 s. ; C. PATRIAT, « Le ministère de la Culture au fourneau des réformes », *in* P. POIRRIER (dir.), *Politiques et pratiques de la culture*, La Documentation française, 2010, notice 2, p. 12 s. ; O. BUI-XUAN, « La RGPP dans le secteur culturel », *Penser la science administrative dans la post-modernité. Mélanges en l'honneur du Professeur Jacques Chevallier*, LGDJ, lextenso éditions, 2013, p. 441 s.

[163] A. HASTINGS-MARCHADIER, B. FAURE (dir.), *La décentralisation à la française*, LGDJ, Systèmes pratique, 2015, p. 28. V. aussi : P.-Y. CHICOT, « Les rapports centre-périphérie : construction, déconstruction et reconstruction de l'État », *in* N. KADA (dir.), *De la réforme territoriale à la réforme de l'État*, PUG, 2011, p. 249 s. (en part. 263 s.) ; D. COSTA, « Décentralisation : à la recherche d'un nouveau souffle ; métropoles, ruralités et financements de collectivités. Propos introductifs », (dossier : « Outils et financements européens à l'heure de la réforme territoriale »), *AJCT*, 2013, p. 550 ; F. CROUZATIER-DURAND, « Du territoire aux territoires, les transformations de l'action publique », *in* GRALE, *Les territoires de l'État*, Editions le Moniteur, 2017, p. 167 s.

[164] Article 1, Décret n° 2015-510 du 7 mai 2015 portant charte de la déconcentration, *JO*, 8 mai 2015, texte n° 23. Sur l'administration régionale de l'État voir not. : P. GERARD, *L'administration de l'État*, LexisNexis, 2e éd., 2016, p. 211 ; P.-Y. CHICOT, « Le renouvellement de l'État territorial : le prisme de la décentralisation autonomique », *in* GRALE, *Les territoires de l'État*, *op. cit.*, p. 187 s.

forêt à demeurer rattachée à un seul ministère[165]. Cela emporte des conséquences tant sur l'action culturelle territoriale que sur son droit[166].

88. La décentralisation connaît également de grands bouleversements. Il en est ainsi de la diminution du nombre de régions[167], de la suppression de la clause générale de compétence pour les départements et les régions [168] ou encore du développement de la coopération et en particulier de l'intercommunalité[169].

89. La culture occupe une place spécifique dans la décentralisation. Elle demeure, en particulier dans les réformes successives, une compétence partagée entre l'État et les différents niveaux de collectivités. Elle constitue donc un terrain privilégié d'observation des problématiques qui en découlent et des instruments mis en œuvre pour y pallier. C'est le cas s'agissant des principes d'expérimentation et collectivité chef de file, mais aussi de la délégation de compétences, de la coopération institutionnelle et conventionnelle, notamment de l'intercommunalité[170].

---

[165] Décret n° 2010-633 du 8 juin 2010, relatif à l'organisation et aux missions des directions régionales des affaires culturelles, *JO*, 10 juin 2010, texte n° 72.

[166] V. not. pour les évolutions récentes : J. Bouet, D. Chavigny, J.-S. Dupuit, *La réorganisation des directions régionales des affaires culturelles*, Inspection générale des affaires culturelles, 2016, n° 2016-18-30 ; J.-M. Bockel, *Rapport d'information fait au nom de la délégation aux collectivités territoriales et à la décentralisation sur l'incidence de la nouvelle donne territoriale sur la politique de décentralisation culturelle*, Sénat, n° 543, 2 mai 2017.

[167] Loi n° 2015-29 du 16 janvier 2015 relative à la délimitation des régions, aux élections régionales et départementales et modifiant le calendrier électoral, *JO*, 17 janvier 2015, p. 777, texte n° 1.

[168] V. not. : Loi n° 2010-1563 du 16 décembre 2010 de réforme des collectivités territoriales, *JO*, 17 décembre 2010, p. 22146 s. ; Loi n° 2014-58 du 27 janvier 2014 de modernisation de l'action publique territoriale et d'affirmation des métropoles, *JO*, 28 janvier 2014, p. 1562 s. ; Loi n° 2015-991 du 7 août 2015 portant nouvelle organisation territoriale de la République, *JO*, 8 août 2015, p. 13705 s.

[169] *Ibid.*

[170] V. not. : Arcade, *L'intercommunalité culturelle 2008-2012*, Arcade, collection repères, avril 2015 ; J.-P. Saez, « Culture et intercommunalité : les nouveaux défis. Introduction à la démarche de concertation territoriale du Conseil départemental des Côtes d'Armor », *L'Observatoire*, 26 mars 2018, [en ligne].

90. Elle participe également à faire émerger et à affirmer les principes de l'organisation territoriale[171] : indivisibilité, égalité, uniformité à l'origine[172] ; différenciation territoriale également, dans une certaine mesure désormais[173].

91. L'action culturelle territoriale subit depuis toujours les mutations de l'organisation territoriale qu'elle contribue à concrétiser et à asseoir en même temps qu'elle les accompagne.

92. Le droit de l'action culturelle territoriale, en tant qu'instrument de celle-ci, est *in fine* un révélateur privilégié non seulement du renouvellement des problématiques juridiques classiques liées à l'organisation territoriale de l'État, mais encore des transformations des modalités de l'action publique dans un contexte marqué par une logique managériale, la construction européenne et la mondialisation. La singularité du domaine culturel empêche néanmoins d'envisager celui-ci – et partant cette étude – comme un simple exemple de ces évolutions dans lesquelles il occupe une place particulière.

93. L'analyse se distingue alors à la fois des études généralistes relatives à l'organisation territoriale de l'État ou à la modernisation de l'action publique et de celles consacrées au droit de la culture tant sectorielles[174] que

---

[171] Cf. *infra*.

[172] V. not. : CE, sect. de l'intérieur, avis, 7 décembre 2017, n° 393651, *Différenciation des compétences des collectivités territoriales relevant d'une même catégorie et des règles relatives à l'exercice de ces compétences*.

[173] *Ibid.* V. aussi : E. PHILIPPE, N. BELLOUBET, *Projet de loi constitutionnelle pour une démocratie plus représentative, responsable et efficace*, AN, n° 911, 9 mai 2018 ; R. FERRAND, Y., BRAUN-PIVET, M. FESNEAU, *Rapport fait au nom de la commission des lois constitutionnelles, de la législation et de l'administration générale de la République sur le projet de loi constitutionnelle pour une démocratie plus représentative et efficace*, AN, n° 1137, 4 juillet 2018 ; E. PHILIPPE, N. BELLOUBET, *Projet de loi constitutionnelle pour un renouveau de la vie démocratique*, AN, n° 2203, 29 août 2019, J. CASTEX, J. GOURAULT, *Projet de loi relatif à la différenciation, la décentralisation, la déconcentration et portant diverses mesures de simplification de l'action publique locale*, Sénat, n° 588, 12 mai 2021.

[174] Soit sur une partie du domaine culturel, par ex. : M. DURUPTY, *L'État et les Beaux-Arts*, Thèse de droit public, Bordeaux, 1964 ; J. LANG, *L'État et le théâtre*, LGDJ, Bibliothèque de droit public, 1968 ; A. HERITIER, *Genèse de la notion juridique de patrimoine culturel. 1750 – 1816*, L'Harmattan, Droit du patrimoine culturel et naturel, 2003 ; V. BERTILLE, *Langues régionales ou minoritaires et Constitution. France, Espagne, Italie*, Bruylant, 2008. N. WAGENER, *Les prestations publiques en faveur de la protection du patrimoine culturel*, Thèse Université Paris sud, 2014 ; soit sur l'une de ses modalités : C. LAJAUNIE, *La police de la culture*, Thèse, Aix-Marseille, 2000 ; C.-W. WU., *La coopération entre les personnes publiques en droit public français en matière culturelle*, PUAM, 2009 ; N. PERLO, *L'évolution du droit public du cinéma en France et en Italie*, Thèse Université Paul Cézanne/Universita degli studi di Firenze, 2011 ; C. BOSSEBOEUF, *Les collectivités territoriales et leurs musées : Recherches sur*

territoriales[175], par son caractère transversal et sa recontextualisation dans l'évolution plus globale du droit public.

94. La méthodologie adoptée dans le cadre de cette recherche doit alors être exposée.

B) Le choix d'une méthodologie explicative-inductive et non analytique

95. Les travaux présentés ici tendent à la scientificité. Néanmoins, la subjectivité inhérente au chercheur dans tout travail scientifique ne peut être totalement écartée. C'est la raison pour laquelle est fait le choix d'une méthodologie qui emprunte aux démarches explicative et inductive. Celle-ci exclut *ab initio* une adhésion au dogme de l'autarcie juridique alors même que l'analyse en cause relève du strict domaine juridique. Par ailleurs, l'objet de recherche analysé, l'action culturelle territoriale, conduit à adopter une méthodologie non analytique.

96. L'approche explicative est entendue dans son acception contemporaine. Il s'agit alors d'une part de décrire un phénomène et d'autre part de rechercher la probabilité des causes ou des hypothèses de ce dernier[176]. Le caractère vrai ou vérifiable des explications en sciences sociales, bien que souhaitable et souhaité, est en effet largement incertain. Si le caractère explicatif de l'analyse repose en partie « sur des éléments, des données, vérifiables ou falsifiables empiriquement », il contient aussi « des mises en récit qui n'expriment que des points de vue savants [...] probables sur l'objet »[177].

---

le développement et les modalités de gestion et de gouvernance d'un service public local, Thèse Université Paris Descartes, 2012 ; J. MORAUD, *L'établissement public, mode de gestion de la politique culturelle de l'État*, Thèse Université de Reims Champagne-Ardenne, 2013 ; P. ROUJOU DE BOUBEE, *Les fondements constitutionnels de la liberté de la communication audiovisuelle. Approche comparative entre les grands modèles dans l'Union européenne*, Thèse Université Toulouse 1 Capitole, 2017.

175 Par ex. T.-H. LE MEAU, *La décentralisation culturelle*, Thèse Université Paris XI, 1990 ; A.-C. MOSSU-GROUAZEL, *La déconcentration de la politique culturelle de l'État dans un contexte de décentralisation. Contribution à l'étude d'une administration déconcentrée : les directions régionales des affaires culturelles*, Thèse Université de Nantes, 1997 ; F. THURIOT, *Décentralisation culturelle et territoires*, Thèse Université de Reims Champagne-Ardenne, 1998 ; J.-L. BODIGUEL, *L'implantation du ministère de la culture en région : naissance et développement des directions régionales des affaires culturelles*, La Documentation française, Comité d'Histoire du ministère de la culture 2000.

176 V. CHAMPEIL-DESPLATS, *Méthodologies du droit et des sciences du droit*, Dalloz, Méthodes du droit, 2014, p. 278 s.

177 *Ibid.*

97. La démarche inductive est utilisée à titre complémentaire. Cette dernière qui consiste à passer d'une proposition particulière à une proposition générale ou universelle peut être de deux types, parfaite ou amplifiante, selon la distinction établie par le Professeur V. Champeil-Desplats[178].

98. L'induction parfaite permet de parvenir à des conclusions certaines, mais suppose d'être réalisée à partir d'un ensemble fini, exhaustif et connu d'éléments, ce qui est rarement le cas dans le champ juridique. Il n'est en effet jamais assuré de pouvoir déterminer un ensemble fini et connu d'éléments particuliers. Il existe de plus, en général, une incertitude tenant à d'autres variables et en particulier au sens conféré aux énoncés ou faits à partir desquels l'induction est opérée. Ce n'est donc pas cette approche qui a été retenue.

99. L'induction amplifiante, quant à elle, tient compte de ces difficultés et consiste alors à « énoncer une proposition générale dont la portée dépasse l'addition des propositions particulières ou des cas observés qui lui ont servi de point de départ »[179]. Celle-ci conduit alors non pas à une conclusion certaine, mais seulement à une conclusion probable.

100. Aussi, ne s'agit-il pas ici de partir d'une hypothèse que l'on chercherait à vérifier dans les faits, mais, au contraire, il convient d'analyser dans les faits les évolutions de l'action publique territoriale dans le domaine culturel, et leurs probables causes. Cela permet alors de déterminer si ces dernières ne traduisent pas des mutations plus générales de deux ordres : au niveau de l'organisation et du fonctionnement de l'État et des relations entre personnes publiques et privées ; sur le plan du droit administratif français à l'heure du marché, de la construction européenne et de la mondialisation auxquelles elles contribuent.

101. Par ailleurs, le choix d'une méthodologie non analytique, du fait de l'objet de recherche étudié, implique de récuser par principe la logique des rubriques, de la casuistique ou encore d'une présentation sectorielle. Il conduit à l'inverse à s'inscrire dans une perspective globale et transversale.

***

102. L'objet de la recherche – l'action culturelle territoriale – déterminé et délimité, et la méthode d'analyse exposée, il devient possible de choisir et d'énoncer la problématique justifiant son étude.

---

178 *Ibid.*, p. 361.
179 *Ibid.*

103. Cette thèse se propose alors de montrer que l'action culturelle territoriale occupe une place singulière, dans l'évolution des modalités de l'action publique, de la conception de l'État et de son organisation territoriale, qu'elle en constitue un témoin privilégié.

104. La réponse à la problématique impose, dans une perspective pédagogique et pragmatique, de revenir d'abord sur les origines étatiques de l'action culturelle territoriale avant d'analyser son appropriation par les collectivités territoriales.

105. L'action culturelle territoriale est en effet depuis toujours au service de l'État qu'elle contribue, en France, à faire émerger. Il faut à cet égard « souligner le caractère volontariste et conscient de la politique linguistique et culturelle menée par le pouvoir d'État, dès le début de l'époque moderne »[180]. Cette situation conduit à l'affirmation de la dimension pour partie culturelle de « l'État national » français et du volontarisme de « l'État culturel » qui contribue à sa légitimation. L'action culturelle des entités territoriales ne peut alors demeurer *a priori* que circonscrite et subordonnée (Partie 1).

106. Les collectivités territoriales s'approprient progressivement l'action culturelle territoriale, dans le cadre délimité par l'État, afin de satisfaire leurs propres objectifs et favoriser ainsi leur propre légitimation. Celle-ci permet certes de répondre à la dimension culturelle de l'intérêt public local, mais elle procède également, et surtout, d'une stratégie de développement global. Les modalités de l'action culturelle territoriale par les collectivités territoriales consacrent alors une forme de diversité et de singularité admise dans le cadre étatique unitaire. Elles contribuent aussi aux mutations de l'organisation territoriale de l'État dans le cadre de la recherche de la rationalisation de l'action publique et de la reconnaissance des droits culturels. Elles participent ainsi à l'émergence d'un nouveau principe de l'organisation territoriale, la différenciation territoriale (Partie 2).

---

[180] J. POUMAREDE, « Décentralisation et pluralisme culturel », *Annales de l'Université des sciences sociales de Toulouse*, 1988, T. XXXVI, p. 153.

107. L'action publique territoriale dans le domaine culturel est d'abord le fait de l'État. Celle-ci est ancienne et résulte d'une longue évolution. La démarche explicative de cette recherche et l'exclusion d'une perspective purement statique impliquent que cette dernière soit envisagée. Elle peut alors être appréhendée de différentes manières.

108. Le caractère descriptif de l'étude est alors écarté. En effet, en tant que champ particulier des rapports entre l'État et le local, l'analyse par successivité laisse apparaître dans le champ culturel une tendance à un décentrement progressif de l'action culturelle étatique entendu comme « un programme tendant à repenser, du moins en partie, l'échafaudage étatique depuis les territoires et leur diversité »[181]. L'analyse qui se bornerait, dans une telle perspective, à présenter les différentes étapes de ce décentrement ne semble guère pertinente.

109. A l'inverse, l'approche archéologique, applicable dans l'analyse des rapports entre le local et l'État, semble plus adaptée[182] à « poser les bases d'une épistémologie des sciences humaines établie sur une conception nouvelle de l'histoire des connaissances »[183]. L'archéologie devient, dans cette perspective, un construit à visée compréhensive. « Le présent n'est [alors] plus [perçu comme] le résultat d'un enchaînement de causes souvent problématiques, mais [comme] le tableau complexe du jeu d'éléments

---

181 J. CAILLOSSE, *L'État du droit administratif*, LGDJ, Droit et société, 2015, n° 56, p. 207 ; V. aussi, J. CAILLOSSE, « Retour sur le couple décentralisation/déconcentration », *Pouvoirs locaux*, 2013, n° 98, p. 61 s.

182 V. not. : J.-A. MAZERES, « Essai d'analyse archéologique de la décentralisation », *Cahiers de L.E.R.A.S.S*, 1990, n° 21, p. 93 s. ; J.-A. MAZERES, S. REGOURD, « Collectivités locales : du modèle communautaire et territorial au modèle fonctionnel de l'entreprise », *Revue française d'administration publique*, 1990, n° 53, p. 119 s. en particulier p. 128 ; résumé synthèse de la contribution J.-A. MAZERES, S. REGOURD, « Du modèle communautaire et territorial au modèle fonctionnel de l'entreprise », *La commune, l'État et le droit, Actes du colloque du 9 et 10 novembre 1989 à l'Université de Tours*, LGDJ, 1990, p. 293 s ; S. REGOURD, « Fonctionnalisation et déterritorialisation ou les collectivités territoriales à l'heure du marché », *Cahiers du L.E.R.A.S.S.*, 1990, n° 20, p. 33 s. ; P. MOULINIER, *Politique culturelle et décentralisation*, L'Harmattan, 2002, p. 74 s. ; M. DOAT, *Recherche sur la notion de collectivité locale en droit administratif français*, LGDJ, Thèses, Bibliothèque de droit public, T. 230, 2003, p. 8 s. ; F. FOURNIE, *Recherches sur la décentralisation dans l'œuvre de Maurice Hauriou*, LGDJ, Thèses, Bibliothèque de droit public, T. 245, 2005, p. 446 s. Ces deux derniers auteurs utilisent cette méthodologie comme structure générale pour une partie de leur analyse.

183 J.-A. MAZERES, *op. cit.*, p. 93.

appartenant à des périodes successives, mais que l'on saisit simultanément ». Aussi, est-il possible d'y percevoir les apports des différentes strates, lesquelles ont une cohérence propre et s'empilent les unes sur les autres sans faire disparaître les anciennes selon un processus de tassement. La coupe archéologique saisit dans un système de simultanéité ce qui a été produit dans un système de successivité[184]. Elle permet donc de saisir simultanément des éléments appartenant à des périodes successives déterminants pour la compréhension du régime juridique actuel de l'action culturelle territoriale[185].

110. Une telle approche présente, par ailleurs, dans cette étude l'avantage d'éviter l'écueil de la périodisation, les strates n'étant pas à « proprement parler, des « périodes » sur la durée » avec des frontières temporelles[186]. Elle limite aussi les difficultés inhérentes à la diversité lorsque l'on s'intéresse à l'action étatique territoriale dans le champ culturel et qui sont particulièrement prégnantes dans certaines disciplines[187]. Cette démarche permet également de montrer une certaine cohérence logique dans les différentes actions culturelles, et ce, avant même que l'on puisse véritablement parler de politique culturelle.

111. L'analyse archéologique, bien que semblant la plus pertinente pour l'étude, n'est pas sans inconvénient. Elle suggère en particulier, lors de l'identification et l'examen des éléments caractéristiques de chaque strate – c'est-à-dire déterminants pour la compréhension du régime contemporain de l'action culturelle territoriale –, que sont écartées du propos certaines thématiques ou certaines périodes historiques, provoquant ainsi un « saut historique ». Il n'en est rien. Les unes comme les autres sont envisagées en filigrane et de manière complémentaire aux éléments caractéristiques.

112. Deux strates successives sont dans cette perspective à envisager relevant *a priori* de logiques différentes : la strate classique et la strate contemporaine.

113. La strate classique est caractérisée par la raison d'État. « Dans cette perspective [...], toute l'organisation publique de la cité et de la société [...] va

---

184 *Ibid.*, p. 96.

185 C'est du fait de l'influence sur le régime contemporain, même indirecte, que sont parfois mentionnées en note de bas de page des dispositions de droit positif lors de la présentation et de l'analyse de dispositions anciennes, y compris d'Ancien régime.

186 *Ibid.*

187 V. not. s'agissant de l'étude « localisée » de l'action culturelle, et au-delà de la seule action étatique. V. DUBOIS, « Eléments pour une socio-histoire des politiques culturelles locales », *in* V. DUBOIS, C. BASTIEN, A. FREYERMUTH, K. MATZ, *Le politique, l'artiste et le gestionnaire. (Re)configurations locales et (dé)politisation de la culture*, éditions du croquant, 2012, p. 221.

s'ériger autour de l'État, par l'État et selon le modèle de l'État »[188]. Ainsi, si, comme le souligne l'ensemble des auteurs juristes, historiens, politistes …, l'action culturelle, ou du moins l'action dans des domaines qualifiés aujourd'hui de culturels, apparaît dans ce contexte comme très centralisée, elle participe au processus de centralisation étatique, dont elle est l'un des outils, et par là même à la construction de l'État moderne (titre 1). Dans un sens en apparence contraire, la strate contemporaine se caractérise par la volonté de l'État de répondre « aux intérêts particuliers des hommes concrets, vivant et agissant dans le cadre de la société civile ». L'État culturel, par son action territoriale, tend alors à satisfaire les aspects culturels de ces derniers, et ce, même si dans une large mesure « la charpente unitaire de la raison d'État demeure dans sa solidité de chêne et ne se trouve guère ébranlée par les traits nouveaux de la strate de l'âge contemporain »[189]. Ainsi, « cet État, par nature, [...] ni artiste, ni esthète : s'il promeut la vie culturelle, c'est évidemment au nom d'un principe d'utilité »[190] (titre 2).

[188] J.-A. MAZERES, *op. cit.*, p. 93 s.
[189] *Ibid.*, p. 104.
[190] R. CARON, *L'État et la culture*, Paris, Economica, 1989, p. 8.

TITRE 1 : L'ACTION CULTURELLE TERRITORIALE DANS LA CONSTRUCTION DE L'ÉTAT MODERNE

114. L'État est un pouvoir institutionnalisé en ce sens « qu'il est transféré de la personne des gouvernants qui n'en ont plus que l'exercice, à l'État qui en devient désormais le seul propriétaire »[191]. Cette forme particulière du pouvoir politique[192] apparaît en France à partir du XVIe siècle[193] par l'entremise de la notion de souveraineté laquelle permet « cette transformation d'un pouvoir individualisé, personnalisé[194] en un pouvoir impersonnalisé »[195]. La souveraineté est alors « conçue comme *l'attribut* et *le signe distinctif*[196] de l'État : transcrivant le monopole de la contrainte en termes de puissance juridique, elle fait exister l'État en tant qu'entité à laquelle tous les actes de puissance doivent être rapportés et imputés »[197]. La puissance de l'État est donc irrésistible et inconditionnée en ce qu'elle s'impose aux assujettis et ne connaît aucune puissance lui étant supérieure.

115. Cette création de l'État moderne, supplantant la féodalité, nécessite alors dans un premier temps que « toute l'organisation publique de la cité et de la société [...] » s'érige « autour de l'État, par l'État et selon le modèle de l'État »[198], caractérisant ainsi la strate classique. Cependant, cette logique de la raison d'État connaît une certaine évolution au moment de la Révolution française, malgré une certaine continuité s'agissant notamment de la

---

[191] G. BURDEAU, *L'État*, Points, Seuil, 1970, p. 29.

[192] À cet égard, le Professeur O. Beaud souligne que « l'État n'est pas n'importe quelle forme de domination politique et n'équivaut donc pas à l'idée de pouvoir ». O. BEAUD, « La notion d'État », *Archives de philosophie du droit*, 1990, p. 120.

[193] P. SUEUR, *Histoire du droit public français XVe – XVIIIe siècles, Affirmation et crise de l'État sous l'Ancien Régime*, PUF, Thémis, 4e éd., 2007, T. II, p. 28.

[194] Sur ce point voir plus généralement : G. BURDEAU, *op. cit.*, p. 24 ; C. LAVIALLE, « De la fonction du territoire et de la domanialité dans la genèse de l'État en France sous l'Ancien Régime », *Droits*, n° 15, 1992, p. 21 ; C. BEAUDET, *Histoire des institutions jusqu'à la Révolution de 1789*, not. Partie 2 : La féodalité, Centre de publications universitaires, 1996, p. 63 s., D. GUIGNARD, *La notion d'uniformité en droit public français*, Dalloz, Nouvelle bibliothèque des thèses, 2004, p. 216 s.

[195] D. GUIGNARD, *ibid.*, p. 215.

[196] V. aussi sur le caractère distinctif de la souveraineté. « Elle est comme l'État, la forme historique prise par l'organisation juridique du pouvoir et c'est cette forme particulière qui distingue l'État des autres puissances ». O. BEAUD, *La puissance de l'État*, PUF, Léviathan, 1994, p. 15.

[197] J. CHEVALLIER, *L'État*, Dalloz, Connaissance du droit, 2e éd., 2011, p. 27. « La souveraineté moderne est un pouvoir suprême de l'État sur les personnes qui entrent dans le cercle de sa domination ». O. BEAUD, *La puissance de l'État*, *op. cit.*, p. 42. Sur la souveraineté voir aussi par ex : P. MBONGO, « Souveraineté interne » et C. SANTULLI, « Souveraineté externe », *in* P. MBONGO, F. HERVOUËT, C. SANTULLI (dir.), *Dictionnaire encyclopédique de l'État*, Berger-Levrault, 2014, p. 857 s.

[198] J.-A. MAZERES, *op. cit.*, p. 93 s.

centralisation administrative[199]. Ainsi, comme « l'État moderne prend forme en s'appuyant sur la souveraineté et la monopolisation du pouvoir politique par le roi simple gouvernant »[200], le travail d'unification auquel procède l'État avant 1789 est essentiellement politique et technique et « renvoie à la construction de l'État lui-même »[201]. Le lien politique créé, de type « vertical », consiste à « rendre plus visible et plus forte la relation des individus à la couronne royale, en les dégageant des espaces plus immédiats d'appartenance dans lesquels ils se reconnaissent spontanément, dans leur terroir, leur ville ou leur profession » ; « instaurant ainsi les conditions d'une dépendance uniforme des sujets à son égard sur son territoire »[202]. Le roi apparaît alors non plus comme le suzerain suprême, mais comme celui qui exerce sa souveraineté sur l'ensemble du territoire du royaume.

116. Après 1789, la centralisation administrative change de sens et contribue à la création de la Nation en établissant un lien social et politique de type « horizontal ». Ainsi, « loin de se contenter de poursuivre la centralisation mise en œuvre par l'absolutisme, l'État démocratique lui assigne ainsi une fonction neuve : faire exister une société de citoyens égaux, constituant une Nation »[203].

117. L'action culturelle, en particulier territoriale, contribue à l'établissement et au maintien de ces liens politiques, vertical et horizontal ; participant ainsi à la formation et à la transformation de l'État. À cet égard, il apparaît que c'est « la Nation française qui a poussé le plus loin l'affirmation d'une présence politique active et revendiquée dans le champ culturel [...] à chaque moment de sa fondation, de ses transformations ou de ses mutations »[204]. Dans cette perspective, « il est donc normal que nous voyions tout au long de l'histoire un parallélisme dans l'évolution des pouvoirs publics et de la culture et une subordination de l'action culturelle à la nature et aux buts des pouvoirs publics »[205]. L'action culturelle participe donc à l'établissement d'un lien de type vertical et contribue ainsi à compter du XIIIe siècle à la construction et au maintien de l'État (chapitre 1). Suite à la Révolution française, l'action culturelle territoriale est utilisée aux fins de

---

199 « Je veux bien que la centralisation soit une belle conquête [...], mais je soutiens que ce n'est pas une conquête de la Révolution. C'est au contraire une conquête de l'ancien régime, et, j'ajouterai, la seule portion de la constitution politique de l'ancien régime qui ait survécu à la Révolution, parce que c'était le seul qui put s'accommoder de l'état social nouveau que cette Révolution a créé ». A. DE TOCQUEVILLE, *L'ancien régime et la révolution*, GF-Flammarion, 1988, p. 127.

200 D. GUIGNARD, *op. cit.*, p. 211 ; V. aussi, C. BEAUDET, *op. cit.*, p. 186 ; P. SUEUR, *op. cit.*, p. 28.

201 P. ROSANVALLON, *L'État en France de 1789 à nos jours*, Points, Seuil, 1990, p. 105.

202 *Ibid.*

203 *Ibid.*, p. 106.

204 C. PATRIAT, *La culture, un besoin d'État,* Hachette Littératures, 1998, p. 65.

205 A.-H. MESNARD, *L'action culturelle des pouvoirs publics*, LGDJ, 1969, p. 19.

régénération de la société par la création de liens de type horizontal (chapitre 2).

Chapitre 1 : L'action culturelle territoriale au service de la création de l'État

118. L'État en tant que support particulier du pouvoir politique apparaît en France au XVIe siècle. En effet, « il n'y a pas sauf à abuser du sens des mots [...] d'État médiéval »[206]. C'est la notion de souveraineté, *souveraineté étatique*, qui permet le passage du pouvoir féodal au pouvoir étatique. L'apparition de la souveraineté n'a été rendue possible que par le renforcement de la relation de l'individu à la couronne royale et la création subséquente d'un lien politique de type « vertical ». Il convient de rappeler cette évolution.

119. L'action culturelle, en particulier territoriale, participe au processus d'apparition de l'État moderne en contribuant au renforcement du lien vertical établi entre les individus et la Couronne royale de manière d'abord spontanée puis consciente. En effet, « la France eut une culture avant d'avoir un État » et « il est à penser que cette culture fut un puissant instrument d'unification et de construction de l'État, avant que l'État ne s'en serve encore pour accroître son pouvoir »[207]. L'usage du vocable « culturel » est volontaire, bien qu'il soit de toute évidence anachronique. Ce choix est dû à la volonté de souligner que les interventions royales puis étatiques ont lieu dans des domaines qualifiés aujourd'hui de culturels, et ce, même si à l'époque leurs finalités n'étaient pas principalement culturelles.

120. L'action culturelle territoriale participe ainsi d'abord au renforcement de l'autorité royale (section 1) indispensable à l'apparition de l'État moderne qu'elle contribue à faire apparaître et à renforcer. Elle peut donc être considérée comme instrumentalisée[208] à cette fin (section 2).

Section 1 : La contribution de l'action culturelle territoriale au renforcement de l'autorité royale

121. L'apparition de l'État royal au XVIe siècle n'a été possible que par la reconstruction progressive, à partir du XIIIe siècle, de l'autorité royale, perdue dès le début du IXe siècle. Il importe alors de présenter sommairement

---

[206] O. BEAUD, *La puissance de l'État, op. cit.*, p. 30.

[207] A.-H. MESNARD, *L'action culturelle des pouvoirs publics*, *op. cit.*, p. 30.

[208] L'expression « instrumentalisation de l'action culturelle », ou de l'une de ses composantes, désigne dans cette perspective son utilisation consciente par les acteurs pour parvenir à un but spécifique ; toute connotation péjorative étant, sauf mention contraire, exclue.

l'évolution qui a permis de passer de la féodalité[209] à l'État monarchique. Celle-ci se caractérise par le passage des souverainetés, *souverainetés médiévales*[210] multiples, à la *souveraineté monarchique,* ce qui constitue une avancée vers la conception étatique de la souveraineté, *souveraineté étatique*[211] (§1).

122. Au morcellement territorial et politique de la société féodale correspond un morcellement de « l'action culturelle territoriale ». À mesure que le pouvoir royal s'accroît, si l'action culturelle apparaît comme peu à peu être centralisée, elle participe surtout à son renforcement (§2).

§1 : Des souverainetés médiévales multiples aux prémices de la souveraineté étatique

123. Le terme de « féodalité » est susceptible de renvoyer à une pluralité d'acceptions suivant le contexte dans lequel il est utilisé. Aussi, nombreux sont les auteurs qui invitent à la prudence lors de son utilisation[212]. À l'origine, le mot « féodalité » est utilisé au XVIIe siècle pour qualifier ce qui se rattache au fief. Les Révolutionnaires ont abusé du mot « féodal » pour « désigner ce qui, dans l'Ancien Régime, leur paraissait le plus mériter la destruction »[213].

---

[209] Les Professeurs J.-A. Mazères et S. Regourd mettent en évidence dans le même sens que la strate de l'âge classique succède à la strate de l'âge féodal. L'objectif alors poursuivi est de mettre en évidence certaines spécificités de celle-ci en tant qu'éléments fondateurs de la future décentralisation : communauté et territoire. Si cette analyse est partagée, tout comme le rôle fondamental accordé à ces éléments, l'étude est axée ici sur la recherche de domination du pouvoir royal.
Sur la strate de l'âge féodal : V. not. : J.-A. MAZERES, « Essai d'analyse archéologique de la décentralisation », *op. cit.*, p. 99 s. ; J.-A. MAZERES et S. REGOURD, « Collectivités locales : du modèle communautaire et territorial au modèle fonctionnel de l'entreprise », *op. cit.*, p. 119 s.; résumé synthèse de la contribution J.-A. MAZERES, S. REGOURD, « Du modèle communautaire et territorial au modèle fonctionnel de l'entreprise », *op. cit.*, p. 293 s. ; S. REGOURD, « Fonctionnalisation et déterritorialisation ou les collectivités territoriales à l'heure du marché », *op. cit.*, p. 33 s.

[210] Le mot « souverain » entre en effet dans le vocabulaire juridique pour désigner le « statut d'une autorité disposant d'un pouvoir », O. BEAUD, *La puissance de l'État*, *op. cit.*, p. 39.

[211] M. MARTIAL, *Histoire des institutions. L'ancienne France (Ve siècle – 1789)*, LexisNexis, Manuel, 2013, p.137.

[212] O. HINTZE, « Nature et diffusion de la féodalité » *in*, O. HINTZE, *Féodalité, Capitalisme et État moderne*, textes choisis et présentés par H. BRUHNS, Editions de la maison de l'homme Paris, 1991, p. 89 (titre original : Wesen und Verbreitung der Feudalismus, *Sitzungsberichte der Preußischen Akademie der Wissenschaften 20*, 1929, p. 321 s.) ; F.-L. GANSHOF, *Qu'est ce que la féodalité ?*, Tallandier, Approches, 5e éd., 1982, p. 11 ; T. PECOUT, « Féodalité », *in* A. VAUCHEZ (dir.), *Dictionnaire encyclopédique du Moyen Âge*, T. 1, Editions du CERF Paris, 1997, p. 586 ; R. BEAUTHIER, *Droit et genèse de l'État*, Editions de l'Université de Bruxelles, 4e éd., 2011, p. 77.

[213] G. DUBY, « Féodalité », *in Encyclopaedia Universalis*, Corpus 9, 2002, p. 308.

Un tel usage a conféré une certaine dimension péjorative au terme pour une partie de la doctrine. Cela est perceptible de nos jours dans le langage courant. La féodalité désigne alors « toute puissance économique ou sociale fortement structurée qui tend à devenir indépendante de l'État »[214].

124. Sous la plume des historiens contemporains, la « féodalité » conserve essentiellement deux sens, l'un social et politique, l'autre juridique. Dans son sens social et politique, la féodalité, *société féodale*[215], désigne « un type de société dont les caractères déterminants sont : un développement poussé très loin des liens de dépendance d'homme à homme, avec une classe guerrière dominante occupant les échelons supérieurs de cette hiérarchie ; un morcellement extrême du droit de propriété ; une hiérarchie des droits sur la terre nés de ce morcellement, hiérarchie correspondant dans une large mesure à la hiérarchie des liens de dépendance personnelle dont il vient d'être question ; un morcellement du pouvoir public créant dans chaque pays une hiérarchie d'instances autonomes et exerçant dans leur propre intérêt des pouvoirs normalement attribués à l'État et souvent du ressort effectif de celui-ci à une époque antérieure »[216]. La féodalité correspond dans son sens juridique, *féodalité juridique*, à « un ensemble d'institutions créant et régissant des obligations d'obéissance et de service – principalement militaire – de la part d'un homme libre, dit « vassal », envers un autre homme libre dit « seigneur », et des obligations de protection et d'entretien de la part du « seigneur » à l'égard du « vassal » ; l'obligation d'entretien ayant le plus souvent pour effet la concession par le seigneur au vassal, d'un bien dit « fief » »[217]. Les relations vassaliques reposent donc sur un rapport contractuel personnel.

125. La société féodale est caractérisée par l'existence de souverainetés multiples. Une part de la doctrine préfère à cet égard évoquer le « morcellement de la souveraineté »[218] ou considère qu'il n'est pas question de souveraineté à cette période, les caractères d'unité et d'indépendance que

---

[214] Larousse.fr. V. aussi pour la perception péjorative : féodalité « sert à définir tout ce qui est mépris de l'autorité publique au profit d'intérêts privés ». G. DUBY, « Féodalité », *op. cit.*, p. 308.

[215] Certains auteurs préfèrent pour désigner la réalité ainsi définie le terme de « société féodale ». V. F.-L. GANSHOF, *op. cit.*, 1982, p. 12 - 13 ; R. BEAUTHIER, *op. cit.*, p. 77 ; G. DUBY, *Qu'est ce que la société féodale ?*, Flammarion, 2011. Dans un souci de clarté des propos, cette double terminologie est reprise.

[216] F.-L. GANSHOF, *op. cit.*, p. 11-12. V. aussi O. HINTZE, « Nature et diffusion de la féodalité », *op. cit.*, p. 87 et p. 98 s.

[217] F.-L. GANSHOF, *op. cit.*, p. 13. V. aussi : J. ELLUL, *Histoires des institutions. Le Moyen Âge*, PUF, Quadrige, 2013, p. 128 et surtout p. 150 s.

[218] G. CHIANEA, *Histoire des institutions publiques de la France. Du démembrement à la reconstitution de l'État (476 – 1492)*, PUG, Le droit en plus, 2001.

suppose cette notion s'opposant à une telle reconnaissance[219]. Il ne s'agit cependant pas d'entrer ici dans ce débat. Chacune de ces conceptions renvoyant à l'idée selon laquelle il y a un morcellement politique. Ainsi, « la souveraineté médiévale [...] reflète un système caractérisé par une pluralité de centres de décision. Usant d'un mode anachronique d'une expression de Kelsen, on dira que l'ordre constitutionnel du Moyen Âge constitue un ordre juridique décentralisé auquel il manque précisément ce centre, cette puissance unifiante qu'est la souveraineté de l'État moderne »[220]. Dans cette société, le roi occupe cependant dès l'origine une place particulière (A).

126. La reconstruction progressive de l'autorité royale passe par la monopolisation du pouvoir par le roi et la montée en puissance conséquente de la monarchie (B).

A) La place initiale singulière du roi dans le cadre des souverainetés multiples

127. Dans la société féodale existent de multiples souverainetés. (1). Le roi y occupe néanmoins une place spécifique (2).

1) Le temps des souverainetés multiples

128. La féodalité, *société féodale,* succède en France à l'époque carolingienne. Celle-ci se caractérise par un morcellement territorial, politique et linguistique[221]. Elle résulte, dès le IXe siècle, de la décadence puis de la dislocation du royaume carolingien. Ce mouvement de « descente des droits de puissance publique »[222] peut être décrit en trois étapes successives : constitution des « principautés territoriales » vastes ensembles regroupant plusieurs pagi sous l'autorité d'un seul chef qualifié de « prince »[223], autonomie des comtés constitués d'un seul pagus[224] et pour finir dislocation du pagus en multiples seigneuries[225]. Cette descente des droits de puissance publique entraîne corrélativement la montée en puissance des

---

[219] A. RIGAUDIERE, « L'invention de la souveraineté », *Pouvoirs*, n° 67, 1993, p. 6 et p. 15. Sur la question de la souveraineté voir plus largement l'ensemble du numéro de la revue consacré à celle-ci. Le Professeur G. Chianéa, dans son ouvrage, après avoir indiqué (p. 50) que les seigneurs étaient souverains c'est-à-dire des chefs politiques indique que « la souveraineté [elle] est une notion de droit public étrangère au droit féodal ». G. CHIANEA, *op. cit.*, p. 149.

[220] O. BEAUD, *La puissance de l'État*, *op. cit.*, p. 40.

[221] Cf. *infra.*

[222] O. DEVAUX, *Histoire des institutions de la France (1er-XIVe siècle)*, L'Hermès, 1993, p. 108.

[223] Fin du IXe siècle – premier tiers du Xe siècle.

[224] Aux alentours du milieu du Xe siècle.

[225] XIe siècle.

seigneurs[226], quel que soit leur statut : princes, comtes, châtelains. Du fait de l'insécurité généralisée, les personnes vont rechercher la protection de grands propriétaires en échange de la soumission à leur autorité, selon le principe des relations vassaliques. En effet, « les grands ne demandent qu'à commander, tandis que les autres, prêts à se soumettre à une autorité protectrice, cherchent des chefs ; les grands deviennent ainsi des seigneurs »[227]. La vie à cette époque est donc organisée dans le cadre de la seigneurie entendue comme « un territoire plus ou moins étendu et dispersé, dont le seigneur en même temps qu'il est le propriétaire[228], est aussi à bien des égards le souverain, car il y exerce un très large pouvoir de commandement »[229]. Le seigneur est donc en « quelque sorte le maître chez lui »[230], et ce même s'il est engagé dans une ou plusieurs relations vassaliques avec d'autres seigneurs. Il exerce dans sa seigneurie des droits de « puissance publique », les futurs « droits régaliens »[231], comme : la possibilité de battre monnaie, de prélever des impôts, de faire la guerre et de rendre la justice[232]. Dans cette perspective, le pouvoir est donc partagé et la France divisée en souverainetés, *souverainetés médiévales*[233], multiples[234]. À cette époque, si le « paradigme de la seigneurie »[235] s'impose de la royauté à la châtellenie, le roi conserve une place spécifique.

---

226 Pour une analyse des fondements et de l'enracinement de la féodalité, v. not. : G. DUBY, « Féodalité », *in Encyclopaedia Universalis*, *op. cit.*, p. 307-308 ; R. BEAUTHIER, *op. cit.*, p. 61 s. ; M. MARTIAL, *op. cit.*, p. 137 s.

227 P.-C. TIMBAL, *Histoire des institutions et des faits sociaux*, Dalloz, Précis, 3e éd., 1966, p. 108.

228 Plus exactement titulaire de son domaine puisqu'il tient en général sa terre d'un seigneur supérieur (cf. *infra* théorie de la mouvance). G. CHIANEA, *op. cit.*, p. 50.

229 F. OLIVIER-MARTIN, *Histoire du droit français, des origines à la Révolution*, CNRS Editions, 3e éd., 2010, p. 153.

230 A. BLANC, *La langue du roi est le français, Essai sur la construction juridique d'un principe d'unicité de langue de l'État royal (842-1789)*, L'Harmattan, 2010, p. 123.

231 J. ELLUL, *op. cit.*, p. 128.

232 Sur ce point v. not : O. DEVAUX, *op. cit.*, p. 122 s. ; J. ELLUL, *op. cit.*, p. 166 s. et 169 s.

233 Le mot « souverain » entre en effet dans le vocabulaire juridique pour désigner le « statut d'une autorité disposant d'un pouvoir », O. BEAUD, *La puissance de l'État*, *op. cit.*, p. 39.

234 M. MARTIAL, *op. cit.*, p. 137. V. aussi O. BEAUD, *La puissance de l'État*, *op. cit.*, p. 38. L'auteur souligne que le terme de « souveraineté » dans la littérature juridique du Moyen Âge désigne un « pouvoir qui n'admet aucun supérieur ». L'adjectif souverain est alors utilisé seulement pour désigner Dieu, mais aussi les « autorités séculières, le Roi comme les barons […] ».

235 M. MARTIAL, *op. cit.*, p. 157.

2) La place singulière du roi féodal

129. Durant cette période, si la royauté n'a pas changé de nature, elle n'a plus la même autorité que par le passé[236]. Le pouvoir royal ne s'identifie jamais au monde féodal[237]. Ainsi, si le roi est bien intégré au système hiérarchique de la société féodale, il y occupe une place particulière. En effet, le roi exerce sa souveraineté sur son domaine[238] comme tout autre seigneur. À ce titre, il bénéficie de la jouissance des droits seigneuriaux : impôt, justice, *etc.*[239] Cependant, il occupe parmi les seigneurs, au moins théoriquement, une place spécifique qu'il s'efforce de renforcer à partir du XIIe siècle afin de reconstruire sa propre puissance.

130. En raison de l'impossibilité d'établir une véritable hiérarchie des seigneurs fondée sur les liens personnels du fait de la multiplicité des liens vassaliques, le fief est devenu à partir du XIIe siècle l'élément essentiel de la relation vassalique. Partant, par la théorie de la mouvance selon laquelle « de la même manière que les fiefs concédés par le seigneur à ses chevaliers procèdent de l'ensemble plus vaste formé par la seigneurie, la seigneurie elle-même se « meut » d'une principauté, laquelle s'inscrit à son tour dans le royaume »[240] « tout seigneur dépend médiatement du roi »[241]. Ainsi, le roi progressivement placé au sommet de la hiérarchie féodale est présenté comme le « suprême fieffeux »[242], « le grand fieffeux » ou encore le « suzerain fieffeux » du royaume[243]. De plus, le roi refuse de faire hommage et peut refuser un fief afin d'éviter de s'intégrer dans l'échelle des mouvances[244].

---

[236] J. ELLUL, *op. cit.*, p. 132 et p. 269.

[237] O. GUILLOT, A. RIGAUDIERE, Y. SASSIER, *Pouvoirs et institutions dans la France médiévale. Des temps féodaux au temps de l'État*, T. 2, Armand Colin, 2008 (éd. 1999), p. 107. Le Professeur J. Ellul indique à cet égard que « La Royauté pendant cette période est d'un autre ordre que l'ensemble féodal ». J. ELLUL, *op. cit.*, p. 268.

[238] « Ensemble des terres où le Roi exerce lui-même les privilèges des grands seigneurs » *in ibid.*

[239] O. DEVAUX, *op. cit.*, p. 161.

[240] M. MARTIAL, *op. cit.*, p. 152. Sur la mouvance v. aussi : R. BEAUTHIER, *op. cit.*, p. 182 ; J.-L. HAROUEL, J. BARBEY, E. BOURNAZEL, J. THIBAUT-PAYEN, *Histoire des institutions de l'époque franque à la Révolution*, PUF, Droit fondamental, 11e éd., 2006, p. 227.

[241] J. ELLUL, *op. cit.*, p. 273 ; M. MARTIAL, *op. cit.*, p. 152.

[242] O. GUILLOT, A. RIGAUDIERE, Y. SASSIER, *op. cit.*, p. 107 ; J. ELLUL, *op. cit.*, p. 273.

[243] G. CHIANEA, *op. cit.*, p. 148.

[244] À noter que par la suite pour éviter de renoncer à un fief ou à une seigneurie, sans pour autant les tenir de quelqu'un, le roi va dédommager les intéressés ou lui donner un vassal. Sur ce point v. not. : R. BEAUTHIER, *Droit et genèse de l'État*, *op. cit.*, p. 184 ; J.-L. HAROUEL, J. BARBEY, E. BOURNAZEL, J. THIBAUT-PAYEN, *op. cit.*, p. 229-230.

131. Par ailleurs, au moins de manière théorique[245], puisqu'il n'a matériellement pas véritablement les moyens de se faire obéir, le roi conserve une autorité prééminente sur l'ensemble des seigneuries faisant partie du royaume. Cette autorité spécifique découle de son caractère sacré et du soutien de l'Église au roi[246]. Lors de son sacre à Reims, le roi reçoit l'onction et règne donc par la grâce de Dieu dont il tient originairement son royaume. Ainsi, selon Louis VII, « seuls les rois et les prêtres sont sacrés par l'onction du Saint-Chrême, il convient donc qu'eux seuls, au-dessus de tous les autres, associés par la sacro-sainte onction, travaillent à gouverner le peuple chrétien »[247]. Le sacre qui suit l'accord des Grands du royaume a alors un caractère constitutif, et ce, même si les principes d'hérédité et de la primogéniture qui servent à désigner le titulaire de la couronne ont remplacé l'élection à partir du XIIe siècle[248]. Par le sacre, le roi incarne le bien commun. Aussi selon le Professeur O. Devaux, « son pouvoir et sa protection s'étendent à tous les sujets au-dessus desquels il est placé, quel que soit leur rang dans la société »[249]. Par ailleurs, l'Église conservant la théorie du pouvoir politique unique et centralisé, considère le roi « comme étant de droit divin et souverain absolu »[250]. De ce fait, le roi en tant que roi souverain détient un pouvoir qui ne découle pas de l'hommage. Ainsi, en refusant de faire hommage à quiconque, il renforce sa position particulière. De plus, le roi va progressivement multiplier les vassaux directs et essayer de neutraliser les vassaux et arrière-vassaux en diminuant les effets néfastes d'engagement vassaliques préexistants[251]. Cette conception conduit à l'idée selon laquelle « le roi ne tient de personne », exception faite de Dieu[252].

132. Le roi est le titulaire d'une fonction[253], d'un ministère[254] particulier. Il est à ce titre chargé de plusieurs missions pour lesquelles il s'engage lors du sacre[255]. Il doit d'une part protéger les sujets et l'Église, d'autre part rendre la justice – entendue dans un sens large comme la justice sociale – en représentant le bien commun du Royaume[256]. Il légifère peu à peu à cette

---

[245] O. DEVAUX, *op. cit.*, p. 160 ; J. ELLUL, *op. cit.*, p. 269.
[246] R. BEAUTHIER, *op. cit.*, p.177 s. ; M. MARTIAL, *op. cit.*, p. 150.
[247] Cité *in* M. MARTIAL, *op. cit.*, p. 150.
[248] R. BEAUTHIER, *op. cit.*, p. 179 ; M. MARTIAL, *op. cit.*, p. 148.
[249] O. DEVAUX, *op. cit.*, p. 163.
[250] J. ELLUL, *op. cit.*, p. 268.
[251] Sur les divers mécanismes v. not : R. BEAUTHIER, *op. cit.*, p. 185 ; J.-L. HAROUEL, J. BARBEY, E. BOURNAZEL, J. THIBAUT-PAYEN, *op. cit.*, p. 231.
[252] R. BEAUTHIER, *op. cit.*, p. 184.
[253] J. ELLUL, *op. cit.*, p. 276 s. ; M. MARTIAL, *op. cit.*, p. 148.
[254] *Ibid.*
[255] O. DEVAUX, *op. cit.*, p. 163.
[256] J. ELLUL, *op. cit.*, p. 276 s. ; M. MARTIAL, *op. cit.*, p. 229.

fin[257]. Cependant, jusqu'à la fin du XIIe siècle, le roi est factuellement concurrencé dans ses missions par certains seigneurs[258] et, jusqu'au XIIIe siècle, son pouvoir de législation demeure très restreint[259].

133. À mesure que le roi affirme sa place particulière dans la société féodale, se développent progressivement deux concepts intimement liés : le royaume, *regnum*, et la couronne, *corona*[260] préfigurant ainsi le lien vertical entre l'ensemble des sujets et le roi. L'action culturelle spontanée puis instrumentalisée du roi, notamment en matière linguistique, contribue à affirmer la singularité royale puis à établir, et à renforcer, ce lien. Elle participe aussi par conséquent à l'unification du royaume[261].

134. Le royaume, dont le roi garantit l'unité n'est alors plus conçu comme « la somme des droits du roi ou la seule principauté royale, mais comme un ensemble territorial composé du domaine royal et des principautés, considérées comme des fiefs dépendant de la couronne »[262]. En tant que notion abstraite, la couronne désigne l'entité politique confiée au roi. Distincte de sa personne physique et mortelle, elle symbolise l'institution royale et devient la véritable titulaire de ses droits et devoirs et c'est elle qui est bénéficiaire de l'obligation de fidélité des grands du Royaume. Par ailleurs, elle est également le symbole, à travers la forme de cercle parfait de la couronne matérielle, de l'unité du royaume dont la tête royale constitue le centre[263].

135. Il apparaît alors que « l'idée moderne d'État qui procède de la Couronne »[264] a été construite dans le cadre du modèle féodal qui sert « de

---

[257] Entre le Xème et le XIIe siècle, le roi peut théoriquement légiférer par « ban royal » comme à l'époque carolingienne, mais il n'a en réalité pas le pouvoir de prendre des règles générales. V. sur ce point : J. ELLUL, *op. cit.*, p. 278 s. ; F. SAINT-BONNET, Y. SASSIER, *Histoire des institutions avant 1789*, LGDJ, Domat droit public, 5e éd., 2015, p. 177.

[258] S'agissant par exemple du maintien de la paix v. not. M. MARTIAL, *op. cit.*, p. 157.

[259] Le pouvoir législatif du roi est très restreint qu'il s'agisse des *établissements pour le domaine* ou des *établissements pour le Royaume*. En effet, si l'ensemble de ces décisions doivent être établies pour le commun profit c'est-à-dire intervenir dans les cas non prévus par la coutume, qu'elles doivent respecter, et présenter une utilité pour le Royaume, les secondes doivent pour que les seigneurs y obéissent être faites « par grand Conseil », jusqu'en 1223. C'est-à-dire que les seigneurs doivent y consentir. V. not. J. ELLUL, *op. cit.*, p. 278 s.

[260] En fonction des auteurs, l'accent est plus mis sur le concept de *regnum* ou de *corona*.

[261] Cf. *infra*.

[262] M. MARTIAL, *op. cit.*, p. 153.

[263] Selon une conception organique largement répandue, le royaume est en effet comparé à un corps dont les membres seraient les différentes seigneuries et principautés et où la tête serait la dignité royale. Sur ce point v. not. : M. MARTIAL, *ibid.*, p. 153 ; F. SAINT-BONNET, Y. SASSIER, *op. cit.*, p. 167.

[264] J.-L. HAROUEL, J. BARBEY, E. BOURNAZEL, J. THIBAUT-PAYEN, *op. cit.*, p. 228.

support à la restauration politique du royaume »[265]. Le royaume, en tant qu'espace juridique, préfigure alors le territoire étatique.

136. À partir de la fin du XIIe siècle, l'action monarchique consiste à renforcer son autorité réelle, ce qui conduira « à la ruine des structures politiques de la féodalité »[266] et à l'émergence de l'État royal avec l'apparition de la souveraineté, *souveraineté étatique.*

B) Du renforcement de l'autorité royale à la souveraineté unique

137. À partir de la fin du XIIe siècle, les *souverainetés médiévales* multiples laissent progressivement place à un pouvoir monopolisé par la Couronne incarnée par le roi[267]. Ce dernier s'attache à renforcer la dépendance des individus à la couronne royale, « en les dégageant des espaces plus immédiats d'appartenance dans lesquels ils se reconnaissent spontanément, dans leur terroir, leur ville ou leur profession »[268]. À la royauté féodale succède alors une monarchie conçue sur le modèle impérial. Dans une conception de plus en plus unitaire d'un royaume reconstruit, princes, seigneurs et reste du royaume vont être de plus en plus subordonnés au roi.

138. Au cours du XIIIe siècle, le roi dégage véritablement son autorité de celle du monde féodal, dans lequel il occupait néanmoins une place particulière. Certains auteurs soulignent alors le passage du roi suzerain au roi souverain[269]. La « souveraineté » appliquée au roi tend alors à signifier « non plus seulement sa supériorité sur une hiérarchie féodo-vassalique, mais une supériorité sur l'ensemble des habitants du royaume »[270]. Cette conception monarchique de la souveraineté, *souveraineté monarchique*, dépasse alors la conception précédente de la souveraineté, *souveraineté médiévale*, en tant que statut d'une autorité disposant d'un pouvoir de « puissance publique ». Elle constitue alors une avancée vers la conception étatique de la souveraineté, *souveraineté étatique*, qui apparaîtra au XVIe siècle. La *souveraineté monarchique* du roi se singularise de la *souveraineté médiévale* non seulement par sa portée, mais aussi par son caractère unique et spécifique au roi contrairement à la souveraineté médiévale attribut de nombreuses autorités. Aussi, *souveraineté médiévale* et *souveraineté monarchique* peuvent coexister (et ont coexisté). En effet, chaque seigneur peut être souverain dans sa

---

[265] M. MARTIAL, *op. cit.*, p. 153.
[266] J. ELLUL, *op. cit.*, p. 268.
[267] M. MARTIAL, *op. cit.*, p. 228.
[268] P. ROSANVALLON, *L'État en France de 1789 à nos jours, op. cit.*, p. 105.
[269] O. DEVAUX, *op. cit.*, p. 161 ; O. GUILLOT, A. RIGAUDIERE, Y. SASSIER, *op. cit.*, p. 107 ; J.-L. HAROUEL, J. BARBEY, E. BOURNAZEL, J. THIBAUT-PAYEN, *op. cit.*, p.303 ; F. SAINT-BONNET, Y. SASSIER, *op. cit.*, p. 201.
[270] F. SAINT-BONNET, Y. SASSIER, *op. cit.*, p. 210.

seigneurie alors même que le roi seul est doté de la *souveraineté monarchique*[271].

139. L'apparition de la *souveraineté monarchique* du roi résulte d'une nouvelle assise de son pouvoir (1) et de ses nouveaux droits (2).

1) Une nouvelle assise du pouvoir monarchique

140. Sous la plume des légistes royaux, apparaît au cours du XIIIe siècle l'idée selon laquelle « le roi ne tient de personne »[272] et est « empereur en son royaume »[273]. Ces idées, le roi les fait progressivement siennes. Une telle conception est justifiée du fait que le pouvoir royal a comme l'empereur la garde d'une *res publica*, celle du royaume[274]. Ainsi, relève de la compétence du roi toute question relative à la « chose publique » c'est-à-dire « tout ce qui dépasse les intérêts individuels et concerne la communauté du royaume »[275]. Le roi et ses représentants doivent donc agir dans le « commun profit ».

141. La conception impériale du pouvoir royal implique plusieurs conséquences d'un point de vue externe et interne[276]. D'un point de vue externe, elle permet d'affirmer l'indépendance du roi face à l'Empereur et au Pape[277]. D'un point de vue interne, elle permet de dépasser les contraintes restantes de la hiérarchie féodale qui entravent le renforcement de la puissance du roi. Aussi, à la fin du Moyen Âge, l'idéologie politique qui s'impose fait de l'ensemble des habitants du royaume les sujets du roi indépendamment des relations vassaliques. Cette suprématie royale est affirmée dans le livre de *Jostice et de Plet* : « Chastelain, vavassor, citaen (gens des villes)[278], vilains

---

[271] V. le constat du bailli Philippe de Beaumanoir en 1283 rapportées par le Professeur M. Martial. M. MARTIAL, *op. cit.*, p. 229 s.
[272] R. BEAUTHIER, *op. cit.*, p. 184 s. ; J.-L. HAROUEL, J. BARBEY, E. BOURNAZEL, J. THIBAUT-PAYEN, *op. cit.*, surtout p. 230-231, mais aussi p. 303-304.
[273] F. OLIVIER-MARTIN, *op. cit.*, p. 343 ; J.-L. HAROUEL, J. BARBEY, E. BOURNAZEL, J. THIBAUT-PAYEN, *op. cit.*, surtout p. 230-231, mais aussi p. 303 s. ; M. MARTIAL, *op. cit.*, p. 225.
[274] J.-L. HAROUEL, J. BARBEY, E. BOURNAZEL, J. THIBAUT-PAYEN, *op. cit.*, surtout p. 230 s., mais aussi p. 304 ; M. MARTIAL, *op. cit.*, p. 229.
[275] *Ibid.*
[276] On retrouve ici les prémices de la conception à double facette interne et externe de la souveraineté. Sur le caractère consensuel de cette double facette de la souveraineté v. not : O. BEAUD, « Compétence et souveraineté », *in* AFDA, *La compétence*, Actes du colloque organisé les 12 et 13 juin 2008 à Nancy, LexisNexis, Colloques et débats, 2008, p. 25.
[277] Sur ces points v. not. : J.-L. HAROUEL, J. BARBEY, E. BOURNAZEL, J. THIBAUT-PAYEN, *op. cit.*, p. 304 s. ; M. MARTIAL, *op. cit.*, p. 227 s. ; F. SAINT-BONNET, Y. SASSIER, *op. cit.*, p. 212 s.
[278] V. aussi *infra*.

(gens des campagnes) sunt souzmis à cels (duc, comte, etc.) qu nos avons devant nomez. Et tuit sont soz la main au roi »[279].

142. Par ailleurs, et dans le même temps, les légistes suite aux crises provoquées par la Guerre de Cent Ans approfondissent le concept de Couronne et lui confèrent un statut propre. Le roi est alors chargé de représenter la Couronne, véritable propriétaire du domaine et des prérogatives royales. La consécration empirique des « lois royales »[280] au XIVe siècle[281] confirme cette conception puisqu'elles s'imposent à tous et en premier lieu au roi. Sont ainsi affirmés des principes relatifs à la transmission de la Couronne – masculinité et primogéniture, instantanéité de la succession et indisponibilité de la Couronne – et à la protection du domaine royal du fait de son caractère inaliénable[282].

143. De nouveaux droits sont par ailleurs reconnus au roi.

2) La reconnaissance de nouveaux droits

144. La reconstruction de l'autorité royale passe également par la reconnaissance de nouveaux droits au roi, qui en fait usage[283].

145. Le roi retrouve ainsi le monopole de l'émission de la monnaie[284] et voit son rôle de défenseur de la paix renforcé[285]. Il acquiert en effet le droit de lever un impôt pour entretenir l'armée permanente créée en 1439 ; les revenus fiscaux venant alors prendre une place croissante par rapport aux ressources domaniales. Néanmoins, l'exercice de la juridiction en dernier ressort apparaît comme la prérogative fondamentale du roi à côté du développement de son pouvoir normatif.

---

[279] Cité *in* J.-L. HAROUEL, J. BARBEY, E. BOURNAZEL, J. THIBAUT-PAYEN, *op. cit.*, p. 233.

[280] Ces « lois royales » sont à distinguer des lois du roi (ou lois ordinaires) susceptibles d'être modifiées ou abrogées par le roi.

[281] Appelées à partir du XVe siècle « Lois du Royaume ».

[282] Sur ces principes v. en particulier : J.-L. HAROUEL, J. BARBEY, E. BOURNAZEL, J. THIBAUT-PAYEN, *op. cit.*, p. 279 s. ; M. MARTIAL, *op. cit.*, p. 233 s. ; J. ELLUL, *op. cit.*, p. 355 s. ; F. SAINT-BONNET, Y. SASSIER, *op. cit.*, p. 197 s.

[283] Sur ces nouveaux droits et sur le rôle des légistes dans leur promotion v. en particulier : O. GUILLOT, A. RIGAUDIERE, Y. SASSIER, *op. cit.*, p. 109 ; J.-L. HAROUEL, J. BARBEY, E. BOURNAZEL, J. THIBAUT-PAYEN, *op. cit.*, p. 306 s. ; F. SAINT-BONNET, Y. SASSIER, *op. cit.*, p. 222.

[284] Sur ce point v. not : O. DEVAUX, *op. cit.*, p. 164.

[285] J.-L. HAROUEL, J. BARBEY, E. BOURNAZEL, J. THIBAUT-PAYEN, *op. cit.*, p. 310.

146. Les justices seigneuriales[286] et ecclésiastiques[287] sont alors progressivement subordonnées à la juridiction royale par l'usage de différents mécanismes : appel, prévention et cas royaux[288].

147. Par ailleurs, alors qu'au XIIIe siècle, le pouvoir législatif du roi demeure largement limité[289], à partir du XIVe siècle le roi peut édicter en vertu de sa « pleine puissance » une loi contraire à une coutume grâce à sa « certaine science » qui lui permet d'apprécier le caractère bon ou mauvais d'une coutume préexistante. Il convient malgré tout de souligner que les rois de France ont surtout utilisé leur pouvoir législatif pour organiser leur administration en nommant les grands officiers royaux ; la coutume continuant alors à régir le droit privé. À cet égard, le Professeur M. Martial souligne que l'action du roi sur les coutumes « ne s'est pas exercée par la voie législative (sauf exception), mais par la voie judiciaire : ce sont les juges royaux qui font [donc] évoluer les coutumes »[290].

148. En définitive, « s'épaulant et se complétant mutuellement, pouvoir législatif et prérogative judiciaire du roi se combinent pour forger progressivement cette « unité de domination effective »[291], permanente et autonome, caractérisant l'État au sens moderne du terme ». Ainsi, « la puissance royale est déjà « puissance unifiante » et se rapproche de la puissance souveraine selon Jean Bodin »[292]. Cette affirmation progressive de la souveraineté du roi, *souveraineté monarchique*, se traduit par le développement, sur l'ensemble du royaume peu à peu unifié[293], d'organes politiques et administratifs indispensables à son exercice effectif[294] dans les domaines juridique et financier. Comme l'a écrit le Professeur O. Martin, « l'unité juridique du royaume s'est réalisée, comme son unité territoriale »[295].

---

[286] À partir du XIIIe siècle.

[287] À partir du XIVe siècle.

[288] M. MARTIAL, *op. cit.*, p. 266 s. ; F. SAINT-BONNET, Y. SASSIER, *op. cit.*, p. 232 s.

[289] Cf. *supra*.

[290] L'auteur indique à ce propos que c'est dans l'ordonnance de Montils-lès-Tours de 1454 relative à la justice qu'est prescrite, par le roi, la rédaction des coutumes. M. MARTIAL, *op. cit.*, p. 232.

[291] F. SAINT-BONNET, Y. SASSIER, *op. cit.*, p. 235.

[292] *Ibid.*

[293] À noter que parallèlement au renforcement de son autorité, le roi s'est attaché à agrandir son domaine pour faciliter ainsi l'exercice de celle-ci. Pour ce faire, il a usé de l'ensemble des moyens mis à sa disposition relevant tant des sanctions féodales, comme la commise que du jeu de la patrimonialité des fiefs et de l'utilisation habile des ressources offertes par le droit privé : cessions, mariages et successions. Sur ce point v. : O. DEVAUX, *op. cit.*, p. 161-162 ; R. BEAUTHIER, *op. cit.*, p. 188-189. V. aussi : F. OLIVIER-MARTIN, *op. cit.*, p. 338 s.

[294] Cf. *infra*.

[295] F. OLIVIER-MARTIN, *op. cit.*, p. 339.

149. L'action culturelle territoriale est initialement morcelée comme le territoire et le pouvoir politique. Elle est néanmoins progressivement centralisée à mesure que le pouvoir du roi s'accroît, ce à quoi elle contribue.

§2 : Du morcellement initial de l'action culturelle territoriale aux prémices de la centralisation

150. Toute action relevant du domaine culturel instrumentalisée par l'État pour renforcer son pouvoir à partir du XVIe siècle est morcelée ou inexistante au début du Moyen Âge. Ce morcellement de « l'action culturelle » correspond au morcellement territorial et politique de la société féodale. Il en est ainsi initialement de la langue (A), mais aussi des archives et du mécénat qui relèvent de la sphère privée ou encore de la censure qui est alors principalement une affaire de l'Église (B). À partir du XIIIe siècle, apparaît factuellement une certaine contribution de l'action culturelle, notamment linguistique à l'unification du royaume et au renforcement des pouvoirs du roi.

A) Le développement factuel de l'usage de la langue française

151. La doctrine considère généralement qu'un « certain nombre de principes, admis comme fondateurs de la société française, consacre de longue date l'association de la langue française et de l'État : l'unification du pays ; la cohésion nationale ; la promotion sociale ; le rayonnement et l'influence de la France dans le monde ; le style précis élégant et circonstancié qui caractérise – ou caractérisait – l'administration française »[296]. Cependant, elle souligne à la suite la faiblesse du nombre de mesures qui ont « donné corps » à la tradition interventionniste de l'État en matière linguistique[297] : ordonnance de Villers-Cotterêts en 1539 et la création de l'Académie française en 1635[298]. Ces mesures prises de manière concomitante à l'émergence de l'État[299] ont connu

---

[296] M.-J. DE SAINT ROBERT, *La politique de la langue française*, PUF, Que sais-je ?, 2000, p. 3. Dans le même sens : « Parler de la langue en France, c'est parler de l'État [...] : le statut de la langue française et corrélativement des langues minoritaires s'est toujours trouvé au cœur de la construction politique et juridique du pays ». A. FENET, « Le droit français des différences à l'épreuve de la langue », *in* D. LACORNE, T. JUDT (dir.), *La politique de Babel. Du monolinguisme d'État au plurilinguisme des peuples*, Kharthala, 2002, p. 31, cité *in* A. BLANC, *La langue de la République est le français, Essai sur l'instrumentalisation juridique de la langue par l'État (1789 – 2013)*, L'Harmattan, 2013, p. 13.

[297] M.-J. DE SAINT ROBERT, *op. cit.*, p. 16.

[298] L'auteur ajoute la loi du 2 thermidor an II. M.-J. DE SAINT ROBERT, *ibid.*, p. 16. Celle-ci sera envisagée plus tard dans cet exposé, car elle semble relever d'une logique relativement différente et intervient dans un contexte distinct.

[299] Cf. *infra*.

des prémices qui ont favorisé l'apparition de ce dernier. Ainsi, la langue française, par son usage factuel, a contribué à l'unification du royaume.

152. Du Xe au XIIe siècle, de même qu'il existe dans la féodalité, *société féodale*, un morcellement territorial et politique, il n'y a pas d'unité linguistique. Aussi, dans un tel contexte, la recherche de l'instrumentalisation de l'unité linguistique à des fins d'unité politique n'a pas de sens[300]. Un tableau synthétique des pratiques linguistiques durant cette période révèle que d'une part le latin conserve une place centrale et que d'autre part il existe une nette séparation entre le domaine d'oc au Sud et le domaine d'oïl au Nord. Cependant, ni l'un ni l'autre de ces domaines ne saurait être considéré comme homogène. En effet, « les oppositions linguistiques s'accentueront jusqu'à la fin du système féodal, lequel ne s'éteindra complètement qu'en août 1789 »[301].

153. Néanmoins, à partir du XIIIe siècle l'affirmation progressive de la souveraineté royale s'accompagne de l'ascension de la langue française. C'est donc la « montée en puissance du roi qui va assurer la promotion de son vernaculaire dans l'espace juridique »[302]. Le français est alors opposé d'abord au latin puis, dans une certaine mesure, aux langues d'oïl et d'oc[303]. Le roi a, à mesure qu'il renforce son pouvoir, d'une part la volonté de se faire obéir et donc comprendre par l'ensemble de ses sujets, d'autre part le souhait de rendre le langage de la justice compréhensible aux justiciables non lettrés. Ainsi, le français utilisé dans l'expression de la volonté du roi par la parole depuis 987[304] trouve peu à peu factuellement[305] sa place dans les écrits juridiques, malgré la permanence de la place centrale du latin dans le droit savant médiéval. Le roi d'abord donne ses ordres et légifère dans sa langue sur son

---

[300] A. BLANC, *La langue du roi est le français*, [...], *op. cit.*, p. 128.

[301] Dans le même sens : « les dialectes ont tendance à se particulariser toujours davantage pour se réduire finalement (XVIe-XVIIe siècle) à l'état de patois, propre à la limite, à un seul village » J. PICOCHE, C. MARCHELLO-NIZIA, *Histoire de la langue française*, Nathan, 5e éd., 1998, p. 18 cité *in* A. BLANC, *La langue du roi est le français, [...]*, *op. cit.*, p. 128.

[302] *Ibid.*, p. 493.

[303] L'opposition du français au latin puis aux langues d'oc et d'oïl doit être différenciée si l'on parle de la langue administrative ou judiciaire ou bien de la langue quotidienne. Sur ce point v. en particulier l'analyse détaillée avec de nombreux exemples *in* S. SOLEIL, « L'Ordonnance de Villers-Cotterêts cadre juridique de la politique linguistique des rois de France ? » *in* A.-M. LE POURHIET (dir.), *Langue(s) et constitution(s)*, Economica, 2004, p. 28 s.

[304] Sur ce point v. en particulier : V. BERTILLE, *Langues régionales ou minoritaires et Constitution. France, Espagne*, Italie, Bruylant, 2008, p. 40 ; A. BLANC, *La langue du roi est le français, [...]*, *op. cit.*, p. 178 s.

[305] « L'apparition du français dans les chancelleries urbaines, seigneuriales ou princières, relève d'une évolution factuelle. Si elle est une incidente de la prééminence du pouvoir royal, elle n'a pourtant pas été décidée par le *rex unus* » *in ibid.*, p. 190.

domaine qui ne cesse de s'accroître et dont le statut spécifique tend progressivement à être affirmé. Il est par ailleurs fait usage du français dans le reste du royaume, dans les administrations royales locales du pays d'oïl (bailliages)[306] et à la chancellerie royale, véritablement à partir de 1330[307].

154. En parallèle du développement de l'usage du français dans l'administration royale, dès la fin du XIIe siècle, certaines chartes[308] urbaines et seigneuriales du pays d'oïl vont être rédigées dans cette langue[309]. Celle-ci est également utilisée peu à peu dans les actes juridiques des chancelleries princières de ce même pays[310]. Le pays d'oc fut pénétré plus tardivement (à partir du XVe siècle) par l'usage du vernaculaire royal.

155. En définitive et conformément à la position initiale souvent défendue par les linguistes, le développement du pouvoir royal et l'usage progressif du français dans les administrations ont eu une influence décisive sur « la primauté auquel accède le vernaculaire royal à la fin du Moyen Âge »[311]. De manière moins connue et moins analysée, il apparaît qu'un tel usage a également eu un rôle fondamental dans l'unité du royaume. L'utilisation du français en tant qu'outil d'unité et d'assise du pouvoir étatique apparaît véritablement à la fin du XVe siècle et se développe au cours du XVIe siècle. Elle ne sert cependant à l'époque qu'à aboutir à l'unité du Royaume et à l'établissement et au maintien du lien vertical entre l'État et ses sujets, et ce, jusqu'à la fin de l'Ancien Régime.

156. Le morcellement linguistique initial s'accompagne de celui des actions culturelles territoriales qui revêtent un caractère privé ou ecclésiastique.

---

[306] Le latin demeure la langue utilisée au XIVe siècle (au début duquel les usages linguistiques dans les administrations royales locales semblent fixés) au sud dans les sénéchaussées. *Ibid.*, p. 193.

[307] De manière très faible et sans doute circonstanciée, le français apparaît dans certains actes enregistrés sous le règne de Philippe IV (1285 – 1314). Le pourcentage des actes effectivement rédigés en français varie en fonction des circonstances et du type d'acte. Néanmoins, à partir du XVe siècle, il apparaît que la majorité des types de lettres royaux susceptibles d'être rédigés par un notaire de la chancellerie royale doit l'être en français.

[308] Correspondant à l'exercice des pouvoirs urbains, seigneuriaux et princiers.

[309] Le débat des historiens, présenté par Agnès Blanc, relatif au document le plus ancien rédigé en français ne sera pas abordé en détail. Seule seront mentionnées ici la Charte de Chièvres de 1194 et celle de la ville de Douai de 1204 citées à titre d'exemple par l'auteur. A. BLANC, *La langue du roi est le français, [...]*, *op. cit.*, p. 184.

[310] Chancellerie des ducs de Lorraine (à partir de1231), Comté de Bar (à partir de 1240), Chancellerie des comtes de Luxembourg (à partir de 1239), Comté de Champagne (à partir de 1230), Duché de Bretagne (à partir de 1240), Comté de Blois (à partir de 1264), Duché de Normandie (à partir de 1283). Pour une analyse détaillée de cette évolution. V. A. BLANC, *ibid.*, p. 187 s.

[311] *Ibid.*, p. 190.

B) Le caractère privé ou ecclésiastique des actions culturelles territoriales

157. Les archives et le mécénat, au début du Moyen Âge, relèvent en grande partie de la sphère privée (1). La censure, quant à elle, appartient essentiellement à l'Université (2).

1) Le caractère privé des archives et du mécénat

158. Il est aujourd'hui admis d'une part que les archives[312] font partie du patrimoine culturel[313] et d'autre part que c'est la Révolution qui, en France, a créé une institution spécifique aux archives[314]. Néanmoins, durant l'Ancien Régime, les hommes accordent un intérêt important à celles-ci, tout comme progressivement le roi et l'État[315].

159. Les archives permettent en effet dans un premier temps pour une personne, une institution provinciale, ou une ville[316], de « défendre des intérêts économiques ou des privilèges liés à un état social »[317] . C'est ainsi que les officiers, royaux ou seigneuriaux, personnellement responsables de leur administration, conservent en général leurs archives qui leur appartiennent en propre, après la cessation de leurs fonctions. Elles constituent, de fait, leur « décharge vis-à-vis du gouvernement »[318] et sont transmises à cette même fin non pas à leur successeur à leurs fonctions, mais à leurs héritiers. Un tel comportement vient nécessairement compliquer la tâche dudit successeur. Il

---

[312] « Les archives sont l'ensemble des documents, y compris les données, quels que soient leur date, leur lieu de conservation, leur forme et leur support, produits ou reçus par toute personne physique ou morale et par tout service ou organisme public ou privé dans l'exercice de leur activité ». Article L.211-1, Code du patrimoine.

[313] Le livre II du Code du patrimoine est consacré à ces dernières.

[314] V. par ex : M. DARDY-CRETIN, *Histoire administrative du ministère de la culture, 1959-2012*, La Documentation française, 2012, p. 228. V. dans le même sens : H. BORDIER, *Les Archives de la France ou histoire des archives de l'Empire, des archives des ministères, des départements, des communes, des hôpitaux, des greffes, des notaires, etc.*, Paris, 1855, p. 1.

[315] Cf. *infra*.

[316] P. DELSALLE, « L'archivistique sous l'Ancien Régime, le Trésor, l'Arsenal, et l'Histoire », *Histoire, économie et société*, 1993, n° 4, en part. p. 447-456.

[317] *Ibid.*, p. 447.

Cet objectif initial de protection de l'état social par la connaissance de celui-ci demeure encore aujourd'hui. À cet égard, l'article L. 211-2 du Code du patrimoine dispose que « la conservation des archives est organisée dans l'intérêt public tant pour les besoins de la gestion et de la justification des droits des personnes physiques ou morales, publiques ou privées, que pour la documentation historique de la recherche ». Cette disposition était déjà présente à l'article 1er de la Loi de 1979 (Loi n° 79-18 du 3 janvier 1979 sur les archives, *JO*, du 5 janvier 1979 p. 43.

[318] J. FAVIER, *Les archives*, PUF, Que sais-je ?, 7e éd., 2000, p. 19.

n'y a donc pas à l'époque de distinction entre les archives publiques et les archives privées. Dans cette perspective, les archives du royaume se confondent initialement avec celles du roi.

160. Le mécénat artistique dans le même sens n'est à l'origine qu'une affaire privée des « grands » du royaume, du roi[319] et de l'Église. Cette dernière a également, à l'origine, la mainmise sur la censure.

2) L'Université maître de la censure

161. Au Moyen Âge, la production de livres est lente et la diffusion limitée. L'ensemble des professionnels du livre, copistes et libraires dépendent administrativement et juridiquement de l'Université et sont soumis à un contrôle très strict de sa part[320]. L'apparition et la diffusion de l'imprimerie entre 1470 et 1520 constituent un véritable bouleversement dans le monde médiéval du fait de la multiplication des auteurs, des libraires et la facilité conséquente de diffusion de pensées contestataires. Les premières mesures de censure vont alors apparaître pour tenter de les limiter.

162. L'Église voit dans l'apparition de l'imprimerie un risque de diffusion de l'hérésie. Elle interdit, le 17 novembre 1487, aux imprimeurs d'imprimer ou de laisser imprimer des livres sans en avoir au préalable demandé la permission sous peine d'amende voire d'excommunication[321]. Ces dispositions sont étendues et complétées par les bulles papales d'Alexandre Borgia en 1501 et de Léon X en 1515. C'est la conception ecclésiastique de la censure – entendue comme « une peine spirituelle et médicinale, relevant du for intérieur, et par laquelle elle prive un homme baptisé, pécheur et contumace, de l'usage de certains biens spirituels »[322] – qui est à l'origine du caractère préalable de celle-ci. Elle « inclut dans sa raison d'être la prévention du délit »[323].

163. En France, l'Église demande l'aide de l'État pour contrôler l'action des libraires dès le début du XVIe siècle. Aussi, la censure royale puis étatique

---

319 V. en particulier : A.-H. MESNARD, *L'action culturelle des pouvoirs publics, op. cit.*, p. 36 s. ; V. aussi : A. DE LAUBADERE, *Traité élémentaire de droit administratif, Grands services publics et entreprises nationales*, LGDJ, 1966, p. 275 s. ; J.-M. PONTIER, J.-C. RICCI, J. BOURDON, *Droit de la culture*, Dalloz, Précis, 2e éd., 1996, p. 46.

320 Sur ce point v. not : P. LACROIX, E. FOURNIER, F. SERE, *Histoire de l'imprimerie et des arts et professions qui se rattachent à la typographie*, Paris, 1852, p. 25 s. ; E. WERDET, *Histoire du livre en France depuis les temps les plus reculés jusqu'en 1789*, T. 2, Paris, 1861, p. 8 s. et 16 ; R. NETZ, *Histoire de la censure dans l'édition*, PUF, Que sais-je ?, 1997, p. 9 ; M. DURY, *La Censure, La prédication silencieuse*, Publisud, Histoire, 1995, p. 235-240.

321 *Ibid.*, p. 241.

322 *Dictionnaire de théologie catholique* cité *in* R. NETZ, *op. cit.*, p. 5.

323 *Ibid.*, p. 5.

se développe et concurrence progressivement celle de l'Église[324]. En effet, s'il y a une lutte entre l'Église et l'État pour savoir qui doit contrôler la diffusion du livre, « c'est justement parce qu'il est pris dans la modification des rapports de pouvoirs qui s'affirment alors[325] »[326]. Le contrôle du livre change alors progressivement de mains en particulier à partir du XVIe siècle, participant alors au processus de renforcement de l'État à partir de son apparition.

164. L'action dans des domaines qui relèvent aujourd'hui du champ culturel a été utilisée pour renforcer le pouvoir du roi et permettre l'apparition de l'État, et ce de manière accrue dès le XVIe siècle.

Section 2 : La contribution de l'action culturelle territoriale à la consécration de l'État

165. Il n'existait pas d'État avant l'apparition de la souveraineté étatique[327]. Le Professeur O. Beaud affirme en ce sens que « l'État en tant que notion juridique présuppose celle de souveraineté »[328]. C'est cette dernière, qui permet le passage du pouvoir féodal au pouvoir de l'État[329], qu'il convient de rappeler (§1).

166. L'apparition de l'État au XVIe siècle a été accompagnée et renforcée dès l'origine par une instrumentalisation de l'action dans le domaine culturel. Ce phénomène est observable, y compris au niveau territorial, pour des raisons essentiellement techniques et politiques avec l'objectif de renforcer le lien vertical entre les sujets et l'État incarné dans le roi Souverain (§ 2).

§1 : Le temps de la souveraineté étatique

167. Le concept moderne de souveraineté, souveraineté étatique, a été forgé par J. Bodin dans son ouvrage *Les six livres de la République* publié en

---

[324] Pour une présentation sommaire de cette évolution. V. not : R. NETZ, *op. cit.* ; C. LAJAUNIE, *La police de la culture*, Thèse, Aix-Marseille, 2000, p. 158 s.
[325] Cf. *supra*. Dans d'autres domaines s'est peu à peu affirmée la prééminence étatique au détriment de l'Église. Ex : la justice.
[326] M. DURY, *op. cit.*, p. 243.
[327] La critique du Professeur O. Beaud à l'égard d'une part de la doctrine historienne qui soutient l'existence de l'État moderne sous la royauté des XIVe et XVe siècle du fait de la présence « d'institutions typiquement étatiques » est partagée sur ce point. O. BEAUD, *La puissance de l'État*, *op. cit.*, p. 43.
[328] O. BEAUD, « Ouverture : L'honneur perdu de l'État ? », *Droits, L'État*, PUF, T. 1, 1992, p. 5.
[329] « La naissance de la République suppose l'invention d'une souveraineté qui opère le passage du social au politique, du privé à l'État, des biens particuliers au bien commun ». L. DE GOUSTINE, « préface » à J. BODIN, *Les six livres de la République* (morceaux choisis), Editions confluences, « Voix de la cité », 1999 (édition de référence : Gabriel Cartier, 10e éd., 1593), p. 12.

1576[330]. La souveraineté étatique présente différents caractères (A) et se traduit par l'existence de certaines marques, relevant pour certaines du domaine culturel (B).

A) L'apparition de la souveraineté étatique et l'abstraction du pouvoir

168. Selon J. Bodin, la « République[331] est un droit gouvernement de plusieurs mesnages, et de ce qui leur est commun, avec puissance souveraine »[332]. Ainsi, il apparaît que c'est la souveraineté qui permet d'assurer la cohésion des différents « mesnages » pour former l'État, ce qui le différencie des autres communautés. Elle assure ainsi l'unité et la conservation de cette nouvelle forme politique.

169. J. Bodin pose les différents caractères de la souveraineté. D'une part en tant qu'attribut fondamental de l'État, la souveraineté est perpétuelle[333] c'est-à-dire qu'elle est permanente, non limitée dans le temps. Elle garantit alors la continuité de l'État, son unité et sa conservation. Aussi, selon J. Bodin : « Tout ainsi que le navire n'est plus que bois, sans forme de vaisseau, quand la quille, qui soustient les costes, la proue, la poupe, et le tillac, sont ostés : aussi la République sans puissance souveraine, qui unit tous les membres et parties d'icelle, et tous les mesnages, et colleges en un corps, n'est plus République »[334].

170. D'autre part, la souveraineté est absolue, ce qui signifie qu'elle est une puissance indépendante, c'est-à-dire en principe non liée juridiquement, mais aussi « qu'elle ne tolère ni restrictions ni conditions qui n'en feraient plus une réalité pleine et entière »[335].

171. Enfin et corrélativement, la souveraineté est unique et indivisible, peu importe la forme du régime politique. J. Bodin établit bien une distinction entre l'essence de la République, la souveraineté en tant que puissance

---

[330] « Il fut le premier à formuler en termes politico-juridiques le principe de l'unité du pouvoir ou de l'unité de la puissance publique. C'est lui qui a formulé et démontré cette idée que désormais « dans toute communauté, il doit y avoir un pouvoir souverain, et que celui-ci doit toujours se situer dans les normes que l'ensemble de la communauté admet » ». O. BEAUD, *La puissance de l'État*, *op. cit.*, p. 51.

[331] « C'est-à-dire l'État ». O. BEAUD, *La puissance de l'État*, *op. cit.*, p. 51 ; J.-L. HAROUEL, J. BARBEY, E. BOURNAZEL, J. THIBAUT-PAYEN, *op. cit.*, p. 312 ; M. MARTIAL, *op. cit.*, p. 331.

[332] J. BODIN, *op. cit.*, p.17.

[333] *Ibid.*, p. 46.

[334] *Ibid.*, p. 29.

[335] J.-L. HAROUEL, J. BARBEY, E. BOURNAZEL, J. THIBAUT-PAYEN, *op. cit.*, p. 313.

suprême, et les formes de gouvernement où dans certains cas – aristocratie, démocratie – elle peut être détenue et exercée par plusieurs organes[336].

172. La *souveraineté étatique* appartient à l'État, incarné à l'époque en France dans la personne du monarque. Ce dernier apparaît alors comme le premier serviteur de l'État et ne fait « qu'exercer en son nom la puissance souveraine ». Il est donc monarque souverain ; le Souverain pouvant être défini « comme la personne qui détient et exerce le pouvoir suprême, c'est-à-dire la personne qui sans être contrôlée crée librement le droit positif »[337]. Le caractère de « chose de l'État » de la personne royale comme de ses biens semble sur ce point particulièrement représentatif du travail du monarque pour l'État : le roi naît, vit, et meurt en public. Enfin, l'État existe indépendamment du roi. Les remarques précédentes sur la distinction établie entre la souveraineté – essence de l'État – et le titulaire de l'exercice de cette souveraineté, variable selon les régimes politiques, l'attestent[338].

173. Ainsi, « l'État royal opère une abstraction du pouvoir, il en est le support dont la manifestation de volonté relève du roi »[339]. La souveraineté étatique s'accompagne de certaines marques.

B) Les marques de la souveraineté étatique

174. La souveraineté, en tant que « pouvoir suprême de domination de l'État sur les personnes qui entrent dans le cercle de sa juridiction »[340], est caractérisée par certains attributs : les « marques de la souveraineté » ; dont le choix de la langue fait partie. Ces dernières ont été mises en évidence par J. Bodin.

175. La « [...] première marque du Prince souverain, c'est la puissance de donner loy à tous, et à chacun en particulier [...] »[341]. La loi apparaît alors comme « un commandement auquel personne ne peut ni déroger, à l'exception précisément du Souverain[342], ni résister par la force. Ce régime juridique spécifique lui confère le statut de norme suprême valant pour tous les sujets étatiques »[343]. Ainsi, un glissement est réalisé du « pouvoir passif de rendre la

---

336 *Ibid.* V. aussi *infra* : la différence entre le titulaire de la souveraineté qu'est l'État et celui qui l'exerce : le souverain.

337 O. BEAUD, « Le Souverain », *La souveraineté, Pouvoirs*, 1993, n° 67, p. 34.

338 Il semble alors que doit être récusée, avec le Professeur F. Olivier-Martin, l'idée selon laquelle « le roi absorbait l'État ». F. OLIVIER-MARTIN, *op. cit.*, p. 349.

339 D. GUIGNARD, *op. cit.*, p. 220.

340 O. BEAUD, *La puissance de l'État*, *op. cit.*, p. 53.

341 J. BODIN, *Les six livres de la République*, Fayard, 1986 (édition de référence : Gabriel Cartier, 10e éd., 1593), p. 339 s.

342 V. sur ce point par ex. l'analyse éclairante d'A. Blanc sur la signification du droit de grâce à l'époque. A. BLANC, *La langue du roi est le français, [...]*, *op. cit.*, p. 253.

343 O. BEAUD, *La puissance de l'État, op. cit.*, p. 53.

justice » au « pouvoir actif de faire la loi »[344]. Ce dernier implique alors une modification substantielle de la conception du droit[345]. D'une part, la validité du droit dérive désormais de la volonté du Souverain[346], d'autre part, au consentement qui caractérise l'organisation du « constitutionnalisme médiéval », est substitué le caractère unilatéral et obligatoire de la loi. La domination de la loi vient alors consacrer l'établissement du lien vertical entre l'État et l'ensemble des sujets étatiques. Il existe cependant des limites morales, mais aussi pré-constitutionnelles au pouvoir législatif du roi. Il s'agit des Lois Fondamentales du Royaume, relatives au statut de la Couronne et du Royaume[347].

176. Les autres marques de la souveraineté découlent pour la majorité des auteurs du pouvoir de faire la loi, de la puissance législative[348]. Pour d'autres, elles semblent simplement s'y juxtaposer[349]. Cependant, chacune des marques de la souveraineté renforce par son usage la suprématie de l'État et le rapport vertical établi sur ses sujets en même temps qu'elle en témoigne de par sa seule reconnaissance en tant qu'attribut de la souveraineté. Ainsi, la marque tendant à reconnaître au roi la possibilité de nommer les officiers ou de battre monnaie permet à l'État de maîtriser l'administration et de contrôler l'économie. De même, l'État est garant de la paix intérieure et des relations internationales par son rôle de juge en dernier ressort, par la possibilité qu'il détient de faire grâce et de déclarer la guerre et la paix.

177. La possibilité de « contraindre les subjects à changer de langue » en tant que « vraye marque de Souveraineté »[350], pourtant explicitée par J. Bodin[351] est rarement reprise et présentée dans la doctrine contemporaine.

---

[344] R. BEAUTHIER, *op. cit.*, p. 289.
[345] O. BEAUD, *La puissance de l'État, op. cit.*, p. 53.
[346] J. Ellul souligne à cet égard « qu'au XVIIIe siècle le Roi est seul créateur du droit ». En ce sens le monarque est, malgré la permanence des coutumes codifiées et la création infime de nouvelles coutumes, la principale source du droit. Les juristes tendent par ailleurs à une unité du droit par l'harmonisation coutumière. J. ELLUL, *Histoire des institutions, XVIe-XVIIIe siècle*, PUF, Quadrige, 2e éd., 2014 (1e éd. 1956), p. 160-162.
[347] Sur ce point v. *supra,* mais aussi F. OLIVIER-MARTIN, *op. cit.*, p. 350 s. ; J.-L. HAROUEL, J. BARBEY, E. BOURNAZEL, J. THIBAUT-PAYEN, *op. cit.*, p. 314 s. ; M. MARTIAL, *op. cit.*, p. 339 s.
[348] J.-L. HAROUEL, J. BARBEY, E. BOURNAZEL, J. THIBAUT-PAYEN, *op. cit.*, p. 314.
[349] M. MARTIAL, *op. cit.*, p. 332 s.
[350] J. BODIN, *op. cit.*, p. 339 s.
[351] Selon A. Blanc, dont les conclusions sont partagées sur ce point, bien que J. Bodin ne présente l'incidence de l'ordonnance de Villers-Cotterêts qu'au regard de la domination de la justice, cette marque peut être élargie au pouvoir de domination entendu plus largement, cette dernière étant le corolaire de la domination de la loi. A. BLANC, *La langue du roi est le français, [...], op. cit.*, p. 259. V. aussi pour l'aspect actuel de cette conception : O. BEAUD, « L'État » *in* P. GONOD, F. MELLERAY, P. YOLKA

Dans cette perspective, la langue apparaît alors à la fois comme un attribut de la souveraineté et comme un instrument potentiel de la domination étatique par son usage et la mise en place d'une réglementation en sa faveur[352].

178. Si la langue continue à être utilisée par le Souverain comme outil de domination étatique, après avoir été reconnue comme marque de souveraineté, elle participait déjà avant cela à l'unification du pouvoir. Dans le même sens, le roi, puis l'État sont intervenus dans des domaines aujourd'hui qualifiés de culturels en poursuivant des objectifs essentiellement extra-culturels de centralisation et de rationalisation, notamment administratives. Ces actions initiales dans le domaine culturel permettent de saisir certains aspects de leur régime juridique actuel singulier[353]. L'État se sert par la suite de cette action culturelle au niveau territorial.

§ 2 : La diversité de la portée de l'action culturelle territoriale dans la consécration de l'État

179. L'apparition de l'État est accompagnée dès l'origine d'une instrumentalisation de l'action culturelle. Ce phénomène est observable, y compris au niveau territorial, pour des raisons essentiellement techniques en matière de langue et d'archives (A). Cette action s'est ensuite diversifiée toujours avec l'objectif de renforcer le lien vertical entre les sujets et l'État incarné dans le roi Souverain, dans un but essentiellement politique s'agissant du mécénat royal et de la censure (B).

A) Le rôle technique de la langue et des archives

180. De façon réaliste, il convient de constater que l'action linguistique et la mise en place sommaire d'archives avant la Révolution sont des instruments destinés à permettre au pouvoir, progressivement étatique, d'accomplir ses missions. Si la préoccupation culturelle peut alors *a priori* apparaître comme secondaire, le rappel de cette instrumentalisation initiale est indispensable, car elle fonde pour une part la conception politique et certains principes du régime juridique actuel de la langue (1) comme des archives (2).

1) L'usage de la langue française et l'émergence de la souveraineté étatique

181. L'intérêt accordé à la question linguistique augmente à mesure du développement du pouvoir royal. Avec l'apparition de l'État moderne la langue devient même, selon J. Bodin, l'une des marques de la souveraineté

(dir.), *Traité de droit administratif*, T. 1, Dalloz ; Traités Dalloz, 2011, p. 251 ; Cf. aussi *supra*.

[352] Cf. *infra*.

[353] Cf. *infra*.

étatique[354]. Aussi, l'instrumentalisation de la langue par le roi souverain va peu à peu s'accentuer bien avant la Révolution de 1789 et contrairement à ce qui est parfois affirmé. De manière classique, étudier le droit de la langue française conduit à s'intéresser à l'Ordonnance de Villers-Cotterêts souvent considérée comme « le premier texte par lequel le pouvoir politique a imposé l'usage exclusif du français dans la rédaction des actes publics »[355]. Malgré les débats qui entourent encore l'interprétation des dispositions de ladite ordonnance[356], nombreux sont les auteurs qui considèrent aujourd'hui que sa portée juridique réelle doit être nuancée[357] même si la permanence de sa valeur symbolique[358] ne fait aucun doute et que son « exceptionnelle destinée »[359] ne peut être que constatée. Le français, vernaculaire royal, devient alors peu à peu la langue du droit (a). Par ailleurs, le pouvoir encadre la langue qui s'impose par la création d'un organisme spécifique, l'Académie française (b).

a) La langue française, langue du droit

182. L'ordonnance de Villers-Cotterêts s'inscrit, contrairement à ce que peuvent laisser supposer certains écrits, dans la continuité d'actes royaux relatifs « au fait de justice » qui ont dû aborder de manière incidente la question linguistique. Ces textes avaient pour objectif de rendre la justice compréhensible aux justiciables et aux sujets non lettrés du royaume dans un souci d'une meilleure administration de celle-ci. Pour cela, ces ordonnances tendent à substituer dans des termes similaires les parlers provinciaux, dont le français, au latin dans tous les pays de droit écrit.

---

[354] Cf. *supra*.

[355] M. Frangi, « Les langues régionales enjeu constitutionnel ? », *in Renouveau du droit constitutionnel, Mélanges en l'honneur de Louis Favoreu*, Dalloz, 2007, p. 676. Dans le même sens : P. Louise, « Actualité de l'ordonnance rendue en août 1539 à Villers-Cotterêts », *Rapport de la Cour de cassation 1989*, La Documentation française, 1990, p. 201.

[356] Cf. *infra*.

[357] D. Latournerie, « La langue française et le droit », *EDCE*, n° 36, 1984 – 1985, p. 90 ; J.-M. Pontier, *Droit de la langue française*, Dalloz, Connaissance du droit, 1997, p. 6.

[358] *Ibid.*

[359] L'expression est utilisée par le Professeur S. Soleil. S. Soleil, *op. cit.*, not. p. 31. Ce destin est exceptionnel pour l'auteur, car l'ordonnance a parfois été visée durant près de 450 ans dans la jurisprudence de la Cour de cassation comme du Conseil d'État. V. not : C. cass., 4 août 1859, *Giorgi c. Mazapino*, *Dalloz*, 1859, p. 454 ; C. cass, 15 février 1875, *Renucci*, *Dalloz*, 1875, p. 240 ; C. cass. ch. crim., 4 mars 1986, *Turkson*, *Dalloz*, *Somm.*, 1987, p. 78, note J. Pradel ; *Gaz. Pal.*, 1986, p. 598 ; C. cass., 2e ch. civ, 11 janvier 1989, *Société composants et produits électroniques c. Société TRW Inc*, *Dalloz*, *Sommaire* 1989, p. 181, CE, 22 novembre 1985, *Quillevère*, *Rec.*, p. 333. Pour une présentation plus détaillée des différentes jurisprudences V. : D. Latournerie, *op. cit.*, p. 102 s. Doit être ajoutée comme composante de cette destinée la permanence de la symbolique véhiculée par cette ordonnance (mentionnée précédemment).

183. Ainsi, l'ordonnance de 1539 succède à une ordonnance de 1490 qui ordonne qu'en Languedoc les enquêtes criminelles (témoignages...) soient rédigées en « langage français ou maternel [...] »[360]. Cette disposition est étendue dans une ordonnance de 1510 selon laquelle dans tous les pays de droit écrit « le vulgaire ou langage du pays doit être utilisé » [361] pour l'ensemble de la procédure criminelle. Cette position a été réaffirmée en 1535 par François I dans une ordonnance sur la justice en Provence[362].

184. Dans la même perspective, ce même roi avait en 1533 ordonné « auxdits notaires de passer et escripvre tous et chacuns les contracts en langue vulgaire des contractants »[363] en Languedoc.

185. Si l'ordonnance de Villers-Cotterêts se situe dans la lignée de ces textes, la question linguistique n'y étant abordée de manière incidente que pour garantir une bonne administration de la justice[364], elle innove en ce qu'elle prohibe désormais dans tout le royaume l'utilisation du latin et impose pour la rédaction de tous les actes de justice « le langage maternel français »[365]. Cette formulation est à l'origine des nombreux débats relatifs à la portée de ce texte. Celui-ci doit-il signifier que doivent être substituées au latin les « langues maternelles de la France », soit les vernaculaires provinciaux ou lui être substitué le vernaculaire royal, ce qui conduirait à imposer une unité

---

360 « Les dits et dépositions des tesmoins qui seront ouys et examinez doresnavant esdites cours et en tout le pays de Languedoc, soit par forme d'enqueste ou d'information et prinse sommaire ou aucuns seront mis et rédigez par escrit en langage François ou maternel, tels que lesdits témoins puissent entendre leus dépositions, et on les leur puisse lire et recencer en tel langage en la forme qu'ils auront dit et déposé. Et ce pour obvier aux abus, fraudes et inconvénients qui se sont trouvez avoir esté fauts en telles matières ». Article 101, Ordonnance de 1490 sur le règlement de la justice au Païs de Languedoc de Charles VIII, cité *in* A. BLANC, *La langue du roi est le français, [...]*, *op. cit.*, p. 347.

361 Article 47, Ordonnance de 1510 sur la réformation de la justice de Louis XII, cité *in* D. LATOURNERIE, *op. cit.*, p. 90.

362 Ordonnance de 1535 d'Is-sur-Tille sur la réformation de la justice en Provence de François I, cité *in* A. BLANC, *La langue du roi est le français, [...], op. cit.*, p. 349.

363 Cité *in ibid.*, p. 349. V. aussi S. SOLEIL, *op. cit.*, not. p. 21.

364 « Et afin qu'il n'y ait cause de douter su l'intelligence desdits arrêts, nous voulons et ordonnons qu'ils soient faits et écrits si clairement qu'il n'y ait ni puisse y avoir aucune ambiguité et incertitude ni lieu à demander interprétation ». Article 110, Ordonnance de Villers-Cotterêts, cité *in* P. LOUISE, *op. cit.*, p. 206.

365 « Et pour ce que de telles choses sont souvent adevenues sur l'intelligence des mots latins contenus esdits arrêts, nous voulons dorénavant que tous arrêts, ensemble toutes autres procédures, soit de nos cours souveraines et autres subalternes, soit de registres, enquêtes, contrats, commissions, sentences, testaments et autres quelconques actes et exploits de justice ou qui en dépendent, soient prononcés, enregistrés et délivrés en langage maternel français et non autrement ». Article 110, Ordonnance de Villers-Cotterêts, cité *in* P. LOUISE, *ibid.*

linguistique[366]. La première interprétation emporte l'adhésion, malgré une faveur longtemps dominante dans la doctrine pour la seconde, en raison des évolutions postérieures[367]. Cette dernière semble en effet être la plus cohérente entre l'objectif poursuivi – la bonne compréhension de la justice – et les dispositions relatives à l'exclusion du latin et à la pluralité des langues susceptibles d'être utilisées ; cela malgré les difficultés potentielles subséquemment induites pour le juge[368]. Néanmoins, « il est de fait que le français, langue du roi, est devenu assez vite, dans tout le royaume, langue du droit et de l'administration, y compris des administrations municipales »[369] en raison « de la politique royale[370] et du zèle des officiers chargés de

---

[366] L'ensemble de ces débats entre juristes, historiens et linguistes ne sauraient êtres présentés en détail. Pour une présentation particulièrement éclairante de ces derniers voir en particulier : V. BERTILLE, *op. cit.*, p. 43-44 ; A. BLANC, *La langue du roi est le français, [...], op. cit.*, p. 353 s. ; A. BLANC, « Les gloses de Pierre Rebuffi sur l'article 111 de l'Ordonnance de Villers-Cotterêts interrogation sur la véritable signification du texte », *in* J.-C. ROBERT (coord.), *Mélanges offerts au doyen François-Paul Blanc*, T. 1, PUP, PUT, 2011, not. p. 150 s.

[367] V. par ex. : « Par la généralité de ces termes, cet article [article 111 de l'Ordonnance de Villers-Cotterêts] a voulu faire du français la langue judiciaire et, sans doute plus, la langue juridique de notre pays ». P. LOUISE, *op. cit.*, p. 206. Dans le même sens : « Ainsi, l'article CXI de l'ordonnance de Villers-Cotterêts de 1539 a consacré l'emploi du français dans les procédures et jugements de toutes juridictions pour répondre aux besoins des populations qu'avaient les populations dès le XVe siècle d'obtenir des jugements dans une langue qu'elles comprennent et non plus en latin ». M.-J. de SAINT ROBERT, *op. cit.*, p. 17 ; « Cette maturation [du passage du français de langue vulgaire à langue de dignité égale à celle du latin] est jalonnée de repères, dont deux méritent d'être cités : 842, date du Serment de Strasbourg, premier texte écrit en français ; 1539, date de l'édit de Villers-Cotterêts, par lequel François Ier fait du français la langue administrative et judiciaire commune à l'ensemble du royaume, en remplacement du latin ». ACADEMIE FRANCAISE, « Missions », [en ligne], www.academie-française.fr ; « En 1539, le roi François Ier décrète que le français sera la langue du roi, la langue de la justice, la langue des actes de justices la langue officielle par laquelle se feront tous les actes officiels du pays, même si à 100 km de la capitale on ne le parle pas ». H. CARRERE D'ENCAUSSE, « La présence de la langue française », *Interventions dans le cadre du Dialogue de haut niveau à l'Université de Pékin sur la langue : sa présence et son futur*, 16 décembre 2014, [en ligne], www.academie-française.fr.

[368] D. LATOURNERIE, *op. cit.*, p. 90.

[369] J.-M. CARBASSE, « Langue de la nation et « idiomes grossiers » : le pluralisme linguistique sous le niveau jacobin », *in* H. VAN GOETHEM, L. WAELKENS, K. BREUGELMANS (dir.), *Libertés, pluralisme et droit. Une approche historique*. Bruxelles, Bruylant, 1995, p. 159.

[370] L'ordonnance de Villers-Cotterêts a été suivie de plusieurs textes* réglementant l'usage de la langue et imposant l'usage du français dans différentes parties du royaume, pour la rédaction des actes juridiques afin d'en assurer l'unité politique, administrative et judiciaire du royaume. Il convient néanmoins de souligner que pour les historiens du droit l'examen de ces derniers révèle une incohérence d'ensemble et l'absence de lien entre cette « politique » et l'ordonnance de Villers-Cotterêts, qui ne saurait alors constituer un cadre juridique à leur édiction. Sur ce point v. not. S. SOLEIL, *op. cit.*, not. p. 27 et V. BERTILLE, *op. cit.*, p. 43.

l'appliquer » qui « ont conduit dès l'origine à traduire dans les faits les mots « en langage maternel français » par « en langue française » »[371].

186. À la fin du XVIe siècle, le français apparaît donc comme la langue du pouvoir judiciaire et des pouvoirs législatifs et exécutifs. Les lois du roi qui « pour devenir exécutoires doivent être obligatoirement vérifiées et enregistrées par les parlements et les autres cours souveraines ou inférieures »[372] sont rédigées et publiées uniquement en français et le français est bien la langue des juridictions. Ainsi, la souveraineté étatique, qui apparaît à l'époque et dont la langue constitue selon J. Bodin une « vraye marque »[373], s'exprime alors progressivement en français. Celui-ci devient alors langue d'État. Néanmoins, si l'usage de la langue a permis de créer puis de garantir l'unité politique, « un roi, une foi, une loi, une langue du droit », la diversité culturelle est préservée « des peuples, des coutumes, des corps, des parlers divers… »[374]. L'unité de l'État royal ne suppose sur le plan linguistique que la compréhension des rapports entre les sujets et l'État et non que disparaissent les langues parlées au quotidien dans le royaume, dont le Souverain se préoccupe peu[375].

187. La contribution de la langue dans l'établissement du rapport vertical des sujets à l'État apparaît ici concrétisée. Cela d'autant plus que le pouvoir a la mainmise sur celle-ci à travers l'Académie française.

b) L'Académie française

188. La langue est utilisée, dès la fin du XVIe siècle, comme instrument de la politique d'unification du royaume[376] et d'affirmation du pouvoir étatique en France comme à l'international, le français devenant la langue de l'élite et

---

* not. : Béarn (Edit du 11 octobre 1620), Lorraine (lettres patentes de juillet 1661 confirmées par l'Edit du 27 septembre 1748), Flandre (Edit de décembre 1684), Alsace (Arrêt du Conseil du 30 janvier 1685), Catalogne (Edit de février 1700). Pour une analyse détaillée et une citation de certains de ces textes v. : S. Soleil, *op. cit.*, p. 26-27 ; A. BLANC, *La langue du roi est le français, […], op. cit.*, p. 403 s.

[371] D. LATOURNERIE, *op. cit.*, p. 90. V. aussi S. SOLEIL, *op. cit.*, not. p. 22 not. note 17 ; V. BERTILLE, *op. cit.*, p. 44.

[372] A. BLANC, *La langue du roi est le français, […], op. cit.*, p. 259 et 415.

[373] J. BODIN, *op. cit.*, p. 339 s.

[374] S. SOLEIL, *op. cit.*, not. p. 31.

[375] *Ibid.* ; A. BLANC, *La langue du roi est le français*, […], *op. cit.*, p. 495.

[376] « Il ne faut pas oublier que le français était langue du royaume depuis moins d'un siècle, peu répandu hors de la sphère du pouvoir, et que depuis François Ier les souverains avaient assis l'unité du pays sur la langue française », H. CARRERE d'ENCAUSSE, « L'Académie française : pouvoir intellectuel, pouvoir politique, une relation compliquée ». *Conférence prononcée à l'exposition universelle de Shanghai, Pavillon français*, 23 septembre 2010, [en ligne], www.academie-française.fr.

de la diplomatie en Europe[377]. Cette instrumentalisation implique la mainmise du pouvoir sur la langue. Celle-ci s'est traduite par la création en 1635 d'une institution spécifique, l'Académie française[378]. Ses statuts initiaux ont été pour l'essentiel repris lors des modifications[379] de 1752[380] et 1816[381] et complétés par la loi-programme de 2006 qui vient consacrer l'indépendance[382] de la personne morale de droit public à statut particulier que constitue cette Académie[383].

189. À cet égard, H. Carrère d'Encausse affirme que « la fondation de l'Académie française est un projet politique, une volonté politique. C'est la volonté dans un pays dont on ne sait pas encore qu'elle est la langue dominante de doter la société d'une langue commune »[384] et normalisée. Aussi, sa mission principale qui demeure inchangée[385] est de « travailler avec tout le soin et toute la diligence possibles à donner des règles certaines à notre langue

---

377 « Le pouvoir royal, à travers le gouvernement de Richelieu, y voit un des instruments de sa politique d'unification du royaume à l'intérieur et de son rayonnement diplomatique à l'étranger ». ACADEMIE FRANCAISE, « Missions », [en ligne], www.academie-française.fr ; A. BLANC, *La langue du roi est le français, [...], op. cit.*, p. 284 s.

378 Lettres patentes pour l'établissement de l'Académie françoise de Louis XIII, Paris, janvier 1635, enregistrées au Parlement le 10 juillet, 1637 et Statuts et règlements de l'Académie françoise, 22 février 1635, *in Statuts et règlements de l'Académie française*, p. 7, [en ligne], www.academie-française.fr.

379 Pour une analyse détaillée des modifications apportées, essentiellement de nature pratique, v. : les *Statuts et règlements de l'Académie française*, [en ligne], www.academie-française.fr. et la rubrique statuts du même site. Pour une genèse de la création de l'Académie française v. : A. BLANC, *La langue du roi est le français, [...], op. cit.*, p. 274 s.

380 Règlements pour l'Académie françoise donnés par le roi (Louis XV), Marly, 30 mai 1752, *in Statuts et règlements de l'Académie française*, p. 27.

381 Ordonnance du roi concernant la nouvelle organisation de l'Institut (Louis XVIII), 21 mars 1816 ; Statuts de l'Académie française délibérés dans sa séance extraordinaire VIII, 21 juin 1816 ; Décision royale sur les honneurs accordés à l'Académie française (Louis XVIII), 10 juillet 1816, *in Statuts et règlements de l'Académie française*, p. 35 s., p. 39 s., p. 47 s.

382 « L'Institut et les académies s'administrent librement. Leurs décisions entrent en vigueur sans autorisation préalable. Ils bénéficient de l'autonomie financière sous le seul contrôle de la Cour des comptes. [...] ». Article 36, Loi n° 2006-450 du 18 avril 2006 de programme pour la recherche, *JO*, 19 avril 2006, p. 5820.

383 Article 35, Loi n° 2006-450 du 18 avril 2006, *ibid.*, modifié par l'article 64 de la Loi n° 2014-873 du 4 août 2014 pour l'égalité réelle entre les femmes et les hommes, *JO*, 5 août 2014, p. 12949.

384 H. CARRERE d'ENCAUSSE, « La présence de la langue française », *Interventions dans le cadre du Dialogue de haut niveau à l'Université de Pékin sur la langue : sa présence et son futur*, 16 décembre 2014, [en ligne], www.academie-française.fr.

385 M. DRUON, « Note liminaire », *in Statuts et règlements de l'Académie française*, p. 5, [en ligne], www.academie-française.fr.

et à la rendre pure, éloquente et capable de traiter les arts et les sciences »,[386] mais aussi d'établir un dictionnaire[387] afin d'unification dans un langage « moyen » qui soit compréhensible par l'ensemble des Français. Cette institution peut alors être qualifiée d'originale. À cet égard, en 1995, M. Druon alors secrétaire perpétuel affirme encore qu'il « n'est guère dans le monde de corps d'État qui ait reçu pareille mission, et surtout aussi impérativement définie »[388].

190. Ce corps d'État est dès la mort de P. Séguier (2e protecteur de l'Académie) en 1672 placé sous la protection directe du roi Louis XIV et de tous les autres rois ou chefs d'État à sa suite[389] ce qui en souligne son rôle reconnu comme essentiel par le souverain[390]. Par ailleurs, les statuts de 1752, comme ceux de 1816, assimilent l'Académie française à une « cour supérieure », c'est-à-dire celle qui juge en dernier ressort. Une telle démarche traduit la volonté du souverain de lui reconnaître dans l'État celui de « suprême instance en matière de langage »[391].

191. Dans cette perspective, il est loisible d'affirmer que la création d'une institution chargée de normaliser la langue renforce le rapport vertical entre l'État et à l'époque ses sujets. L'analyse du processus d'intégration des mots nouveaux en témoigne pour certains observateurs : « Les mots nouveaux, pour être membres légitimes de la langue, doivent être non seulement consacrés par l'usage spontané qu'en font les locuteurs, mais sanctionnés par des instances, régentés par décret, être reçus solennellement, dans les dictionnaires »[392].

---

[386] Article 24, Louis XIII, Lettres patentes pour l'établissement de l'Académie françoise, Paris, janvier 1635, enregistrées au Parlement le 10 juillet, 1637 et Statuts et règlements de l'Académie françoise, 22 février 1635, *in Statuts et règlements de l'Académie française*, p. 7.

[387] Article 26, Louis XIII, Lettres patentes pour l'établissement de l'Académie françoise, Paris, janvier 1635, *in ibid.*

[388] M. DRUON, *op. cit.*, p. 6.

[389] En ce sens v. : l'introduction des Règlements pour l'Académie françoise donnés par le roi, Marly, 30 mai 1752, *in Statuts et règlements de l'Académie française*, p. 27 ; l'introduction de Ordonnance du roi concernant la nouvelle organisation de l'Institut, 21 mars 1816, *in Statuts et règlements de l'Académie française*, p. 35 ; Article 35, Loi n° 2006-450 du 18 avril 2006 de programme pour la recherche, *op. cit.*

[390] Ce rôle essentiel de l'Académie reconnu par Louis XIV passe aussi par le soutien matériel apporté à celle-ci traduit notamment par sa domiciliation au Louvre et la mise à disposition d'un fond de fonctionnement. V. not. : H. CARRERE d'ENCAUSSE, « L'Académie française : pouvoir intellectuel, pouvoir politique, une relation compliquée ». *Conférence prononcée à l'exposition universelle de Shanghai, Pavillon français*, 23 septembre 2010, [en ligne], www.academie-française.fr.

[391] Règlements pour l'Académie françoise donnés par le roi (Louis XV), Marly, 30 mai 1752, *in Statuts et règlements de l'Académie française*, p. 27, note 1.

[392] M. YAGUELLO, *Catalogue des idées reçues sur la langue*, Paris, Le Seuil, 1988, p. 85, cité *in* M.-J. DE SAINT ROBERT, *op. cit.*, p. 17.

192. En atteste peut-être aussi et de manière peut-être plus anecdotique l'interdiction de publier des dictionnaires avant que ne soit paru celui de l'Académie française faite par le roi Louis XIV le 28 juin 1674.

193. À côté de la langue, la création des archives contribue au renforcement étatique.

2) La création des archives et la rationalisation administrative

194. Dans un souci de rationalisation administrative[393] et de renforcement subséquent du roi puis de l'État, le Souverain s'intéresse aux archives et dans une certaine mesure à leur organisation[394]. En effet, s'applique ici le constat dressé dans l'analyse « des nouveaux usages de la statistique »[395], selon lequel « l'histoire de l'État est indissociable de celle des moyens de connaissance sur lesquels il s'appuie. Dès lors que la force brute n'est plus seule à régner, le pouvoir devient [...] indexé sur des formes de savoir »[396]. Dans cette perspective « les archives de l'administration sont d'abord, historiquement, un instrument destiné à permettre à l'État, au pouvoir, d'accomplir ses missions, de se décider pour l'avenir en connaissance du passé, quels que soient les motifs et les finalités de cette action »[397]. Aussi vont être progressivement revendiqués, par le Souverain et pour son usage, des papiers « que les agents du pouvoir détiennent à raison de leur fonction »[398] à partir du XVIe siècle. Néanmoins, c'est seulement à compter de la seconde moitié du XVIIe siècle, qu'il est considéré que certains documents – des ministres, diplomates, intendants... – appartiennent à l'État et non à leur détenteur immédiat, puisque ceux-ci sont soit dépositaires du pouvoir royal, soit exécutants de ses décisions. À ces documents sont progressivement ajoutés pour constituer les « archives publiques » les documents relatifs à l'État dont la conservation peut être d'intérêt public[399] bien qu'ils n'émanent

---

393 Pour une présentation de la rationalisation du système des archives sous l'Ancien régime v. J. FAVIER, *op. cit.*, en part. p. 17-25.
Il est cependant à souligner que dans un souci de leur propre cohérence, les juridictions firent de manière extrêmement variable enregistrer et conserver leurs décisions dès le XIIIe siècle. J. FAVIER, *ibid.*, en part. p. 14.

394 En ce sens, le Président G. Braibant constate : « Il n'y a pas d'Histoire sans archives ; [...] il n'y a pas d'Administration sans archives ; [...], il n'y a pas de République sans archives ». G. BRAIBANT, *Les archives en France, Rapport au Premier ministre*, La Documentation française, Collection des rapports officiels, 1996, p. 9.

395 P. ROSANVALLON, *L'État en France de 1789 à nos jours, op. cit.*, p. 37.

396 *Ibid.*

397 J.-M. PONTIER, « Mémoire, administration et culture », *Revue administrative*, 1992, n° 268, p. 299.

398 J. FAVIER, *op. cit.*, p. 21.

399 Le critère de l'intérêt public conserve aujourd'hui un rôle central. Cf. *infra*.

pas directement des agents de l'État ou soient reçus par eux[400]. Cette adjonction résulte alors, à défaut de versements réguliers, de la saisie des archives des grands serviteurs de l'État à leur mort puis de l'invitation faite à ces derniers de laisser leurs archives au roi et à leurs successeurs à l'issue de leurs fonctions. Dans le même temps, en province, les intendances se dotent de dépôt à l'enrichissement irrégulier.

195. Il n'est pas interdit de penser que la réglementation par le roi, puis par le roi Souverain étatique de la tenue et de la conservation des registres de « l'état civil »[401] dans un souci initial de bonne administration de la justice témoigne également de l'importance accordée à certaines archives pour la constitution et le renforcement de l'État moderne. La justice constitue un des éléments fondamentaux de restauration du pouvoir royal puis une marque de la souveraineté étatique[402] en ce qu'elle « est le plus solide fondement de la durée des États »[403]. Ainsi, le curé est-il chargé par l'Ordonnance de Villers-Cotterêts de consigner les décès[404], naissances et baptêmes dans des registres[405] et de les déposer chaque année auprès du bailli ou sénéchal royal[406], pour qu'ils puissent le cas échéant être utilisés lors d'un procès. Ces dispositions ont été confirmées en 1667 par l'ordonnance donnée à Saint-Germain-en-Laye relative à la réformation de la justice, laquelle prévoit que « les preuves de l'âge, du mariage et du temps de décès, seront reçues par des registres en bonne forme, qui feront foy et preuve en justice »[407] et que « seront faits par chacun en deux registres pour écrire les baptêmes, mariages et sépultures en chacune paroisse, dont les feuillets seront paraphés et cottés par premier et dernier par le juge Royal du lieu où l'Église est située ; l'un desquels servira de minute et demeurera és mains du Curé ou du Vicaire, et

---

[400] Cette conception semble pouvoir se retrouver dans la définition actuelle des archives publiques lesquelles contiennent des documents produits par des personnes privées dans la gestion d'un service public ou l'exercice d'une mission de service public (article L.211-4 Code du patrimoine) et dans la possibilité de classer comme archives historiques les archives privées qui pour des raisons historiques présentent un intérêt public (article L.212-15 Code du patrimoine).

[401] Prémices de la création de l'état civil par le décret du 20 septembre 1792 qui détermine le mode de constater l'état civil des citoyens, [en ligne], www.gallica.fr.
Pour une présentation sommaire de l'évolution historique du régime des archives de l'état civil v. not : H. BASTIEN, *Droit des archives*, La Documentation française, 1996, p. 68 s.

[402] Cf. *supra*.

[403] Ordonnance de Louis XIV Roy de France et de Navarre donnée à Saint Germain en Laye, chez les Associez choisis par ordre de sa majesté pour l'impression de ses nouvelles ordonnances, avril 1667, p. 1, [en ligne], numelyo.bm-lyon.fr

[404] Article 50, Ordonnance de Villers-Cotterêts, 1539, [en ligne], www.gallica.fr.

[405] Article 51, *ibid.*

[406] Article 53, *ibid.*

[407] Titre XX, article 7, Ordonnance de Louis XIV Roy de France et de Navarre donnée à Saint Germain en Laye, *op. cit.*, p. 97.

l'autre sera porté au Greffe du Juge Royal, pour servir de Grosse : lesquels deux registres seront fournis annuellement aux frais de la Fabrique [...] »[408]. Devant la mauvaise application de ces dispositions, la tenue de deux registres authentiques sera imposée en 1736[409].

196. En définitive, les archives sont bien à l'origine essentiellement un moyen « de ne pas oublier, de pouvoir se souvenir, rappeler à ceux qui vivent à un moment des évènements, des idées, du passé »[410] dans un souci de rationalisation étatique. Ce rôle initial influence leur régime juridique en tant qu'élément du patrimoine culturel[411].

197. Le mécénat et la censure participent à la construction et au renforcement de l'État dans une perspective plus politique que technique.

B) Le rôle politique du mécénat et du contrôle de l'expression culturelle

198. L'action du pouvoir en tant que mécène et censeur constitue véritablement une action *a priori* à vocation culturelle. Néanmoins, le mécénat royal (1) comme le contrôle de l'expression culturelle (2) ont comme objectif l'exaltation et le renforcement de l'État, dont la culture aidée et contrôlée constitue une vitrine[412].

1) Le mécénat royal public et l'exaltation de l'État

199. À côté du mécénat royal privé[413] se développe progressivement à partir du XVIe siècle un véritable mécénat royal public[414] à mesure qu'apparaît et progresse l'idée d'État. Si ce mécénat royal public est parfois difficile à distinguer du mécénat royal privé, ses motivations « ne sont plus aussi royalement égocentriques ou lorsqu'elles le sont c'est que le souverain a la

---

408 Titre XX, article 8, Ordonnance de Louis XIV Roy de France et de Navarre donnée à Saint Germain en Laye, *ibid.*, p. 98.
409 Article 1, Déclaration du Roy, Concernant la forme de tenir les registres de Batêmes, Mariages, Sepultures, Vestures, Noviciats & Professions ; Et des Extraits qui en doivent être delivrez, (Louis XV), 9 Avril 1736, [en ligne], www.gallica.fr. Cette ordonnance apporte d'autres précisions sur la tenue des registres lesquelles n'ont pas besoin d'être détaillées ici.
410 J.-M. PONTIER, « Mémoire, administration et culture », *op. cit.*, p. 299.
411 Cf. *infra*.
412 Le château de Versailles est à cet égard symptomatique.
413 Cf. *supra*.
414 V. en particulier : A.-H. MESNARD, *L'action culturelle des pouvoirs publics*, *op. cit.*, p. 42 s. V. aussi par ex : R. WALLIG, « Le mécénat culturel. Une histoire au service des musées », *Cahiers espaces*, n° 87, 2005, p. 25 s.

conscience aigüe de représenter l'État »[415]. Le mécénat royal public cherche donc à « servir plus l'État que le roi »[416].

200. Dans cette perspective, le mécénat royal, privé et public, apparaît comme une représentation du pouvoir en place. Il consacre en effet la distinction faite entre l'État et le souverain, le roi, qui l'incarne et peut exercer dans le champ culturel sa volonté. Aussi, l'objectif du mécénat royal public, s'il apparaît sur certains aspects comme poursuivant des objectifs culturels, obéit « à des impératifs premiers » extra-culturels tels le « prestige du roi et celui de la Nation ; ou encore, la mise en ordre, la moralisation et l'intégration de la société »[417].

201. Le mécénat royal public est essentiellement assuré, s'agissant des matières relevant du domaine culturel, par des moyens institutionnels. Ainsi sont créées la Comédie Française par lettre de cachet du 21 octobre 1680 et à côté de l'Académie française, l'Académie Royale de Peinture et de Sculpture en 1648, l'Académie Royale de Musique en 1669 et l'Académie d'Architecture en 1671[418]. Toutes ces académies ont été, en particulier sous le règne de Louis XIV, subordonnées à « quelques hommes et ceux-ci à Colbert puis à Louvois et au Roi »[419] par le biais de la surintendance des bâtiments du roi[420]. Ces dernières ont pour objectif de contribuer à la gloire de l'État et du roi. Il est ainsi affirmé que « l'appartenance à une Académie est fondée sur un devoir d'allégeance des artistes envers le pouvoir qui les nourrit »[421]. La création et le développement de l'Académie de Peinture et de Sculpture sont symptomatiques à la fois de l'instrumentalisation de l'action culturelle au bénéfice de l'État – incarné par le roi – dans l'établissement du rapport vertical État/sujets, mais aussi des moyens utilisés pour parvenir à cette fin – centralisation extrême et décentralisation à partir de sa propre substance.

---

[415] A.-H. MESNARD, *L'action culturelle des pouvoirs publics, op. cit.*, p. 42.
[416] A.-H. MESNARD, *Droit et politique de la culture*, Paris, PUF, 1990, p. 48.
[417] A.-H. MESNARD, *L'action culturelle des pouvoirs publics, op. cit.*, p. 43.
[418] Sur ces différentes Académies v. not : A.-H. MESNARD, *ibid.*, p. 43 ; J.-M. PONTIER, J.-C. RICCI, J. BOURDON, *Droit de la culture, op. cit.*, p. 129 s. V. aussi le site de l'Institut de France, [en ligne], www.institut-de-france.fr
Ces différentes Académies sont à l'origine, suite à leur regroupement, de la création en 1795 de l'Académie des beaux-arts dont elles constituent différentes sections (avec à l'origine l'Académie des inscriptions et médailles créée en 1663).
[419] A.-H. MESNARD, *L'action culturelle des pouvoirs publics, op. cit.*, p. 53. Pour une analyse académie par académie de cette subordination, *ibid.*
[420] Sur cette institution v. *ibid.*, 57 s.
[421] C. LAJAUNIE, *op. cit.*, p. 26. V. aussi : M. DURUPTY, *L'État et les Beaux-Arts*, thèse de droit public, Bordeaux, 1964, p. 569 s.

202. L'Académie de Peinture et de Sculpture a été créée par lettres patentes[422] venues en approuver les statuts[423] . Au sein de cette Académie, il s'agit de « parler » des « Arts de Peinture et de sculpture seulement, et de leurs dépendances, sans qu'on puisse traiter d'aucune autre matière »[424] et d'offrir un enseignement dans ses domaines[425]. Cette dernière activité devient progressivement la principale de l'Académie pour laquelle elle obtint en 1654 le monopole, comme pour celui des expositions en 1669[426]. Devant le succès de cette Académie subordonnée à la surintendance des bâtiments du roi, sont mises en place « des Ecoles Académiques de Peinture et de Sculpture dans toutes les Villes du Royaume où elles seront jugées nécessaires »[427]. Ces dernières permettent une action culturelle territoriale subordonnée à l'aval de l'Académie Royale de Peinture et de Sculpture dans l'objectif clairement affirmé d'être utile au roi comme à l'État. Ainsi, les lettres patentes du mois de novembre 1676 disposent que « la splendeur et la félicité d'un État ne consistant pas seulement à soutenir au-dehors la gloire des armes, mais aussi à faire éclater au-dedans l'abondance des richesses, fleurir l'ornement des Sciences et des Arts »[428] et précisent que « Ladite Académie Royale jugeant qu'il serait très utile d'établir en diverses Villes du Royaume des Ecoles Académiques qui dépendront d'Elle, tant parce qu'il y a en plusieurs endroits quantité de curieux & d'amateurs de la Peinture & Sculpture qui désireront s'instruire, & faire instruire leurs enfants dans la connaissance & la pratique de ces Arts., & qu'il s'en pourrait trouver quelques uns qui étant cultivez se rendraient capables de servir utilement le Roy »[429].

---

[422] Lettres patentes de Louis XIV, février 1648, *in Etablissement de l'Académie royale de peinture et de sculpture*, Imprimerie de Jacques Collombat, imprimeur ordinaire du Roy, 1723, p. 13 s.
[423] L'organisation de celle-ci a varié entre 1648 et 1663, v. les différents statuts et lettres patentes les approuvant *in Etablissement de l'Académie royale de peinture et de sculpture, op. cit.*
[424] Article II, Statuts et règlements de l'Académie Royale de Peinture et de Sculpture, 1648, *in Etablissement de l'Académie royale de peinture et de sculpture*, *op. cit.*, p. 7.
[425] « [...] la Jeunesse & les Etudians feront reçus pour dessigner&profiter des leçons qui se feront, en payant toutes les semaines ce qui le donne ordinairement pour entretenir le modèle [...] » Article IV, Statuts et règlements de l'Académie Royale de Peinture et de Sculpture, 1648, *in ibid.*
[426] A.-H. MESNARD, *L'action culturelle des pouvoirs publics, op. cit.*, p. 44.
[427] Règlement pour l'établissement des Ecoles Académiques de Peinture et Sculpture dans toutes les Villes du Royaume où elles seront jugées nécessaires, 1676, *in Etablissement de l'Académie royale de peinture et de sculpture*, *op. cit.*, p. 94. Sur la création et le développement de ces Ecoles académiques. V. A. LAHALLE, *Les écoles de dessin au XVIIIe siècle*, P. U. Rennes, 2006, not. p. 59 s.
[428] Lettres patentes de Louis XIV, novembre 1676, *in Etablissement de l'Académie royale de peinture et de sculpture, op. cit.*, p. 91.
[429] Règlement pour l'établissement des Ecoles Académiques de Peinture et Sculpture dans toutes les Villes du Royaume où elles seront jugées nécessaires, 1676, *in*

203. À côté du mécénat, qui permet l'exaltation de l'État, le contrôle de l'expression culturelle contribue à son affirmation.

2) Le contrôle de l'expression culturelle comme affirmation de l'État

204. Afin d'asseoir son pouvoir dans son royaume, l'État s'approprie progressivement le contrôle de l'expression culturelle exercé jusque-là essentiellement par l'Église. Pour ce faire, est mis en place le dépôt légal (a) et un glissement de la « censure de l'Église à celle de l'État »[430] peut être observé (b).

a) La mise en place d'un outil original de contrôle par le dépôt légal

205. Le dépôt légal est aujourd'hui reconnu comme jouant un rôle essentiel dans la préservation du patrimoine culturel. Cette finalité culturelle du dépôt légal apparaît dès son introduction par l'ordonnance de Montpellier du 28 décembre 1537[431]. Celle-ci dispose en ce sens qu'il s'agit « de faire retirer, mettre et assembler [...] toutes les œuvres dignes d'être vues, qui ont été et qui seront faites, compilées, amplifiées, corrigées et amendées de notre temps pour avoir recours aux dits livres, si, de fortune, ils étaient ci-après perdus de la mémoire des hommes... »[432].

206. Cependant, cette finalité culturelle aujourd'hui prédominante ne doit pas occulter la volonté initiale du roi d'asseoir, par le dépôt légal, son pouvoir dans son royaume en contrôlant les différents écrits imprimés dans et hors de celui-ci. Pour ce faire, les libraires et imprimeurs doivent préalablement à leur mise en vente dans le royaume communiquer tous les ouvrages imprimés au garde de la librairie de Blois, ou à ses commis, dans les bonnes villes et les universités (en province) qu'ils aient été imprimés à l'intérieur[433] ou à l'extérieur[434] du royaume.

Etablissement de l'Académie royale de peinture et de sculpture, op. cit., p. 95. V. aussi : M. DURUPTY, *op. cit.*, p. 583 s.

[430] L'expression est empruntée à C. Lajaunie. C. LAJAUNIE, *op. cit.*, p. 158.

[431] Pour une présentation sommaire de l'histoire du dépôt légal v. not : M.-T. DOUGNAC, M. GUILBAUD, « Le dépôt légal : son sens et son évolution », *Bulletin des bibliothèques de France*, 1960, n° 8 ; INSPECTION GENERALE DES BIBLIOTHEQUES, *La gestion du dépôt légal de l'imprimeur, Rapport à madame la ministre de la Culture et de la Communication*, 2013, n° 2012-032, p. 9-10.

[432] Ordonnance de Montpellier du 28 décembre 1537 de François Ie, [en ligne], www.bnf.fr.

[433] *Ibid.*

[434] *Ibid.*

207. Le régime juridique du dépôt légal a par la suite évolué en raison de l'insuffisance matérielle (manque de commis en province par exemple) du système initial. Ainsi, le dépôt légal est progressivement lié au système des privilèges et contribue à l'exercice de la censure. En ce sens, l'édit du 17 octobre 1704 prévoit que cinq exemplaires de l'œuvre doivent être remis par les imprimeurs, libraires ou auteurs : deux au garde de la Bibliothèque du roi, un au Cabinet du château du Louvre, un au chancelier, un au censeur[435].

208. L'État s'affirme donc à travers la censure.

b) L'affirmation étatique à travers la censure

209. L'action culturelle étatique poursuit dès l'origine une finalité politique tendant à son renforcement. L'usage de la censure par le pouvoir participe à ce processus[436]. La censure étatique se développe et concurrence progressivement celle de l'Église[437], en particulier à partir du XVIe siècle[438]. Il ne s'agit alors pas d'étudier en détail chaque régime juridique de la censure, mais de montrer que le contrôle du livre change de mains.

210. Dès le début du XVIe siècle en France, l'Église demande l'aide de l'État pour contrôler l'action des libraires. L'imprimerie en multipliant les auteurs a fait du livre un objet impersonnel, de telle sorte que « l'Église, tout comme les structures féodales à un autre niveau, s'est trouvée démunie face à cet objet particulier qui détruisait les rapports personnels qui jusqu'alors pouvaient la fonder »[439]. C'est ainsi que le 18 mars 1521, suite à une requête du recteur de l'Université de Paris, François Ier enjoint au Parlement de prohiber toute publication d'un livre sur les questions religieuses sans un contrôle de la Faculté de théologie. Progressivement, la censure se renforce suite à la Réforme. François Ier, en tant que roi très chrétien[440], après avoir interdit le 13 janvier 1535 l'impression de tout nouveau livre dans le royaume

[435] M-T. Dougnac, M. Guilbaud, *op. cit.*, p. 10.

[436] L'étude sera ici limitée à l'évolution de la censure de l'imprimé. L'évolution en ce domaine est en effet représentative du changement des rapports de pouvoir et l'imprimé a été la première et la principale cible de la censure.

[437] Pour une présentation sommaire de cette évolution. V. not : R. Netz, *op. cit.* ; C. Lajaunie, *op. cit.*, p.158 s.

[438] Il semble possible d'affirmer que dans une certaine mesure la censure entendue dans son acception originelle a été également utilisée par l'État (cf. *supra*). Sur la conception romaine de la censure, v. not. : M. Dury, *op. cit.*, en part p. 7 à 14 ; L. Catteeuw, *Censures et raisons d'État, Une histoire de la modernité politique (XVIe - XVIIe siècle)*, Albin Michel, L'évolution de l'humanité, 2013, p. 108 s.
Sur la censure chez J. Bodin, v. not. : M. Dury, *op. cit.*, en part p. 207 s. ; L. Catteeuw, *op. cit.*, p.124 s.

[439] M. Dury, *op. cit.*, p. 247.

[440] M. Dury, *op. cit.*, p. 248.

sous peine de pendaison[441], autorise à nouveau l'imprimerie pour un nombre limité d'imprimeurs et sous réserve notamment d'une autorisation préalable[442]. L'Association du Parlement, expression du pouvoir royal, du roi directement et de l'Université s'accroît. Ainsi, dans l'édit du Parlement du 1er juillet 1542, qui condamne l'ouvrage *Institution de la religion chrétienne* de Calvin, est indiqué le mécanisme de la censure. Seuls les maîtres imprimeurs ont le droit d'exercer cette activité et aucun livre ne peut être vendu avant d'avoir fait l'objet d'une inspection par une commission composée de libraires jurés et de représentants de l'Université[443]. Une liste d'ouvrages censurés est établie par l'Université en 1543, le *Catalogue des livres visités par la faculté de Théologie de Paris*, dans le même sens d'un renforcement de la censure. Elle est publiée le 23 juin 1545 en annexe d'un édit royal puis complétée et rééditée à de multiples reprises en 1547, 1549, 1551, 1556 avant d'être remplacée par l'index général de Rome publié à partir de 1564 sous le nom de *Index Librorum Prohibitorum*[444].

211. L'édit de Châteaubriant, pris par Henri II en 1551, précise l'organisation de la censure en France. Il réaffirme l'autorité de l'Église par le biais de l'Université sur le contrôle du livre avant et après son impression[445]. L'article 12 de l'édit interdit ainsi aux parlements ou tout autre officier royal d'accorder une permission d'impression de livres sans autorisation préalable de la faculté de théologie[446] laquelle doit figurer au début de l'ouvrage. Dans le même sens, l'article 20 impose que soit affichée à côté de la liste des livres en vente dans la boutique du libraire la liste de tous les livres censurés par la faculté de Théologie[447].

212. Ainsi, le roi, au début du XVIe siècle, s'est contenté d'apporter son aide à l'Église dans les questions religieuses. Il n'a jamais été question pour

---

441 V. ACADEMIES DES SCIENCES MORALES ET POLITIQUES, *Catalogue des actes de François Ier*, T. 3, Paris, 1889, p. 3, N 7461, [en ligne], www.gallica.fr. R. Netz souligne que François Ier devient ainsi le premier souverain à avoir associé censure et peine de mort. R. NETZ, *op. cit.*, p. 14. Pour une analyse de l'histoire du livre sous François Ier v. : E. WERDET, *op. cit.*, p. 52 s.

442 Lettres du 23 février *1535* de François Ier. V. Académies des sciences morales et politiques, *Catalogue des actes de François Ier*, T. 3, Paris, 1889, p. 23, N 7559, [en ligne], www.gallica.fr ; G. MINOIS, *Censure et culture sous l'Ancien Régime*, Fayard, 1995, p. 51.

443 Les dispositions de l'édit sont citées *in* R. NETZ, *op. cit.*, p. 15.

444 *Ibid.*, p. 16.

445 Édict du Roy touchant la congnoissance, jurisdiction et jugement des procès des luthériens et hérétiques, appartenans à tous juges royaux et présidiaulx (Henri II) ; 26 juin 1551 ; Publié en la court de parlement, à Paris, le 3e jour de septembre, Paris, 1551, [en ligne], www.gallica.fr.

446 Article 12, *ibid.*

447 Article 20, *ibid.*

la royauté de se substituer au pouvoir doctrinal de censure qui ne peut, selon elle, n'appartenir qu'à l'Université[448]. La faille du système pour l'Église apparaît alors. Celle-ci a besoin des moyens de l'État – ce qui en fait un intervenant indispensable du pouvoir de censure – et l'État peut à tout moment récupérer ses attributions[449].

213. À partir des années 1560 apparaissent les premières prétentions royales à l'exercice de la censure. Plusieurs hypothèses sont avancées pour expliquer cette situation. Elle peut résulter de la dégradation des rapports entre la royauté et l'Université à cette époque et/ou de la réforme de la structure de la librairie tout au long du XVIe siècle sous le contrôle du roi. Cette évolution a conduit en effet à confondre la permission d'imprimer avec le privilège – entendu comme le monopole commercial[450]. Ce dernier est attribué à Paris par le Parlement ou la Chancellerie et en province par les autorités municipales ou le prévôt de Paris. Ainsi, les lettres de cachet adressées au Parlement par le roi Charles IX le 16 août 1561 interdisent l'impression de livre « sans congé ou permission de la cour du Parlement ou du roi »[451] et l'article 78 de l'édit de Moulins de 1566[452] vient consacrer l'exclusion de l'Université de la censure. La censure appartient alors au pouvoir royal et par la suite à l'État dont il est le souverain[453]. La réglementation est rappelée et précisée dans les textes postérieurs[454] et en particulier dans le *Code Michau* du 15 janvier 1629[455].

---

[448] Cette position de la royauté a été affirmée à plusieurs reprises, en 1512, 1521, 1532, 1547. M. DURY, *op. cit.*, p. 248-249.
[449] *Ibid.*, p. 248-249.
[450] *Ibid.*, p. 251 ; R. NETZ, *op. cit.*, p. 22.
[451] Cité *in ibid.*, p. 22.
[452] « Défendons aussi à toutes personnes que ce soit, d'imprimer ou faire Imprimer aucuns livres ou traité, sans nostre congé et permission,& lettres de privilèges expediées sous nostre grand scel. Auquel cas aussi enjoignons à l'Imprimeur d y|mettre &inserer son nom,&le lieu de sa demeurance, ensemble ledit congé & privilège : & ce sur peine de perdition des bien,,&,punition corporelle ». Article 78, Ordonnances du Roy pour la réformation et reiglement de la justice, tant ès cours souveraines que inférieures (Charles IX), février 1566, Paris, 1572, [en ligne], www.gallica.fr.
[453] Cela ne signifie pas que les censeurs ne peuvent pas être des universitaires ou que l'Université ne se voit plus attribuer aucun rôle.
[454] Pour une présentation sommaire de l'ensemble de ces textes v. not : *Code de la librairie et imprimerie de Paris, ou Conférence du règlement arrêté au Conseil d'État du Roy*, le 28 février 1723… avec les anciennes ordonnances… depuis l'an 1332 jusqu'à présent (Louis XV) 28 février 1723, Paris 1744, p. 357 s., [en ligne], www.gallica.fr ; R. NETZ, *op. cit.*, p. 24 s.
[455] « Les grands désordres et inconvénients que nous voyons naistre tous les jours de la facilité et liberté des expressions, au mépris de nos ordonnances, et au grand préjudice de nos sujets, et de la paix et du repos de cet estat, corruption de mœurs, et introduction des mauvaises et pernicieuses doctrines, nous obligent d'y apporter un remède plus puissant qu'il n'a esté fait par les précédentes ordonnances ; encore que la force des lois consistent plus en la vigilance des magistrats sur l'observation et l'exécution d'icelles en ce qu'elles contiennent. C'est pourquoi, suivant le 78e article des ordonnances faites

Celui-ci réitère la nécessité de l'examen préalable à l'impression du livre par des censeurs et précise que la qualité de ces derniers est laissée à la discrétion du Garde des Sceaux puis au directeur de la librairie au XVIIIe siècle. La censure est alors spécialisée : aux médecins la censure des livres de médecines, au docteur de l'université celles des livres de théologie et de philosophie, aux physiciens les livres de physique ... Le *Code de la librairie et imprimerie de Paris* adopté le 23 février 1723[456], étendu à l'ensemble du Royaume par l'arrêt du Conseil d'État du 24 mars 1744[457], perfectionne l'organisation des professions de libraire et d'imprimeur et le fonctionnement de la censure sans en changer les principes[458]. Ces derniers perdurent jusqu'à la Révolution[459]. Ainsi demeure la nécessité d'une autorisation préalable du Chancelier ou Garde des Sceaux de France.

214. À côté de ces dispositions liées au fonctionnement de la censure, la limitation du nombre d'imprimeries dans chaque ville susceptible d'en avoir constitue une des mesures permettant de faciliter le contrôle sur les livres[460]. Il est à cet égard surprenant qu'une telle mesure ne soit que rarement mentionnée dans les études sur la censure et nécessiterait une analyse spécifique. Ainsi, le roi fixe d'abord par édits particuliers successifs le nombre d'imprimeurs-libraires pour Toulouse (12), Paris (36), Bordeaux (12), Lyon

---

à Moulins, nous défendons à tous les imprimeurs, d'imprimer et à tous les marchands libraires ou autres, de vendre, ou débuter aucun livre ni écrit qui ne porte le nom de l'auteur et de l'imprimeur, et sans nostre permission par lettres scellées du grand sceau, lesquelles ne pourront être expédiées qu'il n'ait ésté présenté une copie du livre manuscrit à nos chancelliers ou garde des sceaux, sur laquelle ils commettront telles personnes qu'ils verront estre à faire selon le sujet et la matière du livre, pour le voir et examiner et bailler sur iceluy, si faire se doit, leur attestation en la forme requise, sur laquelle sera expédiée le privilège ». Article 52, Ordonnance du roy Louis XIII sur les plaintes et doléances faittes par les députés des Estats de son royaume convoqués et assemblés en la ville de Paris en 1614 (Louis XIII), publiée au Parlement le 15 janvier 1629, *in Code de la librairie et imprimerie de Paris, ou Conférence du règlement arrêté au Conseil d'État du Roy, le 28 février 1723... avec les anciennes ordonnances... depuis l'an 1332 jusqu'à présent*, *op. cit.*, p. 359.
Pour une analyse de ce texte v. G. PEIGNOT, *Essai historique sur la liberté d'écrire chez les anciens et au Moyen Âge*, Paris, 1832, p. 76 s.

456 Code de la librairie [...], *op. cit.*

457 *Ibid.*, p. xxiij.

458 Articles 101 à 105, *ibid.*, p. 357 s.

459 Sur le fonctionnement de la censure au XVIIIe siècle v. not : G. PEIGNOT, *op. cit.*, p. 76 s. ; M. CERF, « La Censure Royale à la fin du XVIIIe siècle », *Communications*, n° 9, 1967, p. 2 s. ; R. NETZ, *op. cit.*, en part. p. 51 s.

460 G. PEIGNOT, *op. cit.*, p. xi et p. 117 s. L'auteur se propose de dresser un tableau récapitulatif du nombre de librairies autorisées par ville (p. 127) à mesure des permissions accordées.

(18)[461]. Un édit général est pris en 1704[462] pour toutes les villes du royaume « dans lesquels il est nécessaire qu'il y ait des imprimeurs-libraires pour le bien de son [le roi] service, et de l'utilité du Public, et dans lesquelles aussi il est dangereux qu'il ne s'en établisse un trop grand nombre, de crainte que ne trouvant pas assez d'ouvrages pour pouvoir subsister ils ne s'appliquent à des contrefaçons, ou à d'autres impressions contraires au bon ordre »[463]. Les lieutenants généraux de police sont chargés de veiller à ce que la limitation et les éventuelles dérogations soient respectées. Rappelé à l'article 49 du *Code de la librairie*[464] en 1723, l'édit de 1704 est réaffirmé et complété en 1739[465] en raison de son application insuffisante.

215. En définitive, la censure contribue bien à l'affirmation du pouvoir royal puis étatique sur l'ensemble du territoire du Royaume non seulement par la lutte contre les formes d'expressions contestataires, mais encore par la mise en place progressive d'un système de contrôle, avec des considérations liées à des spécificités territoriales, qui passe des mains de l'Église à celles du roi pour finir dans celles de l'État.

216. Dans cette perspective, il semble possible de rapprocher cette censure étatique de la censure entendue dans sa conception originelle. En effet, celle-ci a été mise en avant à partir du XVIe siècle par certains auteurs, notamment J. Bodin, comme étant indispensable au bon gouvernement de l'État. Pour rappel, la censure désigne à l'origine la charge exercée par le censeur romain. Ce dernier a pour fonction d'une part le recensement de la population et des biens afin d'établir le cens, d'autre part progressivement la surveillance et le contrôle des bonnes mœurs. La censure poursuit un double objectif : la participation à l'accroissement des connaissances indispensables au bon gouvernement, en particulier sur les qualités et les possessions de chaque citoyen, et le rétablissement du lien fondateur de l'ordre politique. Ce sont ces objectifs essentiels qui conduisirent J. Bodin à reprendre la tradition de la censure romaine et de « procéder à l'imitation des Anciens afin d'établir de bonnes mœurs en vue de l'intérêt public » puisque selon lui, « il n'y a guère eu de République bien ordonnée qui n'ait usé de Censeurs et de censure ». C'est dans le même sens qu'un auteur, dans son *Dictionnaire universel* de la fin du XVIIe siècle, rapproche la charge des Censeurs antiques qui avaient le

---

461 Respectivement en 1622, 1686,1688, 1695. Dispositions rappelées *in* le *Code de la librairie [...]*, *op. cit.*, p. 200 s.
462 Arrêt du Conseil du 21 juillet 1704 reproduit *in Code de la librairie [...]*, *ibid.*, p. 201 s.
463 *Ibid.*
464 Article 49 du Code de la librairie et imprimerie de Paris, ou Conférence du règlement arrêté au Conseil d'État du Roy, le 28 février 1723... avec les anciennes ordonnances... depuis l'an 1332 jusqu'à présent, *ibid.*, p. 200.
465 Arrêt du Conseil du 31 mars 1739 reproduit *in Code de la librairie [...]*, *ibid.*, p. 203 s.

soin de « l'intérêt public et de la correction des mœurs de celle des gens du Roy et des magistrats de police »[466].

[466] Sur la conception romaine de la censure, v. not. : M. DURY, *op. cit.*, en part p. 7 à 14 ; L. CATTEEUW, *op. cit.*, p. 108 s. Sur la censure chez J. Bodin, v. not. : M. DURY, *op. cit.*, en part p. 207 s. ; L. CATTEEUW, *op. cit.*, p. 124 s.

Conclusion du chapitre 1

217. L'apparition de l'État royal au XVIe siècle n'a été possible que par l'accroissement progressif du pouvoir royal à partir du XIIIe siècle et le passage du pouvoir féodal au pouvoir étatique par l'apparition de la notion de souveraineté, *souveraineté étatique*, dont la langue est un attribut.

218. L'action, notamment territoriale, menée dans le domaine culturel par le roi puis par l'État, participe dès l'origine à renforcer le lien vertical établi avec les individus, d'abord de manière spontanée puis instrumentalisée. Cette dernière est réalisée pour l'État, par l'État et selon le modèle de l'État en particulier en matière linguistique et patrimoniale.

219. Ainsi, comme le rappelle généralement la doctrine, l'action dans le domaine culturel subit la centralisation étatique. Elle y contribue néanmoins également fortement en concourant à l'affirmation, à la protection et à l'exaltation de l'État. Ces actions initiales permettent de saisir certains aspects du régime juridique actuel singulier dans le domaine culturel.

220. À la Révolution française, malgré une certaine continuité, s'agissant de la centralisation administrative, l'État assigne une fonction neuve à son action territoriale dans le domaine culturel : participer à la régénération de la société.

Chapitre 2 : L'action culturelle territoriale au service de la régénération de la société

221. À la Révolution, « le fondement du pouvoir ne se situe plus dans la personne même du monarque, mais dans une entité supérieure et transcendante »[467], la Nation. Ainsi, c'est dans « le groupe lui-même que sont censés résider en fin de compte les bases de l'identité sociale et le fondement ultime de l'autorité »[468]. Cependant, la Nation devenue titulaire de la souveraineté reste « à construire »[469] après 1789. Aussi, l'État, s'attache-t-il à l'établissement d'un lien social et politique de type « horizontal »[470]. Ce projet politique de production d'une nation formant un tout cohérent à partir d'un ensemble d'individus est indissociable de ses formes concrètes de réalisation[471] . C'est donc dans la perspective de « l'édification d'une collectivité globale unitaire »[472] et afin d'empêcher tout retour en arrière politique, que se situent la constitution de l'unité formelle de la Nation, par la réforme territoriale[473], l'uniformisation des poids et mesures[474] et la mise en place du calendrier républicain[475]. L'action culturelle territoriale participe à ce même processus en ce qu'elle contribue à l'instruction publique et partant à la régénération de l'individu et par là de la société. Ainsi, « la mise en œuvre de politiques publiques de la culture [...] est étroitement liée à la construction et à la consolidation des États-nations »[476]. Cette volonté de « changer l'homme »,[477] bien que dénoncée sous sa forme initiale,[478] continue « de constituer un impératif essentiel pour tout le XIXe siècle », « seuls varient au fond le degré d'ambition de cette transformation ainsi que ses moyens »[479].

---

467 J. CHEVALLIER, « L'État – Nation », *RDP*, 1980, p. 1273.
468 J. CHEVALLIER, *L'État*, *op. cit.*, p. 19.
469 P. ROSANVALLON, *L'État en France de 1789 à nos jours, op. cit.*, p. 100.
470 *Ibid.*, p. 106.
471 *Ibid.*, p. 100.
472 Expression utilisée par D. Guignard. D. GUIGNARD, *op. cit.*, p. 260.
473 *Ibid.*, p. 287 s.
474 *Ibid.*, p. 394 s.
475 *Ibid.*, p. 318 s.
476 P. POIRRIER, *Pour une histoire des politiques culturelles dans le monde*, La Documentation française, 2011, p. 11.
Dans la même perspective v. aussi (s'agissant notamment du patrimoine) : P. POIRRIER, « Introduction » *in* P. POIRRIER (dir.), *Politiques culturelles et patrimoines. « Vielle Europe » et « Nouveaux Mondes »*, Actes Sud, Culture et musées, 2007, p. 13 s. (en part. p. 15) ; D. ALCAUD, « Patrimoine, construction nationale et inventions d'une politique culturelle : les leçons à tirer de l'histoire italienne », *in* P. POIRRIER (dir.), *ibid.*, p. 39 s. (en part. 41 s.).
477 P. ROSANVALLON, *op. cit.*, p. 120.
478 *Ibid.*
479 *Ibid.*

222. C'est en matière linguistique et patrimoniale que l'État intervient de manière particulièrement significative. La « langue française a contribué à la construction de l'unité nationale française en assurant depuis la Révolution l'intégration progressive de peuples aux origines diverses au sein de la Nation »[480] et a toujours constitué un facteur essentiel de sa préservation malgré l'affirmation permanente du primat du politique dans la conception de la Nation française (section 1). Par ailleurs, la construction de la Nation passe par l'invention du « patrimoine national »[481]. De fait, la patrimonialisation du passé représente de manière idéale « les trois valeurs fondamentales que sont l'identité (la nation est pensée et présentée comme une personne), la continuité (la nation est la même tout au long de son histoire et les différents moments de son passé ne prennent de sens que les uns par rapport aux autres) et l'unité (la nation ne peut exister que dans l'unité de tous ses membres) »[482] (section 2).

Section 1 : L'uniformisation linguistique : la domestication du territoire étatique national

223. À la fin de l'Ancien Régime, la France est un pays plurilingue. Si le français, devenu marque de la souveraineté depuis le XVIe siècle, s'est imposé comme la langue du droit, « la pression linguistique ne va pas au-delà »[483]. Ainsi, les « maternels françois » – patois et dialectes (italien, allemand, basque, bas-breton, etc.) à la périphérie du royaume – sont encore utilisés, tout comme le latin dans le domaine spirituel.

224. Pour l'ensemble de la doctrine, c'est l'affirmation en 1789 de la Nation « une et indivisible » comme seule titulaire de la souveraineté qui impose progressivement l'idée d'une nécessaire uniformité linguistique autour du français (§ 1). Cela participe alors de la domestication du territoire étatique[484] national. Cependant, le choix de cette langue, parlée par une

---

[480] F. BENOIT-ROHMER, « Les langues officieuses de la France », *RFDC*, n° 1, 2001, p. 5.
[481] P. POIRRIER, *L'État et la Culture en France au XXe siècle*, Le Livre de Poche, 2000, p. 16.
[482] E. FRANCOIS, « Les mythologies historiques des nations européennes », *in* C. BALLE, E. CLAVE, V. HUCHARD, D. POULOT (dir.), *Publics et projets culturels. Un enjeu des musées en Europe*, L'Harmattan, Patrimoines et Sociétés, cité *in* D. POULOT, *Patrimoine et musées. L'institution de la culture*, Hachette supérieur, 2001, p. 7 s.
[483] A. BLANC, *La langue de la République est le français, [...]*, *op. cit.*, p. 21. Dans le même sens : S. SOLEIL, *op. cit.*, not. p. 31.
[484] Expression utilisée par le Professeur G. Bigot *in* G. BIGOT, *L'Administration française. Politique droit et société. Tome 1, 1789 – 1870*, LexisNexis, 2e éd., 2014, p.15. Le Professeur P. Legendre utilise dans une perspective similaire l'expression de « maîtrise de l'espace national ». V. P. LEGENDRE, *Trésor historique de l'État en France. L'administration classique*, Fayard, Les savoirs, 1992, p. 115.

minorité de citoyens et dont la primauté n'a jamais été discutée par les représentants de la Nation n'a *a priori* rien d'une évidence ; ce que peu d'auteurs relèvent. Pour les révolutionnaires, « le français est la langue des lumières, la langue de la liberté ; elle est, bien évidemment, la langue de la Nation souveraine ; et de ce point de vue on doit considérer que la « loi fondamentale » ; informulée au niveau national et qui faisait du français la langue du roi-souverain est maintenue au bénéfice de la nation-souveraine »[485]. Ainsi, seule reste la problématique relative à la manière de l'imposer (§ 2).

§ 1 : Une nécessité progressive d'uniformité linguistique

225. Il semble acquis pour la doctrine que les révolutionnaires s'intéressent tardivement à la recherche de l'uniformisation linguistique[486] malgré une prise de position de certaines personnalités en ce sens (B). Cependant, la problématique linguistique est présentée de façon apparemment paradoxale dès le début de la Révolution (A).

A) La tentative d'utilisation unitaire des idiomes de la France

226. Le constat est souvent dressé de l'absence de dispositions relatives à l'uniformité linguistique autour du français dans les premiers grands textes révolutionnaires : Déclaration des droits de l'homme et du citoyen du 26 août 1789 et Constitution du 3 septembre 1791, laquelle affirme pourtant l'unité et l'indivisibilité du Royaume[487]. À propos du premier, il est même parfois affirmé que l'article 11 de ce texte relatif à la liberté d'expression suggère une certaine tolérance envers les langues régionales[488]. Celui-ci dispose que « [...] tout Citoyen peut donc parler, écrire, imprimer librement [...] »[489]. Ce désintérêt apparent pour l'unité linguistique résulte des circonstances de l'époque.

227. Ainsi, il semble que, d'abord occupés par les réformes institutionnelles et la Constitution, les révolutionnaires n'aient pas souhaité,

---

485 A. BLANC, *ibid.*, p. 30.
486 V. not. : R. DEBBASCH, *Le principe révolutionnaire d'unité et d'indivisibilité de la République*, Economica, PUAM, 1988, p. 260 s. ; D. GUIGNARD, *op. cit.*, p. 335 s. ; V. BERTILLE, *op. cit.*, p. 54 s.
487 *Ibid.*, p. 54.
488 « Le Royaume est un et indivisible : son territoire est distribué en quatre-vingt-trois départements, chaque département en districts, chaque district en cantons. » Article 1, Titre II De la division du royaume, et de l'état des citoyens, *Constitution du 3 septembre 1791.*
489 *Ibid.*

dans un premier temps au moins, se lancer dans la « grande entreprise »[490] d'extension de la langue française laquelle « ne permettait pas de faire entrer dans les faits, avec la rapidité nécessaire, les profondes réformes envisagées »[491].

228. Par ailleurs, afin d'éviter une rupture avec le peuple, il est apparu à l'Assemblée constituante la nécessité d'expliquer sa politique, ses choix et ses décisions. En effet, « il eut été contraire à l'esprit même de la démocratie que l'on prétendait instituer et aux principes de gouvernement qu'on posait, de faire des réformes, sans les faire connaître [...] »[492]. Or, il n'est possible de communiquer avec les personnes qui ne connaissent pas le français que dans leur propre langue.

229. C'est donc dans la perspective d'une unité autour du projet révolutionnaire et dans la volonté de rendre la loi commune à tous à la portée de chacun[493] que sont utilisés les différents idiomes de France. Le décret du 14 janvier 1790 prévoit à cet égard que l'ensemble des décrets doivent être traduits dans tous les idiomes de France. Ce dernier bien que jamais promulgué par le roi Louis XVI qui y a opposé son veto fut suivi *de facto* de mesures le mettant en œuvre[494].

230. Ainsi, semble devoir être relativisée la position qui considère que les révolutionnaires ont remis « à des temps ultérieurs les principes et les réflexions sur l'homme »[495] puisque ce sont bien des réflexions sur les réalités humaines de l'époque et le pragmatisme des révolutionnaires qui ont justifié la prise de cette mesure et la permanence temporaire de l'usage des idiomes locaux. De même, semble devoir être nuancée l'affirmation selon laquelle « sous prétexte d'efficacité immédiate, cette technique [la traduction dans les différentes langues de France] conduisait à renier sur un point essentiel le mouvement d'unité qui tendait à rassembler la Nation française ». Si la décision de traduire les textes apparaît comme contradictoire avec l'idée d'une unité de la Nation via une uniformisation généralisée, objectivement observable, c'est bien un rassemblement de la Nation française autour d'un

---

490 R. DEBBASCH, *Le principe révolutionnaire d'unité et d'indivisibilité de la République, op. cit.*, p. 260.

491 *Ibid.*

492 A. BLANC, *La langue de la République est le français, [...], op. cit.*, p. 44.

493 Sur la nécessité de traduire les décisions de Paris et d'enseigner dans les langues maternelles les notamment les principes révolutionnaires V. not. le courrier adressé par Gautier-Sauzin, cultivateur montalbanais, au Comité d'instruction publique de l'Assemblée constituante le 18 décembre 1791 reproduit *in* M. DE CERTEAU, D. JULIA, J. REVEL, *Une politique de la langue. La Révolution française et les patois*, Gallimard, 1975, p. 259 s. (en part. p. 261 – 263).

494 A. BLANC, *La langue de la République est le français, [...], op. cit.*, p. 46.

495 D. GUIGNARD, *op. cit.*, p. 335.

projet, d'un avenir commun qui est recherché par cette mesure. Il est alors intéressant de relever que, pour des raisons circonstancielles, la recherche d'*Une* Nation semble reposer alors sur un critère subjectif d'adhésion à un projet[496].

231. La tentation d'utilisation unitaire des idiomes de la France a été remplacée par une volonté d'uniformité linguistique.

B) L'uniformité linguistique témoin et instrument de l'unité nationale

232. L'uniformité linguistique apparaît rapidement comme nécessaire à l'établissement et au maintien d'un lien politique à la fois vertical, entre pouvoir et citoyens, et horizontal entre les citoyens. Semble alors apparaître ici l'origine de la confusion[497] en France entre langue officielle[498] et langue nationale[499]. Dans une telle conception, les patois se révèlent comme source d'obscurantisme et d'inégalités. Cette position liant uniformité linguistique et unité politique a été défendue par plusieurs personnalités, chronologiquement dans les rapports Talleyrand (1), Barère (2) et Grégoire (3) ; chacun des auteurs préconisant des moyens différents pour parvenir à cette uniformité. Il ne s'agit alors pas d'analyser en détail le contenu de chacun des rapports, mais simplement de montrer en quoi ils témoignent de la volonté progressive

---

[496] Peut-être est-il possible d'apercevoir ici les prémices de la réflexion menée plus tard, aussi pour des raisons circonstancielles, sur les conceptions objective et subjective de la nation et qui est bien connue.

[497] Cette confusion langue officielle, langue nationale apparaît clairement dans certains textes récents. Il est notamment affirmé dans la circulaire du Premier ministre du 12 avril 1994 : « La langue française est un élément constitutif de l'identité, de l'histoire et de la culture nationales. La réaffirmation du statut du français symbolise l'unité de la République et favorise la complète intégration de tous dans la vie de la cité. Dans la mise en œuvre des instructions qui suivent, les agents publics doivent avoir la conviction que la langue française est un élément important de la souveraineté nationale et un facteur de la cohésion sociale. Aucune considération d'utilité, de commodité ou de coût ne saurait donc, sauf circonstances spéciales, empêcher ou restreindre l'usage de la langue française ». Circulaire du premier ministre du 12 avril 1994 relative à l'emploi de la langue française par les agents publics, NOR PRMX9400J62C, *JO*, 20 avril 1994, p. 5773.

[498] « « La langue officielle » est la langue de l'État, c'est-à-dire la langue utilisée par les organes de l'État utilisée par les organes institués par la constitution et, plus largement, la langue des services publics ». S. PIERRE-CAPS, « Le statut constitutionnel de la langue nationale et/ou officielle. Etude de droit comparé », *in* A.-M. LE POURHIET (dir.), *Langue(s) et constitution(s)*, Economica, 2004, not. p. 95.

[499] Et ce même si le français n'est pas reconnu formellement comme « langue nationale » dans le texte constitutionnel. En effet, pour le Professeur S. Piérré-Caps, « la « langue nationale » est certes la langue de la nation ou du peuple, mais encore faut-il qu'elle soit inscrite en tant que telle dans la constitution, c'est-à-dire officiellement reconnue comme « langue nationale » ». V. *ibid.*, not. p. 95.

d'instaurer une uniformité linguistique pour créer et maintenir une unité politique et territoriale.

1) Le rapport Talleyrand[500]

233. Dans son rapport présenté à l'Assemblée Constituante les 10, 11 et 19 septembre 1791, Talleyrand pose pour la première fois publiquement la question linguistique[501]. L'auteur constate que la langue nationale demeure inaccessible à un grand nombre de citoyens[502]. Il lui semble alors indispensable de remédier à cette situation puisque pour lui, « le premier besoin social est la communication des idées et des sentiments»[503]. Aussi l'usage du français doit-il s'universaliser. Dans cette perspective, l'ancien évêque d'Autun préconise le développement de l'instruction publique et insiste sur le rôle primordial des écoles primaires qui « vont mettre fin à cette étrange inégalité »[504] et dans lesquelles « la langue de la Constitution et des lois y sera enseignée à tous »[505]. Talleyrand conçoit alors l'instituteur rural comme un maître de la langue nationale et donc un instrument de l'unité linguistique et par la même de l'unité nationale.

234. Cependant, si les idées de Talleyrand bien que très discutées reçurent un accueil plutôt favorable, aucune mesure ne fut prise avant la séparation de la Constituante[506]. À la suite de ce rapport, seule fut actée la création d'un

---

[500] Sur ce rapport voir en particulier : F. BRUNOT, *Histoire de la langue française des origines à 1900*, Paris, Armand Colin, T. IX, première partie, 1927, p. 13 et 97 s. ; A. BLANC, *La langue de la République est le français, [...], op. cit.*, p. 47 s. (y reprend en partie les analyses de F. Brunot).

[501] Assemblée nationale, 10 sept. 1791. *Rapport au nom du Comité de constitution, par Talleyrand-Périgord*, anc. évêque d'Autun (Arch. parl., Ire série, XXX, p. 472) cité *in* F. BRUNOT, *op. cit.*, p. 13 s.

[502] *Ibid.*, p. 13 s.

[503] *Ibid.*, p. 97.

[504] *Ibid.*, p. 13.

[505] *Ibid.*

[506] A. BLANC, *La langue de la République est le français*, [...], *op. cit.*, p. 48 ; F. BRUNOT, *op. cit.*, p. 98.

Comité d'Instruction publique[507], conformément au principe de la mise en place d'une instruction publique posé dans la Constitution[508].

2) Le rapport Barère[509]

235. Le 8 pluviôse an II (27 janvier 1794), Bertrand Barère présente son rapport sur les idiomes[510], au nom du Comité de Salut public. L'auteur y fait état des difficultés relatives à l'utilisation et à la compréhension de la langue française sur l'ensemble du territoire et en « quatre points » en particulier dans lesquels les idiomes « paraissent les plus contraires à la propagation de l'esprit public et présentent des obstacles à la connaissance des lois de la République et à leur exécution »[511]. Les représentants de la Convention n'étaient que rarement envoyés dans le département par lequel ils avaient été élus afin de garantir leur complète indépendance. Ils ne parlaient donc pas le « langage particulier des gens au milieu desquels ils allaient se retrouver pour un temps »[512]. Par ailleurs, la compréhension de la langue française apparaît pour Barère comme un préalable indispensable pour être véritablement citoyen. Celle-ci permet à la fois l'obéissance aux lois de la République,[513] mais aussi le contrôle effectif du gouvernement dans une démocratie[514]. Or à l'époque, plus de 6 millions d'individus en France ne parlent pas la langue française[515].

---

507 Le comité d'instruction publique fut créé le 14 octobre 1791. Composé de 24 membres, il était chargé d'élaborer un projet d'organisation de l'instruction publique et de développer les écoles en France.
À cet égard, il est intéressant de relever avec Agnès Blanc à la suite Ferdinand Brunot que le rapport Condorcet du 20 avril 1792 sur l'instruction publique reprend implicitement et conforte la position de Talleyrand quant à la place du français à l'école primaire. A. BLANC, *La langue de la République est le français, [...], op. cit.*, p. 49 et 50. Pour une analyse détaillée du rapport Condorcet, V. F. BRUNOT, *op. cit.*, p. 346 s.

508 « Il sera créé et organisé une Instruction publique commune à tous les citoyens, gratuite à l'égard des parties d'enseignement indispensables pour tous les hommes et dont les établissements seront distribués graduellement, dans un rapport combiné avec la division du royaume [...]. Titre I Dispositions fondamentales garanties par la Constitution, *Constitution du 3 septembre 1791.*

509 COMITE DE SALUT PUBLIC, *Rapport du Comité de Salut Public sur les idiomes*, Archives parlementaires, 1ère série, T. LXXXIII, séance du 8 pluviôse an II, n° 18 pp. 713-717, Paris, éd. CNRS, 1961 reproduit *in* M. DE CERTEAU, D. JULIA, J. REVEL, *op. cit.*, p. 291 s.

510 Pour une analyse de ce rapport, V. not : F. BRUNOT, *op. cit.*, p. 180 s. ; R. DEBBASCH, *Le principe révolutionnaire d'unité et d'indivisibilité de la République*, *op. cit.*, p. 261 ; D. GUIGNARD, *op. cit.*, p. 338 s.

511 Rapport du Comité de Salut Public sur les idiomes, *op. cit.*, p. 292.

512 F. BRUNOT, *op. cit.*, p. 173 s. L'auteur présente dans ces pages un certain nombre de témoignages de commissaires particulièrement éclairants sur cette problématique.

513 Rapport du Comité de Salut Public sur les idiomes, *op. cit.*, p. 294.

514 *Ibid.*, p. 296.

515 V. l'intervention de Grégoire à propos du rapport Barère *in ibid.,* p. 299. Constat réaffirmé *in Rapport sur la nécessité et les moyens d'anéantir les patois et*

Dans cette perspective, la pluralité linguistique semble empêcher la diffusion des idées révolutionnaires et menacer l'unité de la République. Selon une formule désormais célèbre, « le fédéralisme et la superstition parlent bas-breton ; l'émigration et la haine de la République parlent allemand ; la contre-révolution parle l'italien, et le fanatisme parle basque »[516].

236. Pour l'auteur, il convient donc d'uniformiser la langue. Il affirme en ce sens que « la langue d'un peuple libre doit être une et la même pour tous »[517] et que « laisser les citoyens dans l'ignorance de la langue nationale, c'est trahir la patrie »[518].

237. Pour parvenir à l'uniformité linguistique, Barère préconise comme moyens privilégiés l'enseignement et l'envoi rapide d'instituteurs dans les départements les plus réfractaires[519]. Cette disposition qui s'appuie sur les entités territoriales nouvellement créées vient asseoir leur existence et participe (et témoigne) de la cohérence entre les différentes mesures tendant à l'uniformité nationale pour en garantir l'unité[520] ; le processus de régénération de la société apparaissant alors comme global. En définitive, il est possible d'affirmer que pour Barère, « la lutte menée contre les idiomes relève directement de l'État et traduit la volonté de produire la Nation »[521].

3) Le rapport Grégoire[522]

238. Le 13 août 1790, l'abbé Grégoire alors député aux États généraux débute une vaste enquête relative aux patois et aux mœurs des gens de la campagne. Pour ce faire, il envoie un questionnaire à un certain nombre de correspondants en province[523]. Cette enquête le conduit à la rédaction d'un rapport au nom sans équivoque, *rapport sur la nécessité et les moyens*

---

d'universaliser l'usage de la langue française, séance du 16 prairial an II (6 juin 1794), reproduit *in ibid.*, p. 302.

516 Rapport du Comité de Salut Public sur les idiomes, *op. cit.*, p. 295.

517 *Ibid.*, p. 297.

518 *Ibid.*, p. 296.

519 « Le comité a pensé qu'il devait vous proposer, comme mesure urgente et révolutionnaire, de donner à chaque commune de campagne des départements désignés un instituteur de langue française, chargé d'enseigner aux jeunes personnes de deux sexes, et de lire, chaque décade, à tous les autres citoyens de la commune, les lois, les décrets et les instructions envoyés de la Convention ». *ibid.*, p. 295. V. aussi les articles I et II du projet de décret en ce sens (p. 298).

520 Notamment l'uniformisation de l'espace national.

521 D. GUIGNARD, *op. cit.*, p. 339.

522 Rapport sur la nécessité et les moyens d'anéantir les patois et d'universaliser l'usage de la langue française, séance du 16 prairial an II (6 juin 1794), reproduit *in* M. DE CERTEAU, D. JULIA, J. REVEL, *op. cit.*, p. 300 s.

523 Ce questionnaire est reproduit intégralement in A. VON BUSEKIST, « Les révolutionnaires et la politique des langues », *in* A.-M. LE POURHIET (dir.), *Langue(s) et constitution(s)*, Economica, 2004, not. p. 52 – 53.

d'anéantir les patois et d'universaliser l'usage de la langue française, présenté à la Convention le 16 prairial an II (6 juin 1794)[524].

239. Dans son rapport, l'auteur constate que la langue française est encore largement méconnue[525] et « qu'il n'y a qu'environ quinze départements de l'intérieur où la langue française soit exclusivement parlée »[526]. Il invite par conséquent à une uniformisation de la langue, la seule selon lui qui permette de faire définitivement disparaître les vestiges de la féodalité[527], garantit le bonheur social et l'égalité des citoyens[528]. Il apparaît indispensable dans une grande nation « que tous les citoyens qui la composent puissent sans obstacle se communiquer leurs pensées »[529], et ce d'autant plus que le « peuple doit connaître les lois pour les sanctionner et leur obéir »[530].

240. Le rapport établit un lien étroit entre l'unité par l'uniformité en matière linguistique et en matière territoriale[531]. L'une et l'autre se renforcent mutuellement et contribuent à l'existence d'un sentiment d'appartenance nationale. Pour l'auteur, « l'unité de la République n'est qu'une vaine formule si les habitants des diverses parties du territoire continuent de s'exprimer dans leurs idiomes et ne peuvent de fait prendre conscience de leur appartenance à une seule et même Nation »[532].

241. Ainsi, selon Grégoire, « il faut [...] que l'unité de langue entre les enfants de la même famille éteigne les restes des préventions résultantes des anciennes divisions provinciales et resserre les liens d'amitié qui doivent unir des frères »[533]. L'unité linguistique participe alors à l'unité territoriale et plus largement au sentiment d'appartenance nationale.

242. A l'inverse, l'unité territoriale contribue à l'uniformisation linguistique puisque « déjà la révolution a fait passer un certain nombre de

---

524 Pour une analyse de ce rapport V. not. : F. BRUNOT, *op. cit.*, p. 204 s. ; R. DEBBASCH, *Le principe révolutionnaire d'unité et d'indivisibilité de la République*, *op. cit.*, p. 262 s. ; A. VON BUSEKIST, « Les révolutionnaires et la politique des langues », *in op. cit.*, p. 35 s. ; D. GUIGNARD, *op. cit.*, p. 336 s. ; A. BLANC, *La langue de la République est le français, [...]*, *op. cit.*, p. 64 s.

525 Rapport sur la nécessité et les moyens d'anéantir les patois et d'universaliser l'usage de la langue française, *op. cit.*, p. 302.

526 *Ibid.*, p. 301.

527 *Ibid.*, p. 301 et 304.

528 *Ibid.*, p. 303.

529 *Ibid.*, p. 302.

530 *Ibid.*, p. 303.

531 V. par exemple : « Nous n'avons plus de provinces, et nous avons encore environ trente patois qui en rappellent les noms ». *ibid.*, p. 301.

532 R. DEBBASCH, *Le principe révolutionnaire d'unité et d'indivisibilité de la République, op. cit.*, p. 264.

533 Rapport sur la nécessité et les moyens d'anéantir les patois et d'universaliser l'usage de la langue française, *op. cit.*, p. 304.

mots français dans tous les départements, où ils sont presque universellement connus, et la nouvelle distribution du territoire a établi de nouveaux rapports qui contribuent à propager la langue nationale »[534].

243. En définitive, selon Grégoire, « pour extirper tous les préjugés, développer toutes les vérités, tous les talents, toutes les vertus, fondre tous les citoyens dans la masse nationale, simplifier le méchanisme et faciliter le jeu de la machine politique, il faut identité de langage »[535]. Si « l'anéantissement des patois se fond dans la consécration de la République »[536], il apparaît clairement, que l'unité de langue joue pour l'auteur un rôle central dans l'établissement du lien vertical, entre le pouvoir et les citoyens, et horizontal, entre les citoyens. Cette conception marque la pensée française et se retrouve par conséquent dans les différentes mesures prises en matière linguistique.

§ 2 : La promotion duale du français

244. Les dispositions juridiques relatives au français s'inspirent pour partie des rapports susmentionnés, et sont pour certaines directement adoptées à leur suite. La promotion de la langue française est assurée par deux types de mesures, les premières portent sur l'instruction publique (A) et les secondes imposent son usage (B).

A) Les dispositions relatives à l'instruction publique

245. Les textes juridiques pris en matière d'instruction publique dans lesquels apparaissent des dispositions relatives à la langue française peuvent être considérés comme prémisses à la « promotion contraignante de la langue française » et comme un moyen de son effectivité, selon A. Blanc[537]. Trois types de mesures méritent à ce titre d'être relevés[538] : les dispositions relatives à l'enseignement de la langue française dans les écoles (1), à l'élaboration des livres élémentaires en français (2) et à la nomination d'instituteurs de langue française dans plusieurs départements[539] (3).

---

[534] *Ibid.*, p. 309. Il convient de souligner que cette uniformisation linguistique apparaît dans le contexte plus général d'édification d'une collectivité globale unitaire. Ainsi, le rapport souligne que « la suppression de la dîme, de la féodalité, du droit coutumier, l'établissement du nouveau système des poids et des mesures entraîne l'anéantissement d'une multitude de termes qui n'étaient que d'un usage local ».

[535] *Ibid.*, p. 308.

[536] D. GUIGNARD, *op. cit.*, p. 337.

[537] A. BLANC, *La langue de la République est le français, [...], op. cit.*, p. 52.

[538] Agnès Blanc intègre à ces prémices les dispositions relatives à la traduction des décrets. Ces dernières ont été déjà envisagées précédemment, elles ne sont pas reprises ici.

[539] Pour une analyse détaillée de l'évolution de ces différents textes, *ibid.*, p. 53 s. ; V. BERTILLE, *op. cit.*, p. 59 s.
Sur l'enseignement sous la Révolution v. aussi : D. GUIGNARD, *op. cit.*, p. 341 s.

1) L'enseignement du français et l'enseignement en français

246. Les révolutionnaires ont pour « mot d'ordre de libérer les populations asservies par le biais de l'instruction »[540] laquelle doit être faite dans la langue de la liberté à savoir le français.

247. Le décret du 30 vendémiaire an II (21 octobre 1793) crée les écoles primaires et dispose de manière laconique que les enfants « apprennent à parler, lire et écrire la langue française »[541]. Ce texte est complété par le décret relatif à l'organisation des écoles primaires des 5, 7 et 9 brumaire an II (26, 27, 30 octobre 1793)[542] qui pose le double principe selon lequel « on enseignait en français et on enseignait le français »[543]. Ainsi, « l'école, devenue une institution d'État, était chargée d'un service essentiel, d'ordre politique »[544].

248. Ces mesures, peut-être trop ambitieuses, sont rapidement remises en cause[545] et adoucies. Ainsi, l'article 3 du chapitre IV du décret Lakanal du 27 brumaire an III (17 novembre 1794) prévoit que « l'enseignement sera fait en langue française : l'idiome du pays ne pourra être employé que comme moyen auxiliaire »[546].

249. Après la Révolution, c'est la IIIe République qui poursuit la politique linguistique basée sur le système éducatif[547].

250. Ainsi, dès le début du régime est mise en place une « politique linguistique répressive dans le système éducatif »[548], même si les grandes lois

---

540 V. BERTILLE, *op. cit.*, p. 59. Cette idée se retrouve aussi chez D. Guignard et P. Legendre pour lequel la pédagogie est au cœur du projet révolutionnaire. D. GUIGNARD, *op. cit.*,p. 341 s. ; P. LEGENDRE, *Trésor historique de l'État en France. L'administration classique*, Fayard, Les savoirs, 1992, p. 275 s.

541 Le texte du décret est reproduit dans F. BRUNOT, *op.cit.*, p. 147.

542 Article 6 : « L'enseignement public est partout dirigé de manière qu'un de ses premiers bienfaits soit que la langue française devienne en peu de temps la langue familière de toutes les parties de la République ». Article 7 : « Dans toutes les parties de la République, l'instruction ne se fait qu'en langue française ». Le texte du décret est reproduit en partie *in ibid.*, p. 148.

543 *Ibid.*

544 *Ibid.*

545 Pour la chronologie de la remise en cause et les différents projets v. *Ibid.*, p. 149 et A. BLANC, *La langue de la République est le français, [...], op. cit.*, p. 54-55 qui reprend l'essentiel de son analyse.

546 Décret relatif aux écoles primaires, 27 brumaire an III (17 novembre 1793), Bulletin annoté des lois, décrets et ordonnances depuis le mois de juin 1789 jusqu'au mois d'août 1830, Paris, Paul Dupont éditeur, T. 5, 1835, p. 401.

547 A l'exception d'une circulaire du ministre de l'Instruction publique du 28 octobre 1838 relative aux moyens de lutter contre les idiomes locaux dans les écoles primaires, relevée par V. BERTILLE, *op. cit.*, p. 62.

548 *Ibid.*, p. 63.

scolaires[549] qui instituent l'enseignement primaire gratuit, laïc et obligatoire restent silencieuses sur la question de la langue d'enseignement. C'est en effet l'article 14 du *Règlement scolaire modèle pour servir à la rédaction des règlements départementaux relatifs aux écoles primaires* contenu dans l'arrêté du 18 janvier 1887 prévoyant dans chaque département l'adoption d'un tel règlement qui prescrit que « le français sera seul en usage à l'école »[550]. Néanmoins, cette mesure s'inscrit « dans une politique de fait par laquelle le français s'installait progressivement dans le paysage de l'école primaire »[551].

251. L'enseignement de la langue française apparaît *in fine* sous la IIIe République toujours comme un outil favorisant l'établissement d'un lien politique de type horizontal. À cet égard, les propos de Léon Bérard, ministre de l'Instruction publique dans ses instructions officielles du 20 juin 1923 relatives aux nouveaux programmes des écoles primaires sont particulièrement explicites. Selon lui, les instituteurs « sentent bien que donner l'enseignement du français, ce n'est pas seulement travailler au maintien et à l'expansion d'une belle langue et d'une belle littérature, c'est fortifier l'unité nationale »[552].

252. En définitive, c'est grâce à l'enseignement obligatoire que le français « pénètre dans tous les foyers où il cohabite avec le parler local »[553].

---

549 V. not. : Loi, 16 juin 1881, établissant la gratuité absolue de l'enseignement primaire dans les écoles publiques, *JO*, 17 juin 1881, fac similé, [En ligne], www.senat.fr ; Loi 28 mars 1882, l'enseigement primaire obligatoire, *JO*, 29 mars 1882, fac similé, [en ligne], www.senat.fr (il y est néanmoins toujours prévu que la langue française doive être enseignée) ; loi 30 octobre 1886, sur l'organisation de l'enseignement primaire, *JO*, 31 ocobre 1886, fac similé, [en ligne], www.senat.fr.

550 Arrêté du 18 janvier 1887 et Règlement scolaire modèle pour servir à la rédaction des règlements départementaux relatifs aux écoles primaires sont disponibles sur le site de l'Institut français de l'éducation, [en ligne], www.inrp.fr.

551 G. VIGNER, « L'école française et les langues régionales XIXe-XXe siècles », *Documents pour l'histoire du français langue étrangère ou seconde*, 45, 2010, [en ligne] p. 2. V. également sur ce point la note n° 4, p. 5. L'auteur y relève notamment que « le projet de loi en date du 20 janvier 1831, il était déjà écrit à l'article 1 : « L'enseignement primaire comprend, outre l'instruction morale et religieuse, la lecture, l'écriture, la langue française, le calcul, le système légal des poids et mesures, le dessin linéaire et l'arpentage » et que La mention « enseignement du français » figure bien dans l'arrêté du 27 juillet 1882, portant l'organisation pédagogique et le plan d'études des écoles primaires publiques, à l'article 16, § 5 : « L'enseignement du français (exercices de lecture, lectures expliquées, leçons de grammaire, exercices orthographiques, dictées, analyses, récitations, exercices de composition, etc.) occupera tous les jours environ deux heures. ».

552 P. BOUTAN, « Langue nationale et langues régionales à l'école : le débat politique de 1925 », *Mots*, n° 61, 1999, p. 36.

553 V. BERTILLE, *op. cit.*, p. 65.

253. Cet enseignement nécessite alors l'élaboration de livres élémentaires en français.

2) Les livres élémentaires en français

254. Sous l'Ancien Régime, il existait déjà l'idée de créer des « livres élémentaires uniformes et imposés par l'autorité »[554]. Celle-ci est reprise à la Révolution d'abord par la Convention « qui ne pouvait éluder d'utiliser un tel moyen d'assurer l'unité des esprits »[555] et qui décide par conséquent le 9 pluviôse an II (28 janvier 1794) la rédaction de manuels élémentaires, considérés comme « livres de la Nation et notamment d'un ouvrage portant sur les notions de la grammaire française ». Cependant, du fait de la lenteur de la procédure de sélection des meilleurs manuels, celle-ci ne s'achève que sous le Directoire[556].

255. Il est alors à noter que l'adoption de livres élémentaires en français vient relativiser l'adoucissement des mesures imposant l'enseignement uniquement en français. Le décret du 29 frimaire an II (19 décembre 1793), par exemple, consacre pour un temps la liberté de l'enseignement et aucune disposition expresse sur la langue n'y est conservée, cependant celui-ci impose l'usage de livres élémentaires adoptés par la représentation nationale lesquels sont en français[557].

256. La nomination d'instituteurs de langue française est alors apparue nécessaire pour permettre cet enseignement.

3) La nomination d'instituteurs de langue française

257. La compréhension de la langue française, indispensable à la connaissance des lois et à l'appréhension des idées révolutionnaires passe, cela a été démontré, par son enseignement. Aussi, suite à l'exposé du rapport Barère le 8 pluviôse an II (27 janvier 1794) est adopté un décret qui ordonne l'établissement d'instituteurs de langue française dans les campagnes de plusieurs départements dont les habitants parlent divers idiomes[558] ; à savoir, le bas-breton, l'allemand, l'italien, le corse et le basque[559]. Ces instituteurs ont

---

[554] V. F. BRUNOT, *op. cit.*, p. 149.

[555] A. BLANC, *La langue de la République est le français, [...], op. cit.*, p. 57.

[556] Pour une analyse détaillée de l'ensemble du processus V. : F. BRUNOT, *op. cit.*, p. 149 s. et 355 s. ; A. BLANC, *La langue de la République est le français, [...],op. cit.*, p. 56 s. qui reprend son analyse.

[557] A. BLANC, *ibid.*, p. 54.

[558] Il convient de souligner ici que seuls sont concernés les départements où sont parlés des idiomes étrangers ou non romans ; bien qu'il y ait eu des velléités (notamment de la part de Grégoire) d'étendre la mesure dans tous les départements usant d'un dialecte. Sur ce point V. F. BRUNOT, *op. cit.*, p. 196 s.

[559] Articles 1 et 2, Décret du 8 pluviôse an II, [en ligne], www.crdp-strasbourg.fr.

pour mission outre l'enseignement de la langue française et de la Déclaration des droits de l'homme de faire connaître les textes révolutionnaires en les traduisant si besoin oralement[560]. Le décret du 30 pluviôse an II (18 février 1794) étend cette mesure aux communes des Pyrénées orientales qui ne parlent que catalan[561] et à la Meurthe.

258. Ces dispositions présentent l'avantage de concilier l'affirmation de l'unité de la Nation caractérisée par une nécessaire uniformité linguistique et la réalité de la permanence d'une certaine polysémie sur le territoire national. Dans un souci de pragmatisme, la traduction orale des lois de la République tend à favoriser une unité réelle de la Nation par l'adhésion des citoyens aux décisions de ses représentants.

259. En pratique, il est apparu qu'il n'y avait pas assez d'enseignants connaissant suffisamment bien la langue française. C'est l'une des raisons pour lesquelles le décret du 9 brumaire an III (30 octobre 1794) crée l'Ecole normale de Paris. L'article 8 de ce texte prévoit que les instituteurs de l'Ecole normale « apprendront aux élèves à appliquer à l'enseignement de la lecture, de l'écriture, des premiers éléments du calcul, de la géométrie pratique, de l'histoire et de la grammaire française, les méthodes tracées dans les livres élémentaires adoptés par la Convention nationale, et publiés par ses ordres »[562]. Dans un souci de maillage du territoire national, le texte prévoit la création d'écoles normales en province sous surveillance des autorités constituées, en s'appuyant sur le récent découpage territorial issu de la maîtrise de l'espace national : départements et districts[563].

260. Les dispositions relatives à la promotion du français à travers l'instruction publique s'accompagnent de mesures imposant son usage

[560] « Ils seront tenus d'enseigner tous les jours la langue française et la déclaration des droits de l'homme à tous les jeunes citoyens des deux sexes, que les pères, mères et tuteurs sont obligés d'envoyer dans les écoles publiques. Les jours de décadi, ils donneront lecture au peuple et traduiront vocalement les lois de la République, en préférant celles qui sont analogues à l'agriculture et aux droits des citoyens ». Article 4, Décret du 8 pluviôse an I, *Ibid.*

[561] A. BLANC, *La langue de la République est le français, [...], op. cit.*, p. 62.

[562] Décret relatif à l'établissement des écoles nationales, 9 brumaire an III, *RLR*, T. 1, deuxième section, p. 26 s., disponible sur site du Laboratoire de recherche historique Rhône-Alpes, [en ligne], rhe.ish-lyon.cnrs.fr.
Sur la création de l'Ecole normale v. F. BRUNOT, *op. cit.*, p. 305 s.

[563] Articles 11, 13, 14, Décret relatif à l'établissement des écoles nationales, 9 brumaire an III, *RLR.*, T. 1, deuxième section, p. 26 s.

B) L'imposition de la langue française

261. Le rapport Grégoire est suivi d'une adresse[564] entendue comme « une recommandation faite par le corps constitué représentant la Nation, c'est-à-dire la convention elle-même, au souverain, c'est-à-dire aux citoyens »[565]. Celle-ci invite les citoyens à rejeter les patois, à maîtriser la langue française et à en faire usage au quotidien[566] afin de remplir leur rôle de citoyen[567] et de garantir leur égalité[568] et leur liberté[569]. Elle se situe dans la lignée du rapport Grégoire et lie unité de la République, unité du territoire, unité de la langue et unité de la Nation. Ainsi, il est affirmé : « Citoyens, vous détestez le fédéralisme politique ; abjurez celui du langage : la langue doit être une comme la République ; du nord au midi, sur toute l'étendue du territoire français, il faut que les discours comme les cœurs soient à l'unisson »[570].

---

[564] H. GREGOIRE, Adresse de la Convention nationale, portant invitation au peuple français d'apprendre et de respecter la langue nationale, 16 prairial an II (6 juin 1794), *in Choix de rapports, opinions et discours prononcés à la Tribune Nationale depuis 1789 jusqu'à ce jour*, T. XV, année 1794 – 1795, Paris, Alexis Eymery, 1821, p. 255 s. Ce texte, difficile à trouver en version intégrale mériterait d'être cité *in extenso*. Néanmoins seules sont reprises ici les dispositions symptomatiques de son contenu.

[565] A. BLANC, *La langue de la République est le français, [...], op. cit.*, p. 67.

[566] « Vous n'avez que des sentimens républicains : la langue de la liberté doit seule les exprimer ; seule elle doit vous servir d'interprète dans les relations sociales, dans l'intimité des familles, dans toutes les circonstances de la vie. Vos enfans doivent en contracter l'habitude dès le berceau ; leurs progrès à cet égard seront la mesure de l'estime qui vous est due, car, suivant l'éducation qu'ils reçoivent, les enfans portent pour ainsi dire gravée sur leur front la flétrissure ou la gloire de ceux qui leur ont donné le jour ». Adresse de la Convention nationale, portant invitation au peuple français d'apprendre et de respecter la langue nationale, rédigée par Grégoire, 16 prairial an II (6 juin 1794), *in Choix de rapports, opinions et discours prononcés à la Tribune Nationale depuis 1789 jusqu'à ce jour*, *op. cit.*, p. 258.

[567] « Comment pourrez-vous statuer sur l'acceptation des lois, les aimer, leur obéir, si la langue dans laquelle elles sont écrites vous est inconnue ? Proposer de les traduire ce serait pour vous un surcroît de dépenses ; ce serait ralentir la marche du gouvernement ; d'ailleurs la plupart des patois ont une indigence de mots qui ne comporte que des traductions infidèles ». *Ibid.*, p. 256.

[568] « Mais si la langue française ne vous est pas familière qu'arrivera-t-il ? Ou vous remplirez mal les fonctions auxquelles vous appelleront vos concitoyens, votre incapacité trompera leur confiance et compromettra la chose publique en vous déshonorant ; ou votre ignorance connue éloignera de vous les suffrages : alors les places seront constamment réparties entre un petit nombre de personnes, l'autorité se concentrera dans leurs mains, et si malheureusement l'habitude de commander leur en inspirait le goût, l'habitude des affaires favoriserait leurs trames ; bientôt ils vous considéreraient comme une classe subordonnée, et l'aristocratie, ressuscitée, anéantirait l'égalité », *ibid.*, p. 256-257.

[569] « Sachez, citoyens, qu'un peuple, ignorant ne sera jamais un peuple libre, ou qu'il ne le sera pas longtemps ». « Lire, écrire et parler la langue nationale, ce sont là les élémens des connaissances indispensables », *ibid.*

[570] *Ibid.*, p. 256.

262. L'adresse appelle ensuite à prendre des mesures contraignantes pour que le peuple français utilise la langue française : « La patrie tiendra compte de vos efforts ; quand elle se borne à une simple invitation, votre amour pour elle doit la convertir en décret ; à ces traits on reconnaîtra ses amis et ses ennemis »[571].

263. À la suite de cette adresse, est adoptée une pluralité de textes[572] dont les plus célèbres sont sans doute le décret du 2 thermidor an II (20 juillet 1794) (1) et l'arrêté du 24 prairial an XI (13 juin 1803) (2).

1) Le décret du 2 thermidor an II (20 juillet 1794)

264. L'adoption de ce texte semble être la consécration de la position défendue par Grégoire. Ce décret vient renforcer la recherche de l'unité de la République par la consécration de l'usage de la langue française dans les actes publics[573] et les actes sous seing privé[574] sous peine de sanction pénale[575].

265. Ainsi, cet acte généralise pour certains[576], supprime et remplace pour d'autres[577], la législation antérieure et en particulier l'ordonnance de Villers-Cotterêts laquelle rendait obligatoire l'usage du français (ou du moins excluait l'usage du latin)[578] dans les actes judiciaires et parajudiciaires.

266. Le français, langue des représentants de la Nation présentée comme langue nationale, devient la langue officielle de la France[579].

267. Ce décret du 2 thermidor an II est cependant rapidement suspendu par la Convention nationale par un décret du 16 fructidor an II (2 septembre 1794) « jusqu'à ce qu'il eût été fait un nouveau rapport sur cette matière par ses

---

[571] *Ibid.*, p. 258.

[572] Il ne s'agit pas ici d'analyser en détail chacun d'entre eux, ni même d'en faire état. Seule apparaît comme nécessaire à l'étude la mention des principaux textes et la présentation sommaire de leur contenu en ce qu'ils témoignent de l'imposition contraignante progressive de l'usage de la langue française.

[573] « À compter du jour de la publication de la présente loi, nul acte public ne pourra, dans quelque partie que ce soit du territoire de la République, être écrit qu'en langue française. », Article 1, Décret du 2 thermidor an II, reproduit *in* P.-A. MERLIN, *Répertoire universel et raisonné de jurisprudence*, Paris, chez Garnery, T. VI, 1808, 3e éd., p. 661.

[574] Article 2, Décret du 2 thermidor an II, *ibid.*

[575] Articles 3 et 4 Décret du 2 thermidor an II, *ibid.*

[576] V. par exemple : V. BERTILLE, *op. cit.*, p. 57.

[577] A. BLANC, *La langue de la République est le français, [...], op. cit.*, p. 69.

[578] Cf. *supra* le débat sur la signification et la portée de cette ordonnance.

[579] Les expressions « langue nationale » et « langue officielle » sont ici utilisées dans le sens général défini par le Professeur S. Pierré-Caps, même si le français n'est pas encore constitutionnellement reconnu ainsi. S. PIERRE-CAPS, *op. cit.*, not. p. 95 (Cf. *supra*).

comités de législation et d'instruction publique »[580]. Ce rapport n'est, en raison des évènements, jamais intervenu, aussi, le débat, sur lequel il n'est pas nécessaire de s'appesantir pour les besoins de cette étude, relatif à l'abrogation implicite de cette disposition a-t-il été lancé[581]. Il convient néanmoins de constater qu'à la suite de ce texte a été adopté l'arrêté du 24 prairial an XI, lequel semble relever d'une logique similaire[582].

2) L'arrêté du 24 prairial an XI (13 juin 1803)

268. Adopté sous l'Empire, cet arrêté est considéré par certains auteurs comme un texte moins radical, plus limité et plus réaliste que le décret du 2 thermidor an II, témoignant du pragmatisme linguistique de ce régime par rapport à la Convention[583]. Pour d'autres, il constitue un complément indispensable à celui-ci[584]. Selon cette position, l'accroissement de l'assise territoriale de la France, du fait notamment des conquêtes, impose la prise en compte des nouveaux territoires aux langues et dialectes étrangers. L'intégration de nouveaux départements ne parlant pas le français est en effet susceptible de présenter un risque pour l'unité et l'indivisibilité de la Nation. À l'uniformité territoriale par la création de nouveaux départements sur ces territoires doit correspondre une uniformité linguistique garantissant ainsi cette unité politique.

269. Si cet arrêté affirme que les actes publics doivent, comme dans le cadre du décret du thermidor an II, un an après sa publication être rédigés en langue française[585], la traduction en idiome du pays peut être faite à la mi-

[580] Cité par P.-A. MERLIN, *Répertoire universel et raisonné de jurisprudence, op. cit.*, p. 661.

[581] Une part de la doctrine considère que le texte a été abrogé du fait que le rapport nécessité par le décret du 16 fructidor an II ne soit jamais intervenu. En ce sens V. *ibid.*; F. BRUNOT, *op. cit.*, p. 291 ; V. DELAPORTE, « La loi relative à l'emploi de la langue française », *RCDIP*, 1976, p. 452 ; D. LATOURNERIE, *op. cit.*, p. 91 ; J.-M. PONTIER, *Droit de la langue française*, *op. cit.*; R. DEBBASCH, « La République indivisible, la langue française et la nation », *in* A.-M. LE POURHIET (dir.), *Langue(s) et constitution(s)*, Economica, 2004, not. p. 59 ; V. BERTILLE, *op. cit.*, p. 58.
Contra : P. FRAISSEIX, « Le droit français et la diversité des langues », *JDI*, 1965, p. 578 et p. 584 ; P. FRAISSEIX, « La France, les langues régionales et la Charte européenne des langues régionales ou minoritaires », *RFDA*, 2001, p. 62 ; A. BLANC, *La langue de la République est le français, [...]*, *op. cit.*, p. 71.

[582] Pour Merlin, c'est la suspension (et la disparition conséquente) du décret du 2 thermidor an II qui a impliqué la prise de cet arrêté sous l'Empire. P.-A. MERLIN, *Répertoire universel et raisonné de jurisprudence*, *op. cit.*, p. 661.

[583] V. par ex. : R. DEBBASCH, « La République indivisible, la langue française et la nation », *op. cit.*, not. p. 60 ; V. BERTILLE, *op. cit.*, p. 58.

[584] A. BLANC, *La langue de la République est le français, [...]*, *op. cit.*, p. 76.

[585] « Dans un an, à compter de la publication du présent arrêté, les actes publics dans les départemens de la ci -devant Belgique, dans ceux de la rive gauche du Rhin, et dans ceux du Tanaro, du Pô, de Marengo, de la Stura, de la Sesia et de la Doire, et dans les

marge à la demande des parties[586]. Dans la même perspective pragmatique, il est affirmé que les actes sous seing privé peuvent être écrits dans l'idiome des pays sous réserve qu'ils soient accompagnés d'une traduction certifiée lors de leur enregistrement[587]. Comme le décret du 2 thermidor an II, ce texte a suscité de nombreuses réclamations, tenant à sa difficulté d'application dans certaines communes, de la part des territoires concernés. Aussi, de nombreux textes[588] sont venus apporter des aménagements temporaires spécifiques aux différents territoires à l'arrêté du 24 prairial an XI. Le principe de l'obligation d'user de la langue française, langue du peuple souverain est généralement rappelé.

270. Il est intéressant de relever que trois textes adoptés sous la IIIe République après le premier conflit mondial reprennent la logique de l'arrêté du 24 prairial an XI[589]. La question linguistique se pose en effet suite à la restitution de l'Alsace et de la Lorraine à la France, imposée par le traité de paix signé à Versailles le 28 juin 1919. L'arrêté du 2 février 1919, complété par le décret du 15 mai 1922, fait du français la langue administrative et judiciaire de ces territoires. La loi du 29 mars 1928 impose l'usage de la langue française dans les actes notariés, mais autorise la traduction à mi-marge, sans doute dans le même souci de pragmatisme que celui qui a sous-tendu le décret de prairial et les textes suivants.

271. En définitive, suite à la Révolution il apparaît que l'État français a souhaité imposer l'usage du français pour en faire à la fois la langue nationale – l'uniformité linguistique étant conçue comme un élément essentiel de création et de maintien de son unité – et la langue officielle – entendue comme la langue de l'État. Cette approche est à l'origine de la confusion qui existe en France entre langue nationale et langue officielle. Cette dernière emporte encore aujourd'hui un certain nombre de conséquences, tenant notamment à la place réservée aux langues régionales[590].

272. Cette volonté étatique de construire la Nation française se retrouve également dans l'invention révolutionnaire du « patrimoine national »[591]. Cette intervention est d'ailleurs parfois considérée comme le prolongement naturel de l'intervention linguistique : « La politique du patrimoine renvoie au

---

autres où l'usage de dresser lesdits actes dans la Langue de ces pays se serait maintenu, devront tous être écrits en Langue française ». Article 1, Arrêté du 24 prairial an XI, reproduit in P.-A. MERLIN, *Répertoire universel et raisonné de jurisprudence*, *op. cit.*, p. 661.

[586] Article 2, Arrêté du 24 prairial an XI, *ibid.*

[587] Article 3, Arrêté, *ibid.*

[588] Ces différents textes sont reproduits *in ibid.*, p. 661 s.

[589] V. BERTILLE, *op. cit.*, p. 65-66.

[590] Cf. *infra.*

[591] L'expression « invention du patrimoine national » est empruntée à l'historien P. Poirrier. P. POIRRIER, *L'État et la Culture en France au XXe siècle*, *op. cit.*, p. 16.

langage des monuments dont le citoyen doit pouvoir se pénétrer dans tous les sens »[592].

Section 2 : L'invention du patrimoine national : la domestication du territoire étatique national

273. L'action étatique menée en matière patrimoniale suite aux nationalisations révolutionnaires[593], notamment des biens du clergé[594], des émigrés[595], puis des universités, des sociétés littéraires et des académies[596], a initialement une fonction essentielle : contribuer à l'instruction publique et partant au processus de régénération. Cette finalité permet d'expliquer les choix politiques effectués tant pour la protection du patrimoine culturel national (§1), que pour son éventuelle accessibilité au public[597] (§2).

§1 : L'utilisation unitaire volontariste de la protection du patrimoine culturel national

274. La protection du patrimoine national trouve initialement son fondement dans le droit de propriété de la nation sur les biens issus des nationalisations. Cette dernière cherche, dans son intérêt, à leur donner le meilleur usage possible indépendamment des caractéristiques propres du bien (A). Le champ de protection s'étend néanmoins rapidement par la mise en

---

592 I. MATHIEU, *L'action culturelle et ses métiers*, PUF, 2011, p. 43.

593 Pour un aperçu sommaire, mais éclairant des différentes vagues de « confiscations », nationalisation. V. D. VARRY, « Les confiscations révolutionnaires », *in* D. VARRY (dir.), *Histoire des bibliothèques françaises Les bibliothèques de la Révolution et du XIXe siècle : 1789 - 1914*, Editions du Cercle de la Librairie, T. 3, 2e éd., 2009, p. 7 s.

594 Article 1, Décret du 2 Novembre 1789 relatif à la disposition des Biens Ecclésiastiques, reproduit *in Notes et Remarques sure le Décret du 2 Novembre 1789 relatif à la disposition des Biens Ecclésiastiques*, chez G. Desprer, 1789, p. 1.

595 Décret du 9 février 1792 relatif au séquestre des biens émigrés, P. L. LE CARON, *Code des émigrés*, Paris, A. Guyot, 1825, p. 38.

596 « Toutes les académies et sociétés littéraires patentées ou dotées par la nation sont supprimées ». Article 1, Décret du 8 août 1793 portant suppression de toutes les académies et sociétés littéraires ou dotées par la nation, reproduit *in* J. B. DUVERGIER, *Collection complète des Lois, Décret, Ordonnances, Réglemens, Avis du Conseil-D'État*, Paris, chez A. Guyot et Scribe, T. 6, 2e éd., 1834, p. 77. « Les jardins botaniques et autres cabinets, museum, bibliothèques et autres monuments de sciences et des arts attachés aux académies et sociétés supprimées, sont mis sous surveillance des autorités constituées, jusqu'à ce qu'il en ait été disposé par les décrets sur l'organisation de l'instruction publique ». Article 2, *ibid.* Il est ici intéressant de relever qu'il est déjà envisagé que ces biens soient, au moins pour partie, utilisés à des fins d'instruction.

597 Il ne s'agit pas de retracer ici l'évolution complète de cette action et du droit qui la sous-tend plusieurs études ayant été menées sur le sujet, mais simplement de démontrer que l'on peut y trouver, malgré un certain nombre de ruptures, les prémisses du régime juridique de l'action locale actuelle. Cf. *infra.*

place progressive d'un régime de police indépendant du propriétaire du bien[598] (B).

A) La protection contre le vandalisme

275. La Nation peut, par l'intermédiaire de ses représentants[599], choisir l'usage des biens dont elle est devenue propriétaire. Ainsi, en fonction de considérations financières et idéologiques[600], elle peut décider de les aliéner, de les détruire ou de les conserver. C'est donc dans la perspective de la meilleure utilisation possible des biens, et indépendamment de leurs caractéristiques selon le Professeur N. Wagener[601], que sont adoptées les mesures tendant à l'inventaire, au tri puis éventuellement à la conservation des biens nationaux notamment du fait de l'intérêt artistique et historique de certains d'entre eux. La « préservation de l'œuvre devient [alors] possible grâce [...] à sa réappropriation collective aux fins d'instruction publique et de régénération de la société »[602]. La conservation des biens résulte donc d'un choix politique réalisé pour une finalité précise. La position de l'auteur précité semble alors à nuancer. En effet, si « ce ne sont pas leurs [des biens] caractéristiques mêmes[603] qui interdisent leur aliénation, mais le fait qu'il n'est pas dans l'intérêt de la Nation propriétaire de les céder »[604] ; ce sont bien elles qui permettent de déterminer l'adéquation du bien avec la finalité poursuivie et donc l'intérêt éventuel de les conserver.

---

598 Sur l'évolution v. N. WAGENER, *op. cit*, p. 72.

599 Sur la centralisation des décisions relatives au patrimoine culturel national et à la monopolisation des choix y afférant. *ibid.*, p. 154 s.

600 P.-L. FRIER, *Droit du patrimoine culturel*, PUF, Droit fondamental, 1997, p. 20. V. aussi : A. HERITIER, « L'invention du droit du patrimoine culturel. Une nécessité politique et économique, un aperçu historique ; une leçon pour le temps présent », *in* M. TOUZEIL-DIVINA, D. ESPAGNO-ABADIE, T. GARCIA, *« Les mots d'Annie Héritier. Droit(s) au Cœur & à la culture »*, Editions L'Epitoge, 2017, p. 169.

601 N. WAGENER, *op. cit.*, p. 72.

602 P.-L. FRIER, *op. cit.*, p. 20.

603 Appartenance aux « monuments des arts » par exemple. N. WAGENER, *op. cit.*, p. 72.

604 *Ibid.*

276. Les dispositions relatives aux aliénations[605], aux destructions[606] et à la conservation[607] sont bien connues, aussi est-il inutile de revenir en détail sur le contenu de chacune d'entre elles. Le décret du 16 décembre 1792 *relatif au triage et à la conservation des statues, vases et autres monumens des arts qui se trouvent dans les maisons ci-devant royales et autres édifices nationaux*[608] apparaît comme caractéristique de cette politique de gestion des biens. Ce texte, après avoir rappelé l'intérêt qu'il peut y avoir à conserver certains biens, « chefs-d'œuvre des arts, si dignes d'occuper les loisirs et d'embellir le

---

605 Articles 1 et 3, Titre III, Décret du 23 octobre 1790, sur la désignation des biens nationaux à vendre dès à présent ; sur leur administration jusqu'à la vente, sur les créanciers particuliers des différentes maisons et sur l'indemnité de la dîme inféodée, *in Collection générale des décrets rendus par l'Assemblée nationale*, Paris, chez Baudouin, 1790, p. 136 s.
V. pour une présentation des différents décrets relatifs aux aliénations et leur sens : A. HERITIER, *Genèse de la notion juridique de patrimoine culturel. 1750 – 1816*, L'Harmattan, Droit du patrimoine culturel et naturel, 2003, p. 187 s. ; N. WAGENER, *op. cit.*, p. 95 s.

606 Articles 2 et 3, Décret 14 août 1792, tendant à convertir en canon les œuvres d'art et monuments en bronze qui se trouvent dans les établissements publics et royaux, Archives parlementaires, vol. XLVIII, p. 116.
« Pour déterminer les livres, les objets rares, les monumens des arts et d'instruction publique qui seront définitivement conservés dans chaque bibliothèque, ou qui devront être transférés d'un dépôt dans un autre, aliénés ou supprimés, le comité d'instruction publique présentera à la Convention nationale un projet de décret sur la formation d'une commission temporaire, à qui se travail sera confié. », Article 10, Décret 8 pluviôse an II (27 janvier 1794), relatif à l'établissement de bibliothèques publiques dans les districts, Archives nationales, Paris, Imprimerie nationale exécutive du Louvre, 1794, p. 1.
Article IX, Loi du 7 messidor an II (25 juin 1794) concernant l'organisation des archives établies auprès de la représentation nationale, *Bulletin des lois 12,* N° 58, [en ligne].

607 Lettres patentes, 27 novembre 1789 concernant la conservation des biens ecclésiastiques et celle des archives et bibliothèques des monastères et chapitre (voir dans le même sens les Lettre patentes du 18 novembre) reproduit *in* A. CHAMPOLLION-FIGEAC, *Manuel de l'archiviste*, Paris, chez Paul Dupont et J. B. Dumoulin, 1860, p. 1. ; Décret du 13 octobre 1790, sur l'instruction publique, la conservation des établissements devenus domaines nationaux, et les monuments publics, dépôts, bibliothèques, etc, qui existent à Paris (adopté suite au rapport Talleyrand du 13 octobre 1790), *in Collection générale des décrets rendus par l'Assemblée nationale*, Paris, chez Baudouin, 1790, p. 73 ; articles 2 et 3, Titre III Décret du 23 octobre 1790, sur la désignation des biens nationaux à vendre (..), *op. cit.*, p. 137.
V. les différents ouvrages sur la protection du patrimoine not : D. POULOT, *Musée, nation, patrimoine. 1789 – 1815*, Gallimard, 1997, p. 129 s. ; A. HERITIER, *Genèse de la notion juridique de patrimoine culturel. 1750 – 1816, op. cit.*, p. 36 s., N. WAGENER, *op. cit.*, p. 58 s.

608 Décret du 16 septembre 1792, relatif au triage et à la conservation des statues, vases et autres monumens des arts qui se trouvent dans les maisons ci-devant royales et autres édifices nationaux reproduit *in* J.-B. DUVERGIER, *Collection complète des Lois, Décret, Ordonnances, Réglemens, Avis du Conseil-D'État*, Paris, chez A. Guyot et Scribe, T. 4, 1824, p. 534.

territoire d'un peuple libre »[609] dispose que la commission des monuments procèdera sans délai « au triage des statues, vases et autres monumens placés dans les maisons ci-devant dites royales et édifices nationaux, qui méritent d'être conservés pour l'instruction et pour la gloire des arts »[610]. Il précise ensuite l'usage qui doit être fait des plombs, des cuivres et des bronzes jugés inutiles[611] et organise la protection des différents monuments à conserver pour « [...] qu'il ne leur soit apporté aucun dommage par les citoyens peu instruits ou par des hommes malintentionnés »[612].

277. C'est dans la même perspective d'une bonne gestion des biens que sont prises les mesures destinées à lutter contre le vandalisme, entendu comme la destruction ou la dilapidation de biens appartenant à la Nation, non décidées par l'Assemblée la représentant, et donc constitutive d'une « atteinte au patrimoine national »[613]. En effet, l'intérêt national prescrit « d'utiliser au plus tôt vos [des législateurs] immenses et précieuses collections, en les faisant servir à l'instruction de tous les citoyens »[614]. Il faut donc lutter contre les destructions et dilapidations non autorisées.

278. Ainsi, le décret du 6 juin 1793, qui vient généraliser les dispositions du décret du 13 avril 1793[615], dispose que la peine de deux ans de fers est décrétée « contre quiconque dégradera les monuments des arts dépendants des propriétés nationales »[616]. Par la suite, le décret du 3 brumaire an II défend « d'enlever, de détruire, mutiler, ni altérer en aucune manière, sous prétexte de faire disparaître les signes de féodalité ou de royauté dans les bibliothèques, les collections, cabinets, musées publics ou particuliers, non plus que chez les artistes, ouvriers, libraires ou marchands : les livres imprimés ou manuscrits, les gravures et dessins, les tableaux, statues, bas-reliefs, médailles, vases,

---

609 *Ibid.*

610 Article 1, *ibid.*, p. 534.

611 « Du moment où ce triage aura été fait, les administrateurs feront enlever les plombs, cuivres et bronzes jugés inutiles, les feront transporter dans les ateliers nationaux, et enverront au ministre de l'intérieur les procès-verbaux et inventaires de leurs opérations. », Article 2, *ibid.*

612 Article 3, *ibid.*

613 N. WAGENER, *op. cit.*, p. 160.

614 H. GREGOIRE, 14 fructidor an II (31 août 1794), *Rapport sur les destructions opérées par le vandalisme, et sur les moyens de le réprimer*, Paris, Imprimerie nationale, 1794, p. 13.

615 Décret du 13 avril 1793 qui prononce la peine de deux ans de détention contre ceux qui mutileront ou casseront les chefs-d'œuvre de sculpture des lieux publics, *in* J.-B. DUVERGIER, *Collection complète des Lois, Décret, Ordonnances, Réglemens, Avis du Conseil-D'État*, Paris, chez A. Guyot et Scribe, T. 5, 1825, p. 248.
Il est intéressant de noter que le décret prévoit « de faire faire dans le jardin des Tuileries des patrouilles, le soir, pour la conservation des monumens ».

616 Décret du 6 juin 1793 concernant la peine applicable pour dégradation de monumens nationaux, *in ibid.*, p. 319.

antiquités, cartes géographiques, plans, reliefs, modèles, machines, instruments et autres objets qui intéressent les arts, l'histoire et l'instruction »[617]. Enfin, le décret, adopté suite au rapport de Grégoire *sur les destructions opérées par le vandalisme, et sur les moyens de le réprimer*[618], place sous la surveillance « de tous les bons citoyens » les bibliothèques et « tous les autres monumens de sciences et d'arts appartenans à la Nation » et les invite à « dénoncer aux autorités constituées [...] les auteurs de dilapidations et dégradations de ces bibliothèques et monumens »[619], ces derniers encourant alors deux années de détention[620].

279. *In fine*, les choix de l'Assemblée quant à la conservation et à la prohibition des aliénations et destructions non autorisées témoignent de « l'expression du monopole de la violence symbolique de l'État, tandis que le « vandalisme » désigne à l'inverse une conduite scandaleuse, car arriérée et ignorante, mais surtout illégitime parce que de caractère privé, ou relevant de l'initiative de groupes isolés ou de factions particulières »[621].

280. Le champ de protection des biens s'étend progressivement par la mise en place d'une police de protection du patrimoine culturel.

B) La mise en place progressive d'une police de protection du patrimoine culturel

281. La mise en place d'une police de la conservation du patrimoine culturel a fait l'objet de nombreuses études[622]. Il s'agit donc uniquement ici de rappeler les étapes essentielles qui ont conduit progressivement à la mise en place d'une « action publique indifférente à la propriété du patrimoine culturel »[623]. Ainsi, il n'est pas question d'analyser en détail ici l'ensemble du processus permettant l'instauration d'un régime juridique de conservation, ni

---

617 Décret du 3 brumaire an II (24 octobre 1793), *Archives parlementaires*, vol. LXXVII, p. 489.

618 H. GREGOIRE, 14 fructidor an II (31 août 1794), *Rapport sur les destructions opérées par le vandalisme, et sur les moyens de le réprimer*, Paris, Imprimerie nationale, 1794. V. aussi du même auteur s'agissant du vandalisme : H. GREGOIRE, 22 germinal an II (11 avril 1794*), Rapport sur la bibliographie*, Imprimerie Quiber-Pallissaux, 1794.

619 Article 1, Décret 14 fructidor an II (31 août 1794) reproduit *in* H. GREGOIRE, 14 fructidor an II (31 août 1794), *Rapport sur les destructions opérées par le vandalisme, et sur les moyens de le réprimer*, Paris, Imprimerie nationale, 1794, p. 27 s.

620 *Ibid.*, p. 28.

621 D. POULOT, « Le patrimoine des musées : pour l'histoire d'une rhétorique révolutionnaire », *in Genèses*, Patrie, patrimoine, 1993. p. 35.

622 V. not. pour des études récentes : A. AUDUC, *Quand les monuments construisaient la nation. Le service des monuments historiques de 1830 à 1940*, La Documentation française, Comité d'histoire du ministère de la culture, 2008 ; J.-P. BADY, M. CORNU, J. FROMAGEAU, J.-M. LENIAUD, V. NEGRI (coord.), *1913. Genèse d'une loi sur les monuments historiques*, La Documentation française, 2013 ; N. WAGENER, *op. cit.*

623 *Ibid.*, p. 162.

l'évolution de l'ensemble des dispositions[624], ni enfin les différentes polémiques doctrinales entourant le contexte d'élaboration ou l'interprétation de ces dernières[625].

282. La mise en place d'une action publique indifférente au propriétaire du bien ne peut être comprise que si l'on adhère à l'idée selon laquelle la conception du monument national évolue au début du XIXe siècle et se coupe de la propriété nationale pour n'être saisie que selon la valeur propre du monument. Un monument apparaît donc comme « susceptible d'appartenir à un seul propriétaire sans pour autant perdre sa qualité « nationale » »[626]. La reconnaissance de tels monuments est généralement considérée comme contribuant à faire la Nation[627].

283. Il est alors généralement admis que le droit du patrimoine, post révolutionnaire, naît sous la Monarchie de Juillet notamment sous l'impulsion de Guizot qui, suite à son célèbre rapport au roi du 21 octobre 1830[628], obtient la création d'un poste d'Inspecteur général des monuments historiques[629]. L'action proposée dans le rapport Guizot présente trois caractéristiques, systématisées par le Professeur N. Wagener[630] : elle relève d'une administration centrale de l'État, qui ne reçoit pas à cette fin de prérogative de puissance publique spécifique et s'étend à tous les monuments historiques dont le sol de France est couvert, quelle que soit leur propriété. Le but recherché est, en effet, d'inciter les propriétaires et notamment les collectivités infra-étatiques, à la préservation des monuments que l'État juge digne d'être protégés[631] en les éclairant « sur l'intérêt des édifices dont la conservation dépend de leurs soins, et stimuler enfin, en le dirigeant, le zèle de tous les conseils de département et de municipalité, de manière à ce qu'aucun monument d'un mérite incontestable ne périsse par cause d'ignorance et de

---

624 Sur tous ces aspects v. les études susmentionnées.

625 Ainsi, ne sera pas présenté ici le débat qui tend à savoir si l'usage de simples circulaires et l'absence d'une législation véritablement contraignante à l'égard des propriétaires privés témoignent ou pas d'une limitation des pouvoirs de l'État. Sur ce point V. not. : A. AUDUC, *Quand les monuments construisaient la nation. Le service des monuments historiques de 1830 à 1940*, *op. cit.*, p. 124 s. *contra* N. WAGENER, *op. cit.*, p. 185, p. 196 s., p. 308 s.

626 *Ibid.*, p. 166.

627 À cet égard est particulièrement représentatif le titre de l'ouvrage de Arlette Auduc : Quand les monuments construisaient la nation. A. AUDUC, *Quand les monuments construisaient la nation. Le service des monuments historiques de 1830 à 1940*, *op. cit.*

628 F. GUIZOT, Rapport présenté au Roi le 21 octobre 1830 pour faire instituer un inspecteur général des monuments historiques en France, reproduit *in* F. GUIZOT, *Mémoires pour servir à l'histoire de mon temps*, Paris, M. Lévy Frères, T. 2, p. 385 s.

629 Circulaire du 29 octobre 1830, [en ligne], archives.gironde.fr.

630 N. WAGENER, *Les prestations publiques en faveur de la protection du patrimoine culturel, op. cit.*, p. 173.

631 F. GUIZOT, *op. cit.*, p. 387.

précipitation, et sans que les autorités compétentes aient tenté tous les efforts convenables pour assurer leur préservation »[632]. À cette fin, le ministère de l'Intérieur utilise la pratique des subventions[633], à partir d'une circulaire du 10 août 1837[634], pour permettre au représentant de l'État d'au moins surveiller les travaux objets du financement que les propriétaires doivent assurer en partie. Ces subventions ne couvrent donc pas la prise en charge totale des travaux par l'État[635]. Elles constituent bien un encouragement des propriétaires à réaliser des travaux sur leur monument conformément à ce qui a été autorisé[636]. Les édifices classés restent en effet à la charge des propriétaires et en particulier des départements et des communes à qui il appartient de veiller à leur conservation[637].

284. Il existe cependant déjà à l'époque des outils contraignants à l'encontre des propriétaires de monuments historiques : l'expropriation[638] et s'agissant des collectivités publiques infra-étatiques, la tutelle administrative applicable en tant que contrôle des monuments historiques[639]. C'est en application de ce pouvoir de tutelle du préfet que des circulaires du ministre de l'Intérieur invitent ce dernier à refuser les travaux sur les monuments historiques qui n'auraient pas été autorisés[640].

---

632 *Ibid.*

633 Sur la pratique des subventions v. : A. AUDUC, *Quand les monuments construisaient la nation. Le service des monuments historiques de 1830 à 1940*, *op. cit.*, p. 127 ; A. AUDUC, « L'héritage du XIXe siècle dans la conservation des monuments historiques ? », *in* J.-P. BADY, M. CORNU, J. FROMAGEAU, J.-M. LENIAUD, V. NEGRI (coord.), *1913. Genèse d'une loi sur les monuments historiques*, La Documentation française, 2013 p.33 ; N. WAGENER, *op. cit.*, p. 188 s. À noter que les auteurs s'opposent s'agissant des raisons des subventions, moyen utilisé par défaut par l'une, outil choisi du fait de projet porté pour l'autre.

634 V. not. : « [...] Monsieur le Préfet, [...] Vous [...] classerez [les anciens monuments du département] dans leur ordre d'importance et vous indiquerez les sommes qui seraient nécessaires pour les conserver ou remettre en bon état, sans oublier que les secours que je puis donner ne sont qu'une prime au généreux empressement du conseil général et des conseils municipaux. », Circulaire du 10 août 1837, *in Note, circulaires et rapports sur le service de la conservation des monuments historiques*, Paris, Imprimerie impériale, 1862, p. 13 s. ; Circulaire du 29 décembre 1838, *in ibid.*, p. 18.

635 Circulaire du 18 septembre 1841, *in ibid.*, p. 18.

636 Pour des exemples de montages financiers v. : N. WAGENER, *op. cit.*, p. 189 s.

637 Circulaire du 19 février 1841, *in Note, circulaires et rapports sur le service de la conservation des monuments historiques*, *op. cit.*, p. 21.

638 Loi du 3 mai 1841, Expropriation pour cause d'utilité publique, reproduit *in* V. H. SOLON, *De l'expropriation pour cause d'utilité publique. Commentaire de la loi du 3 mai 1841*, Chez Durand Libraire, 1850. Sur l'expropriation : v. not : A. AUDUC, *Quand les monuments construisaient la nation. Le service des monuments historiques de 1830 à 1940*, *op. cit.*, p. 130 ; N. WAGENER, *op. cit.*, p. 206.

639 *Ibid.*, p. 192 s.

640 Circulaire du 31 octobre 1845, *in Note, circulaires et rapports sur le service de la conservation des monuments historiques*, *op. cit.*, p. 25.

285. La loi du 30 mars 1887[641], souvent critiquée du fait de l'inexistence d'un classement d'office des monuments historiques privés, s'inscrit dans cette logique tutélaire s'agissant des biens, immeubles et meubles, appartenant aux départements, communes, fabriques ou à tout autre établissement public. Ainsi, elle « établit la prééminence de l'État par rapport aux autorités locales, mais n'ose pas limiter la propriété des particuliers [642]»[643]. Les rapports entre l'État et les autres collectivités publiques se trouvent donc au cœur de ce projet de protection[644]. Le texte prévoit, en effet, que « les immeubles par nature ou par destination dont la conservation peut avoir, au point de vue de l'histoire ou de l'art, un intérêt national, seront classés en totalité ou partie par les soins du ministre de l'instruction publique et des beaux-arts »[645]. Il précise par la suite la procédure de classement d'abord pour les immeubles appartenant à l'État[646] puis pour les immeubles appartenant à un département, à une commune, à une fabrique ou à tout autre établissement public. Ces derniers sont classés par « arrêté du ministre de l'instruction publique et des beaux-arts, s'il y a consentement de l'établissement propriétaire et avis conforme du ministre sous l'autorité duquel l'établissement est placé. En cas de désaccord, le classement sera prononcé par un décret rendu en la forme des règlements d'administration publique » [647]. Des dispositions relativement similaires sont prises s'agissant des meubles de ces mêmes établissements[648]. Enfin, la loi réglemente les fouilles sur les terrains appartenant à l'État ou aux autres collectivités infra-étatiques dans une même perspective[649]. Les immeubles et meubles ainsi classés sont soumis à un régime de protection spécifique s'agissant notamment de leur destruction, restauration, réparation, ou aliénation (pour les meubles) sous l'autorité du ministre de l'instruction publique et des beaux-arts[650].

---

[641] Loi du 30 mars 1887, pour la conservation des monuments et objets d'art ayant un intérêt historique et artistique, *JORF*, 31 mars 1887, p. 1521 s.

[642] « L'immeuble appartenant à un particulier sera classé par arrêté du ministre de l'instruction publique et des beaux arts, mais ne pourra l'être qu'avec le consentement du propriétaire […]. », Article 3, Loi du 30 mars 1887, pour la conservation des monuments et objets d'art ayant un intérêt historique et artistique, *JORF*, 31 mars 1887, p. 1521.

[643] A. AUDUC, M. CORNU, « Bilan critique de la loi du 30 mars 1887 », *in* J.-P. BADY, M. CORNU, J. FROMAGEAU, J.-M. LENIAUD, V. NEGRI (coord.), *1913. Genèse d'une loi sur les monuments historiques*, *op. cit.*, p. 48.

[644] *Ibid.*

[645] Article 1, Loi du 30 mars 1887, pour la conservation des monuments et objets d'art ayant un intérêt historique et artistique, *JORF*, *op. cit.*

[646] Article 2 al. 1, Loi du 30 mars 1887, *ibid.*, p. 1521.

[647] Articles 2 al. 2, Loi du 30 mars 1887, *ibid.*

[648] Articles 8 et 9, Loi du 30 mars 1887, *ibid.*, p. 1522.

[649] Articles 14 et 15, Loi du 30 mars 1887, *ibid.*, p. 1522.

[650] Articles 4, 10, 11, Loi du 30 mars 1887, *ibid.*, p. 1521 et 1522.

286. La loi du 31 décembre 1913[651] étend la possibilité de classer d'office les immeubles et les meubles, « dont la conservation présente, au point de vue de l'histoire ou de l'art, un intérêt public » appartenant à des propriétaires privés[652]. La conservation des monuments historiques peut donc être assurée, quelle que soit la personne propriétaire[653].

287. L'utilisation unitaire volontariste du patrimoine culturel national se traduit par le régime de protection, dont il bénéficie, et par la satisfaction de la jouissance de celui-ci par la Nation.

§2 : L'utilisation unitaire volontariste de la jouissance du patrimoine culturel national

288. La satisfaction de la jouissance du patrimoine culturel national par la Nation, mainte fois affirmée, se traduit non seulement par « l'ouverture des musées », mais encore par la répartition territoriale des œuvres[654]. Malgré une adhésion à cette conception, il semble qu'il faille insister davantage sur les raisons qui poussent les représentants de la Nation à satisfaire la réalisation de ce droit de cette manière-là qu'il s'agisse de l'accès et de l'usage du public (A) ou de la répartition des biens sur le territoire (B).

A) L'accessibilité du patrimoine national

289. La satisfaction du droit de jouir du patrimoine culturel par la Nation suppose[655] que les biens soient rendus accessibles, notamment aux fins d'instruction publique. C'est la raison pour laquelle ont été créées des institutions ouvertes au public : musées, bibliothèques et archives (1). La portée symbolique des choix opérés doit alors être soulignée dans la création de ces institutions, parfois même au-delà du seul champ patrimonial. Il en est ainsi des noms donnés à nombre d'établissements parisiens, Archives nationales[656], de la Bibliothèque nationale[657], de l'Institut national de musique

---

[651] Loi du 31 décembre 1913, sur les monuments historiques, *JORF*, 4 janvier 1914, p. 129. Sur cette loi, sa genèse et sa portée V. J.-P. BADY, M. CORNU, J. FROMAGEAU, J.-M. LENIAUD, V. NEGRI (coord.), *1913. Genèse d'une loi sur les monuments historiques*, *op. cit.*

[652] Articles 5 et 16, Loi du 31 décembre 1913, sur les monuments historiques, *JORF*, 4 janvier 1914, p. 129.

[653] F. TARLET, *Les biens publics mobiliers,* Thèse de droit public, Université Jean Moulin Lyon 3, 2015, p. 411.

[654] N. WAGENER, *op. cit.*, p.150 s.

[655] *Ibid.*, p.148.

[656] Décret du 7 septembre 1790 relatif aux archives nationales, M. LEPEC, *Recueil général des Lois, décrets, ordonnances etc…*, T. 1, Paris, 1839, p. 279.

[657] Décret 25 vendémiaire an IV (17 octobre 1795) portant organisation de la Bibliothèque nationale, *in Recueil des décrets, ordonnances, arrêtés et règlements concernant le régime de la Bibliothèque royale (an IV-1847*), Paris, de Guiraudet et Jouaust, 1848, p. 7.

intégré par la suite au Conservatoire de musique[658], du Jardin national Plantes et du Cabinet d'Histoire national qui rassemblés forment le Museum d'Histoire naturelle[659] et le Musée central des arts fondé au Louvre[660]. La dimension symbolique d'un nom est tellement importante que certains d'entre eux changeront avec les régimes : c'est ainsi que l'Académie royale de musique a successivement été nommée Opéra de Paris en 1791, Opéra national en 1794 et Académie impériale en 1807[661]. Dans le même sens, un rapport sur l'organisation de la Bibliothèque nationale débute en indiquant que celle-ci était « appelée Bibliothèque du roi sous le régime de la tyrannie »[662]. Par ailleurs, le choix de la date du 10 août 1793, anniversaire de la suspension du roi, pour l'inauguration du Musée du Louvre « conforte les enjeux politiques et fait émerger la dimension symbolique du musée »[663].

290. La garantie de la jouissance des biens culturels explique par ailleurs dans une certaine mesure leur intégration dans le domaine public des personnes publiques (2).

1) La création d'institutions à caractère symbolique garantissant l'accès du public

291. L'accessibilité du patrimoine national est garantie par la création d'institutions à caractère symbolique[664] prévues à cet effet.

292. Les objets précieux appartiennent à tous. Ils sont donc désormais appelés à servir à tous[665]. C'est là notamment que réside la spécificité de la

---

658 MINISTERE DE LA CULTURE, *Historique des établissements publics*, p. 26, [en ligne], www.culture.gouv.fr.

659 Décret du 10 juin 1793 relatif à l'organisation du Jardin national Plantes et du Cabinet d'Histoire national sous le nom de Muséum d'Histoire Naturelle, Paris, Imprimerie nationale exécutive du Louvre, 1793, p. 1.

660 Décret du 27 juillet 1793 à la suite du rapport Sergent. Sur la création du musée du Louvre V. not. : D. POULOT, *Patrimoine et musées. L'institution de la culture*, *op. cit.*, p. 52 s.
Sur l'apparition des musées à partir de 1793 V. aussi l'analyse historique *in* H. DE LA VILLE DE MIRMONT, *Histoire du musée de Bordeaux*, Feret et fils, T. 1, 1899, Chap. 1. p. 5 s.

661 MINISTERE DE LA CULTURE, *Historique des établissements publics*, p. 25.

662 N. G. L. VILLAR, 6 vendémiaire an IV (28 septembre 1795), Rapport sur l'organisation de la Bibliothèque nationale, Recueil des décrets, ordonnances, arrêtés et règlements concernant le régime de la Bibliothèque royale (an IV-1847), Paris, de Guiraudet et Jouaust, 1848, p. 1.

663 M. REGOURD, « Le musée un espace de communication, symbolique des mutations politiques », *in* J.-M. TOBELEM (coord.), *Politique et musées*, L'Harmattan, Patrimoines et Sociétés, 2001, p. 27.

664 B. DELOCHE, « Institution », *in* A. DESVALLEES, F. MAIRESSE (dir.), *Dictionnaire encyclopédique de muséologie*, Armand Colin, 2011, p. 202.

665 N. WAGENER, *op. cit.*, p. 150.

création du musée révolutionnaire, la satisfaction de la jouissance du droit de propriété nationale sur le patrimoine culturel national « pour que les citoyens puissent jouir de leur propriété, la Nation se doit de mettre en place des établissements pour exposer les œuvres »[666]. En effet, il existe déjà sous l'Ancien Régime une ouverture relative des collections au public. Dans la capitale, un projet tendant à faire restaurer le Louvre pour en faire un lieu d'exposition permanente des tableaux du roi au public n'a jamais abouti[667] et en province une partie de la doctrine constate déjà la présence de plusieurs musées. La création de ces derniers peut résulter selon les cas de différents facteurs : la volonté de rendre accessible au public des collections privées[668], la volonté de mettre en évidence l'héritage historique – notamment antique – du territoire[669], et la mise en place nécessaire d'institutions complémentaires aux écoles de dessin[670]. Ainsi, la création des musées s'inscrit dans une certaine continuité avec l'Ancien Régime, et ce, même si « l'histoire républicaine, militante donc commémorative, s'est toujours attachée [...] à conférer au musée un statut d'innovation radicale »[671].

293. C'est dans cette même perspective, d'accès du public au patrimoine culturel national aux fins d'instruction publique et au-delà des seules considérations de rationalisation administrative, que peut être comprise la création des dépôts d'archives et surtout l'affirmation du principe de

---

666 O. BRISSEAUD, *Le principe d'inaliénabilité à l'épreuve de la Révolution française. La perception de l'œuvre d'art à travers les sélections patrimoniales : objet de commerce ou res sacra*, Thèse Ecole nationale des Chartres, 2012 cité in *ibid.*

667 Sur ces projets et les différentes hypothèses en expliquant l'échec v. M. REGOURD, « Le musée un espace de communication, symbolique des mutations politiques », *op. cit.*, p. 25 s. ; D. POULOT, *Patrimoine et musées. L'institution de la culture*, *op. cit.*, p. 26 s.

668 L'exemple le plus connu et le plus ancien d'institution ainsi créé (1696) est celui issu du legs de sa collection par le moine bénédictin Jean-Baptiste Boisot à la ville de Besançon ; à charge pour cette dernière d'en assurer le libre accès gratuit au public et d'en assurer la pérennité. Sur cet exemple v. P. GALAN, « Les musées de France », *Droit et ville*, 2003, p. 247. Pour d'autres exemples notamment à La Rochelle en 1770 (collection Lafaille), à Nîmes en 1789 (collection Séguier). V. C. BOSSEBOEUF, *Les collectivités territoriales et leurs musées : Recherches sur le développement et les modalités de gestion et de gouvernance d'un service public local*, Thèse Université Paris Descartes, 2012, p. 59.

669 C'est le cas pour le musée d'Arles « Museum d'Arelatense » en 1784 v. *ibid.*, p. 60.

670 Sur la création des écoles d'art v. *supra*. C. Bosseboeuf relève que les productions des élèves de ces écoles étaient présentées au public et conservées. Elles sont ainsi à l'origine de la constitution des collections de certains musées comme à Dijon. *Ibid.*, p. 61.

671 D. POULOT, « Le patrimoine des musées : pour l'histoire d'une rhétorique révolutionnaire », *in Genèses*, Patrie, patrimoine, 1993. p. 29.

communication de toutes les pièces que chacun d'entre eux renferme[672]. Cette loi précise également que « le comité fera trier dans tous les dépôts de titres, soit domaniaux, soit judiciaires, soit d'administration, comme aussi dans les collections et cabinets de tous ceux dont les biens ont été ou seront confisqués, les chartes et manuscrits qui appartiennent à l'histoire, aux sciences et aux arts, ou qui peuvent servir à l'instruction, pour être réunis et déposés, à Paris, à la Bibliothèque nationale, et dans les départements, à celle de chaque district »[673]. Dans le même sens d'une rationalisation des archives, l'article XIV dispose que « les livres imprimés qui sont actuellement aux archives seront, à l'exception des recueils reliés des distributions faites aux assemblées, déposés à la Bibliothèque nationale ; et la destination des tableaux, gravures, médailles et autres objets relatifs aux arts qui sont aux archives, sera déterminée d'après l'examen qu'en fera faire le comité d'instruction publique ; et réciproquement, les manuscrits qui intéressent le domaine et la fortune publique, et qui pourraient se trouver à la Bibliothèque nationale, seront renvoyés à la section domaniale des archives »[674]. De plus,

---

672 « Tout citoyen pourra demander dans tous les dépôts, aux jours et aux heures qui seront fixés, communication des pièces qu'ils renferment : elle leur sera donnée sans frais et sans déplacement, et avec les précautions convenables de surveillance. Les expéditions ou extraits qui en seront demandés, seront délivrés à raison de quinze sous du rôle ». Article XXXVII, Loi du 7 messidor an II (25 juin 1794) concernant l'organisation des archives établies auprès de la représentation nationale, *Bulletin des lois 12, N° 58,* [en ligne]. La volonté de rendre les archives accessibles au public était déjà présente dans des textes antérieurs notamment : article LIX, Lettres patentes du Roi du 14 décembre 1789 cité *in* A. CHAMPOLLION-FIGEAC, *op.cit.*, p. 7 ; article 11, Décret du 7 septembre 1790 relatif aux archives nationales, M. LEPEC, *Recueil général des Lois, décrets, ordonnances, etc..., op.cit.*, p. 270.
Dans le même sens, A. Champollion-Figeac à ce propos rappelle, en les citant, l'existence de textes spécifiques relatifs à l'accès aux archives par les préposés à l'enregistrement. A. CHAMPOLLION-FIGEAC, *op. cit.*, p. 7 s.

673 Article VIII, Loi du 7 messidor an II (25 juin 1794) concernant l'organisation des archives établies auprès de la représentation nationale, *Bulletin des lois 12, N° 58,* [en ligne]. La loi su 12 brumaire an II (2 novembre 1793) avait déjà organisé la division en deux sections des dépôts ordonnés part les décrets des 7 août 1790 et 20 février 1793 (réunion des dépôts au seul Louvre) aux articles 2 et 3. La première section devait contenir les « titres, minutes et registres qui con« cernaient la partie domaniale et administrative, ce qui a rapport « aux biens des religionnaires fugitifs, et des titres concernant les domaines de la République, qui étaient dans les greffes des ci-devant bureaux des finances de différents départements » ; la seconde « tout ce qui peut intéresser les «monuments historiques, la partie judiciaire et contentieuse [...] [et] tout ce qui se trouvera la concerner dans les autres dépôts ». La loi du 12 brumaire an II (2 novembre 1793) divise en deux sections les dépôts nationaux dont la réunion avait été ordonnée par décrets des 7 août 1790 et 20 février 1793, M. LEPEC, *Bulletin annoté des Lois, décrets et ordonnances*, Paris, chez Paul Dupont Editeur, T. 4, 1839, p. 523.

674 Article XIV, Loi du 7 messidor an II (25 juin 1794) concernant l'organisation des archives établies auprès de la représentation nationale, *Bulletin des lois 12*, N° 58, disponible en ligne.

l'ordonnance royale de 1846 *concernant les Archives du Royaume*, contient un titre intitulé « service public »[675] qui indique dans les dispositions générales que « les bureaux sont ouverts tous les jours sauf les dimanches et fêtes depuis neuf heures du matin jusqu'à quatre heures en toute saison »[676] précision faite que « le service public comprend : les demandes de renseignements et d'expéditions, la lecture et la copie des pièces par les personnes admises à les consulter sur place ; la visite des Archives par les curieux »[677]. L'existence d'une forme de service public des archives semble alors acquise[678].

294. Enfin, il existe à Paris comme en province des bibliothèques partiellement ouvertes au public sous l'Ancien Régime. En effet, il apparaît progressivement « l'idée qu'une grande collection de livres doit être profitable au moindre des hommes qui pourra en avoir besoin »[679]. Ce phénomène s'accroît au cours du XVIIe siècle, de par l'initiative de membres du clergé et des académies, mais aussi de donations conditionnées de grands collectionneurs privés[680]. Néanmoins, suite aux nationalisations, est reconnu l'intérêt potentiel des livres pour l'instruction publique et l'entreprise de régénération. Aussi, les textes relatifs aux bibliothèques, et notamment à leur organisation territoriale, contiennent des dispositions relatives à l'accès du public aux catalogues et aux collections. De manière particulièrement significative, le décret du 8 pluviôse an II (27 janvier 1794) dispose qu'aussitôt la composition de chaque bibliothèque de district déterminée, « il en sera formé un catalogue disponible aux yeux du public »[681]. Dans le même sens, l'instruction du ministre de l'Intérieur du 7 floréal an IV (26 avril 1794) consacre l'ouverture plusieurs jours de chaque décade des bibliothèques des

---

675 Articles 69 à 96, Titre II Service public, Ordonnance du roi et règlement concernant les Archives du Royaume, 15 novembre 1846, Paris, Firmin Didot, 1846 p. 13 s.
676 Article 69, *ibid.*, p. 13.
677 Article 70, *ibid.*, p. 13.
678 Il convient ici de rester prudent ici quant à la qualification de service public utilisée dans les textes à l'époque et à la réalité qu'il recouvre. Cf. *infra* : naissance du service public culturel.
679 D. PALLIER, *Les bibliothèques*, PUF, Que sais-je ?, 12e éd., 2010, p. 31.
680 L. DESGRAVES, « Vers la bibliothèque publique », *in* C. JOLLY (dir.), *Histoire des bibliothèques française. Les bibliothèques sous l'Ancien Régime : 1530 - 1789*, Editions du Cercle de la libraire, T. 2, 2e éd., 2008, p. 498 s. Pour des exemples précis de différents « types » d'ouverture au public, v. not. : S. BALAYE, « La Bibliothèque du Roi, première bibliothèque du monde 1664-1789 », *in ibid.*, p. 261 s. (en part. p. 279 s.), A. MARCETTEAU-PAUL, « Paris sous l'Ancien Régime », *in ibid.*, p. 545 s. ; P.-M. GRIVEVALD, « Besançon au XVIIIe siècle » *in ibid.*, p. 604 s. ; L. DESGRAVES, « Bordeaux au XVIIIe siècle », *in ibid.*, p. 618 s. (en part. p. 627 s.).
Pour une sommaire, mais éclairante présentation de la situation générale des bibliothèques sous l'Ancien Régime : D. PALLIER, *op.cit.*, p. 31 s.
681 Article XI, Décret 8 pluviôse an II (27 janvier 1794), relatif à l'établissement de bibliothèques publiques dans les districts, Archives nationales, Paris, Imprimerie nationale exécutive du Louvre, p. 3.

écoles centrales, afin d'offrir au public « les objets d'utilité, de curiosité et d'agrément dignes d'une Nation instruite et polie »[682]. Enfin, dès sa mise en place, la Bibliothèque nationale est ouverte pour « les travailleurs » et pour « les curieux »[683]. Comme pour les archives, l'idée d'un service public rendu par les bibliothèques publiques semble émerger peu à peu[684].

295. L'accessibilité du patrimoine culturel national justifie l'incorporation des biens au domaine public.

2) La garantie initiale de la jouissance des biens culturels par l'incorporation au domaine public

296. Une analyse récente de la jurisprudence relative au domaine public mobilier au XIXe siècle[685] souligne que les affaires qui ont conduit à la reconnaissance de la possible incorporation de biens meubles au domaine public portent exclusivement sur des biens rattachés aujourd'hui au patrimoine culturel. « À parcourir la jurisprudence, on ne voit pas de domaine public mobilier hors les livres[686] et autographes[687] des bibliothèques

---

682 Cité *in* H. RICHARD, « Des bibliothèques des districts aux bibliothèques municipales », *in* D. VARRY (dir.), *Histoire des bibliothèques françaises. Les bibliothèques de la Révolution et du XIXe siècle : 1789 - 1914*, Editions du Cercle de la Librairie, T. 3, 2e éd., 2009, p. 60.

683 « Tous les jours, excepté le décadi, la Bibliothèque est ouverte aux travailleurs depuis dix heures jusqu'à deux ; mais elle ne, l'est pour les curieux que les 3, 6, 9 de chaque décade, aux mêmes heures. » Article 1, titre III Des départements, Règlements pour la Bibliothèque nationale, 12 fructidor an IV (29 août 1796), *in Recueil des décrets, ordonnances, arrêtés et règlements concernant le régime de la Bibliothèque royale (an IV-1847)*, Paris, de Guiraudet et Jouaust, 1848, p. 12.
Cette disposition relative à l'ouverture au public sera reprise dans les règlements ultérieurs notamment : article 1, Titre II Service public, ministre de l'intérieur, 31 décembre 1828, Règlement pour la Bibliothèque royale, *in ibid.*, p. 29 ; articles 33 et 34, Titre II Service public, Chapitre 1, ministre secrétaire d'État au département de l'instruction publique, 26 mars 1833, Règlement concernant la Bibliothèque royale, *ibid.*, p. 60.

684 Cf. *infra.*

685 N. WAGENER, *op. cit.*, p. 241-270. Il ne s'agit donc pas ici de revenir en détail sur le contenu de cette jurisprudence (voir l'analyse susmentionnée), mais simplement d'en souligner la portée. À noter néanmoins, que l'auteur analyse à part les décisions relatives au domaine de la couronne et aux églises paroissiales intégrées au domaine public communal (p. 241 – 245) contrairement notamment à J.-F. Poli qui semble assimiler les deux. J.-F. POLI, *La protection des biens culturels meubles*, LGDJ, 1996, p. 274.

686 V. : Trib. civ. de la Seine, 22 décembre 1875, *Bachelin-Deflorenne c/Bibliothèque nationale*, cité *in* N WAGENER, *op. cit.*, p. 247 (à propos d'un volume in folio contenant les décrets de Gratien) ; C. cass., 17 juin 1896, *Bonnin c/Villes de Mâcon et de Lyon*, *D.*, 1897, I, p. 257 s., note GUENEE.

687V. : Cour royale, Paris, 3 janvier 1846, *Bibliothèque royale c/Charron*, *D.*, 1846, II, p. 212 s. ; *S.*, 1847, p. 77 s. (à propos d'un autographe de Molière) ; Cour royale, Paris, 18 août 1851, *Bibliothèque nationale c/Feuillet de Conches*, *S.*, 1851, p. 475 s. ; *D.*, 1852, II, p. 96 s. (à propos d'un autographe de Montaigne).

publiques, les tableaux et autres statues[688] des musées publics, les archives publiques[689], et les objets d'art et autres tapisseries placés dans les églises[690] »[691].

297. L'incorporation de biens, appartenant aujourd'hui au patrimoine culturel, au domaine public mobilier traduit à l'époque, selon le Professeur N. Wagener, la volonté de les protéger, du fait des caractères inaliénable et imprescriptible[692] de celui-ci[693]. Elle garantit également le droit de jouissance du public sur ces biens.

298. Au XIXe siècle, en effet, il semble que le choix d'incorporer des biens meubles du patrimoine culturel au domaine public tend à la satisfaction d'intérêts collectifs publics : la garantie « d'un droit de jouissance »[694] du public sur ces biens. De fait, l'administration est alors considérée comme n'ayant sur ces derniers qu'un « droit de garde et de surintendance » différent de la propriété[695]. En effet, le domaine public est considéré à l'époque comme

---

688 V. : S'agissant du domaine de la couronne : C. cass, 10 août 1841, *Cousin c/la liste civile et les héritiers de Maillé*, *D.* 1841, p. 332 ; *S.*, 1841, I, p. 742 (à propos d'un tableau du musée du Louvre) ; Trib. civ. d'Orléans, 23 décembre 1880, *L'État c/prince et princesse de Bauffremont*, *D.*, 1882, II, p. 89 s (à propos de statues ornant le château de Ménars).
S'agissant du domaine public : CA de Dijon, 3 mars 1886, *De Vesvrotte c/État*, *S.*, 1887 (1890), II, p. 74 s. (à propos du tombeau de Philippe Pot), cité *in* N. WAGENER, *op. cit.*, p. 241.

689 V. : Trib. civ. de Gap, 30 octobre 1895, *Héritiers Amat c/Abbé Guillaume*, *D.*, 1897, II, p. 54 s. ; Trib. civ. de Nancy, 16 mai 1896, *Dufresne c/État*, *D.*, 1896, II, p. 411 s. ; Trib. civ. de Lyon, 25 janvier 1899, *Départements du Rhône, de la Loire, de l'Isère, la ville de Lyon, la ville et les hospices de Crémieu c/les héritiers de Verna*, *D.*, 1899, II, p. 230 s.

690 Trib. civ de Lyon, 30 juillet 1874, *Commune de Nantua c/Conseil de fabrique et de Brame*, *D.*, 1876, II, p. 89 s. ; Trib civ., Paris, 12 juillet 1879, *Préfet de la Seine c/Recappé et de Camondo*, *D.*, 1880, II, p. 101 ; Trib. civ, Paris, 13 mars 1880, *Commune de Breuil c/Cordelat, de Salverte et Gaudouin*, *D.*, 1880, II, p. 97 s.

691 N. WAGENER, *op. cit.*, p. 241.

692 Conception qui demeure encore aujourd'hui s'agissant de l'incorporation des biens culturels au domaine public des personnes publiques. V. not : J.-M. PONTIER, J.-C. RICCI, J. BOURDON, *Droit de la culture*, *op. cit.*, p. 251 (s'agissant des seuls biens des bibliothèques) ; P.-L. FRIER, *op.cit.*, p. 356 ; O. BRISSAUD, « L'élaboration du principe d'inaliénabilité pour les collections muséales et les biens du domaine public mobilier sous la Révolution française », *Livraisons de l'histoire de l'architecture* [en ligne], n° 26, 2013 ; J.-F. AUBY, *Le droit public de la culture*, BergerLevrault, 2016, p. 265 s.

693 Pour un exemple récent d'imprescriptibilité acquisitive à propos d'une statuette médiévale CE, 21 juin 2018, n° 408822, *Société Pierre Bergé*, *Rec. T.*, *JCP A*, 2018, comm. 2333, NOUAL ; *AJDA*, 2018, p. 1303.

694 N. WAGENER *op. cit.*, p. 271.

695 Y. GAUDEMET, *Droit administratif des biens*, LGDJ, Traité de droit administratif, 15e éd, 2014, p. 11.

composé de biens considérés comme insusceptibles de propriété par nature ou du fait de leur affectation[696].

299. Dans cette perspective, est alors consacrée l'idée selon laquelle « le domaine public n'est rien d'autre que le produit du choix du politique de sortir des biens de la propriété privée pour les laisser à l'usage de tous »[697]. La domanialité publique vient donc garantir la jouissance du public sur certains biens du patrimoine culturel.

300. Il convient alors de souligner que la consécration progressive de la propriété publique sur le domaine public en particulier à partir du début du XXe siècle[698] change le sens de cette incorporation et surtout la relation du public sur ces biens. « Alors que le public disposait d'un droit de jouissance, il n'y a plus désormais, *au mieux*, qu'une servitude qui grève la propriété des personnes publiques »[699].

301. La satisfaction de la jouissance du patrimoine culturel national nécessite sa répartition sur le territoire national.

B) La répartition du patrimoine culturel sur le territoire national

302. La jouissance du patrimoine national justifie la distribution de celui-ci sur le territoire[700]. Les modalités de répartition souvent simplement constatées méritent que l'on s'y attarde. En effet, au-delà de ce qui pourrait être perçu comme une simple organisation rationnelle, transparaît la volonté de la Nation d'utiliser le patrimoine culturel national à des fins d'instruction

---

[696] Pour une présentation sommaire du débat sur la reconnaissance de la propriété publique V. C. LAVIALLE, *Droit administratif des biens*, PUF, Droit fondamental, 1996, p. 76 s. ; N. FOULQUIER, *Droit administratif des biens*, LexisNexis, Manuel, 2011, p. 52 ; Y. GAUDEMET, *op. cit.*, p. 11 ; C. CHAMARD-HEIM, F. MELLERAY, R. NOGUELLOU, P. YOLKA, *Les grandes décisions du droit administratif des biens*, Dalloz, 2e éd., 2015, p.7 s.

[697] N. WAGENER, *op. cit.*, p. 268.

[698] V. en part. CE, 17 janvier 1923, *ministre des Travaux publics et gouverneur général de l'Algérie c/Sieurs Picciolli*, n° 69886 et 77666, *Rec.*, p. 44 ; *D.*, 1923, III, p. 29 ; *RDP*, 1923, p. 527, concl. CORNEILLE, note JEZE ; S., 1925, III, p. 17, note HAURIOU ; C. CHAMARD-HEIM, F. MELLERAY, R. NOGUELLOU, P. YOLKA, *op. cit.*, p. 5 s.
La propriété des personnes publiques sur le domaine public avait néanmoins était déjà reconnue par la législation, notamment coloniale, et dans la jurisprudence des ordres judiciaire (C. cass. req. 8 novembre 1909, *Vergnes c/Verdet et a.*, *S.*, 1912, I, p. 521, note MESTRE) et administratif (CE, 21 juillet 1870, *Ville de Châlons-sur-Marne*, *Rec.*, p. 938 ; CE, 7 mai 1909, *Chemins de fer du Nord*, *D.*, 1911, III, p. 30). V. C. CHAMARD-HEIM, F. MELLERAY, R. NOGUELLOU, P. YOLKA, *Les grandes décisions du droit administratif des biens*, *op. cit.*, p. 9.

[699] N. WAGENER, *op. cit.*, p. 271.

[700] *Ibid.*, p. 151.

publique et de régénération de la société. La Nation s'appuie pour cela sur le nouveau découpage territorial, ce qui contribue à le renforcer. Le département est ainsi privilégié puisque celui-ci exprime « « la province » redessinée par la Révolution, expression territoriale de la République « une et indivisible » »[701]. À cet égard, peut être affirmée l'idée selon laquelle « l'unification du territoire accompagne la formation de l'unité spirituelle de la Nation »[702]. Ce constat peut être dressé de manière particulièrement éclatante pour les musées (1), mais c'est aussi le cas des archives (2) et des bibliothèques (3).

1) Les musées

303. Dès le rapport de la Commission des monuments[703] présenté par Bréquigny le 2 décembre 1790[704], il est envisagé que soit réparti équitablement le patrimoine dans les 83 nouveaux départements par un « dépôt aussi complet qu'il se pourra », afin « de mettre tous les individus à la portée d'en jouir »[705]. Le rapport précise que « le lieu où serait établi le dépôt de chaque département serait une ville considérable et par référence celle où il y aurait un établissement d'instruction publique : car on sent combien l'instruction publique peut tirer secours de ces *musées* : c'est le nom qu'on pourra donner à ces dépôts »[706]. Apparaît ainsi dès l'origine l'instrumentalisation des modalités de mise en œuvre du droit de jouir du patrimoine culturel, au profit du projet de régénération révolutionnaire.

304. Par la suite, l'Assemblée nationale soucieuse « de conserver aux beaux-arts et à l'instruction publique les chefs-d'œuvre épars sur la surface de l'empire »[707] autorise le ministre de l'Intérieur à prendre les mesures et à faire les dépenses nécessaires pour participer à la recherche et la conservation des œuvres réparties sur le territoire national, par décret du 16 septembre 1792.

---

[701] M. REGOURD, « Le musée un espace de communication, symbolique des mutations politiques », *op. cit.*, p. 29. Par ailleurs, pour l'auteur le musée est ainsi appréhendé, d'un point de vue communicationnel selon une logique de réseau et non comme une entité isolée. Sur l'importance du département v. aussi : P. LEGENDRE, *Trésor historique de l'État en France. L'administration classique*, Fayard, Les savoirs, 1992, p. 118 et « La royauté du droit administratif », *in ibid.*, p. 589.

[702] G. BURDEAU, *Traité de science politique*, 3e éd., LGDJ, T. 2, 1980, p. 92, N 57.

[703] Cette Commission a été créée par l'Assemblée nationale en 1790 et a pour mission l'inventaire des richesses du patrimoine.

[704] Sur ce rapport, v. D. POULOT, *Patrimoine et musées. L'institution de la culture*, *op. cit.*, p. 51. Les citations de ce rapport que sont reprises (par nécessité) de cet ouvrage.

[705] *Ibid.*

[706] *Ibid.*

[707] Décret du 16 septembre 1792 qui réunit à la commission des monuments la commission nommée en vertu du décret du 11 août, reproduit *in* J.-B. DUVERGIER, *Collection complète des Lois, Décret, Ordonnances, Réglemens, Avis du Conseil-D'État*, Paris, chez A. Guyot et Scribe, T. 6, 2e éd., 1834, p. 458.

Ce texte pose, après avoir affirmé le « recueillement » de ces monuments, le principe d'une répartition entre le Muséum de Paris et les musées des départements[708]. Néanmoins, cette répartition a été source de conflits entre la province et Paris, la première revendiquant au nom de l'égalité la restitution de monuments envoyés à la capitale et sa part des confiscations révolutionnaires[709].

305. Malgré ces prémices, c'est l'arrêté Chaptal, adopté le 14 fructidor an IX (31 août 1801)[710] qui est généralement considéré comme l'acte fondateur des musées de province et par là même « d'une politique publique de dépôts sur la base du principe d'égalité d'accès aux biens culturels entre Paris et la province »[711]. Cet arrêté a été adopté suite à un rapport[712] dont il convient de rappeler les principaux éléments. Ce rapport constate d'une part l'importance des fonds rassemblés au Louvre et l'impossibilité pour « l'immense galerie ouverte au public » de recevoir « la moitié des chefs-d'œuvre dont la Nation est propriétaire »[713] et d'autre part une diminution des risques de vandalisme. Aussi, y est-il préconisé afin de « concilier le plus grand avantage des arts avec les devoirs [...] à remplir avec les départements »[714], que Paris conserve « les chefs-d'œuvre dans tous les genres » et que soient créés quinze grands dépôts dans des villes « où des connaissances déjà acquises pourront leur [aux collections] donner de la valeur et où une population nombreuse et des

---

708 « Le ministre de l'intérieur est autorisé à prendre toutes les mesures et faire les dépenses nécessaires sur les fonds destinés annuellement aux arts et aux sciences, pour seconder les travaux de ladite commission, en ce qui concerne la recherche et la conservation des tableaux, statues et autres monumens relatifs aux beaux-arts, renfermés dans les églises et maisons nationales et dans celles des émigrés, lesquels objets seront recueillis, pour la répartition en être faite entre le Muséum de Paris et ceux qui pourraient être établis dans les autres départemens ». Article 3, Décret du 16 septembre 1792 qui réunit à la commission des monuments la commission nommée en vertu du décret du 11 août, reproduit *in ibid.*, p. 458.

709 D. POULOT, *Patrimoine et musées. L'institution de la culture, op. cit.*, p. 67-68 ; C. BOSSEBOEUF, *Les collectivités territoriales et leurs musées : Recherches sur le développement et les modalités de gestion et de gouvernance d'un service public local, op. cit.*, p. 62-63.

710 Arrêté du 14 fructidor IX (31 août 1801), reproduit *in* H. DE LA VILLE DE MIRMONT, *op. cit.*, Chap. 3 p. 42.

711 M. REGOURD, « Le musée un espace de communication, symbolique des mutations politiques », *op. cit.*, p. 27.
Si le rôle essentiel de cet acte dans le maillage territorial des musées et dans la volonté de rendre accessible à tous les biens culturels est partagé, la qualification de « politique publique » prématurée pour désigner l'action en matière muséale à l'époque doit être réfutée.

712 Rapport présenté aux Consuls de la République par le ministre de l'Intérieur, le 13 fructidor an IX, reproduit *in* H. DE LA VILLE DE MIRMONT, *op. cit.*, Chap. 3 p. 40 s.

713 *Ibid.*, p. 40.

714 *Ibid.*, p. 40.

dispositions naturelles feront présager des succès dans la formation des élèves »[715]. Le rapport s'achève par la suggestion de la création d'une commission chargée de choisir la collection qui « présente une suite intéressante de tableaux de tous les maîtres, de tous genres, de toutes écoles »[716], qui convienne à chaque ville. L'arrêté reprend l'essentiel du rapport Chaptal et nomme une commission chargée de préparer des collections à destination des villes de Lyon, Bordeaux, Strasbourg, Bruxelles, Marseille, Rouen, Nantes, Dijon, Toulouse, Genève, Caen, Lille, Mayence, Rennes, Nancy[717], à partir des tableaux du Muséum du Louvre et Versailles[718] et sous réserve que les communes aient, à leurs frais, créé « une galerie convenable pour les recevoir »[719].

306. Si comme dans les projets précédents, droit de jouir, instruction publique et utilisation du nouveau découpage territorial sont présents dans la réalisation de Chaptal, il convient de souligner que l'uniformité sous-tendue par le processus révolutionnaire est nuancée par son souhait de prendre en compte les spécificités des villes choisies pour déterminer les collections qui leur conviennent[720].

2) Les archives

307. Plusieurs textes viennent, d'abord, en raison des nécessités pratiques, organiser les archives au niveau territorial. Ainsi, est-il logiquement prévu que les archives éparses relatives à l'administration dans chaque département soient remises à leurs nouveaux administrateurs[721]. La loi du 5 brumaire an V

---

[715] *Ibid.*, p. 41.
[716] *Ibid.*, p. 41-42.
[717] « Il sera nommé une commission pour former quinze collections de tableaux qui seront mis à la disposition des villes de Lyon, Bordeaux, Strasbourg, Bruxelles, Marseille, Rouen, Nantes, Dijon, Toulouse, Genève, Caen, Lille, Mayence, Rennes, Nancy ». Article 1, Arrêté du 14 fructidor IX (31 août 1801), reproduit *in ibid.*, p. 42.
[718] « Ces tableaux seront pris dans le Muséum du Louvre et dans celui de Versailles ». Article 2, Arrêté du 14 fructidor IX (31 août 1801), reproduit *in ibid.*, p. 42.
[719] « Les tableaux ne seront envoyés qu'après qu'il aura été disposé, aux frais de la commune, une galerie convenable pour les recevoir ». Article 4, Arrêté du 14 fructidor IX (31 août 1801), reproduit *in ibid.*, p. 42.
[720] Rapport présenté aux Consuls de la République par le ministre de l'Intérieur, le 13 fructidor an IX, reproduit *in ibid.*, p. 41-42.
[721] Instructions de l'Assemblée nationale, du 8 janvier 1790, relatives à la formation des assemblées représentatives et des corps administratifs reproduit en partie *in* A. CHAMPOLLION-FIGEAC, *op.cit.*, p. 2 ; Proclamation du roi du 20 avril 1790 concernant les comptes à rendre par les anciens administrateurs aux nouveaux corps administratifs, et la remise des pièces et papiers relatifs à l'administration de chaque département, reproduite en partie *in ibid.*, p. 3. ; Article XXXI, Loi du 21 fructidor an IV (7 septembre 1796), relative aux fonctions des corps administratifs, reproduite en partie *in ibid.*, p. 3.

(26 octobre 1796)[722] est néanmoins considérée comme le texte fondamental s'agissant de la création d'un service d'archives par département[723]. L'article 1 dispose en effet que « les administrations centrales de département feront rassembler, dans le chef-lieu du département, tous les titres et papiers dépendants des dépôts appartenant à la République »[724]. Le principe de la territorialité des archives, entendu comme le maintien des documents dans la circonscription concernée, semble alors admis. Dans cette même perspective, en 1838, le service des archives devient une dépense obligatoire des départements[725] et des communes en 1884[726].

3) Les bibliothèques

308. Dans la perspective de faire participer les livres à l'instruction publique et au processus de régénération rapidement suite aux nationalisations des voix s'élèvent pour que soient créées sur le territoire des bibliothèques

---

722 Loi du 5 brumaire an V (26 octobre 1796) qui ordonne la réunion dans les chefs-lieux de département, de tous les titres et papiers acquis à la République, reproduite *in* A. CHAMPOLLION-FIGEAC, *op. cit.*, p. 8 s.

723 M. DARDY-CRETIN, *op. cit.*, p. 228.

724 Article 1, Loi du 5 brumaire an V (26 octobre 1796) qui ordonne la réunion dans les chefs-lieux de département, de tous les titres et papiers acquis à la République, reproduit *in* A. CHAMPOLLION-FIGEAC, *op. cit.*, p. 8.

725 « Le budget du département est présenté par le préfet, délibéré par le conseil général et réglé définitivement par ordonnance royale. Il est divisé en sections. » ; « La première section comprend les dépenses ordinaires suivantes [...] 19° Les dépenses de garde et de conservation des Archives du département. » Articles 11 et 12, Loi du 10 mai 1838, sur les attributions des conseils généraux et des conseils d'arrondissement, reproduite *in ibid.*, p. 10. Jean le Pottier souligne que si le caractère obligatoire de cette dépense a disparu lors de la réforme des budgets départementaux en 1866, il n'a jamais dans les faits été remis en cause. J. LE POTTIER, « La décentralisation des archives départementales », *in* P. POIRRIER, J.-P. ROUX (dir.), *Affaires culturelles et territoires (1959-1999)*, La Documentation française, Comité d'histoire du ministère de la culture, 2000, note 6, p. 214.

726 « Sont obligatoires pour les communes les dépenses suivantes : [...] 2° Les frais [...], de conservation des archives communales et du recueil des actes administratifs du département ; [...]. », Article 136, Loi du 5 avril 1884, sur l'organisation des communes, *JO*, 6 avril 1884, p. 1866.

publiques[727] ; des dépôts littéraires y existant depuis 1791[728]. Aussi, le décret du 8 pluviôse an II (27 janvier 1794) prévoit que soient réalisés l'inventaire et le tri des ouvrages[729] et installée une bibliothèque dans chaque district[730] ; le dépôt le plus important devant être conservé dans le chef-lieu de département. Devant les lacunes de ce texte, s'agissant de la prise en charge et du fonctionnement de ces bibliothèques, sa mise en œuvre ne fut que partielle[731]. Suite à la suppression des districts, la loi du 3 Brumaire an IV affirme l'installation d'une bibliothèque auprès de la bibliothèque centrale établie dans chaque département. L'instruction du ministre de l'Intérieur du 7 floréal an IV (26 avril 1794) reprend ces dispositions et souligne la nécessité de l'établissement concomitant des écoles centrales et de leurs bibliothèques, l'organisation de la seconde calquée sur celle de la première semblable dans

---

[727] « [...] Les bons livres ont fait nos deux révolutions. Les bons livres seuls peuvent en rendre le succès permanent et glorieux. C'est en faisant circuler, pour ainsi dire, des canaux d'instruction dans tous les départements, et à la portée de tous les citoyens, que la saine Philosophie, qui n'est autre que l'amour de la liberté et de l'égalité, pourra s'enraciner et fructifier toutes les âmes... Législateurs nous vous demandons, nous vous prions avec les plus vives instances de nous autoriser à rassembler dans un établissement public les livres, qui, dans notre département se trouvent être à la disposition de la Nation. Tous les administrés réclament de vous ce bienfait, et, au moment de déposer nos fonctions, il nous serait doux de leur avoir obtenu un monument où, par la lecture de Platon, de Sidney et de Rousseau, ils sauraient se fortifier dans l'Amour des bonnes lois, et dans la haine des tyrans [...] », Lettre des administateurs du Maine et Loire à la Convention, citée *in* D. VARRY, « Il faut que les lumières arrivent par torrent. La Révolution française et la création des bibliothèques publiques : projets et réalités », *Bull. Bibl. France*, Paris, n° 2-3, 1989, p. 162. V. aussi : G. BAUMONT, « Notice historique de la bibliothèque municipale de Saint-Dié », Le pays lorrain, 1920, p. 247, cité *in* J. P. ROTHIOT, « Des bibliothèques ecclésiastiques aux bibliothèques publiques. L'exemple des Vosges, 1789 – 1840 », *Annales historiques de la Révolution française*, 2011, n° 366, p. 37.
Il a déjà été mentionné, qu'il existait déjà sous l'Ancien Régime des bibliothèques plus ou moins ouvertes au public. Cf. *supra*.

[728] Sur les dépôts littéraires v. : D. VARRY, « Les confiscations révolutionnaires », *op. cit.*, p. 17 s.

[729] Article 1, Décret 8 pluviôse an II (27 janvier 1794), relatif à l'établissement de bibliothèques publiques dans les districts, Archives nationales, Paris, Imprimerie nationale exécutive du Louvre, p. 1 ; « Il sera du plus grand avantage pour la chose publique de placer une bibliothèque à côté de la société populaire de chaque district. [...] Chaque bibliothèque doit devenir l'école de tous les citoyens, leur présenter le tableau des siècles et des nations et les agrandir de tous les travaux et de toutes les pensées de l'esprit humain », J. M. COUPE, *Rapport sur les bibliothèques nationales*, Paris, an II, cité *in* H. RICHARD, *op. cit.*, p. 57.

[544]Article 2, Article 1, Décret 8 pluviôse an II (27 janvier 1794), *op. cit.*, p. 1 s.

[731] Une controverse semble exister chez les historiens sur la question. Ainsi, Hélène Richard affirme qu'aucune bibliothèque de district n'a en pratique fonctionné à l'inverse de Jean Paul Rothiot pour lequel le département des Vosges fournit des exemples. V. H. RICHARD, *op. cit.*, p. 59. *contra* J. P. ROTHIOT, *op. cit.*, p. 40 s.

toute la France[732]. Ce texte précise par ailleurs les missions desdites bibliothèques, à savoir, « faciliter tant aux élèves qu'aux professeurs l'étude de toutes les sciences qui seront enseignées dans les écoles », « suppléer aux parties utiles d'enseignement qui n'y sont pas comprises » et « compléter ainsi l'instruction », « offrir au public, les objets d'utilité et de curiosité d'agrément dignes d'une Nation instruite et polie » par une ouverture plusieurs jours de chaque décade[733].

309. Le remplacement des écoles centrales par un nombre réduit de lycées par la loi du 11 floréal an X[734] a eu un impact important sur l'organisation territoriale des bibliothèques. En effet, si chaque lycée doit avoir sa bibliothèque, il est prévu une fois les livres nécessaires prélevés que les anciennes bibliothèques centrales restantes « seront mises à la disposition et sous la surveillance des municipalités[735] ». Il sera nommé « par ladite municipalité un conservateur de la bibliothèque dont le traitement sera payé par ladite aux frais de la commune »[736]. Cette mesure est prise pour permettre à la fois la permanence de l'accès au public aux ouvrages aux fins d'instruction et d'en assurer la conservation tout en abandonnant la charge financière de leur gestion[737]. Cela peut apparaître comme un véritable désengagement de l'État. Les communes conscientes de l'intérêt de ces bibliothèques dans le dispositif d'instruction ont repris leur fonctionnement en charge[738].

---

[732] S'agissant du détail de cette organisation V. H. RICHARD, *op. cit.*, p. 60.
[733] Cité *in ibid.*
[734] Article 9, Loi du 11 Floréal An X (1er mai 1802), loi générale sur l'instruction publique, [en ligne], www.education.gouv.fr.
[735] Article 1, Décret du 8 pluviôse an XI (28 janvier 1803) plaçant les bibliothèques sous la surveillance des municipalités, *in* U. ROBERT, *Recueil de lois décrets, ordonnances arrêtés circulaires etc. concernant les bibliothèques publiques, communales universitaires, scolaires et populaires*, Paris, H. Champion, 1883, p. 73 s.
[736] Article 2, Décret du 8 pluviôse an XI (28 janvier 1803), *ibid.*, p. 74.
[737] « Plusieurs communes réclament la jouissance de ces bibliothèques, les unes parce que c'est en partie leur propriété, les autres parce qu'un établissement de ce genre est toujours pour la ville qui le possède un objet d'agrément et d'utilité [...]. Interdire la jouissance de ces livres et les laisser enfermés sous le scellé, ce serait moins les conserver que les exposer à ce détériorer. On pourrait accorder la jouissance aux communes, à charge pour elles de nommer et de payer à cet effet un conservateur et de répondre de tous les volumes mis à leur disposition. Par là, les citoyens ne seraient pas privés d'un moyen facile et gratuit d'instruction. Ils seraient même intéressés à veiller avec soin sur ce dépôt des connaissances ouvert à chacun d'eux et l'on trouverait au besoin dans ce dépôt tout ce que le gouvernement jugerait nécessaire aux autres établissements d'instruction publique. » Rapport préliminaire au décret du 8 pluviôse an XI cité *in* H. RICHARD, *op. cit.*, p. 66.
[738] *Ibid.*, p. 68 s.

Conclusion du chapitre 2

310. L'action territoriale étatique dans le domaine culturel contribue, à partir de la Révolution française, à la régénération de la société et à l'établissement d'un lien de type horizontal entre les individus, en plus du lien de type vertical dont la mise en place a débuté précédemment. Les domaines linguistique et patrimonial sont privilégiés dans le cadre de cette action, car ils apparaissent comme une forme d'expression identitaire[739].

311. L'instrumentalisation de la langue passe dans un premier temps par la reconnaissance des idiomes locaux afin de créer une unité autour du projet révolutionnaire. Cette utilisation pragmatique et fonctionnelle de ces derniers est rapidement remplacée par une velléité d'uniformité linguistique conforme à l'idée d'unité qui prévaut alors.

312. L'invention du patrimoine national est l'une des figures les plus représentatives de l'action de l'État dans le domaine culturel au service de la régénération de la société. Il en favorise dans cette perspective l'accès et la diffusion sur l'ensemble du territoire national en s'appuyant sur les nouveaux découpages administratifs, ce qui contribue à la consécration de ces derniers. Il est peut-être possible de considérer que l'action étatique en matière théâtrale relève du même processus, même si ce fut un échec. Par les décrets du 8 juin 1806[740] et le règlement du 25 avril 1807[741], Napoléon a en ce sens créé un statut du théâtre provincial, marqué certes par une volonté centralisatrice et autoritaire[742]. La France était alors divisée en 18 arrondissements parcourus par des troupes officielles.

---

[739] J.-M. PONTIER, « La décentralisation culturelle et la loi du 13 août 2004 », *RFDA*, 2005, p. 703. A propos de l'expression identitaire locale du patrimoine. V. en ce sens au-delà des seuls exemples français l'ouvrage au titre significatif : L. S. FOURNIER, D. CROZAT, C. BERNIE-BOISSARD, C. CHASTANIER, *Patrimoine et désir d'identité*, L'Harmattan, 2012.

[740] M. VIVIEN, M. EDMOND BLANC, *Traité de la législation des théâtres*, Brissot-Thivars éditeur, 2e éd., 1830, p. 359 s.

[741] *Ibid.*, p. 362 s.

[742] J. LANG, *L'État et le théâtre*, LGDJ, Bibliothèque de droit public, 1968, p. 234. V. aussi not. : A.-H. MESNARD, « Vers de nouvelles politiques publiques du spectacle vivant ? », *AJDA*, 2004, p. 1691 ; E. WALLON, « Le théâtre et les spectacles », *in* P. POIRRIER (dir.), *Politiques et pratiques de la culture*, La Documentation française, 2010, p. 113 s. ; A. VIALA, *Histoire du théâtre*, PUF, Que sais-je ?, 2e éd., 2010, p. 81 s.

Conclusion du titre 1

313. L'action territoriale du pouvoir dans certains domaines qualifiés aujourd'hui de culturels est bien plus ancienne que ne le laissent penser certaines études à son propos. Elle se réalise alors dans le cadre de la strate classique marquée par l'érection de la société par l'État, autour de l'État et selon le modèle de l'État.

314. D'abord le fait des seigneurs, dans la société féodale, elle est peu à peu centralisée par le roi à mesure que se renforce son autorité, puis par l'État suite à son apparition. L'action culturelle territoriale contribue donc à la création de l'État qu'elle favorise et dont elle atteste, par la concrétisation, la protection et l'exaltation de celui-ci. Elle participe en effet dès son origine au renforcement du lien vertical établi avec les individus, d'abord de façon spontanée puis instrumentalisée qu'il s'agisse du domaine de la langue, des archives, du mécénat ou de la censure.

315. La Révolution française, malgré une certaine continuité liée à la centralisation administrative, assigne à l'action culturelle territoriale, spécialement à la langue et au patrimoine, un rôle nouveau et complémentaire du premier. Ainsi, elle doit participer à la régénération de la société post-révolutionnaire et à la création de la Nation en établissant un lien social et politique de type horizontal. Pour ce faire, l'État utilise comme précédemment essentiellement sa fonction de police, réglementant par exemple l'usage du français ou la protection du patrimoine culturel. Il développe néanmoins peu à peu sa fonction de prestation, favorisant alors par la diffusion et l'accès au patrimoine sur l'ensemble du territoire par le biais de la création d'institutions culturelles symboliques comme les musées, les bibliothèques.

316. En définitive, il apparaît bien que l'action culturelle territoriale participe à la construction et au maintien de l'État moderne.

317. Le développement progressif de l'État-providence conduit celui-ci à donner une dimension supplémentaire à son action culturelle territoriale à savoir satisfaire les aspects culturels de l'intérêt général.

TITRE 2 : L'ACTION TERRITORIALE DE L'ÉTAT CULTUREL

318. L'État culturel, en tant que figure de l'État-providence, tend à satisfaire les aspects culturels de l'intérêt général et particulièrement l'objectif de démocratisation culturelle.

319. L'action de l'État dans la strate contemporaine vise non seulement à « [...] assurer la cohésion des citoyens et donc se renforcer lui-même (État-tisserand) », mais aussi « à répondre aux intérêts particuliers des hommes concrets, vivant et agissant dans le cadre de la société civile (État-berger) [...] »[743]. C'est dans cette perspective que l'État, à partir de la seconde moitié du XIXe siècle, se donne pour rôle d'attribuer un « maximum de « bien-être » à la population, de par ses interventions dans tous les domaines de la vie économique et sociale »[744] ; bien que celles-ci ne se généralisent véritablement qu'à l'issue du second conflit mondial. Ainsi, l'État, État-providence, « [...] n'est plus perçu seulement comme une autorité majestueuse, chargée de veiller au maintien des équilibres globaux : désormais érigé en tuteur de la collectivité et en protecteur de chacun, il est censé être investi de la mission, et doté de la capacité, de répondre à l'ensemble des demandes, de satisfaire les besoins de tous ordres des individus et des groupes [...] »[745]. Le corps social demeure néanmoins dans cet objectif appréhendé dans son unité et les individus qui le composent traités à égalité selon le principe de l'universalisme républicain[746]. C'est dans ce contexte que le préambule de la Constitution de 1946 reconnaît que « la Nation garantit l'égal accès de l'enfant et de l'adulte à l'instruction, à la formation professionnelle et à la culture. [...] »[747] et qu'est progressivement consacrée l'existence d'un service public culturel[748].

320. L'État culturel n'a alors pas seulement « pour fonction de conserver les biens culturels du passé, mais aussi veiller à l'art vivant et de mettre les œuvres culturelles à disposition du plus grand nombre ; et il entend corrélativement agir sur les pratiques culturelles »[749].

---

743 J.-A. MAZERES, « Essai d'analyse archéologique de la décentralisation », *Cahiers de L.E.R.A.S.S*, octobre 1990, n° 21, p. 104.
744 O. BUI-XUAN, *Le droit public français entre universalisme et différencialisme*, Economica, 2004, p. 58.
745 J. CHEVALLIER, *Science administrative*, PUF, Thémis droit, 4e éd., 2007, p. 166.
746 V. not : O. BUI-XUAN, *Le droit public français entre universalisme et différencialisme, op. cit.*, p. 59.
747 Alinéa 13, Préambule de la Constitution du 27 octobre 1946.
748 Cf. *infra*.
749 J. CHEVALLIER, *Science administrative, op. cit.*, p. 177.

321. Aussi, l'État culturel se concrétise par la mise en place d'un ministère « en charge des affaires culturelles », dont l'existence est toujours controversée[750], et un renouveau des actions culturelles territoriales.

322. La création du ministère de la Culture en 1959, considérée comme une véritable rupture esthétique, institutionnelle et fonctionnelle[751], est le fruit d'une longue évolution[752]. L'autonomie d'un ministère chargé des affaires culturelles par rapport au ministère de l'Éducation nationale témoigne d'une rupture dans la conception tant de la culture – initialement réduite aux beaux-arts – que du rôle qui lui est attribué. Instrument de représentation de l'État et d'instruction publique[753] à l'origine, elle contribue désormais également au « bien-être » des individus. Cette évolution apparaît alors comme symptomatique du passage de l'État gendarme à l'État -providence.

---

[750] V not. (y compris dans la contestation de sa dimension territoriale) : J.-M. PONTIER, « Ministère de la culture : inutilité, nécessité ? », *AJDA*, 2009, p. 634 s. ; A. QUENTIN, « L'État a-t-il perdu toute sa capacité d'influence ? », *La scène*, 2015, n° 77, p. 68 s. ; E. WALLON, « Avis de turbulences pour les politiques culturelles territoriales », *Nectart*, 2015, n° 1, p. 69 s. ; E. NEGRIER, « Le pire n'est pas sûr », *Nectart*, 2015, n° 1, p. 78 s. ; E. ETHIS, F. LEXTRAIT (coord.), Dossier : « Politique culturelle : l'État peut-il encore inventer ? », *Nectart*, 2017, n° 4, p. 36 s.

[751] V. ex. : J. R. PELLAS, *Droit de la culture*, LGDJ, Systèmes, 2015, p. 29. Si cela justifie la place importante du ministère de la culture dans l'étude, il ne saurait en être déduit que ce dernier est le seul à intervenir dans le domaine culturel, notamment du fait de la contractualisation (cf. *infra*). Au-delà de cette hypothèse de contractualisation, les autres ministères agissent également en ce domaine. Pour un exemple récent, v. : Arrêté du 6 avril 2018 portant organisation de la direction des patrimoines, de la mémoire et des archives, *JO*, 14 avril 2018, texte n° 11.

[752] Trois tentatives d'autonomisations sont à relevées : Création d'un ministère des beaux-arts du 2 janvier au 14 mai 1870, puis du ministère des lettres, des sciences et beaux-arts jusqu'au 23 août 1870 confiés à Maurice Richard ; mise en place sous le Gouvernement Gambetta, du 14 novembre 1881 au 26 janvier 1882, un ministère des Arts, confié à Antoine Proust ; nomination de Pierre Bourdan le 22 janvier 1947 à la tête du ministère de la jeunesse, des arts et des lettres chargé des services de l'information. Nous renvoyons sur ce point aux études à ce propos. V. not. : V. DUBOIS, « L'art et l'État au début de la IIIe République, ou les conditions d'impossibilité de la mise en forme d'une politique », *Genèses*, 1996, n° 23, p. 6 s. ; J.-L. BODIGUEL, *L'implantation du ministère de la culture en région : naissance et développement des directions régionales des affaires culturelles*, La Documentation française, Comité d'Histoire du ministère de la culture, 2000, p. 17 s. ; V. DUBOIS, « Le ministère des arts (1881-1882) ou l'institutionnalisation manquée d'une politique artistique républicaine », *Sociétés & Représentations*, 2001, n° 11, p. 229 s. ; P. POIRRIER, *L'État et la Culture en France au XXe siècle,* Le Livre Poche « Références inédit », 2009, p. 16 s. ; P. POIRRIER, « La construction historique de l'État culturel », *in* P. POIRRIER (dir.), *Politiques et pratiques de la culture*, La Documentation française, 2010, p. 9 s. ; M. DARDY-CRETIN, *Histoire administrative du ministère de la culture, 1959-2012*, La Documentation française, 2012, p. 223 s.

[753] Cf. *supra*.

323. Le décret du 3 février 1959[754] confie à A. Malraux, nommé ministre d'État chargé des affaires culturelles par le décret du 22 juillet 1959, certaines attributions dévolues jusqu'alors au ministre de l'Éducation nationale – direction générale des arts et des lettres, direction de l'architecture, direction des archives de France et « les éléments des services du Haut-commissariat à la jeunesse et aux sports chargés des activités culturelles »[755] – et au ministre de l'Industrie et du Commerce – « en ce qui concerne le centre national de la cinématographie »[756]. Les missions du ministère sont précisées par le décret du 24 juillet 1959. Ce dernier est chargé de « rendre accessibles les œuvres capitales de l'humanité, et d'abord de la France, au plus grand nombre possible de Français ; d'assurer la plus vaste audience à notre patrimoine culturel, et de favoriser la création des œuvres de l'art et de l'esprit qui l'enrichissent »[757]. Ces missions, notamment de démocratisation culturelle et de soutien à la création artistique, ainsi élargies au-delà de la gestion d'une politique des « beaux-arts »,[758] évoluent progressivement. Cela implique alors des modifications de l'organisation du ministère[759] et de manière concomitante la mise en place d'une véritable action culturelle territoriale étatique, pensée à partir et en fonction des territoires, dans un souci de proximité et d'efficacité.

324. L'action territoriale de l'État culturel semble pouvoir avoir une acception duale.

325. L'action culturelle territoriale étatique *stricto sensu* recouvre depuis la création du ministère deux politiques complémentaires distinctes : implantation régionale et pilotage de services déconcentrés, et contractualisation de l'État avec les collectivités territoriales. Celles-ci, concomitantes et complémentaires, permettent *a priori* d'une part d'adapter les normes juridiques aux situations locales particulières et d'autre part de garantir sur tout le territoire l'autorité de l'État culturel.

326. Dans un sens plus large peut être incluse comme action territoriale de l'État, la décentralisation dans le domaine culturel. En effet, celle-ci est

---

[754] Décret n° 59-212 du 3 février 1959 relatif aux attributions d'un ministre d'État, *JO*, 4 février 1959, p. 1556.

[755] Article 1, Décret n° 59-212 du 3 février 1959 relatif aux attributions d'un ministre d'État, *JO*, 4 février 1959, p. 1556.

[756] Article 2, Décret n° 59-212 du 3 février 1959, *ibid.*

[757] Décret n° 59-889 du 24 juillet 1959 portant organisation du ministère charge des affaires culturelles, *JO*, 26 juillet 1959, p. 7413.

[758] V. not. P. POIRRIER, *L'État et la Culture en France au XXe siècle, op. cit.*, p. 73 s. ; J.-R. PELLAS, *Droit de la culture, op. cit.*, p. 23 s.

[759] Pour une vision d'ensemble de cette évolution v. not. M. DARDY-CRETIN, *op. cit.*, p. 22 à 34 et les schémas p. 36 à 46.

communément considérée, selon la formule du Doyen M. Hauriou, comme « une manière d'être de l'État »[760].

327. Le décentrement progressif de l'État culturel – entendu « comme un programme tendant à repenser, du moins en partie, l'échafaudage étatique depuis les territoires et leur diversité »[761] – peut alors être envisagé dans une double perspective, l'une et l'autre marquées par la logique managériale caractéristique de la strate contemporaine.

328. Il résulte d'un point de vue organisationnel de la déconcentration et de la décentralisation utilisées dans le domaine culturel[762] (chapitre 1). Il découle ensuite de la collaboration des collectivités territoriales à la politique culturelle étatique : coopération et contrôle de la décentralisation dans le domaine culturel. Ces dernières garantissent en effet à l'État de conserver une influence importante dans l'élaboration des politiques culturelles territoriales, et dans les actions conséquentes (chapitre 2).

---

[760] « Au point de vue du droit, la décentralisation est une manière d'être de l'État caractérisée par ce fait que l'État se résout en un certain nombre de personnes administratives, qui ont la jouissance de droits de puissance publique et qui assurent le fonctionnement des services publics en exerçant ces droits, c'est-à-dire en faisant des actes d'administration ». M. HAURIOU, « Décentralisation », *Répertoire administratif Béquet*, Paris, éd. Dupont, 1892, p. 482.

[761] J. CAILLOSSE, *L'État du droit administratif*, LGDJ, Droit et société, 2015, n° 56, p. 207. Sur ce point v. aussi J. CAILLOSSE, « Retour sur le couple décentralisation et déconcentration », *Pouvoirs locaux*, 2013, n° 98, p. 61 s.

[762] Le Professeur P. Gonod utilise l'expression de « décentration » du pouvoir » plutôt que celle du « décentrement organisationel », pour désigner les trois mouvements que sont la décentralisation, la déconcentration et la délocalisation. P. GONOD, *Droit administratif général*, Dalloz, Les mémentos Dalloz, 2018, p. 36.

Chapitre 1 : Le décentrement organisationnel de l'État culturel

329. Le décentrement organisationnel de l'État culturel passe par l'utilisation de la déconcentration et de la décentralisation, modes d'organisation administrative de l'État, dans le domaine culturel. L'une et l'autre lui permettent en effet d'adapter son action aux territoires et à leurs diversités.

330. Depuis sa création, le ministère de la Culture a développé et structuré ses services centraux et territoriaux dans un souci de proximité et d'efficacité. Les rapports entre ces derniers ont évolué, « ancrées naguère dans une logique ministérielle, verticale et centralisatrice, les diverses administrations ont été bouleversées par la décentralisation et appelées à entrer dans un processus de fonctionnement interministériel, horizontal et déconcentré »[763]. Cette nouvelle conception résulte d'une double démarche ; d'abord l'existence d'un vrai ministère est subordonnée à trois conditions – la présence de services à diriger et d'un réseau territorial transversal, un budget propre et du personnel – ensuite, le changement du mode de fonctionnement de l'État avec la mise en place d'une administration plus proche des citoyens[764]. En effet, si « on peut gouverner de loin, on n'administre bien que de près »[765]. Or, la déconcentration consiste bien à transférer au sein d'une même personne morale, ici l'État, des pouvoirs détenus par les autorités les plus élevées à des agents placés au-dessous de ces autorités à l'échelon local, et soumis au pouvoir hiérarchique[766]. Les agents sont ainsi dans un lien de dépendance à

---

[763] J.-L. BODIGUEL, *L'implantation du ministère de la culture en région [...], op. cit.*, p. 10.

[764] J.-L. BODIGUEL, « Naissance et affirmation des directions régionales des affaires culturelles », *in* P. POIRRIER, J.-P. RIOUX, *Affaires culturelles et territoires*, La Documentation française, 2000, p. 22. Dans le même sens v. not. : J.-L. BODIGUEL, *L'implantation du ministère de la culture en région [...], op. cit.*, p. 16 et 31 ; E. NEGRIER, P. TEILLET, « La réforme de l'État culturel local. Reconcentration instrumentale ou « contrôle orienté » ? » *in* J. AUST, C. CRESPY, R. EPSTEIN, H. REIGNIER (coord.) « L'État et ses territoires », *Sciences de la société*, 2014, n° 90, p. 79 et 80.

[765] V. F DE PERSIGNY, ministre de l'Intérieur, Rapport au Prince-président sur le décret du 25 mars 1852 renforçant le pouvoir des préfets.

[766] Cette définition est communément admise dans des termes similaires. V. not. : J. BOURDON, J.-M. PONTIER, J.-C. RICCI, *Droit des collectivités territoriales*, PUF, Thémis droit, 1987, p. 24 ; R. CHAPUS, *Droit administratif général*, Domat, 2001, p. 391 ; J.-B. AUBY, *La décentralisation et le droit*, LGDJ, Systèmes, 2006, p. 20 ; M. VERPEAUX, *Droit des collectivités territoriales*, 2e éd., 2008, p. XXV ; J. MORAND-DEVILLER, *Droit administratif*, Montchrestien, 11e éd., 2009, p. 185 ; C. GUETTIER, *Institutions administratives*, Dalloz, Cours, 5e éd., 2010, p. 307 ; J. CAILLOSSE, « « Les principes généraux » de l'organisation administrative », *in* P. GONOD, F. MELLERAY, P. YOLKA, *Traité de droit administratif*, T. 1, Dalloz, 2011, p. 167 s. ; D. MAILLARD DESGREES DU LOU, *Institutions administratives*, Thémis, Droit, 2011, p. 140 ; O. GOHIN,

l'égard du pouvoir central et en constituent un relais en vue de garantir une meilleure efficacité de ses décisions. Elle a donc pour objectif de rapprocher l'action administrative des citoyens sans en confier la responsabilité aux collectivités territoriales. La déconcentration apparaît alors comme « une modalité d'aménagement de la centralisation »[767]. Néanmoins, si la déconcentration permet de garantir une unité d'action nécessaire, la reconnaissance d'un pouvoir autonome d'initiative est indispensable afin de garantir leur adéquation aux situations locales. La déconcentration n'a dans le cas contraire aucun sens[768]. Dans cette perspective, la déconcentration culturelle correspond à l'implantation régionale de services déconcentrés, constitutifs de « l'administration relayée de la culture »[769], et à leur pilotage. Pour l'édification de « l'État de proximité »[770] dans le domaine culturel sont recherchées dès l'origine les modalités d'action les plus efficaces, lesquelles relèvent pour partie originellement de considérations économiques. Néanmoins, le maintien discuté de ces structures, ministérielle et déconcentrées, alors que se développe une logique de renforcement de la décentralisation[771] et une logique d'inspiration libérale – tendant à vouloir confier essentiellement à l'initiative et aux financements privés des actions culturelles – témoigne de la volonté de l'État de conserver une place essentielle dans ce domaine y compris au niveau territorial.

J.-G. SORBARA, *Institutions administratives*, LGDJ, Manuel, 6e éd., 2012, p. 109 s. ; P. SERRAND, *Manuel d'institutions administratives françaises*, PUF, Droit fondamental, 4e éd., 2012, p. 122 ; Y. GAUDEMET, *Droit administratif*, LGDJ, Manuel, 21e éd., 2015, p. 212 s. ; J. WALINE, *Droit administratif*, Dalloz, 26e éd., 2016, p. 50 et 88 ; D. TRUCHET, *Droit administratif*, PUF, Thémis droit, 7e éd., 2017, p. 70 ; M.-C. ROUAULT, *Droit administratif et institutions administratives*, Bruylant, Paradigme, 4e éd., 2017, p. 118 s ; P.-L. FRIER, J. PETIT ; *Droit administratif*, LGDJ, Précis Domat, 11e éd, 2017, p. 140 et 166 s.

767 O. GOHIN, J.-G. SORBARA, *op. cit.*, p. 109. À cet égard le Doyen M. Hauriou écrivait déjà s'agissant des décrets du Second Empire : « On a dit avec juste raison que c'était de la déconcentration [...], c'est-à-dire que le pouvoir central se répartissait géographiquement d'une façon nouvelle, mais que c'était toujours le pouvoir central ». M. HAURIOU, « Décentralisation », *op. cit.*, p. 474, n° 22.

768 J.-B. AUBY, *La décentralisation et le droit*, *op. cit.*, p. 20. V. dans le même sens : J. CAILLOSSE, « « Les principes généraux » de l'organisation administrative », *op. cit.*, p. 171.

769 K.-H. VOIZARD, *L'État culturel et le droit*, *op. cit.*, p. 424.

770 Expression utilisée par J.-M. Pontier. J.-M. PONTIER, « L'État de proximité : quel rôle pour la déconcentration ? », *in* P.-Y. CHICOT (dir.), *Décentralisation et proximité. Territorialisation et efficacité de l'action publique locale*, Dalloz, 2013, p. 28.

771 Sur le développement de ces logiques et sur l'impact sur la nécessité d'un ministère des affaires culturelles et de services déconcentrés v. not. P. MARTIN-LALANDE, *Avis présenté au nom de la commission des affaires culturelles, familiales et sociales sur le projet de loi de finances pour 1999*, 8 octobre 1998, n° 1112, [en ligne].

331. L'existence de la décentralisation culturelle semble aujourd'hui largement admise. Elle trouve cependant dans les études à son sujet une pluralité d'acceptions, renvoyant à des réalités très différentes. Celles-ci semblent trouver leurs sources dans les notions mêmes auxquelles elles renvoient, culture et décentralisation. Une telle perspective permet d'abord de constater l'influence du développement de la notion incertaine de décentralisation culturelle sur le concept de décentralisation et sur son contenu. Elle conduit ensuite à remettre en cause l'existence même de la décentralisation culturelle. Cette inexistence traduit la singularité de la compétence culturelle qui ne saurait être, du fait d'un choix politique, entièrement décentralisée. Néanmoins, la décentralisation de certaines compétences relevant du domaine culturel est patente.

332. Décentralisation (section 2) et déconcentration (section 1), constitutives du décentrement de l'État dans le domaine culturel, doivent donc être successivement analysées.

Section 1 : La nécessaire déconcentration dans le domaine culturel

333. Dans le domaine culturel, l'État profite, par pragmatisme, des « circonscriptions d'action régionale »[772] conçues aux fins de développement économique pour « tenter d'harmoniser les circonscriptions administratives de ses services extérieurs dans le cadre régional »[773]. Cette rationalisation est nécessitée par la volonté, dans un souci d'efficacité, de lier le ministère à ce « qui en était le plus éloigné : les plans quinquennaux de modernisation économique et sociale »[774]. Selon A. Malraux : « C'est dans le plan de modernisation nationale et dans ce plan seulement que l'on peut concevoir un développement véritable et durable des affaires culturelles. Il n'y avait pas jusqu'à maintenant de politique culturelle, parce qu'il avait toujours été impossible, [...] de poursuivre une action culturelle d'une année sur l'autre ; désormais, l'autonomie du budget des affaires culturelles et son inscription dans un plan de cinq ans permettent de travailler dans la continuité »[775].

---

[772] Les régions de programme sont créées par l'arrêté ministériel du 28 octobre 1956 dans le cadre du 3e plan en application du décret du 30 juin 1955. V. M. VERPEAUX, L. JANICOT, *Droit des collectivités territoriales*, PUF, 3e éd., 2015, p. 60 (sur le début du régionalisme v. p. 55).

[773] M. VERPEAUX, L. JANICOT, *Droit des collectivités territoriales*, PUF, 3e éd., 2015, p. 61.

[774] A. GIRARD, « Les politiques culturelle d'André Malraux à Jack Lang : histoire d'une modernisation » *in* G. SAEZ (dir.), *Institutions et vie culturelles*, La Documentation française, 2e éd., 2005, p. 14.

[775] *Ibid.*, p. 14.

334. Ainsi, c'est la volonté de rationaliser les services extérieurs rattachés au nouveau ministère de la Culture, afin de pouvoir mettre en œuvre la planification étatique dans un contexte de « nouvelle grammaire d'action publique » [776], qui implique initialement la mise en place des directions régionales des affaires culturelles (DRAC), lesquelles jouent encore aujourd'hui un rôle singulier dans l'action culturelle locale (§2). La situation antérieure à l'apparition des directions régionales doit néanmoins au préalable être sommairement évoquée (§1).

§1 : Les facteurs à l'origine de la déconcentration culturelle

335. La nécessité de mettre en place les DRAC résulte de deux facteurs complémentaires. D'une part, avant l'apparition des DRAC existe sur le territoire une multitude de services culturels extérieurs qui bien que rattachés pour partie au nouveau ministère des Affaires culturelles correspondent à « des services extérieurs d'administration centrale, plutôt que des services extérieurs de ministère »[777]. Non coordonnés et ignorants des services préfectoraux, ils étaient loin d'être déconcentrés (A). D'autre part, la nouvelle grammaire d'action publique du début des années 1960 entraîne pour le ministère des Affaires culturelles de nouvelles opportunités et contraintes nécessitant une rationalisation des services extérieurs (B).

A) Des services extérieurs divers et non coordonnés

336. Lors de sa création, le ministère des Affaires culturelles n'échappe pas au constat selon lequel, à la fin des années 1950, de nombreux ministères, comme le ministère des Finances ou encore le ministère de la Justice, sont en réalité composés d'une juxtaposition de services centraux ayant des prolongements territoriaux[778]. En effet, les directions du ministère, composées de services anciens[779], sont représentées sur le territoire par différents services extérieurs, « disparates quant à leur statut et leur niveau d'implantation et

---

[776] Expression utilisée par E. Négrier et P. Tellier *in* E. NEGRIER, P. TEILLET, « La réforme de l'État culturel local. Reconcentration instrumentale ou « contrôle orienté » ? », *op. cit.*, p. 79.

[777] Expression utilisée par J.-L. Bodiguel, J.-L. BODIGUEL, *L'implantation du ministère de la culture en région [...]*, *op. cit.*, p. 23.

[778] V. sur ce point les analyses de l'évolution des services déconcentrés not. : O. DIEDERICHS, I. LUBEN, *La déconcentration*, PUF, Que sais-je ?, 1995, not. p. 10 à 18 ; S. VERCLYTTE, *La déconcentration en France. Histoire et actualité*, La Documentation française, Rapport d'étude, 1997, not. p. 18 à 20 ; J.-B. ALBERTINI, *La déconcentration. L'administration territoriale dans la réforme de l'État*, Economica, 1997, p. 27 ; A. LARANGE, *La déconcentration*, LGDJ, Politiques locales, 2000, not. p. 7 s. ; J.-L. BODIGUEL, *L'implantation du ministère de la culture en région : [...]*, *op. cit.*, p. 23 s.

[779] V. not. *supra* chapitre 1 et les annexes 2 à 5 dans M. DARDY-CRETIN, *op. cit.*, p. 225 à 234.

inégaux quant à leurs moyens et personnels »[780]. Il n'existe donc pas de service culturel extérieur à compétence globale[781]. Il s'agit du service d'archives départementales[782], des agences des bâtiments de France[783], des directions régionales des antiquités préhistoriques et historiques[784], des délégations régionales du centre national de cinématographie[785] et des conservations des bâtiments de France[786]. À côté de ces services, il existe un deuxième « type » de services qualifiés d'extérieurs. Il s'agit de services à compétence nationale soit multiples, les musées nationaux[787] progressivement acquis par l'État, soit uniques « comme le Laboratoire national des lettres, l'Administration générale du mobilier national et des manufactures nationales des Gobelins et de Beauvais [...] l'Opéra, le théâtre national de la Comédie-Française et les écoles nationales [...] »[788].

337. Par ailleurs, la disparité des services extérieurs en matière culturelle est accentuée du fait que certains de ces services ne sont pas rattachés au ministère des Affaires culturelles lors de sa création. C'est spécialement le cas

---

780 J.-L. BODIGUEL, *L'implantation du ministère de la culture en région : [...], op. cit.*, p. 39 s.

781 A.-H. MESNARD, *Droit et politique de la culture*, Paris, PUF, 1990, p. 273 ; A.-C. MOSSU-GROUAZEL, *La déconcentration de la politique culturelle de l'État dans un contexte de décentralisation. Contribution à l'étude d'une administration déconcentrée : les directions régionales des affaires culturelles*, Thèse Université de Nantes, 1997, p. 272 à 274 ; J.-L. BODIGUEL, *L'implantation du ministère de la culture en région : [...], op. cit.*, p. 39 s. ; J.-L. BODIGUEL, « Naissance et affirmation des directions régionales des affaires culturelles », *op. cit.*, p. 21 et 22 ; M. DARDY-CRETIN, *op. cit.*, p. 124 s.

782 Cf. *supra* chapitre 1.

783 Agences mises en place pour alléger la tâche des architectes en chef des monuments historiques. Création par le décret n° 46-272 du 21 février 1946 portant organisation d'agences des bâtiments de France pour l'entretien des bâtiments civils et palais nationaux, *JO*, 22 février 1946, p. 1578. J.-L. BODIGUEL, *L'implantation du ministère de la culture en région : [...], op. cit.*, p. 39.

784 Directions régionales des antiquités créées par le décret n° 45-2098 du 13 septembre 1945 portant application de la loi du 27 septembre 1941 sur la réglementation des fouilles archéologiques, *JO*, 14 septembre 1945, p. 5756. V. not. sur cette question : A.-C. MOSSU-GROUAZEL, *op. cit.*, p. 140 ; J.-L. BODIGUEL, *L'implantation du ministère de la culture en région : [...], op. cit.*, p. 40 et 41.

785 Loi n° 46-2360 du 25 octobre 1946, Création du Centre national de la cinématographie, *JO*, 26 octobre 1946, p. 9070.

786 V. sur ce point : J.-L. BODIGUEL, *L'implantation du ministère de la culture en région : [...], op. cit.*, p. 40.

787 Ordonnance n° 45-1546 du 13 juillet 1945 portant organisation provisoire des musées des beaux-arts, *JO*, 14 juillet 1945, p. 4342 s.

788 J.-L. BODIGUEL, *L'implantation du ministère de la culture en région : [...], op. cit.*, p. 39.

des Bibliothèques Centrales de prêt, instituées à l'échelle départementale, qui demeurent rattachées au ministère de l'Éducation nationale[789].

338. En plus d'être diversifiés et disparates, les services extérieurs en matière culturelle ne sont pas coordonnés et ignorent largement les services préfectoraux ; ce qui renforce la conception de verticalité. Par ailleurs, se développe une nouvelle grammaire d'action publique qui participe de la nécessité de la déconcentration dans le domaine culturel.

B) Le contexte d'une nouvelle grammaire d'action publique

339. L'ensemble des auteurs s'accorde sur l'importance de l'apparition d'une nouvelle grammaire d'action publique au début des années 1960 dans la lente mise en place des directions régionales des affaires culturelles. Aussi, sans revenir en détail sur l'évolution de l'administration française[790], c'est ce contexte particulier qu'il convient de présenter.

340. Au lendemain de la Seconde Guerre mondiale, est mise en place la planification qui traduit « la volonté des autorités publiques de maîtriser à moyen terme le développement du pays »[791]. Une telle démarche implique dès le début de la Vème République une certaine « régionalisation »[792] du plan et impose alors une restructuration progressive des services notamment régionaux de l'État. Il a pu alors être affirmé que « pour faire face à des tâches croissantes ; l'État se trouve à intervenir sous les formes les plus diverses dans la vie du pays [...] ; il le fait aussi dans des prévisions à long terme ; [...] ; tout en, restant par définition un programme de caractère national, le plan doit, de plus en plus, tenir compte des besoins particuliers aux régions de la France [...] devant cette politique, l'adaptation [...] des structures administratives s'impose [...] »[793].

---

[789] Ordonnance n° 45-2678 du 2 novembre 1945 création d'une bibliothèque centrale de prêt dans certains départements, *JO*, 4 novembre 1945, p. 7241.

[790] V. sur ce point les analyses de l'évolution des services déconcentrés not. : O. DIEDERICHS, I. LUBEN, *op. cit.*, not. p. 10 à 18 ; S. VERCLYTTE, *op. cit.*, not. p. 21 s. ; A. LARANGE, *op. cit.*, not. p. 12 s. ; E. MARCOVICI, « L'acte 5 de la déconcentration ou la nécessaire métropolisation de l'action de l'État dans les territoires », *JCP A,* 2015, 2020.

[791] J.-M. PONTIER, *Les contrats de plan entre l'État et les régions*, PUF, Que sais-je ?, 1998, p. 7.

[792] Les circonscriptions d'action régionale ont été créées par le décret n° 60-516 du 2 juin 1960 portant harmonisation des circonscriptions administratives, *JO*, 3 juin 1960, p. 5007.

[793] Rapport de présentation des décrets du 14 mars 1964, *JO*, 20 mars 1964, §1 et 2, p. 2587.

341. Ainsi, une importante réforme administrative a lieu. Celle-ci est mise en œuvre par trois décrets du 14 mars 1964[794]. Sont alors affirmés un certain nombre de principes, lesquels vont également inspirer les réformes postérieures. Selon le rapport de présentation de ces décrets, l'objectif visé est « de simplifier et de coordonner l'action administrative, de faire descendre, autant qu'il est possible de Paris vers la province l'autorité et la responsabilité, et d'associer les administrés à l'action administrative »[795]. Il s'agit en réalité, comme au niveau national, de concentrer l'autorité dans les mains d'un seul[796]. Les pouvoirs du préfet sont alors indéniablement renforcés dans le souci d'une meilleure coordination locale. En effet, cette dernière est présentée comme la condition indispensable à une délégation de pouvoir accrue. À cet égard, l'article 1 du décret relatif aux pouvoirs des préfets, à l'organisation des services de l'État dans les départements et à la déconcentration administrative fait du préfet le « dépositaire dans le département de l'autorité de l'État » et le « délégué du Gouvernement et le représentant direct de chacun des ministres »[797]. L'article 2 précise que « sous l'autorité des ministres compétents, le préfet anime et coordonne les services départementaux des administrations civiles de l'État, et assure la direction générale de l'activité des fonctionnaires de ces services »[798]. Chacun d'entre eux est alors invité à réorganiser ses services départementaux en vertu de l'article 13 de ce même décret, dans la même perspective de préparation des mesures de déconcentrations envisagées.

342. Le deuxième décret[799] du 14 mars 1964 crée les préfets de région. Ces derniers viennent remplacer les préfets coordonnateurs institués par le décret du 7 juin 1959[800]. Les préfets de région sont les préfets des départements

---

[794] Décret n° 64–250 relatif aux pouvoirs des préfets, à l'organisation des services de l'État dans les départements et à la déconcentration administrative, *JO*, 20 mars 1964, p. 2588 s. ; Décret n° 64-251 relatif à l'organisation des services de l'État dans les circonscriptions d'actions régionales, *JO*, 20 mars 1964, p. 2590 s. ; Décret n° 64-252 portant création de commissions de développement économique régional, *JO*, 20 mars 1964, p. 2591 s.

[795] Rapport de présentation des décrets du 14 mars 1964, §7, *op. cit.*

[796] S. VERCLYTTE, *op. cit.*, not. p. 21.

[797] Décret n° 64-250 du 14 mars 1964 relatif aux pouvoirs des préfets, à l'organisation des services de l'État dans les départements et à la déconcentration administrative, *op. cit.*

[798] L'article 4 de ce même décret prévoit que certaines compétences relevant de la justice, de l'Éducation nationale, des finances, et du ministère du Travail sont exclues du champ d'application de cet article.

[799] Décret n° 64-251 relatif à l'organisation des services de l'État dans les circonscriptions d'actions régionales, *op. cit.*

[800] Article 2 du décret n° 59-171 du 7 janvier 1959 portant harmonisation des circonscriptions administratives de la France métropolitaine en vue de la mise en œuvre des programmes d'actions régionales, *JO*, 11 janvier 1959, p. 761.

chefs-lieux des circonscriptions régionales créées par le décret du 2 juin 1960[801]. L'article 2 du décret précise que ce dernier a pour mission « de mettre en œuvre la politique du Gouvernement concernant le développement économique et l'aménagement du territoire de sa circonscription. Dans ce domaine il anime et contrôle l'activité des préfets des départements de la région, ainsi que celle des chefs de service, des présidents ou directeurs d'établissements publics et des sociétés d'économie mixte dont l'action s'étend sur plusieurs départements de la circonscription, et qui n'ont pas un caractère national. Il est en outre chargé de contrôler et de coordonner l'activité administrative des services civils de l'État et des établissements publics n'ayant pas un caractère national, dont l'action s'étend sur plusieurs départements de la circonscription [...] »[802]. L'instruction du 24 avril 1964[803] précisant les conditions d'application de ce décret indique cependant que la coordination administrative demeure un objectif « secondaire »[804].

343. Dans cette perspective, l'article 5 du décret prévoit que le préfet de région est chargé, « dans le cadre des directives qui lui sont données par le Gouvernement, de la préparation de la tranche régionale du plan national de développement économique et social ». À cette fin, le préfet de région rassemble les informations et propositions nécessaires, mais dispose également d'un réel pouvoir de décisions. C'est ainsi que l'article 10 prévoit que lui sont transférés « les pouvoirs de décision des chefs de service régionaux relatifs à l'élaboration et à la mise en œuvre des programmes d'équipement public résultant de l'exécution du plan ». Il est précisé dans le même sens que « pour les mêmes matières, les pouvoirs des ministres placés à la tête des administrations civiles de l'État ne peuvent être conférés au niveau de la circonscription régionale qu'au préfet de région ». Enfin, l'article 13 indique que seront précisées ultérieurement les conditions dans lesquelles le préfet de la région « octroie les subventions de l'État aux entreprises implantées ou à implanter dans la circonscription [...] ».

---

801 Décret n° 60-516 du 2 juin 1960 portant harmonisation des circonscriptions administratives, *JO*, 3 juin 1960, p. 5007.

802 Article 2 Décret n° 64-251 relatif à l'organisation des services de l'État dans les circonscriptions d'actions régionales, *op. cit.* L'article 3 de ce même décret prévoit l'exclusion du champ d'application de l'article 2 pour certaines actions relevant des établissements d'enseignement, de l'imposition, de l'inspection de la législation du travail et des modalités d'établissement des statistiques.

803 Instruction présentée par J.-B. Albertini. J.-B. ALBERTINI, *La déconcentration. L'administration territoriale dans la réforme de l'État*, *op. cit.*, p. 28.

804 La création de la Conférence administrative régionale (article 21 du décret 64-251) apparaît cependant comme un important outil de coordination en matière financière pour le préfet de région qui la préside. En effet, pour Alain Larangé, « c'est l'essentiel du dispositif organisationnel déconcentré de gestion des crédits d'investissement de l'État qui s'est mis en place à ce moment » ; les réformes postérieures renforçant l'échelon régional. A. LARANGE, *op. cit.*, p. 13.

344. Du fait de la situation des services extérieurs du ministère et de l'apparition de cette nouvelle grammaire d'action publique, la mise en place d'une structure déconcentrée spécifique s'impose progressivement.

§ 2 : La lente mise en place d'une structure déconcentrée spécifique

345. La planification implique, pour le ministère des Affaires culturelles, une meilleure coordination de ses services extérieurs, celle-ci devant être réalisée dans un sens conforme à la réforme administrative évoquée précédemment. À cet égard, la similitude de la rédaction de l'introduction de la circulaire du 23 février 1963 relative aux conditions de coordination administrative pour la préparation et la mise en œuvre des programmes de caractère culturel se rattachant au plan d'équipement et du *Rapport au Président de la République* des décrets du 14 mars 1964 s'avère particulièrement symptomatique[805]. Dans cette perspective, la création d'une structure spécifique apparaît nécessaire (A). Celle-ci est progressivement déconcentrée (B).

A) Une structure initiale aux objectifs circonstanciés

346. Il est bien établi que le ministère de la Culture a travaillé à l'établissement d'échelons déconcentrés en région dès sa création, à l'origine pour participer à la planification. Dès le début des années 1960, plusieurs simples circulaires successives sont adoptées en ce sens. Le type d'acte utilisé pour la mise en place de ces structures régionales semble témoigner de la difficulté de celle-ci du fait de la réticence et de la résistance de nombreux acteurs.

347. La circulaire du 23 février 1963[806] instaure les comités régionaux des affaires culturelles (CRAC) dans chaque circonscription régionale auprès des préfets coordonnateurs. Ces derniers sont chargés, limitativement, d'examiner et de délibérer sur les questions communes à plusieurs secteurs, dans la mesure où elles se rattachent à la préparation et à la mise en œuvre des plans d'équipement. Ainsi, ces structures ont seulement un rôle de coordination et d'étude, et ce, d'autant plus que la circulaire précise que l'instauration des CRAC et des correspondants permanents ne modifie « en rien les attributions et pouvoirs des chefs de services extérieurs et des directeurs d'établissement »[807]. Dans le même sens, une circulaire du 10 avril 1963

---

[805] Circulaire du 23 février 1963 relative aux conditions de coordination administrative pour la préparation et la mise en œuvre des programmes de caractère culturel se rattachant au plan d'équipement, *JO*, 10 mars 1963, p. 2372. ; Rapport de présentation des décrets du 14 mars 1964, *op. cit.*

[806] Circulaire du 23 février 1963, *op. cit.*

[807] Circulaire du 23 février 1963, *ibid.*, § 6 al. 1.

rappelle que « le développement de l'action régionale qui est à l'origine des attributions de coordination [...] confiées ne saurait avoir pour effet de créer des échelons administratifs supplémentaires »[808].

348. Les comités régionaux des affaires culturelles sont composés collégialement par les représentants locaux de chacun des secteurs du ministère des Affaires culturelles, à l'époque architecture et fouilles, archives, cinéma, création artistique, enseignement artistique, musées, théâtre, musique et action culturelle[809]. Un correspondant permanent, nommé par le ministre, est mis en place. Ce membre particulier doit mettre en place une liaison permanente entre les membres du comité et les préfets coordonnateurs dans les seules matières se rapportant au plan d'équipement[810], établir dans les mêmes limites une liaison permanente avec les différentes directions du ministère[811] et assurer le secrétariat du CRAC, en préparant les ordres du jour, les rapports et les notes destinés au comité[812].

349. Les décrets de 1964 venant renforcer les pouvoirs du préfet[813] soulèvent, dès leur adoption, un certain nombre de difficultés quant au statut et au rôle des correspondants permanents et des CRAC, au regard de leur composition collégiale. La question de son rôle est liée à la présidence de droit du préfet de région sur toutes les commissions administratives dont le ressort excède un département[814]. Cette mesure implique de fait que le CRAC soit présidé par le préfet, ce qui suggèrerait que celui-ci ne doit être considéré que comme une simple commission consultative. De même, la représentation du ministère des Affaires culturelles au sein des conférences administratives régionales dans lesquelles les représentants régionaux de chaque ministère

---

808 Cité *in* P. MARCILLOUX, « Les archivistes et les comités régionaux des affaires culturelles : une occasion manquée ? », *in* M. AUBRY, I. CHAVE, V. DOOM (dir.), *Archives, archivistes, archivistique dans l'Europe du Nord-Ouest du Moyen Âge à nos jours*, Villeneuve d'Ascq, IRHiS, Histoire et littérature de l'Europe du Nord-Ouest, n° 36, 2007.

809 Une circulaire du 23 février 1973 sur l'extension des compétences et l'élargissement de la composition des CRAC étend les compétences des CRAC, par l'adjonction d'actions concertées d'animation et de diffusion culturelles, et en ouvre leur composition aux élus locaux.

810 Circulaire du 23 février 1963, *op. cit.*, §5, 2.

811 *Ibid.*, § 5, 3.

812 *Ibid.*, § 5, 1.

813 Cf. *supra* : Décret n° 64–250 relatif aux pouvoirs des préfets, à l'organisation des services de l'État dans les départements et à la déconcentration administrative, *op. cit.* ; Décret n° 64-251 relatif à l'organisation des services de l'État dans les circonscriptions d'actions régionales, *op. cit.* ; Décret n° 64-252 portant création de commissions de développement économique régional, *op. cit.*

814 Article 14, du Décret n° 64-251 relatif à l'organisation des services de l'État dans les circonscriptions d'actions régionales, *op. cit.*

sont membres de droit s'avère problématique[815]. En effet, si c'est le correspondant permanent qui représente le ministère, il devient une sorte de « chef de service régional », ce qui semble rentrer en contradiction avec l'esprit initial de l'institution[816].

350. Deux circulaires successives viennent alors clarifier le rôle des CRAC et des correspondants permanents[817] en établissant un système binaire, « lorsque le comité travaille à la programmation des équipements culturels, ce qui est la majorité des cas, son « action est animée et suivie dans ses différentes manifestations par le préfet coordonnateur » ». Cependant, « les CRAC doivent pouvoir continuer à jouer le rôle de cellules de réflexion en matière culturelle et se réunir à l'initiative du seul correspondant permanent »[818]. Ces deux circulaires marquent un pas décisif dans la mise en place d'un délégué régional des affaires culturelles et c'est par une circulaire du 23 avril 1966[819] qu'est fixé le statut du correspondant, annonçant les potentialités d'évolution future. Cette dernière précise en effet le rôle des correspondants permanents et leurs relations avec les préfets de région, en tenant compte du rôle des CRAC dans la planification et des contraintes imposées par les décrets de 1964. Les correspondants permanents des affaires culturelles deviennent ainsi les « interlocuteurs principaux » des préfets de région « pour tous les problèmes d'importance régionale » concernant le département des affaires culturelles et sont chargés à ce titre « d'une mission générale de coordination, de liaison et d'étude »[820].

351. Il est cependant réaffirmé que « pour le moment », ce qui permet de supposer une probable évolution future, l'intervention des correspondants permanents « ne doit modifier en rien les attributions et les pouvoirs des chefs de service extérieurs et des directeurs d'établissements [...] tels qu'ils sont définis par les textes en vigueur »[821]. Par ailleurs, il est consacré que le préfet de région préside le CRAC et que le correspondant permanent, du fait de la polyvalence de ses missions relève désormais directement du cabinet du ministre des Affaires culturelles[822] et exerce son activité sous l'autorité du

---

[815] Article 21, du Décret n° 64-251, *ibid.*

[816] Sur ces différents points en particulier voir not. : P. MARCILLOUX, *op. cit.*

[817] Circulaire au préfet de région sur le rôle des comités régionaux des affaires culturelles du 23 mars 1964 et Circulaire au préfet de région relatif au rôle des CRAC et des correspondants permanents dans la préparation de la seconde phase du Ve Plan du 24 février 1965.

[818] P. MARCILLOUX, *op. cit.*

[819] Circulaire du 23 avril 1966 relative à la mission et au statut des correspondants permanents des affaires culturelles auprès des préfets de région, *JO*, 14 mars 1966, p. 3887 s.

[820] *Ibid.*, § 2.

[821] *Ibid.*, § 6.

[822] *Ibid.*, § 7.

préfet « dans les conditions prévues par le chapitre II de l'instruction générale du 24 avril 1964 ». Son statut s'avère alors similaire à celui de véritables chefs de service régionaux.

352. Avec l'apparition progressive des directions régionales des affaires culturelles à partir de 1969, le rôle des CRAC s'achève, bien qu'une circulaire ministérielle du 23 février 1973 les maintienne en place avec un rôle « d'appui de l'action des directeurs régionaux, ou des correspondants permanents encore en place »[823].

353. L'existence d'une structure déconcentrée spécifique dans le domaine culturel, à l'origine aux objectifs circonstanciés, demeure.

B) La permanence d'une structure déconcentrée propre

354. L'existence de directions régionales des affaires culturelles a été consacrée et leur rôle étendu à partir de la fin des années 1970 (1). Le maintien de cette structure dans un contexte de développement des logiques libérales et décentralisatrices atteste de la volonté de l'État de conserver dans le domaine culturel une place essentielle, singulière et adaptée aux problématiques de proximité et d'efficacité (2).

1) La mise en place des directions régionales des affaires culturelles

355. Les directions régionales des affaires culturelles sont généralisées en 1977[824], suite à la mise en place en 1969 de trois directions régionales des Affaires culturelles créées à titre expérimental en Alsace, Pays de Loire et Rhône-Alpes. La DRAC est alors un service qui regroupe les services régionaux du ministère. Ce service est placé sous l'autorité d'un directeur régional véritable « préfet culturel », placé sous l'autorité directe du préfet de région et du ministre des Affaires culturelles, conformément au souhait de A. Malraux. Le directeur régional est doté de pouvoirs hiérarchiques complets sur l'ensemble des services culturels régionaux et n'est plus limité à un rôle de coordonnateur ou de conseiller. Il devient ordonnateur secondaire à la place du conservateur régional des bâtiments de France[825] et dispose alors, en principe, des services « administratifs et des services techniques spécialisés dépendant du ministère chargé des affaires culturelles situés dans sa circonscription »[826].

---

[823] P. MARCILLOUX, *op. cit.*

[824] Décret n° 77-115 du 3 février 1977 portant création de directions régionales des affaires culturelles, *JO*, 8 février 1977, p. 809.

[825] Articles 2 et 3, Décret n° 77-115 du 3 février 1977, *ibid.*

[826] Article 1, Décret n° 77-115 du 3 février 1977, *ibid.* Dans le même sens : Article 4, Décret n° 86-538 du 14 mars 1986 relatif aux attributions et à l'organisation des

356. Il est alors affirmé que les « directions régionales des affaires culturelles constituent dans chaque région et dans chacun des départements qui la composent, les services extérieurs du ministère de la Culture »[827], puis les « services déconcentrés »[828] de ce dernier, suite au renforcement de la déconcentration en 1992. Cette évolution terminologique traduit l'évolution du rôle des DRAC dans un environnement qui change sans cesse sous l'influence du développement de la décentralisation et de la libéralisation[829]. Ainsi, et conformément à la charte de la déconcentration de 1992 qui fait de l'échelon régional celui de « l'animation et de la coordination des politiques de l'État relatives à la culture, à l'environnement, à la ville et à l'espace rural »[830], celui-ci devient, l'échelon normal de fonctionnement de l'État, en matière culturelle. Ainsi, l'article 2 du décret du 8 juin 2010 précise les missions des directions régionales des affaires culturelles, dans une logique similaire à celle des textes précédents[831] : conduite de la politique culturelle de l'État dans la région et les départements qui la composent, participation à l'aménagement du territoire, aux politiques de développement durable et de la cohésion sociale et à l'évaluation des politiques publiques, contribution à la recherche scientifique et à la diffusion des données publiques relatives à la culture, contrôle de l'application de la réglementation et exercice du contrôle scientifique et technique, développement de la coopération et soutien aux collectivités territoriales[832].

---

directions régionales des affaires culturelles, *JO*, 16 mars 1986, p. 4428. Néanmoins, les services départementaux de l'architecture et du patrimoine ne vont fusionner avec les DRAC qu'en 2010. Article 1, Décret n° 2010-633 du 8 juin 2010, relatif à l'organisation et aux missions des directions régionales des affaires culturelles, *JO*, 10 juin 2010, texte n° 72.

[827] Article 1, Décret n° 86-538 du 14 mars 1986, *op. cit.*

[828] Article 3, Loi d'orientation n° 92-125 du 6 février 1992 relative à l'administration territoriale de la République, *JO*, 8 février 1992, p. 2064. Qualificatif repris dans les textes postérieurs : Article 1, Décret n° 2004-1430 du 23 décembre 2004, relatif aux directions régionales des affaires culturelles et modifiant les attributions des directions régionales de l'environnement, *JO*, 29 décembre 2004, p. 22234 ; Article 1, Décret n° 2010-633 du 8 juin 2010, *op. cit.*

[829] Cf. *infra*.

[830] Article 3, al. 2, Décret 92-604 du 1er juillet 1992, portant charte de la déconcentration, *JO*, 4 juillet 1992, p. 8898. V. aussi, Article 5, Loi d'orientation n° 92-125 du 6 février 1992 relative à l'administration territoriale de la République, *op. cit.*

[831] Article 2, Décret n° 86-538 du 14 mars 1986, *op. cit.* ; articles 2 à 4, Décret n° 2004-1430 du 23 décembre 2004, *op. cit.*

[832] « La direction régionale des affaires culturelles est chargée de conduire la politique culturelle de l'État dans la région et les départements qui la composent, notamment dans les domaines de la connaissance, de la protection, de la conservation et de la valorisation du patrimoine, de la promotion de l'architecture, du soutien à la création et à la diffusion artistiques dans toutes leurs composantes, du développement du livre et de la lecture, de l'éducation artistique et culturelle et de la transmission des savoirs, de la promotion de

357. La nouvelle charte de la déconcentration de 2015 s'inscrit dans la même perspective s'agissant de l'échelon régional de droit commun en matière culturelle. Celle-ci dispose en effet que « sauf disposition législative contraire ou exception prévue par décret en Conseil d'État, la circonscription régionale est l'échelon territorial : 1° De l'animation et de la coordination des politiques de l'État ; 2° De la mise en œuvre des politiques nationales et de l'Union européenne en matière d'emploi, d'innovation, de recherche, de culture, de statistiques publiques, de développement économique et social, et d'aménagement durable du territoire [...] »[833] ; le département constituant alors, en principe l'échelon de mise en œuvre des politiques non énumérées[834].

358. La prise en compte des spécificités de certains territoires est parfois accrue s'agissant de l'organisation et des missions de la direction régionale des affaires culturelles. C'est le cas pour la Corse pour laquelle le décret de 2010 prévoit des dispositions particulières semblant consacrer une participation plus marquée de la collectivité territoriale aux côtés de l'État[835]. Ainsi, la DRAC « organise l'accompagnement par l'État, en concertation avec la collectivité territoriale de Corse, des actions qui, par leur intérêt ou leur dimension, relèvent de la politique nationale en matière culturelle ; elle assure la mise en œuvre ou l'accompagnement de ces actions ou elle en charge, par convention, la collectivité territoriale de Corse ».

359. Dans un sens similaire de prise en compte accentuée de la spécificité des territoires, un décret du 29 décembre 2017 autorise à titre expérimental et durant deux ans à compter de sa publication « les préfets des régions et des départements du Pays de la Loire, de Bourgogne-Franche-Comté et de Mayotte, les préfets de département du Lot, du Bas-Rhin, du Haut-Rhin et de

---

la diversité culturelle et de l'élargissement des publics, du développement de l'économie de la culture et des industries culturelles, de la promotion de la langue française et des langues de France./Elle participe à l'aménagement du territoire, aux politiques du développement durable et de la cohésion sociale ainsi qu'à l'évaluation des politiques publiques./Elle contribue à la recherche scientifique dans les matières relevant de ses compétences./Elle concourt à la diffusion des données publiques relatives à la culture dans la région et les départements qui la composent./Elle veille à l'application de la réglementation et met en œuvre le contrôle scientifique et technique dans les domaines susmentionnés en liaison avec les autres services compétents du ministère chargé de la culture. Elle assure la conduite des actions de l'État, développe la coopération avec les collectivités territoriales à qui elle peut apporter, en tant que de besoin, son appui technique./La direction régionale des affaires culturelles veille à la cohérence de l'action menée dans son ressort par les services à compétence nationale du ministère chargé de la culture et les établissements publics relevant de ce ministère. ». Article 2, Décret n° 2010-633 du 8 juin 2010, *op. cit.*

[833] Article 5, Décret n° 2015-510 du 7 mai 2015 portant charte de la déconcentration, *JO*, 8 mai 2015, texte n° 23.

[834] Article 6, *ibid.*

[835] Article 7, Décret n° 2010-633 du 8 juin 2010, *op. cit.*

la Creuse ainsi que le représentant de l'État à Saint-Barthélemy et à Saint-Martin et, par délégation, le préfet délégué dans les collectivités de Saint-Barthélemy et de Saint-Martin, à déroger à des normes arrêtées par l'administration de l'État »[836]. Cette expérimentation peut toucher le domaine culturel puisqu'elle peut intervenir pour prendre des décisions non réglementaires relevant de sa compétence en matière de « 1° subventions, concours financiers et dispositifs de soutien en faveur des acteurs économiques, des associations et des collectivités territoriales ; [...] 6° protection et mise en valeur du patrimoine culturel ; 7° activités sportives, socio-éducatives et associatives »[837]. Elle est cependant soumise à des conditions relatives à l'existence d'un motif d'intérêt général et de circonstances locales, avoir pour effet « d'alléger les démarches administratives, de réduire les délais de procédure ou de favoriser l'accès aux aides publiques ; être compatible avec les engagements européens et internationaux de la France ; ne pas porter atteinte aux intérêts de la défense ou à la sécurité des personnes et des biens, ni une atteinte disproportionnée aux objectifs poursuivis par les dispositions auxquelles il est dérogé »[838].

360. Le maintien des directions régionales des affaires culturelles, malgré les réformes successives, revêt alors une signification particulière.

2) Le sens du maintien singulier des directions régionales des affaires culturelles

361. Lors des réformes successives de l'État territorial, du fait des logiques décentralisatrice[839] et libérale dans le cadre de la réforme générale des politiques publiques et de la modernisation de l'action publique, l'existence des DRAC n'a pas été remise en cause. En effet, la recherche d'efficacité et de rationalisation des services de l'État territorial s'est traduite par leur regroupement progressif autour de grands pôles correspondants chacun à une grande politique publique[840] puis leur mutualisation conduisant à une réduction importante de leur nombre. Ainsi, il n'en reste aujourd'hui que huit à l'échelle régionale, dont les DRAC ; ces dernières demeurant l'une des rares, avec la direction régionale de l'alimentation, de l'agriculture et de la forêt, à

[836] Article 1, Décret n° 2017-1845 du 29 décembre 2017 relatif à l'expérimentation territoriale d'un droit de dérogation reconnu au préfet, *JO*, 31 décembre 2017, texte n° 33.
[837] Article 2, Décret n° 2017-1845 du 29 décembre 2017, *ibid.*
[838] Article 3, Décret n° 2017-1845 du 29 décembre 2017, *ibid.*
[839] « Chaque « avancée de la déconcentration » a correspondu à la nécessité pour l'État de conforter et de réorganiser ses services territoriaux suite à un « choc » de décentralisation. », B. NICOLAIEFF, « La nouvelle charte de la déconcentration : une audace contrariée », *Pouvoirs locaux*, 2015, n° 105, p. 3.
[840] P. COMBEAU, « Les nouveaux visages territoriaux de la déconcentration », *RFDA*, 2010, p. 1015 s.

n'être rattachées qu'à leur seul ministère[841]. Ce maintien singulier de l'institution des DRAC semble attester de la double volonté de l'État s'agissant de l'action culturelle territoriale : la recherche de l'efficacité et de la proximité de l'action publique pour « répondre aux besoins des citoyens sur le territoire », sans confier toute l'action culturelle à des personnes privées ou aux collectivités territoriales. Apparaît alors ici, le souhait de l'État de conserver une place centrale dans le domaine culturel y compris au niveau local, sans doute en raison de la dimension spécifique de celui-ci[842], et notamment un certain universalisme dans l'action. En atteste la définition donnée à la déconcentration dans le décret de 2015. Celle-ci consiste à « confier aux échelons territoriaux des administrations civiles de l'État le pouvoir, les moyens et la capacité d'initiative pour animer, coordonner et mettre en œuvre les politiques publiques définies au niveau national et européen, dans un objectif d'efficience, de modernisation, de simplification, d'équité des territoires et de proximité avec les usagers et les acteurs locaux. Elle constitue la règle générale de répartition des attributions et des moyens entre les échelons centraux et territoriaux des administrations civiles de l'État » et « implique l'action coordonnée de l'ensemble des services déconcentrés et des services territoriaux des établissements publics de l'État »[843].

362. Une telle conception emporte plusieurs conséquences. D'abord, le rôle d'initiative aux services déconcentrés est consacré, ce qui impose aux services centraux de s'adapter, le reproche leur étant souvent fait de produire « des normes prescriptives, sans aucune connaissance des réalités territoriales »[844]. Ensuite, si la présence de l'État doit tenir compte des spécificités territoriales et donc ne pas être de même nature suivant les territoires, elle ne doit pas emporter une rupture d'équité[845] entre ces derniers. L'équité des territoires remplace ici leur égalité[846]. S'il est possible d'y voir une volonté d'adéquation du rôle des DRAC à leur territoire, ce changement de terme traduit la recherche du renforcement de l'efficacité de l'État local.

363. La fusion des régions[847] a cependant entraîné, en général, la fusion des DRAC et leur implantation dans la nouvelle capitale régionale[848], dans la

---

841 P. GERARD, *L'administration de l'État*, LexisNexis, 2e, 2016, p. 219.
842 Cf. *supra*, chapitre 1.
843 Article 1, Décret n° 2015-510 du 7 mai 2015, *op. cit.*
844 H. PAULIAT, « La déconcentration nouvelle est arrivée ! », *JCP A*, n° 24, 2015, p. 27.
845 Article 1, al. 1, Décret n° 2015-510 du 7 mai 2015, *op. cit.*
846 H. PAULIAT, « La déconcentration nouvelle est arrivée ! », *op. cit.*, p. 27.
847 Article 1, Loi n° 2015-29 du 16 janvier 2015 relative à la délimitation des régions, aux élections régionales et départementales et modifiant le calendrier électoral, *JO*, 17 janvier 2015, p. 777, texte n° 1.
848 Sauf Montpellier, Aix-en-Provence, et Caen.

lignée des autres services déconcentrés régionaux, et selon une organisation « multi-sites » avec des pôles spécialisés dans les anciens chefs-lieux. Cette évolution demeure encore source de critiques, « ce mode de fonctionnement peut [en effet] poser des difficultés aux élus locaux en termes de lisibilité et de proximité »[849], malgré l'existence des pôles création et démocratisation dont la mise en œuvre est susceptible d'entraîner une recentralisation[850]. Elle est également à l'origine de problématiques liées à la gestion, au nouveau fonctionnement et à l'acceptation de la réforme par les différents services[851].

364. Le décentrement organisationnel de l'État dans le domaine culturel passe outre par la déconcentration culturelle, par la décentralisation.

Section 2 : La difficile décentralisation dans le domaine culturel

365. La systématisation des discours sur la décentralisation culturelle laisse apparaître que celle-ci connaît plusieurs acceptions susceptibles de renvoyer à des réalités très différentes. Une analyse critique de ces discours permet de constater l'absence d'une telle décentralisation en droit positif français, de par le choix politique de l'État de conserver une place dans le domaine culturel. Une telle conception relève de la même logique que celle qui a conduit à conserver une administration étatique déconcentrée en ce domaine[852] (§1). Néanmoins, la décentralisation de certaines compétences relevant du domaine culturel demeure incontestable et constitue un instrument indirect de la politique culturelle étatique et notamment de la démocratisation culturelle, de la préservation et de la valorisation du patrimoine et du soutien à la création artistique (§2).

---

[849] J.-M. BOCKEL, *Rapport d'information fait au nom de la délégation aux collectivités territoriales et à la décentralisation sur l'incidence de la nouvelle donne territoriale sur la politique de décentralisation culturelle*, Sénat, n° 543, 2 mai 2017, p. 24. Sur ce thème, v. aussi : Troisième partie, Les Drac à l'épreuve des fusions de régions, V. ELBLE, J. BARGETON, *Rapport général au nom de la commission des finances sur le projet de loi de finances, adopté par l'Assemblée nationale, pour 2019, Les moyens des politiques publiques et les dispositions spéciales*, T. III, Annexe n° 8, Culture, n°147, 22 novembre 2018.

[850] J. BOUET, D. CHAVIGNY, J.-S. DUPUIT, *La réorganisation des directions régionales des affaires culturelles*, Inspection générale des affaires culturelles, 2016, n° 2016-18-30, p. 21 s.

[851] Sur la réorganisation des DRAC et les difficultés soulevées accompagnées de propositions, v. *ibid.*

[852] Cf. *supra.*

§1 : L'insaisissable décentralisation culturelle

366. L'insaisissabilité de la décentralisation culturelle résulte outre du caractère aléatoire de ses définitions inhérent à l'ambiguïté de ses éléments de références (A) du constat de son absence en droit positif français (B).

A) Une ambiguïté des éléments de référence

367. « L'ambiguïté du terme de « décentralisation culturelle » est particulièrement forte en France »[853]. Le nombre d'acceptions qu'il recouvre varie selon les auteurs. Une systématisation des analyses de celles-ci s'avère nécessaire (1) avant de démontrer que l'ambiguïté de ce terme résulte de celle intrinsèque des éléments de référence [854] auxquels il renvoie, décentralisation et culture, et à laquelle il contribue. En effet, le développement de la notion de décentralisation culturelle participe à la dilution de celle de décentralisation (2).

1) La décentralisation culturelle : des acceptions multiples

368. La systématisation des discours[855] relatifs à la « décentralisation culturelle » suggère que ce terme est susceptible de revêtir des sens distincts[856] renvoyant à des réalités différentes et relevant parfois de logiques contradictoires. À noter que tous les auteurs n'envisagent pas l'ensemble de ceux-ci. Aussi toute analyse relative à cette dernière se doit de préciser quelle est la définition qu'elle retient de celle-ci, sans quoi elle ne saurait prétendre

---

[853] T.-H. Le Meau, *La décentralisation culturelle*, Thèse Université Paris XI, 1990, p. 13.

[854] L'expression « éléments de référence » est utilisée par le Professeur S. Regourd dans sa thèse. S. Regourd, *L'acte de tutelle en droit administratif français*, LGDJ, 1982, p. 17.

[855] Le terme de discours est issu entendu dans sa conception la plus large.
V. not. : T.- H. Le Meau, *op. cit.*, p. 13 ; P. Baleynaud, « La culture oubliée de la décentralisation ? », *RDP*, 1991, n° 1, p. 156 et 157. ; F. Thuriot, *Décentralisation culturelle et territoires*, Université de Reims Champagne-Ardenne, 1998 ; P. Moulinier, *Politique culturelle et décentralisation*, L'Harmattan, 2e éd., 2002 (1e éd. 1990), p. 14 ; J.-M. Pontier « La décentralisation culturelle et la loi du 13 août 2004 », *RFDA*, 2005, p. 697 s. ; P.-A. Collot, « La décentralisation culturelle », *RDP*, 2008, n° 2, p. 329 s. ; E. Leroy, « Vers une redéfinition de la décentralisation culturelle ? », *in* S. Regourd, J. Carles, D. Guignard (dir.), *Réformes et mutations des collectivités territoriales*, L'Harmattan, 2012, p. 341 s. ; P. Moulinier, *Les politiques de la culture en France*, PUF, Que sais-je ?, 5e éd., 2010 en particulier, p. 66 s. ; L. Pignot et J.-P. Saez (coord.), « Décentralisation et culture : vers un grand chambardement ? », *OPC*, n° 43, 2013. V. aussi les chapitres consacrés à cette question dans les manuels de droit de la culture.

[856] L'ensemble des auteurs ne faisant pas nécessairement référence à chacune d'entre elles.

à la scientificité. Sont essentiellement distinguées la décentralisation culturelle sectorielle et la décentralisation culturelle politico-administrative[857].

369. Le premier type désigné souvent sous le vocable de « décentralisation artistique » et de manière plus spécialisée de « décentralisation dramatique », « décentralisation lyrique », « décentralisation théâtrale » constitue une hypothèse particulière de ce qui est généralement qualifié de décentralisation culturelle sectorielle[858]. L'objet de celle-ci est de réduire les disparités entre Paris et la Province, entre le monde urbain et le monde rural par la création de pôles culturels et « l'irrigation artistique » du territoire français. Les auteurs s'accordent à dire que la décentralisation culturelle sectorielle fut la première à être mise en œuvre[859]. À cet égard, il apparaît que « la décentralisation culturelle est sectorielle avant d'être territoriale ». Ainsi, a pu être considérée comme relevant de cette décentralisation culturelle sectorielle la création du Centre Pompidou-Metz[860], du Louvre-Lens, du Musée des civilisations de l'Europe et de la Méditerranée[861] ou encore des centres dramatiques nationaux.

370. Le deuxième type de décentralisation culturelle, parfois qualifiée d'institutionnelle ou de politico-administrative, recouvre en fait différentes réalités. Pour certains auteurs, celle-ci peut, en effet, revêtir plusieurs formes[862] : technique, financière et/ou administrative/territoriale.

371. La décentralisation culturelle technique désigne ainsi pour ces derniers les hypothèses dans lesquelles seules les procédures sont visées par le processus de décentralisation. Il en est ainsi par exemple de l'allègement « des pouvoirs de surveillance dont dispose l'État sur les établissements culturels locaux »[863]. La décentralisation financière quant à elle correspond, à

---

857 P. Moulinier fait également référence à une décentralisation culturelle civique laquelle consiste « consiste dans l'octroi de responsabilités culturelles et sociales aux populations concernées, dans le développement de la citoyenneté et de la gestion de leurs affaires les « gens », dans l'expression des minorités et des exclus ». Celle-ci peu évoquée en France relève, selon l'auteur, plutôt du vocabulaire des organisations internationales. V. P. MOULINIER, *Politique culturelle et décentralisation*, *op. cit.*, p. 14. Analyse reprise dans le domaine de l'archéologie voir notamment le rôle des Sociétés Savantes *in* O. TANKERE, *La conservation du mobilier archéologique : un enjeu scientifique, culturel et social*, L'Harmattan, 2011, p. 110.
858 Cf. *infra*.
859 F. THURIOT, *Décentralisation culturelle et territoires*, *op. cit.*, p. 11.
860 E. MARTINEZ, « Exemple d'une décentralisation culturelle : le Centre Pompidou-Metz », *AJCT*, 2011, p. 170 s.
Il ne s'agit cependant pas d'une « véritable » hypothèse de décentralisation. Cf. *supra*.
861 J.-M. BOCKEL, en part. « Les villes de Metz, Lens et Marseille : trois opérations emblématiques de décentralisation culturelle », *op. cit.*, p. 11.
862 V. notamment T.-H. LE MEAU, *op. cit.*, p. 13 ; P. BALEYNAUD, *op. cit.*, p. 156 et 157.
863 *Ibid.*

l'adoption de « lois augmentant les moyens des collectivités locales sans qu'il y ait parallèlement un transfert de compétences »[864].

372. Enfin, la décentralisation culturelle territoriale consiste en un transfert de compétences relevant du domaine culturel de l'État aux collectivités territoriales et constitue une « composante indispensable de la décentralisation »[865]. C'est ce dernier sens qui est en général retenu par les juristes lorsqu'ils envisagent les évolutions de la décentralisation culturelle[866] ou de manière plus générale l'évolution des compétences décentralisées.

373. Cette polysémie du terme de « décentralisation culturelle » résulte de l'ambiguïté intrinsèque aux éléments de référence : décentralisation et culture. Ambiguïté à laquelle la décentralisation culturelle contribue.

2) Une ambiguïté intrinsèque accentuée par la « décentralisation culturelle »

374. Il est inutile de revenir sur l'ambiguïté de la notion de culture[867]. *A contrario*, il convient de souligner l'équivoque intrinsèque à celle de décentralisation, régulièrement présentée dans les travaux universitaires[868]. Le constat peut alors être dressé que la notion de décentralisation culturelle contribue à la difficulté d'appréhension de cette dernière. De fait, celle-ci fait l'objet d'une analyse traditionnelle largement partagée (a) concurrencée par une analyse formelle kelsénienne moins usitée (b).

a) L'analyse traditionnelle de la décentralisation

375. La définition de la décentralisation soulève différentes difficultés, qui se retrouvent lors des tentatives d'appréhension de la décentralisation culturelle. Celles-ci résultent, de l'utilisation excessive du mot ; « plus il est pratiqué dans le discours politique et juridique et moins il semble s'identifier à un contenu précis »[869]. La notion, ambigüe initialement, de décentralisation

[864] *Ibid.*
[865] J.-M. Pontier « La décentralisation culturelle et la loi du 13 août 2004 », *op. cit.*, p. 697 s.
[866] V. en ce sens par exemple P.-A. Collot, *op. cit.*, p. 329 s. ; E. Leroy, *op. cit.*, p. 341 s.
[867] V. *supra.*
[868] Il n'est pas question de dresser ici un tableau exhaustif de la doctrine sur ce point, mais simplement de mettre en évidence un certaine nombre de positions particulièrement représentatives de la problématique rencontrée.
[869] B. Faure, *Droit des collectivités territoriales*, 4e éd., Dalloz, Précis, 2016, p. 2. Dans le même sens : « Le terme de décentralisation étant utilisé dans des domaines très divers, cela peut conduire à des conclusions erronées ». J. Bourdon, J.-M. Pontier, J.-C. Ricci, *Droit des collectivités territoriales*, PUF, Thémis droit, 1987, p. 24.

(i) semble alors se diluer dans la multiplicité des applications, dont la décentralisation culturelle, qu'elle est susceptible de recouvrir (ii).

(i) Notion de décentralisation : le constat partagé d'une ambiguïté

376. L'ambiguïté initiale de la notion de décentralisation tient tant à des difficultés terminologiques[870] qu'idéologiques[871]. Juridiquement, les auteurs semblent s'accorder, à la suite notamment du Doyen M. Hauriou, sur le fait que la décentralisation répond à la problématique de l'organisation administrative de l'État unitaire[872], et ce malgré certaines évolutions[873] ; raison pour laquelle elle est souvent qualifiée de décentralisation administrative. Aussi, c'est seulement la détermination de son contenu qui pose *in fine* problème. Les démarches d'une partie de la doctrine s'avèrent à cet égard particulièrement éclairantes.

377. Certains auteurs approchent ainsi plus la notion de décentralisation par des formules qu'ils ne cherchent à véritablement la définir[874]. Il en est ainsi, outre du Doyen M. Hauriou [875] du Professeur H. Berthélémy pour qui la « décentralisation de quelque manière qu'on la pratique est, pour le gouvernement, un élément de force [et] qui "par régions a le grand avantage

---

870 Ainsi, citant notamment E. de Macère, l'auteur souligne que la définition de la décentralisation est originairement imprécise : « C'est un terme un peu vague et qu'il faut conserver pourtant puisqu'il exprime un vœu intense, un sentiment général : c'est comme un cri sorti de milliers de poitrines oppressées : mais c'est un mot dont le sens n'est pas défini ». E. DE MACERE, « Lettre sur la décentralisation », *Revue politique et parlementaire*, 1895, p. 1, cité *in* S. REGOURD, *L'acte de tutelle en droit administratif français*, *op. cit.*, p. 54.

871 *Ibid.*

872 M. HAURIOU, « Décentralisation », *op. cit.*, p. 472 (pour les sciences politiques), p. 482 (définition juridique). V. par la suite notamment : J. BOURDON, J.-M. PONTIER, J.-C. RICCI, *Droit des collectivités territoriales*, PUF, Thémis droit, 1987, p. 24 ; J. BOURDON, J.-M. PONTIER, J.-C. RICCI, *Droit des collectivités territoriales*, PUF, Thémis droit, 2e éd., 1998, p. 8 ; J.-B. AUBY, *La décentralisation et le droit*, *op. cit.*, p. 127 s. ; O. GOHIN, J.-G. SORBARA, *op. cit.*, p. 114 ; S. CREUSOT, *Une nouvelle organisation décentralisée de la République*, LGDJ, Systèmes, 2012, p. 14 s.

873 Cf. *infra*.

874 B. FAURE, *Droit des collectivités territoriales*, *op. cit.*, p. 4.

875 M. HAURIOU, « Décentralisation », *op. cit.*, p. 482. La position du Professeur B. Faure semble pouvoir être nuancée. En effet, le Doyen de Toulouse dans son article au répertoire après avoir, par sa célèbre formule, posé la problématique de la décentralisation en explicite le contenu. Cette manière d'être de l'État est « caractérisée par le fait que l'État se résout en un certain nombre de personnes administratives, qui ont la jouissance de droits de puissance publique, et qui assurent le fonctionnement des services publics en exerçant ces droits, c'est-à-dire en faisant des actes d'administration ».

d'accroître la liberté"»[876]. Dans une perspective similaire, à défaut de définition, la décentralisation semble être appréhendée par une partie de la doctrine essentiellement par l'énoncé de critères qui en constitueraient le contenu.

378. Ainsi, « la décentralisation peut être définie, selon la doctrine, comme la reconnaissance, à côté de l'État, de personnes publiques chargées de compétences administratives. Le transfert de compétences administratives s'effectue au profit d'entités dotées de la personnalité juridique »[877]. Dans le même sens, il a pu être affirmé que « la décentralisation est définie juridiquement comme la reconnaissance, par l'État, d'autres personnes publiques habilitées à intervenir dans certains domaines avec un pouvoir de décision et disposant dans cette action d'une certaine autonomie »[878]. Cette acception de la décentralisation juridique semble trouver une large adhésion dans la doctrine ancienne et contemporaine[879]. À noter cependant qu'une partie de la doctrine accorde une place plus ou moins importante dans leur définition et leur analyse au contrôle et à la place de l'État[880].

(ii) Formes de décentralisation : une ambiguïté renforcée

379. Depuis longtemps déjà, la doctrine souligne que les usages de la « décentralisation » qui sont faits en dehors du domaine juridique contribuent à la dilution de cette notion. À cet égard, sont justement souvent citées comme exemples la « décentralisation industrielle » et la « décentralisation artistique

---

[876] H. BERTHELEMY, *Traité élémentaire de droit administratif*, Paris, éd. A. Rousseau, 13e éd., 1933, p. 112.

[877] M. VERPEAUX, *Droit des collectivités territoriales*, *op. cit.*, p. XXIII. V. également : M. VERPEAUX, « Principes d'organisation administrative », *JCl. Collectivités territoriales*, fasc. 10, 2012, p. 6.

[878] J. BOURDON, J.-M. PONTIER, J.-C. RICCI, *Droit des collectivités territoriales*, PUF, Thémis droit, 1987, p. 31 et J. BOURDON, J.-M. PONTIER, J.-C. RICCI, *Droit des collectivités territoriales*, PUF, Thémis droit, 2e éd., 1998, p. 11.

[879] C. DEBBASCH, « Le concept de décentralisation. Les mots », *Cahiers français*, 1982, n° 204, p. 3 ; R. CHAPUS, *op. cit.*, p. 401 ; C. GUETTIER, *op. cit.*, p. 321 ; D. MAILLARD DESGREES DU LOU, *Institutions administratives*, Thémis, Droit, 2011, p. 149-150 ; O. GOHIN, J.-G. SORBARA, *op. cit.*, p. 114 ; P. SERRAND, *op. cit.*, p. 124 ; L. VANDELLI « Formes d'État : État régional, État décentralisé » *in* M. TROPER, D. CHAGNOLLAUD (dir.), *Traité international de droit constitutionnel*, T. 2, 2012, p. 64 ; Y. GAUDEMET, *Droit administratif*, *op. cit.*, p. 203 s. ; B. FAURE, *op. cit.*, p. 6 ; J. WALINE, *op. cit.*, p. 48 s. ; D. TRUCHET, *op. cit.*, p. 75 s. ; M.-C. ROUAULT, *op. cit.*, p. 116 ; P.-L. FRIER, J. PETIT, *op. cit.*, p. 137 ; P. GONOD, *Droit administratif général*, Dalloz, Les mémentos Dalloz, 2018, p. 46.

[880] Certains auteurs insistent particulièrement sur l'existence du contrôle de l'État dans leur définition en ce sens, v. par ex. : R. CHAPUS, *Droit administratif général*, *op. cit.*, p. 401 ; C. GUETTIER, *Institutions administratives*, *op. cit.*, p. 321 ; Y. GAUDEMET, *Droit administratif*, *op. cit.*, p. 204.

ou lyrique » ; les auteurs indiquant en suivant que l'une comme l'autre n'ont en réalité que peu de rapports avec la décentralisation administrative[881]. La notion de décentralisation culturelle apparaît ainsi comme un élément pathogène pour appréhender celle de décentralisation. Cependant, elle constitue dans le même temps l'un des symptômes de l'imprécision de la notion de décentralisation, qui en a permis le développement, dans le champ administratif.

380. De fait, la décentralisation peut d'abord signifier, s'agissant de la culture, une simple délocalisation vers la province dans une logique géographique et non juridique.

381. L'imprécision de la notion de « décentralisation » à l'intérieur du domaine administratif a par ailleurs permis l'apparition de la notion de décentralisation culturelle et participe à son insaisissabilité[882]. En effet, dans ce domaine, le concept de décentralisation s'avère être particulièrement flou. Cette situation résulte d'une part de la distinction entre la décentralisation territoriale et la décentralisation fonctionnelle[883], et, d'autre part, du fait que la décentralisation désigne tantôt un processus, tantôt le résultat de ce dernier.

382. Sous des formulations diverses, la doctrine s'accorde sur le fait que décentralisation territoriale et décentralisation fonctionnelle se distinguent par les destinataires des transferts de compétences[884]. En effet, la décentralisation

---

[881] V. not. : S. REGOURD, *L'acte de tutelle en droit administratif français*, *op. cit.*, p. 55 ; J. BOURDON, J.-M. PONTIER, J.-C. RICCI, *Droit des collectivités territoriales*, PUF, Thémis droit, 1987, p. 24 et J. BOURDON, J.-M. PONTIER, J.-C. RICCI, *Droit des collectivités territoriales*, PUF, Thémis droit, 2e éd., 1998, p. 6.

[882] Cf. *supra*.

[883] V. not. : P. SERRAND, *op. cit.*, p. 124 ; C. GUETTIER, *op. cit.*, p. 327 ; O. GOHIN, J.-G. SORBARA, *op. cit.*, p. 116. Certains auteurs parlent plutôt de « décentralisation technique » ou « par service » : C. DEBBASCH, « Le concept de décentralisation. Les mots », *Cahiers français*, *op. cit.*, p. 5 ; R. CHAPUS, *Droit administratif général*, *op. cit.*, p. 406 ; M. VERPEAUX, *Droit des collectivités territoriales*, *op. cit.*, p. XXIV ; M.-C. ROUAULT, *op. cit.*, p. 117 ; A. ROUX, *La décentralisation. Droit des collectivités territoriales*, LGDJ, Systèmes, 2016, p.70 s.

[884] Il ne s'agit pas de prendre part ici au débat qui renforce encore la difficulté de définition de la décentralisation, sans véritable intérêt pour cette démonstration, selon lequel la distinction entre décentralisation territoriale et fonctionnelle se trouve brouillée lorsqu'il est question d'établissements publics territoriaux. Sur ce point, v. not. : A. DE LAUBADERE, « Vicissitudes actuelles d'une distinction classique : établissement public et collectivité locale », *in Mélanges Couzinet*, Toulouse, Université des sciences sociales, 1974, p. 411 ; S. REGOURD, *L'acte de tutelle en droit administratif français*, *op. cit.*, p. 55 et 229 ; M. VERPEAUX, *Droit des collectivités territoriales*, *op. cit.*, p. XXIV ; O. GOHIN, J.-G. SORBARA, *op. cit.*, p. 117. Il ne s'agit pas plus ici d'analyser la pertinence des distinctions qui peuvent apparaître au sein de la décentralisation technique entre la décentralisation à des institutions de types corporatifs, qui se rapprocherait alors de la décentralisation territoriale et poursuivrait

territoriale, forme originelle de la décentralisation administrative[885], consiste à transférer des compétences de l'État à des personnes morales de droit public déterminées par référence à un territoire : les collectivités territoriales. À l'inverse, la décentralisation fonctionnelle, qui repose sur une base technique, consiste à transférer des compétences à des personnes morales de droit public déterminées par référence à une mission définie. Dans cette perspective, décentralisation territoriale et décentralisation fonctionnelle ne répondent pas aux mêmes préoccupations. La première, si elle ne méconnaît pas foncièrement la recherche d'efficacité notamment économique et financière qui caractérise la seconde, a été historiquement perçue comme un moyen d'accomplir le « vœu humain d'autonomie »[886].

383. Le deuxième facteur de confusion, que l'on retrouve lors de l'analyse de la décentralisation culturelle[887], relève de l'usage, dans la doctrine, de la notion de décentralisation tant pour désigner le processus de transfert de compétences, *décentralisation – processus*, que le résultat de ce dernier, *décentralisation – état*[888]. L'étymologie du terme décentralisation s'avère dans cette perspective particulièrement éclairante, car apparemment porteuse de l'origine de cette polysémie. En effet, la décentralisation est un néologisme construit sur le verbe décentraliser lui-même composé du suffixe « de- »[889] qui, associé au verbe « centraliser », permet d'en donner le sens opposé. Ainsi, décentraliser signifie le contraire de centraliser qui désigne le fait de « réunir au centre »[890] et donc un mouvement. C'est au passage au substantif « centralisé », qui peut désigner un état, puis au nom « centralisation » qui

---

dans une certaine mesure l'usage de la « décentralisation » appliquée par Duguit au mouvement « du syndicalisme des fonctionnaires », et la décentralisation appliquée à des institutions de type fondatif qui constitue simplement une technique d'administration voire une déconcentration camouflée. Sur ce point, v. en particulier R. CHAPUS, *op. cit.*, p. 406 s. et L. CONSTANS, *Recherches sur la notion et la classification des personnes morales administratives*, Dalloz, 1966. Sur le syndicalisme des fonctionnaires L. DUGUIT, *Traité de Droit Constitutionnel*, T. 3, p. 83 s.

885 À cet égard le Doyen M. Hauriou souligne que l'on « ne se préoccupe d'ordinaire de la décentralisation que pour l'administration locale, c'est-à-dire pour les départements, les communes et les colonies. Mais la question se pose aussi pour les établissements publics, et nous verrons que certains de ces établissements publics sont décentralisés ». M. HAURIOU, « Décentralisation », *op. cit.*, note 1, p. 472.

886 D. MAILLARD DESGREES DU LOU, *Institutions administratives*, *op. cit.*, p. 152.

887 Cf. *infra*.

888 Voir par exemple : D. MAILLARD DESGREES DU LOU, *Institutions administratives*, *op. cit.*, p. 151 *contra* les Professeurs Y. Luchaire et F. Luchaire pour qui « la décentralisation n'est pas un état achevé, c'est un mouvement ». Y. LUCHAIRE, F. LUCHAIRE, *Décentralisation et constitution, Commentaire de la loi constitutionnelle relative à l'organisation décentralisée de la République*, Economica, 2003, p. 12.

889 Du latin « de » qui signifie : sans, que l'on a enlevé.

890 « Centraliser », *Dictionnaire de l'Académie française en ligne*, [en ligne], www.cnrtl.fr.

signifie « réunion au centre »[891] qu'apparaît l'ambiguïté entre le mouvement et l'état ; ambiguïté transmise au terme de décentralisation. Le Conseil d'État, quant à lui, par son avis du 10 octobre 2002 sur le projet devenu loi constitutionnelle du 28 mars 2003 considère que la décentralisation est « un processus d'évolution administrative de l'État [...] »[892] et donc un mouvement.

b) L'analyse formelle kelsénienne de la décentralisation

384. Dans cette perspective, il convient d'admettre que l'État désigne un système de normes, qualifié comme tel d'un point de vue supérieur, « qui ont une validité spatiale comme elles ont une validité temporelle »[893]. Aussi, le problème de la division territoriale de cet État apparaît notamment comme un problème relatif au domaine de validité spatiale des normes de l'ordre juridique étatique ; la validité d'une norme désignant son appartenance à un système juridique donné.

385. Un État est donc « centralisé », dans l'hypothèse, pour le moins irréaliste en droit positif, où toutes les normes qu'il produirait seraient indistinctement valides sur l'ensemble de son territoire. Dans tous les autres cas, la centralisation au sens strict est inexistante et il peut être envisagé de nombreuses variantes à la décentralisation. Celle – ci comporte cependant essentiellement trois aspects.

386. Le premier aspect est l'aspect statique. Il renvoie au problème de la différenciation du domaine territorial ou personnel de validité des normes du système. Ainsi, il « y aura décentralisation dès lors que, sur une partie au moins du territoire total, s'appliquent d'autres normes que sur le reste »[894].

387. Le second aspect est l'aspect dynamique. « Il y aura décentralisation dès lors qu'une étape de la concrétisation de l'ordre juridique est confiée à un organe différent de celui auquel l'ordre juridique attribue la production des normes de degré supérieur et plus abstrait, le degré d'autonomie dont bénéficie l'organe de concrétisation pouvant être plus ou moins élevé »[895].

---

891 « Centralisation », *ibid.*

892 CONSEIL D'ÉTAT, *Rapport public 2003 : jurisprudence et avis de 2002. Perspectives pour la fonction publique*, *EDCE*, 2003, p. 55.

893 H. KELSEN, *Théorie pure du droit*, trad. C. EISENMANN, LGDJ, La pensée juridique, 1999 (1ère ed. 1962), p. 305.

894 O. PFERSMANN, « Hans Kelsen et la théorie de la centralisation et de la décentralisation : le cas de la supranationalité », *Revue d'Allemagne et des pays de langue allemande*, 1996, p. 179. V. aussi : H. KELSEN, *Théorie pure du droit*, *op. cit.*, p. 308.

895 *Ibid.*

388. Le dernier aspect est constitué, selon ces auteurs, de ce que l'on désigne souvent comme « la décentralisation ». Il s'agit du cas particulier de décentralisation statique et dynamique selon la méthode démocratique : « Enfin, on pourra qualifier de décentralisation un mode de concrétisation territorialement déterminé et attribué à un organe désigné selon une procédure démocratique »[896].

389. Le retour à la notion de décentralisation permet de comprendre le caractère aléatoire du discours sur la décentralisation culturelle et des réalités auxquelles cette expression renvoie. Au-delà de ce caractère explicatif sur le discours existant, un tel rappel permet de remettre en cause ce discours et par là même la réalité de l'existence d'une décentralisation culturelle en droit positif français.

B) Le constat patent de l'absence de décentralisation culturelle en droit positif français

390. La décentralisation culturelle apparaît comme théoriquement envisageable dans une analyse formelle kelsénienne (1). À l'inverse, si la décentralisation culturelle désigne de manière explicative[897] le transfert de la compétence culturelle, de l'État à des personnes publiques dotées de la personnalité juridique sous son contrôle, l'analyse matérielle révèle le caractère insaisissable de celle – ci en l'état du droit positif (2).

1) L'analyse formelle : une décentralisation culturelle théoriquement envisageable

391. L'analyse formelle kelsénienne de la décentralisation[898] permet d'envisager théoriquement l'existence de la décentralisation culturelle. En

---

[896] *Ibid.*

[897] La définition explicative correspond à l'usage sans en saisir toutes les variétés, contrairement à la définition lexicale, pour parvenir à « un instrument sémantique précis et efficace, capable d'éclairer et d'orienter la discipline dans laquelle il sera employé ». À côté, la définition stipulative a « une nature de convention entre les usagers futurs du langage : on admet qu'à partir de maintenant dans un texte donné, un corpus linguistique donné, une expression donnée, ainsi que tous ses synonymes, si on les admet, sera utilisée dans une signification donnée ». U. SCARPELLI, *Qu'est-ce que le positivisme juridique ?*, LGDJ, La pensée juridique, 1998, p. 5 - 6.

[898] O. PFERSMANN, « Hans Kelsen et la théorie de la centralisation et de la décentralisation : le cas de la supranationalité », *op. cit.*, p. 178 ; X. MAGNON, *Théorie(s) du droit*, ellipses, 2008, en particulier p. 100 s., O. PFERSMANN, « La production des normes : production normative et hiérarchie des normes », *in* M. TROPER, D. CHAGNOLLAUD (dir.), *Traité international de droit constitutionnel*, T. 2, 2012, p. 483 s. et not. p. 516.
Sur la décentralisation V : H. KELSEN, *Théorie pure du droit*, *op. cit.*, p. 304 s. et H. KELSEN, *Théorie générale du droit et de l'État*, trad. B. LAROCHE et V. FAURE, LGDJ, La pensée juridique, 1997, p. 352.

effet, toute forme de décentralisation exige une répartition des compétences normatives d'un point de vue territorial ou dynamique[899]. Aussi, il existe des normes déterminant la répartition des compétences normatives. Ces seules normes, relatives à la répartition des compétences, sont des normes centralisées au sens strict. Elles instituent des ordres juridiques partiels qui peuvent à leur tour se subdiviser. Ainsi, en France, il est possible de distinguer un ordre juridique partiel dont le domaine spatial de validité s'étend sur la totalité du territoire : l'État central français et un ensemble d'ordres partiels (collectivités territoriales par exemple) dont le domaine spatial de validité des normes s'étend pour chacun d'entre eux à une partie du territoire.

392. Dans cette hypothèse, il convient de souligner qu'il existe en réalité trois éléments et non pas seulement deux. Le premier élément est l'ordre répartiteur[900], le second l'ordre juridique partiel dont le domaine spatial de validité des normes est le territoire entier et le troisième est constitué par l'ensemble des ordres partiels valides sur une partie du territoire. Cette vision triadique est souvent occultée. De fait, souvent, les titulaires des fonctions d'organes compétents pour la production des normes de répartition sont les mêmes que ceux titulaires des fonctions compétents pour la production de normes valides sur la totalité du territoire.

393. D'un point de vue théorique, il semble envisageable qu'une compétence soit attribuée par l'ordre répartiteur soit à l'ordre partiel valide sur le territoire tout entier, soit aux ordres partiels valides pour une partie seulement du territoire. Rien n'exclut, en effet, qu'une compétence, ici la compétence culturelle, soit a priori confiée à l'un ou à l'autre des ordres partiels. Dans l'hypothèse où la compétence culturelle est confiée à l'ordre partiel valide sur l'ensemble du territoire, elle apparaîtra comme centralisée, pourtant, seules les normes de répartition sont véritablement centralisées au sens strict. À l'inverse, si la compétence culturelle est confiée, par l'ordre répartiteur, aux ordres juridiques partiels, elle sera considérée comme décentralisée.

394. L'analyse formelle permet d'envisager une décentralisation culturelle. Son analyse matérielle la révèle alors insaisissable.

2) L'analyse matérielle : une décentralisation culturelle insaisissable en droit positif

395. L'analyse matérielle permet de constater l'insaisissabilité de la décentralisation culturelle qu'elle soit entendue comme un état,

---

[899] Cf. *supra*.

[900] À noter que « l'ordre répartiteur contient non seulement des normes sur la répartition des compétences, mais également des normes sur la production des compétences de chacun de ces ordres ». X. MAGNON, *Théorie(s) du droit*, *op. cit.*, p. 105.

décentralisation culturelle – état ou comme un processus, *décentralisation culturelle – processus*.

396. La *décentralisation-état*, existe dans un champ particulier suite au transfert d'une compétence de l'État aux collectivités territoriales ; l'État se défaisant alors de cette compétence[901]. Ainsi, l'existence en droit interne positif français de la *décentralisation culturelle – état*[902] implique qu'ait été transférée *la* compétence culturelle de l'État aux collectivités ; l'État s'étant défait de cette compétence n'intervenant alors plus dans ce domaine. Or, force est de constater qu'un tel transfert n'a pas eu lieu en France. En effet, aucun texte de droit positif français ne vient attribuer l'ensemble de la compétence culturelle, c'est-à-dire la compétence dans l'ensemble des matières qualifiées de culturelles par l'État[903], aux collectivités territoriales.

397. La non-réalisation d'un tel transfert de la compétence culturelle implique que celle-ci demeure partagée entre l'État et les collectivités territoriales en droit positif français ce qui exclut alors l'existence *d'une décentralisation culturelle – état*.

398. L'existence de la *décentralisation culturelle-processus* semble davantage envisageable. En effet, les compétences successives transférées relevant du champ culturel[904] peuvent être perçues comme des étapes progressives nécessaires vers le transfert de la compétence culturelle aux collectivités territoriales. Cependant, un tel projet ne semble ni d'actualité chez les politiques, ni souhaité par l'ensemble des acteurs et aucune mesure de droit positif ne le prévoit. L'article 103 de la loi du 7 août 2015 témoigne de l'attachement à l'exercice partagé de la compétence culturelle : « La responsabilité en matière culturelle est exercée conjointement par les collectivités territoriales et l'État [...] »[905]. Les dispositions textuelles et rapports relatifs à la décentralisation culturelle portent donc *in fine* en réalité sur les compétences relevant du domaine culturel effectivement décentralisées ou à décentraliser[906]. Ainsi, n'est-il jamais question d'envisager la décentralisation de l'ensemble du domaine culturel.

---

901 Cf. *supra*.
902 Cf. *supra*.
903 Cf. *supra*.
904 Cf. *infra*.
905 Article 103, Loi n° 2015-991 du 7 août 2015 portant nouvelle organisation territoriale de la République, *JO*, 8 août 2015, p. 13705. V. aussi l'article 104 modifiant l'article L. 1111-4 Code général des collectivités territoriales.
906 R. RIZZARDO, *La décentralisation culturelle. Rapport au ministre de la Culture et de la communication*, Paris, La Documentation française, 1990 ; J.-M. BOCKEL, *op. cit.*

399. L'État permet cependant, aux collectivités territoriales d'intervenir dans ce dernier, l'imposant parfois. Il limite alors cette action.

§2 : La décentralisation de compétences relevant du domaine culturel

400. Les collectivités territoriales ne doivent leurs compétences qu'à l'État. Cette détermination unilatérale des compétences décentralisées découlerait du fait que l'indivisibilité de l'État qui induirait « une représentation qui l'érige en seul véritable garant de l'intérêt général[907] qui, à ce titre, garde la maîtrise de ce qui doit, selon la politique du moment, ressortir de la responsabilité des collectivités ou demeure à la sienne propre »[908]. Dans cette perspective, en tant que modalité d'organisation administrative d'un État unitaire[909], la décentralisation utilisée dans le domaine culturel permet à l'État de satisfaire la dimension culturelle de l'intérêt général et indirectement son objectif de démocratisation culturelle.

401. Dans ce domaine comme dans les autres, les collectivités territoriales ne peuvent agir « qu'avec la permission préalable d'un texte national sur lequel elles n'auront pas le pouvoir d'introduire des modifications »[910] et ne peuvent pas « juridiquement se soustraire à l'exercice de compétences obligatoires imposées par la loi »[911], le transfert de compétences étant de plein droit.

402. La décentralisation de compétences culturelles aux collectivités territoriales est doublée d'une forme de décentralisation fonctionnelle au bénéfice d'établissements publics de coopération intercommunale[912] (EPCI)[913]. En effet, dans le domaine culturel, comme dans d'autres,

---

[907] Cette position de l'État comme seul garant de l'intérêt général a pu être critiquée. V. not. : P. LAURENT, *Décentralisation : en finir avec les idées reçues*, LGDJ, lextenso éditions, systèmes, 2009, p. 51 s. Cf. *supra*.
[908] B. FAURE, *Droit des collectivités territoriales*, Dalloz, 4e éd., 2016, p. 514. Sur le changement, en réalité ininterrompu, de la répartition des connaissances, v. en part. M. DOAT, « L'aménagement des compétences locales », *in* AFDA, *La compétence*, Actes du colloque organisé les 12 et 13 juin 2008 à Nancy, LexisNexis, Colloques et débats, 2008, p. 187.
[909] Selon la conception communément admise.
[910] B. FAURE, *Droit des collectivités territoriales*, *op. cit.*, p. 514.
[911] *Ibid.*
[912] Article L. 5210-1-1 Code général des collectivités territoriales : « Forment la catégorie des établissements publics de coopération intercommunale, les syndicats de communes, les communautés de communes, les communautés urbaines, les communautés d'agglomération et les métropoles ».
[913] Ne sera donc pas étudiée ici la décentralisation fonctionnelle au bénéfice d'établissements publics nationaux.

l'intercommunalité connaît un développement important, depuis les années 2000[914]. Celui-ci résulte de la recherche d'une certaine efficacité, dans une logique managériale. En effet, « le niveau communal ne permet pas toujours de dégager des ressources suffisantes pour soutenir un certain nombre de projets, et les villes ne sont pas nécessairement à même d'assumer les charges afférentes à certains équipements culturels dont leur population aurait l'usage »[915] et en conséquence de satisfaire certains aspects de la dimension culturelle de l'intérêt général tels la démocratisation ou le développement culturel. Par ailleurs, l'intervention culturelle intercommunale peut résulter de considérations extra-culturelles : économiques ou sociales[916]. Ainsi, il a été également transféré à ces derniers des compétences facultatives et obligatoires relevant du domaine culturel. Cette décentralisation fonctionnelle indirecte s'effectue en vue de coopération financière dans un souci de performance caractéristique de la strate contemporaine.

403. La législation[917] impose plusieurs obligations aux collectivités territoriales dans le domaine culturel, dont la satisfaction est contrôlée[918]. Il convient de souligner que celles-ci sont en général relatives au patrimoine. Ainsi, demeure « dans un esprit conforme à la théorie de la responsabilité nationale sur le patrimoine artistique et historique, une délégation aux collectivités du pouvoir de gestion, sans abandon des moyens d'exercice de la souveraineté »[919] (A). Dans le cas des compétences facultatives, l'État autorise les collectivités territoriales à mener une politique culturelle qui participe

---

[914] J.-R. PELLAS, *op. cit.*, p. 81. Cf. *infra.*

[915] J.-C. DELVAINQUIERE et B. DIETSCH (Deps), *L'intercommunalité culturelle : un état des lieux*, synthèse du rapport E. NEGRIER, J. PREAU, P. TEILLET (dir.), *L'intercommunalité culturelle en France*, Grenoble, Observatoire des politiques culturelles, février 2008, Publications du département des études et de la prospective, 2008-5, p. 2, [en ligne].

[916] *Ibid.*, p. 4.

[917] Sur l'apport de ces différentes lois v. not : P. BALEYNAUD, *op. cit. ;* S. REGOURD, « Décentralisation, culture et communication », *AJDA*, 1992, p. 95 s. ; P.-L. FRIER, « La répartition actuelle des compétences entre l'État et le pouvoir local », *AJDA*, 2000, p. 58 s. ; P.-L. FRIER, « Les transferts de compétences dans les secteurs de la formation professionnelle, de l'éducation et de la culture », *op. cit.*, p. 1984 s. ; E. LEROY, *op. cit.*, p. 341 s. ; S. MONNIER, E. FOREY, *Droit de la culture*, Lextenso éditions, Gualino, 2009, p. 38 s. ; O. BUI-XUAN, *Guide juridique de l'action culturelle locale*, territorial éditions, 2011, p. 15 s. ; J.-R. PELLAS, *op. cit.*, p. 73 s. ; J.-F. AUBY, *Le droit public de la culture*, BergerLevrault, 2016, p. 80 s.

[918] Cf. *infra.*

[919] R. CARON, *L'État et la culture*, Economica, 1989, p. 34. V. aussi : J.-M. PASTOR, « Relation État-collectivités : doit-on craindre une recentralisation ? », *Juris art etc.*, 2016, n° 40, p. 28 s.

indirectement à la réalisation de la sienne et qui lui est donc nécessairement compatible (B).

A) Les obligations culturelles des collectivités territoriales : la mise en œuvre indirecte de la politique culturelle étatique

404. Il existe différentes compétences obligatoires, généralement considérées comme peu nombreuses[920], pour les collectivités territoriales ou leurs groupements dans le domaine culturel. Celles-ci garantissent à l'État la mise en œuvre indirecte de sa politique culturelle, quand bien même une certaine marge de manœuvre est laissée aux collectivités territoriales ou à leurs groupements[921]. Ces obligations codifiées pour la plupart dans le Code du patrimoine et le Code général des collectivités territoriales font partie des rares compétences transférées dans les lois de décentralisation en 1983[922] et 2004[923]. L'analyse de ces dernières montre qu'elles relèvent pour la plupart du domaine patrimonial.

405. En matière d'archives,[924] l'article L. 212-6 du Code du patrimoine[925] dispose que « les collectivités territoriales sont propriétaires de leurs archives », qui constituent des archives publiques[926], et « en assurent elles-

[920] Au moins à l'origine, v. not. : J.-M. PONTIER, J.-C. RICCI, J. BOURDON, *Droit de la culture*, Dalloz, Précis, 2e éd., 1996, p. 137 ; P.-L. FRIER, « La répartition actuelle des compétences entre l'État et le pouvoir local », *op. cit.*, p. 61.

[921] Cf. *infra*.

[922] Loi n° 83-663 du 22 juillet 1983 relative à la répartition des compétences entre les communes, les départements, les régions et l'État, *JO*, 23 juillet, 1983, p. 2292 s.

[923] Loi n° 2004-809 du 13 août 2004 relative aux libertés et responsabilités locales, *JO*, 17 août 2004, p. 14545 s.

[924] Le droit des archives a été réformé par la Loi n° 2008-696, du 15 juillet 2008 relative aux archives, *JO*, 16 juillet 2008, p. 11322, texte n° 2. Article L. 211-1 Code du patrimoine (modifié en 2016) définit désormais les archives comme « l'ensemble des documents, y compris les données, quels que soient leur date, leur lieu de conservation, leur forme et leur support, produits ou reçus par toute personne physique ou morale et par tout service ou organisme public ou privé dans l'exercice de leur activité » (définition codifiée). Sur la réforme v. not. : S. MONNIER, « La réforme du droit des archives. À propos de la loi du 15 juillet 2008 ». *DA*, 2008, p. 21 s. ; P. GONOD, « La réforme des archives : une occasion manquée », *AJDA*, 2008, p. 1597 s. ; E. ROYER, « Mise en œuvre de la réforme des archives », *AJDA*, 2009, p. 1688 ; M. ROUX, « Protection du patrimoine culturel : la propriété publique mobilisée », *AJDA*, 2018, p. 313 s.

[925] Tel qu'en vigueur au 1er janvier 2018.

V. déjà articles 66 et 67, Loi n° 83-663 du 22 juillet 1983 relative à la répartition des compétences entre les communes, les départements, les régions et l'État, *JO*, 23 juillet, 1983, p. 2292 s.

[926] Article L. 211-4 Code du patrimoine : « Les archives publiques sont : 1° Les documents qui procèdent de l'activité de l'État, des collectivités territoriales, des établissements publics et des autres personnes morales de droit public. [...] 2° Les

mêmes la conservation[927] et la mise en valeur. Toutefois, les régions peuvent également confier la conservation de leurs archives, par convention, au service d'archives du département où se trouve le chef-lieu de la région ». L'article L. 212-8 précise que « les services départementaux d'archives sont financés par le département ou, en Corse, par la collectivité de Corse[928] », qu'ils sont « tenus de recevoir et de gérer les archives des services déconcentrés de l'État ayant leur siège dans le département », de même que « les autres archives publiques constituées dans leur ressort ainsi que des archives que les communes sont tenues ou décident de déposer aux archives départementales ».

406. S'agissant des communes, le Code général des collectivités territoriales, l'obligation liée aux archives est citée comme exemple de ce que « comprennent notamment » ses dépenses obligatoires[929] ; ce n'est pas le cas s'agissant des départements[930] et des régions[931] alors que la formulation suggère les concernant la présentation d'une liste exhaustive.

407. Dans un sens similaire, le Code du patrimoine précise que « les groupements de collectivités territoriales sont propriétaires de leurs archives et sont responsables de leur conservation et de leur mise en valeur » et qu'ils

---

documents qui procèdent de la gestion d'un service public ou de l'exercice d'une mission de service public par des personnes de droit privé ; 3° Les minutes et répertoires des officiers publics ou ministériels et les registres de conventions notariées de pacte civil de solidarité ». V. sur la difficulté de détermination du caractère public ou privé des archives par ex. : CE, Ass., 13 avril 2018, n° 410939, *Association du Musée des Lettres et Manuscrits et autres* (à propos des archives de l'État), *Rec.* ; *RFDA*, p. 531, concl. Crepey ; *AJDA*, 2018, p. 820 ; *AJDA*, 2018, p. 973, note Roussel, Nicolas ; *D.*, 2018, p. 853 de Montecler ; *JCP G*, 2018, p. 653, note Verpeaux ; *JCP G*, 2018, doct. 908, chron. Eveillard ; *DA*, 2018, comm. 43 Eveillard ; *JCP A*, 2018, act. 390, Touzeil-Divina ; *CCE*, 2018 étude 15, Beignier, Noual ; S. Monnier, « L'action en revendication d'archives publiques », *AJDA*, 2017, p. 1927.
Article L. 211-5 Code du patrimoine : « Les archives privées sont l'ensemble des documents définis à l'article L. 211-1 qui n'entrent pas dans le champ d'application de l'article L. 211-4 ».

[927] Article L. 211-2 Code du patrimoine : « La conservation des archives est organisée dans l'intérêt public tant pour les besoins de la gestion et de la justification des droits des personnes physiques ou morales, publiques ou privées, que pour la documentation historique de la recherche ».

[928] Une modification du Code du patrimoine a été apportée s'agissant des archives et aux statuts types des conseils d'architecture, d'urbanisme et de l'environnement pour la Collectivité territoriale de Corse par le décret n° 2017-1876 du 29 décembre 2017 portant adaptation des dispositions relatives aux services d'archives et aux conseils d'architecture, d'urbanisme et de l'environnement à la collectivité de Corse, *JO*, 31 décembre 2017, texte n° 107.

[929] Article L. 2321-2, 2° Code général des collectivités territoriales.

[930] Article L. 3321-1 Code général des collectivités territoriales.

[931] Article L. 4321-1 Code général des collectivités territoriales.

« peuvent également confier la conservation de leurs archives, par convention, au service d'archives de l'une des communes membres du groupement ou les déposer au service départemental d'archives compétent »[932].

408. En matière d'accès aux œuvres d'art, l'article L. 1616-1 du Code général des collectivités territoriales prévoit dans une perspective patente de la politique culturelle de démocratisation culturelle que 1% du coût des constructions publiques doit être consacré à la réalisation d'une ou plusieurs œuvres d'art spécialement conçues par un artiste vivant, devant être intégrées au bâtiment ou installées à ses abords[933]. Il est dans cette perspective précisé que « Les communes, les départements et les régions veillent à la diversité des œuvres et des artistes sélectionnés [...] ».

409. L'article L. 622-13[934] indique, s'agissant des objets mobiliers, que « le propriétaire ou l'affectataire domanial est responsable de la conservation de l'objet mobilier classé[935] ou inscrit[936] au titre des monuments historiques qui lui appartient ou qui est mis à sa disposition ». À cette fin, « il est tenu d'en assurer la garde et la conservation et de prendre à cet effet les mesures

---

932 Article L. 212-6 Code du patrimoine.

933 Pour une analyse de ce procédé. V. not. H. FERON, *Avis, présenté au nom de la commission des affaires culturelles et de l'éducation sur le projet de loi de finances pour 2014, Culture, création, transmission des savoirs et démocratisation de la culture*, 10 octobre 2013, n° 1429, p. 17 s.

934 En vigueur au premier janvier 2018.
L'Ordonnance n° 2017-651 du 27 avril 2017 relative aux immeubles et objets mobiliers classés ou inscrits au titre des monuments historiques, *JO*, 28 avril 2017, texte n° 85 a modifié le livre VI du Code du patrimoine. La version des articles cités est issue de celle-ci.
V. Article 59, Loi n° 83-663 du 22 juillet 1983 relative à la répartition des compétences entre les communes, les départements, les régions et l'État, *JO*, 23 juillet, 1983, p. 2292 s.

935 Article L. 622- Code du patrimoine : « Les objets mobiliers, soit meubles, soit immeubles par destination, dont la conservation présente un intérêt public au point de vue de l'histoire, de l'art, de l'architecture, de l'archéologie, de l'ethnologie, de la science ou de la technique peuvent être classés au titre des monuments historiques. « Sont également classés au titre des monuments historiques les objets mobiliers, soit meubles, soit immeubles par destination, classés au même titre en application de la loi du 30 mars 1887. » ; Art. L. 622-2 Code du patrimoine : « Un ensemble ou une collection d'objets mobiliers dont la conservation dans son intégrité et sa cohérence présente un intérêt public au point de vue de l'histoire, de l'art, de l'architecture, de l'archéologie, de l'ethnologie, de la science ou de la technique peut être classé au titre des monuments historiques comme ensemble historique mobilier par décision de l'autorité administrative ».

936 Article L. 622-7 Code du patrimoine : « Les objets mobiliers, soit meubles, soit immeubles par destination, dont la conservation ne justifie pas un classement immédiat, mais présente un intérêt public au point de vue de l'histoire, de l'art, de l'architecture, de l'archéologie, de l'ethnologie, de la science ou de la technique, peuvent être inscrits au titre des monuments historiques par décision de l'autorité administrative ».

nécessaires ». Les dépenses impliquées par ces mesures, s'agissant des objets mobiliers classés, sont obligatoires pour les collectivités territoriales, à l'exception des frais de construction ou de reconstruction des locaux[937]. Il semblerait qu'alors de manière paradoxale, au regard des articles précédemment évoqués, ce ne soit pas le cas s'agissant des objets mobiliers classés.

410. Il est prévu de même que « le propriétaire ou le bénéficiaire de la mise à disposition est responsable de la conservation de l'immeuble classé[938] ou inscrit[939] au titre des monuments historiques qui lui appartient ou qui est mis à sa disposition »[940]. Le Code du patrimoine ne précise cependant pas que les dépenses nécessaires à cette conservation sont obligatoires pour les

---

[937] Article L. 622-15 Code du patrimoine.

[938] Article L. 621-1 Code du patrimoine : « Les immeubles ou parties d'immeubles, bâtis ou non bâtis, dont la conservation présente un intérêt public au point de vue de l'histoire, de l'art, de l'architecture, de l'archéologie, de l'ethnologie, de la science ou de la technique peuvent être classés au titre des monuments historiques. « Peuvent être classés au même titre les immeubles ou parties d'immeubles qui forment avec un immeuble classé un ensemble cohérent ou dont la préservation, la réhabilitation ou la démolition est susceptible de contribuer à la conservation ou à la mise en valeur d'un immeuble classé. « Sont classés et soumis aux dispositions du présent titre : « 1° Les immeubles figurant sur la liste publiée au Journal officiel de la République française du 18 avril 1914, sauf s'ils ont fait l'objet d'un déclassement ultérieur ; « 2° Les immeubles ayant fait l'objet de décrets ou d'arrêtés de classement conformément aux dispositions de la loi du 30 mars 1887 ; « 3° Les immeubles ayant fait l'objet de décrets ou d'arrêtés de classement conformément aux dispositions de la loi du 31 décembre 1913 ; « 4° Les parties d'un domaine national qui appartiennent à l'État ou à l'un de ses établissements publics, dès l'entrée en vigueur du décret délimitant le domaine national dans les conditions prévues à l'article L. 621-34 ».

[939] Article L. 621-15 Code du patrimoine : « Les immeubles ou parties d'immeubles, bâtis ou non bâtis, dont la conservation ne justifie pas un classement immédiat, mais présente un intérêt public au point de vue de l'histoire, de l'art, de l'architecture, de l'archéologie, de l'ethnologie, de la science ou de la technique, peuvent être inscrits au titre des monuments historiques par décision de l'autorité administrative. « Peuvent être inscrits au même titre les immeubles ou parties d'immeubles qui forment avec un immeuble ou une partie d'immeuble classé ou inscrit un ensemble cohérent ou les immeubles dont la préservation, la réhabilitation ou la démolition sont susceptibles de contribuer à la conservation ou à la mise en valeur d'un immeuble classé ou inscrit. « Sont inscrites et soumises aux dispositions du présent titre les parties d'un domaine national, non classées au titre des monuments historiques, qui appartiennent à une personne publique autre que l'État ou l'un de ses établissements publics, ou à une personne privée, dès l'entrée en vigueur du décret délimitant le domaine national dans les conditions prévues par l'article L. 621-34. Elles peuvent être classées au titre des monuments historiques dans les conditions définies à la présente section ».

[940] Article L. 621-11 Code du patrimoine.

collectivités territoriales, et ce même si le contrôle du caractère effectif de celle-ci semble le laisser supposer[941].

411. Les départements se sont vus transférer les bibliothèques centrales de prêts, aujourd'hui dénommées bibliothèques départementales[942]. Ces dernières, créées par l'Ordonnance du 2 novembre 1945 créant une bibliothèque centrale de prêt dans certains départements[943], ont pour objectif de favoriser la compensation des inégalités territoriales en permettant l'accès à la lecture aux petites communes[944] dans les zones rurales. L'exposé des motifs de cette ordonnance est à cet égard particulièrement explicite : « L'entretien d'une bibliothèque publique dépasse les possibilités budgétaires de la plupart des petites communes, notamment de celles dont la population municipale est inférieure à 15 000 habitants. Il est nécessaire que l'État vienne en aide à ces communes ». Si ces bibliothèques ont conservé leur rôle initial, elles ont plusieurs dizaines d'années plus tard, d'autres raisons d'être. Elles doivent « faire émerger des bibliothèques municipales ou intercommunales efficaces ; apporter un appui aux communes et EPCI et à leurs bibliothèques ; créer et animer pour le profit de chacune de ses composantes, un réseau départemental ; mettre leur expertise au service des politiques départementales »[945].

412. La loi relative aux libertés et responsabilités locales confie l'inventaire général du patrimoine culturel aux régions et à la collectivité

---

941 Cf. *infra*.

942 Article L. 330-1 Code du patrimoine.
L'Ordonnance n° 2017-650 du 27 avril 2017 modifiant le livre III du code du patrimoine, *JO*, n° 100, 28 avril 2017, texte n° 83, a modifié le livre VI du Code du patrimoine. La version des articles cités est issue de celle-ci.

943 *JO*, 4 novembre 1945, p. 7241.
L'article 60 de la Loi n° 83-663 du 22 juillet 1983 relative à la répartition des compétences entre les communes, les départements, les régions et l'État (*JO*, 23 juillet, 1983, p. 2292) a effectué le transfert des bibliothèques centrales de prêt aux départements (mis en œuvre au 1er janvier 1986). L'article 6 de la loi 92-651 du 13 juillet 1992 relative à l'action des collectivités locales en faveur de la lecture publique et des salles de spectacle cinématographique (*JO*, 16 juillet 1992, p. 9514) modifie leur dénomination de « bibliothèque centrale de prêt » à « bibliothèque départementale de prêt ».

944 Pour un commentaire de cet article v. not : M. CORNU, V. NEGRI, *Code du patrimoine*, *op. cit.*, p. 124 s.

945 J.-L. GAUTIER-GENTES, « Les bibliothèques départementales de prêt : indispensables autrement », *in* INSPECTION GENERALE DES BIBLIOTHEQUES, *Rapport annuel de l'Inspection générale des bibliothèques 2013*, 2014, p. 8. V. aussi sur les BDP : P. ESPINAT, *Les plans de développement de la lecture publique et des bibliothèques, entre changement et continuité de l'activité des BDP. Le cas particulier du plan et de la BDP de la Corrèze*, Mémoire d'étude ENSSIB, janvier 2005.

territoriale de Corse[946]. Celui-ci « recense, étudie et fait connaître les éléments du patrimoine qui présentent un intérêt culturel, historique ou scientifique »[947]. L'inventaire général peut être confié aux collectivités territoriales ou aux groupements de collectivités qui en font la demande dans leur ressort.

413. Le Code général des collectivités territoriales indique quant à lui que « la métropole exerce de plein droit, en lieu et place des communes membres, en matière de développement et d'aménagement économique, social et culturel », les opérations de « construction, aménagement, entretien et fonctionnement d'équipements culturels [...] d'intérêt métropolitain »[948]. Cette disposition résulte directement de la définition de la métropole entendue comme « établissement public de coopération intercommunale à fiscalité propre regroupant plusieurs communes d'un seul tenant et sans enclave au sein d'un espace de solidarité pour élaborer et conduire ensemble un projet d'aménagement et de développement économique, écologique, éducatif, culturel et social de leur territoire afin d'en améliorer la cohésion et la compétitivité et de concourir à un développement durable et solidaire du territoire régional » ; cette dernière devant valoriser « fonctions économiques métropolitaines, ses réseaux de transport et ses ressources universitaires, de recherche et d'innovation, dans un esprit de coopération régionale et interrégionale et avec le souci d'un développement territorial équilibré »[949].

414. Enfin, les autorités de police administrative générale, en particulier le maire, doivent faire usage de leurs compétences en matière de police administrative pour prévenir tout trouble à l'ordre public qui résulterait d'une activité relevant du domaine culturel[950]. L'article L. 2212-2 du Code générale des collectivités territoriales dispose en effet que « la police municipale a pour objet d'assurer le bon ordre, la sûreté, la sécurité et la salubrité publiques. Elle comprend notamment : [...] Le soin de réprimer les atteintes à la tranquillité publique telles que les rixes et disputes accompagnées d'ameutement dans les rues, le tumulte excité dans les lieux d'assemblée publique, les attroupements, les bruits, les troubles de voisinage, les rassemblements nocturnes qui troublent le repos des habitants et tous actes de nature à compromettre la

---

[946] Article 95 II, Loi n° 2004-809 du 13 août 2004 relative aux libertés et responsabilités locales, *JO*, 17 août 2004, p. 14545 s.
[947] Article 95 I, *ibid.*
[948] Article L. 5217-2 Code général des collectivités territoriales.
[949] Article L. 5217-1 Code général des collectivités territoriales.
[950] Cf. *infra*.
Sur la police de la culture à l'échelon local. V. not : J.-P. PASTOREL, « De la police administrative des activités culturelles », *RDP*, 2005, p. 400 s. ; O. BUI-XUAN, *Guide juridique de l'action culturelle locale*, *op. cit.*, p. 119 s. ; C. LAJAUNIE, *La police de la culture*, Thèse, Aix-Marseille, 2000, p. 42 s. et 142.

tranquillité publique ; [...] le maintien du bon ordre dans les endroits où il se fait de grands rassemblements d'hommes, tels que les foires, marchés, réjouissances et cérémonies publiques, spectacles, jeux, cafés, églises et autres lieux publics » . Ainsi, l'autorité de police administrative générale a pu intervenir dans le domaine du cinéma[951], du spectacle vivant[952]...

415. L'action culturelle des collectivités territoriales repose également sur des compétences facultatives dont l'exercice doit être réalisé dans le cadre d'une politique culturelle compatible avec la politique culturelle étatique.

B) Les compétences facultatives des collectivités territoriales : une politique culturelle compatible avec la politique culturelle étatique

416. Il est admis par la doctrine que les collectivités territoriales n'ont pas attendu les lois de décentralisation pour intervenir dans le domaine culturel. En effet, elles agissaient sur le fondement de leur clause générale de compétences (1) avant que des compétences ne leur soient transférées, permettant éventuellement de participer à l'action culturelle étatique, par le biais de la mise en œuvre de leurs propres actions culturelles (2).

1) La clause générale de compétences dans le domaine culturel

417. Les collectivités territoriales ont largement utilisé leur clause générale de compétences pour intervenir dans le domaine culturel avant comme après les transferts de compétences[953]. En effet, celle-ci leur accorde une capacité d'intervention générale, sans qu'il soit nécessaire de procéder à une énumération de leurs attributions. Affirmée pour la première fois dans la loi municipale du 5 avril 1884, qui dispose que « le conseil municipal règle par

---

[951] V. le célèbre : CE, sect, 18 décembre 1959, *Société les films Lutétia et Syndicat français des producteurs et exportateurs de films, Rec.*, p. 693 ; *S.*, 1960, p. 94, concl. MAYRAS ; *AJDA*, 1960, p. 21, chron., COMBARNOUS et GALABERT ; *D.*, 1960, p. 171, note WEIL ; *RA*, 1960, p. 31, note JURET ; JCP, 1961, II, p. 11898, note MIMIN ; M. LONG, P. WEIL, G. BRAIBANT, P. DELVOLVE, B GENEVOIS, *Les grands arrêts de la jurisprudence administrative*, Dalloz, 21e éd., 2017, n° 72, p. 476 s. ; J.-F. LACHAUME, H. PAULIAT, S. BRACONNIER, C. DEFFIGIER, *Droit administratif. Les grandes décisions de la jurisprudence*, PUF, 17e éd., 2017, p. 302 s.

[952] Sur la police des spectacles. V. not. : J.-M. PONTIER, « La police des spectacles », *in* CENTRE D'ETUDES ET DE RECHERCHES SUR LES CONTENTIEUX, Université du Sud Toulon Var, *Les contentieux du spectacle vivant*, L'Harmattan, 2004, p. 33 s. (en part. 64 s.).

[953] P.-L. FRIER, « La répartition actuelle des compétences entre l'État et le pouvoir local », *op. cit.*, p. 64 s. ; J.-M. PONTIER, J.-C. RICCI, J. BOURDON, *Droit de la culture*, Dalloz, Précis, 2e éd., 1996, p. 137 s. ; S. MONNIER, E. FOREY, *op. cit.*, p. 38 ; J.-R. PELLAS, *op. cit.*, p. 73 ; J.-F. AUBY, *op. cit.*, p. 77 s.

ses délibérations les affaires de la commune »[954], elle a été étendue en 1982 aux départements et aux régions[955]. Cette intervention demeure néanmoins subordonnée, dans le domaine culturel, comme dans les autres, à l'existence d'un intérêt local (ici culturel), et est limitée tant par l'application du principe de la liberté du commerce et de l'industrie que par l'existence de compétences exclusivement réservées à un autre niveau de collectivité[956].

418. Sans qu'il soit nécessaire de revenir sur les débats relatifs au maintien de la clause générale de compétences et sur les législations successives qui l'ont tantôt supprimée, tantôt rétablie[957], il convient de souligner que la loi du 7 août 2015 portant nouvelle organisation territoriale de la République (NOTRe) la supprime à nouveau pour les départements et les régions[958], tout en la maintenant pour les communes. Les conseils départementaux et régionaux règlent désormais par leurs délibérations leurs affaires « dans les domaines de compétences que la loi [leur] attribue ».

419. Une telle suppression n'a qu'une influence relative s'agissant du domaine culturel. En effet, il fait toujours l'objet d'une compétence partagée

---

[954] Article 61, Loi du 5 avril 1884 relative à l'organisation municipale, *JO*, 6 avril 1884, p. 1557 s. Même si est souvent citée également à ce propos la Loi du 10 août 1871 relative aux conseils généraux, n° 1871-08-10, *Bulletin des Lois*, 29 août 1871.

[955] Pour le département : Article 23 al. 1, Loi n° 82-213 du 2 mars 1982 relative aux droits et libertés des communes, des départements et des régions, *JO*, 3 mars 1982, p. 730 s.

Pour la région : Article 59 al. 2, Loi n° 82-213 du 2 mars 1982 relative aux droits et libertés des communes, des départements et des régions, *ibid.*

Ces textes ont fait l'objet d'une codification : Articles L. 2121-29 Code général des collectivités territoriales (commune), L. 3211-1 Code général des collectivités territoriales (département), L. 4221-1 Code général des collectivités territoriales (région).

[956] Cf. *infra*.

[957] Article 73, Loi n° 2010-1563 du 16 décembre 2010 de réforme des collectivités territoriales, *JO*, 17 décembre 2010, p. 22146 s. ; Article 1, Loi n° 2014-58 du 27 janvier 2014 de modernisation de l'action publique territoriale et d'affirmation des métropoles, *JO*, 28 janvier 2014, p. 1562 s.

Sur la clause générale de compétence et l'évolution v. par ex. : A. HASTINGS-MARCHADIER, B. FAURE (dir.), *La décentralisation à la française*, LGDJ, Systèmes pratique, 2015, p. 28 s. ; M. VERPEAUX, L. JANICOT, *Droit des collectivités territoriales*, PUF, Major, p. 340 s. ; B. FAURE, *Droit des collectivités territoriales*, Dalloz, 4e éd. 2016, p. 516 et 581 s. V. aussi par ex. : L. JANICOT, « Les collectivités territoriales, une définition doctrinale menacée ? », *RFDA*, 2011, p. 227 ; B. FAURE, « La clause générale de compétence et le chercheur », *AJDA*, 2015, p. 1825. M. DOAT, « De la suppression de la clause générale des compétences », *Pouvoirs locaux*, 2017, n°107, p. 115.

[958] Articles 94 (département) et 1 (région), Loi n° 2015-991 du 7 août 2015 portant nouvelle organisation territoriale de la République, *JO*, 8 août 2015, p. 13705 s.

Articles codifiés aux articles L. 3211-1 al. 1 Code général des collectivités territoriales. (département) et L. 4221-1 al 1 Code général des collectivités territoriales (région).

entre l'État et les collectivités territoriales. Ainsi, l'article 103 de la loi NOTRe dispose que « la responsabilité en matière culturelle est exercée conjointement par les collectivités territoriales et l'État dans le respect des droits culturels énoncés par la convention sur la protection et la promotion de la diversité des expressions culturelles du 20 octobre 2005 ». À cet effet l'article L.1111-4 al. 1 du Code général des collectivités territoriales modifié indique que « les compétences en matière de culture, de sport, de tourisme, de promotion des langues régionales et d'éducation populaire sont partagées entre les communes, les départements, les régions et les collectivités à statut particulier »[959].

420. Le maintien d'une compétence partagée en matière culturelle traduit la volonté de l'État de ne pas décentraliser cette compétence. Il lui permet également d'utiliser toutes ses ressources pour réaliser même indirectement la satisfaction de l'intérêt général culturel en laissant une marge de manœuvre encadrée aux collectivités territoriales[960], et ce, dans une logique d'efficacité et de proximité.

2) Les compétences facultatives d'attribution dans le domaine culturel

421. Les lois de décentralisation ont transféré des compétences culturelles facultatives aux collectivités territoriales et à leurs groupements. La mise en œuvre de ces compétences par les collectivités territoriales ou leurs groupements afin de mener leur propre politique culturelle s'accompagne souvent d'obligations imposées par l'État. Ces dernières s'expliquent par la volonté de faire participer les collectivités territoriales ou leurs groupements, consciemment ou pas, volontairement ou pas, à la politique culturelle étatique. Ces compétences relèvent essentiellement du patrimoine (a) et de l'enseignement artistique (b), mais aussi du domaine du spectacle vivant, du cinéma (c).

a) Les compétences dans le domaine patrimonial

422. En matière patrimoniale, le choix d'intervenir des collectivités territoriales ou de leurs groupements s'accompagne d'un contrôle et de contraintes imposées par l'État.

---

959 Article 104, Loi n° 2015-991 du 7 août 2015, *op. cit.* Sur ce point, v. par ex. : J.-M. PONTIER, « La compétence culture des collectivités territoriales après la loi NOTRe », *Juris art etc.*, 2016, n° 40, p. 17 s.
960 Cf. *supra.*

423. Ainsi, dans le domaine de la lecture publique, le Code du patrimoine prévoit que « les bibliothèques des collectivités territoriales ou de leurs groupements sont organisées et financées par la collectivité ou le groupement dont elles relèvent »[961]. Celui-ci précise en outre que « les collections de l'État déposées dans les bibliothèques municipales, dont les communes ou les établissements publics de coopération intercommunale ont l'usage et doivent assurer la conservation, sont placées sous la surveillance des communes ou des établissements publics de coopération intercommunale »[962].

424. De même en matière muséale[963], les collectivités territoriales ou leurs groupements peuvent créer des musées. Ces derniers doivent alors les organiser et les financer[964]. Des obligations et des contrôles spécifiques[965] leur sont imposés pour les musées auxquels l'appellation « Musée de France »[966]

---

[961] Article L. 310-1 Code du patrimoine. Article 61, Loi n° 83-663 du 22 juillet 1983 relative à la répartition des compétences entre les communes, les départements, les régions et l'État, *JO*, 23 juillet, 1983, p. 2292 s. Cela n'est pas sans parfois soulever des difficultés, puisque leur bon fonctionnement repose alors « en grande partie sur les agents qui en ont la charge et sur les relations qu'ils entretiennent avec les autorités locales ». N. BALLEY, « La gestion des fonds patrimoniaux est dans une certaine incertitude juridique », *Juris art etc.*, 2015, n° 26, p. 30. V. aussi : N. WAGENER, « Quel droit et quelle loi pour les bibliothèques ? », *Juris art etc.*, 2015, n° 26, p. 20 s. ; A.-M. BERTRAND, « Censures, bibliothèques et pouvoirs locaux », *Juris art etc.*, 2015, n° 26, p. 31 ; E. ORSENNA, N. CORBIN, *Voyage au pays des bibliothèques. Lire aujourd'hui, lire demain, Rapport*, n° 2017-35, 2018, p. 37 s. À noter que l'article 1 de la loi n° 2021-1717 du 21 décembre 2021 relative aux bibliothèques et au développement de la lecture publique (*JO*, 22 décembre 2021, texte n° 3, codifié à l'article L. 310-1 A du Code du patrimoine) a précisé les missions bibliothèques des collectivités territoriales ou de leurs groupements.
[962] R. 310-4 Code du patrimoine.
[963] Article L. 410-1 Code du patrimoine : « Est considérée comme musée, au sens du présent livre, toute collection permanente composée de biens dont la conservation et la présentation revêtent un intérêt public et organisée en vue de la connaissance, de l'éducation et du plaisir du public ».
Sur les musées : E. MIRIEU DE LABARRE, « Naissance d'un statut général des musées, l'apport du livre IV du code du patrimoine », *AJDA*, 2004, p. 1344 ; F. THURIOT, « Les musées sur fond de réforme des collectivités territoriales », *AJCT*, 2011, p. 156 s. ; J.-D. DREYFUS, « Musées et autres équipements muséographiques : perméabilité des frontières, recherche de nouveaux modèles », *AJCT*, 2011, p. 159 s. ; M. CORNU, V. NEGRI, *Code du patrimoine*, *op. cit.*, p. 137 s.
[964] Article L. 410-2 al. 1 Code du patrimoine.
V. Article 62, Loi n° 83-663 du 22 juillet 1983, *op. cit.*
[965] Cf. *infra.*
[966] Réglementation sur les musées de France : Loi n° 2002-5 du 4 janvier 2002 relative aux musées de France, *JO*, 5 janvier 2002, p. 305 s., codifiée aux articles L. 441-1 s. Code du patrimoine. V. par ex. : P. GALAN, « Les musées de France », *Droit et ville*, 2003, p. 245 s. ; J.-M. PONTIER, « L'appellation Musée de France », *Juris art etc.*, 2017, n° 52, p. 16 (et plus largement l'ensemble du dossier « Musées de France - Le patrimoine en partage », p. 15 s.).

a été attribuée[967] à leur demande[968] ou pas[969]. En effet, les musées classés des collectivités territoriales sont qualifiés d'office de « Musée de France » en raison de leurs spécificités et par conséquent de leur rôle indirect dans la politique culturelle étatique. Les musées classés présentaient, en effet, « dans leurs collections un certain nombre d'œuvres mises en dépôt par l'État depuis une période plus ou moins longue » et accueillaient « des personnels scientifiques ».[970]

425. Les missions des musées de France traduisent explicitement leur participation à la politique culturelle étatique. Ils ont pour objectif de « conserver, restaurer, étudier et enrichir leurs collections ; rendre leurs collections accessibles au public le plus large ; concevoir et mettre en œuvre des actions d'éducation et de diffusion visant à assurer l'égal accès de tous à la culture ; contribuer aux progrès de la connaissance et de la recherche ainsi qu'à leur diffusion [...] »[971]. Ces obligations peuvent être relatives à l'établissement des droits d'entrée[972], à son organisation[973]...

426. Enfin, les collectivités territoriales ou leurs groupements peuvent créer des services archéologiques. Ces derniers sont alors « organisés et financés par celles-ci »[974], les opérations de fouilles devant alors répondre à certaines obligations sous le contrôle de l'État[975].

---

967 Article L. 410-2 al. 2 Code du patrimoine.
968 Article L. 442-1 al. 1 Code du patrimoine : « L'appellation " musée de France " est attribuée à la demande de la ou des personnes morales propriétaires des collections, par décision de l'autorité administrative après avis du Haut Conseil des musées de France [...] ».
969 L. 442-2 Code du patrimoine : « A compter du 5 janvier 2002, l'appellation "musée de France" est attribuée aux musées nationaux, aux musées classés en application des lois et règlements en vigueur antérieurement à cette même date et aux musées de l'État dont le statut est fixé par décret ». S'agissant des musées contrôlés, les collectivités territoriales dans un délai de treize mois ont eu la possibilité de s'opposer à ladite décision (Art. 18-II, Loi n° 2002-5 du 4 janvier 2002 relative aux musées de France, *JO*, 5 janvier 2002, p. 305 s.).
970 M. Cornu, V. Negri, *Code du patrimoine*, *op. cit.*, p. 157.
971 Article L. 441-2 Code du patrimoine.
972 Article L. 442-6 Code du patrimoine.
973 Par ex : Articles L. 442-7, L. 442-8, L.442-9 Code du patrimoine.
974 L. 522-7 al. 1 Code du patrimoine.
975 Cf. *infra*.

b) Les compétences dans le domaine de l'enseignement artistique spécialisé

427. L'État attribue un rôle essentiel aux collectivités territoriales dans le domaine de l'enseignement artistique spécialisé[976]. Ces dernières « garantissent [avec lui] une véritable égalité d'accès aux enseignements artistiques, à l'apprentissage des arts et de la culture. Cette politique s'exprime notamment par le financement de l'enseignement artistique spécialisé au travers des établissements d'enseignement public, de la musique, de la danse et de l'art dramatique »[977].

428. Les collectivités territoriales participent ainsi de manière explicite à la politique culturelle de l'État, et particulièrement à son objectif de démocratisation culturelle dont « l'éducation artistique est le premier vecteur »[978]. En effet, « elle permet de former le sens esthétique et de développer la sensibilité et l'éveil à travers le plaisir de l'expérimentation et la connaissance d'œuvres de référence »[979]. Les premières lois de décentralisation confirment que l'enseignement artistique spécialisé relève de l'initiative des communes des départements et des régions, qu'il s'agisse de la musique, de la danse et de l'art dramatique ou des arts plastiques, à l'exception de l'enseignement supérieur[980]. Les dispositions de la loi de 2004[981], pour

---

[976] Il n'est pas question ici de l'enseignement en matière de musique et d'arts plastiques dispensé dans les établissements publics d'enseignement général pour lesquels les collectivités territoriales n'ont aucune responsabilité d'organisation ou de définition. Sur l'enseignement artistique spécialisé. V. not. : J.-M. PONTIER, « La danse et le droit », *AJDA*, 1990, p. 84 s. ; P.-L. FRIER, « Les transferts de compétences dans les secteurs de la formation professionnelle, de l'éducation et de la culture », *AJDA*, 2004, p. 1984 s. ; S. BRONDEL, « Comment sortir l'enseignement artistique de la crise ?, *AJDA*, 2008, p. 1462 ; C. MORIN-DESSAILLY, *Rapport d'information sur la décentralisation des enseignements artistiques*, Sénat, n° 458, 9 juillet 2008 ; S. SIERRA MARKIEWICZ (dir.), *Guide pratique de l'enseignement artistique*, éditions du CNFP, 2008 ; A. VEITL, « Des politiques et des musiques », *in* P. POIRRIER (dir.), *Politiques et pratiques de la culture*, La Documentation française, 2010, p. 144 s.

[977] Article L. 216-2 al. 2 Code de l'éducation.

[978] MINISTERE DE LA CULTURE ET DE LA COMMUNICATION, « Charte de l'enseignement artistique spécialisé en danse, musique et théâtre », *La lettre d'information*, Hors-série, 2001, n° 80, p. 3. V. aussi : Deuxième partie, I, V. ELBLE, J. BARGETON, *Rapport général au nom de la commission des finances sur le projet de loi de finances, adopté par l'Assemblée nationale, pour 2019, Les moyens des politiques publiques et les dispositions spéciales*, T. III, Annexe n° 8, Culture, n°147, 22 novembre 2018.

[979] *Ibid.*

[980] Articles 63 et 64 de la loi n° 83-663 du 22 juillet 1983, *op. cit.* ; article 102 Loi n° 2004-809 du 13 août 2004 relative aux libertés et responsabilités locales, *JO*, 17 août 2004, p. 14545 s., codifié article L. 759-1 Code de l'éducation.

[981] Articles 101, 102 et 121 Loi n° 2004-809 du 13 août 2004 relative aux libertés et responsabilités locales, *op. cit.*

partie codifiées dans le Code de l'éducation[982], visent à clarifier la répartition des compétences dans ce domaine, dans un souci de rationalisation. Ainsi, les communes ou leurs groupements sont chargés de l'enseignement initial, sauf s'agissant des établissements existants à la date de publication de la loi et relevant d'une autre collectivité. Les départements fixent leur participation au financement des établissements d'enseignement artistique au titre de l'enseignement initial, par le biais d'un schéma départemental de développement des enseignements artistiques. La région quant à elle « organise l'enseignement préparant à l'entrée dans les établissements d'enseignement supérieur de la création artistique dans le domaine du spectacle vivant »[983].

429. Il existe désormais trois catégories d'établissements publics d'enseignement artistiques classés, à la demande de la collectivité territoriale[984], en fonction de la nature et du niveau des enseignements dispensés, des qualifications du personnel enseignant et de la participation de l'établissement à l'action éducative et culturelle locale[985] : les conservatoires à rayonnement régional, les conservatoires à rayonnement départemental et les conservatoires à rayonnement communal ou intercommunal.

430. Afin « d'améliorer l'offre de formation et les conditions d'accès à l'enseignement », et donc toujours dans un souci d'efficacité et de rationalisation de la politique culturelle étatique, le département est chargé d'adopter « un schéma départemental de développement des enseignements artistiques dans les domaines de la musique, de la danse et de l'art dramatique »[986]. La région peut dans la même perspective également adopter un tel schéma au niveau régional, en tenant compte des schémas départementaux et après concertation des collectivités concernées et avis de la conférence territoriale de l'action publique[987].

---

982 Articles L. 216-2, l. 216-2-1 et L. 759-1 Code de l'éducation.
983 Article L. 216-2 al 4 à 8 Code de l'éducation.
984 R. 461-2 Code de l'éducation.
985 V. articles R. 461-1 s. Code de l'éducation créé par le décret n° 2008-263 du 14 mars 2008, relatif aux dispositions réglementaires du livre IV du code de l'éducation, *JO*, 18 mars 2008, p. 30003 s. Les trois catégories d'établissements étaient prévues avant la codification par décret n° 2006-1248 du 12 octobre 2006 relatif au classement des établissements d'enseignement public de la musique, de la danse et de l'art dramatique, du 13 octobre 2006, p. 15223 s.
986 Article L. 216-2 al. 5 Code de l'éducation.
987 Article L. 216-2 al. 7 Code de l'éducation.

c) Les compétences dans le domaine du cinéma et du spectacle vivant

431. Dès 1992, en matière cinématographique, le département a été autorisé sous conditions à attribuer des subventions à des entreprises existantes ayant pour objet l'exploitation de salles de spectacle cinématographique[988]. Cette possibilité maintenue en 2002[989] est codifiée à l'article L. 3232-4 du Code général des collectivités territoriales qui dispose que « le département peut, après avis du conseil municipal de la commune où est située l'entreprise concernée, attribuer des subventions à des entreprises existantes ayant pour objet l'exploitation de salles de spectacle cinématographique dans des conditions fixées par décret en Conseil d'État[990]. Ces subventions ne peuvent être attribuées qu'aux établissements qui, quel que soit le nombre de leurs salles, réalisent en moyenne hebdomadaire moins de 7 500 entrées ou qui font l'objet d'un classement art et essai dans des conditions fixées par décret[991].

432. Dans le même sens, l'article L. 2251-4 du Code général des collectivités dispose que « la commune peut attribuer des subventions à des entreprises existantes ayant pour objet l'exploitation de salles de spectacle cinématographique dans des conditions fixées par décret en Conseil d'État ». Ces subventions ne peuvent être attribuées qu'aux établissements qui, quel que soit le nombre de leurs salles, réalisent en moyenne hebdomadaire moins de 7 500 entrées ou qui font l'objet d'un classement art et essai dans des conditions fixées par décret [...] »[992].

---

[988] Article 8, Loi 92-651 du 13 juillet 1992 relative à l'action des collectivités locales en faveur de la lecture publique et des salles de spectacle cinématographique, *JO*, 16 juillet 1992, p. 9514 s.
Codifié à l'article L. 3232-4 Code général des collectivités territoriales par la loi n° 96-142 du 21 février 1996 relative à la partie législative du Code général des collectivités territoriales, *JO*, 24 février 1996, p. 2992 s.
[989] Article 110, Loi n° 2002-276 du 27 février 2002 relative à la démocratie de proximité, *JO*, 28 février 2002, p. 3808 s.
[990] Pour l'ensemble des collectivités territoriales, les conditions d'aide sont fixées aux articles R. 1511-40 à 1511-43 Code général des collectivités territoriales. Issus du Décret n° 94-1218 du 29 décembre 1994 pris en application des articles 5-IV et 48-IV de la loi n° 82-213 du 2 mars 1982 modifiée relative aux droits et libertés des communes, des départements et des régions, *JO*, 31 décembre 1994, p. 19060 s. (Abrogé en 2000).
[991] Décret n° 2014-794 du 9 juillet 2014 relatif à la partie réglementaire du code du cinéma et de l'image animée, *JO*, 11 juillet 2014, p. 11529 s.
Codifié article D. 212-90 s. Code du cinéma et de l'image animée.
[992] Article 7, Loi n° 92-651 du 13 juillet 1992 relative à l'action des collectivités locales en faveur de la lecture publique et des salles de spectacle cinématographique, *op. cit.*

433. La région peut intervenir économiquement en matière cinématographique en vertu de sa mission générale de contribution au développement culturel[993].

434. Les collectivités territoriales peuvent intervenir dans le domaine du spectacle vivant[994]. Les spectacles vivants sont les spectacles « produits ou diffusés par des personnes qui, en vue de la représentation en public d'une œuvre de l'esprit, s'assurent la présence physique d'au moins un artiste du spectacle percevant une rémunération »[995]. En effet, elles sont habilitées à subventionner les entreprises de spectacles vivants[996] quelle que soit la forme juridique de celles-ci[997] et peuvent gérer des salles de spectacles notamment en régie directe. Dans cette dernière hypothèse, la licence d'entrepreneur de spectacle[998] est accordée à la personne physique désignée par l'autorité compétente[999]. Enfin, les communes et EPCI dotés d'une fiscalité propre peuvent, par une délibération de portée générale[1000] exonérer de cotisations foncières des entreprises certaines entreprises de spectacles vivants : les théâtres nationaux, les autres théâtres fixes, les lieux de diffusion de spectacles vivants lorsque l'entreprise exerce l'activité d'exploitant de lieux de spectacles aménagés pour les représentations publiques au sens de l'article L. 7122-1 du Code du travail[1001].

Codifié par la Loi n° 96-142 du 21 février 1996 relative à la partie législative du Code général des collectivités territoriales, *op. cit.*, modifié par l'article 110 de la Loi n° 2002-276 du 27 février 2002 relative à la démocratie de proximité, *JO*, 28 février 2002, p. 3808 s.

[993] Article L. 4211-1 6° *CGCT.*

[994] Ordonnance n° 45-2339 du 13 octobre 1945 relative aux spectacles, *JO*, 14 octobre 1945, p. 6505 s., modifiée par Loi n° 99-198 du 18 mars 1999 portant modification de l'ordonnance n° 45-2339 du 13 octobre 1945 relative aux spectacles, *JO*, 19 mars 1999, p. 4047.

[995] Article 1, Loi n° 99-198 du 18 mars 1999, *ibid.* V. aussi : Circulaire du 13 juillet 2000 relative à la licence d'entrepreneur de spectacles, *JO*, 4 novembre 2000, p. 17517. Codification article L. 7122-1 Code du travail.

[996] Article 2, Loi n° 99-198 du 18 mars 1999, *op. cit.* (ajoutant 1er-2 à l'ordonnance). V. aussi : Circulaire du 13 juillet 2000, *op. cit.*

[997] Circulaire du 13 juillet 2000, *ibid.*

[998] « Est entrepreneur de spectacles vivants toute personne qui exerce une activité d'exploitation de lieux de spectacles, de production ou de diffusion de spectacles, seul ou dans le cadre de contrats conclus avec d'autres entrepreneurs de spectacles vivants, quel que soit le mode de gestion, public ou privé, à but lucratif ou non, de ces activités ». Article L. 7122-2 Code du travail. Ex Article 1, Ordonnance n° 45-2339, *op. cit.*

[999] Article 6, Loi n° 99-198 du 18 mars 1999, *op. cit.* (modifiant l'article 5 de l'ordonnance de 1945).

[1000] Article 1639 A bis, Code général des impôts.

[1001] Article 1464 A, Code général des impôts.

Conclusion du chapitre 1

435. Le décentrement organisationnel de l'État découle, suite à la mise en place d'un ministère en charge des affaires culturelles, de la création, du maintien et du pilotage de services déconcentrés dans le domaine culturel. Ces derniers témoignent de la volonté de l'État de mener directement une action culturelle territoriale de proximité efficace et adaptée au mieux au contexte local.

436. Le décentrement organisationnel résulte également de la décentralisation de compétences, tantôt obligatoires, tantôt facultatives, relevant du domaine culturel aux collectivités territoriales ou à leurs groupements. Cette décentralisation dans le domaine culturel, et non la décentralisation culturelle, est donc dans cette perspective considérée de façon traditionnelle comme un mode d'organisation administrative de l'État. Celui-ci utilise les collectivités territoriales pour mettre en œuvre sa propre politique culturelle de proximité.

437. Par ailleurs, déconcentration et décentralisation apparaissent dans le domaine culturel, comme dans d'autres, comme interdépendantes. « Tout se passe, ou presque, comme si ces modèles ne pouvaient se passer l'un de l'autre, l'existence de l'un conditionnant l'existence de l'autre »[1002]. Ce constat est particulièrement patent lors de l'analyse des réformes successives des dispositions relatives aux directions régionales des affaires culturelles et aux compétences culturelles des collectivités territoriales.

438. Le décentrement organisationnel de l'État culturel connaît cependant un certain nombre d'incertitudes et de limites dues notamment à la décentralisation, à l'enchevêtrement des compétences dans le domaine culturel, et au contexte de restriction budgétaire. L'État pour y pallier procède à un décentrement par la coopération de son action culturelle. Celui-ci lui permet de s'assurer de la participation effective des collectivités à sa propre politique culturelle, dans une perspective apparemment partenariale.

[1002] J. CAILLOSSE, « Retour sur le couple décentralisation et déconcentration », *op. cit.*, p. 64.

Chapitre 2 : Le décentrement par la coopération de l'État culturel

439. Le décentrement par la coopération de l'État culturel découle de sa collaboration ancienne avec les collectivités territoriales et du contrôle qu'il exerce sur celles-ci. L'un et l'autre permettent à l'État de faire participer ces dernières à son action culturelle à partir des territoires et de leur diversité, même si elles escomptent tirer des avantages de ces partenariats.

440. L'État a en effet très tôt mené une politique de coopération avec les collectivités territoriales, tout en encourageant leurs propres politiques culturelles. Il y a sans doute d'abord vu « le moyen de démultiplier, grâce aux ressources locales, ses propres actions culturelles »[1003] puis celui de les maintenir en s'attachant aux spécificités territoriales, et ce, dans un contexte marqué par de possibles divergences entre ces différentes politiques culturelles liées aux revendications territoriales, à la construction européenne, à la mondialisation et à la libéralisation.

441. Dans la perspective de la décentralisation, la coopération « laisse s'exprimer le pluralisme culturel et une revendication à l'expression culturelle légitime généralisée, en les régulant par deux normes fondamentales : la confrontation à des exigences minimales de cohésion, la reconnaissance, au sein de la pluralité, d'exigences minimales de qualité »[1004]. Ce constat dressé pour la coopération entre l'État et les villes semble par induction pouvoir être étendu à l'ensemble des coopérations entre l'État et les collectivités territoriales dans le domaine culturel.

442. Le *décentrement par la coopération directe* de l'État culturel est réalisé par la conclusion de conventions et la création d'institutions entre l'État et les collectivités territoriales, ainsi que par la labellisation de certaines activités, biens ou structures de ces dernières ou auxquelles elles participent. Ces instruments permettent en effet à l'État de conserver une influence dans la détermination et la mise en œuvre des actions culturelles territoriales.

443. Il est intéressant de relever à cet égard la mise en place, auprès du ministre chargé de la culture, d'un Conseil des collectivités territoriales pour le développement culturel chargé « d'émettre des avis et des propositions sur toute question relevant du développement culturel mis en œuvre au plan

---

[1003] J.-F. AUBY, *op. cit.*, p. 109.

[1004] G. SAEZ, « Villes et culture, un gouvernement par la coopération », La démocratie participative, *Pouvoirs*, 1995, n° 73, p. 114.

territorial, dans le cadre de partenariats entre le ministère chargé de la culture et les collectivités territoriales »[1005].

444. L'État a par ailleurs procédé à un *décentrement par la coopération indirecte* qui résulte de la mise en place de contrôles spécifiques dans le domaine culturel : contrôles sur la gestion des activités par les collectivités territoriales, contrôles sur les structures, contrôles sur certains biens protégés, etc. Ces derniers sont parfois assortis de contreparties qui constituent en réalité une autre forme de contrôle. Contrôles et « contreparties » sont donc des garanties de la contribution des collectivités territoriales et de leurs groupements à la politique culturelle étatique.

445. Le décentrement de l'État culturel par la coopération directe (section 1) et la coopération indirecte doit alors être successivement envisagé (section 2).

Section 1 : Le décentrement par la coopération directe de l'État culturel

446. Le décentrement par la coopération directe de l'État et des collectivités territoriales, quelle que soit sa forme, doit tenir compte en principe du schéma de services collectifs culturels, dont l'effectivité est à ce jour relative[1006]. Celui-ci « définit les objectifs de l'État pour favoriser la création et développer l'accès de tous aux biens, aux services et aux pratiques culturels sur l'ensemble du territoire »[1007].

447. La collaboration passe d'abord par la conclusion de contrats de coopération, *coopération conventionnelle* et par la création de structures spécifiques, dans le cadre d'une *coopération institutionnelle*[1008] (§1). Elle découle ensuite du processus singulier de labellisation, quand bien même celui-ci se concrétise souvent par la conclusion d'une convention pluriannuelle d'objectifs. Les collectivités territoriales contribuent ainsi à l'action culturelle territoriale étatique (§2).

[1005] Article 2, Arrêté du 18 février 2002 portant création du conseil des collectivités territoriales pour le développement culturel, *JO*, 20 avril 2002, p. 7072.

[1006] V. en ce sens : C. Tanvet, M. R. Morin, *Les services collectifs demain en Bretagne, étude prospective*, Conseil économique, social et environnemental, Région Bretagne, 2013, p. 28.

[1007] Article 16, Loi n° 95-115 du 4 février 1995 d'orientation pour l'aménagement et le développement du territoire, *JO*, 5 février 1995, p. 1973.

[1008] Il ne s'agit pas ici de présenter en détail le régime juridique de chacun de ces types de coopération, mais simplement de montrer en quoi elles peuvent servir l'instrumentalisation par l'État des collectivités territoriales au profit de sa propre politique culturelle.

§1 : Des processus traditionnels de coopération : coopérations conventionnelle et institutionnelle

448. Deux processus traditionnels permettent la collaboration de l'État et des collectivités territoriales afin de mettre en œuvre en particulier son action culturelle territoriale.

449. La *coopération conventionnelle* entre l'État et les collectivités territoriales est ancienne et constitue à côté de la déconcentration culturelle le deuxième pilier de l'action territoriale étatique *stricto sensu* dans le domaine culturel[1009] (A).

450. La *coopération institutionnelle* est réalisée par la création de structures spécifiques permettant d'associer notamment l'État et les collectivités territoriales : le groupement d'intérêt public à caractère culturel et l'établissement public de coopération culturelle (B).

A) La coopération conventionnelle

451. Le partenariat contractualisé entre l'État et les collectivités territoriales passe d'abord par la planification. Cette dernière est utilisée par le ministère de la Culture dès sa mise en place. Elle change néanmoins de sens avec le développement de la décentralisation (1). À côté de ces contrats, se développent des conventions spécifiques au domaine culturel (2).

1) L'utilisation initiale de la planification

452. La coopération en matière culturelle entre l'État et les collectivités territoriales dans le cadre de la planification résulte de l'utilisation des contrats de plan État-région *stricto sensu* (a) et de la conclusion de contrats spécifiques dont il est le support : contrats de ville, d'agglomération, de pays (b).

a) Les contrats de plan État-région

453. Dès la création du ministère des Affaires culturelles, A. Malraux a inscrit la culture à la planification nationale de modernisation économique et sociale, dans un souci de continuité et d'efficacité des politiques culturelles étatiques, impossibles précédemment.

454. Ce choix a conduit à rationaliser les services extérieurs du ministère pour pouvoir participer à cette planification[1010], dans le cadre des nouvelles

---

[1009] M. DARDY-CRETIN, *op. cit.*, p. 124.
[1010] Cf. *supra* : déconcentration culturelle et nouvelle grammaire d'action publique.

circonscriptions d'action régionale[1011]. Ce faisant, le Plan « a inscrit définitivement la politique culturelle parmi les finalités sociales à long terme de la Nation », répondant ainsi à la dimension culturelle de l'intérêt général. En effet, « la vie « culturelle » apparut alors – ce fut un moment historique – comme devant être traitée au niveau du Plan non pas seulement parce qu'elle élargit l'accès au beau, mais surtout en ce qu'elle entraîne le développement de la personne et de la société qui paraît objectivement désirable par tous »[1012].

455. Dans les années 1980[1013], avec la décentralisation et notamment la reconnaissance de la région comme collectivité territoriale[1014], une réforme de la planification est nécessaire et conduit à la création des contrats de plan État-région[1015]. Le contrat de plan « permet à l'État et à chaque région de fixer leurs objectifs et engagements financiers sur des projets communs dans le cadre de contrats pluriannuels »[1016]. Des objectifs culturels peuvent être inscrits dans ces contrats de plan. En effet, l'article 1 de la loi relative à la planification dispose que « le plan détermine les choix stratégiques et les objectifs à moyen terme du développement économique, social et culturel de la Nation ainsi que les moyens nécessaires pour les atteindre »[1017] et précise que pour exécuter ce plan, il « peut conclure avec les collectivités territoriales, les régions, les entreprises publiques ou privées et éventuellement d'autres personnes morales, des contrats de plan comportant des engagements réciproques des parties en vue de l'exécution du plan et de ses programmes prioritaires »[1018]. Enfin, l'article L. 4221-3 du Code général des collectivités territoriales prévoit

---

[1011] Les régions de programme sont créées par l'arrêté ministériel du 28 octobre 1956 dans le cadre du 3e plan en application du décret du 30 juin 1955. V. M. VERPEAUX, L. JANICOT, *Droit des collectivités territoriales*, PUF, 3e éd., 2015, p. 60 (sur le début du régionalisme v. p. 55). V. pour la création de ces circonscriptions le décret n° 60-516 du 2 juin 1960 portant harmonisation des circonscriptions administratives, *JO*, 3 juin 1960, p. 5007.

[1012] A. GIRARD, « Planification culturelle » *in* E. WARESQUIEL (dir.), *Dictionnaire des politiques culturelles de la France depuis 1959*, CNRS Editions, 2001, p. 500.
Il nous semble inutile ici de revenir sur le débat bien connu de savoir si l'intérêt général est le désir de tous, un intérêt transcendantal… dans la présente hypothèse, l'un et l'autre semblent pouvoir être acceptés.

[1013] Sur les apports immédiats des trois premiers plans culturels dans les années 1970. V. : A. GIRARD, « Planification culturelle », *ibid.*, p. 502.

[1014] Article 59, Loi n° 82-213 du 2 mars 1982 relative aux droits et libertés des communes, des départements et des régions, *op. cit.*

[1015] Loi n° 82-653 du 29 juillet 1982 portant réforme de la planification, *JO*, 30 juillet 1982, p. 2441. (en 2006 : « contrat de projet », redevenu en 2014 « contrat de plan »).

[1016] M. UBAUD-BERGERON, *Droit des contrats administratifs*, LexisNexis, 2015, p. 183.

[1017] Loi n° 82-653 du 29 juillet 1982, *op. cit.*

[1018] Article 11, Loi n° 82-653 du 29 juillet 1982 portant réforme de la planification, *ibid.*

la participation du conseil régional à l'élaboration et à l'exécution du plan de la nation et sa mission d'élaboration et approbation du plan de la région.

456. Si les premiers contrats de plan (1984-1988) ont une forte dimension équipementière, les suivants diversifient les thèmes contractualisés[1019]. Des auteurs constatent alors que déjà en 1998 « tous les contrats de plan comportent des engagements culturels »[1020], et qu'un volet culture y figure[1021]. C'est toujours le cas dans les contrats de plan État-région en cours (2014-2020). À cet égard, la Cour des comptes précise en 2014 que les élus et le ministère de la Culture estiment généralement l'existence de ce volet utile en ce qu'il permettrait, dans le cadre des contrats de plan État/Régions, « un dialogue avec l'ensemble des acteurs territoriaux » et contribuerait à « établir une réelle stratégie culturelle reposant sur un effort important de sélectivité »[1022].

457. Néanmoins, malgré l'intérêt reconnu de cet outil de partenariat, utilisé dans le domaine culturel, plusieurs difficultés apparaissent.

458. D'abord, un désaccord est possible sur la nature des actions prioritaires. Ainsi, s'agissant du dernier plan État-région, l'État souhaitait financer des actions en faveur du patrimoine et les régions généralement plus le spectacle vivant[1023].

459. Ensuite, il est parfois apparu qu'en raison de la multiplicité des thèmes contractualisés, le périmètre du contrat de plan était trop étendu et de ce fait générateur outre d'une certaine complexité issue de la juxtaposition d'opérations d'importance financière inégale, d'un manque de lisibilité pour les citoyens et d'une dilution des responsabilités[1024]. L'État a d'ailleurs été

[1019] F. GERBAUD, *Rapport d'information fait au nom de la délégation du Sénat à l'aménagement et au développement durable du territoire sur les orientations définies par le Gouvernement lors du comité interministériel d'aménagement et de développement du territoire (CIADT) de décembre 2003 sur l'avenir de la contractualisation État-régions*, n° 418, 16 juillet 2004, p. 3.
[1020] J.-M. PONTIER, *Les contrats de plan entre l'État et les régions*, *op. cit.*, p. 57. Pour une analyse plus détaillée des différents plans v. P. MOULINIER, *Politique culturelle et décentralisation*, *op. cit.*, p. 239 s.
[1021] C.-W. WU, *La coopération entre les personnes publiques en droit public français en matière culturelle*, PUAM, 2009, p. 220.
[1022] COUR DES COMPTES, *Les contrats de projets États/Régions*, Enquête demandée par la commission des finances du Sénat, 2014, p. 60.
[1023] *Ibid.*
[1024] F. GERBAUD, *op. cit.*, p. 7 s.

invité à être plus sélectif dans les opérations inscrites dans les contrats de plan État-région[1025].

460. Enfin, si le ministère de la Culture reconnaît l'intérêt d'un volet culture dans les contrats de plan État-région, il a pu douter du caractère indispensable de leur existence pour réaliser les projets qu'il y a inscrits. À son sens, en effet, « leur réalisation serait surtout liée à son organisation territoriale ancienne et aux bonnes relations entretenues avec les services culturels des collectivités territoriales »[1026]. Un tel propos peut surprendre au regard du rôle structurant de la planification (même s'il ne s'agissait pas encore des contrats de plan État-région) dans la mise en place du ministère des Affaires culturelles, au niveau central comme au niveau déconcentré, et dans la réalisation des politiques publiques étatiques notamment culturelles[1027]. En effet, le contrat de plan État-région est souvent considéré comme une relation contractuelle[1028] déséquilibrée dans laquelle l'État impose ses vues tant au moment des négociations que de sa mise en œuvre[1029], et a parfois du mal à respecter ses engagements[1030]. Il apparaît en effet, que la conclusion de ces contrats, ne rend pas certaine la réalisation des engagements qui y sont pris. À cet égard, le Conseil d'État a pu considérer « qu'il ressort de l'ensemble des dispositions du chapitre III du titre Ier de la loi du 29 juillet 1982 portant réforme de la planification que ce contrat de plan n'emporte, par lui-même, aucune conséquence directe quant à la réalisation effective des actions ou opérations qu'il prévoit »[1031]. Le juge a néanmoins par la suite affiné sa jurisprudence en distinguant les hypothèses où les stipulations contractuelles constituent de simples objectifs insusceptibles d'engager la responsabilité de l'État et celles qui matérialisent de vrais engagements de l'État et peuvent donc engager sa responsabilité éventuellement même sans faute[1032]. Ainsi, « en cas d'inexécution de ses engagements, l'État engage sa responsabilité pour faute contractuelle ; en cas d'inexécution pour motif d'intérêt général,

---

1025 Recommandation n° 3, COUR DES COMPTES, *Les contrats de projets États/Régions*, *op. cit.*, p. 15 et p. 60.
1026 *Ibid.*, p. 60.
1027 Cf. *supra*.
1028 CE Ass, 8 janvier 1988, n° 74361, *ministre de l'aménagement du territoire c/Communauté urbaine de Strasbourg* ; *Rec.*, p. 3, *AJDA*, 1988, p. 137, chron. AZIBERT et DE BOISDEFFRE, *RA*, 1988, p. 141, note. TERNEYRE, *RFDA*, 1988, p. 25, concl. DAEL, *JCP*, 1988, n° 2, p. 21084, note DRAGO.
1029 F. GERBAUD, *op. cit.*, p. 8 s.
1030 *Ibid.*
1031 CE, 25 octobre 1996, n° 169557, *Association Estuaire-Ecologie* ; *RFDA*, 1997, p. 339 s., concl. STAHL, note MADIOT, *D.*, 1997, p. 441 s., note LE NOAN.
1032 CE, 21 décembre 2007, n° 293260, *Région du Limousin*, *Rec.*, p. 534 ; *JCP A*, n° 9/2008, p. 2050, note PONTIER ; *BJDCP*, 2008, n° 57, p. 138, concl. BORDENAVE.

l'État engage sa responsabilité contractuelle sans faute et indemnise les préjudices directs et certains »[1033].

461. Le contrat de plan État-région est porteur à côté de simples contrats d'exécution du Plan (marchés de travaux, contrat particulier à un équipement...) de véritables sous-contrats.

b) Les sous-contrats au contrat de plan État-région

462. Parmi les sous-contrats du plan État-région, plusieurs comportent une dimension culturelle. Il s'agit notamment des contrats d'agglomération[1034], des contrats de pays[1035] et des contrats de ville, seuls étudiés en détail ici, car ils sont les plus pertinents pour envisager l'évolution de la place de la culture dans les sous-contrats de plan État-région. En effet, les pays en particulier ont eu un temps un avenir incertain. Supprimés en 2010, sans que cela n'emporte une incidence sur les contrats de pays en cours[1036], ils ont trouvé en 2014 une nouvelle assise juridique dans le cadre des Pôles d'équilibre territorial et rural[1037].

463. Les contrats de ville, nés à la fin des années 1970 et développés à partir des années 1990, contiennent souvent des stipulations relatives à la politique culturelle[1038]. Le statut actuel des « contrats de ville nouvelle génération »[1039], est prévu par une loi de 2014 qui dispose que « la politique de la ville est une politique de cohésion urbaine et de solidarité, nationale et locale, envers les quartiers défavorisés et leurs habitants. Elle est conduite par l'État, les collectivités territoriales et leurs groupements dans l'objectif commun d'assurer l'égalité entre les territoires, de réduire les écarts de

---

1033 S. NICINSKI, *Droit public des affaires*, LGDJ, Précis Domat, 5e éd., 2016, p. 181. Sur l'évolution avec une approche un peu différente v. L. RICHER, F. LICHERE, *Droit des contrats administratifs*, LGDJ, Manuel, 10e éd., 2016, p.74 s.

1034 Article 23, Loi n° 95-115 du 4 février 1995 d'orientation pour l'aménagement et le développement du territoire, *op. cit.*, modifiée par la Loi n° 2015-991 du 7 août 2015 portant nouvelle organisation territoriale de la République, *JO*, 8 août 2015, p. 13705.

1035 Sur les politiques culturelles dans les contrats de pays. V. C.-W. WU, *op. cit.*, p. 247.

1036 Article 51, Loi n° 2010-1563 du 16 décembre 2010 de réforme des collectivités territoriales, *op. cit.*

1037 Article 79, Loi n° 2014-58 du 27 janvier 2014 de modernisation de l'action publique territoriale et d'affirmation des métropoles, *JO*, 28 janvier 2014, p. 1562. Sur l'évolution V. H. PAULIAT, « Le pays est mort... vive le pôle d'équilibre territorial et rural ! », *JCP A*, 2014, p. 2051.
V. aussi *infra*.

1038 C.-W. WU, *op. cit.*, p. 246.

1039 Expression utilisée dans la Circulaire du Premier ministre, 30 juillet 2014, n° 5729/SG, Elaboration des contrats de ville nouvelle génération.

développement entre les quartiers défavorisés et leurs unités urbaines et d'améliorer les conditions de vie de leurs habitants »[1040]. L'article 6 de ce texte consacre les contrats de ville en tant que l'une des dimensions territoriales des contrats État-région et leur rôle dans la politique culturelle. La politique de la ville, mise en œuvre à travers ces contrats, vise en effet à garantir « aux habitants des quartiers défavorisés l'égalité d'accès aux droits [...] à la culture, aux services et aux équipements publics »[1041]. La volonté de l'intégration d'une politique culturelle dans les contrats de ville est confirmée par l'adoption d'une circulaire interministérielle *vade-mecum* spécifique à celle-ci, et qui en précise les différents objectifs et priorités, perçus par l'État : place fondamentale de l'éducation artistique et culturelle, développement des médias de proximité dans les quartiers prioritaires, appropriation culturelle par les habitants des quartiers de leur cadre de vie[1042].

464. Le ministère de la Ville, de la Jeunesse et des Sports et le ministère de la Culture et de la Communication ont conclu en février 2017, une nouvelle convention d'objectif (2016-2020) allant dans le même sens. Celle-ci a en effet pour but de « mobiliser et accompagner les artistes et les acteurs culturels pour une présence renforcée dans les territoires prioritaires de la politique de la Ville ; développer l'éducation artistique et culturelle et les enseignements artistiques à destination des enfants et des jeunes ; promouvoir la diversité culturelle et linguistique (diversité des pratiques et des publics, valorisation du plurilinguisme) ; soutenir les médias de proximité afin de lutter contre les préjugés relatifs à l'image des quartiers et de promouvoir l'expression citoyenne ; faciliter l'appropriation du cadre de vie et une meilleure compréhension de l'espace urbain (histoire, qualité architecturale, transmission de la mémoire) »[1043].

2) Les conventions spécifiques au domaine culturel

465. Les conventions spécifiques au domaine culturel permettent d'aider les politiques culturelles territoriales en les finançant et en tenant compte de leurs spécificités dans un contexte d'incertitudes et de contraintes budgétaires. Elles contribuent dans le même temps à la politique culturelle étatique.

[1040] Article 1, Loi n° 2014-173 du 21 février 2014 de programmation pour la ville et la cohésion urbaine, *JO*, 22 février 2014, p. 3138.

[1041] Article 6, 2°, *ibid.*

[1042] Circulaire interministérielle, Instruction relative à l'intégration des enjeux culturels au sein des contrats de ville, 21 mai 2015, en part. n°3, p. 3 s.

[1043] « Préambule », MINISTERE DE LA VILLE, DE LA JEUNESSE ET DES SPORTS ET LE MINISTERE DE LA CULTURE ET DE LA COMMUNICATION, *Convention d'objectif 2016-2020*, 8 février 2017, p. 1.

466. Il en existe deux catégories : les conventions globales (a) et les conventions sectorielles[1044] (b).

a) Les conventions globales

467. L'idée d'une coopération contractuelle globale entre l'État et les collectivités territoriales est ancienne. Elle est esquissée par le ministère Duhamel[1045] qui affirmait alors qu'il s'agissait désormais « pour l'État et les collectivités locales d'agir de manière harmonieuse et complémentaire sans esprit de concurrence ou de méfiance »[1046].

468. Cette politique se concrétise entre 1974 et 1979 par la conclusion de chartes culturelles (27 entre 1974-1981)[1047]. Elle permet d'envisager l'action commune de l'État et des collectivités territoriales de façon systématique et de globale, et non plus seulement d'un point de vue sectoriel. Cette approche doit être réalisée en mobilisant les élus, en menant une programmation budgétaire pluriannuelle, tout en adaptant la politique aux spécificités locales et en facilitant une mobilisation plus efficace des moyens financiers[1048]. La conclusion des chartes culturelles est donc déjà réalisée dans une logique de rationalisation de l'action publique dans le domaine culturel. Il est ainsi affirmé que si « les collectivités locales, les créateurs et les animateurs ont des droits à faire valoir vis-à-vis de l'État ; ils ont aussi un devoir, celui d'assurer la gestion la plus efficace des deniers publics » [1049].

1044 Il ne s'agit pas ici de prétendre à l'exhaustivité s'agissant des conventions existantes en ce domaine, mais simplement de présenter celles qui dans la doctrine apparaissent comme les plus significatives.

1045 (1971-1973). V. sur le « moment Duhamel », P. Poirrier, « Les territoires des Affaires culturelles. Le développement du partenariat entre l'État et les villes (1959-1999) », *Revue historique*, n° 612, PUF, 1999, p. 866, analyse reprise et actualisée *in* P. Poirrier, « De l'État tutélaire à l'État partenaire. La coopération entre l'État et les villes », *in* P. Poirrier, R. Rizzardo, *Une ambition partagée ? La coopération entre le ministère de la Culture et les collectivités territoriales (1959-2009)*, La Documentation française, 2009, p. 102.

1046 J. Duhamel, AN, 28 mai 1971, cité *in ibid.*, p. 5.

1047 Sur les chartes culturelles. V. not. : A.-H. Mesnard, *Droit et politique de la culture*, *op. cit.*, p. 313 ; P. Poirrier, *L'État et la Culture en France au XXe siècle*, *op. cit.*, p. 153 s. ; P. Moulinier, *Politique culturelle et décentralisation*, *op. cit.*, p. 231 s. ; P. Moulinier, « Naissance et développement du partenariat contractuel dans le domaine culturel », *in* P. Poirrier, R. Rizzardo, *Une ambition partagée ? [...]*, *op. cit.*, p. 58 s.

1048 M. Guy, « Les grandes lignes d'une politique culturelle », *Bulletin d'information au secrétariat d'État à la Culture*, 1er août 1974, *in* P. Poirrier, *Les politiques de la culture en France*, La Documentation française, 2016, p. 432 s.

1049 *Ibid.*, p. 434.

469. Cette politique de contractualisation, presque abandonnée en 1979 pour des questions financières, est relancée à partir de 1981 dans le cadre des conventions de développement culturel selon une logique similaire[1050]. Le ministre de l'époque annonce à cet égard que « région par région [...] sans exclure le département et les communes, l'État conclura des conventions de développement culturel »[1051].

470. Ces conventions participent à l'action culturelle étatique, en particulier à l'aménagement par l'État de son territoire et à la démocratisation culturelle, notamment en zone rurale. En témoigne par exemple, les stipulations de la *Convention de développement culturel ministère de la Culture et de la Communication – DRAC Auvergne et Sancy Artense Communauté* (2011-2013) selon lesquelles « les conventions de développement culturel ont pour objectif de favoriser la mise en œuvre d'une politique à l'échelle du territoire. Les grands axes de la convention couvrent les différents domaines de la culture, avec la prise en compte de la spécificité du territoire[1052] de Sancy Artense Communauté : renforcement du réseau de lecture publique ; soutien et sensibilisation à la création artistique contemporaine grâce à une résidence longue annuelle dans le domaine des arts plastiques ; développement de l'éducation artistique et culturelle ; diffusion de spectacles vivants dans le cadre d'une programmation culturelle »[1053].

471. Il a d'ailleurs pu être préconisé que le nombre de conventions de développement culturel conclues entre l'État et les collectivités territoriales serve d'indicateur de la promotion d'un aménagement équilibré du territoire dans le domaine culturel[1054], dont le souhait a été réaffirmé, par exemple, dans

---

1050 P. Baleynaud, *op. cit.*, p. 189.

1051 J. Lang, « Pourquoi un ministre de la Culture », AN, 17 novembre 1981, *in* P. Poirrier, *op. cit.*, p. 522.

1052 La nécessaire adaptation du partenariat à la spécificité du territoire est souvent relevée. V. par ex. : J. Bouet, *21 propositions pour relancer le partenariant entre l'État et les collectivités territoriales dans le domaine culturel*, IGAC, 2010, n° 2010-36, p. 16 s.

1053 Ministere de la Culture et de la Communication – DRAC Auvergne et Sancy Artense Communaute, Convention de développement culturel triennale entre le ministère de la Culture et de la Communication – DRAC Auvergne et Sancy Artense Communauté, 30 août 2011, p. 12.

1054 V. « La convention de 2011 », site du ministère de la Culture, [en ligne], www.culturecommunication.gouv.fr ; L. Belot, *Nos ruralités, une chance pour la France, synthèse des travaux des assises des ruralités*, 2015, p. 16.

la convention-cadre *Alimentation, Agri-Culture pour promouvoir et valoriser l'art et la culture dans les territoires ruraux*[1055].

472. Ces conventions ont par ailleurs favorisé comme les contrats de plan État-région la structuration des services ministériels, et l'affirmation des DRAC comme seuls interlocuteurs des élus locaux[1056].

473. Il y a outre les conventions transversales dans le domaine culturel, des conventions sectorielles.

b) Les conventions sectorielles

474. Comme pour les contrats globaux, le soutien de l'État aux collectivités territoriales dans les différents secteurs culturels lui permet de les faire contribuer à la politique étatique, et à la démocratisation culturelle. L'État procède ainsi à l'aménagement culturel de son territoire et à la mise en place de moyens durables et efficaces pour lutter contre les inégalités en favorisant l'accès à la culture.

475. Il existe des conventions dans différents secteurs du domaine. C'est notamment le cas de la lecture dans le cadre du dispositif des contrats territoire-lecture mis en place en 2010[1057] pour remplacer les contrats ville-lecture[1058].

476. Les contrats territoire-lecture ont pour objectifs dans la lignée de leurs prédécesseurs, de « susciter la construction à l'échelle d'un territoire (commune ou groupement de communes) d'un partenariat actif entre tous les acteurs de la lecture pour l'élaboration de programmes cohérents et partagés, en renforçant en particulier les coopérations entre les secteurs culturel, éducatif et associatif ; former les lecteurs de demain en familiarisant les jeunes

---

[1055] MINISTERE DE L'AGRICULTURE, DE L'ALIMENTATION, DE LA PECHE, DE LA RURALITE ET DE L'AMENAGEMENT DU TERRITOIRE, MINISTERE DE LA CULTURE ET DE LA COMMUNICATION, *Alimentation, Agri-Culture pour promouvoir et valoriser l'art et la culture dans les territoires ruraux*, 23 septembre 2011.

[1056] Sur l'importance et les mérites des contrats de développement culturel v. aussi : P. MOULINIER, *Politique culturelle et décentralisation, op. cit.*, p. 234 s. ; M. MONNIER, *L'Urbanisme de protection, un droit au service du patrimoine*, Gualino, 2013, p. 38 s.

[1057] Circulaire du 17 juillet 1998 relative aux contrats ville-lecture, *Bulletin officiel*, n° 108, novembre 1998, reproduit *in* J. RAUTENBERG, *Les contrats ville-lecture : évaluation du dispositif*, Mémoire d'étude, Diplôme de conservateur des bibliothèques, 2013, p. 69. Le développement de cet outil est préconisé dans le cadre du rapport de 2018 sur l'avenir des bibliothèques. E. ORSENNA, N. CORBIN, *Voyage au pays des bibliothèques. Lire aujourd'hui, lire demain, Rapport*, 2018, n° 2017-35, p. 14 s.

[1058] Sur l'évolution historique. V. : MINISTERE DE LA CULTURE ET DE LA COMMUNICATION, *Le dispositif contrats territoire-lecture*, 2012, p. 4 s.

aux formes diversifiées d'écrits et en leur donnant l'occasion de se confronter avec les auteurs et les œuvres d'aujourd'hui ; assurer la présence du livre sur tous les lieux de vie, impliquer les familles et aller à la rencontre des publics marginalisés »[1059].

477. Pour ce faire, l'État se propose d'accompagner les collectivités territoriales en vue de « formaliser, coordonner et valoriser une politique de développement de la lecture à l'échelle d'un territoire, moderniser les réseaux de lecture publique, accompagner l'évolution d'un territoire à l'occasion d'une prise de compétence envisagée ou effective par l'intercommunalité, accompagner un projet de construction à l'échelle communale, intercommunale ou départementale ; développer les partenariats avec les établissements culturels du territoire ; susciter les initiatives favorisant les relations interprofessionnelles et promouvant tous les acteurs de la chaîne du livre (libraires, éditeurs, etc.) »[1060].

478. Ce procédé contractuel connaît un certain succès. Fin 2016, presque 120 contrats avaient été signés, la plupart avec un département ou une intercommunalité, en raison de la pertinence de ces territoires au regard des actions envisagées.

479. La coopération conventionnelle de l'État et des collectivités territoriales s'accompagne d'une coopération institutionnelle.

B) La coopération institutionnelle

480. Deux types de structures conçus spécifiquement pour le secteur culturel permettent d'associer différents partenaires et notamment les collectivités territoriales et l'État : les groupements d'intérêt public culturels (1) et les établissements publics de coopération culturelle (2).

1) Le groupement d'intérêt public à caractère culturel

481. Le groupement d'intérêt public (GIP) à caractère culturel, structure dotée de l'autonomie financière et de la personnalité morale[1061], permettait à

1059 Circulaire du 17 juillet 1998, *op. cit.*, p. 69.

1060 DIRECTION GENERALE DES MEDIAS ET DES INDUSTRIES CULTURELLES, *Contrats territoire-lecture*, 2016, p. 1. V. aussi les propositions en ce sens *in* E. ORSENNA, N. CORBIN, *op. cit.*, p. 52 s.

1061 La question s'était alors posée de la nature publique ou privée de cette personne morale. Le Tribunal des conflits, a tranché en faveur de leur caractère public. TC, 14 février 2000, n° 03170, *GIP habitat et interventions sociales pour les mal-logés et les sans-abri c/Mme Verdier* ; *Rec.*, p. 748, *AJDA*, 2000, p. 410, chron. ; *JCP*, 2000, II, 10301, note EVENO.

l'origine un partenariat entre personnes morales de droit public, et donc de l'État et des collectivités territoriales, ou de droit privé comportant au moins une personne morale de droit public afin d'exercer ensemble des activités dans le domaine culturel pour une durée déterminée. Son statut a évolué facilitant son utilisation et partant l'association de l'État et des collectivités territoriales pour la mise en œuvre de sa politique culturelle territoriale.

482. Le groupement d'intérêt public culturel a été institué par la loi sur le développement du mécénat[1062]. Celle-ci étend la possibilité de créer une telle structure conçue initialement pour le secteur de la recherche[1063], aux domaines de la culture, de la jeunesse, de l'enseignement technologique et professionnel du second degré et de l'action sanitaire et sociale, et également à la création ou à la gestion des équipements ou des services d'intérêt commun nécessaires à ces activités.

483. La loi de simplification et d'amélioration de la qualité du droit[1064] notamment[1065] a unifié le régime de création et de fonctionnement des GIP, afin d'en favoriser l'utilisation. En effet, dans le domaine culturel en particulier, la lourdeur perçue de cette structure, son caractère temporaire et les problématiques liées à son personnel ont conduit jusqu'en 2011 à un succès modéré[1066].

484. La loi dispose désormais que « le groupement d'intérêt public est une personne morale de droit public dotée de l'autonomie administrative et

---

[1062] Article 22, Loi n° 87-571 du 23 juillet 1987 sur le développement du mécénat, *JO*, 24 juillet 1987, p. 8255 et Décret n° 91-1215 du 28 novembre 1991 relatif aux groupements d'intérêt public constitués pour exercer des activités dans les domaines de la culture, *JO*, 4 décembre 1991, p. 15829.
De nombreux textes sont venus par la suite étendre le champ d'application des GIP à d'autres domaines. Sur ce point, v. not : P. COMBEAU, « La nouvelle « loi de 1901 », des groupements d'intérêt public. Entre rupture et continuité », *JCP A*, 2011, 2235 ; J.-F. LACHAUME, H. PAULIAT, C. BOITEAU, C. DEFFIGIER, *Droit des services publics*, LexisNexis, 2e éd., 2015, p. 315 ; G. J. GUGLIELMI, G. KOUBI, M. LONG, *Droit du service public*, LGDJ, 4e éd., 2016, p. 760 s.
[1063] Article 21, Loi n° 82-610 du 15 juillet 1982 d'orientation et de programmation pour la recherche et le développement technologique de la France, *JO*, 16 juillet 1982, p. 2270.
[1064] Loi n° 2011-525 du 17 mai 2011 de simplification et d'amélioration de la qualité du droit, *JO*, 18 mai 2011, p. 8537. V. not sur la loi : P. COMBEAU, *op. cit.*
[1065] Plusieurs textes sont venus précisés cette loi sur différents aspects V. not. : Décret n° 2012-91 du 26 janvier 2012 relatif aux groupements d'intérêt public, *JO*, 27 janvier 2012, p. 1523 ; Décret n° 2013-292 du 5 avril 2013 relatif au régime de droit public applicable aux personnels des groupements d'intérêt public, *JO*, 7 avril 2013, texte n° 16.
[1066] V. not. : O. BUI-XUAN, « La décentralisation culturelle. Bilan et perspectives », *AJDA*, 2007, p. 567 ; J.-F. AUBY, *op. cit.*, p. 158.

financière. Il est constitué par convention approuvée par l'État soit entre plusieurs personnes morales de droit public, soit entre l'une ou plusieurs d'entre elles et une ou plusieurs personnes morales de droit privé »[1067]. Elle précise que « ces personnes y exercent ensemble des activités d'intérêt général à but non lucratif, en mettant en commun les moyens nécessaires à leur exercice »[1068] possiblement pour une durée indéterminée, avec un personnel propre[1069] et des ressources financières variées : contributions financières des membres, mises à disposition sans contrepartie financière de personnels, de locaux ou d'équipements, des subventions, des produits des biens propres ou mis à leur disposition, la rémunération des prestations et les produits de la propriété intellectuelle, les emprunts et autres ressources d'origine contractuelle, les dons et legs[1070].

485. L'intérêt du GIP culturel est donc qu'il permet d'institutionnaliser un partenariat entre plusieurs personnes morales publiques et privées selon des règles statutaires souples et adaptées à l'exercice d'une activité culturelle. En effet, « le GIP est un organisme dont l'économie est fondamentalement contractuelle »[1071]. La convention règle en ce sens, selon la volonté des parties, l'organisation et les conditions de fonctionnement du groupement. Cette liberté contractuelle n'est cependant pas absolue. D'une part, la convention doit contenir certaines mentions obligatoires[1072]. D'autre part, si le groupement est composé uniquement de personnes morales de droit public soumises au régime de la comptabilité publique, il devra appliquer les règles de la gestion publique[1073], en précisant s'il est soumis à celles qui régissent les

---

[1067] Article 98, Loi n° 2011-525 du 17 mai 2011, *op. cit.*

[1068] *Ibid.* L'article précise que « les collectivités territoriales et leurs groupements ne peuvent pas constituer entre eux des groupements d'intérêt public pour exercer ensemble des activités qui peuvent être confiées à l'un des organismes publics de coopération prévus à la cinquième partie du code général des collectivités territoriales, à l'exception des activités de gestion des programmes opérationnels interrégionaux mentionnées au 1° du I de l'article 78 de la Loi n° 2014-58 du 27 janvier 2014 de modernisation de l'action publique territoriale et d'affirmation des métropoles ».

[1069] Article 109 et 110 Loi n° 2011-525 du 17 mai 2011 de simplification et d'amélioration de la qualité du droit, *op. cit.*

[1070] Article 113, Loi n° 2011-525 du 17 mai 2011, *ibid.*

[1071] MINISTERE DES FINANCES ET DES COMPTES PUBLICS, *Guide relatif aux GIP*, Fiche n° 1, DAJ, 2017, p. 4.

[1072] Article 99 Loi n° 2011-525 du 17 mai 2011, *op. cit.*

[1073] Article 112 Loi n° 2011-525 du 17 mai 2011, *ibid.*

établissements publics administratifs ou les établissements publics industriels et commerciaux[1074]. Enfin, l'État doit approuver la convention[1075].

486. La souplesse potentielle de gestion des GIP a conduit à la création de plusieurs structures de ce type, associant l'État, les collectivités territoriales et éventuellement des personnes privées dans le domaine culturel, avant comme après la loi de 2011 malgré les réticences initiales précédemment évoquées. Il en est ainsi par exemple du GIP « Port-Royal des Champs »[1076], du « Centre interdisciplinaire de Conservation et de restauration du patrimoine »[1077], du « Centre de recherche du château de Versailles »[1078], des « Cafés-cultures »[1079] ou encore de « l'Atelier de recherche et de conservation NUCLEART »[1080].

487. À côté du GIP à caractère culturel, il existe une autre structure permettant d'associer différents partenaires et en particulier les collectivités territoriales et l'État dans le domaine culture. Il s'agit de l'établissement public de coopération culturelle.

2) L'établissement public de coopération culturelle

488. L'établissement public de coopération culturelle (EPCC), dont l'un des principaux objectifs est de permettre une coopération entre l'État, les

---

[1074] Article 7, I Décret n° 2012-91 du 26 janvier 2012 relatif aux groupements d'intérêt public, *op. cit.*
Le caractère non lucratif de l'activité du GIP, ne l'empêche pas d'exercer une activité industrielle et commerciale. MINISTERE DES FINANCES ET DES COMPTES PUBLICS, *Guide relatif aux GIP*, *op. cit.*, p. 3. V. aussi : CE, 1er avril 2005, n° 245088, *Syndicat national des affaires culturelles, Union des syndicats des personnels des affaires culturelles*. O. RAYMUNDIE, L. DE LA BROSSE, « Régularité de la mise à disposition d'agents publics non titulaires auprès d'un groupement d'intérêt public », *AJDA*, 2005, p. 2183 ; B. JORION, « Un groupement public peut-il être à double visage ? », *JCP A*, 2005, p. 1321.

[1075] Article 98, Loi n° 2011-525 du 17 mai 2011 t, *op. cit.*, précisé par l'article 1, Décret n° 2012-91 du 26 janvier 2012 relatif aux groupements d'intérêt public, *op. cit.*

[1076] Arrêtés du 6 mars 2007 portant approbation de la convention constitutive d'un groupement d'intérêt public, *JO*, 21 mars 2007, p. 5184 et du 18 décembre 2014 portant approbation d'un avenant n° 1 à une convention constitutive d'un groupement d'intérêt public, *JO*, 3 janvier 2015, p. 138.

[1077] Arrêté du 21 novembre 2001 portant approbation de la convention constitutive d'un groupement d'intérêt public, *JO*, 6 décembre 2001, p. 19438.

[1078] Arrêtés du 27 octobre 2006 portant approbation de la convention constitutive d'un groupement d'intérêt public, *JO*, 9 novembre 2006, texte, n° 34 et du 19 octobre 2015 (approbation de l'avenant), *JO*, 25 octobre 2015, texte n° 26.

[1079] Arrêté du 31 mars 2015 portant approbation de la convention constitutive du groupement d'intérêt public dénommé « Cafés-Cultures », *JO*, 12 avril 2015, p. 6604.

[1080] Arrêtés du 2 juin 1997, du 3 juin 1997 et du 7 juillet 2017 portant approbation des modifications de la convention constitutive d'un groupement d'intérêt public, *JO*, 13 juillet 2017, texte n° 21.

collectivités territoriales et leurs groupements, traduit parfaitement la volonté de l'État, quand il y adhère[1081], de faire participer ces derniers à sa propre politique culturelle, dans le cadre d'un partenariat efficace[1082]. Son institution[1083] répond en effet à une attente des acteurs culturels liée au moins à deux facteurs : l'accroissement des interventions en matière culturelle, entraînant une imbrication croissante de celles de l'État et des collectivités territoriales, et l'insuffisance des modes classiques d'intervention[1084]. Un auteur souligne à ce propos que « si la nécessité de créer un nouvel outil existait depuis longtemps, de nombreux projets n'ont pu aboutir »[1085]. Le texte initial a été rapidement modifié[1086] suite à un premier bilan[1087], afin de pallier certaines de ses lacunes – relatives notamment aux règles de constitution et à

1081 Un EPCC peut être constitué sans l'État. V. Article L. 1412-3 Code général des collectivités territoriales.

1082 D. Guillard par exemple, considère en effet qu'avant la création des EPCC, « les différentes structures utilisées [...] sont inadaptées afin d'assurer un partenariat efficace entre l'État et les différentes collectivités territoriales ». D. GUILLARD, « Les établissements publics de coopération culturelle : premier bilan », *AJDA*, 2006, p. 184.

1083 Loi n° 2002-6 du 4 janvier 2002 relative à la création d'établissements publics de coopération culturelle, *JO*, 5 janvier 2002, p. 309 et décret n° 2002-1172 du 11 septembre 2002 relatif aux établissements publics de coopération culturelle et modifiant la partie Réglementaire du code général des collectivités territoriales, *JO*, 18 septembre 2002, p. 15370, codifiés article 1431-1 s. et R. 1431-1 s. Code général des collectivités territoriales.

1084 V. not : J.-M. PONTIER, « L'établissement public de coopération culturelle. Un nouvel outil juridique pour la culture ? », *AJDA*, 2002, p. 430 s. ; Circulaire 2003-005 du 18 avril 2003 sur la mise en œuvre de la Loi n° 2002-6 du 4 janvier 2002 relative à la création d'EPCC et du décret n° 2002-1172 du 11 septembre 2002, [en ligne], www.syndeac.org ; I. RENAR, *Rapport d'information fait au nom de la commission des Affaires culturelles sur l'application de la loi n° 2002-6 du 4 janvier 2002 relative à la création d'établissements publics de coopération culturelle*, Sénat, n° 32, 19 octobre 2005, p. 9 s. ; C. PIERUCCI, « Action culturelle », *in* GRALE, *Annuaire des Collectivités Locales. La gouvernance territoriale*, T. 26, 2006, p. 512 s. ; D. GUILLARD, « Les établissements publics de coopération culturelle : premier bilan », *op. cit.*, p. 183 s. ; C.-W. WU, *op. cit.*, p. 210 s. ; M. BERTHOD, *Rapport sur les établissements publics de coopération culturelle*, IGAC, 2010, p. 40-57.

1085 Sur les différents projets, voir : J. MORAUD, *L'établissement public, mode de gestion de la politique culturelle de l'État*, Thèse Université de Reims Champagne-Ardenne, 2013, p. 385 s.

1086 Loi n° 2006-723 du 22 juin 2006 modifiant le code général des collectivités territoriales et la Loi n° 2002-6 du 4 janvier 2002 relative à la création d'établissements publics de coopération culturelle, *JO*, 23 juin 2006, p. 9427 et le décret n° 2007-788 du 10 mai 2007 relatif aux établissements publics de coopération culturelle et modifiant le code général des collectivités territoriales (partie réglementaire), *JO*, 11 mai 2007, p. 8583.

1087 V. not : I. RENAR, *op. cit.* ; D. GUILLARD, *op. cit.*, p. 185 s. ; C. PIERUCCI, « Action culturelle », *in* GRALE, *Annuaire des Collectivités Locales. Les collectivités territoriales et l'énergie*, T. 27, 2007, p. 452 s.

la composition du conseil d'administration – et de favoriser la création de telles structures[1088].

489. Le Code général des collectivités territoriales dispose désormais sans ambiguïté que « les collectivités territoriales et leurs groupements peuvent constituer avec l'État et les établissements publics nationaux un établissement public de coopération culturelle chargé de la création et la gestion d'un service public culturel présentant un intérêt pour chacune des personnes morales en cause et contribuant à la réalisation des objectifs nationaux dans le domaine de la culture »[1089] ; une telle constitution étant exclue pour les services qui « par leur nature ou par la loi »[1090] ne peuvent être assurés que par la collectivité territoriale elle-même. Il est par ailleurs précisé qu'un établissement public de coopération culturelle associant l'État et les collectivités territoriales devra privilégier la gestion de services publics culturels, dans le cadre d'une structure à caractère permanent, « dont l'ancrage est territorial, mais qui, en raison de leur importance et de la qualité de leur contribution à la création et à la diffusion artistique, à la formation des artistes, à la conservation et à la valorisation du patrimoine, contribuent à la réalisation d'objectifs nationaux en termes de politique culturelle ou d'aménagement du territoire »[1091].

490. L'État n'a donc pas vocation à participer à tous les établissements publics de coopération culturelle, son implication devant être envisagée au cas par cas[1092] selon une logique de subsidiarité. Il est cependant présent dans la majorité d'entre eux, ce qui semble pouvoir témoigner l'importance de cet outil pour l'association des collectivités territoriales et de leurs groupements à sa propre politique culturelle[1093].

1088 *Ibid.* ; O. BUI-XUAN, « La décentralisation culturelle. Bilan et perspectives », *op. cit.*, p. 563.

1089 Article L. 1431-1 Code général des collectivités territoriales.

1090 *Ibid.*

1091 « 2/L'établissement public de coopération culturelle est un instrument juridique souple : facultatif, avec ou sans l'État, créé à l'initiative d'au moins deux collectivités territoriales lorsque l'État n'en est pas membre », Circulaire 2003-005 du 18 avril 2003 sur la mise en œuvre de la Loi n° 2002-6 du 4 janvier 2002 relative à la création d'EPCC et du décret n° 2002-1172 du 11 septembre, [en ligne], www.syndeac.org.

1092 *Ibid.* Il en est ainsi même s'il est conçu dès l'origine comme permettant d'associer l'État.

1093 Fin mars 2010, dans 57 EPCC créés, l'État était présent dans 35. M. BERTHOD, *Rapport sur les établissements publics de coopération culturelle*, *op. cit.*, p. 23. Cela n'a cependant pas été toujours le cas. V. I. RENAR, *op. cit.* ; O. BUI-XUAN, « L'instrumentalisation des établissements publics de coopération culturelle », *Pouvoirs locaux*, 2009, n° 81, p. 130.

491. L'efficacité de l'établissement public de coopération culturelle comme outil de coopération entre l'État et les collectivités territoriales et leurs groupements dans le domaine culturel résulte de plusieurs facteurs. D'une part, il est possible de constituer un tel établissement dans l'ensemble du domaine culturel : patrimoine, enseignement artistique, arts plastiques et spectacle vivant[1094]. D'autre part, une certaine liberté est laissée aux partenaires quant à leur forme juridique, établissement public à caractère administratif ou industriel et commercial « selon l'objet de leur activité et les nécessités de leur gestion »[1095] et quant à leur mode de financement[1096]. Les textes en vigueur ne donnent néanmoins, selon certains auteurs, aucune indication précise quant aux critères qui permettraient d'orienter ce choix[1097].

492. Aussi, la souplesse de la gestion privée, qui permet un accroissement de l'efficacité, a conduit, sans véritable surprise[1098], une grande majorité des structures à opter pour le statut d'établissement public de coopération culturelle industriel et commercial, notamment quand celui-ci reprend les activités et le personnel d'une fondation, d'une association ou d'une société d'économie mixte[1099]. Ainsi, en 2010, 74% des établissements publics de coopérations culturelles étaient des établissements publics industriels et commerciaux[1100]. Une étude plus récente consacrée à *l'évaluation de la formule de gestion en EPCC des structures muséales en partenariat État/collectivités territoriales* dresse le même constat de la formule majoritaire des EPIC ; quatre établissements sur six ayant fait ce choix[1101] .

493. La structure de l'EPCC, associant l'État et les collectivités territoriales a ainsi été choisie par exemple pour Bords II scènes, pour le Pôle

---

[1094] Des modèles de statuts d'EPCC sont disponibles pour chacun de ces domaines sur le site du ministère de la culture, [en ligne], www.culture.gouv.fr.

[1095] L. 1431-1 al. 3 Code général des collectivités territoriales.

[1096] « Les ressources de l'établissement public de coopération culturelle ou environnementale peuvent comprendre : 1. Les subventions et autres concours financiers de l'État, des établissements publics nationaux, des collectivités territoriales et de leurs groupements […] et de toute personne publique ; 2. Les revenus de biens meubles ou immeubles ; 3. Les produits de son activité commerciale ; 4. La rémunération des services rendus ; 5. Les produits de l'organisation de manifestations culturelles […] ; 6. Les produits des aliénations ou immobilisations ; 7. Les libéralités, dons, legs et leurs revenus ; 8. Toutes autres recettes autorisées par les lois et règlements en vigueur ».

[1097] J. MORAUD, *op. cit.*, p. 411.

[1098] O. BUI-XUAN, « La décentralisation culturelle. Bilan et perspectives », *op. cit.*, p. 568.

[1099] M. BERTHOD, *Rapport sur les établissements publics de coopération culturelle*, *op. cit.*, p. 29.

[1100] *Ibid.*

[1101] I. NEUSCHWANDER, P. BEYAERT, *Evaluation de la formule de gestion en EPCC des structures muséales en partenariat État/collectivités territoriales*, IGAC, 2014, p. 22.

international de la préhistoire, Bibracte Mont Beuvray, le Centre Pompidou de Metz, le Cirque théâtre d'Elboeuf[1102]...

494. En définitive, l'usage de l'établissement public de coopération culturelle, sous sa forme industrielle et commerciale en particulier, témoigne de la volonté de l'État de coopérer avec les collectivités territoriales afin de mener sa propre politique culturelle territoriale dans un contexte de rationalisation administrative et de recherche de performance marquée par une logique managériale caractéristique de la strate contemporaine.

495. À côté de cette coopération « traditionnelle » en matière culturelle, l'État développe une autre politique originale de partenariat : la labellisation.

§2 : Un outil original de coopération, la labellisation

496. La labellisation constitue pour l'État un outil important de mise en œuvre de sa politique culturelle territoriale, dans une apparence partenariale. Elle lui permet en effet, en échange d'avantages accordés à certaines structures (soutien financier, visibilité, expertise...), de conserver une influence dans la conception et la mise en place des politiques culturelles territoriales.

497. Il est à cet égard assez surprenant que la labellisation n'ait fait jusqu'alors l'objet que de peu d'études spécifiques[1103], quand bien même les structures labellisées sont analysées en tant que telles. En effet, nombre de ces labels existent de longue date. Les travaux en droit de la culture n'ont en général pas de partie consacrée à la politique de labellisation. S'ils mentionnent les différentes structures, leur statut juridique, et éventuellement la conclusion d'une convention d'objectif[1104], peu soulignent la singularité du processus de labellisation. L'absence du terme de « label » dans la plupart des manuels de droit de la culture[1105] et, le cas échéant, la faiblesse du nombre d'entrées s'avèrent sur ce point particulièrement représentatives.

[1102] Sur ce dernier v. C.-W. Wu, *op. cit.*, p. 243.

[1103] V. cependant : M. Roux-Durand, « Les labels du Patrimoine culturel », *La Lettre de* l'OCIM, 2012, p. 142 ; J.-M. Pontier, « La politique de la labellisation », *AJDA*, 2017, p. 1700 s. V. aussi : J.-M. Pontier, *La décentralisation culturelle*, LGDJ, Systèmes, 2018, p. 164 s.

[1104] J.-M. Pontier, J.-C. Ricci, J. Bourdon, *Droit de la culture*, Dalloz, Précis, 1990 ; J.-M. Pontier, J.-C. Ricci, J. Bourdon, *Droit de la culture*, Dalloz, Précis, 2e éd., 1996 ; S. Monnier, E. Forey, *op. cit.*, ; J.-R. Pellas, *op. cit.*; J.-F. Auby, *op. cit.*

[1105] J.-M. Pontier, J.-C. Ricci, J. Bourdon, *Droit de la culture*, Dalloz, Précis, 1990 ; J.-M. Pontier, J.-C. Ricci, J. Bourdon, *Droit de la culture*, Dalloz, Précis, 2e éd., 1996 (même s'il y est évoquée l'idée de label à propos des centres dramatiques nationaux p. 218) ; S. Monnier, E. Forey, *op. cit.*, (même s'il y est évoqué la labellisation de

498. Le label désigne en droit le « signe distinctif apposé sur un produit destiné à la vente ou accompagnant un service et garantissant une certaine qualité du produit ou certaines caractéristiques du service [...] »[1106]. Dans le domaine du droit de la culture, « la notion de « label » fait référence à la reconnaissance de la qualité d'un produit culturel par une collectivité publique ou un organisme suffisamment indépendant et représentatif pour que le label accordé soit crédible » [1107], ici l'État directement ou indirectement. Le label peut alors être matérialisé par un signe distinctif.

499. Le ministre chargé des affaires culturelles, notamment[1108], a beaucoup développé sa politique des labels. Elle joue aujourd'hui un rôle essentiel. En effet, d'abord fondés sur des circulaires, les labels reposent aujourd'hui sur une loi. La ministre Françoise Nyssen a affirmé sa volonté de créer « une marque "Patrimoine de France" pour rassembler derrière une même bannière la multitude de labels qui identifient le patrimoine aujourd'hui »[1109], dans un souci de clarté et d'efficacité dans un contexte de marchandisation. L'usage du terme même de « marque » est particulièrement significatif. Un tel glissement sémantique peut cependant s'avérer dangereux, la logique marchande semble alors l'emporter sur la logique culturelle et l'idée même de qualité disparaît éventuellement. En effet, la marque peut être définie comme « un signe sensible apposé sur des produits ou accompagnant certains services afin de les distinguer de produits ou de services émanant d'entreprises concurrentes »[1110].

500. La labellisation dans le domaine culturel permet à l'État de faire participer indirectement les collectivités territoriales, ou leurs groupements à sa propre politique culturelle, dans une apparence partenariale. Ces derniers en espèrent alors la valorisation de certaines institutions culturelles présentes

---

certaines structures, p. 182 s.) ; J.-R. PELLAS, *op. cit.*, p. 132 et 136, évoque le « label musée de France » et le label « fondation patrimoine ».
Contra J.-F. Auby qui consacre à la politique de label une section. J.-F. AUBY, *op. cit.*, p. 211 s. V. aussi : A.-C. MOSSU-GROUAZEL, *op. cit.*, p. 384 ; B. VALERIAN, *Le patrimoine immatériel des collectivités territoriales : Protection et réservation*, Thèse Université d'Avignon et des Pays de Vaucluse, 2017.

1106 G. CORNU, *Vocabulaire juridique*, PUF, Quadrige, 7e éd., 2005, p. 525.

1107 J.-F. AUBY, *op. cit.*, p. 211.

1108 Par exemple : le label « Grands sites de France » est décerné par le ministère de l'Ecologie, du Développement durable et de l'Energie et le label « Entreprise du patrimoine vivant » par le secrétaire d'État chargé du commerce, de l'artisanat des petites et moyennes entreprises, du tourisme, des services, des professions libérales et de la consommation. *Ibid.*, p. 222 et 223.

1109 F. NYSSEN, *Discours Stratégie pluriannuelle en faveur du patrimoine*, du 17 novembre 2017, vidéo [en ligne], www.culturecommunication.gouv.fr. (extraits).

1110 G. CORNU, *op. cit.*, p. 568.

sur leur territoire par la reconnaissance de leur intérêt par l'État[1111] (A). Elle constitue cependant un outil de la politique culturelle étatique à la recherche d'efficacité, dans un contexte de libéralisation et de contraintes budgétaires. En effet, ne sont labellisées que les structures dont les orientations culturelles sont convergentes avec celles de l'État, voire imposées par lui (B).

A) La labellisation, un partenariat apparent

501. La labellisation de structures réalisée à la demande de ces dernières témoigne selon une partie de la doctrine d'une politique étatique de reconnaissance, d'accompagnement et par là même d'incitation à côté de la politique réglementaire[1112].

502. Elle intervient dans l'ensemble du domaine culturel tel que conçu par l'État. La politique étatique des labels dans les champs du spectacle vivant, des arts plastiques et du patrimoine en particulier, traduit la volonté d'un partenariat original entre l'État et les collectivités territoriales dans le domaine culturel. En effet, d'une part, les « structures » culturelles relevant des collectivités territoriales peuvent être labellisées par l'État. La labellisation apparaît alors comme *un outil de coopération institutionnelle directe* (1). D'autre part, peuvent être labellisées par l'État des « structures » financées également par les collectivités territoriales, association et société privée, dans le cadre d'*une coopération institutionnelle indirecte* (2).

1) La labellisation comme outil de coopération institutionnelle directe

503. Les structures du spectacle vivant ou des arts plastiques relevant des collectivités territoriales ou de leurs groupements peuvent bénéficier d'un

[1111] Cf. *infra.*
[1112] J.-F. Auby, *op. cit.*, p. 211.

label culturel étatique[1113] : Pôle national du cirque[1114], Scène conventionnée d'intérêt national[1115], Centre de développement chorégraphique national[1116], Centre d'art contemporain d'intérêt national[1117], Centre national des arts et de la rue et de l'espace public[1118], Centre national de création musicale[1119], Fonds régional d'art contemporain[1120], Opéra national en région[1121], Orchestre national en région[1122], Scène de musique actuelle[1123], Scène nationale[1124],

---

[1113] Article 5 de la loi n° 2016-925 du 7 juillet 2016 relative à la liberté de la création, à l'architecture et au patrimoine, *JO*, 8 juillet 2016, texte n° 1. Décret n° 2017-432 du 28 mars 2017 relatif aux labels et au conventionnement dans les domaines du spectacle vivant et des arts plastiques, *JO*, 30 mars 2017, texte n° 50. Sur la loi v. not. : S. FRANÇOIS, « Commentaire de la loi n° 2016-925 du 7 juillet 2016 relative à la liberté de la création, à l'architecture et au patrimoine », *JCP A*, n° 1, 2017 ; M. CORNU, « Le législateur culturel et les chantiers de la création, de l'architecture et du patrimoine », *Communication Commerce électronique* n° 3, Mars 2017, étude 5 ; J.-M. PONTIER, « Les enjeux de la loi LCAP en matière de patrimoine », *Juris art etc.* 2017, n° 44, p. 18 s. ; P. PLANCHET, « La mutation des espaces protégés », *Juris art etc.* 2017, n° 44, p. 26 s. ; M. HUET, « Création, architecture et patrimoine saisis par la loi », *RDI*, 2017, p. 56 s. ; P. PLANCHET, « La rénovation du cadre de la protection patrimoniale : une réforme sous le signe du compromis », *RDI*, 2017, p. 59 s. ; L. TOUZEAU-MOUFLARD, « Les travaux sur les immeubles protégés après la loi du 7 juillet 2016 », *RDI*, 2017, p. 64 s. ; N. WAGENER, « La réforme du droit de l'archéologie », *RDI*, 2017, p. 68.
Sur les nouveaux textes relatifs à la labellisation, v. not : E. ROYER, « Culture – Labels – De nouvelles règles », *Juris tourisme*, 2017, n° 197, p. 8.

[1114] Arrêté du 5 mai 2017 fixant le cahier des missions et des charges relatif au label « Pôle national du cirque », *JO*, 11 mai 2017, texte n° 217.

[1115] Arrêté du 5 mai 2017 fixant les conditions d'attribution et le cahier des missions et des charges de l'appellation « Scène conventionnée d'intérêt national », *JO*, 11 mai 2017, texte n° 218.

[1116] Arrêté du 5 mai 2017 fixant le cahier des missions et des charges relatif au label « Centre de développement chorégraphique national », *JO*, 11 mai 2017, texte n° 219.

[1117] Arrêté du 5 mai 2017 fixant le cahier des missions et des charges relatif au label « Centre d'art contemporain d'intérêt national », *JO*, 11 mai 2017, texte n° 220.

[1118] Arrêté du 5 mai 2017 fixant le cahier des missions et des charges relatif au label « Centre national des arts de la rue et de l'espace public », *JO*, 11 mai 2017, texte n° 221.

[1119] Arrêté du 5 mai 2017 fixant le cahier des charges relatif au label « Centre national de création musicale », *JO*, 11 mai 2017, texte n° 222.

[1120] Arrêté du 5 mai 2017 fixant le cahier des missions et des charges relatif au label « Fonds régional d'art contemporain », *JO*, 11 mai 2017, texte n° 223. V. aussi : articles L. 116-1 et 2 et R. 116-1-I à R. 116-7 Code du patrimoine.

[1121] Arrêté du 5 mai 2017 fixant le cahier des missions et des charges relatif au label « Opéra national en région », *JO*, 11 mai 2017, texte n° 224.

[1122] Arrêté du 5 mai 2017 fixant le cahier des missions et des charges relatif au label « Orchestre national en région », *JO*, 11 mai 2017, texte n° 225.

[1123] Arrêté du 5 mai 2017 fixant le cahier des missions et des charges relatif au label « Scène de Musiques Actuelles-SMAC », *JO*, 11 mai 2017, texte n° 226.

[1124] Arrêté du 5 mai 2017 fixant le cahier des missions et des charges relatif au label « Scène nationale », *JO*, 11 mai 2017, texte n° 227.

Centre chorégraphique national[1125], Centre dramatique national[1126]. Elles peuvent aussi bénéficier de conventionnements[1127] pour les théâtres lyriques d'intérêt national[1128].

504. En effet, le ministre de la Culture peut attribuer ces labels « aux personnes morales de droit public ou de droit privé ou aux services en régie d'une collectivité territoriale »[1129] et conventionner « dans la durée, après avis des collectivités territoriales concernées, avec des structures du spectacle vivant ou des arts plastiques, personnes morales de droit public ou de droit privé, auxquelles il garantit la liberté de création artistique »[1130]. Ces structures[1131] doivent en faire la demande et avoir un projet artistique et culturel qui présente un intérêt général pour la création artistique dans les domaines du spectacle vivant ou des arts plastiques et le développement de la participation à la vie culturelle ; étant précisé que « l'intérêt s'apprécie au regard d'un cahier des missions et des charges, qui fixe des objectifs de développement et de renouvellement artistique, de coopération entre établissements, d'engagement au service de la diversité artistique, de démocratisation culturelle par des actions de médiation, dont celles concernant l'éducation artistique et culturelle, de traitement équitable des territoires, d'éducation artistique et culturelle ainsi que de professionnalisation des artistes et des auteurs des secteurs du spectacle vivant et des arts plastiques »[1132].

505. Le même constat peut être dressé dans le domaine patrimonial, où nombre de labels existent et peuvent traduire la volonté d'un partenariat entre l'État et les collectivités territoriales au sein d'institutions patrimoniales puisque certaines d'entre elles en relèvent. Il en est ainsi du label Architecture

---

[1125] Arrêté du 5 mai 2017 fixant le cahier des missions et des charges relatif au label « Centre chorégraphique national », *JO*, 11 mai 2017, texte n° 228.
[1126] Arrêté du 5 mai 2017 fixant le cahier des missions et des charges relatif au label « Centre dramatique national » et le contrat type de décentralisation dramatique, *JO*, 11 mai 2017, texte n° 229.
[1127] Article 8, Décret n° 2017-432 du 28 mars 2017 relatif aux labels et au conventionnement dans les domaines du spectacle vivant et des arts plastiques, *op. cit.*
[1128] Arrêté du 5 mai 2017 fixant les conditions d'attribution et le cahier des missions et des charges d'un conventionnement pour les théâtres lyriques d'intérêt national, *JO*, 11 mai 2017, texte n° 230.
[1129] Article 5 de la Loi n° 2016-925 du 7 juillet 2016, relative à la liberté de la création, à l'architecture et au patrimoine, *op. cit.*
[1130] *Ibid.*
[1131] « Structure » désigne les personnes morales de droit public ou de droit privé et les services en régie d'une collectivité territoriale auxquels le ministre chargé de la culture peut attribuer un label dans les conditions définies à l'article 5 de la Loi n° 2016-925 du 7 juillet 2016, *op. cit.* V. aussi *supra.*
[1132] Article 5, Loi n° 2016-925 du 7 juillet 2016, *op. cit.*

contemporaine remarquable[1133] – reconnaissant « les immeubles, les ensembles architecturaux, les ouvrages d'art et les aménagements, parmi les réalisations de moins de cent ans d'âge, dont la conception présente un intérêt architectural ou technique suffisant » –, du label Jardin remarquable – destiné à protéger et valoriser les « jardins ouverts au public présentant un intérêt culturel, esthétique, historique ou botanique, dont le but n'est pas essentiellement commercial »[1134] – et du label Maisons des Illustres – visant à valoriser « les maisons qui conservent et transmettent la mémoire d'hommes et de femmes qui les ont habitées et se sont illustrés dans l'histoire politique sociale et culturelle de la France »[1135]. Le label Ville ou Pays d'art et d'histoire – « valorisant l'action des territoires, communes ou regroupements de communes qui, conscients des enjeux que représente l'appropriation de leur architecture et de leur patrimoine par les habitants, s'engagent dans une démarche active de connaissance, de conservation, de médiation et de soutien à la création et à la qualité architecturale et du cadre de vie »[1136] – le label Centre culturel de rencontre – « attribué par le ministre chargé de la culture à toute personne morale de droit public ou de droit privé à but non lucratif [...] qui, jouissant d'une autonomie de gestion, occupe de manière permanente un site patrimonial ouvert au public qu'elle contribue à entretenir ou à restaurer et qui met en œuvre, sur ce site, un projet culturel d'intérêt général en partenariat avec l'État, une ou plusieurs collectivités territoriales ou un groupement de collectivités territoriales »[1137] et enfin, les labels Pôle national de référence ou Pôle national de référence numérique – créés dans le « but de

---

[1133] Créé par l'article 78 de la Loi n° 2016-925 du 7 juillet 2016, *op. cit.* et le décret n° 2017-433 du 28 mars 2017 relatif au label « Architecture contemporaine remarquable » pris en application de l'article L. 650-1 du code du patrimoine, *JO*, 30 mars 2017, texte n° 51 ; codifiés L. 650-1 s. et R. 650-1 s. Code du patrimoine. Ce label est attribué « aux immeubles, ensembles architecturaux, ouvrages d'art et aménagements faisant antérieurement l'objet du label « Patrimoine du XXe siècle » qui ne sont pas classés ou inscrits au titre des monuments historiques et qui ont moins de cent ans à la date d'entrée en vigueur du décret » et le remplace donc. Sur le label Patrimoine du XXe siècle. V. Circulaire n° 169053 du 18 juin 1999 sur le patrimoine du XXe siècle, et circulaire n° 2001/006 du 1er mars 2001 relative à l'institution d'un label Patrimoine du XXe siècle, [en ligne], www.rhone-alpes.culture.gouv.fr.

[1134] Circulaire n° 2008/1563 du 29 octobre 2008 relative au label « Jardin remarquable ». V. aussi Circulaire n° 2004/003 du 17 février 2004 relative aux parcs et jardins, [en ligne], www.culturecommunication.gouv.fr.

[1135] Circulaire du 7 décembre 2012 relative à l'institution d'un label « Maisons des Illustres », [en ligne], www.culturecommunication.gouv.fr.

[1136] Circulaire du 8 avril 2008 relative au réseau des Ville et Pays d'art et d'histoire, [en ligne], www.culturecommunication.gouv.fr.

[1137] Article 72 Loi n° 2016-925 du 7 juillet 2016 relative à la liberté de la création, à l'architecture et au patrimoine, *JO*, 8 juillet 2016, texte n° 1 et décret n° 2017-434 du 28 mars 2017 relatif au label « centre culturel de rencontre », *JO*, 30 mars 2017, texte n° 52.

rassembler, conserver et valoriser des collections non présentées au public, à une personne morale bénéficiant de l'appellation « Musée de France » »[1138] – témoignent également de cette volonté de partenariat entre l'État et, en particulier, les collectivités territoriales.

506. L'appellation « Musée de France », parfois considérée comme un label, y compris par le ministère de la Culture[1139], n'est pas envisagée ici en tant que telle. En effet, la loi, les décrets de 2002 et le Code du patrimoine[1140] utilisent uniquement le terme d'« appellation » et non de « label ». La volonté première de distinguer les deux termes apparaît dès le projet de loi. De fait, celui-ci réserve le terme « label » au signe distinctif matériel de la reconnaissance[1141] et aucun des textes soumis au vote ou adopté ne l'emploie[1142], même si ces termes sont parfois assimilés dans les discussions lors des travaux préparatoires relatifs à la loi[1143]. Ainsi, si la définition du label

---

1138 Créés par l'article 69 de la loi de la Loi n° 2016-925 du 7 juillet 2016, *op. cit.*et le décret n° 2017-469 du 31 mars 2017 relatif aux labels « Pôle national de référence » et « Pôle national de référence numérique », *JO*, 2 avril 2017, texte n° 25 ; codifié articles L. 451-12 et R. 451-35 à R. 451-38 Code du patrimoine. A. VERJAT, « Du neuf pour les collections des musées », *Juris art etc.*, 2017, n° 44, p. 34 s.

1139 V. not : S. MONNIER, E. FOREY, *op. cit.*, p. 147 s. ; J.-R. PELLAS, *op. cit.*, p.132 s. ; J.-M. PONTIER, « La politique de la labellisation », *op. cit.*, p. 1706 ; J.-M. PONTIER, *La décentralisation culturelle*, *op. cit.*, p. 165 ; « Qu'est-ce qu'un musée de France ? », [en ligne], www.culturecommunication.gouv.fr.

1140 Loi n° 2002-5 du 4 janvier 2002 relative aux musées de France, *JO*, 5 janvier 2002 p. 305 s. ; décret n° 2002-628 du 25 avril 2002 pris pour l'application de la Loi n° 2002-5 du 4 janvier 2002 relative aux musées de France, *JO*, 28 avril 2002, p. 7742, décret n° 2002-754 du 2 mai 2002 portant application des articles 238 bis-0 A et 238 bis-0 AB du code général des impôts et relatif aux réductions d'impôt pour l'achat de biens culturels, *JO*, 4 mai 2002, p. 8473 ; Décret n° 2002-852 du 2 mai 2002 pris en application de la Loi n° 2002-5 du 4 janvier 2002 relative aux musées de France, *JO*, 5 mai 2002, p. 8880 (décrets 2002-628 et 2008-852 pour partie abrogés article 5 Décret n° 2011-574 du 24 mai 2011 relatif à la partie réglementaire du code du patrimoine (livres Ier à VI). Les dispositions réglementaires du code du patrimoine font l'objet d'une publication spéciale annexée au Journal officiel de ce jour, *JO*, 26 mai 2011, p. 9084) ; L. 441-1 s. Code du patrimoine.

1141 C. TASCA, « Exposé des motifs », *Projet de loi relatif aux musées de France*, enregistré à la Présidence de l'Assemblée nationale le 21 mars 2001, AN, n° 2939, 26 mars 2001, p. 6.

1142 ASSEMBLEE NATIONALE, *Projet de loi adopté par l'Assemblée nationale en première lecture, après déclaration d'urgence*, texte adopté, AN, n° 669, 10 mai 2001 (transmis au Sénat projet de loi n° 323), SENAT, Projet de loi modifié par le Sénat relatif au misée de France (urgence déclarée) adopté le 23 mai 2001, 23 octobre 2001 ; ASSEMBLEE NATIONALE, *Projet de loi relatif aux musées de France*, texte adopté, AN, n° 729, 20 novembre 2001 ; SENAT, *Projet de loi relatif aux musées de France*, texte adopté, Sénat, n° 46, 20 décembre 2001.

1143 V. not. : « L'appellation de musée de France, que l'on peut considérer, dans un langage plus courant, comme un « label » [...] » (plusieurs assimilation « appellation », « label » dans le reste du texte). A. RECOURS, *Rapport fait au nom de la commission des*

semble pouvoir, dans une certaine mesure, correspondre à l'appellation « Musée de France », il n'en est rien. Cette dernière ne peut d'abord être octroyée qu'à des personnes morales de droit public ou à une personne morale de droit privé à but non lucratif[1144], contrairement à la majorité des labels[1145]. Elle entraîne ensuite des implications sur les qualifications attendues des personnels[1146] et sur le statut sur les collections des musées, imprescriptibilité[1147] des biens et inaliénabilité[1148], s'ils appartiennent à une personne publique[1149]. Elle est également subordonnée à la réalisation de missions[1150], plus contraignantes que pour la plupart des structures labellisées[1151]. Cela justifie alors un contrôle, en particulier scientifique et technique[1152], et une possibilité d'intervention étatiques plus importants que ceux exercés sur ces dernières[1153]. Enfin, l'appellation « Musée de France » bénéficie, contrairement aux labels, d'une protection pénale contre son utilisation frauduleuse aux bénéfices d'une institution qui n'en est pas bénéficiaire[1154].

507. La labellisation peut constituer, outre un instrument de coopération institutionnelle directe, un outil de coopération indirecte.

2) La labellisation comme outil de coopération institutionnelle indirecte

508. La labellisation peut constituer un outil de coopération indirecte dans le cadre de structures culturelles qui ne relèvent pas directement des collectivités territoriales ou de leurs groupements, mais qui sont financées par eux.

---

affaires culturelles, familiales et sociales sur le projet de loi relatif au musée de France, AN, n° 3036, 9 mai 2001, p. 27 ; P. RICHERT, *Rapport fait au nom de la commission des Affaires culturelles sur le projet de loi, adopté par l'Assemblée nationale, après déclaration d'urgence, relatif aux musées de France*, Sénat, n° 5, 10 octobre 2001, p. 32 s.

1144 Article L. 441-1 Code du patrimoine.V. par ex. : P. FRONTON, « La gestion d'un musée de France », *Juris art etc.*, 2017, n° 52, p. 20.

1145 Cf. *infra*.

1146 Article L. 442-8 et 9 Code du patrimoine.

1147 Article L. 451-3 Code du patrimoine.

1148 Article L. 451-5 Code du patrimoine.

1149 Cf. *infra*.

1150 Article L. 441-2 Code du patrimoine.

1151 Cf. *infra*.

1152 Article L. 442-11 Code du patrimoine.

1153 Cf. *infra*.

1154 Article L. 442-5 Code du patrimoine.

509. En effet, l'attribution par l'État des labels susmentionnés à des structures relevant du spectacle vivant ou des arts plastiques est subordonnée à l'existence d'un soutien financier d'au moins une collectivité territoriale, hors mise à disposition de locaux ou de moyens humains, pour le fonctionnement général et la conduite du projet de la structure qui le sollicite ; exception faite des structures qui demandent le label « centre dramatique national »[1155]. Étant précisé, que l'instance de gouvernance de la structure labellisée doit associer les collectivités territoriales, leurs groupements partenaires et l'État de même que le jury chargé de proposer le dirigeant pour validation à ladite instance[1156]. Dans le domaine patrimonial, la labellisation Centre culturel de rencontre est elle aussi soumise au soutien financier ou matériel d'une ou plusieurs collectivités territoriales ou groupements de collectivités territoriales[1157].

510. Les structures labellisées doivent être des personnes morales de droit public ou de droit privé disposant d'une autonomie de gestion. Ainsi, en raison de la souplesse de gestion de la forme associative, reconnue tant par la doctrine[1158] que par les acteurs culturels[1159], celle-ci est souvent privilégiée malgré les risques qu'elle comporte[1160] et « demeure le procédé auquel recourent le plus souvent les coopérations [...] entre l'État et les collectivités territoriales ».[1161] L'essentiel des structures labellisées, FRAC, Centre d'art contemporain d'intérêt national, Scène nationale, Scène conventionnée, Scène de musiques actuelles, Centre national de création musicale, Centre national des arts de rue et de l'espace public, sont donc constituées en association[1162].

1155 Article 2 du décret n° 2017-432 du 28 mars 2017 relatif aux labels et au conventionnement dans les domaines du spectacle vivant et des arts plastiques, *op. cit.*
1156 Article 5 de la Loi n° 2016-925 du 7 juillet 2016 relative à la liberté de la création, à l'architecture et au patrimoine, *JO*, 8 juillet 2016, texte n° 1. V. aussi : article 5 du Décret n° 2017-432 du 28 mars 2017 relatif aux labels et au conventionnement dans les domaines du spectacle vivant et des arts plastiques, *op. cit.* V. également les différents cahiers des charges.
1157 Article 1, 5°, Décret n° 2017-434 du 28 mars 2017 relatif au label « centre culturel de rencontre », *op. cit.*
1158 Cette souplesse de gestion est admise même hors du domaine culturel.
Dans le domaine culturel v. not. : J. FOSSOYEUX, « Les modes de gestion du service public culturel », *AJDA*, 2000, p. 129 s. ; E. BARON, « Les modes de gestion privés du service public culturel », *AJDA*, 2000, p. 131.
1159 Le ministère de la culture, dans le cahier des charges relatifs aux Centre nationaux des arts de la rue invitait lui-même à choisir à la force associative (ou l'EPCC).
1160 Cf. *infra*.
1161 C.-W. WU, *op. cit.*, p. 205.
1162 S. MONNIER, E. FOREY, *op. cit.*, p. 182 s. ; J.-R. PELLAS, *op. cit.*, p. 124 s. ; J.-F. AUBY, *op. cit.*, p. 214 s.

511. Les structures labellisées Centre dramatique national quant à elles, sont pour la quasi-totalité des sociétés de droit privé en général des sociétés à responsabilité limitée en raison de leur souplesse de gestion[1163]. En effet, jusqu'en 2017, les centres dramatiques nationaux devaient relever de ce statut ou de celui des sociétés anonymes[1164].

512. La labellisation, malgré son caractère apparent de partenariat, est un instrument, principalement, de la politique culturelle étatique.

B) La labellisation un outil de la politique culturelle étatique

513. La labellisation, présentée comme un outil de partenariat notamment entre l'État et les collectivités territoriales, constitue un instrument de politique culturelle étatique, même si ces « dernières en escomptent un certain nombre d'avantages » [1165] : visibilité, conseil et expertise, soutien financier, mise en réseau[1166], etc. En effet, les labels permettent à l'État « de conserver son influence dans la fabrique des politiques territoriales »[1167], ici culturelles. La contribution des structures labellisées à la politique culturelle étatique apparaît parfois explicite, parfois implicite dans les textes instituant les labels. Elle se traduit à travers les engagements des structures labellisées (1) quand bien même ces derniers sont pris dans le cadre de conventions d'objectifs (2).

1) La labellisation au service de la politique étatique

514. Il est souvent rappelé explicitement que les structures labellisées résultent d'une « politique » ou d'un « projet » initié par l'État. Le cas des scènes nationales, héritières des premières maisons de la culture[1168], « cathédrales » de la culture de Malraux, s'avère sur ce point symptomatique[1169]. Il est affirmé, dans le même sens, que le label Scène

---

[1163] *Ibid.*

[1164] Article 22, Contrat de décentralisation dramatique annexé à l'Arrêté du 23 février 1995 fixant le contrat type de décentralisation dramatique, *JO*, 15 mars 1995, p. 3991 ; abrogé au 1 juillet 2017 par l'article 6, Arrêté du 5 mai 2017 fixant le cahier des missions et des charges relatif au label « Centre dramatique national » et le contrat type de décentralisation dramatique, *op. cit.*

[1165] D. GERBEAU, H. SOUTRA, « La course aux labels, ou l'art de gouverner à distance », *La Gazette*, 2016, n° 32, p. 6.

[1166] Cf. *infra*.

[1167] *Ibid.*

[1168] Sur les maisons de la culture v. not. : P. POIRRIER, *L'État et la Culture en France au XXe siècle*, *op. cit.*, p. 99 s.

[1169] Préambule, arrêté du 5 mai 2017 fixant le cahier des missions et des charges relatif au label « Scène nationale », *op. cit.* V. aussi : Préambule, Arrêté du 5 mai 2017 fixant le cahier des charges relatif au label « Centre national de création musicale », *op. cit.* ;

conventionnée d'intérêt national participe « de la politique nationale de soutien à des structures de création et de diffusion artistique »[1170]. Enfin, et de manière encore plus significative, le préambule du cahier des charges relatif au label « Centre national des arts de la rue et de l'espace public » dispose que « les structures labellisées CNAREP [...] participent au dynamisme et à la structuration de la politique du ministère de la Culture et de la communication sur le secteur des arts de la rue et plus largement sur les expressions artistiques pensées pour l'espace public »[1171]. Il est souligné dans la même logique, s'agissant du label Ville ou Pays d'art et d'histoire, que « la mise en œuvre du label s'inscrit pleinement dans les priorités du ministère [...] »[1172].

515. La lecture plus attentive de ces mêmes textes révèle l'ambition de la labellisation de structures, à travers les engagements auxquels celles-ci doivent souscrire. Cette dernière correspond alors à la volonté de l'État de mettre en place une action de proximité, irriguant tout le territoire national, dans nombre de champs du domaine culturel tel qu'il le conçoit, spectacle vivant, art plastique, patrimoine. Elle est ainsi réalisée dans une optique de soutien à la création, de protection patrimoniale et de démocratisation culturelle en tenant compte du contexte de marchandisation, d'internationalisation et de révolution numérique.

516. Chaque structure labellisée dans le spectacle vivant et les arts plastiques doit ainsi participer à plusieurs missions présentées dans le cahier des charges. Si les spécificités des différents établissements sont prises en considération, leur cahier des charges est construit selon une logique et une structure similaire. Ainsi, sous des appellations parfois différentes, les structures prennent des engagements professionnels[1173], artistiques[1174] et territoriaux[1175] à des degrés divers. Il en est de même s'agissant de ces derniers pour les labels patrimoniaux.

517. Les structures labellisées sont chargées d'une mission d'engagements culturels et territoriaux dans un objectif affirmé de démocratisation culturelle.

Préambule, Arrêté du 5 mai 2017 fixant le cahier des missions et des charges relatif au label « Centre chorégraphique national », *op. cit.*

1170 Article 1, Arrêté du 5 mai 2017 fixant les conditions d'attribution et le cahier des missions et des charges de l'appellation « Scène conventionnée d'intérêt national », *op. cit.*

1171 Arrêté du 5 mai 2017 fixant le cahier des missions et des charges relatif au label « Centre national des arts de la rue et de l'espace public », *op. cit.*

1172 Circulaire du 8 avril 2008 relative au réseau des Ville et Pays d'art et d'histoire, p. 1.

1173 Section 1, 3 du cahier des charges (en général).

1174 Section 1, 1 du cahier des charges (en général).

1175 Section 1, 2 du cahier des charges (en général).

Celle-ci se caractérise en particulier par une politique permettant l'accueil du public dans des conditions favorisant la meilleure rencontre possible avec les œuvres et les artistes – en proposant des politiques tarifaires adaptées en fonction des publics, en expérimentant de nouveaux formats artistiques et des outils nouveaux – par une politique de médiation et de diffusion « hors les murs », sur l'ensemble de son territoire[1176]. Les structures labellisées dans le spectacle vivant et les arts plastiques constituent un réseau national de référence dans leur champ de compétence et veillent à établir des coopérations avec des structures de diffusion, généralistes ou spécialisées, sur les plans régional, national, européen et international.

518. Dans le domaine patrimonial, les Jardins remarquables et les Maisons des Illustres sont tenus dans le même sens d'être ouverts au public un certain nombre de jours par an au minimum et de participer pour la première catégorie au moins aux opérations nationales « organisées par le ministère de la culture dans le domaine des jardins et du patrimoine »[1177]. Cela constitue par ailleurs l'objet même du label des Villes et Pays d'art et d'histoire et Centre culturel de rencontre[1178]. Il semble également possible d'admettre que l'octroi des labels Pôle national de référence, Pôle de référence numérique et Architecture remarquable relèvent de la même logique, même si cela apparaît moins explicitement dans les textes. En effet, les premiers sont attribués notamment pour valoriser des collections non présentées au public à des musées auxquels a été attribuée l'appellation « Musée de France », qui suppose la prise de mesures pour rendre leur collection accessible au public le plus large[1179], et le second succède au label Patrimoine du XXe siècle, qui a fait l'objet d'une diffusion et d'une sensibilisation importantes auprès du public[1180].

519. Les engagements artistiques des structures labellisées du spectacle vivant et des arts plastiques consistent en l'accompagnement à la création, par exemple par l'accueil en résidence, et à la production d'œuvres ou d'expositions, ainsi qu'à leur diffusion par le biais de leur programmation dans et hors les murs[1181]. Elles peuvent aussi avoir un rôle de conservation et de valorisation des œuvres, c'est le cas des FRAC. Elles contribuent enfin à la

---

[1176] « 1. Modalités d'attribution du label », Circulaire du 7 décembre 2012 relative à l'institution d'un label « Maison des Illustres » ; « 3. Contenu du dossier de candidature », Circulaire n° 2008/1563 du 29 octobre 2008 relative au label « Jardin remarquable ».

[1177] « 3. Contenu du dossier de candidature », *ibid.*

[1178] Cf. *supra* et article 1, 2°, c) et d), Décret n° 2017-434 du 28 mars 2017 relatif au label centre culturel de rencontre », *op. cit.*

[1179] L. 441-2 Code du patrimoine.

[1180] « Label du XXe siècle », [en ligne], www.culturecommunication.gouv.fr.

[1181] Section 1, 2 du cahier des charges (en général).

recherche fondamentale ou appliquée de développement des connaissances et d'expérimentation, en raison de l'apparition de nouvelles pratiques liées au numérique, dans différents domaines, art contemporain et musique actuelle par exemple.

520. Les engagements pris par les structures labellisées dans le domaine patrimonial relèvent aussi de la même logique : conservation, restauration et création de parcs et jardins pour les Jardins remarquables[1182], contribution à l'entretien ou à la restauration d'un site patrimonial ouvert au public, développement des actions interdisciplinaires entre le domaine du patrimoine et celui de la création artistique, soutien aux formes et pratiques artistiques émergentes et aux artistes professionnels débutants en permettant l'accueil d'artistes, de chercheurs, de créateurs ou d'architectes dans le site patrimonial pour les Centres culturels de rencontre[1183], ou encore, « rassembler, conserver, valoriser des collections non présentées au public » pour les Pôles nationaux de référence et les Pôles nationaux de référence numérique[1184].

521. L'accompagnement à l'insertion, à la formation et le soutien aux artistes constituent les engagements professionnels des structures labellisées.

522. La labellisation est susceptible de revêtir plusieurs formes.

2) Les formes de la labellisation

523. Les cahiers des charges relatifs aux labels du spectacle vivant et des arts plastiques prévoient en général que les structures labellisées doivent conclure avec l'État notamment des conventions pluriannuelles d'objectifs renouvelables[1185], dont la durée est variable suivant la durée d'attribution des

---

[1182] « 2. Restaurer les parcs et jardins » et « 3. Encourager la création », Circulaire n° 2004/003 du 17 février 2004 relative aux parcs et jardins.

[1183] Article 1, décret n° 2017-434 du 28 mars 2017 relatif au label « centre culturel de rencontre », *op. cit.*

[1184] R. 451-35 Code du patrimoine.

[1185] « Section 2 II.-1 Le cadre conventionnel et moyens matériels et financiers », Arrêté du 5 mai 2017 fixant le cahier des missions et des charges relatif au label « Pôle national du cirque », *op. cit.* ; Article 5, Arrêté du 5 mai 2017 fixant les conditions d'attribution et le cahier des missions et des charges de l'appellation « Scène conventionnée d'intérêt national », *op. cit.* ; « 2. Le cadre conventionnel et les moyens d'action », Arrêté du 5 mai 2017 fixant le cahier des missions et des charges relatif au label « Centre de développement chorégraphique national », *op. cit.* ; « Section II II.2, Le cadre conventionnel, les moyens financiers et l'observation », Arrêté du 5 mai 2017 fixant le cahier des missions et des charges relatif au label « Centre d'art contemporain d'intérêt national », *op. cit.* ; « Section 2, 2. Cadre conventionnel, moyens matériels et financiers », Arrêté du 5 mai 2017 fixant le cahier des missions et des charges relatif au label « Centre national des arts de la rue et de l'espace public », *op. cit. ;* « Section II,

labels. Dans ces conventions, les structures s'engagent à satisfaire aux missions qui leur sont confiées et qui participent, comme il l'a été montré, explicitement à la politique culturelle étatique. Cette convention tient cependant compte de la singularité de la structure labellisée, laquelle se décline au travers de son projet artistique et culturel propre en fonction de la direction, des spécificités territoriales... Elle précise également les moyens matériels et financiers de la structure labellisée. Il en est de même s'agissant des labels Centre culturel de rencontre, Villes et Pays d'art et d'histoire, et du conventionnement « théâtre lyrique conventionné d'intérêt national » [1186].

524. Dans le cas où une convention d'objectif n'est pas exigée pour l'octroi du label, le potentiel bénéficiaire du label peut avoir à joindre dans sa demande un engagement écrit de sa participation à la politique culturelle étatique ; ce qui semble être comparable à la conclusion d'une telle convention. Il en est ainsi, par exemple, du label Jardin remarquable pour lequel le dossier de candidature doit contenir « un engagement écrit d'ouvrir le jardin à la visite au moins 50 jours entre le 1er °janvier et le 31 décembre, dont 30 jours comprenant au moins 5 dimanches entre le 1er avril et le 30 septembre, en précisant les périodes réelles d'ouverture qui devront être affichées à l'entrée du jardin »[1187].

II-1, Gouvernance », Arrêté du 5 mai 2017 fixant le cahier des charges relatif au label « Centre national de création musicale », *op. cit.* ; « Section II, II.2, A La convention pluriannuelle d'objectif », Arrêté du 5 mai 2017 fixant le cahier des missions et des charges relatif au label « Fonds régional d'art contemporain », *op. cit.* (V. aussi texte codifié Code du patrimoine), « Section II, II-1 Gouvernance », Arrêté du 5 mai 2017 fixant le cahier des missions et des charges relatif au label « Opéra national en région », *op. cit.* ; « Section II, II-1 Gouvernance et effectifs », Arrêté du 5 mai 2017 fixant le cahier des missions et des charges relatif au label « Orchestre national en région », *op. cit.* ; « Section II, II-2 Le cadre conventionnel et les moyens », Arrêté du 5 mai 2017 fixant le cahier des missions et des charges relatif au label « Scène nationale », *op. cit.* ; « Section II, 2. Le cadre conventionnel et les moyens d'actions », Arrêté du 5 mai 2017 fixant le cahier des missions et des charges relatif au label « Centre chorégraphique national », *op. cit.* ; « Section II, 3, Le cadre conventionnel » et « Annexe 2 Contrat de décentralisation dramatique », Arrêté du 5 mai 2017 fixant le cahier des missions et des charges relatif au label « Centre dramatique national » et le contrat type de décentralisation dramatique, *op. cit.*

[1186] Article 4, Décret n° 2017-434 du 28 mars 2017 relatif au label « centre culturel de rencontre », *op. cit.* ; « I. Une politique nationale », « III Evaluation » et « Convention et sa mise en œuvre », Circulaire du 8 avril 2008 relative au réseau des Ville et Pays d'art et d'histoire ; Article 5, Arrêté du 5 mai 2017 fixant les conditions d'attribution et le cahier des missions et des charges d'un conventionnement pour les théâtres lyriques d'intérêt national, *op. cit.*

[1187] « 3. Contenu du dossier de candidature », Circulaire n° 2008/1563 du 29 octobre 2008 relative au label « Jardin remarquable ».

525. Si la convention d'objectif est l'un des modes traditionnels de coopération entre l'État, les collectivités territoriales et les opérateurs culturels[1188], elle soulève aujourd'hui un certain nombre d'interrogations au regard du développement des règles de la commande publique. En effet, si initialement les conventions d'objectifs se caractérisent par le fait que la personne publique n'est pas à l'origine du projet, il est parfois difficile de considérer que c'est toujours le cas aujourd'hui au regard des dispositions susmentionnées des cahiers des charges, et de l'analyse qui y a été consacrée. Un tel comportement entraîne des risques pour la sécurité juridique dus à la potentielle requalification par le juge des contrats en délégation de service public ou en marché public[1189].

526. Dans cette perspective, dans le domaine culturel, la notion même de labellisation doit être relativisée, au moins s'agissant du spectacle vivant et des arts plastiques. En effet, si le label constitue originellement la reconnaissance attribuée à une structure en raison de ses qualités intrinsèques, le processus de labellisation décrit précédemment implique l'octroi d'un label à une structure qui s'engage à acquérir ou à préserver cesdits caractères et à mener l'activité selon les exigences mentionnées, déterminées notamment en fonction de la politique étatique. Le label, signe de reconnaissance, peut donc précéder la qualité intrinsèque de l'activité d'une structure, les critères de labellisation reposant en effet sur une potentialité de réalisation d'un projet. C'est en particulier le cas lors d'un premier octroi.

527. Le décentrement de l'État culturel s'effectue outre par une coopération directe, conventionnelle ou institutionnelle, par une coopération indirecte.

Section 2 : Le décentrement par la coopération indirecte de l'État culturel

528. Le décentrement par la coopération indirecte de l'État culturel résulte de l'utilisation par l'État de ses fonctions de police et de prestation dans le domaine culturel. Celle-ci est alors destinée à s'assurer de la contribution effective directe ou indirecte des collectivités territoriales (et /ou de leurs groupements) à la politique culturelle étatique.

529. Il existe des instruments pour l'État qui lui permettent de s'assurer que la contribution des collectivités territoriales ou de leurs groupements à son

1188 J.-F. AUBY, *op. cit.*, p. 164.
1189 *Ibid.* V. aussi *infra*.

action culturelle territoriale satisfait aux exigences de qualité des services[1190] et de protection du patrimoine culturel. Il s'agit de la possibilité de contrôle sur la gestion des collectivités territoriales et des structures auxquelles elles participent (§1), mais aussi de ses conséquences, sanctions et contreparties apparentes, renforçant l'idée de coopération. Les contreparties au contrôle – accroissement de la visibilité des structures ou des immeubles, conseil et expertise, aide financière et régime de protection de certains biens – contribuent également à garantir la participation des collectivités territoriales, directement ou indirectement à la politique culturelle étatique (§2).

§1 : La possibilité de contrôle

530. Le contrôle de l'État intervient d'abord, avant l'octroi d'un label, d'une appellation ou encore d'une inscription ou d'un classement, à travers des procédures spécifiques (A). Le contrôle peut aussi avoir lieu après cet octroi et pour des activités qui ne font pas l'objet de telles procédures. Ce contrôle traduit la volonté de l'État de s'assurer de la qualité des activités en cause ou des opérations menées et est souvent réalisé en faisant appel à des organes spécifiques « d'expertise » (B).

A) Le contrôle antérieur à l'octroi

531. Des procédures de contrôle de l'État existent tant dans le domaine des spectacles vivants et des arts plastiques que dans le domaine patrimonial.

532. S'agissant des domaines du spectacle vivant et des arts plastiques, l'octroi d'un label est subordonné au respect de plusieurs conditions communes[1191] par la structure qui le demande, dont la satisfaction est vérifiée. Les cahiers des missions et des charges ont été fixés par arrêtés et dépendent du label demandé[1192] : Pôle national du cirque, Scène conventionnée d'intérêt

---

[1190] E. MIRIEU DE LABARRE, « Naissance d'un statut général des musées, l'apport du livre IV du code du patrimoine », *op. cit.*, p. 1349 ; C. BOSSEBOEUF, « Le contrôle de l'État sur la gestion des musées territoriaux. Des questions encore en suspens », *AJDA*, 2014, p. 1423 s.

[1191] Article 2, Décret n° 2017-432 du 28 mars 2017 relatif aux labels et au conventionnement dans les domaines du spectacle vivant et des arts plastiques, *op. cit.*

[1192] Arrêté du 5 mai 2017 fixant le cahier des missions et des charges relatif au label « Pôle national du cirque », *op. cit.* ; Arrêté du 5 mai 2017 fixant les conditions d'attribution et le cahier des missions et des charges de l'appellation « Scène conventionnée d'intérêt national », *op. cit.* ; Arrêté du 5 mai 2017 fixant le cahier des missions et des charges relatif au label « Centre de développement chorégraphique national », *op. cit.* ; Arrêté du 5 mai 2017 fixant le cahier des missions et des charges relatif au label « Centre d'art contemporain d'intérêt national », *op. cit.* ; Arrêté du 5 mai 2017 fixant le cahier des missions et des charges relatif au label « Centre national des arts de la rue et de l'espace public », *op. cit.* ; Arrêté du 5 mai 2017 fixant le cahier des charges relatif au label « Centre national de création musicale », *op. cit.* ; Arrêté du

national, Centre de développement chorégraphique national, Centre d'art contemporain d'intérêt national, Centre national des arts et de la rue et de l'espace public, Centre national de création musicale, Fonds régional d'art contemporain, Opéra national en région, Orchestre national en région, Scène de musique actuelle, Scène nationale, Centre chorégraphique national, Centre dramatique national. Il en est également ainsi des conventionnements[1193] pour les théâtres lyriques d'intérêt national[1194].

533. Dans le domaine patrimonial, l'attribution des labels « Pôle national de référence » ou « Pôle national de référence numérique »[1195] est réalisée selon une procédure qui inclut également un contrôle de conditions spécifiques tendant à s'assurer de la possible satisfaction effective de leur mission[1196]. À cette fin, la demande de label doit être accompagnée de plusieurs pièces justificatives permettant une telle vérification. Il en va de même s'agissant des labels Jardins remarquables, Maisons des Illustres, Centre culturel de rencontre et Architecture contemporaine remarquable[1197].

534. La procédure d'attribution de l'appellation « Musée de France » relève de la même logique de contrôle de qualité des collections et de l'activité et des possibilités de sa bonne mise en œuvre. Ainsi, l'appellation « « Musée de France » est attribuée à la demande de la ou des personnes morales

---

5 mai 2017 fixant le cahier des missions et des charges relatif au label « Fonds régional d'art contemporain », *op. cit.* V. aussi : articles L. 116-1 et 2 et R. 116-1-I à R. 116-7 Code du patrimoine ; Arrêté du 5 mai 2017 fixant le cahier des missions et des charges relatif au label « Opéra national en région », *op. cit.* ; Arrêté du 5 mai 2017 fixant le cahier des missions et des charges relatif au label « Orchestre national en région », *op. cit.* ; Arrêté du 5 mai 2017 fixant le cahier missions et des charges relatif au label « Scène de Musiques Actuelles-SMAC », *op. cit.* ; Arrêté du 5 mai 2017 fixant le cahier des missions et des charges relatif au label « Scène nationale », *op. cit.* ; Arrêté du 5 mai 2017 fixant le cahier des missions et des charges relatif au label « Centre chorégraphique national », *op. cit.* ; Arrêté du 5 mai 2017 fixant le cahier des missions et des charges relatif au label « Centre dramatique national » et le contrat type de décentralisation dramatique, *op. cit.*

[1193] Article 8, Décret n° 2017-432 du 28 mars 2017 relatif aux labels et au conventionnement dans les domaines du spectacle vivant et des arts plastiques, *op. cit.*

[1194] Arrêté du 5 mai 2017 fixant les conditions d'attribution et le cahier des missions et des charges d'un conventionnement pour les théâtres lyriques d'intérêt national, *op. cit.*

[1195] Créés par le décret n° 2017-469 du 31 mars 2017 relatif aux labels « Pôle national de référence » et « Pôle national de référence numérique », *JO*, 2 avril 2017, texte n° 25 ; codifié articles R. 451-35 à R. 451-38 Code du patrimoine.

[1196] R. 451-35 à R. 451-37 Code du patrimoine.

[1197] « 3. Contenu du dossier de candidature », Circulaire n° 2008/1563 du 29 octobre 2008 relative au label « Jardin remarquable » ; « 1. Modalités d'attribution du label », Circulaire du 7 décembre 2012 relative à l'institution d'un label « Maisons des Illustres » ; articles 1 et 4, Décret n° 2017-434 du 28 mars 2017 relatif au label « centre culturel de rencontre », *op. cit.*; R. 650-1 et R. 650-4 Code du patrimoine.

propriétaires des collections, par décision de l'autorité administrative [ministre chargé de la culture] après avis [simple] du Haut Conseil des musées de France[1198] »[1199]. Le détail de la procédure, et les pièces justificatives à fournir pour accompagner le dossier de demande sont prévus de manière précise dans le Code du patrimoine[1200]. Il s'agit notamment de l'inventaire des biens affectés aux collections du musée, précisant l'origine de propriété des biens[1201] et d'un « document d'orientation précisant les objectifs scientifiques et culturels du musée ainsi que les conditions et les moyens envisagés pour leur mise en œuvre, notamment en matière de collections, de personnels, de muséographie, d'éducation, de diffusion et de recherche »[1202]. Le dossier est par la suite étudié et évalué au regard des critères posés dans le code s'agissant notamment de la définition des musées[1203] et des missions dévolues aux « musées de France »[1204].

535. La procédure d'inscription ou de classement au titre des monuments historiques des immeubles[1205] ou des objets mobiliers[1206] de même que les motifs justifiant un tel choix[1207], dont la satisfaction est vérifiée, sont contenus dans le même code.

536. Pour un immeuble, la demande de classement, ou d'inscription adressée au préfet de région doit être « accompagnée de la description de l'immeuble, d'éléments relatifs à son histoire et à son architecture, ainsi que des photographies et des documents graphiques le représentant dans sa totalité et sous ses aspects les plus intéressants du point de vue de l'histoire et de l'art »[1208] ; une disposition identique existe s'agissant des demandes d'inscription[1209]. Après avis de la Commission régionale du patrimoine[1210] et

---

1198 V. articles L. 430-1 et R. 430-1 à 430-6 Code du patrimoine.
1199 V. sur ce point not. : C. BOSSEBOEUF, « Le contrôle de l'État sur la gestion des musées territoriaux. Des questions encore en suspens », *op. cit.*
1200 R. 442-1 à R. 442-4 Code du patrimoine.
1201 R. 442-1, 1° Code du patrimoine.
1202 R. 442-1, 3° Code du patrimoine.
1203 L. 410-1 Code du patrimoine.
1204 L. 441-2 Code du patrimoine.
1205 Articles L. 621-1 à L. 621-3 et R. 621-1 à R. 621-9 Code du patrimoine (classement) ; articles L. 621-5 et R. 621-53 à R. 621-58 Code du patrimoine (inscription).
1206 Articles L. 622-1 à L. 622- 5 et R. 622-1 à R. 622- 10 Code du patrimoine (classement) et articles L. 622-7 à L. 622-8 et R. 622-32 à R. 622-36 Code du patrimoine (inscription).
1207 Pour les immeubles : articles L. 621-1 (classement), L. 621-5 Code du patrimoine ; pour les objets mobiliers : L. 622- 1 (classement), L. 622-7 (inscription) Code du patrimoine.
1208 R. 621-3 Code du patrimoine.
1209 R. 621-55 Code du patrimoine.
1210 R. 611-17 à R. 611-30 Code du patrimoine.

de l'architecture ou de sa délégation permanente, le préfet peut, soit inscrire l'immeuble au titre des monuments historiques, soit proposer au ministre chargé de la culture une mesure de classement. Le ministre statue après avoir reçu l'avis de la Commission nationale du patrimoine[1211]. Des dispositions similaires existent s'agissant des objets mobiliers et poursuivent le même objectif de contrôle de l'État précédant un éventuel classement ou une éventuelle inscription.

537. Il convient alors de souligner qu'avant l'inscription des immeubles au titre des monuments historiques, ou lorsque la commune ou l'établissement public de coopération intercommunale modifie ou révise son plan local d'urbanisme ou le document en tenant lieu, « le préfet de région saisit l'architecte des Bâtiments de France afin qu'il propose le cas échéant un projet de périmètre délimité des abords »[1212]. Ce dernier intervient après « enquête publique, consultation du propriétaire ou de l'affectataire domanial du monument historique, et le cas échéant, de la ou des communes concernées, et accord [qui peut être passé outre sous conditions] de l'autorité compétente en matière de plan local d'urbanisme, de document en tenant lieu ou de carte communale »[1213].

538. Le classement au titre des sites patrimoniaux remarquables[1214] est réalisé dans une perspective identique. Ainsi, « les sites patrimoniaux

---

[1211] R. 611-1 à R. 611-16 Code du patrimoine.

[1212] « I. – Les immeubles ou ensembles d'immeubles qui forment avec un monument historique un ensemble cohérent ou qui sont susceptibles de contribuer à sa conservation ou à sa mise en valeur sont protégés au titre des abords. /La protection au titre des abords a le caractère de servitude d'utilité publique affectant l'utilisation des sols dans un but de protection, de conservation et de mise en valeur du patrimoine culturel. /II. – La protection au titre des abords s'applique à tout immeuble, bâti ou non bâti, situé dans un périmètre délimité par l'autorité administrative dans les conditions fixées à l'article L. 621-31. Ce périmètre peut être commun à plusieurs monuments historiques. /En l'absence de périmètre délimité, la protection au titre des abords s'applique à tout immeuble, bâti ou non bâti, visible du monument historique ou visible en même temps que lui et situé à moins de cinq cents mètres de celui-ci. /La protection au titre des abords s'applique à toute partie non protégée au titre des monuments historiques d'un immeuble partiellement protégé ». L. 621-30 Code du patrimoine.

[1213] M. CORNU, V. NEGRI, *Code du patrimoine*, *op. cit.*, p. 303.

[1214] L. 631-1 Code du patrimoine. Les sites patrimoniaux remarquables ont été créés par la Loi n° 2016-925 du 7 juillet 2016 relative à la liberté de la création, à l'architecture et au patrimoine. Ils remplacent à la fois les secteurs sauvegardés, les zones de protection du patrimoine architectural, urbain et paysager et aires de mise en valeur de l'architecture et du patrimoine. Sur les sites patrimoniaux remarquables V. not. : J.-B. AUBY, H. PERINET-MARQUET, R. NOGUELOU, *Droit de l'urbanisme et de la construction*, LGDJ, Domat, 11e éd., 2017, p. 295 s. ; G. KALFLECHE, *Droit de l'urbanisme*, PUF, Thémis, 2e éd., 2018, p. 36 ; J. MORAND-DEVILLIER, S. FERRARI, *Droit de l'urbanisme*, Dalloz, Les mementos, 10e éd., 2018, p. 90 et 150 s. ; Sur les mécanismes antérieurs de

remarquables sont classés par décision du ministre chargé de la culture, après avis de la Commission nationale du patrimoine et de l'architecture et enquête publique conduite par l'autorité administrative, sur proposition ou après accord de l'autorité compétente en matière de plan local d'urbanisme, de document en tenant lieu ou de carte communale et, le cas échéant, consultation de la ou des communes concernées »[1215].

539. L'État, enfin, exerce la maîtrise scientifique des opérations d'archéologie préventive[1216] et, à ce titre « prescrit les mesures visant à la détection, à la conservation ou à la sauvegarde par l'étude scientifique du patrimoine archéologique [...] et assure le contrôle scientifique et technique et évalue ces opérations »[1217].

540. Le contrôle de l'État demeure suite à l'octroi d'un label, d'une appellation ou encore d'une inscription ou d'un classement. Il existe aussi pour des activités qui ne relèvent pas de ces catégories.

B) Le contrôle postérieur à l'octroi

541. Les bibliothèques, les archives, les musées de France, les services archéologiques, les monuments historiques et les sites patrimoniaux remarquables des collectivités territoriales et les établissements labellisés font l'objet d'un contrôle de la part de l'État. Ce contrôle peut être relatif au fonctionnement de l'activité ou à l'état du bien. Il s'agit alors *d'un contrôle courant* (1). Il peut aussi intervenir avant la réalisation d'une opération particulière. Il s'agit alors *d'un contrôle occasionnel* (2).

---

protection, V. également : M. MONNIER, *L'Urbanisme de protection : un droit au service du patrimoine*, Gualino, 2013, p. 63 s. et 79 s. (régime) ; H. JACQUOT, F. PRIET, *Droit de l'urbanisme*, Dalloz, Précis, 7e éd., 2015, p. 565 s. ; P, SOLER-COUTEAUX, E. CARPENTIER, *Droit de l'urbanisme*, Dalloz, Hypercours, 6e éd., 2015, p. 320 s.

1215 L. 631-2 et R 631-1 à D 631-5 Code du patrimoine.

1216 « L'archéologie préventive, qui relève de missions de service public, est partie intégrante de l'archéologie. Elle est régie par les principes applicables à toute recherche scientifique. Elle a pour objet d'assurer, à terre et sous les eaux, dans les délais appropriés, la détection, la conservation ou la sauvegarde par l'étude scientifique des éléments du patrimoine archéologique affectés ou susceptibles d'être affectés par les travaux publics ou privés concourant à l'aménagement. Elle a également pour objet l'interprétation et la diffusion des résultats obtenus ». Article L. 521-1 Code du patrimoine.

1217 L. 522-1 et R. 522-1 (prescription des opérations) et R. 523-60 (contrôle des opérations) Code du patrimoine.

1) Contrôle courant

542. Le contrôle courant est constitué d'un contrôle scientifique et technique *stricto sensu* et d'un contrôle plus général de l'activité.

543. L'activité des bibliothèques[1218], des archives[1219], des musées de France[1220], des services archéologiques[1221], et les monuments historiques[1222] des collectivités territoriales ou de leurs groupements sont soumis au contrôle scientifique et technique de l'État. Ce dernier bénéficie alors d'un « véritable droit de regard »[1223] sur leurs actions culturelles. Le contrôle scientifique et technique est en effet destiné à vérifier les conditions dans lesquelles ces services exécutent leurs missions et l'état des monuments historiques dans le domaine patrimonial, comme dans le domaine du spectacle vivant et des arts plastiques.

544. Le Code du patrimoine précise par exemple, s'agissant du contrôle sur les bibliothèques, qu'il est destiné « à assurer la sécurité des fonds, la qualité des collections, leur renouvellement, leur caractère pluraliste et diversifié, l'accessibilité des services pour tous les publics, la qualité technique des bibliothèques, la compatibilité des systèmes de traitement, la conservation des collections dans le respect des exigences techniques relatives à la communication, l'exposition, la reproduction, l'entretien et le stockage en magasin »[1224]. Sont donc mis en avant le rôle de conservation des collections des bibliothèques[1225], qui a fait l'objet d'une charte spécifique en 2011[1226], ainsi que celui du développement de la lecture publique. L'exigence que ces missions induisent en termes de qualité du service est également soulignée. Dans une perspective similaire s'agissant des archives, il est précisé que le

---

[1218] L. 310-2 Code du patrimoine. Pour les communes et les établissements publics de coopération intercommunale : R. 310-10 Code du patrimoine. Pour les départements, les régions et la collectivité territoriale de Corse : R. 320-1 *Code du patrimoine*. Les bibliothèques classées étant soumises au contrôle permanent de l'Inspection générale des bibliothèques, sauf celles des communes des départements de la Moselle, du Bas-Rhin et du Haut-Rhin. R. 310-3 Code du patrimoine.

[1219] Articles L. 212-10, R. 212-49 s. Code du patrimoine.

[1220] Articles L. 410-2, L. 442-11 et D. 442-13 à D. 442-16 Code du patrimoine.

[1221] L. 522-7 Code du patrimoine.

[1222] Articles R. 621-18 à R. 621-24 Code du patrimoine.

[1223] Expression de J. Renard, citée *in* N. WAGENER, « Nouveaux enjeux de la décentralisation », *Juris art etc.*, 2015, n° 26, p. 28.

[1224] R. 310-9 Code du patrimoine.

[1225] Hérité de la Révolution française. Cf *supra*.

[1226] MINISTERE DE LA CULTURE ET DE LA COMMUNICATION, MINISTERE DE L'ENSEIGNEMENT ET DE LA RECHERCHE, *Charte de la conservation dans les bibliothèques*, 2011, [en ligne], www.patrimoineecrit.culture.gouv.fr. ; G. COHEN, « Charte de la conservation dans les bibliothèques », *Juris art etc.*, 2015, n° 26, p. 33.

contrôle vise à « assurer la sécurité des documents, le respect de l'unité des fonds et de leur structure organique, la qualité scientifique et technique des instruments de recherche, la compatibilité des systèmes de traitement et la mise en valeur du patrimoine archivistique »[1227].

545. Le contrôle scientifique et technique permet aussi de « vérifier périodiquement l'état des monuments historiques classés et les conditions de leur conservation de façon que leur pérennité soit assurée et de garantir que les interventions sur les immeubles classés, prévues [...] sont compatibles avec le statut de monument historique reconnu à ces immeubles en application de cette section, ne portent pas atteinte à l'intérêt d'art ou d'histoire ayant justifié leur classement au titre des monuments historiques et ne compromettent pas leur bonne conservation en vue de leur transmission aux générations futures »[1228]. Des dispositions identiques sont prévues pour les immeubles inscrits[1229] de même que pour les objets mobiliers classés[1230] et inscrits[1231]. Il est précisé que le contrôle scientifique et technique, pour ces deux dernières catégories, vise à vérifier que leur déplacement se déroule dans des conditions assurant leur bonne conservation.

546. Dans une logique similaire, l'état de conservation d'un site patrimonial remarquable peut susciter une demande de rapport ou un avis, à tout moment de la part de la Commission nationale du patrimoine et de l'architecture. Cette dernière peut alors émettre des recommandations sur l'évolution du plan de sauvegarde et de mise en valeur ou du plan de valorisation de l'architecture et du patrimoine[1232]. En matière d'archéologie préventive, un contrôle des opérations de fouilles est dans le même sens exercé par l'État[1233].

547. Par ailleurs, les structures labellisées conformément au décret relatif aux labels dans les domaines du spectacle vivant et des arts plastiques[1234] sont également contrôlées afin qu'elles satisfassent durant la durée de la

---

[1227] R. 212-3 Code du patrimoine. V. aussi pour les musées : L. 442-11 Code du patrimoine.

[1228] R. 621-18 Code du patrimoine.

[1229] R. 621-63 Code du patrimoine (sur le détail des procédures de contrôle V. aussi articles suivants).

[1230] R. 622-18 Code du patrimoine (sur le détail des procédures de contrôle V. aussi articles suivants).

[1231] R. 622-40 Code du patrimoine (sur le détail des procédures de contrôle V. aussi articles suivants).

[1232] L. 631-5 Code du patrimoine.

[1233] L. 522-1 et R. 523-60 (contrôle des opérations) Code du patrimoine.

[1234] Décret n° 2017-432 du 28 mars 2017 relatif aux labels et au conventionnement dans les domaines du spectacle vivant et des arts plastiques, *op. cit.*

convention tant à leurs obligations issues du cahier des missions et des charges[1235] qu'aux conditions générales d'octroi du label. En cas de non-respect de ces dernières, une sanction peut être prononcée. Elles font, par ailleurs, l'objet d'un suivi annuel par les instances statutaires en présence de représentants de l'ensemble des partenaires publics participant au financement régulier de ses activités, et en cas de leur absence en leur sein par un comité de suivi dans lequel ils siègent[1236].

[1235] Section 3, cahier des missions et des charges, Arrêté du 5 mai 2017 fixant le cahier des missions et des charges relatif au label « Pôle national du cirque », annexes, *op. cit.* ; Article 7, Arrêté du 5 mai 2017 fixant les conditions d'attribution et le cahier des missions et des charges de l'appellation « Scène conventionnée d'intérêt national » *op. cit.*; Section 3, cahier des missions et des charges, Arrêté du 5 mai 2017 fixant le cahier des missions et des charges relatif au label « Centre de développement chorégraphique national », annexes, *op. cit.* ; Section 3, cahier des missions et des charges, annexes, Arrêté du 5 mai 2017 fixant le cahier des missions et des charges relatif au label « Centre d'art contemporain d'intérêt national » *op. cit.* ; Section 3, cahier des missions et des charges, annexes, Arrêté du 5 mai 2017 fixant le cahier des missions et des charges relatif au label « Centre national des arts de la rue et de l'espace public » *op. cit.* ; Section 3, cahier des missions et des charges, annexes, Arrêté du 5 mai 2017 fixant le cahier des charges relatif au label « Centre national de création musicale », *op. cit.* ; Section 3, cahier des missions et des charges, annexes, Arrêté du 5 mai 2017 fixant le cahier des missions et des charges relatif au label « Fonds régional d'art contemporain », *op. cit.* ; Section 3, cahier des missions et des charges, annexes, Arrêté du 5 mai 2017 fixant le cahier des missions et des charges relatif au label « Opéra national en région », *op. cit.* ; Section 3, cahier des missions et des charges, annexes, Arrêté du 5 mai 2017 fixant le cahier des missions et des charges relatif au label « Orchestre national en région », *op. cit.* ; Section 3, cahier des missions et des charges, annexes, Arrêté du 5 mai 2017 fixant le cahier des missions et des charges relatif au label « Scène nationale », *op. cit.* ; Section 3, cahier des missions et des charges, annexes, Arrêté du 5 mai 2017 fixant le cahier des missions et des charges relatif au label « Centre chorégraphique national », *op. cit.* ; Article 12, Contrat de décentralisation dramatique, annexes, Arrêté du 5 mai 2017 fixant le cahier des missions et des charges relatif au label « Centre dramatique national » et le contrat type de décentralisation dramatique, *op. cit.* ; Article 7, Arrêté du 5 mai 2017 fixant les conditions d'attribution et le cahier des missions et des charges d'un conventionnement pour les théâtres lyriques d'intérêt national, *op. cit.*

[1236] « Section 2, les instances de suivi annuel », Arrêté du 5 mai 2017 fixant le cahier des missions et des charges relatif au label « Pôle national du cirque », *op. cit.* ; Articles 5 e) et 6, Arrêté du 5 mai 2017 fixant les conditions d'attribution et le cahier des missions et des charges de l'appellation « Scène conventionnée d'intérêt national », *op. cit.* ; « 1., Instances de suivi annuel», Arrêté du 5 mai 2017 fixant le cahier des missions et des charges relatif au label « Centre de développement chorégraphique national », *op. cit.* ; Section II II.1 A), Arrêté du 5 mai 2017 fixant le cahier des missions et des charges relatif au label « Centre d'art contemporain d'intérêt national », *op. cit.* ; Section 2, 1., Arrêté du 5 mai 2017 fixant le cahier des missions et des charges relatif au label « Centre national des arts de la rue et de l'espace public », *op. cit.* ; Section II, II-1, Gouvernance », Arrêté du 5 mai 2017 fixant le cahier des charges relatif au label « Centre national de création musicale », *op. cit.* ; Section II, II.1, A, Arrêté du 5 mai 2017

548. La logique est la même, s'agissant des labels Pôle national de référence et Pôle national de référence numérique, pour les labels Jardin remarquable, Centre culturel de rencontre et Architecture contemporaine remarquable[1237].

549. À côté du contrôle scientifique et technique de l'activité, il existe pour certaines d'entre elles un contrôle plus général. Dans ce cadre, un rôle spécifique est accordé au préfet (ou au préfet de région[1238]). En effet, un rapport annuel doit lui être remis par les collectivités territoriales relatif « à la situation, à l'activité et au fonctionnement de leurs bibliothèques, accompagné des éléments statistiques nécessaires à l'élaboration du rapport annuel sur les bibliothèques publiques »[1239] ; des dispositions similaires sont prévues pour les archives[1240].

550. Dans la même perspective, les directions régionales des affaires culturelles veillent aux actions menées par les collectivités territoriales dans le cadre de label Villes ou Pays d'art et d'histoire sur la base d'un rapport annuel remis par celles-ci[1241].

551. En plus du contrôle courant, il existe un contrôle occasionnel.

---

fixant le cahier des missions et des charges relatif au label « Fonds régional d'art contemporain », *op. cit.*. (V. aussi texte codifié Code du patrimoine), « Section II, II-1 Gouvernance », Arrêté du 5 mai 2017 fixant le cahier des missions et des charges relatif au label « Opéra national en région », *op. cit.* ; « Section II, II-1 Gouvernance et effectifs », Arrêté du 5 mai 2017 fixant le cahier des missions et des charges relatif au label « Orchestre national en région », *op. cit.*; « Section II, II-1 Gouvernance et moyens humains », Arrêté du 5 mai 2017 fixant le cahier des missions et des charges relatif au label « Scène nationale », *op. cit.* ; « Section II, 1. La gouvernance », Arrêté du 5 mai 2017 fixant le cahier des missions et des charges relatif au label « Centre chorégraphique national », *op. cit.* ; « Section II, 4, Instances de suivi », Arrêté du 5 mai 2017 fixant le cahier des missions et des charges relatif au label « Centre dramatique national » et le contrat type de décentralisation dramatique, *op. cit.*

[1237] R. 451-38 Code du patrimoine ; « 5. Prescriptions attachées au label et 7. Contrôle », Circulaire n° 2008/1563 du 29 octobre 2008 relative au label « Jardin remarquable » ; articles 4 et 5, Décret n° 2017-434 du 28 mars 2017 relatif au label « centre culturel de rencontre », *op. cit.* ; R. 650-7 Code du patrimoine.

[1238] En matière de bibliothèque régionale : R. 320-1 al. 1 Code du patrimoine.

[1239] R. 310-5 Code du patrimoine.

[1240] R. 212-56 Code du patrimoine.

[1241] « III Evaluation », Circulaire du 8 avril 2008 relative au réseau des Ville et Pays d'art et d'histoire.

2) Contrôle occasionnel

552. Il existe plusieurs hypothèses de contrôle occasionnel. Ces derniers peuvent résulter de la réalisation d'une opération spécifique ou du renouvellement d'un label.

553. Le préfet doit par exemple être informé de tout projet de construction, d'extension, d'aménagement ou de travaux de bâtiments à l'usage de bibliothèque[1242] ou d'archives[1243]. Il dispose d'un délai de deux mois pour faire connaître l'avis de l'État à la collectivité territoriale ou à son groupement, celui-ci subordonnant la possibilité de débuter les travaux.

554. Par ailleurs, les immeubles et les objets mobiliers classés ou inscrits au titre des monuments historiques ne peuvent être ni détruits, ni modifiés, ni restaurés, ni déplacés sans autorisation de l'autorité administrative ; étant précisé que les travaux autorisés ont lieu sous le contrôle scientifique et technique de l'État[1244]. L'aliénation de ces mêmes biens est, elle aussi, soumise à un contrôle. Elle doit notamment être portée à la connaissance du préfet de région, lequel doit donner son accord pour les objets mobiliers classés appartenant à une collectivité territoriale ou à un établissement public ou d'utilité publique[1245]. Pour les immeubles classés, appartenant à ces mêmes personnes, le préfet de région présente ses observations[1246]. L'aliénation réalisée, une notification doit être faite mentionnant le nom et le domicile du nouveau propriétaire ainsi que la date de l'aliénation[1247].

555. Les travaux réalisés sur un immeuble bâti ou non bâti protégé au titre des abords et susceptibles de modifier son aspect extérieur sont, dans le même sens, soumis à autorisation préalable, délivrée ou refusée ou assortie de prescriptions après contrôle de l'atteinte éventuelle à la conservation ou à la mise en valeur d'un monument historique ou des abords[1248].

[1242] R. 310-11 et R. 320-1 Code du patrimoine.
[1243] R. 212-54 Code du patrimoine.
[1244] L. 621-9 (immeuble), R. 621-11 à R. 621-17 et R. 621-18 à R. 621-24 (immeuble classé), R. 621-60 s. et R. 621-63 à R. 621-68 (immeuble inscrit) Code du patrimoine ; L. 622-1 à L. 622-1-2 (objet mobilier), R. 622-11 à R. 622-17 (objet mobilier classé) et R. 622-39 et R. 622-42 (objet mobilier inscrit) Code du patrimoine.
[1245] R. 622-8 s. (objet mobilier classé), R 622-43 s. (objet mobilier inscrit) Code du patrimoine.
[1246] R. 621-52 (immeuble classé), R. 622-28 s. (objet mobilier classé), R. 622-43 s. (objet mobilier inscrit) Code du patrimoine.
[1247] R. 621-84, R. 622-29, 622-44 Code du patrimoine.
[1248] L. 631-32 et R. 621-96 s. Code du patrimoine.

556. Dans une perspective similaire, l'acquisition[1249] d'un bien par un musée de France et sa restauration[1250] sont soumises à l'avis d'instances scientifiques, commission scientifique nationale des musées de France ou commission scientifique régionale ou interrégionale.

557. Le propriétaire d'un bien labellisé Architecture contemporaine remarquable doit informer le préfet de toute mutation de propriété concernant ce bien[1251]. Les personnes labellisées Centre culturel de rencontre doivent informer l'État et les collectivités territoriales partenaires de tout changement de gouvernance dans la structure[1252].

558. Enfin, le renouvellement de ces différents labels comme celui des labels Maisons des Illustres et Jardin remarquable, Villes ou Pays d'art et d'histoire font l'objet d'un contrôle[1253].

559. Les structures labellisées dans les domaines du spectacle vivant et des arts plastiques[1254] doivent transmettre au préfet de région, aux collectivités territoriales et à leurs groupements partenaires « un bilan détaillé de la mise en œuvre du projet artistique et culturel, précisant notamment les résultats obtenus pour chacun des objectifs fixés par la convention » pluriannuelle d'objectifs, six mois[1255] avant son échéance[1256]. Ce bilan détaillé doit permettre aux partenaires publics signataires de la convention pluriannuelle d'objectifs de décider de demander ou pas un projet de nouvelle convention au partenaire. Les structures bénéficiant d'un conventionnement, en

---

[1249] L. 451-1 et R.451-1 à R. 451-2 Code du patrimoine.
[1250] L. 452-1 et R. 452-1 à R. 452-2 et D. 452-3 à D. 452-9 Code du patrimoine.
[1251] R. 650-6 II Code du patrimoine.
[1252] Article 4, I, 2° Code du patrimoine.
[1253] « 4. Critères d'attribution - première demande et renouvellement », Circulaire n° 2008/1563 du 29 octobre 2008 relative au label « Jardin remarquable » ; « 1. Modalités d'attribution du label », Circulaire du 7 décembre 2012 relative à l'institution d'un label « Maisons des Illustres », Villes ou Pays d'art et d'histoire.
[1254] Décret n° 2017-432 du 28 mars 2017 relatif aux labels et au conventionnement dans les domaines du spectacle vivant et des arts plastiques, *op. cit.*
[1255] Treize mois avant l'expiration du contrat pour les Centres dramatiques nationaux, Article 12.2, Contrat de décentralisation dramatique, annexes, Arrêté du 5 mai 2017 fixant le cahier des missions et des charges relatif au label « Centre dramatique national » et le contrat type de décentralisation dramatique, *op. cit.*
[1256] Article 4, Décret n° 2017-432 du 28 mars 2017 relatif aux labels et au conventionnement dans les domaines du spectacle vivant et des arts plastiques, *op. cit.*, V. les cahiers des charges relatifs à chaque label, cf. *supra*.

particulier les théâtres lyriques d'intérêt national[1257], sont soumises à la même obligation.

560. Du contrôle étatique découlent plusieurs conséquences.

§ 2 : Les conséquences du contrôle étatique

561. Du fait de l'importance de son rôle, le champ d'application de ce contrôle est en général assez étendu et peut faire l'objet d'une « sanction » afin que soit maintenue la qualité du service ou assurée la préservation du bien.

562. Par ailleurs, il semble exister des contreparties au contrôle exercé par l'État dans les domaines du spectacle vivant et des arts plastiques, comme dans celui du patrimoine. Si celles-ci peuvent expliquer la logique partenariale présente *a priori* dans la politique de labellisation, de demande de classement ou d'inscription ou de l'appellation « Musée de France » ; elles peuvent être également perçues comme incitations et garanties supplémentaires de la

---

[1257] Section 3, cahier des missions et des charges, Arrêté du 5 mai 2017 fixant le cahier des missions et des charges relatif au label « Pôle national du cirque », annexes, *op. cit.* ; Article 6, Arrêté du 5 mai 2017 fixant les conditions d'attribution et le cahier des missions et des charges de l'appellation « Scène conventionnée d'intérêt national », *op. cit.* ; Section 3, cahier des missions et des charges, Arrêté du 5 mai 2017 fixant le cahier des missions et des charges relatif au label « Centre de développement chorégraphique national », annexes, *op. cit.* ; Section 3, cahier des missions et des charges, annexes, Arrêté du 5 mai 2017 fixant le cahier des missions et des charges relatif au label « Centre d'art contemporain d'intérêt national », *op. cit.* ; Section 3, cahier des missions et des charges, annexes, Arrêté du 5 mai 2017 fixant le cahier des missions et des charges relatif au label « Centre national des arts de la rue et de l'espace public », *op. cit.* ; Section 3, cahier des missions et des charges, annexes, Arrêté du 5 mai 2017 fixant le cahier des charges relatif au label « Centre national de création musicale », *op. cit.* ; Section 3, cahier des missions et des charges, annexes, Arrêté du 5 mai 2017 fixant le cahier des missions et des charges relatif au label « Fonds régional d'art contemporain », *op. cit.* ; Section 3, cahier des missions et des charges, annexes, Arrêté du 5 mai 2017 fixant le cahier des missions et des charges relatif au label « Opéra national en région », *op. cit.* ; Section 3, cahier des missions et des charges, annexes, Arrêté du 5 mai 2017 fixant le cahier des missions et des charges relatif au label « Orchestre national en région », *op. cit.* ; Section 3, cahier des missions et des charges, annexes, Arrêté du 5 mai 2017 fixant le cahier des missions et des charges relatif au label « Scène nationale », *op. cit.* ; Section 3, cahier des missions et des charges, annexes, Arrêté du 5 mai 2017 fixant le cahier des missions et des charges relatif au label « Centre chorégraphique national », *op. cit.* ; Article 12, Contrat de décentralisation dramatique, annexes, Arrêté du 5 mai 2017 fixant le cahier des missions et des charges relatif au label « Centre dramatique national » et le contrat type de décentralisation dramatique, *op. cit.* ; Article 6, Arrêté du 5 mai 2017 fixant les conditions d'attribution et le cahier des missions et des charges d'un conventionnement pour les théâtres lyriques d'intérêt national, *op. cit.*

participation des collectivités territoriales et de leurs groupements à la politique culturelle étatique. L'étendue des contreparties diffère selon les labels, les structures, l'octroi de l'appellation « Musée de France » ou l'inscription, le classement des immeubles ou des biens.

563. L'analyse de la sanction du contrôle étatique s'impose donc (A), avant d'en étudier les contreparties (B).

A) La sanction du contrôle

564. De par l'importance de son rôle, le contrôle, notamment scientifique et technique, de l'État peut être réalisé, quand c'est possible, sur pièces ou sur place[1258] et a un champ d'application matériel très important. Les sanctions varient selon le contrôle.

565. Pour les bibliothèques par exemple, celui-ci porte « sur les conditions de constitution, de gestion, de traitement, de conservation et de communication des collections et des ressources documentaires et d'organisation des locaux »[1259]. L'Inspection générale des bibliothèques souligne la complémentarité des différents éléments de son contrôle au regard de l'activité des bibliothèques : « Une autre question majeure qui se pose à nombre de bibliothèques territoriales est celle de la conservation et de la mise en valeur de leur patrimoine dans un lieu répondant à la fois aux exigences de sécurité, de sûreté et d'accessibilité »[1260].

566. Les archives sont soumises à un contrôle similaire puisque celui-ci est exercé sur les archives courantes[1261], intermédiaires[1262] et définitives[1263] et « sur les conditions de gestion, de collecte, de sélection et d'élimination ainsi que sur le traitement, le classement, la conservation et la communication des archives »[1264].

[1258] Pour les bibliothèques publiques : R. 310-10 Code du patrimoine. Pour les archives publiques : R. 212-4 Code du patrimoine. Pour les travaux en cours d'exécution sur les immeubles classés : R. 621-23 et R. 621-24 Code du patrimoine. Pour les immeubles inscrits : R. 621-67 et R. 621-68 Code du patrimoine. Pour les objets mobiliers classés : R. 622-23 et R. 622-24 Code du patrimoine. Pour les opérations de fouilles : R. 523-60 Code du patrimoine.

[1259] R. 310-9 Code du patrimoine.

[1260] P. CARBONE, « Introduction », *in* INSPECTION GENERALE DES BIBLIOTHEQUES, *Rapport de l'inspection générale des bibliothèques. Année 2016*, 2017, p. 5.

[1261] R. 212-10 Code du patrimoine.

[1262] R. 212-11 Code du patrimoine.

[1263] R. 212-12 Code du patrimoine.

[1264] R. 212-3 Code du patrimoine.

567. S'agissant de la sanction du contrôle *stricto sensu*, le contrôle antérieur à un classement, une inscription, une appellation, une labellisation ou un conventionnement, peut conduire soit à l'acceptation de la demande, soit à son rejet. Il en est de même dans l'hypothèse d'un renouvellement d'une convention de labellisation ou de conventionnement.

568. Après l'octroi, les labels peuvent être suspendus, voire retirés, éventuellement suite à une mise en demeure, si la structure bénéficiaire ou si le bien ne satisfait plus aux conditions nécessaires à son attribution[1265]. Le soutien financier de l'État peut également être totalement ou partiellement interrompu.

569. Enfin, des mesures peuvent être prises afin de préserver le bon déroulement de l'activité, des travaux, ou l'intégrité d'un bien protégé. Il peut s'agir d'une part de la mise en demeure du propriétaire du bien meuble ou immeuble dont l'intégrité est compromise de prendre les dispositions ou d'effectuer les travaux nécessaires pour y remédier[1266]. D'autre part, il peut être pris des mesures conservatoires destinées à la préserver par exemple, déplacement provisoire d'un bien appartenant à la collection d'un musée de France ou d'un objet mobilier classé appartenant à une collectivité territoriale ou à un établissement public dans un lieu offrant les garanties voulues[1267] pour protéger le bien. Cette importante possibilité d'intervention, notamment pour préserver les biens appartenant à une collection d'un musée de France, participe à la nécessaire distinction entre l'attribution de l'appellation « Musée de France », d'une simple labellisation, malgré leurs ressemblances[1268].

570. Les engagements pris par les structures ou les propriétaires, et le contrôle qui en découle, impliquent l'existence de contreparties.

1265 Pour les Pôle national de référence et Pôle national de référence numérique : R. 451-38 Code du patrimoine ; « 8. Refus et retrait », Circulaire n° 2008/1563 du 29 octobre 2008 relative au label « Jardin remarquable » ; pour le label Maisons des Illustres « 1. Modalités d'attribution du label », Circulaire du 7 décembre 2012 relative à l'institution d'un label « Maisons des Illustres » ; articles 1 et 4, Décret n° 2017-434 du 28 mars 2017 relatif au label « centre culturel de rencontre », *op. cit.* ; R. 650-7 Code du patrimoine ; pour le label Architecture contemporaine remarquable ; R. 650-7 Code du patrimoine ; pour les labels et les conventionnements dans les domaines du spectacle vivant et des arts plastiques : article 5, Décret n° 2017-432 du 28 mars 2017 relatif aux labels et au conventionnement dans les domaines du spectacle vivant et des arts plastiques, *op. cit.* et les différents cahiers des charges.

1266 Pour les biens de musées de France : L. 452-2 Code du patrimoine. Pour les immeubles classés : L. 621-15 Code du patrimoine. Pour les objets mobiliers classés : L. 622-16 Code du patrimoine.

1267 Pour les biens de musées de France : L. 452-2 Code du patrimoine.

1268 Cf. *supra*. *Contra* S. MONNIER, E. FOREY, *op. cit.*, p. 147 s. ; J.-R. PELLAS, *op. cit.*, p.132 s. ; J.-M. PONTIER, « La politique de la labellisation », *op. cit.*, p. 1706.

B) Les contreparties au contrôle

571. Il existe des mesures, qui peuvent être considérées comme contreparties des engagements pris par les structures ou les propriétaires et du contrôle effectué en conséquence. Celles-ci constituent également dans le même temps des garanties de la bonne participation de personnes contrôlées à la politique culturelle étatique. Apparaît alors ici, de manière significative, l'idée de décentrement par la coopération indirecte de l'État culturel.

572. Les contreparties résultent d'abord de l'accroissement de la visibilité et du conseil et de l'expertise de l'État (1). Elles découlent aussi de l'aide financière dont peuvent bénéficier les structures ou les propriétaires de biens et du régime de protection de certains d'entre eux (2).

1) La visibilité, le conseil et l'expertise

573. En contrepartie des engagements pris, la visibilité des structures labellisées ou bénéficiant de l'appellation « Musée de France » et des immeubles et meubles classés ou inscrits peut être accrue, au-delà du simple usage de la dénomination du label ou de l'appellation (a). Par ailleurs, les collectivités territoriales ou leurs groupements peuvent bénéficier éventuellement, directement ou indirectement, du conseil et de l'expertise de l'État (b).

a) La visibilité

574. L'accroissement de la visibilité est réalisé dans le but d'identifier les structures et les biens afin de les signaler à l'attention du public, notamment dans la perspective de démocratisation culturelle considérée comme de qualité. Au-delà des bénéfices potentiels pour la structure ou les immeubles, cela permet à l'État de s'assurer de leur participation à sa propre politique culturelle.

575. La visibilité de la structure ou de l'immeuble peut être assurée par la création d'un logotype spécifique apposé sur celui-ci. Elle peut également résulter de mesures de sensibilisation et de diffusion, sur le site ou dans les brochures du ministère de la Culture, lors d'évènements ou encore découler d'une signalisation routière spécifique. C'est le cas des immeubles classés ou inscrits monuments historiques[1269], du label Jardin remarquable, ou encore Maisons des Illustres[1270]. À l'égard de ce dernier, il est affirmé que sa création

---

[1269] V. not. : « Histoire du logo « monument historique », [en ligne], www.culturecommunication.gouv.fr.

[1270] « 6. Avantages liés au label », Circulaire n° 2008/1563 du 29 octobre 2008 relative au label « Jardin remarquable ».

s'accompagne « d'actions de sensibilisation et de diffusion, telles que des expositions, des publications ou des émissions régionales »[1271].

b) Le conseil et l'expertise

576. Le conseil et l'expertise dont peuvent bénéficier les structures labellisées et les propriétaires de certains biens constituent outre une contrepartie au contrôle réalisé par l'État une garantie pour celui-ci de la préservation de la qualité de l'activité menée par la structure ou de la préservation des biens concernés. Plusieurs exemples peuvent à ce propos être mentionnés.

577. Les Jardins remarquables peuvent ainsi solliciter « l'appui du Conseil national des parcs et jardins, du Comité des parcs et jardins de France et de l'association régionale pour demander des aides européennes, nationales ou régionales ou un mécénat orienté vers les parcs et jardins »[1272].

578. Le préfet de région, obligatoirement informé de l'intention du propriétaire de réaliser des travaux sur un bien bénéficiant du label Architecture contemporaine remarquable non protégé au titre des abords ou des sites patrimoniaux remarquables ou identifié en application de l'article L. 151-19[1273] du Code de l'urbanisme, peut, dans le même sens, lui formuler des observations et recommandations, le cas échéant après avis de la commission régionale du patrimoine et de l'architecture[1274].

579. Plus significativement, « les services de l'État chargés des monuments historiques peuvent apporter une assistance gratuite au propriétaire ou au bénéficiaire de la mise à disposition d'un immeuble classé ou inscrit qui ne dispose pas, du fait de l'insuffisance de ses ressources ou de la complexité du projet de travaux, des moyens nécessaires à l'exercice de la maîtrise d'ouvrage de l'opération » ou en cas de carence de l'offre privée et des autres

---

[1271] « 3. Diffusion », Circulaire du 7 décembre 2012 relative à l'institution d'un label « Maisons des Illustres ».

[1272] « 6. Avantages liés au label », Circulaire n° 2008/1563 du 29 octobre 2008 relative au label « Jardin remarquable ».

[1273] « Le règlement [contenu dans le PLU] peut identifier et localiser les éléments de paysage et identifier, localiser et délimiter les quartiers, îlots, immeubles bâtis ou non bâtis, espaces publics, monuments, sites et secteurs à protéger, à conserver, à mettre en valeur ou à requalifier pour des motifs d'ordre culturel, historique ou architectural et définir, le cas échéant, les prescriptions de nature à assurer leur préservation, leur conservation ou leur restauration ».

[1274] R. 650- 6 Code du patrimoine.

collectivités publiques[1275]. Des dispositions similaires sont prévues pour les objets mobiliers classés ou inscrits[1276].

2) Aide financière et régime de protection

580. L'aide financière constitue une garantie importante de la participation directe ou indirecte des collectivités territoriales à la politique culturelle étatique (a). Il en est de même du régime de protection dont bénéficient certains biens (b).

a) Le soutien financier

581. Un soutien financier étatique peut être accordé dans le cadre de l'exercice des compétences culturelles obligatoires des collectivités territoriales ou de leurs groupements, c'est le cas par exemple en matière d'archives. En effet, les collectivités territoriales bénéficient d'un financement de l'État pour la conservation et la mise en valeur de leurs archives[1277]. C'est également le cas pour les musées de France, les immeubles et objets mobiliers classés ou inscrits et certaines structures labellisées.

582. Il en est par exemple des travaux entrepris sur un bien appartenant à la collection d'un musée de France dont l'intégrité est gravement compromise par l'inexécution ou la mauvaise exécution de travaux de conservation ou d'entretien[1278] ou encore lorsque l'autorité administrative fait « exécuter par les soins de son administration et aux frais de l'État, avec le concours éventuel des intéressés, les travaux de réparation ou d'entretien qui sont jugés indispensables à la conservation des monuments classés au titre des monuments historiques n'appartenant pas à l'État »[1279].

583. Les structures labellisées peuvent de même bénéficier d'un soutien financier de la part de l'État.

584. Il en est ainsi des structures relevant du spectacle vivant et des arts plastiques, déjà bénéficiaires d'une participation financière à leur fonctionnement par une ou plusieurs collectivités territoriales. Le soutien financier est prévu dans la convention pluriannuelle d'objectif et doit

---

[1275] L. 621-11 al. 3 et 4 et R. 621-70 s. Code du patrimoine.
[1276] L. .622-13 al. 3 et 4 Code du patrimoine.
[1277] Articles L. 212-7 et R. 212-54 al. 3 Code du patrimoine.
[1278] Article L. 452-2 Code du patrimoine.
[1279] L. 621-11 Code du patrimoine.

« contribuer à asseoir le modèle économique de la structure, de façon à assurer la pérennité du projet d'intérêt général qu'elle porte »[1280].
Les centres culturels de rencontre et les Villes ou Pays d'art et d'histoire bénéficient, selon une logique similaire, d'un soutien financier de l'État[1281].

585. Les textes instaurant des labels peuvent être silencieux s'agissant de l'éventuelle participation financière de l'État, c'est le cas pour les labels Architecture contemporaine remarquable, Jardin remarquable[1282] et Pôle national de référence et Pôle national de référence numérique. Ils peuvent aussi exclure toute corrélation entre la labellisation et un éventuel soutien financier, comme pour les Maisons des Illustres pour lesquelles la circulaire précise que « l'attribution du label « Maisons des illustres » est sans incidence juridique ou financière sur les immeubles concernés »[1283].

1280 « Section 2 II.-1 Le cadre conventionnel et moyens matériels et financiers », Arrêté du 5 mai 2017 fixant le cahier des missions et des charges relatif au label « Pôle national du cirque », *op. cit.* V. aussi : « 2. Le cadre conventionnel et les moyens d'action », Arrêté du 5 mai 2017 fixant le cahier des missions et des charges relatif au label « Centre de développement chorégraphique national », *op. cit.* ; « Section II II.2, Le cadre conventionnel, les moyens financiers et l'observation », Arrêté du 5 mai 2017 fixant le cahier des missions et des charges relatif au label « Centre d'art contemporain d'intérêt national », *op. cit.*; « Section 2, 2. Cadre conventionnel, moyens matériels et financiers », Arrêté du 5 mai 2017 fixant le cahier des missions et des charges relatif au label « Centre national des arts de la rue et de l'espace public », *op. cit.* ; « Section II, II-4, Moyens financiers », Arrêté du 5 mai 2017 fixant le cahier des charges relatif au label « Centre national de création musicale », *op. cit.* ; « Section II, II.2, B Les moyens financiers », Arrêté du 5 mai 2017 fixant le cahier des missions et des charges relatif au label « Fonds régional d'art contemporain », *op. cit.* (V. aussi texte codifié Code du patrimoine), « Section II, II-4 Moyens financiers », Arrêté du 5 mai 2017 fixant le cahier des missions et des charges relatif au label « Opéra national en région », *op. cit.* ; « Section II, II-4 Moyens financiers », Arrêté du 5 mai 2017 fixant le cahier des missions et des charges relatif au label « Orchestre national en région », *op. cit.* ; « Section II, II-2 Le cadre conventionnel et les moyens », Arrêté du 5 mai 2017 fixant le cahier des missions et des charges relatif au label « Scène nationale », *op. cit.* ; « Section II, 2. Le cadre conventionnel et les moyens d'actions », Arrêté du 5 mai 2017 fixant le cahier des missions et des charges relatif au label « Centre chorégraphique national », *op. cit.* ; « Section II, 2, c) Les moyens financiers », Arrêté du 5 mai 2017 fixant le cahier des missions et des charges relatif au label « Centre dramatique national » et le contrat type de décentralisation dramatique, *op. cit.*

1281 Article 4, II, Décret n° 2017-434 du 28 mars 2017 relatif au label « centre culturel de rencontre », *op. cit.*; « IV Financement de la convention », Circulaire du 8 avril 2008 relative au réseau des Ville et Pays d'art et d'histoire.

1282 Exception faite de l'obtention d'un agrément fiscal des articles 41H de l'annexe III du Code général des impôts, si le jardin est ouvert selon les conditions fixées par l'arrêté du 1er mars 1996 relatif à l'agrément fiscal.

1283 « 1. Modalités d'attribution du label », Circulaire du 7 décembre 2012 relative à l'institution d'un label « Maisons des Illustres ».

b) La protection de certains biens

586. Il convient d'évoquer le régime de protection spécifique, perçu parfois comme une contrainte, dont bénéficient certains biens et notamment les biens appartenant à la collection d'un musée de France et les immeubles ou biens mobiliers classés et inscrits. Il semble néanmoins inutile de s'y attarder en raison de l'existence de nombreuses études qui y sont consacrées et qui font état des diverses controverses y étant afférentes[1284]. Plusieurs éléments peuvent cependant être rappelés, car constitutifs de la garantie de la contribution, directe ou indirecte, des collectivités territoriales à la politique culturelle étatique. Certains sont relatifs au statut des biens à proprement parler (i), d'autres aux personnels susceptibles « d'en être chargés » (ii).

i) La protection par le statut du bien

587. D'abord, les biens culturels appartenant au domaine public d'une personne publique sont inaliénables et imprescriptibles. Les archives publiques et les collections des musées de France sont également imprescriptibles[1285]. De plus, les biens qui les constituent, quand ils appartiennent à une personne publique, font partie de leur domaine public et sont donc à ce titre inaliénables[1286].

588. Plusieurs actions en revendication de biens culturels tombés en mains privées ont ainsi été engagées sur ces fondements[1287]. Cela atteste de

---

[1284] V. en part pour une présentation synthétique s'agissant de la respiration des collections publiques : F. TARLET, *Les biens publics mobiliers,* Thèse de droit public, Université Jean Moulin Lyon 3, 2015, p. 484 s. V. aussi par ex. : J. RIGAUD, C. LANDAIS, *Réflexion sur la possibilité pour les opérateurs publics d'aliéner les œuvres de leurs collections*, 2008, [en ligne], www.culture.gouv.fr ; O. BUI-XUAN, « L'inaliénabilité des collections en question », *AJDA*, 2010, p. 233 s. ; F. RENEAUD, « Inaliénabilité et déclassement : quelques réflexions sur la « valeur cultutrelle » des collections publiques, *in* M. REGOURD, *Musées en mutation. Un espace public à revisiter*, LHarmattan, 2012, p. 139 s. ; J.-M. PONTIER, « La nouvelle régulation des musées », *in ibid*, p. 49 s ; (en part. p. 68 s.) ; B. DE BELVAL, « De la question de clauses d'inaliénabilité dans les collections des Musées de France », *Juris art etc.*, 2017, n° 52, p. 22 s.

[1285] Article L. 451-3 Code du patrimoine.

[1286] Article L. 451-5 Code du patrimoine.

[1287] V. par ex. : CE, Ass., 13 avril 2018, n° 410939, *Association du Musée des Lettres et Manuscrits et autres* (à propos des archives de l'État), *Rec.* ; *RFDA*, p. 531, concl. CREPEY ; *AJDA*, 2018, p. 820 ; *AJDA*, 2018, p. 973, note ROUSSEL, NICOLAS ; *D.*, 2018, p. 853 DE MONTECLER ; *JCP G*, 2018, p. 653, note VERPEAUX ; *JCP G*, 2018, doct. 908 chron. EVEILLARD ; *DA*, 2018, comm. 43, EVEILLARD ; *JCP A*, 2018, act. 390, TOUZEIL-DIVINA ; *CCE*, 2018, étude 15, BEIGNIER, NOUAL ; CE, 21 juin 2018, n° 408822, *Société Pierre Bergé* (à propos du Pleurant n° 17), *Rec. T.*, *JCP A*, 2018, comm. 2333, NOUAL ; *AJDA*, 2018, p. 1303. V. aussi pour une présentation plus générale des actions antérieures : N. WAGENER, D. TOUZELIN, P. NAVARRO, « Patrimoine mobilier – Revendications par l'État des biens culturels en mains privées : quelles pratiques ? »,

l'importance de la protection par le statut du bien comme garantie de la possible mise en œuvre de la politique culturelle.

589. Dans une logique similaire de protection, « l'immeuble classé au titre des monuments historiques ne peut être détruit ou déplacé, même en partie, ni être l'objet d'un travail de restauration, de réparation ou de modification quelconque, sans autorisation de l'autorité administrative », pas plus que « les effets mobiliers attachés à perpétuelle demeure, [...] à un immeuble classé ou à une partie d'immeuble classée au titre des monuments historiques ne peuvent en être détachés »[1288]. Des dispositions similaires existent pour les objets mobiliers classés ou inscrits[1289]. D'autres visent à éviter leur exportation et à garantir leur maintien sur le territoire national.

590. Le régime de circulation des biens culturels mérite alors que l'on s'y attarde en tant qu'élément de protection par le statut du bien. L'exportation temporaire ou définitive de certains biens culturels, « qui présentent un intérêt historique, artistique ou archéologique »[1290] est subordonnée à l'obtention d'un certificat délivré par l'autorité administrative. Celui-ci atteste en particulier que le bien en cause ne constitue pas un trésor national[1291], eux devant, en principe, être maintenus sur le territoire national[1292]. L'article L. 622-18 dispose à cet égard que « l'exportation hors de France d'un objet mobilier classé au titre des monuments historiques est interdite [...] »[1293]. Il existe des exceptions à la demande de certificat si « l'exportation des biens culturels a pour objet une restauration, une expertise ou la participation à une

---

Juris art etc., 2016, n° 31, p. 38. ; N. WAGENER, « Patrimoine mobilier – Domaine public – Revendications de biens culturels passés en mains privées (suite), *Juris art etc.*, 2016, n° 32, p. 14 ; S. MONNIER, « L'action en revendication d'archives publiques », *AJDA*, 2017, p. 1927.

1287 Article L. 451-5 Code du patrimoine.

1288 Article L. 621-9 al. 1 et 2 Code du patrimoine.

1289 Article L. 622-12 Code du patrimoine.

1290 Article L. 111-2 Code du patrimoine.

1291 Sont des trésors nationaux : « les biens appartenant aux collections des musées de France, les archives publiques et les biens classés archives historiques, les biens classés au titre des monumens historiques, les autres biens faisant partie du patrimoine public mobilier, les autres biens présentant un intérêt majeur pour le patrimoine national au point de vue de l'histoire, de l'art ou de l'archéologie ». Article L. 111-1 Code du patrimoine.

1292 Article L. 111-2 Code du patrimoine. V. par ex. : F. ALLAIRE, « Les « trésors nationaux » », *AJDA*, 2004, p. 1338 s. ; N. WAGENER, « *Cloud* souverain et archives publiques », *Juris art etc.*, 2017, n° 43, p. 38 ; J.-M. PONTIER, « Certificat d'exportation et classement », *AJDA*, 2018, p. 1276 s.

1293 Sous réserve des dispositions relatives à l'exposition temporaire. Article L. 111-7 Code du patrimoine.

exposition »[1294]. Une autorisation d'exportation des trésors nationaux peut exceptionnellement être délivrée par l'autorité administrative « aux fins de restauration, d'expertise, de participation à une manifestation culturelle ou de dépôt dans une collection publique »[1295].

591. Enfin, pour accroître leur efficacité, certaines dispositions relatives à la protection de ces biens sont assorties de sanctions pénales. Ainsi, est passible d'une amende administrative dont le montant ne peut excéder 6000 € pour une personne physique et 30 000 € pour une personne morale, le fait d'enfreindre les dispositions[1296] relatives à l'aliénation d'un immeuble classé ou inscrit au titre des monuments historiques[1297], à la présentation des objets classés ou inscrits au titre des monuments historiques[1298], à l'aliénation d'un objet classé ou inscrit au titre des monuments historiques[1299], au déplacement d'un objet mobilier classé ou inscrit au titre des monuments historiques[1300].

592. Les procédures de déclassement des immeubles ou des objets mobiliers pourraient être également évoquées, de même que les régimes des travaux[1301].

ii) La protection par le personnel qualifié

593. La nécessité de la présence d'un personnel qualifié pour restaurer certains biens, pour les conserver ou pour mener certains travaux résulte du même souci de protection.

594. Les activités scientifiques des musées de France doivent être assurées sous la responsabilité de professionnels qualifiés[1302]. Présentent ainsi, les qualités requises pour « « exercer la responsabilité des activités scientifiques d'un musée de France dont les collections appartiennent à une personne publique : les fonctionnaires appartenant à des corps ou cadres d'emplois ayant vocation statutaire à exercer des missions de conservation ou d'autres missions scientifiques liées aux collections dans les musées publics » et selon la nature des fonctions ou les besoins des services d'un musée de France, les

---

[1294] Article L. 111-2 al. 4 Code du patrimoine.
[1295] Article L. 111-7 Code du patrimoine.
[1296] Article L. 642-1 à L. 642-2 Code du patrimoine.
[1297] Article L. 621-20 et L. 621-26 Code du patrimoine.
[1298] L. 622-20 Code du patrimoine.
[1299] L. 622-23 Code du patrimoine.
[1300] L. 622-18 Code du patrimoine.
[1301] Pour une présentation générale de ces derniers v. not : M. CORNU, V. NEGRI, *Code du patrimoine*, *op.cit.*, p. 276 s.
[1302] L. 442-8 et R. 442-5 s. Code du patrimoine.

personnes ou catégories de personnes reconnues par un arrêté du ministre chargé de la culture et, le cas échéant, du ministre dont relève le musée en cause ou qui en assure la tutelle comme présentant des qualifications équivalentes à celles des fonctionnaires mentionnés au 1(...) »[1303]. La restauration d'un bien appartenant à sa collection doit satisfaire à des exigences similaires[1304].

595. La maîtrise d'œuvre des travaux de réparation des immeubles classés n'appartenant pas à l'État et la maîtrise d'œuvre des travaux de restauration de ces mêmes immeubles sont, dans une optique identique, confiées à une personne qualifiée spécifique : architecte titulaire du diplôme de spécialisation et d'approfondissement en architecture mention « architecture et patrimoine » (ou tout diplôme reconnu équivalent) pour la première catégorie et architecte en chef des monuments historiques (ou équivalent, ressortissant d'un État membre de l'Union européenne) pour la seconde[1305]. Ainsi, l'État tire les conséquences de la participation de la France à l'intégration européenne[1306] s'agissant de la liberté de circulation des travailleurs, tout en conservant une volonté forte de protéger les biens en faisant appel à un personnel spécifiquement qualifié.

[1303] R. 442-5 s. Code du patrimoine.
[1304] L. 452-1 al. 4 et R. 442-5 s. Code du patrimoine.
[1305] R. 621-25 et R. 621-28 Code du patrimoine.
[1306] Cf. aussi *infra*.

Conclusion du chapitre 2

596. L'État a progressivement organisé un décentrement par la coopération à côté du décentrement organisationnel dans le domaine culturel. Celui-ci a pour objectif de pallier les incertitudes et les limites de ce dernier, résultant notamment des difficultés inhérentes à la décentralisation culturelle[1307], et de renforcer l'efficacité recherchée de son action de proximité en l'adaptant aux spécificités territoriales.

597. Ce décentrement par la coopération de l'État culturel est double. Il peut être direct ou indirect.

598. Le décentrement par la coopération directe dans le domaine culturel résulte de la conclusion de conventions et la création d'institutions culturelles spécifiques au domaine culturel par l'État et les collectivités territoriales (ou/et leurs groupements). Il passe également par l'utilisation par l'État de la procédure de labellisation. Un label peut ainsi être attribué à un bien ou à une activité d'une collectivité territoriale ou à une structure à laquelle elle participe.

599. Ce décentrement par la coopération directe est fortement marqué par la logique managériale caractéristique de la strate contemporaine de par les outils employés, s'agissant notamment de la place centrale accordée au contrat, instrument par essence privé.

600. Le décentrement par la coopération indirecte dans le domaine culturel découle du contrôle de l'État sur les biens ou les activités des collectivités territoriales ou des structures auxquelles elles participent, et des contreparties que celui-ci entraîne. Contrôle et contreparties permettent en effet à l'État de s'assurer tant de la qualité des activités culturelles que de la protection et de la valorisation des biens. Ils peuvent alors être considérés comme le témoignage de la permanence de considérations issues de la strate classique.

1307 L'usage de la coopération notamment par voie contractuelle pour pallier les carences de la décentralisation est ancien et n'est pas spécifique au domaine culturel. Sur ce point, v. not. : S. CAYLET, « Décentralisation et contractualisation », *in* S. REGOURD, J. CARLES, D. GUIGNARD, *La décentralisation 30 ans après*, LGDJ, 2014, p. 253 s.

Conclusion du titre 2

601. L'action territoriale de l'État culturel, en tant que figure de l'État-providence, vise à satisfaire les aspects culturels de l'intérêt général et spécialement les objectifs de démocratisation culturelle, de protection et de valorisation du patrimoine et de création artistique.

602. À cette fin, dans un souci d'efficacité et de proximité, l'État culturel procède, après avoir mis en place un ministère spécifique, à un décentrement organisationnel de son action. Il utilise pour cela la déconcentration et la décentralisation dans le domaine culturel ; l'une et l'autre demeurant intrinsèquement liées.

603. Dans la même perspective, l'État culturel réalise son décentrement par une coopération directe avec les collectivités territoriales et leurs groupements à travers une collaboration conventionnelle et institutionnelle et la labellisation. Ce décentrement résulte aussi d'une coopération indirecte qui se traduit par la mise en place de contrôles, de contraintes et de contreparties spécifiques dans le domaine culturel.

604. Cette interdépendance de la déconcentration et de la décentralisation dans le domaine culturel s'agissant de la mise en œuvre de la politique culturelle étatique – accentuée dans une certaine mesure par le décentrement par la coopération de l'État culturel concomitant – pourrait inviter à envisager l'action culturelle territoriale selon le prisme de la semi-décentralisation. Celle-ci est alors entendue comme un modèle hybride de relation entre l'État et les collectivités territoriales, à côté des modèles purs de décentralisation et de déconcentration, basée sur le consentement[1308]. Une telle entreprise semble néanmoins revêtir un intérêt limité ici en ce sens que le schéma de la semi-décentralisation créé avant la décentralisation est aujourd'hui caduc et que la non-utilisation de cette notion n'a pas empêché de penser l'administration territoriale « dans la bipolarité centralisation/décentralisation »[1309].

605. Par ailleurs, la logique managériale, caractéristique de la strate contemporaine, s'impose alors peu à peu tant dans les discours que dans les modes d'action territoriale de l'État culturel. L'apparition de cette logique managériale ne fait cependant pas complètement disparaître la logique unitaire de la raison d'État caractéristique de la strate classique.

[1308] J. CAILLOSSE, « Retour sur le couple décentralisation et déconcentration », *op. cit.*, p. 67. V. aussi : C. EISENMANN, *Centralisation et décentralisation. Esquisse d'une théorie générale*, LGDJ, 1948, p. 87 s.

[1309] *Ibid.*

606. L'analyse de la labellisation dans le domaine culturel est alors symptomatique de l'empilement des strates classique et contemporaine. En effet, l'objectif initial est de faire de la personne un citoyen si possible éclairé au sein d'une communauté Nation que l'État construit pour se légitimer. Par la suite, l'État répond à la demande culturelle des individus sur le territoire en reconnaissant des « produits culturels » qu'il juge de qualité et qu'il finance, l'individu apparaissant parfois au-delà d'un simple usager d'un service culturel comme un consommateur culturel[1310].

607. Il en est de même des contrôles exercés par l'État sur la gestion des activités culturelles par les collectivités territoriales et la protection de certains biens.

[1310] J.-M. PONTIER, « La politique de la labellisation », *op. cit.*, p. 1706.

Conclusion de la première partie

608. Les fondements de l'action culturelle territoriale publique sont étatiques et anciens. Si certains auteurs suggèrent que très tôt a été affirmée la recherche d'une culture *pour tous !*[1311] notamment, les finalités de cette action étatique sont en apparence diverses : construction et renforcement de l'État moderne dans le cadre de la strate classique, satisfaction efficace de la dimension culturelle de l'intérêt général dans la strate contemporaine. Elles traduisent néanmoins toutes l'intérêt de l'État pour la culture, et son action conséquente en ce domaine. En effet, « l'État a besoin, pour s'affirmer et se maintenir, de la culture »[1312].

609. Cette situation découle de la notion même d'État qui, en tant que pouvoir institutionnalisé, suppose le consentement des gouvernés pour être légitime. De fait, la légitimité constitue pour la doctrine le véritable déclencheur du consentement[1313]. Si l'on se réfère à une analyse désormais classique, la légitimité du pouvoir politique peut être de trois types qui correspondent pour chacune à sa modalité d'acquisition : *légitimité traditionnelle*, *légitimité charismatique*, *légitimité légale*[1314]. À ce caractère composite de la légitimité, il convient de souligner que cette dernière n'est pas perpétuellement acquise et en conséquence seul un État régulièrement consenti est durable. Il s'avère alors plus pertinent de parler *d'un processus* [permanent] *de légitimation*. Le processus de légitimation impose donc en permanence au pouvoir politique, ici l'État, d'activer « les valeurs sociales avec lesquelles ils doivent s'identifier le plus possible pour se justifier d'être un appareil de contrainte menaçant les individus »[1315]. En effet, « le pouvoir politique, quelle que soit sa prétention à se placer au-dessus de la société, dépend d'elle aussi bien pour son efficience que pour sa pérennité. C'est ce

---

1311 V. à cet égard la réunion de textes *in* M. KNEUBÜLER, T. RENARD, *Pour tous ! : 1789-2009 Démocratiser l'accès à la culture*, La passe du vent, 2009.

1312 C. PATRIAT, *La culture un besoin d'État*, Hachette Littératures, 1998, p. 28.

1313 O. DUHAMEL, G. TUSSEAU, *Droit constitutionnel et institutions politiques*, Seuil, 2013, p. 17 et p. 22. Pour ces auteurs en effet, le consentement constitue à la fois « l'origine de l'État » et la condition de sa perpétuation pacifique, C. PATRIAT, *op. cit.*, p. 51 ; en ce sens v. aussi « Légitimité » *in* M. DE VILLIERS, A. LE DIVELLEC, *Dictionnaire du droit constitutionnel*, Sirey, 9e éd., 2013, p. 209, s.

1314 Il semble inutile de s'attarder en détail sur chacun d'entre eux ici. M. WEBER, *Le savant et le politique*, Plon, 10/18, 2002 (1ère éd. 1963), p. 126-127 ; M. WEBER, *Economie et société. Les catégories de la sociologie*, T. 1, Pocket, 1995, p. 285 s.
Sur la reprise des analyses de Max Weber v. not. : les ouvrages de sociologie et philosophie politique par ex : D. COLAS, *Sociologie politique*, PUF, 2e éd., 2006, not. p. 108 s. ; « Légitimité » dans P. RAYNAUD, S. RIALS (dir.), *Dictionnaire de philosophie politique*, PUF, Quadrige, 3e éd., 2008, p. 388 ; « Légitimité » *in* M. DE VILLIERS, A. LE DIVELLEC, *op. cit.*, p. 209 s.

1315 C. PATRIAT, *op. cit.*, p. 57.

besoin permanent de légitimer son existence qui le place en demande vis-à-vis de la culture »[1316] en « témoignant pour le présent, le passé et l'avenir d'une production de sens »[1317].

610. L'État utilise alors dans cette perspective le Territoire qu'il a pensé, par le biais de la déconcentration, de la décentralisation et de la coopération avec les collectivités territoriales dans un souci d'efficacité, de proximité et de prise en compte des spécificités territoriales. Il procède ainsi à son décentrement dans le domaine culturel. À cet égard, s'il est alors souvent évoqué dans la doctrine le passage de l'État tutélaire à l'État partenaire, l'évolution du point de vue des collectivités territoriales n'est pas envisagée. Ce constat peut *a priori* ne pas surprendre en considérant qu'elles sont logiquement passées de collectivités territoriales sous tutelle à collectivités territoriales partenaires. Cependant, cela résulte surtout du fait que leur rôle du point de vue de l'État n'a en réalité pas fondamentalement changé. Elles doivent contribuer à l'action culturelle étatique et par là même à sa légitimation.

611. Le « fait que l'État soit en charge de penser le *Territoire* ne saurait signifier que *les territoires* sont, eux aussi, sa « chose » »[1318]. Ils existent en effet malgré l'État, dans les limites que celui-ci détermine. L'action culturelle territoriale dans l'État doit alors être envisagée.

[1316] *Ibid.*, p. 61.
[1317] *Ibid.*, p. 57. Il convient de souligner que le Professeur C. Patriat établit une distinction temporelle notamment entre ce qui relève de l'art et de la culture et insiste sur le caractère particulier du premier dans le cadre de la légitimation (p. 57 à 60) du pouvoir politique sans naturellement ôter cette caractéristique au second (p. 61). C'est au regard de cette précision et de la définition de la culture adoptée dans cette étude que la distinction établie par cet auteur n'est pas reprise ici, la culture permettant le processus de légitimation.
[1318] J. CAILLOSSE, *L'État du droit administratif, op. cit.*, p. 195.

612. Les collectivités territoriales sont aujourd'hui des acteurs essentiels de l'action culturelle[1319]. Cette situation résulte, outre du rôle qu'elles assument dans la politique culturelle étatique, de leur intérêt croissant pour la culture. Celui-ci est double.

613. L'action culturelle des collectivités territoriales peut d'abord tendre uniquement à la réalisation d'une politique culturelle sur leur territoire, en réponse à un besoin, éventuellement exprimé, de la population. Elle vise alors à la démocratisation culturelle, la création artistique, la conservation et la mise en valeur du patrimoine…

614. Elle peut également devenir un des aspects d'une stratégie plus globale de développement territorial. Elle est alors susceptible d'être assignée à un rôle d'éducation ou d'insertion sociale et/ou devenir un enjeu de développement économique, de communication symbolique sur l'identité et l'image de la collectivité et sur son rayonnement[1320], et ce, dans un contexte de plus en plus marqué par la compétitivité et la concurrence[1321] des territoires. À cet égard, une partie de la doctrine qualifie l'action culturelle menée dans ce dernier objectif de « recherche de l'effet Bilbao »[1322].

615. Les collectivités territoriales se sont, dans cette perspective, approprié les différents instruments mis à leur disposition. Leur diversité permet une action culturelle et partant, un usage de leurs fonctions de police et de prestation adapté tant à leurs moyens qu'à leur spécificité territoriale. Elles

---

[1319] J.-M. BOCKEL, *Rapport d'information fait au nom de la délégation aux collectivités territoriales et à la décentralisation sur l'incidence de la nouvelle donne territoriale sur la politique de décentralisation culturelle*, Sénat, n° 543, 2 mai 2017, p. 7.

[1320] V. par ex. : C. PIERUCCI, « Action culturelle », *in* GRALE, *Annuaire des Collectivités Locales. Où en est la gestion locale ?*, T. 28, 2008, p. 499 s. ; J. DUPUIS, N. BELLOUBET, *Guide de l'élu délégué à la culture*, territorial éditions, dossier d'experts, 2013, p. 33 s. ; J.-P. SAEZ, « La culture comme pilier d'une économie positive. Entretien avec Edouard Philippe », *Observatoire des politiques culturelles*, 2013, n° 43, p. 39 s. ; C. PIERUCCI, « Action culturelle », *in* GRALE, *Annuaire des Collectivités Locales. Éducation, formation, recherche. Quelle place pour les collectivités territoriales ?*, T. 34, 2014, p. 481 s. (v. aussi T. 35, 2015, p. 401 s.).

[1321] V. par ex. : C. REGOURD, *Les métropoles au prisme du modèle territorial français*, Thèse de droit public, Ecole de Droit de la Sorbonne, p. 17.

[1322] V. par ex. : F. CROUZATIER-DURAND, « La décentralisation culturelle française. A la recherche de « l'effet Bilbao » », *in* M. REGOURD (dir.), *Musées en mutation. Un espace à revisiter*, L'Harmattan, 2012, p. 111 s.

créent ainsi des services publics culturels facultatifs à côté des services publics obligatoires, soutiennent les activités culturelles d'autres personnes publiques ou privées et les encadrent.

616. L'intérêt croissant des collectivités territoriales pour la culture implique plusieurs conséquences qui conduisent à envisager que leur action culturelle territoriale participe aux mutations de l'organisation territoriale de la République. Rationalisation et identification de l'action culturelle suggèrent en effet d'utiliser la différenciation territoriale pour pleinement se réaliser.

617. Plus précisément, la permanence du caractère partagé de la compétence culturelle dans les réformes successives de l'organisation territoriale et l'accroissement des actions culturelles territoriales entraînent d'abord une complexification de celles-ci, et ce d'autant plus qu'elles peuvent servir à mettre en œuvre des politiques similaires ou contraires. La tendance est alors de chercher à rationaliser l'exercice de cette compétence et donc l'action culturelle territoriale afin de la simplifier et d'en renforcer l'efficacité. À cette fin, sont utilisés dans le domaine culturel les principes d'expérimentation et de collectivité chef de file. D'autres outils traditionnels, comme des conventions, ou nouveaux, comme la conférence territoriale de l'action publique, dans laquelle la culture occupe une place particulière sont également mobilisés.

618. Les collectivités territoriales souhaitent ensuite une identification plus importante de leur singularité culturelle et partant de leur propre singularité, parfois dans une logique identitaire, notamment régionale. Dans cette perspective et sous l'influence des engagements internationaux de la France, les droits culturels sont progressivement reconnus.

619. Ces éléments constituent les facteurs qui permettent d'envisager l'action culturelle territoriale comme participant de la réorganisation territoriale. C'est le cas, en particulier, dans le cadre du développement de l'intercommunalité – conçue à l'origine comme un outil de rationalisation de l'action publique – qu'elle contribue à asseoir.

620. L'action culturelle territoriale concourt également à l'émergence et au renforcement du principe de différenciation territoriale. Compatible avec les principes fondamentaux de la République, certains souhaitent le voir constitutionnaliser et consacrer comme nouveau paradigme de l'organisation territoriale de la République.

621. L'étude de l'appropriation de l'action culturelle par les collectivités territoriales implique d'envisager l'adoption et l'utilisation des multiples instruments mis à leur disposition à cette fin (titre 1) et les conséquences de leur intérêt croissant pour la culture, à savoir la participation aux mutations de l'organisation territoriale de la République (titre 2).

TITRE 1 : L'ADOPTION DES DIVERS INSTRUMENTS DE L'ACTION CULTURELLE TERRITORIALE

622. L'intérêt des collectivités territoriales pour la culture se traduit par la réalisation d'actions pour mener une politique culturelle ou de développement du territoire, tantôt dans un sens similaire, tantôt contraire à celle de l'État.

623. L'État impose parfois aux collectivités territoriales d'agir dans le domaine culturel, hypothèse des compétences obligatoires. Il fixe parfois aussi les modalités d'intervention de celles-ci. L'action culturelle territoriale de ces dernières est donc contrainte ; par exemple s'agissant de l'exercice de la police administrative culturelle ou, dans une certaine mesure, de la mise en place de services publics obligatoires.

624. À côté de cette action territoriale contrainte, il en existe une plus volontariste dans le cadre des compétences facultatives et des moyens de leur mise en œuvre.

625. Dans un cas comme dans l'autre, les collectivités territoriales ont progressivement adopté les instruments mis à leur disposition pour faire usage de leur fonction de police et de prestation dans le domaine culturel.

626. L'action culturelle territoriale apparaît comme duale selon les modalités qu'elle utilise. Elle peut être *primaire* ou *seconde*. Les collectivités territoriales réalisent les activités culturelles dans le cadre de l'*action culturelle primaire*. Elles contribuent aux activités culturelles, en en permettant le déroulement, dans l'*action culturelle seconde*.

627. L'*action culturelle territoriale primaire* des collectivités territoriales consiste, dans cette perspective, en la création et la gestion d'un service public culturel local. Il est en effet admis que celui-ci permet de légitimer l'action des personnes publiques dans le domaine culturel[1323]. La mise en place d'un service public culturel facultatif témoigne alors du volontarisme de la collectivité territoriale.

628. L'*action culturelle territoriale seconde* des collectivités territoriales désigne leur intervention sur les activités culturelles qui, souvent relativement indépendantes des pouvoirs publics, peuvent parfois se rattacher à leur

---

1323 V. not. s'agissant de l'État et partant des collectivités territoriales : J.-M. PONTIER, « Le service public culturel existe-t-il ? », *AJDA*, 2000, p. 20.

politique culturelle[1324]. Il en est ainsi d'abord quand les elles décident d'apporter leur soutien aux différentes activités culturelles présentes sur leur territoire. L'exercice de la police administrative culturelle comme garantie du bon déroulement de ces dernières relève également de cette catégorie.

629. La présentation successive des actions culturelles territoriales primaire et seconde peut sembler *ab initio* descriptive. Il n'en est rien. Ce choix est effectué pour la clarté du propos dans le cadre de la démarche explicative-inductive choisie pour cette étude[1325]. Il permet en effet d'évoquer les différents types d'actions culturelles territoriales et de montrer en quoi chacun d'entre eux est symptomatique de la spécificité de l'action culturelle territoriale. Celle-ci se situe, le cas échéant, au-delà de la seule politique culturelle, au cœur de la stratégie de développement territorial. Il conduit également à souligner que certaines problématiques relevées en ce domaine peuvent être élargies à l'ensemble de l'action publique territoriale.

630. L'analyse de la complexité de mise en œuvre des instruments de l'action culturelle territoriale seconde (chapitre 2) suit celle du recours symptomatique à l'action culturelle territoriale primaire (chapitre 1).

[1324] A propos de ces activités distinctes, mais rattachées à l'action culturelle vis-à-vis de l'État, v. K.-H. VOIZARD, *L'État culturel et le droit, Approche juridique des interventions culturelles de l'État en France*, Université Panthéon-Assas, Thèse soutenue le 21 octobre 2011, p. 215, note 677.
[1325] Cf. *supra*.

Chapitre 1 : Le recours symptomatique à l'action culturelle territoriale primaire

631. L'action culturelle territoriale peut prendre différentes formes. L'une d'entre elles, constitutive de l'*action culturelle territoriale primaire*, consiste en la création et le fonctionnement d'un service public culturel local. Celui-ci peut se définir comme l'activité culturelle d'intérêt général, « assurée ou assumée par une personne publique » et « soumise au moins partiellement à un régime de droit public »[1326].

632. L'existence du service public de la culture, y compris au niveau local, a été discutée par la doctrine. Elle semble néanmoins aujourd'hui communément admise. La doctrine date en général sa consécration à partir de la reconnaissance jurisprudentielle de celui-ci par l'arrêt *Gheusi*[1327] de 1923. Il est néanmoins possible de relever des indices de son apparition antérieurement, même si le terme de culture n'était pas toujours utilisé[1328] et que « ce n'est pas parce que les pouvoirs publics parlent d'art et de culture et s'en occupent qu'il y a pour autant un service public culturel »[1329].

633. La création et le fonctionnement d'un service public culturel sont par ailleurs significatifs soit de la participation de la collectivité territoriale à la politique culturelle territoriale étatique, soit de la mise en place de sa propre politique culturelle, éventuellement dans le cadre d'une stratégie plus globale de développement de son territoire.

634. La création et la gestion d'un service public culturel demeurent soumises à des conditions qui diffèrent selon le type de service public. Ces dernières témoignent alors, éventuellement, du volontarisme de la part des pouvoirs publics dans une logique de proximité[1330] et d'efficacité[1331], sans pour autant porter atteinte à l'initiative privée dans un contexte de libéralisation et d'intégration européenne.

635. Le service public culturel est soumis aux règles générales du service public relatives à sa création et à sa suppression. Il en est de même pour celles portant sur ses modalités de fonctionnement et en particulier l'application des

---

1326 R. CHAPUS, *Droit administratif général*, Domat, T. 1, 2000, p. 563 ; P. GONOD, *Droit administratif général*, *op. cit.*, p. 8.

1327 CE, 27 juillet 1923, *Gheusi*, *Rec.*, p. 638, *D.*, 1923, 3, p. 57, note APPLETON, *RDP*, 1923, p. 560, note JEZE, concl. MAZERAT.

1328 Le passage à la « culture » date en effet de la fin des années 1950. Cf. *supra*.

1329 J.-M. PONTIER, « Le service public culturel existe-t-il ? », *op. cit.*, p. 16.

1330 Cf. *surpa*. V. aussi par ex. : G. J. GUGLIELMI, G. KOUBI, M. LONG, *Droit du service public*, LGDJ, Domat, 4e éd., 2016, p. 509.

1331 J. CHEVALLIER, *Le service public*, PUF, Que sais-je ?, 9e éd., 2012, p. 120 s.

principes de continuité, mutabilité et égalité. Il ne semble pas nécessaire de revenir sur chacune d'entre elles. L'étude de certains aspects du fonctionnement du service public culturel révèle cependant sa singularité du fait de son domaine et de la place que celui-ci peut revêtir au sein des politiques publiques territoriales, d'abord culturelles puis de développement global du territoire. Le choix le cas échéant des modalités de gestion du service public culturel et le renouvellement potentiel de son mode de financement associant plus largement les acteurs privés s'avèrent sur ce point caractéristiques. À cet égard, il a pu être affirmé que cela résulte « d'abord, l'appétence grandissante de la société civile et des entreprises pour une contribution volontaire et ciblée à des actions et projets orientés vers une croissance durable des territoires, [...], ensuite, [de] la volonté des collectivités de diversifier leurs ressources pour mieux remplir leurs missions »[1332].

636. La création d'un service public culturel local (section 1) comme les modalités de son organisation sont symptomatiques tant du volontarisme éventuel de la collectivité territoriale, que de l'évolution du contexte dans lequel il est créé, marqué par la recherche de l'efficacité, les logiques managériales et les restrictions budgétaires (section 2).

Section 1 : La création significative d'un service public culturel local

637. La création obligatoire ou facultative du service public culturel local témoigne de la liberté et des contraintes qui pèsent sur les collectivités territoriales, et de leur volontarisme culturel à côté de leur participation à la politique culturelle étatique.

638. La consécration du service public culturel a été difficile et tardive par la doctrine et le juge. Il semble néanmoins que sa réalité et l'idée d'un service public culturel soient antérieures à celle-ci (§1).

639. La création d'un service public culturel local demeure aujourd'hui très encadrée. Il est en effet des domaines où celle-ci est obligatoire en principe, malgré des controverses récentes. Par ailleurs, elle doit désormais respecter le principe de complémentarité entre l'initiative publique et l'initiative privée quand elle est facultative (§2).

[1332] N. VAN VLIET, « Edito », *in* EY, *Les collectivités à l'heure du mécénat*, EY, Régions de France, 2e éd., septembre 2016, p. 4.

§1 : La consécration difficile du service public culturel local

640. L'existence d'un service public suppose avant tout que le souverain soit « maître »[1333] de l'activité d'intérêt général concernée. La difficulté envisageable à cet égard est celle relative au « doute sur l'intention réelle de l'État »[1334], jusqu'à ce que celui-ci soit levé par le juge au détour d'un litige ou par le législateur. Ainsi, avant la consécration jurisprudentielle de l'existence d'un service public de la culture, y compris local, des indices de celle-ci existaient (B), et ce, malgré l'affirmation récurrente selon laquelle le juge l'aurait exclue (A).

A) L'exclusion jurisprudentielle de l'existence d'un service public culturel

641. L'arrêt du Conseil d'État *Astruc et Société du Théâtre des Champs-Élysées c. Ville de Paris*[1335] du 7 avril 1916 est souvent cité par la doctrine pour présenter, outre le refus initial du service public théâtral et donc culturel[1336], le caractère évolutif de l'intérêt général[1337], en s'appuyant notamment sur la note du Doyen M. Hauriou sous celui-ci (1). Cette lecture traditionnelle de la jurisprudence semble néanmoins pouvoir être nuancée, et sa portée limitée (2).

1) L'analyse traditionnelle de la jurisprudence Astruc

642. Le sieur Astruc et la Société du Théâtre des Champs-Élysées saisissent le juge afin de faire condamner la Ville de Paris à leur verser une indemnité suite à l'inexécution d'une promesse de concession d'un emplacement sur les Champs-Élysées destinée à la construction d'un « Palais philharmonique ». Le conseil de préfecture, par arrêté du 27 mars 1912, assimilant l'affaire à un débat sur une concession de travaux public, se reconnaît compétent et statue au fond. Le Conseil d'État, à l'inverse et de manière extrêmement laconique, se déclare incompétent et annule l'arrêté du conseil de préfecture considérant *in fine* que « le palais dont il s'agit n'était

---

1333 B. PLESSIX, *Droit administratif général*, LexisNexis, 2016, p. 825 s.
1334 *Ibid.*
1335 CE, 7 avril 1916, *Astruc et Société du Théâtre des Champs-Elysées c. ville de Paris*, *S.*, 1916, 3, p. 41, note HAURIOU ; *RDP*, 1916, p. 363, concl. CORNEILLE, note JEZE.
1336 J.-M. PONTIER, « Réflexions discursives sur une catégorie juridique spéculative : les services publics culturels » *in* J. LEGER, J.-M. PONTIER (dir.), *Les services publics culturels*, Presses Universitaires d'Aix-Marseille, 2012, p. 37.
1337 V. par ex. : J. MORAND-DEVILLER, *Droit administratif*, Montchrestien, 11e éd., 2009, p. 549 s. ; J.-F. LACHAUME, H. PAULIAT, C. BOITEAU, C. DEFFIGIER, *Droit des services publics*, LexisNexis, 2e éd., 2015, p. 29.

pas destiné à assurer un service public ni à pourvoir à un objet d'utilité publique »[1338].

643. De cette affirmation succincte, la doctrine déduit souvent l'impossibilité pour un théâtre municipal de correspondre à l'époque à un intérêt général et le refus en conséquence du Conseil d'État de reconnaître le service public culturel. Elle s'inscrit alors dans la lignée de la célèbre note du Doyen M. Hauriou, tout en relevant depuis longtemps la désuétude de ses propos. L'auteur a en effet affirmé de manière très significative : « Ce ne serait peut-être pas le moment d'ériger en services publics les entreprises de spectacle et de théâtre, qui ne présentent aucune nécessité, même financière, dont l'inconvénient même est d'exalter l'imagination, d'habituer les esprits à une vie factice et fictive, au grand détriment de la vie sérieuse, et d'exciter les passions de l'amour, lesquelles sont aussi dangereuses que celles du jeu et de l'intempérance. Il est déjà très discutable que les administrations publiques subventionnent des entreprises de cette nature, et certes il vaudrait mieux s'orienter vers la suppression des subventions que vers l'érection en services publics »[1339].

644. Le Professeur G. Jèze dont la note sous cet arrêt n'est pas souvent mentionnée par la doctrine[1340], considère également, s'agissant de

[1338] CE, 7 avril 1916, *Astruc et Société du Théâtre des Champs-Elysées c. ville de Paris*, *S.*, 1916, 3, p. 41, note HAURIOU ; *RDP*, 1916, p. 363, concl. CORNEILLE, note JEZE.

[1339] M. HAURIOU « Exploitation théâtrale et Service public : nature juridique d'une convention portant sur la concession d'un emplacement pour la construction d'un « Palais philharmonique » », note sous CE, 7 avril 1916, *Astruc et Société du Théâtre des Champs-Elysées c. ville de Paris*, *S.*, 1916, 3, p. 49.

[1340] Ainsi cette note n'est pas mentionnée tant dans des propos sur le service public de la culture que dans ceux plus généraux liés au service public. Voir not. : A. DE LAUBADERE, *Traité élémentaire de droit administratif, Grands services publics et entreprises nationale*, LGDJ, 1966, p. 276 ; A. DE LAUBADERE, *Traité élémentaire de droit administratif, Grands services publics et entreprises nationale*, LGDJ, 1971, p. 316 ; V. ALIBERT-FABRE, « La reconnaissance jurisprudentielle des services publics culturels locaux », *Revue administrative*, 1989, n° 251, p. 415 ; A.-H. MESNARD, *Droit et politique de la culture*, Paris, PUF, 1990, p. 178 ; J.-M. PONTIER, J.-C. RICCI, J. BOURDON, *Droit de la culture*, Dalloz, Précis, 1990, p. 91 ; J.-M. PONTIER, « Le service public culturel existe-t-il ? » ; *AJDA*, 2000, p. 8 ; J.-M. PONTIER, J.-C. RICCI, J. BOURDON, *Droit de la culture*, Dalloz, Précis, 2e éd., 1996, p. 61 ; S. MONNIER, E. FOREY, *Droit de la culture*, Lextenso éditions, Gualino, 2009, p. 18 ; C.-W. WU, *La coopération entre les personnes publiques en droit public français en matière culturelle*, PUAM, 2009, p. 131 ; O. BUI-XUAN, *Guide juridique de l'action culturelle locale*, territorial éditions, 2011, p. 30 ; J.-M. PONTIER, « Réflexions discursives sur une catégorie juridique spéculative : les services publics culturels », *op. cit.*, p. 38 ; S. NICINSKI, « Culture et concurrence selon le juge administratif », *RFDA*, 2014, p. 836, note 2 ; J.-F. AUBY, *Le droit public de la culture*, Berger Levrault, 2016, p. 56. ; N. FOULQUIER, *Droit administratif des biens*, LexisNexis, 2e éd., 2018, p. 43, note 28.

l'exploitation d'un théâtre national, qu'il n'y a pas et qu'il « ne peut pas y avoir service public »[1341]. Il affirme alors que la solution du Conseil d'État sur cette affaire est « correcte » et s'appuie pour cela sur des jurisprudences antérieures de la Cour de cassation et du Conseil d'État.

645. La juridiction civile a en effet eu l'occasion d'affirmer en 1901, suivant les conclusions de son procureur général Laferrière que « l'exploitation d'un théâtre constitue une entreprise privée ; que les subventions qui sont accordées par l'État, soit sous la forme de concession gratuite de la salle et des décors, soit sous forme d'allocations pécuniaires en vue de favoriser, dans l'intérêt général, les progrès de l'art dramatique ou lyrique, ne sauraient avoir pour effet d'en modifier le caractère et de le transformer en service public »[1342]. Cette solution n'a, malgré certains commentaires de l'époque, rien d'une évidence, comme en témoigne la position apparemment différente des juridictions inférieures sur la même affaire[1343].

646. Le juge administratif, pour sa part, a considéré en 1906 que l'exploitation en régie du grand théâtre municipal de Lyon « constitue l'exercice d'une profession imposable et non d'un service public »[1344].

647. Il est possible d'admettre que la position du juge, comme des commentateurs, dans l'affaire Astruc, est susceptible de se justifier par l'époque et la prise en compte « des circonstances de temps et de lieu »[1345]. Néanmoins, il semble que la notoriété du Doyen de Toulouse, le plus souvent cité sur ce point, a entraîné une quasi-absence de relativisation ou de limitation de cette conception de même que de celle de la portée attribuée à cet arrêt, dont l'analyse peut être renouvelée.

[1341] G. JEZE, « De la distinction entre la concession d'occupation du domaine public avec charges et la concession de service public », note sous CE, 7 avril 1916, *Astruc et Société du Théâtre des Champs-Elysées c. ville de Paris*, *RDP*, 1916, p. 367.

[1342] C. cass., civ., 12 juin 1901, *État c. Dessauer*, *S.*, 1906, 1, p. 41, note FERRON, p. 44. V. aussi C. cass., civ., 4 juillet 1904, *Administration de l'enregistrement contre Herqué*, *D.*, 1905, 1, p. 175.

[1343] Tribunal civil de la Seine, 29 janvier 1895 et Cour de Paris 21 juin 1898. V. sur ces décisions, G. FERRON, note sous C. cass., civ., 12 juin 1901, *État c. Dessauer*, *S.*, 1906, 1, p. 41 s. ; G. JEZE, « De la distinction entre la concession d'occupation du domaine public avec charges et la concession de service public », *op. cit.*, p. 367, note 1.

[1344] CE, 5 décembre 1906, *Ville de Lyon*, *Rec.*, p. 892.

[1345] J.-M. PONTIER, « Réflexions discursives sur une catégorie juridique spéculative : les services publics culturels », *op. cit.*, p. 38.

648. La mise à distance de la note de l'illustre commentateur sous cet arrêt paraît autoriser une autre analyse de ce dernier. Celle-ci repose d'abord sur les conclusions du commissaire du gouvernement sur l'affaire[1346], dont le Doyen de Toulouse reconnaît s'éloigner considérant que celui-ci « est passé à côté de la véritable question » à savoir la possibilité pour la ville de Paris, « d'avoir l'intention d'ériger en service public une entreprise de spectacle ? »[1347].

649. Le commissaire Corneille, pour trancher la question préalable de la compétence de la juridiction administrative, s'est interrogé sur la nature du contrat et, en conséquence, sur le caractère de service public de l'activité en cause[1348]. Pour ce faire, il rappelle d'abord que dans un arrêt de 1863[1349], le Conseil d'État, après avoir analysé les pièces du dossier, a considéré, conformément aux conclusions du commissaire du Gouvernement, que l'exploitation de l'entreprise industrielle de café-restaurant, brasserie, spectacles et concerts par les requérants ne pouvait être considérée comme des travaux publics, en raison de l'absence de service public[1350]. Il invite cependant les juges à « consulter les pièces du dossier », « malgré le précédent », en raison de l'ancienneté de l'arrêt et du « degré artistique » présent dans le projet de l'affaire *Astruc*. Il précise, à cet égard, que leur analyse doit être effectuée au regard de la jurisprudence, alors récente, relative aux services publics à savoir les arrêts *Terrier*, *Feutry* et *Thérond*[1351] pour

---

[1346] L. CORNEILLE, Conclusions sur CE, 7 avril 1916, *Astruc et Société du Théâtre des Champs-Elysées c. ville de Paris*, *in* H. DE GAUDEMAR, D. MONGOIN, *Les grandes conclusions de la jurisprudence administrative. Volume 1 : 1831-1940*, LGDJ, 2015, n° 59, p. 586.

[1347] M. HAURIOU « Exploitation théâtrale et Service public : nature juridique d'une convention portant sur la concession d'un emplacement pour la construction d'un « Palais philharmonique » », note sous CE, 7 avril 1916, *Astruc et Société du Théâtre des Champs-Elysées c. ville de Paris*, *S.*, 1916, 3, p. 41.

[1348] CORNEILLE, Conclusions sur CE, 7 avril 1916, *Astruc et Société du Théâtre des Champs-Elysées c. ville de Paris*, *op. cit.*, p. 593.

[1349] CE, 16 avril 1863, *Sieur Berr*, *Rec.*, p. 378, concl. L'HOPITAL.

[1350] CE, 16 avril 1863, *Sieur Berr*, *Rec.*, p. 382 et les conclusions L'HOPITAL, p. 380.

[1351] CE, 6 février 1903, *Terrier*, *Rec.*, p. 94 concl. ROMIEU, *D.*, 1904, 3, p. 65, concl. ROMIEU ; S., 1903, 3, p. 25, concl. ROMIEU, note HAURIOU ; P. LONG, P. WEIL, G. BRAIBANT, P. DELVOLVE, B GENEVOIS, *op. cit.*, n° 11, p. 61 s. ; J.-F. LACHAUME, H. PAULIAT, S. BRACONNIER, C. DEFFIGIER, *Droit administratif. op. cit*, p. 12 ; TC, 29 février 1908, *Feutry*, *Rec.*, p. 208, concl. TEISSIER, *D.*, 1908, p. 348, concl. TEISSIER ; *S.*, 1908, p. 397, concl. TEISSIER ; *RDP*, 1908, p. 206, note JEZE. CE, 4 mars 1910, *Thérond*, *Rec.*, p. 193, concl. PICHAT ; *D.*, 1912, 3, p. 57, concl. PICHAT ; *S.*, 1911, 3, p. 17, concl. PICHAT, note HAURIOU ; *RDP*, 1910, p. 249, note JEZE ; P. LONG, P. WEIL, G. BRAIBANT, P. DELVOLVE, B. GENEVOIS, *op. cit.*, n° 19, p. 106 s.

savoir s'il s'agit d'un « contrat de service public ». Il indique néanmoins que selon lui ce n'est pas le cas en l'espèce.

650. Le commissaire du gouvernement, dans l'ensemble de ses conclusions, ne fait alors aucune allusion aux jurisprudences précitées de 1901 et de 1906 de la Cour de cassation et du Conseil d'État. Il n'apprécie donc pas la correspondance théorique de l'activité théâtrale à l'intérêt général au regard de ces dernières. Il observe *in concreto* si la ville de Paris a eu l'intention de confier un service public au sieur Astruc[1352]. Le commissaire du gouvernement Corneille constate alors en l'espèce, que ni dans la séance du conseil municipal du 12 juillet 1906, ni dans la demande de l'intéressé, n'apparaît l'intention de la ville d'ériger l'activité en service public. À propos de cette dernière, il relève qu'il « n'est nullement question des intérêts du public à mettre en première ligne, de la nécessité d'organiser un service municipal artistique à la portée de tous ; il n'est nullement question de réduire, le plus possible, le prix d'entrée, moyennant l'octroi d'une subvention »[1353]. Il en déduit alors logiquement qu'il n'y a pas de service public en cause en l'espèce, position suivie par le Conseil d'État. Peut-être aurait-il pu en être autrement si le constat dressé avait été différent lors de l'analyse concrète des pièces. Dans cette perspective, et contrairement à la note du Doyen M. Hauriou, ce n'est donc pas la nature même de l'activité qui est en cause.

651. L'arrêt n'exclut pas le théâtre de l'intérêt général, pas plus qu'il n'exclut la possibilité de son érection en tant que service public, ou l'existence d'un service public culturel. Il met simplement en évidence le fait qu'en l'espèce, il n'était pas question pour la ville de faire de l'activité en cause un service public, conformément au principe souligné par un observateur, selon lequel « la question de savoir si, dans tel cas donné, il y a service public est résolue par l'intention des pouvoirs publics [...] »[1354].

652. Cette lecture de la jurisprudence *Astruc* est renforcée par l'analyse des conclusions du commissaire du gouvernement Mazerat[1355] sur l'arrêt *Gheusi*[1356] ; même si à l'époque leur portée a pu être nuancée[1357]. Dans celles-ci en effet, il est affirmé dans une formule relativement vague que l'existence

---

[1352] CORNEILLE, Conclusions sur CE, 7 avril 1916, *Astruc et Société du Théâtre des Champs-Elysées c. ville de Paris*, *op. cit.*, p. 593.
[1353] *Ibid.*
[1354] G. JEZE, « Les théâtres nationaux, services publics », *RDP*, 1923, p. 563.
[1355] MAZERAT, Conclusions sur CE, 27 juillet 1923, *Gheusi*, *RDP*, 1923, p. 563 s.
[1356] CE, 27 juillet 1923, *Gheusi*, *Rec.*, p. 638, *D.*, 1923, 3, p. 57, note APPLETON, *RDP*, 1923, p. 560, note JEZE, concl. MAZERAT.
[1357] G. JEZE, *Les principes généraux du droit administratif*, T. 2, 3e éd., 1930 (réimpression Dalloz, 2004), p. 86.

des théâtres nationaux « représente un service public » et que, par conséquent, « le Conseil d'État n'admet la compétence de l'autorité judiciaire que dans le cas où le contrat n'a pas pour objet la construction ou l'exploitation de l'établissement théâtral »[1358], prenant pour exemple l'arrêt *Astruc*. Ainsi, selon lui, dans l'arrêt de 1916, le problème n'est pas que le théâtre ne pouvait pas correspondre à un intérêt général permettant son érection en service public, mais simplement que la personne publique n'avait pas eu cette volonté. Le théâtre était alors en l'espèce « destiné à demeurer un établissement privé », ce qu'avait justement relevé le commissaire du Gouvernement Corneille.

653. Dans cette perspective, peut être perçue, dans l'arrêt *Astruc*, une reconnaissance *a contrario* de la possible érection du théâtre en tant que service public, ou simplement constaté un premier pas vers la reconnaissance de celui-ci, et donc celle de l'existence d'un service public culturel.

654. Si cette analyse ne doit pas emporter à elle seule la réponse à la question de l'existence de services publics culturels antérieurement à leur consécration par le juge dans l'arrêt *Gheusi* en 1923, d'autres indices peuvent être relevés afin de renforcer cette position. Le théâtre n'est en effet pas la seule activité relevant du domaine culturel.

B) La consécration progressive de l'existence du service public culturel

655. D'aucuns considèrent qu'il « était difficile au début du XXe siècle, d'imaginer même qu'il puisse y avoir un jour un service public culturel »[1359]. De tels propos doivent être nuancés. En effet, il existait une idée de service public culturel (1) bien avant qu'il ne soit consacré, y compris au niveau local (2).

1) L'idée de service public culturel

656. Il semble admis qu'une réalité proche d'une certaine forme de service public « aura existé avant que le concept ne soit apparu et l'expression forgée »[1360] ; la « naissance de l'idée de service public »[1361] pouvant être prudemment perçue par exemple dans les *polis* et *res publica* antiques, les banalités seigneuriales, les communautés de villages, les solidarités urbaines ou encore les actions caritatives de l'Église[1362].

1358 Mazerat, *op. cit.*, p. 565.
1359 C.-W. Wu, *op. cit.*, p.130.
1360 P. Esplugas, *Le service public*, Dalloz, Connaissance du droit, 3e éd., 2012, p. 11.
1361 G. J. Guglielmi, G. Koubi, M. Long, *op. cit.*, p. 37 s.
1362 *Ibid.*, p. 38 s. ; J.-P. Valette, *Droit des services publics*, ellipses, 2e éd., 2013, p. 15 s.

657. C'est à partir de la Révolution française que le terme de « service public » apparaît et que son usage se multiplie. Il revêt à l'époque plusieurs acceptions. D'un point de vue organique, il désigne alors un organe de prestation – établissement, agence, administration – et, du point de vue fonctionnel complémentaire, une tâche destinée à l'utilité générale[1363].

658. Certains auteurs considèrent alors que « la conception de l'État, indissolublement liée à l'avènement de la Nation, de son unité et de son indivisibilité, [...] commande que certaines activités indispensables à l'affermissement du lien social et au développement de l'individu, nouveau sujet de droit, soient prises en charge par l'État et se trouvent ainsi érigées en « services publics » »[1364].

659. C'est dans cette perspective que semble apparaître, et se développer durant le XIXe siècle, une forme de service public dans le domaine patrimonial – donc culturel[1365] – bénéficiant d'un régime juridique singulier, lié au principe d'égalité devant la loi et au principe de continuité[1366].

660. Il en est ainsi des archives depuis 1789 et surtout 1794[1367], et des bibliothèques depuis 1794[1368], y compris au niveau local. Les premières sont qualifiées explicitement de service public en 1846[1369] et les secondes en 1833 et 1839. Ainsi, est-il affirmé, s'agissant de la Bibliothèque royale, en 1833, que « le service public [...] comprend : 1° La lecture et l'étude à l'intérieur ;

[1363] J.-L. MESTRE, « La notion de service public après les débats de l'Assemblée nationale constituante », *EDCE*, n° 40, La Documentation française, 1988, p. 187. V. aussi not. : J. CHEVALLIER, « Essai sur la notion juridique de service public », *Publications de la faculté de droit d'Amiens*, 1976, n° 7, p. 136 s. et les controverses D. TRUCHET, « Nouvelles récentes d'un illustre vieillard. Label de service public et statut du service public », *AJDA*, 1982, p. 429 s. ; P. DELVOLVE, « Service public et libertés publiques », *RFDA*, 1985, p. 1 s. ; S. REGOURD, « Le service public et la doctrine : pour un plaidoyer dans le procès en cours », *RDP*, 1987, p. 5 s. ; D. TRUCHET, « Réponse à un article de Serge Regourd : « Label de service public et droit administratif », *RDP*, 1987, p. 501 s.

[1364] G. J. GUGLIELMI, G. KOUBI, M. LONG, *op. cit.*, p. 53.

[1365] Même si à l'époque, il demeurait, il l'a déjà été démontré, très lié à l'instruction publique. Cf. *supra* : séparation instruction publique et culture notamment avec la création d'un ministère spécifique.

[1366] J.-L. MESTRE, « La notion de service public après les débats de l'Assemblée nationale constituante », *op. cit.*, p. 197 s.

[1367] Article LIX, Lettres patentes du Roi du 14 décembre 1789 cité *in* A. CHAMPOLLION-FIGEAC, *Manuel de l'archiviste*, Paris, chez Paul Dupont et J. B. Dumoulin, 1860, p. 7. Cf. aussi *supra.*

[1368] Décret 8 pluviôse an II (27 janvier 1794), relatif à l'établissement de bibliothèques publiques dans les districts, Archives nationales, Paris, Imprimerie nationale exécutive du Louvre, p. 3. Cf. aussi *supra.*

[1369] Titre II Service public, Ordonnance du roi et règlement concernant les Archives du Royaume, 15 novembre 1846, Paris, Firmin Didot, 1846, p. 13. Cf. aussi *supra.*

2° Le prêt au dehors ; 3° La visite dans un but de curiosité. »[1370] et, en 1839, que « toute interruption du service public qui deviendrait nécessaire devrait être ordonnée par notre ministre de l'instruction publique »[1371]. S'agissant des bibliothèques locales, ce dernier texte précise que « tous [les] règlements des autorités locales sur le service public [...] sont adressés au ministère de l'instruction publique [...] »[1372]. Le développement progressif des musées semble obéir à la même logique[1373].

661. Cette conception apparaît plus ou moins explicitement tant dans certaines conclusions de commissaires du Gouvernement que dans les écrits d'une partie de la doctrine.

662. Dans ses conclusions sur l'arrêt *Gheusi*, le commissaire du gouvernement Mazerat affirme ainsi que « l'existence de l'Opéra-Comique (et généralement des théâtres nationaux) répond à une idée beaucoup plus élevée : contribuer au progrès des arts en France, tout à la fois en perpétuant l'exécution des chefs-d'œuvre classiques et en représentant chaque année un certain nombre d'œuvres nouvelles », « entre dans la mission civilisatrice de l'État au même titre que les musées nationaux ou l'Ecole des Beaux-Arts » et représente alors un service public[1374]. De tels propos semblent n'avoir de véritable portée, voire de sens, que s'il est admis que, pour celui-ci, les musées nationaux et l'Ecole des Beaux-Arts constituent déjà des services publics. Cette conception peut être confirmée par le rappel de la jurisprudence *Berck*[1375] de 1919, relative aux théâtres municipaux de Hanoï et Haiphong, selon laquelle si le contrat « porte seulement sur l'exploitation de l'établissement, on est en présence d'une concession de service public »[1376].

1370 Article 33, Titre II Service public, Chapitre 1, ministre secrétaire d'État au département de l'instruction publique, 26 mars 1833, Règlement concernant la Bibliothèque royale, *in Recueil des décret, ordonnances, arrêtés et règlements concernant le régime de la Bibliothèque royale (an IV-1847)*, p. 60.

1371 Article 11 al. 3, Titre I Bibliothèque Royale, Ordonnance du Roi concernant l'organisation des bibliothèques publiques, 22 février 1839, *in* U. ROBERT, *Recueil de lois décrets, ordonnances arrêtés circulaires etc. concernant les bibliothèques publiques, communales universitaires, scolaires et populaires*, Paris, H. Champion, 1883, p. 60.

1372 Article 42, Titre III Bibliothèques publiques des villes, des Facultés et autres établissements dépendant du ministère de l'instruction publique, Ordonnance du Roi concernant l'organisation des bibliothèques publiques, 22 février 1839, *ibid.*, p. 65.

1373 Cf. aussi *supra*.

1374 MAZERAT, Conclusions sur 27 juillet 1923, *Gheusi*, *RDP*, 1923, p. 563 s.

1375 CE, 8 août 1919, *Berck, syndic de la faillite Gay Cavé*, *Rec.*, p. 741.

1376 MAZERAT, *op. cit.*, p. 565. Il est à cet égard intéressant de relever d'ailleurs que si l'arrêt évoque bien une concession passée par deux villes pour l'exploitation des théâtres municipaux, le terme même de service public en est absent.

663. Dans la doctrine, dès la fin du XIXe siècle, une étude consacrée à *l'art et l'État en France* fait mention à plusieurs reprises au « service public »[1377]. Son usage y reste cependant marqué d'une certaine diversité quant à son contenu, témoignant de l'incertitude de cette notion à l'époque, notamment envisagée d'un point de vue juridique ou de la théorie juridique dans laquelle elle est naissante[1378]. En témoigne par exemple l'affirmation selon laquelle « la démocratie contemporaine [...] a fait de l'art un service public », que l'État exerce par « ses constructions d'édifices, ses acquisitions d'œuvres d'art, les encouragements qu'il donne aux formes supérieures d'art [...] les facilités qu'il procure aux expositions libres, mais surtout par son enseignement et par ses musées qui sont une forme de l'enseignement »[1379].

664. C'est en effet en associant l'art à l'Instruction publique – ce qui est le cas jusqu'en 1959, faut-il le rappeler – qu'apparaît le plus explicitement l'idée que certaines des activités qui en relèvent peuvent constituer des services publics, *services publics culturels d'enseignement*[1380], dans son acception juridique contemporaine. L'auteur qualifie ainsi l'enseignement de l'art de service public[1381], tout comme l'activité des théâtres nationaux. Pour lui en effet, « les théâtres nationaux distribuent, au point de vue de l'art, un certain genre d'enseignement [...] leur donner une subvention c'est assurer un service public »[1382], et ce, même s'il reconnaît que « bien des gens continuent à ne voir dans les théâtres que des lieux de plaisir [...] »[1383]. Il ajoute enfin, à cet égard, que les Beaux-Arts « n'ont pris le caractère de service public qu'en 1870, le jour où ils ont été annexés au ministère de l'Instruction publique. Ici en effet, rapprochés des lettres et des sciences, placés sous la même autorité et soumis aux mêmes principes, ils deviennent, avant tout un objet d'enseignement » [1384].

665. Dans une perspective similaire en matière théâtrale, dans son *Traité élémentaire de droit administratif*, H. Berthélemy considère que la Comédie-Française « est un service public, non de nature spéciale, mais soumis à une

---

1377 G. LARROUMET, *L'art et l'État en France*, Hachette, 1895.
1378 J.-P. VALETTE, *op. cit.*, p. 31 s. ; G. J. GUGLIELMI, G. KOUBI, M. LONG, *op. cit.*, p. 57 s.
1379 G. LARROUMET, *op. cit.*, p. 197.
1380 La dissociation du service public culturel de l'enseignement paraît difficile à l'époque, en témoigne les échecs de la mise en place un ministère spécifique. Culture et enseignement sont en effet, initialement liés. Cf. *supra*.
1381 G. LARROUMET, *op. cit.*, p. 239.
1382 *Ibid.*, p. 264.
1383 *Ibid.*, p. 263. Il est à cet égard intéressant de relever que la position du Doyen M. Hauriou n'est ainsi pas partagée par l'ensemble de ses contemporains.
1384 *Ibid.*, p. 264.

organisation particulière dont on doit exclusivement chercher les règles dans les textes qui lui sont spécialement consacrés »[1385].

666. Plus récemment et de manière significative, l'admission de la présence de services publics patrimoniaux par la doctrine ne semble parfois pas avoir posé de difficultés.

667. La recherche de l'existence d'un service public culturel revient ainsi pour A. de Laubadère en réalité à réfléchir sur la possibilité d'une intervention de l'État dans le champ culturel, hors du seul champ patrimonial : « Sans doute, depuis longtemps existent dans le domaine culturel, en particulier dans celui de la protection du patrimoine culturel national (archives, monuments, musées, etc.) des services administratifs. Mais doit-on reconnaître à l'État un rôle plus général et plus actif dont les interventions traditionnelles que l'on vient de citer ne seraient que des applications particulières ? »[1386].

668. Le Professeur E. Fatôme rappelle, dans le même sens qu'il est souvent admis, en tant qu'« opinion générale »[1387] que les musées correspondent « à l'idée de service public »[1388] dans leur schéma initial. Ils sont créés par une personne publique (État, provinces…) dans un double but d'intérêt général, formation au goût artistique de la population et conservation du patrimoine[1389], à partir de la Révolution française.

669. Si l'origine de l'existence du service public de la culture peut faire l'objet de discussions jusqu'en 1923, il n'en est plus de même après cette date.

[1385] H. BERTHELEMY, *Traité élémentaire de droit administratif*, 7e éd., 1913, p. 811.

[1386] A. DE LAUBADERE, *Traité élémentaire de droit administratif, Grands services publics et entreprises nationales*, LGDJ, 1966, p. 276. L'auteur maintient cette conception dans la version postérieure de son traité. A. DE LAUBADERE, *Traité élémentaire de droit administratif, Grands services publics et entreprises nationales*, LGDJ, 1971, p. 316. S'agissant de l'intervention dans le domaine patrimonial et de réflexion sur le service public v. not : A. HERITIER, « Le musée face au public. A la recherche du service public culturel. Une approche historique », *in* M. REGOURD, *Musées en mutation. Un espace public à revisiter*, LHarmattan, 2012, p. 87 s.

[1387] E. FATOME, « Les musées et l'idée de service public », *in* E. BONNEFOUS, E. PEUCHOT, L. RICHER (dir.), *Droit au musée. Droit des musées*, Dalloz, 1994, p. 18.

[1388] *Ibid.*, p. 16. V. aussi : J. SALLOIS, « Interventions », *in* E. BONNEFOUS, E. PEUCHOT, L. RICHER (dir.), *Droit au musée. Droit des musées*, *ibid.*, p. 36 ; P. GALAN, « Les musées de France », *Droit et ville*, 2003, p. 245 s.

[1389] *Ibid.*

2) La consécration du service public culturel

670. La doctrine majoritaire contemporaine admet la consécration de l'existence du service public culturel par l'arrêt *Gheusi* de 1923[1390], qui constitue pour elle, dans cette perspective, un revirement de la jurisprudence *Astruc*. Cet arrêt dispose en effet « qu'il résulte de l'ensemble de ces dispositions, destinées à assurer, dans l'intérêt général, la qualité artistique et la continuité de l'exploitation, que le contrat conclu par l'État avec les sieurs Gheusi et Isola pour l'exécution du service ainsi réglementé par ledit cahier des charges présente le caractère d'un contrat de concession de service public »[1391].

671. Dans leur note sous cet arrêt, cependant, ni le Professeur J. Appleton, ni le Professeur G. Jèze ne font état du revirement de jurisprudence au regard de l'arrêt *Astruc*[1392]. L'un et l'autre l'évoquent par rapport aux arrêts susmentionnés de la Cour de cassation de 1901 et du Conseil d'État de 1906. Le premier ne mentionne même pas l'arrêt de 1916, quant au second, il le cite pour d'une part rappeler la position du Doyen M. Hauriou dans sa note, et d'autre part, réaffirmer son « criterium » subjectif pour déterminer ce qui peut faire l'objet d'un service public[1393].

672. Il convient par ailleurs de relever que, pour parvenir à cette conclusion, le juge analyse en détail le cahier des charges relatif à ce contrat, comme pour déterminer l'intention de la personne publique, selon un processus proche de l'analyse *in concreto* réalisée dans l'arrêt *Astruc*[1394].

673. Le juge fait également preuve d'une grande prudence en ne qualifiant pas de « culturel » le service public en question.

674. Cette réticence du juge a perduré, malgré la multiplication des arrêts reconnaissant l'existence de services publics dans le champ culturel, y

---

1390 Il est intéressant de relever à cet égard que le Doyen M. Hauriou suite à cet arrêt distingue les théâtres nationaux qui sont des services publics et les théâtres municipaux qui ne sont pas considérés comme tels. M. HAURIOU, *Précis de droit administratif et de droit public*, Sirey, 12e éd., 1933 (réimpression Dalloz, 2002), p. 827 s.

1391 CE, 27 juillet 1923, *Gheusi*, *RDP*, 1923, p. 567.

1392 J. APPLETON, note sous CE, 27 juillet 1923, *Gheusi*, *D.*, 1923, 3, p. 59 ; G. JEZE, note sous CE, 27 juillet 1923, *Gheusi*, *RDP*, 1923, p. 560. Sur le décalage entre la réception des arrêts par la doctrine juridique et l'appréciation qui en est faite par la suite, v. not. : P. GONOD, « La réception des arrêts par la doctrine juridique », *RFDA*, 2013, p. 1007.

1393 G. JEZE, note sous CE, 27 juillet 1923, *Gheusi*, *RDP*, 1923, p. 561 et p. 562.

1394 *Ibid.*

compris au niveau local[1395]. Ceci conduit parfois à de curieuses situations. Dans l'affaire *Léoni*, qui comporte deux espèces, il n'est par exemple fait mention du « service public » que dans la première pour la qualification du contrat en cause, aucune référence n'étant faite à son caractère « culturel ». L'arrêt dispose simplement que « cette convention présente le caractère d'un contrat administratif passé pour l'organisation et le fonctionnement d'un service public communal »[1396]. La seconde espèce, la seule généralement citée, n'évoque quant à elle jamais le « service public ». Elle porte pourtant sur la légalité de la délibération ayant décidé de sa mise en place et de sa gestion en régie. L'arrêt indique ainsi qu'« en décidant d'exploiter en régie le théâtre de la ville, le conseil municipal de Dijon a eu principalement pour but d'assurer un service permanent de représentations théâtrales de qualité [...], que cet objet correspondait à un intérêt public local auquel il n'était pas satisfait par l'initiative privée [...] »[1397].

675. Ce n'est qu'en 1959, dans l'arrêt *Sieur Dauphin*[1398], qu'un service public est qualifié de « culturel » et « touristique ». S'il a pu être considéré que « par une coïncidence, le ministère des Affaires culturelles a été créé la même année »[1399], qu'il soit permis ici d'en douter. En effet, il semble, au contraire, y avoir dans cette formulation du juge le reflet de l'époque : d'un côté une certaine reconnaissance de la spécificité culturelle, de l'autre les controverses que celle-ci suscite[1400]. Le qualificatif de « touristique » permet alors d'en faciliter l'acceptation[1401]. À partir de cette jurisprudence, le « service public culturel » est utilisé[1402] par les juges judiciaire[1403],

---

[1395] CE, 16 février 1940, *Sieur Capelle et Union syndicale des directeurs de spectacles de Lyon et de la région du sud-est*, *Rec.*, p. 61 ; CE, Ass., 21 novembre 1947, *Consorts de Castex*, *Rec.*, p. 433 ; CE, sect., 19 mars 1948, *Société des amis de l'opérette*, *Rec.*, p. 142.

[1396] CE, 21 janvier 1944, *Sieur Léoni*, 1ère esp., *Rec.*, p. 25.

[1397] CE, 21 janvier 1944, *Sieur Léoni*, 2e esp., *Rec.*, p. 26.

[1398] CE, 11 mai 1959, *Sieur Dauphin*, *Rec.*, p. 294 ; *D.*, 1959, p. 315.

[1399] C.-W. WU, *op. cit.*, p.132.

[1400] Cf. *supra.*

[1401] Sur ce point, v. aussi : J.-M. PONTIER, « Réflexions discursives sur une catégorie juridique spéculative : les services publics culturels », *op. cit.*, p. 42 ; C. BOSSEBOEUF, *Les collectivités territoriales et leurs musées : Recherches sur le développement et les modalités de gestion et de gouvernance d'un service public local*, Thèse Université Paris Descartes, p. 8 s.

[1402] Pour en reconnaître ou pas l'existence suivant les différentes espèces.

[1403] V. not. : C. cass., civ., 1e, 23 juin 2010, n° 09-14592, *AGF c/MAIF*, Bull. 2010, I, 149 (incendie dans une MJC) ; C. cass., civ., 1e, 3 juillet 2013, n° 12-19146 12-204067, *Mmes B. c/Commune de Martigues*, inédit au Bull. (legs de tableaux) ; C. cass., soc., 25 septembre 2013, n° 12-18573, *M. X... c/Commune de Mulhouse*, inédit au *Bull.* (personnel d'un orchestre) ; C. cass., comm., 8 juillet 2014, n° 12-28764, *Galerie Alain*

administratif[1404] et le Tribunal des conflits[1405]. Ces derniers l'emploient encore avec réticence, soit à travers des formules détournées – « mission de service public dans le domaine culturel »[1406], « service public en matière d'action culturelle »[1407], « service public de caractère culturel »[1408] – , soit en lui adjoignant un autre qualificatif – « artistique »[1409], « touristique »[1410] – peut-

---

le Gaillard c/Commune de Nice, inédit au *Bull.* (dégradation d'une œuvre de César lors d'un transport).

[1404] V. not. : CE, 21 janvier 1983, *Association Maison des jeunes et de la culture de Saint-Maur c/Commune de Saint-Maur*, *Rec.*, p. 14 (immeuble pour accueil MJC)) ; CAA Paris, 7 septembre 2000, n° 98PA01259 98PA01260, *Commune de Wissous c/Association Théâtre du Menteur*, inédit au *Lebon* (mise à dispositions de locaux) ; CE, sect., 6 avril 2007, n° 284736, *Commune d'Aix-en Provence*, *Rec.*, *JCP A*, 2007, 2111, note KARPENSCHIF ; *JCP A*, 2007, 2125, note LINDITCH ; *JCP A*, 2007, 2128, note PONTIER ; *AJDA*, 2007, p. 1020, chron. LENICA et BOUCHER ; *RFDA*, 2007, p. 812, concl. SENERS ; *RFDA*, 2007, p. 821, note DOUENCE, *RTD Com.*, 2007, p. 694, ORSONI ; *D.*, 2007, p. 2617, CLAMOUR ; *JA*, 2007, p. 26, note CLAVAGNIER (festival international d'art lyrique) ; CE, 30 septembre 2009, n° 326230, *Commune de Saint-Pol-sur-Ternoise c/MJC*, inédit au *Lebon* (convention MJC et poste de directeur) ; CE, 28 décembre 2009, n° 290937, *SARL Brasserie du théâtre c/Commune de Reims*, *Rec.*, *AJDA*, 2010, p. 6, obs. PASTOR, *AJDA*, 2010, p. 841 ; *DA*, n° 2, Février 2010, comm. 22, note MELLERAY ; *JCP A*, 2010, 2197, note CHAMARD-HEIM ; (convention pour café-théâtre dans bâtiment abritant le théâtre municipal, v. aussi TC, 22 novembre 2010, n° C3764, *Rec.*) ; CE, 26 mars 2012, n° 75539, *Vincent A. c/Commune de Saint-Dié-des-Vosges*, inédit au *Lebon* (immeuble centre culturel) ; CE, 29 octobre 2012, n° 341173, *EURL Photo Josse c/Commune de Tours*, *Rec.* ; *AJDA*, 2012, p. 2031, obs. MONTECLERC ; *AJDA*, 2013, p. 111, note FOULQUIER ; *AJDA*, 2013, p. 992, (article) MELLERAY ; *AJCT*, 2013, p. 153, obs. BLANC ; RTD. Com., 2013, p. 27, note POLLAUD-DULIAN ; *JCP A*, 2012, n° 50, p. 2390, note CARPI-PETIT et 2391, note VOCANSON ; *DA*, 2012, n° 12, comm. 96, note ZIANI ; *Contrats et Marchés publics*, 2012, n° 12, comm. 342, note DEVILLERS ; *JCP*, 2013, n° 5, p. 115, note POLI ; *JCP*, 2013, n° 6, doctr. 158, chron. EVEILLARD (prise de vue d'œuvres appartenant aux collections d'un musée public) ; CE, 9 décembre 2016, n° 396352, *Madame B...c/Commune de Fontvieille*, inédit au *Lebon* (convention exploitation « Moulin de Daudet » et « Château de Montauban) ; CE, 23 décembre 2016, n° 378879, *Société Photo J. L. Josse c/Commune de Tours*, inédit au *Lebon* (prise de vue d'œuvres appartenant aux collections d'un musée public).

[1405] V. not. : TC, 17 janvier 1994, n° 02903, *Mme X...c/Ville de Bordeaux*, *Rec. T.* (attaché de presse d'un orchestre) ; TC, 5 septembre 2016, n° C4069, *M. B...c/Association Philharmonie de Paris*, *Rec.* (immeuble de la Philharmonie de Paris).

[1406] CE, 8 février 1989, n° 75539, *Jean-Pierre X. c/Association de gestion de l'orchestre lyrique de région Avignon-Provence*, inédit au *Lebon* (personnel association orchestre lyrique de région).

[1407] CE, 20 mai 2016, n° 387105, *M. B... A... c/Communauté urbaine de Strasbourg*, *Rec.* (directeur de la culture d'un établissement public).

[1408] CE, 11 mai 1977, n° 00764, *Demoiselle Y. c/Commune de Fumel*, *Rec. T.* (château de Bonaguil) ; CE, 21 juillet 1989, n° 73108, *M. Robert c/Commune de Mane*, inédit au *Lebon* (immeuble et contrat prieuré de Salagon).

[1409] C. cass. civ., 1e, 15 octobre 1963, *Bull.*, n° 434 (à propos des arènes).

[1410] CE, 25 mars 1988, *Commune d'Hyères*, *Rec.*, p. 688 (festival de bande dessinée) ; TC, n° 02541, 19 décembre 1988, *Ponce c. Ville de Cannes*, *Rec.*, p. 497 (personnel des services des équipements et de la régie des spectacles au sein du Palais des festivals et

être toujours pour le justifier, soit en mentionnant un domaine culturel et le « service public » sans jamais joindre formellement les deux expressions[1411].

676. Il semble néanmoins possible désormais de voir dans l'usage de ces formules, au-delà de la seule justification de l'existence d'un service public culturel qui serait toujours contestée, la transposition des différents rôles attribués à l'action culturelle dans la politique locale[1412] ; politique culturelle locale inscrite le cas échéant dans une stratégie globale de développement territorial incluant des dimensions touristiques[1413] et économiques.

677. La création d'un service public culturel local, bien qu'admise dans son principe, fait l'objet de conditions de mise en œuvre.

§2 : Les conditions strictes de création d'un service public culturel local

678. Dans le domaine culturel, comme dans d'autres, il existe des services publics obligatoires et des services publics facultatifs qu'il convient de distinguer, en raison notamment des règles de création qui y sont attachées (A).

679. Dans l'hypothèse de services publics facultatifs, s'il existait à l'origine un principe de non concurrence entre l'initiative publique et l'initiative privée dans le domaine culturel, afin de respecter la liberté du commerce et de l'industrie, elles sont désormais perçues comme complémentaires (B).

---

des congrès) ; CE, 1er juin 2005, n° 277092, *M. et Mme X. c/Commune de Sarlat-la-Canéda*, inédit au *Lebon* (immeuble Hôtel Plamon).

1411 CE, 4 juillet 1969, n° 75622, *Sieur X c/Commune de Secondigny-en-Gatine*, *Rec.* ; TC, 22 avril 1985, n° 02368 *Paul Y... c/Comité des fêtes de la Commune de Saint-Rémy-de-Provence*, *Rec. T.* (dommage causé lors d'une fête traditionnelle de lâcher de taureaux) ; TC, n° 02541, 19 décembre 1988, *Ponce c. Ville de Cannes*, *Rec.*, p. 497 ; TC, 22 novembre 1993, n° 028779, *Nicolas X... c/Ville de Toulouse*, *Rec.* (contrat de participation à une représentation théâtrale) ; CE, 23 mai 2011, n° 342520, *Commune de Six-Fours-les-Plages*, *Rec.*, *JA*, 2011, n° 442, p. 12, obs. JUILLES ; *JT*, 2011, n° 133, p. 13, JUILLES ; *AJDA*, 2011, p. 1059, obs. GRAND ; *AJDA*, 2011, p. 1515, note DREYFUS ; *AJCT*, 2011, p. 467, obs. FAUSSER ; *RJEP*, 2011, comm. 49, BOULOUIS ; *JCP A*, 2011, 2329, note LINDITCH ; *CMP*, 2011, comm. 195, ECKERT ; *DA*, 2011, comm. 79, note PUGEAULT ; *JCP*, 2011, doctr. 1466, EVEILLARD (festival les Voix du Gaou).

1412 Cf. *infra*.

1413 L'adoption d'une convention-cadre relative au tourisme culturel renforce cette conception. MINSITERE DE LA CULTURE, MINISTERE CHARGE DU TOURISME, *Convention cadre relative au tourisme culturel*, 19 janvier 2018. V. aussi : M. MALVY, *54 suggestions pour amélirorer la fréquentation touristique de la France à partir de nos patrimoines*, 14 mars 2017.

A) La création des services publics culturels locaux entre contrainte et volontarisme

680. Les services publics culturels locaux mis en place sont soit des services publics obligatoires, soit des services publics facultatifs, selon une distinction classique[1414]. Si cette distinction peut aujourd'hui être relativisée au regard de la suppression de la clause générale de compétences pour les départements et les régions[1415], elle conserve néanmoins toute sa pertinence dans le domaine culturel. En effet, celui-ci demeure une compétence partagée entre l'État et les différents niveaux de collectivités territoriales[1416].

681. Les services d'archives et les bibliothèques départementales de prêt[1417] relèvent par exemple traditionnellement des services publics obligatoires dans le domaine culturel.

682. S'agissant de ces dernières, néanmoins, un débat a été lancé à propos de cette compétence suite à la décision du département des Yvelines de fermer sa bibliothèque départementale[1418] de prêt et de confier ses missions à un pôle de développement culturel. Son objectif est de repositionner le département à son juste niveau d'intervention, dans un contexte d'une recherche d'économies et de réorganisation de son action en passant d'une « logique de soutien des équipements, à une logique de projet ». Celui-ci considère en effet que l'exercice de cette compétence ne doit plus passer « ni par un équipement, ni par la desserte en documents, ni par aucune intervention directe »[1419]. Le rapport rendu suite à cette décision, tout en soulignant les faiblesses d'un tel choix, confirme la position du département en affirmant que « malgré l'absence de bibliothèque départementale, des moyens – même s'ils ont nettement diminué – sont dévolus à la lecture publique dans le cadre d'une politique explicite, ce qui peut être considéré comme l'exercice de la compétence obligatoire, autrement »[1420]. Pour l'auteur en effet, « ce sont bien davantage les politiques mises en œuvre et les budgets dévolus qui traduisent l'exercice de la compétence, et non, en soi, la gestion d'une bibliothèque en tant que bâtiment (un bâtiment seul n'est pas une bibliothèque) ou de

---

[1414] Cf. *supra*.

[1415] G. J. GUGLIELMI, G. KOUBI, M. LONG, *op. cit.*, p. 519.

[1416] Cf. *supra*. : Compétences obligatoires et facultatives dans le domaine culturel.

[1417] F. LEGENDRE, *La nouvelle politique de la lecture publique du Département des Yvelines*, IGB, Rapport, mars 2017, n° 2017-B-02, p. 67.

[1418] V. H. GIRARD, « Les bibliothèques départementales de prêt face à un flou juridique », la Gazette.fr, [en ligne], et surtout le rapport qui a suivi cette décision : F. LEGENDRE, *op. cit.*

[1419] V. Conclusion, *ibid.*, p. 88.

[1420] *Ibid.*

collections »[1421], et ce, d'autant plus que plusieurs départements n'ont jamais été dotés de bibliothèque départementale de prêt.

683. Le domaine culturel apparaît alors ici comme un terrain privilégié de réflexions, tant sur la dialectique entre service public obligatoire et compétence obligatoire, que sur l'évolution de la perception de ces dernières par les politiques locaux et leur adaptation éventuelle aux singularités locales.

684. À côté des services publics obligatoires, ils existent dans le domaine culturel des services publics facultatifs[1422].

685. Les collectivités territoriales peuvent, dans le cadre de leur compétence, décider discrétionnairement de la création et de la suppression d'un service public culturel facultatif, suivant l'existence ou la disparition d'un intérêt local qui vient légitimer, valider, justifier cette intervention publique[1423]. Il n'apparaît pas nécessaire d'entrer ici en détail dans les débats relatifs à l'histoire et à la teneur juridique de l'intérêt public local, lesquels ont fait l'objet d'études spécifiques[1424]. Il semble en effet pouvoir être admis ici que « répondent à un intérêt public local les services publics mis en place spécifiquement pour les habitants de la collectivité, mais aussi les interventions visant plus largement à assurer le développement économique,

---

[1421] *Ibid.*, p. 72.

[1422] Certains auteurs insistent particulièrement sur ces derniers et semblent alors écarter les services publics culturels obligatoires, bien que les mentionnant sommairement. À cet égard est particulièrement explicite le titre d'une partie de la contribution du Professeur O. Bui-Xuan consacré au rapport entre services publics culturels locaux et alternances politiques, « le caractère facultatif des services publics culturels locaux ». O. BUI-XUAN, « Services publics culturels locaux et alternances politiques », *in* V. BOUHIER, N. FOULQUIER, F. ROLIN, *Théorie et pratique du droit public en hommage à Olivier Févrot*, Editions La Mémoire du Droit, 2016, p. 135. V. aussi : D. GUIGNARD, « Rire et collectivités territoriales », *in* D. GUIGNARD, S. REGOURD, S. SAUNIER, *Rire, Droit et Société*, Institut Universitaire Varenne, Colloques et essais, 2018, p. 200.

[1423] G. J. GUGLIELMI, G. KOUBI, M. LONG, *op. cit.*, p. 513.

[1424] V. not. : J.-C. DOUENCE, « Les incidences du caractère national ou local du service public », *AJDA*, 1997, p. 113 ; D. BORDIER, « Les chassés-croisés de l'intérêt local et de l'intérêt national », *AJDA*, 2007, p. 2188 ; N. KADA (dir.), *L'intérêt public local. Regards croisés sur une notion juridique incertaine*, PUG, 2009 ; Y. GOUNIN, « L'action extérieure des collectivités locales : un intérêt local difficile à trouver mais pas toujours impossible à prouver », *AJDA*, 2010, p. 329 s. ; D. GUIGNARD, « Coopération décentralisée et intérêt public local », *RGCT*, 2013, p. 27 s. ; T. ROMBAUTS-CHABROL, *L'intérêt public local*, Dalloz, Bibliothèque parlementaire et constitutionnelle, 2015 ; E. ROYER, « L'intérêt public local : une précision utile pour l'accès des collectivités territoriales à la commande publique », *AJCT*, 2015, p. 158 s. ; J.-M. PONTIER, « Qu'est-ce que le local ? », *AJDA*, 2017, p. 1093 s. ; M.-C. ROUAULT, « Compétences des collectivités territoriales et intérêt public local », *JCl. Collectivités territoriales*, fasc. 383, 2018.

social et touristique de cette dernière »[1425]. Cet intérêt est donc déterminé à partir de considérations territoriales.

686. L'intérêt public local peut néanmoins, en particulier dans le domaine culturel, rejoindre l'intérêt public national. Cela soit directement, « la collectivité trouv[e] un intérêt direct à une opération qui relève de l'État et peut éventuellement, être considérée comme d'intérêt national »[1426], soit indirectement, à travers la réalisation locale des objectifs de la politique culturelle nationale, par exemple de démocratisation culturelle.

687. L'intérêt public local semble également, pour une partie de la doctrine, pouvoir être désormais distinct de l'intérêt public national, c'est-à-dire exister indépendamment de l'intérêt national. La reconnaissance jurisprudentielle de la notion de « patrimoine d'intérêt local », catégorie inconnue des textes nationaux, est invoquée à l'appui de cette conception[1427]. Celle-ci apparaît cependant dans une réponse ministérielle qui affirme que dans le sens des orientations du ministère de la Culture et de la Communication, « il appartient [...] aux communes de sauvegarder le patrimoine d'intérêt local qui mérite d'être conservé, mais ne justifie pas cependant, au regard des critères nationaux, une mesure de protection au titre des monuments historiques décidée et mise en œuvre par l'État »[1428] et invite les collectivités territoriales à insérer des dispositions pour protéger celui-ci. Le patrimoine d'intérêt local est donc bien présent dans les dispositions de certains documents d'urbanisme des collectivités territoriales et est reconnu par le juge administratif[1429]. Le plan local d'urbanisme de la commune de Barneville-Carteret dispose par exemple que « tout bâtiment situé à proximité d'un élément intéressant du point de vue du patrimoine d'intérêt local devra

---

1425 G. J. GUGLIELMI, G. KOUBI, M. LONG, *op. cit.*, p. 515.

1426 J.-M. PONTIER, *La décentralisation culturelle*, LGDJ, Systèmes, 2018, p. 46.

1427 V. not. : J.-M. PONTIER, « Le patrimoine d'intérêt local », *RLCT*, 2010, n° 56.

1428 E. HAMEL – MINISTERE DE LA CULTURE ET DE LA COMMUNICATION, Question écrite avec réponse n° 3682, Augmentation des pouvoirs des communes en matière de protection du patrimoine, 31 octobre 2002, *JO* Sénat 31 octobre 2002, *JO* Sénat 23 janvier 2003.

1429 CE, 27 août 2001, N° 236374, *Epoux X. c/Ville de Rennes*, *Rec. T.* ; *RDI*, 2002, p. 65, obs. DEREPAS ; CAA Nantes, 4 décembre 2007, n° 07NT00337, *Union de la publicité extérieure c/Ville de Rennes*, inédit au *Lebon* ; CAA Nantes, 8 avril 2008, n° 07NT01696, *M. et Mme X. c/Ville de Rennes*, inédit au *Lebon* ; CAA Nantes, 2 mai 2014, n° 12NT02454, *Mlle A. et... c/Ville de Rennes*, inédit au *Lebon* ; CAA Nantes, 29 avril 2016, n° 15NT01796, *M. et Mme D. c/Ville de Rennes*, inédit au *Lebon* ; CAA Nantes, 28 septembre 2016, n° 15NT02005, *M. et Mme B. c/Commune de Barneville-Carteret*, inédit au *Lebon*. V. aussi : J.-M. PONTIER, *La décentralisation culturelle*, *op. cit.*, p. 46.

faire l'objet d'une attention particulière »[1430]. L'intérêt public local peut alors potentiellement entrer en conflit avec l'intérêt public national[1431].

688. Une fois le service public culturel facultatif créé, il doit respecter l'ensemble des règles applicables aux services publics. Les collectivités territoriales sont tenues, au moins pour les services publics administratifs, aux dépenses qui y sont afférentes et qui acquièrent alors le statut de dépenses obligatoires.

689. Les services publics culturels locaux facultatifs sont, pour partie, prévus par des textes réglementaires ou législatifs et laissés à la libre disposition des collectivités territoriales. Ces dernières ne sont éventuellement tenues que par leur qualification de service public administratif ou industriel et commercial. Il en est ainsi, par exemple, pour les musées, les bibliothèques municipales ou encore les écoles de musique. D'autres sont créés par les collectivités territoriales en fonction de leurs propres évaluations des intérêts locaux. Les théâtres municipaux ou les projections cinématographiques peuvent, à l'origine, être considérés comme relevant de cette catégorie.

690. La création des services publics culturels locaux est conditionnée afin de ne pas porter atteinte à l'initiative privée.

B) Le respect de la « non concurrence » puis de la complémentarité entre l'initiative publique et l'initiative privée dans le domaine culturel

691. L'évolution des conditions de création du service public culturel local, afin de ne pas porter atteinte à l'initiative privée, est symptomatique tant de celle qui existe pour l'ensemble des services publics locaux que des difficultés qu'elle peut engendrer, et ce, en raison de la spécificité du domaine culturel. Le contrôle des services publics culturels participe donc également à la circonscription et à la mise en place de ces conditions.

692. Il est ainsi, à l'origine, interdit de créer un service public culturel dans un domaine relevant de l'initiative privée, ce que le Professeur S. Nicinski qualifie de « principe de non concurrence entre l'initiative publique et l'initiative privée »[1432] (1). Une complémentarité entre ces dernières tend cependant par la suite à se développer (2).

[1430] Cité dans CAA Nantes, 28 septembre 2016, n° 15NT02005, *M. et Mme B. c/Barneville-Carteret*, inédit au *Lebon*.
[1431] Cf. *infra*.
[1432] S. NICINSKI, « Culture et concurrence selon le juge administratif », *RFDA*, 2014, p. 836.

1) Le principe initial d'interdiction de création d'un service public culturel dans une activité relevant de l'initiative privée

693. La création d'un service public culturel est initialement soumise au respect du principe de la liberté du commerce et de l'industrie, hors des cas où un texte implique que celui-ci ne lui est pas opposable. En effet, ce principe est traditionnellement composé de deux éléments, le premier protégeant « les opérateurs économiques d'une réglementation trop invasive de la part des autorités publiques »[1433], le second posant « un principe de non concurrence »[1434] de l'initiative publique à l'initiative privée.

694. Le juge administratif, dès la consécration des services publics culturels, veille à ce que leur création soit réalisée dans des conditions de nature à ne pas faire concurrence à l'initiative privée. Dans la droite lignée de son arrêt de 1901 *Casanova*[1435], il contrôle l'existence de circonstances exceptionnelles justifiant l'intervention des personnes publiques dans un domaine normalement réservé à l'initiative privée. Il annule ainsi les délibérations de la commune de Châtellerault visant à exploiter un cinéma municipal. Celui-ci considère en effet que « l'exploitation d'un théâtre ou d'un cinématographe constitue une entreprise commerciale et que, par suite, en règle générale, elle est réservée à l'initiative privée ; que s'il peut appartenir exceptionnellement aux administrations locales d'intervenir en cette matière, dans un but d'intérêt général, en cas de défaillance ou d'insuffisance manifeste de l'initiative privée, cette circonstance extraordinaire, n'est aucunement celle de l'espèce »[1436].

695. Suite à l'arrêt *Chambre syndicale du commerce en détail de Nevers* de 1930[1437], afin de ne pas porter atteinte à l'initiative privée, le juge contrôle la régularité de l'intervention publique dans le domaine culturel, comme dans les autres. Il vérifie pour cela l'existence de deux conditions cumulatives, l'existence d'un intérêt public découlant de circonstances particulières de temps et de lieu et l'absence, ou la carence, de l'initiative privée.

1433 *Ibid.*
1434 *Ibid.*
1435 CE, 29 mars 1901, *Casanova*, *Rec.*, p. 333 ; *S.*, 1901, 3, p. 73, note HAURIOU ; P. LONG, P. WEIL, G. BRAIBANT, P. DELVOLVE, B. GENEVOIS, *op. cit.*, n°8, p. 50 s.
1436 CE, 11 juin 1926, *Sieur Raynaud*, *Rec.*, p. 591. V. aussi : J.-M. PONTIER, *La décentralisation culturelle*, *op. cit.*, p. 34.
1437 CE, sect., 30 mai 1930, *Chambre syndicale de commerce en détail de Nevers*, *Rec.*, p. 583, *RDP*, 1930, concl. JOSSE, *S.*, 1931, 3, p. 73, note ALIBERT. P. LONG, P. WEIL, G. BRAIBANT, P. DELVOLVE, B GENEVOIS, *op. cit.*, n° 41, p. 250 s. ; J.-F. LACHAUME, H. PAULIAT, S. BRACONNIER, C. DEFFIGIER, *op. cit.*, p. 358.

696. Cette analyse de la part du juge peut être constatée dans plusieurs arrêts intervenus en matière cinématographique qui témoignent de l'appréciation *in concreto* des différentes conditions. Celle-ci donne alors parfois lieu à une jurisprudence fluctuante.

697. Le Conseil d'État a ainsi pu considérer qu'il n'existait dans la ville de Draguignan « aucune circonstance particulière pouvant faire regarder l'exploitation d'un cinématographe comme ayant un caractère d'intérêt public de nature à justifier son érection en service public municipal, susceptible d'être géré par la ville ou un concessionnaire »[1438]. Dans le même sens, il a relevé l'illégalité du maintien d'un cinéma municipal suite à l'ouverture de deux salles privées, supprimant la condition de carence de l'initiative privée[1439].

698. Quelques années plus tard, le juge a au contraire considéré, s'agissant de la mise à disposition d'une salle de cinéma à une association afin d'y projeter des films, que le conseil municipal avait entendu « affecter la salle [...] à des représentations de caractère éducatif, que cet objet correspond à un intérêt public local auquel il n'était pas satisfait par l'initiative privée »[1440].

699. L'exigence de l'absence ou de la carence de l'initiative privée s'est peu à peu assouplie jusqu'à ne devenir aujourd'hui qu'un critère d'appréciation de l'existence d'un intérêt public[1441]. L'existence de celui-ci demeure alors la seule condition à satisfaire pour qu'il n'y ait pas atteinte au principe de la liberté du commerce et de l'industrie. Il a alors a pu être affirmé le glissement d'une concurrence entre l'initiative publique et l'initiative privée à une complémentarité entre les deux.

1438 CE, 27 février 1931, *Sieur Giaccardi*, *Rec.*, p. 225, *S.*, 1931, 3, p. 73, note ALIBERT.

1439 CE, sect., 2 novembre 1938, *Sieur Goldberg et Lichtenberg*, *Rec.*, p. 822 s. V. aussi : J.-M. PONTIER, *La décentralisation culturelle*, *op. cit.*, p. 34.

1440 CE, 16 février 1940, *Sieur Capelle et Union syndicale des directeurs de spectacles de Lyon et de la région du sud-est*, *Rec.*, p. 61. V. aussi : CE, 21 janvier 1944, *Sieur Léoni*, 2e esp., *Rec.*, p. 26.

1441 CE, Ass., 31 mai 2006, *Ordre des avocats au barreau de Paris*, *Rec.*, p. 272 ; *AJDA*, 2006, p. 1592, chron. LANDAIS et LENICA ; *RFDA*, 2006, p. 1048, concl. CASAS ; *JCP A*, 2006, 1133, note LINDITCH, *Dr. adm.*, 2006, n° 129, note BAZEX ; J.-F. LACHAUME, H. PAULIAT, S. BRACONNIER, C. DEFFIGIER, *op. cit.*, p. 358 s.
V. aussi not. : CE, 3 mars 2010, *Département de la Corrèze*, *Rec.* ; *AJDA*, 2010, p. 957, concl. BOULOUIS ; *RDSS*, 2010, p. 341, note KOUBI et GUGLIELMI ; *JCP A*, 2203, note IDOUX ; *RJEP*, 2010, comm. 44, note PELISSIER.

2) Le principe moderne de complémentarité entre l'initiative publique et l'initiative privée

700. Dans son arrêt *Ordre des avocats au barreau de Paris* de 2006, le juge administratif pose les conditions de la légalité de la création d'un service public local en distinguant deux hypothèses. L'arrêt dispose ainsi que « les personnes publiques sont chargées d'assurer les activités nécessaires à la réalisation des missions de service public dont elles sont investies et bénéficient à cette fin de prérogatives de puissance publique ; qu'en outre, si elles entendent, indépendamment de ces missions, prendre en charge une activité économique, elles ne peuvent légalement le faire que dans le respect tant de la liberté du commerce et de l'industrie que du droit de la concurrence ; qu'à cet égard, pour intervenir sur un marché, elles doivent, non seulement agir dans la limite de leurs compétences, mais également justifier d'un intérêt public, lequel peut résulter notamment de la carence de l'initiative privée »[1442]. Le Conseil d'État précise par ailleurs « qu'une fois admise dans son principe, une telle intervention ne doit pas se réaliser suivant des modalités telles qu'en raison de la situation particulière dans laquelle se trouverait cette personne publique par rapport aux autres opérateurs agissants sur le même marché, elle fausserait le libre jeu de la concurrence sur celui-ci ». Ces obligations liées au respect du droit de la concurrence sont notamment issues du droit de l'Union européenne[1443].

701. Une partie de la doctrine considère que désormais ces conditions de légalité sont « donc clairement établies »[1444]. Confrontées à la pratique, elles soulèvent cependant nombre de difficultés. Le Professeur S. Nicinski relève à cet égard que « la question est alors de savoir dans quel domaine se classent désormais les activités culturelles »[1445].

702. Certains auteurs semblent alors admettre que « le juge administratif reconnaît la possibilité de création dans le service à caractère social, économique et culturel par les collectivités territoriales, communes et départements, justement en des hypothèses où sont absentes la carence ou l'insuffisance de l'initiative privée, parfois même sans avoir à s'y référer »[1446]. L'appartenance des activités culturelles au domaine d'action naturel des personnes publiques peut cependant être discutée.

1442 CE, Ass., 31 mai 2006, *Ordre des avocats au barreau de Paris*, *Rec.*, p. 272.
1443 Cf. *infra*.
1444 J.-F. LACHAUME, H. PAULIAT, C. BOITEAU, C. DEFFIGIER, *op. cit.*, p. 173.
1445 S. NICINSKI, « Culture et concurrence selon le juge administratif », *op. cit.*, p. 836.
1446 G. J. GUGLIELMI, G. KOUBI, M. LONG, *op. cit.*, p. 550.

703. Le Professeur S. Nicinski considère que les activités culturelles ne relèvent pas du domaine d'intervention naturel des personnes publiques invoquant à cet égard l'arrêt *Société UGC-Ciné-Cité*[1447]. Celui-ci dispose que « la construction d'un multiplexe constitue une activité qu'une personne publique ne peut prendre en charge qu'à la condition de satisfaire un intérêt public »[1448]. Le juge n'y évoque cependant jamais explicitement l'existence ou l'absence d'un intérêt public. Il se contente de relever que « si la société d'économie mixte « Palace Epinal », qui n'est pas dotée de prérogatives de puissance publique, a, en vertu de ses statuts, une mission d'intérêt général en vue d'assurer localement l'exploitation cinématographique, son activité, eu égard notamment à l'absence de toute obligation imposée par la ville d'Epinal et de contrôle d'objectifs qui lui auraient été fixés, ne revêt pas le caractère d'une mission de service public confiée par la commune [...] »[1449]. L'auteur précité voit alors, peut-être dans l'absence d'obligation et de contrôle imposés par la personne publique, l'inexistence d'un tel intérêt public.

704. Un arrêt de mai 2016 de la Cour administrative de Marseille[1450] conforte cette conception. Celui-ci, après avoir réaffirmé la position du Conseil d'État dans l'arrêt *Ordre des avocats au barreau de Paris*, considère que les conditions d'érection, par la commune des Baux-de-Provence, de l'activité de mise en valeur culturelle et touristique des carrières de Bringasses et des Grands Fonds en service public local ne portait pas atteinte à la liberté du commerce et de l'industrie, celle-ci relevant bien d'un intérêt public. Dans cette perspective, cette activité semble alors effectivement ne pas relever du domaine d'action naturel des collectivités. Cela d'autant plus que dans ces modalités antérieures de gestion et de contrôle de la personne publique, l'activité en cause, bien que reconnue d'activité d'intérêt général, n'a pas été qualifiée de service public, et ce, même si la collectivité en a pris l'initiative[1451].

705. Cette complémentarité entre initiative publique et initiative privée apparaît à travers « la participation » des personnes publiques à des activités

[1447] CE, 5 octobre 2007, *Société UGC-Ciné-Cité*, *Rec.*, *AJDA*, 2007, p. 2260, note DREYFUS.

[1448] S. NICINSKI, « Culture et concurrence selon le juge administratif », *op. cit.*, p. 836.

[1449] *Ibid.*

[1450] CAA Marseille, 9 mai 2016, n° 15MA01074, *Société Cathédrale d'images SARL c/Commune des Beaux-de-Provence*, inédit au *Lebon*.

[1451] CE, 15 février 2016, n° 384228, *Société Cathédrale d'images SARL c/Commune des Beaux-de-Provence*, *Rec. T.* ; *JCP A*, 2016, act. 176 ; *JCP A*, 2016, 2183, note PAULIAT ; *DA*, 2016, comm. 29, note BRENET. Ce dernier se montre critique à l'égard de cette décision, essentiellement du fait de l'imprécision du critère relatif du contrôle de la personne publique.

culturelles privées, soit pour les soutenir en tant que partenaire de leurs propres politiques culturelles, soit pour les encadrer, soit pour en tirer un bénéfice, notamment financier[1452].

706. Le choix des modalités d'organisation du service public culturel témoigne, comme le choix de son érection, quand il est possible, de l'action culturelle territoriale en tant que politique publique propre ou comme participant d'une stratégie de développement globale du territoire.

Section 2 : Les modalités déterminantes d'organisation du service public culturel local

707. Le principe de liberté relative et conditionnée de création de services publics culturels locaux[1453] par la collectivité territoriale a pour corolaire logique la reconnaissance de la compétence relative d'organisation du service public culturel créé dans un « rapport entre la fin et les moyens »[1454].

708. La liberté d'organisation du service public culturel peut s'exprimer selon différentes modalités. Ces dernières ne sont pas neutres. Elles déterminent en effet les conditions d'exécution du service public et traduisent les choix politiques effectués par les responsables locaux. Elles témoignent alors du volontarisme culturel de la collectivité territoriale et de la place de l'action culturelle dans une politique culturelle, ou au cœur de la stratégie globale de développement territorial, en particulier en associant différents acteurs.

709. Le choix des modes de gestion (§1) et de financement du service public culturel local (§2), essentiel dans la détermination de son organisation, doit alors être envisagé.

§1 : Le choix des modes de gestion, élément essentiel de l'efficacité de l'action culturelle territoriale

710. Le choix des modes de gestion du service public culturel consiste en la détermination « de la personne et des moyens structurels destinés à concrétiser l'activité de service créé »[1455]. Il est donc symptomatique des choix politiques effectués par la personne publique dans le domaine culturel. Le choix du mode de gestion par la collectivité territoriale titulaire de la

---

[1452] Cf. *infra*.
[1453] Cf. *supra*.
[1454] B. FAURE, *Droit des collectivités territoriales*, Dalloz, 4e éd., 2016, p. 446.
[1455] *Ibid.*, p. 447.

compétence est en effet en principe libre, sauf dans les hypothèses de dispositions législatives contraires[1456].

711. En tant que service public, différents modes de gestion existent pour le service public culturel, du plus intégré au plus externalisé. Ils permettent *a priori* de couvrir l'ensemble des besoins de la personne publique. Il a pu alors être affirmé que « la sélection d'un mode de gestion est donc moins à faire sur un plan technique que politique en fonction de l'importance accordée à ce service public »[1457]. Cela explique que certains services publics puissent être supprimés en cas d'alternance politique, les modes de gestion n'en garantissant pas toujours la pérennité comme l'a notamment démontré le Professeur O. Bui-Xuan[1458].

712. Les modes de gestion du service public culturel ont fait l'objet de nombreuses études[1459]. Il semble donc inutile de revenir sur chacun d'entre eux. Leur analyse permet néanmoins de montrer une évolution de ces derniers dans un souci permanent d'efficacité, voire de performance, du service public, qu'il s'agisse des modes intégrés de gestion ou du processus d'externalisation et des potentielles personnes délégataires (A). Celle-ci est accompagnée par la promotion de la logique managériale de l'entreprise, dont la possible gestion d'un service public culturel par une entreprise publique atteste. Cette recherche perpétuelle d'efficacité ne s'effectue pas sans risque (B).

A) La recherche initiale de l'efficacité par l'externalisation et la coopération entre personnes publiques et/ou privées

713. La recherche d'efficacité dans le choix du mode de gestion du service public culturel est perceptible, tant dans l'évolution des modes de gestion intégrée, que dans le développement de la pratique de l'externalisation (1).

[1456] V. par ex : article L. 2221-2 Code général des collectivités territoriales.

[1457] S. COUVREUR, J. MIGAYROU, « Les modes de gestion du service public de la culture », *La Gazette des communes*, 8 avril 2013, p. 50.

[1458] O. BUI-XUAN, « Services publics culturels locaux et alternances politiques », *op. cit.*, p. 143.

[1459] V. not. : J. FOSSEYEUX, « Les modes de gestion du service public culturel », *AJDA*, 2000, p. 126 s. ; E. BARON, « Les modes de gestion privée du service public culturel, *AJDA*, 2000, p.131 s. ; C. RIBOT, J.-C. VIDELIN, « Les modes de gestion publique du service public culturel », *AJDA*, 2000, p. 136 s. ; M.-L. MARTINS DA SILVA, « Les modalités de gestion d'un musée », *AJCT*, 2011, p. 162 s. ; COLLECTIF D'AUTEURS DES EDITIONS FRANCIS LEFEBVRE, *Maire et action communale*, Dalloz, Memento Francis Lefebvre, 2011, p. 1034 s. ; S. MONNIER, E. FOREY, *op. cit.*, p. 89 s. ; S. COUVREUR, J. MIGAYROU, *op. cit.*, p. 50 ; J.-M. PONTIER, *La décentralisation culturelle*, *op. cit.*, p. 119 s. ; S. SAUNIER, « Rire et service public », *in* D. GUIGNARD, S. REGOURD, S. SAUNIER, *Rire, Droit et Société*, Institut Universitaire Varenne, Colloques et essais, 2018, p. 191.

Certaines formes de coopération permettent, le cas échéant, au-delà de la seule efficacité de la gestion du service public culturel et de la réalisation d'une politique culturelle, le développement de stratégie globale du territoire par l'association de différents acteurs (2).

1) La recherche de l'efficacité par l'évolution de la gestion intégrée et la possible externalisation

714. Les services publics culturels locaux sont gérés directement ou externalisés *a priori* pour plus d'efficacité.

715. Ils peuvent classiquement être gérés directement dans le cadre d'une régie directe. Formule de gestion la plus intégrée, elle offre l'avantage de la clarté de la situation juridique du service public et la garantie de la maîtrise de la personne publique sur l'activité. En raison de la lourdeur administrative et comptable de ce mode de gestion, elle semble peu adaptée à certaines activités culturelles comme le spectacle vivant. Elle est néanmoins utilisée dans le domaine du patrimoine, des bibliothèques et des enseignements artistiques, et ce, d'autant plus que dès 1991[1460] l'apparition d'une filière culturelle de la fonction publique territoriale et sa structuration permettent une professionnalisation du secteur. Cette dernière implique une meilleure efficacité du service public et le cas échéant un gage de « qualité » de ce dernier.

716. Une régie autonome[1461] ou un établissement public[1462] peuvent également se voir confier la gestion d'un service public culturel afin de bénéficier de plus d'autonomie et de souplesse de gestion. Une catégorie de service public spécifique à la gestion d'un service public culturel a d'ailleurs été mise en place pour pallier le caractère générique de l'établissement public utilisable dans d'autres domaines : l'établissement de coopération culturelle[1463].

[1460] Décret n° 91-857 du 2 septembre 1991 (modifié) portant statut particulier du cadre d'emplois des professeurs territoriaux d'enseignement artistique (musique, danse, art dramatique, arts plastiques), *JO*, 4 septembre 1991, p. 11616.

[1461] Article L. 2221-4 Code général des collectivités territoriales.

[1462] L'étude des modes de gestion du service public culturel local *stricto sensu* exclut celle des établissements publics de coopération intercommunale. Ces deniers ne constituent en effet pas véritablement un mode de gestion du service public culturel lorsqu'ils ont des compétences étendues, quand bien même ils sont parfois considérés comme tels. S. MONNIER, E. FOREY, *op. cit.*, p. 101 ; COLLECTIF D'AUTEURS DES EDITIONS FRANCIS LEFEBVRE, *op. cit.*, p. 1039, N 37390.

[1463] Cf. *supra* et *infra*.

717. Le service public culturel peut enfin être externalisé dans le cadre d'un marché public de service – dans lequel la personne publique conserve un contrôle étroit sur l'activité – ou d'une concession de service ayant pour objet la gestion d'un service public – dans lequel l'opérateur économique dispose d'une marge de manœuvre plus étendue et se voit transférer les risques liés à l'exploitation – [1464], avec les problématiques contentieuses connues[1465] que cela implique.

718. La personne chargée de la gestion du service public culturel peut alors être une personne publique ou une personne privée, essentiellement des associations dans le domaine culturel, bien qu'aucune forme de personne morale de droit privé ne soit *a priori* exclue.

719. La recherche de la souplesse de gestion et de l'efficacité, dont bénéficient les services publics gérés par une association, a conduit les personnes publiques à créer des associations transparentes ou para-administratives[1466]. L'existence d'une association transparente est risquée, car elle implique le caractère administratif de ses contrats et l'obligation de les soumettre, le cas échéant, aux obligations de mise en concurrence, au risque d'engager la responsabilité de la commune[1467].

720. La gestion externalisée, outre l'efficacité du service public, associe à la personne publique d'autres acteurs qui contribuent, de fait, à sa propre politique culturelle. Cela peut témoigner de la volonté d'une politique culturelle partagée avec d'autres acteurs et, le cas échéant, de la participation de cette politique à une stratégie territoriale plus globale.

2) La coopération entre efficacité et projet territorial

721. Les collectivités territoriales et leurs groupements peuvent, afin de démultiplier leurs actions culturelles, chercher à coopérer avec d'autres acteurs en vue de bénéficier notamment de leurs ressources. Cette coopération peut également favoriser l'association des différentes entités dans le cadre de la gestion d'un service public. Au-delà de la participation à la politique

---

[1464] V. Code de la commande publique articles L. 1111-1 s. (marchés) et L. 1121-1 s. (concessions).

[1465] Liés notamment au respect des exigences de mise en concurrence issues du droit de l'Union européenne et qui sont bien connues.

[1466] CE, 21 mars 2007, n° 281793, *Commune de Boulogne-Billancourt*, *Rec.*

[1467] *Ibid.*

culturelle des personnes publiques concernées, cette collaboration peut aussi relever d'une stratégie territoriale globale[1468].

722. Deux types de structures de coopération ont été conçus pour la gestion d'un service public du domaine culturel. Il s'agit de l'établissement public de coopération culturelle et du groupement d'intérêt public à « caractère culturel »[1469]. À côté de ces derniers, les collectivités territoriales et leurs groupements peuvent utiliser dans le domaine culturel d'autres modes de coopérations : les syndicats mixtes[1470] et assimilés[1471], et les sociétés coopératives d'intérêt collectif.

723. Dans le domaine culturel, les syndicats mixtes sont ainsi utilisés pour gérer des écoles de musique ou danse (par exemple l'école de musique et de danse du Tarn), des musées (par exemple le musée de la Préhistoire et le musée Basque), mise en réseau de bibliothèques (par exemple le syndicat mixte de Marennes Oléron).

724. Ce mode de gestion du service public culturel n'est cependant pas sans inconvénient. S'il permet une coopération entre les différents acteurs publics et peut donc servir une stratégie de développement territorial global, il demeure soumis à la lourdeur de la gestion de droit public. Par ailleurs, l'appartenance d'une commune à plusieurs types d'établissements publics de coopération intercommunale peut soulever un certain nombre de difficultés tenant à la répartition des compétences et à l'articulation entre l'appartenance entre ces différents établissements publics territoriaux. L'adhésion à l'un conduit alors parfois au retrait de l'autre[1472].

725. Les sociétés coopératives d'intérêt collectif, largement méconnues, sont également susceptibles d'être utilisées dans le domaine culturel[1473]. En

---

[1468] Cf. aussi *infra*.

[1469] Cf. *supra*. Ces derniers évoqués précédemment ne font pas l'objet d'une analyse spécifique ici quand bien même ils peuvent être utilisés dans le cadre de la coopération horizontale.

[1470] « Fermés », articles L.5711-1 s. Code général des collectivités territoriales et « ouverts », Article L. 5721- 2 Code général des collectivités territoriales.

[1471] Cf. *infra*.

[1472] CAA Lyon, 13 mars 2014, n° 12LY20465, *syndicat mixte de gestion de l'école départementale de musique et de danse du Thor. Rec.* ; A. GARDERE, « EPCI, attention aux effets de la définition de l'intérêt communautaire ! », Le courrier des maires, 23. Mai 2014 ; V. aussi : J.-M. PONTIER, « Culture », *Encyclopédie des collectivités locales*, 2017, n° 4330.

[1473] S. EMIN, G. GUIBERT, « Mise en œuvre des sociétés coopératives d'intérêt collectif (SCIC) dans le secteur culturel. Diversités entrepreneuriales et difficultés

effet, « elles ont pour objet la production ou la fourniture de biens et de services d'intérêt collectif, qui présentent un caractère d'utilité sociale »[1474]. Il peut s'agir d'une société anonyme, d'une société par actions simplifiées, d'une société à responsabilité limitée à capital variable, régies par le code de commerce[1475]. Au-delà de leur souplesse de gestion, leur intérêt réside surtout dans la possibilité offerte aux collectivités territoriales, à leurs groupements et aux établissements publics territoriaux, de pouvoir détenir ensemble jusqu'à 50 % de son capital[1476]. Cela constitue une dérogation au principe posé à l'article L. 2253-1 du Code général des collectivités territoriales, et dans la possibilité conditionnée de la subventionner[1477]. Le succès de cette formule est cependant resté modéré dans le domaine culturel. Le constat dressé[1478] en 2009 demeure près de 10 ans après : sur l'ensemble des 692 sociétés coopératives d'intérêt coopératif existantes, seules 11% ont un objet culturel[1479]. Cette situation regrettable du fait de la forte dimension sociale ou sociétale de cette entreprise, susceptible de la faire contribuer à une stratégie de développement territorial global, découle peut-être encore, outre de la méconnaissance de ces sociétés par les acteurs culturels, de difficultés politiques, techniques, « culturelles » et managériales. En effet, « dans quelle mesure les acteurs associatifs de la culture sont-ils prêts à sauter le pas et à opter pour le développement *d'une entreprise* fût-elle sociale [...] ? »[1480].

726. Si cette question a pu se poser pour les acteurs associatifs, elle semble à relativiser pour les personnes publiques qui assument un service public culturel. Au-delà de la seule délégation et de la coopération, l'efficacité de la gestion du service public est parfois recherchée par celles-ci au travers de la promotion de la logique d'entreprise. Cette dernière apparaît par exemple quand la gestion du service public est confiée à une entreprise publique. L'usage de la coopération dans le cadre des entreprises publiques, peut également servir à titre secondaire à fédérer les différents acteurs locaux.

---

managériales », *Innovations*, vol. 30, 2009, p. 71 ; J.-M. PONTIER, *La décentralisation culturelle*, *op. cit.*, p. 139.

1474 Article 19 quinquies, Loi n° 47-1775 du 10 septembre 1947 portant statut de la coopération, *JO*, 11 septembre 1947, p. 9088, créé par l'article 36 de la Loi n° 2001-624 du 17 juillet 2001 portant diverses dispositions d'ordre social, éducatif et culturel, *JO*, 18 juillet 2001, p. 11496 (modifiée 2014).

1475 *Ibid.*

1476 Article 19 septies, *ibid.*

1477 Article 19 decies, *ibid.*

1478 S. EMIN, G. GUIBERT, *op. cit.*, p. 88 s.

1479 Les chiffres sont issus du site des SCIC, [en ligne], www.les-scic.coop/sites/fr.

1480 S. EMIN, G. GUIBERT, *op. cit.*, p. 95.

B) La recherche de l'efficacité par la promotion de la logique d'entreprise

727. La possibilité de confier la gestion d'un service public culturel à une entreprise publique témoigne de la consécration des logiques managériales et de la recherche d'efficacité. Il a pu être affirmé en ce sens que « le service public a un coût et [que] les Entreprises publiques locales doivent permettre de le mesurer et de l'optimiser »[1481] (1). Celle-ci n'est cependant pas exempte de tout risque au-delà de ceux inhérents à l'investiture contractuelle dans le cadre d'une gestion déléguée, qui sont bien connus, et aussi souple qu'il n'y paraît (2).

1) Le choix de la gestion du service public culturel par une entreprise publique

728. Le choix de la gestion du service public culturel confiée à une entreprise publique ou opérateur public[1482] est caractéristique de la recherche de l'efficacité, de la souplesse de gestion et de la « promotion de la logique d'entreprise »[1483] de celui-ci dans un contexte d'intégration européenne et de libéralisation. Il atteste dans cette hypothèse d'une hybridation effective du droit de la culture par l'introduction de procédés de droit privé, déjà relevée par ailleurs.

729. Les sociétés d'économie mixte locales et les sociétés publiques locales constituent des entreprises publiques[1484] auxquelles peut être confiée la gestion d'un service public culturel. La réforme des collectivités

---

[1481] J. CHIRON, « Le service public a un coût et les Entreprises publiques locales doivent permettre de le mesurer et de l'optimiser », *Pouvoirs locaux*, 2016, n° 107, p. 66.

[1482] Les deux termes sont assimilés dans notre analyse l'un ou l'autre ayant la préférence des différents auteurs dans leurs études. V. par ex. S. NICINSKI, *Droit public des affaires*, LGDJ, Précis Domat, 5e éd., 2016, p. 321 ; S. SAUNIER, « Les entreprises publiques culturelles », *RFDA*, 2014, p. 880.

[1483] B. FAURE, *Droit des collectivités territoriales*, Dalloz, 4e éd., 2016, p. 452.

[1484] La qualification d'entreprise publique est retenue en droit interne à partir de trois critères cumulatifs que sont la personnalité morale de la structure, le caractère économique de son activité et l'influence prépondérante d'une personne publique. Article L. 1212-2 Code de la commande publique : « Sous réserve des dispositions de l'article L. 2192-15, est une entreprise publique au sens du présent code tout organisme doté de la personnalité juridique qui exerce des activités de production ou de commercialisation de biens ou de services marchands et sur lequel un ou plusieurs pouvoirs adjudicateurs exercent, directement ou indirectement, une influence dominante en raison de la propriété de l'entreprise, de la participation financière ou des règles qui la régissent./ L'influence des pouvoirs adjudicateurs est réputée dominante lorsque ceux-ci, directement ou indirectement, détiennent la majorité du capital, disposent de la majorité des droits de vote ou peuvent désigner plus de la moitié des membres de l'organe d'administration, de direction ou de surveillance ».

territoriales n'a en effet eu qu'un impact limité sur la participation à ces dernières des départements et des régions, rendue difficile, voire impossible ,dans d'autres domaines[1485] ; la culture demeurant une compétence partagée[1486].

730. Les sociétés d'économie mixte locales[1487] permettent de conduire un projet d'entreprise culturelle, dont les personnes publiques restent maîtres[1488] dans le cadre d'une politique culturelle, ou plus largement d'une stratégie globale de développement du territoire fondée sur une dimension économique, d'animation et de dynamisme local. La Fédération des entreprises publiques locales recense à ce jour 45 SEM « culture » [1489]. Ces structures sont destinées à la gestion de sites patrimoniaux ou de festivals (par exemple l'Avignon tourisme[1490]), de salles de spectacles (par exemple la SEM Altigone[1491]), de parcs à thème (par exemple le Brest'aim[1492]) ou de musées (par exemple le Seaquarium[1493]).

731. Il s'agit de sociétés anonymes associant des collectivités territoriales et leurs groupements et des personnes privées[1494]. Elles sont créées dans le cadre des compétences reconnues par la loi aux collectivités territoriales « pour réaliser des opérations d'aménagement, de construction, pour exploiter des services publics à caractère industriel ou commercial, ou pour toute autre

---

1485 Articles 103 et 104 Loi n° 2015-991 du 7 août 2015 portant nouvelle organisation territoriale de la République, *JO*, 8 août 2015, p. 13705.

1486 Annexe 7, II, ministre de l'Intérieur, ministre de la Décentralisation et de la Fonction publique, Secrétaire d'État à la Réforme territoriale, 22 décembre 2015, Instruction du Gouvernement relative aux incidences de la suppression de la clause de compétence générale des départements et des régions sur l'exercice ces compétences de collectivités territoriales.

1487 Article L. 1522-1, 1° Code général des collectivités territoriales.

1488 Les collectivités territoriales doivent détenir entre 50 % et 85 % de leur capital. Articles L. 1522-1 et 2 Code général des collectivités territoriales.

1489 Annuaire de la Fédération des entreprises publiques locales (mai 2018), [en ligne], www.lesepl.fr.

1490 Actionnaires : mairie d'Avignon ; Le grand Avignon ; Caisse des dépôts et consignation ; CCI du Vaucluse ; société du marché d'intérêt national d'Avignon ; l'organisme touristique des commerçants des halles ; chambre des métiers du Vaucluse ; maître Graugnard ; président de l'université d'Avignon.

1491 Actionnaires : mairie de Saint-Orens-de-Gameville ; Crédit agricole de Toulouse ; Ets Ramos ; France Daleas ; SODIREV; SOREPAR.

1492 Actionnaires : Brest métropole océane communauté urbaine ; mairie de Brest ; Caisse des dépôts et consignations ; Bnp Paribas banque de Bretagne ; crédit mutuel Arkéa ; caisse régionale de crédit agricole mutuel du Finistère ; omnium de participations - groupe eurodif ; société d'économie mixte pour l'aménagement et l'équipement de la Bretagne.

1493 Actionnaires : mairie du Grau-du-Roi ; CCI, Groupe Nicollin.

1494 Article L. 1521-1 Code général des collectivités territoriales.

activité d'intérêt général ; lorsque l'objet de sociétés d'économie mixte locales inclut plusieurs activités, celles-ci doivent être complémentaires »[1495].

732. Les sociétés publiques locales, instituées en 2010[1496], sont également susceptibles d'intervenir dans le domaine culturel dans le cadre d'une politique culturelle ou d'un développement plus global du territoire. Elles sont en effet utilisées pour le spectacle vivant (par exemple Anthea[1497]), la gestion de sites et de monuments patrimoniaux (par exemple le Museoparc Alesia[1498]) ou encore de cinémas (par exemple la SPL Sarrebourg culture[1499]).

733. Il s'agit de sociétés anonymes relevant du Code du commerce créées par les collectivités territoriales et leurs groupements dans le cadre des compétences qui leur sont attribuées par la loi et dont elles détiennent la totalité du capital[1500]. Elles permettent de faire coopérer dans le domaine culturel des collectivités territoriales de divers échelons, puisque la compétence culturelle reste partagée. En mai 2018, seuls dix-sept SPL « culture » sont recensées[1501] ; leur succès est donc relatif.

734. Le recours aux entreprises publiques locales pour gérer des services publics culturels locaux peut être risqué, ce qui explique peut-être en partie leur usage modéré.

2) Les risques liés au recours aux entreprises publiques locales

735. Le recours aux sociétés d'économie mixte comme aux sociétés publiques locales est strictement encadré. L'efficacité qui leur est généralement prêtée doit donc être nuancée s'agissant de la gestion des

---

1495 Article L. 1521-1 Code général des collectivités territoriales.

1496 Loi n° 2010-559 du 28 mai 2010 pour le développement des sociétés publiques locales, *JO*, 29 mai 2010, p. 9697, texte n° 1.

1497 Actionnaires : Communauté d'agglomération Sophia Antipolis, mairie d'Antibes.

1498 Actionnaires : Département de la Côte-d'Or ; communauté de communes du pays d'Alésia et de la Seine ; mairie de Venarey-les-Laumes ; commune d'Alise-Sainte-Reine

1499 Actionnaires : Mairie de Sarrebourg, mairie de Reding.

1500 Article L. 1531-1 Code général des collectivités territoriales modifié par la loi n° 2019-463 du 17 mai 2019 tendant à sécuriser l'actionnariat des entreprises publiques locales (*JO*, 18 mai 2019, texte n° 1) afin de palier la fragilisation des entreprises publiques provoquée par la position rigoriste du Conseil d'État quant à la détention des compétences par les actionnaires (CE, 14 novembre 2018, n°405628, *Syndicat mixte pour l'aménagement et le développement des Combrailles*).

1501 Annuaire de la Fédération des entreprises publiques locales, [en ligne], www.lesepl.fr.

services publics culturels locaux, et ce, d'autant plus qu'elles peuvent être à l'origine d'un important contentieux.

736. L'utilisation des sociétés d'économie mixte est contrainte. Le Professeur B. Faure souligne, à cet égard, que « le droit ne garantit pas à la SEML tous les avantages qui lui sont promis tant au regard de son statut de droit privé que de son appropriation publique »[1502]. En effet, les sociétés d'économie mixte locales sont soumises aux exigences de mise en concurrence. Celles-ci découlent tant de la jurisprudence interne que de la jurisprudence de l'Union européenne. En effet, la participation de personnes privées aux sociétés d'économie mixte locales exclut, en principe, l'application du régime des prestations « *in house* » ou « quasi-régie »[1503]. Il existe cependant une exception pour les « formes de participation de capitaux privés sans capacité de contrôle ou de blocage requise par les dispositions législatives nationales, conformément aux traités, qui ne permettent pas d'exercer une influence décisive sur la personne morale contrôlée »[1504]. Ainsi, les contrats passés par les collectivités territoriales avec leurs sociétés d'économie mixte pour l'exécution même d'un service public[1505], ou pour l'exécution d'une prestation de service[1506], sont en principe soumis aux obligations de mise en concurrence.

[1502] B. FAURE, *op. cit.*, p. 451.

[1503] CJCE, 11 janvier 2005, aff. C-26/03, *Stadt Halle et RPL Lochau*, *Rec. CJCE* 2005 I-00001, pt. n°52. V. aussi : CJCE, 18 novembre 1999, aff. C-107/98, *Teckal Srl c/ Comune di Viano*, *Rec. CJCE* 1999 I-08121, pt. n°50 ; CJCE, 19 avril 2007, aff. C-295/05, *Asociación Nacional de Empresas Forestales (Asemfo) c/ Transformación Agraria SA (Tragsa) et Administración del Estado*, *Rec. CJCE* 2007 I-02999, pt. n°55. Cette position est réaffirmée dans les textes de l'Union européenne aux articles 12 de la directive, n° 2014/24/UE, 26 février 2014, *JOUE*, 28 mars L 94/65 et 17 de la directive, n° 2014/23/UE, 26 février 2014, *JOUE*, 28 mars L 94/1. Elle l'est également en droit français aux articles 17 de l'ordonnance n° 2015-899 du 23 juillet 2015 relative aux marchés publics, *JO*, 24 juillet 2015, p. 12602, texte n° 38 et 16, ordonnance n° 2016-65 du 29 janvier 2016 relative aux contrats de concession, *JO*, 30 janvier 2016, texte n° 66.

[1504] Articles 12 de la directive, n° 2014/24/UE, 26 février 2014, *JOUE*, 28 mars L 94/65 et 17 de la directive, n° 2014/23/UE, 26 février 2014, *JOUE*, 28 mars L 94/1. En droit français aux articles 17 de l'ordonnance n° 2015-899 du 23 juillet 2015 relative aux marchés publics, *JO*, 24 juillet 2015, p. 12602, texte n° 38 et 16, Ordonnance n° 2016-65 du 29 janvier 2016, *op. cit.* et désormais aux articles L. 2511-1 (pour les marchés) et L. 3211-1 (pour les contrats de concession) du Code de la commande publique. V. par ex. : J.-F. SESTIER, « SEML et in house : le désordre ? », *AJDA*, 2017, p. 262.

[1505] CC, 20 janvier 1993, n° 92-316 DC, *Loi relative à la prévention de la corruption et à la transparence de la vie économique et des procédures publiques*, pt. n° 49 ; *RFDA*, 1993, p. 902, note POUYAUD.

[1506] CE, 30 décembre 2002, n° 218110, *Département des Côtes-d'Armor*, *Rec. T.*

737. Les sociétés publiques locales, créées pour pallier pour partie les difficultés liées aux exigences de la mise en concurrence dans le cadre des sociétés d'économie mixte locales, ne garantissent pas de se soustraire à celles-ci et de bénéficier du régime strict de la « quasi-régie »[1507], contrairement à ce qui est parfois affirmé[1508]. Une telle conception peut constituer un risque pour les pouvoirs adjudicateurs comme pour les différents partenaires.

738. La soustraction à la mise en concurrence est en effet soumise à deux conditions cumulatives, posées par la jurisprudence[1509] et les textes[1510], afin que la société publique locale puisse être considérée comme indissociable de l'entité avec laquelle elle passe le contrat. Ces conditions doivent exister pendant toute la durée de celui-ci.

739. La société publique locale doit ainsi être soumise à un contrôle analogue à celui que le pouvoir adjudicateur, qui revendique l'exception « *in house* », exerce sur ses propres services, c'est-à-dire une influence déterminante sur les objectifs stratégiques et sur les décisions importantes. Ceci se traduit matériellement en particulier[1511] par une représentation propre dans les organes d'administration et de direction.

740. Elle doit, en outre, être en situation de dépendance économique vis-à-vis des pouvoirs adjudicateurs, c'est-à-dire qu'elle doit être dédiée au besoin

---

1507 Sur la quasi-régie, v. not. : G. J. GUGLIELMI, G. KOUBI, M. LONG, *op. cit.*, p. 719 s. ; M. UBAUD-BERGERON, *Droit des contrats administratifs*, LexisNexis, 2e éd., p. 222.

1508 FEDERATION DES ENTREPRISES PUBLIQUES LOCALES, *Les sociétés publiques locales : un an après la loi, quel bilan ?*, FEpl, 29 juin 2001, p. 16.

1509 CJCE, 18 novembre 1999, aff. C-107/98, *Teckal Srl c/ Comune di Viano*, *Rec. CJCE* 1999 I-08121, pt. n° 50 ; CJCE, 19 avril 2007, aff. C-295/05, *Asociación Nacional de Empresas Forestales (Asemfo) c/ Transformación Agraria SA (Tragsa) et Administración del Estado*, *Rec. CJCE* 2007 I-02999, pt. n° 55.

1510 Articles 12 de la directive, n° 2014/24/UE, 26 février 2014, *JOUE*, 28 mars L 94/65 et 17 de la directive, n° 2014/23/UE, 26 février 2014, *JOUE*, 28 mars L 94/1. Elle l'est également en droit français aux articles 17 de l'Ordonnance n° 2015-899 du 23 juillet 2015 relative aux marchés publics, *JO*, 24 juillet 2015, p. 12602, texte n° 38, et 16 Ordonnance n° 2016-65 du 29 janvier 2016 relative aux contrats de concession, *op. cit.* et désormais aux articles L. 2511-1 s. (pour les marchés) et L. 3211-1 s. (pour les contrats de concession) du Code de la commande publique.

1511 Pour une présentation des moyens matériels qui peuvent permettre le contrôle analogue et leur utilisation effective, voir une intéressante étude de la Fédération des Epl réalisée à partir de questionnaires envoyés aux différents acteurs en 2013-2014. FEDERATION DES ENTREPRISES PUBLIQUES LOCALES, *Spl et dynamiques territoriales. L'implication des communautés dans les premières Sociétés publiques locales*, Fepl, AdcF, 2014. V. aussi : Auteurs associés, « Tout savoir de la société publique locale et de la société publique locale d'aménagement », *la Gazette*, 27 octobre 2021 [en ligne].

des pouvoirs adjudicateurs. L'activité de la société publique locale doit être à 80% dédiée aux pouvoirs adjudicateurs ; étant entendu que la base de chiffre d'affaires est celle que la société réalise pour l'ensemble d'entre eux.

741. Les modes de financement, comme les modes de gestion du service public, jouent un rôle déterminant dans son organisation et témoignent des choix politiques réalisés par les acteurs locaux.

§2 : Le choix des modes de financement, élément potentiel de reterritorialisation de l'action culturelle territoriale

742. Le service public culturel local peut être financé par l'impôt, le prix payé par l'usager ou des fonds privés. La diversification des financements est nécessaire pour assurer le fonctionnement du service public culturel[1512], dans un contexte de désengagement de l'État se traduisant par une baisse des dotations publiques. Celui-ci, spécialement quand il est facultatif, est en effet plus exposé aux restrictions budgétaires, car souvent « considéré comme moins essentiel que des services comme la voirie ou la gestion de l'eau »[1513].

743. Le Professeur J.-D. Dreyfus affirme alors à cet égard, « à la fois enjeu social – le coût du service public impactant l'accès de l'usager au service – et politique – la conjoncture incitant à un encadrement plus poussé des dépenses publiques –, le financement du service public est aujourd'hui au cœur de l'attention de l'administration, mais aussi des administrés. Exogène ou endogène, privé ou public, le financement pèse non seulement sur la qualité de la prestation fournie, mais traduit également une logique sociale ou commerciale »[1514].

744. Les personnes publiques peuvent, ainsi dans le cadre de leurs politiques publiques culturelles, faire le choix de renoncer pour partie aux bénéfices financiers de la tarification du service public culturel, soit par la gratuité, soit par une tarification modérée.

745. L'analyse des modes de financement du service public culturel, et en particulier du renouvellement de ses financements privés, conduit par ailleurs à constater l'émergence d'un principe de participation au service public culturel, et plus largement à la reterritorialisation de la politique publique

---

[1512] Sur le caractère structurant du lien de financement entre la collectivité publique et le service public, v. en particulier : L. BAHOUGNE, *Le financement du service public*, LGDJ, Thèse, Bibliothèque de droit public, 2015, p. 51 s.

[1513] O. BUI-XUAN, « Services publics culturels locaux et alternances politiques », *op. cit.*, p. 136 et 140 s.

[1514] J.-D. DREYFUS, « L'utilisation par les collectivités territoriales des financements innovants – exemples du mécénat et du crowfunding », *AJCT*, 2018, p. 138.

culturelle. En effet, si les recherches de financements innovants[1515] « semblent d'abord suscitées par les contraintes budgétaires pesant sur les collectivités, elles sont également engagées comme outils pour fédérer des moyens, des compétences au bénéfice d'un territoire et de son développement »[1516].

746. L'étude du renouvellement des financements privés (B), comme celle de la problématique de la tarification des services publics locaux (A) s'impose donc.

A) La problématique de la tarification des services publics culturels locaux

747. Dans un contexte fortement marqué par la crise économique et par les restrictions financières conséquentes, « la tarification [des services publics locaux] qui permet de réguler les effets de ces restrictions, occupe, dans [le] débat, une place essentielle et cette place promet de se développer encore »[1517]. C'est particulièrement le cas dans le domaine culturel où la gratuité et la tarification modérée du service public culturel local sont perçues comme un élément primordial de la politique culturelle des personnes publiques, pour favoriser l'accès à la culture[1518].

748. La question de la gratuité – « c'est-à-dire ce qui est fait ou donné, [...] ce dont on peut profiter sans contrepartie financière »[1519], pour l'usager[1520] – est ancienne dans le domaine culturel. C'est essentiellement le cas dans le domaine patrimonial et muséal, en raison de la mission confiée aux musées durant la période post-révolutionnaire – régénération de la société, et de la symbolique de leur répartition sur l'ensemble du territoire national[1521] – égalité citoyenne et accès au patrimoine national. Dans une étude comparée de 1902, un auteur relève déjà à cet égard que « l'entrée des Musées

---

[1515] Si l'auteur ne fait dans son article que référence au mécénat du fait de son objet d'étude, cette remarque semble pouvoir être élargie aux autres nouveaux modes de financements privés.

[1516] N. VAN VLIET, « Les collectivités à l'heure du mécénat », Dossier : Collectivités territoriales – les élues du mécénat, *JA*, 2017, n° 569, p. 21.

[1517] J.-L. VASSEUR, « Les enjeux de la tarification des services publics locaux », *Les cahiers juridiques de La Gazette*, 2017, n° 203, p. 12.

[1518] Sur l'impact de la tarification et sa mise en perspective, v. not. : F. ROUET, « Le retour de la question tarifaire », *in* F. ROUET (dir.), *Les tarifs de la culture*, La Documentation française, 2002, p. 11 s. (en part. p. 16 s.).

[1519] E. MELLA, « Le prix du service public de la culture », *AJDA*, 2010, p. 2037.

[1520] « En fait, la gratuité ne s'analyse pas du côté de ceux [...] qui offrent les biens et services [...] ». G. KOUBI, « Gratuité ? Sans prix certes, mais pas sans valeur ! », *in* G. KOUBI, G. J. GUGLIELMI, *La gratuité une question de droit ?*, L'Harmattan, Logiques juridiques, p. 13.

[1521] Cf. *supra*.

Nationaux, des Musées départementaux et des Musées Municipaux en France est gratuite depuis le Décret de la Convention Nationale du 23 juillet 1793 [...] »[1522] et invite déjà à s'interroger sur la pertinence du maintien de celle-ci, en raison de l'accroissement de contraintes financières, tout en soulignant que jusque-là « on n'a jamais touché à ce principe de la gratuité, mais on l'a tenté, d'ailleurs vainement à plusieurs reprises »[1523]. Il est alors reconnu que le service public culturel peut être gratuit, quand bien même la culture apparaît initialement comme rétive à la gratuité, car constitutive d'un privilège social et qu'il n'est jamais consacré un principe général de gratuité du service public culturel[1524], malgré la reconnaissance du droit à la culture par le Préambule de 1946[1525].

749. La gratuité des services publics culturels peut alors être soit imposée par l'État, soit choisie par les personnes publiques locales qui les assument, suivant la nature du service. Dans cette hypothèse, une telle politique de gratuité ou de tarification modérée traduit, de la part de la personne publique, un véritable volontarisme culturel. En effet, « au sens économique, la gratuité du service public n'existe pas. Si le service n'a pas de prix, il a un coût [...] »[1526] et dans cette hypothèse c'est la collectivité qui l'assume.

750. Dans le domaine patrimonial, et s'agissant des services publics obligatoires, la gratuité pour les usagers est imposée pour une partie des services, même si elle est parfois critiquée[1527].

751. Les archives publiques, qui sont en principe[1528] communicables de plein droit[1529], peuvent ainsi être consultées gratuitement sur place, sauf si leur préservation ne le permet pas. Elles sont aussi susceptibles d'être envoyées gratuitement par courrier électronique, si le document existe sous cette forme.

1522 H. LAPAUZE, *Le droit d'entrée dans les musées*, Paris, Société française d'imprimerie et de librairie, 1902, p. 1.

1523 *Ibid.*

1524 E. MELLA, « Le prix du service public de la culture », *op. cit.*, p. 2037.

1525 « Culture » et « l'éducation » devant être dans ce texte presque assimilés. J.-M. PONTIER, J.-C. RICCI, J. BOURDON, *Droit de la culture*, Dalloz, 2e éd., 1996, p. 42.

1526 A.-S. MESCHERIAKOFF, *Droit des services publics*, PUF, Droit fondamental, 1997, p. 193.

1527 V. par ex. : B. TEXIER, « Accès aux archives : la gratuité est-elle « banalisante et dévalorisante » ? », archIMAG, 18 avril 2014, [en ligne], www.archimag.com.

1528 Sous réserve des dispositions de l'article L. 213-2. Code du patrimoine relatives aux délais de communication de certains documents particuliers. V. aussi sur la constitutionnalité de l'article L. 213-4 : CC, 15 juillet 2017, n° 2017-655 QPC, *M. François G. [Accès aux archives publiques émanant du Président de la République, du Premier ministre et des autres membres du Gouvernement]*, *D.*, 1764.

1529 Article L. 213-1 Code du patrimoine.

À l'inverse, la délivrance conditionnée d'une copie au demandeur est réalisée aux frais de celui-ci[1530].

752. Les bibliothèques publiques sont, dans le même sens, accessibles gratuitement aux usagers pour « la consultation sur place des catalogues et des collections »[1531] ; ce que consacre la loi du 21 décembre 2021 pour les bibliothèques municipales et intercommunales[1532]. Les autres services peuvent être tarifés, même si la gratuité des emprunts[1533] est vivement encouragée[1534], par les bibliothécaires eux-mêmes. Depuis longtemps, en effet, pour ces derniers, la « gratuité est considérée [...] comme un des éléments constitutifs de l'attractivité des bibliothèques, et *a contrario*, le paiement des services comme un obstacle à leur fréquentation »[1535]. Des analyses anciennes et limitées, tant dans leurs méthodes que dans leur champ d'investigation cantonné aux bibliothèques municipales, semblent conforter cette hypothèse[1536].

753. La gratuité peut être aussi un choix effectué par la personne publique qui assume le service public. L'État a par exemple choisi de donner un accès gratuit à ses musées de France, sur tout le territoire, dans certaines hypothèses tenant à l'âge[1537], à la période, *etc.*

754. Les collectivités territoriales peuvent elles aussi choisir la gratuité pour les usagers de leurs services publics culturels dans le cadre de leur propre politique culturelle. Elles y sont d'ailleurs invitées par nombre de textes législatifs et réglementaires relatifs à la culture, et ce, dans la perspective de favoriser notamment la démocratisation culturelle. À défaut de la gratuité, une tarification modérée est préconisée. Il en est ainsi pour les musées et les

---

[1530] Article L. 311-9 Code des relations entre le public et l'administration.

[1531] Article 6, CONSEIL SUPERIEUR DES BIBLIOTHEQUES, *Charte des bibliothèques*, 7 novembre 1991, *op. cit.*

[1532] Articles 2 et 3, loi n° 2021-1717 du 21 décembre 2021 relative aux bibliothèques et au développement de la lecture publique, *JO*, 22 décembre 2021, texte n° 3. Articles codifiés aux articles L. 320-3 et L. 320-4 du Code du patrimoine.

[1533] D. DÜRR, « Bibliothèques publiques : la gratuité du prêt des ouvrages », *in* G. KOUBI, G. J. GUGLIELMI, *La gratuité une question de droit ?*, L'Harmattan, Logiques juridiques, p. 79 s.

[1534] Article 6, CONSEIL SUPERIEUR DES BIBLIOTHEQUES, *Charte des bibliothèques*, 7 novembre 1991, *op. cit.*

[1535] A.-M. BERTRAND, « Tarification et bibliothèques municipales, *in* F. ROUET (dir.), *Les tarifs de la culture*, La Documentation française, 2002, p. 223 s.

[1536] *Ibid.* (en part. p. 228 s).

[1537] « Dans les musées de France relevant de l'État, les personnes de moins de dix-huit ans sont exonérées du droit d'entrée donnant accès aux espaces de présentation des collections permanentes ». Article R. 411-2 Code du patrimoine.

bibliothèques. L'article L. 442-6 du Code du patrimoine dispose ainsi que « les droits d'entrée des musées de France sont fixés de manière à favoriser l'accès de ces musées au public le plus large ». Dans le même sens, il est précisé que les « autres services [autre que la consultation surplace des catalogues ou des collections] proposés par la bibliothèque peuvent être tarifés au moindre prix » et qu'« il est souhaitable que le prêt à domicile soit aussi gratuit ou qu'il fasse l'objet des exonérations les plus larges en faveur des enfants et des adolescents, des publics empêchés ou défavorisés »[1538].

755. La tarification des services publics culturels locaux doit respecter certaines règles, à savoir son établissement sur des critères objectifs et rationnels. Elle doit correspondre au service rendu, et respecter le droit de la concurrence[1539]. Les personnes publiques peuvent enfin, tout en respectant le principe d'égalité[1540], appliquer une différence de tarification s'il existe une différence de situation entre les usagers la justifiant[1541]. Le Conseil d'État a ainsi admis que les tarifs d'une école de musique peuvent différer en fonction des ressources familiales de l'élève[1542]. Cette différence de situation doit être appréciée au regard des exigences européennes qui excluent une différence de tarification fondée sur une distinction entre ressortissants nationaux et ressortissants des pays membres[1543] ; alors qu'elle semble admise pour les ressortissants des autres États[1544].

756. L'impact concret de telles mesures de politique tarifaire ne peut être analysé ici. Celui-ci dépend en effet du contexte de leur mise en place et de l'appréciation au cas par cas de leur succès au regard des objectifs précis

---

1538 Article 6, CONSEIL SUPERIEUR DES BIBLIOTHEQUES, *Charte des bibliothèques*, 7 novembre 1991, *op. cit.*

1539 J.-L. VASSEUR, *op. cit.*, p. 13 s.

1540 CE, sect, 9 mars 1951, *Société des concerts du conservatoire*, *Rec.*, p. 151 ; P. LONG, P. WEIL, G. BRAIBANT, P. DELVOLVE, B GENEVOIS, *op. cit.*, n° 60, p. 383 s. ; J.-F. LACHAUME, H. PAULIAT, S. BRACONNIER, C. DEFFIGIER, *op. cit.*, p. 404 s.

1541 CE, sect., 10 mai 1974, n° 88032, *Denoyez et Chorques*, *Rec.*, p. 274.

1542 CE, sect., 29 décembre 1997, n° 157425, *Commune de Gennevilliers*, *Rec.*, p. 499 et CE, sect., 29 décembre 1997, n° 157500, *Commune de Nanterre*, *Rec.* ; *RFDA*, 1998, p. 539, concl. STAHL ; *AJDA*, 1998, p. 168 ; J.-M. PONTIER, « Les modulations tarifaires des services publics loaux et le principe d'égalité ». A propos des décisions commune de Gennevilliers et comme de Nanterre », *RA*, 1998, n° 303, p. 406 s.

1543 CJCE, 16 janvier 2003, aff. C-388/01, *Commission des Communautés européennes contre République* italienne, *Rec. CJCE*, I-00721. Sur les nuances discriminantes, v. not. : G. J. GUGLIELMI, G. KOUBI, M. LONG, *op. cit.*, p. 229 s. (en part, p. 231).

1544 CE, sect. 18 janvier 2013, n° 328230, *Association SOS Racisme*, *Rec.* ; *AJDA*, 2013, p. 1010, concl. HEDARY.

attendus : augmentation de la fréquentation, diversification des publics[1545], *etc.*

757. La politique de financement du service public culturel découle, outre de la tarification, de la recherche de financements privés.

B) Le renouvellement des financements privés

758. La raréfaction des deniers publics, et les limites « du modèle français construit autour d'une intervention étatique étendue et d'un financement par l'impôt »[1546], accompagnés du choix éventuel d'une tarification modérée des services publics culturels, conduisent les collectivités territoriales à solliciter des fonds privés en plus des dons et legs traditionnels dont elles peuvent bénéficier, directement ou indirectement dans certaines hypothèses dans le domaine culturel. C'est le cas des donations et legs d'une œuvre d'art, d'un objet de collection, de livres ou de documents de haute valeur artistique, faits aux musées gérés par des collectivités territoriales ou par des groupements de collectivités territoriales, par des acquéreur, héritier, donataire ou légataire qui sont alors exonérés des droits de mutation et des taxes annexes relatifs à cette transmission[1547].

759. Cette recherche de fonds privés est aujourd'hui renouvelée du fait du développement du numérique et de la prise de conscience des collectivités territoriales de l'importance des outils financiers privés et de leur inscription dans la durée. Cette dernière se traduit en interne parfois par la mise en place d'un agent chargé du mécénat ; poste qui tend à se développer et à se pérenniser[1548].

760. Elle se caractérise également par la volonté des collectivités territoriales d'associer les autres acteurs locaux à la structuration et à la mise en place des différents projets de projets culturels territoriaux, dans une perspective corporative et de reterritorialisation de l'action publique. Au-delà

1545 Sur la diversité des impacts et sur l'appréciation relative du succès, v. not. : S. OCTOBRE, F. ROUET, « La gratuité du premier dimanche du mois, dans les monuments et les musées nationaux », *in* F. ROUET (dir.), *Les tarifs de la culture*, La Documentation française, 2002, p. 303 s.

1546 E. BLANC, « Edito », *in* EY, *Les collectivités à l'heure du mécénat*, EY, Régions de France, 2e éd., septembre 2016, p. 4.

1547 Article 6, Loi de finances pour 1992 (n° 91-1322 du 30 décembre 1991), *JO*, 31 décembre 1991, p. 17225.

1548 C. CHEVRIER, « Chargé de mécénat : une activité peu répandue dans la territoriale », laGazette.fr, [en ligne] ; EY, *Les collectivités à l'heure du mécénat*, EY, Régions de France, 2e éd., septembre 2016, p. 9 ; L. MORGANT, « Choisir son mode de gestion : un enjeu majeur », Dossier : Collectivités territoriales – les élues du mécénat, *JA*, 2017, n° 569, p. 17.

de la seule politique culturelle, cette contribution des différents acteurs peut donc participer d'une stratégie plus globale de développement territorial.

761. L'étude du financement participatif (2) et du mécénat (1) s'avère donc nécessaire, et ce, d'autant plus que la culture est souvent un domaine précurseur et privilégié de ces modes de financement pour les collectivités territoriales[1549].

1) Le mécénat : le renouveau d'un outil fédérateur de diversification des financements

762. L'utilisation du mécénat n'est en soi pas nouvelle, notamment dans le domaine culturel[1550]. Attaché néanmoins traditionnellement à la sphère privée, par opposition à l'impôt qui relève de la sphère publique[1551], il tend peu à peu à intégrer cette dernière. Un auteur relève à cet égard qu'en « quelques années, les collectivités territoriales sont passées du statut de promoteur du mécénat à celui de collecteur »[1552].

763. Le mécénat se définit comme « un soutien matériel apporté, sans contrepartie directe de la part du bénéficiaire, à une œuvre ou à une personne pour l'exercice d'activités présentant un intérêt général »[1553]. Les collectivités territoriales peuvent bénéficier directement ou indirectement de celui-ci en en assurant la promotion.

764. Elles bénéficient directement du mécénat[1554] d'entreprise pour une activité d'intérêt général « culturel ou concourant à la mise en valeur du

---

[1549] X. FRISON, « Le mécénat bouscule les codes », Dossier : Collectivités territoriales – les élues du mécénat, *JA*, 2017, n° 569, p. 29.

[1550] V. not. : J. RIGAUD, « Service public culturel et mécénat », *AJDA*, 2000, p. 29 ; S. COUCHOUX, « Le mécénat culturel : un dispositif « sur mesure » ou encore perfectible ? », *in* G. ORSONI (dir.), *Le financement de la culture*, Economica, 2007, p. 127 s.

[1551] W. MEYNET, « Quel régime fiscal ? », Dossier : Collectivités territoriales – les élues du mécénat, *JA*, 2017, n° 569, p. 22.

[1552] *Ibid.*

[1553] Annexe 1, Liste des termes d'usage obligatoire, Arrêté du 6 janvier 1989 relatif à la terminologie économique et financière, *JO*, 31 janvier 1989, p. 1448. Il se distingue donc, en principe, du parrainage, soumis à un régime juridique différent, qui suppose la recherche d'un « bénéfice direct » en contrepartie du « soutien matériel apporté à une manifestation, à une personne, à un produit ou à une organisation », *ibid.* Néanmoins leur distinction est parfois floue. N. VAN VLIET, « Les collectivités à l'heure du mécénat », *op. cit.*, p. 19 ; A. GARNIER, « Soutien à la culture et mécénat d'entreprise », *Le Jurisculture*, 2015, n° 188, p. 6 ; J. GALVEZ, « Le mécénat dans l'environnement de la commande publique », Dossier : Collectivités territoriales – les élues du mécénat, *JA*, 2017, n° 569, p. 26.

[1554] Article 28 Instruction fiscale 4-C 5 04, *BOI*, n° 112, 13 juillet 2004, p. 7.

patrimoine artistique, [...] ou à la diffusion de la culture, de la langue »[1555] ; tout comme leurs établissements publics si les dons sont affectés exclusivement à leur secteur non lucratif, s'ils exercent à la fois des activités lucratives et non lucratives[1556].

765. Elles peuvent également en bénéficier au titre des organismes publics ou privés dont la gestion est désintéressée et dont l'activité principale consiste en la présentation de spectacles vivants ou cinématographiques[1557]. L'instruction fiscale 4-C 5 04 précise, outre les conditions d'application des dispositions en faveur du mécénat, que sont concernées par ces dispositions « les opéras, théâtres, orchestres constitués en régie ou sous forme d'établissement public national ou local… »[1558].

766. Les collectivités territoriales peuvent également continuer à promouvoir le mécénat des particuliers[1559] ou des entreprises[1560] au profit d'autres acteurs du domaine culturel local, organismes, fondations et associations reconnues d'utilité publique dont l'activité correspond aux caractéristiques précédemment évoquées. Ces autres acteurs peuvent gérer un service public, tels les musées de France.

767. La recherche de mécénat qui peut revêtir diverses formes – financier, matériel ou de compétences – peut être gérée, soit directement par la collectivité territoriale, par ses propres moyens et ses propres agents, soit indirectement par une structure autonome dédiée et, dans le domaine patrimonial, par une fondation abritée par la Fondation du patrimoine telles les fondations « Belfort, ville et patrimoine » et « Tulle, un musée de la mémoire et du savoir-faire »[1561].

768. Le mécénat s'est beaucoup développé du fait des mesures incitatives mises en place à cette fin[1562], en plus des contreparties éventuelles. Il est ainsi encouragé par une réduction d'impôt, pour les entreprises assujetties à l'impôt sur le revenu ou à l'impôt sur les sociétés, égale à 60 % du montant des

---

[1555] Article 238 bis Code général des impôts.
[1556] Article 28 Instruction fiscale 4-C 5 04, *op. cit.*, p. 7.
[1557] Article 238 bis e) Code général des impôts.
[1558] Article 31 Instruction fiscale 4-C 5 04, *op. cit.*, p. 8.
[1559] Article 200 Code général des impôts.
[1560] Article 238 bis Code général des impôts.
[1561] L. MORGANT, « Choisir son mode de gestion : un enjeu majeur », Dossier : Collectivités territoriales – les élues du mécénat, *JA*, 2017, n° 569, p. 18.
[1562] Le renforcement de ces mesures incitatives constituait l'un des objets de la loi n° 2003-709 du 1er août 2003 relative au mécénat, aux associations et aux fondations, *JO*, 2 août 2003, p. 13277, texte n° 6.

versements, pris dans la limite de cinq pour mille du chiffre d'affaires[1563]. Il en est de même pour les particuliers qui bénéficient d'une réduction d'impôt sur le revenu égale à 66 % du montant des sommes prises, dans la limite de 20 % du revenu imposable qui correspondent à des dons et versements[1564].

769. Le succès du mécénat permet aux collectivités territoriales de diversifier le financement des activités culturelles. Il n'est cependant pas sans soulever un certain nombre de difficultés juridiques.

770. Il existe d'abord une incertitude tenant à la nature du contrat conclu entre le mécène et la collectivité territoriale. La nature administrative de celui-ci a néanmoins été retenue par le rapporteur public du tribunal administratif dans ses conclusions sur un jugement de 2004[1565], bien qu'il ne bénéficie pas d'une qualification législative et qu'il ne semble pas remplir les critères jurisprudentiels. Cette hypothèse semble pouvoir être confirmée par les risques de requalification en marché public évoqués par la doctrine[1566].

771. Un observateur souligne cependant, malgré une importante progression de la pratique du mécénat, que « aujourd'hui plus spontanément considérée comme un vecteur de communication, la démarche mécénat devra demain s'inscrire dans le dispositif d'ingénierie de financement, de visibilité et d'appropriation des projets ou actions conduits par la collectivité »[1567]. La recherche de mécénat n'est en effet pas encore complètement entrée dans la culture des collectivités territoriales qui n'ont pas totalement intégré la charge de travail et le coût que peut représenter une telle démarche[1568].

772. Le développement du mécénat s'accompagne de l'apparition d'un nouvel outil de financement fédérateur : le financement participatif.

2) Le financement participatif : un nouvel outil fédérateur de diversification des financements

773. Depuis 2016[1569], les collectivités territoriales peuvent avoir recours directement aux financements participatifs et aux plateformes de

---

1563 Article 238 bis Code général des impôts.
1564 Article 200 Code général des impôts.
1565 P. LEGLISE, « Conclusions sur TA Versailles, 18 juin 2004, n° 041928 », *AJDA*, 2004, p. 2158. V. aussi : J.-D. DREYFUS, *op. cit.*, p. 140.
1566 J. GALVEZ, *op. cit.*, p. 27.
1567 EY, *Les collectivités à l'heure du mécénat*, EY, Régions de France, 2e éd., septembre 2016, p. 10.
1568 N. VAN VLIET, « Les collectivités à l'heure du mécénat », *op. cit.*, p. 21.
1569 Article 2, Décret n° 2015-1670 du 14 décembre 2015 portant dispositions relatives aux mandats confiés par les collectivités territoriales et leurs établissements publics en

crowdfunding pour financer leurs projets, en particulier dans le domaine culturel. Elles les utilisent par exemple pour la réalisation d'un concert[1570], la création d'un opéra[1571], la rénovation d'une salle de spectacle[1572] ou la restauration d'un monument[1573], la mise en valeur d'un site[1574] et la réalisation d'œuvres[1575].

774. Le financement participatif, d'abord perçu essentiellement comme une alternative à la politique culturelle[1576] des personnes publiques en raison de la diminution des subventions, en est donc devenu un outil.

775. Il permet pour les collectivités territoriales une diversification des financements et une remise du « citoyen au cœur du débat politique et est, en ce sens, un outil de démocratisation pour donner un sens et une réalité à la gestion participative des citoyens sur des projets bien identifiés »[1577], soulevant la question du principe de participation au service public. Un appel à contribution relatif à la rénovation d'un espace culturel par une commune dispose en ce sens que les donateurs verront leur nom « en bonne place à l'espace Jean Racine, leur permettant de s'approprier ce lieu »[1578].

776. Le financement participatif peut revêtir plusieurs formes : don avec ou sans contrepartie, prêt, investissement avec ou sans prise de participation

---

application des articles L. 1611-7 et L. 1611-7-1 du code général des collectivités territoriales, *JO*, 16 décembre 2015, p. 23132. V. aussi Article D. 1611-32- 9 Code général des collectivités territoriales.
L'article 48 de la loi n° 2021-1308 du 8 octobre 2021 portant diverses dispositions d'adaptation au droit de l'Union européenne dans le domaine des transports, de l'environnement, de l'économie et des finances (*JO*, 9 octobre 2021, texte n°1) a élargi la possibilité de recours au financement participatif « au profit de tout service public, à l'exception des missions de police et de maintien de l'ordre public ». V. aussi : Ordonnance n° 2021-1735 du 22 décembre 2021 modernisant le cadre relatif au financement participatif, *JO*, 23 décembre 2021, texte n° 23.

1570 A. JAUNAY (coord.), *Guide du financement participatif pour le développement des territoires*, FPF et Caisse des dépôts, 2017, p. 32.

1571 Projet « Carmen 9.3 », (commune), [en ligne], app.collecticity.fr.

1572 Projet « Espace culturel Jean Racine : nouveaux gradins ! » (commune), [en ligne], app.collecticity.fr.

1573 Projet « Restauration du Monument aux Morts de Croix-de-vie » (commune), [en ligne], app.collecticity.fr.

1574 Projet « mise en valeur d'un site médiéval » (Commune), [en ligne], app.collecticity.fr ; Projet « Des Gaulois à Mignaloux-Beauvoir » (commune), [en ligne], app.collecticity.fr.

1575 Projet « De Frasques en fresques » (commune), [en ligne], app.collecticity.fr.

1576 L. BONET, E. SASTRE, « Le financement participatif, une alternative à la politique culturelle ? », *Nectart*, 2016, n° 2, p. 121 s.

1577 A. JAUNAY (coord.), *op. cit.*, p. 26.

1578 Projet « Espace culturel Jean Racine : nouveaux gradins ! ».

au capital[1579]. Le financement participatif tendant à la rénovation du patrimoine et plus largement à la réalisation de projets culturels est néanmoins en général organisé sous forme de dons[1580].

777. Ce mode de financement, malgré son caractère attractif, soulève un certain nombre de difficultés tenant à sa nouveauté relative. Plusieurs d'entre elles doivent être mentionnées.

778. Le financement participatif d'abord a un caractère précaire qui dépend de l'engouement de la population. Il peut donc échouer. Il en a par exemple été ainsi d'un appel à contribution par une commune tendant à l'organisation d'un concert[1581]. Ce moyen de financement ne doit donc constituer qu'un complément pour la collectivité territoriale en vue de la réalisation de son projet[1582]. La précarité de celui-ci est amplifiée par la politique des plateformes qui tendent à privilégier, s'agissant des dons, la règle du « tout ou rien »[1583] – si l'objectif fixé n'est pas atteint ou dépassé les dons ne sont pas versés et sont restitués aux donateurs – , au détriment du « tout est pris » qui permet à l'inverse au porteur du projet de conserver les dons versés, même si l'objectif n'est pas atteint[1584].

779. Il existe ensuite des incertitudes tenant aux modalités de l'application effective des règles de la commande publique[1585] et surtout de la compatibilité publique. Il a pu être souligné à ce propos que, puisque les règles de la comptabilité publique ne prévoient aucune disposition spécifique au *crowdfunding*, « il revient à la plateforme prestataire de proposer des solutions aux comptables publics qui découvrent ce nouveau mode de financement »[1586].

[1579] J.-D. DREYFUS, *op. cit.*, p. 140.

[1580] N. FINCK, « Finances locales – Le crowdfunding au service des collectivités territoriales », *La Gazette des communes*, 2018, n° 2402, p. 47 ; Projet « Espace culturel Jean Racine : nouveaux gradins ! » ; Outre les projets évoqués *supra*, c'est aussi le cas par exemple pour les projets : « Les estivales 2018 » (commune) avec contreparties, « le livre du village » (commune) avec contreparties, [en ligne], app.collecticity.fr.
V. aussi (à propos du Centre des monuments nationaux) : S. GUESMI, J. DELFOSSE, L. LEMOINE, N. OLIVERI, « Crowdfunding et préservation du patrimoine culturel », *Revue française de gestion*, 2016, n° 258, p. 89 s.

[1581] A. JAUNAY (coord.), *op. cit.*, p. 32.

[1582] J.-D. DREYFUS, *op. cit.*, p. 142.

[1583] A. JAUNAY (coord.), *op. cit.*, p. 49.

[1584] Sur le « tout est pris » et « tout ou rien », v. not : S. GUESMI, J. DELFOSSE, L. LEMOINE, N. OLIVERI, « Crowdfunding et préservation du patrimoine culturel », *op. cit.*, p. 94.

[1585] A. JAUNAY (coord.), *op. cit.*, p. 29.

[1586] *Ibid.*

780. Le financement participatif sous ces différentes formes est enfin marqué par des « errances juridiques »[1587] relevées par une partie de la doctrine au-delà même des seuls projets portés par les collectivités territoriales et les établissements publics[1588], s'agissant en particulier du contenu contractuel des conditions générales d'utilisation de certaines plateformes. Un mouvement de déresponsabilisation de ces dernières y est en effet constaté au regard de leur mission d'intermédiation, qu'il s'agisse des stipulations liées au support ou à la finalité de l'opération[1589].

[1587] K. MAGNIER-MERRAN, « La « plate-formologie » ou l'art de se dégager de l'essentiel – Aspect contractuels du crowdfunding » ; *AJ contrat*, 2017, p. 425.
[1588] L'article porte essentiellement sur le crowdfunding au profit des entreprises.
[1589] K. MAGNIER-MERRAN, *op. cit.*, p. 421 s.

Conclusion du chapitre 1

781. L'existence du service public culturel, action culturelle territoriale primaire, a mis du temps à être reconnu par la doctrine malgré sa réalité et sa présence dans les textes de droit positif alors en vigueur. La consécration de celle-ci résulte de la place prise progressivement par la culture dans la société et la volonté des collectivités territoriales de répondre à un nouvel intérêt public local avec la mise en place progressive de leurs propres politiques culturelles susceptibles de s'intégrer le cas échéant dans une stratégie plus globale de développement du territoire. La politique culturelle constitue alors également un instrument de développement économique et de rayonnement territorial dans un contexte de plus en plus marqué par la compétitivité des territoires.

782. La création d'un service public culturel local peut résulter soit d'une contrainte étatique traduisant l'obligation faite aux collectivités territoriales de participer à sa propre politique culturelle, soit d'un choix de la collectivité territoriale de mettre en œuvre une politique culturelle tout en respectant l'initiative privée.

783. La multiplicité des modes de gestion du service public culturel local permet aux collectivités territoriales de choisir celui le plus adapté à leur propre volontarisme culturel et de développement territorial. Son choix est donc réalisé en fonction des contraintes spécifiques de chaque collectivité territoriale, dans une perspective d'efficacité et, le cas échéant, de coopération avec les autres acteurs locaux. Une telle considération se retrouve également dans la diversité des moyens de financements renouvelés du service public culturel local.

784. Le cadre juridique du service public culturel demeure cependant complexe et source d'une relative insécurité juridique. Cette complexité est due tant à l'articulation des contraintes liées à l'articulation des différents ordres de juridictions, s'agissant notamment des obligations de mise en concurrence, qu'à la nouveauté de certains outils, liée en particulier au développement du numérique, ou au domaine culturel lui-même. L'utilisation de l'action culturelle au sein d'une stratégie plus globale de développement territorial, aux dimensions parfois économiques et touristiques, nécessite une articulation du régime juridique de ces différents domaines. Cette dernière est parfois malaisée.

785. La nécessité d'une telle articulation et la complexité induite se retrouvent dans l'action culturelle territoriale seconde.

Chapitre 2 : La complexité de mise en œuvre de l'action culturelle territoriale seconde

786. L'*action culturelle territoriale seconde* des collectivités territoriales est composée du soutien apporté aux différentes activités culturelles présentes sur leur territoire et de l'exercice de la police administrative culturelle. Elle désigne donc leur intervention à l'égard d'activités culturelles qui, souvent relativement indépendantes des pouvoirs publics, peuvent parfois se rattacher à leur politique culturelle[1590].

787. L'histoire de la notion d'intérêt public local montre que celui-ci trouve ses racines fonctionnelles dans le pouvoir de police municipale[1591] dont l'objectif est la protection du groupement social qui lui est confié. En effet, l'unité de cette « fonction globale d'ordre local »[1592] se trouve non pas dans « l'ordre public immédiat, pluriel et contingent »[1593], mais « dans sa finalité qui est de régir tous les aspects de la vie municipale, afin d'y faire régner un certain ordre conforme aux mœurs de l'époque »[1594]. C'est le cas dans le domaine culturel. Les autorités de police administrative au niveau local sont en effet tenues d'intervenir pour que les activités culturelles puissent avoir lieu et se déroulent sans porter atteinte au bon ordre. Si la police administrative semble ordinaire dans le domaine culturel, il apparaît en réalité qu'il existe des spécificités liées à celui-ci. Ces spécificités permettent de révéler le rôle fédérateur de la police administrative culturelle, s'agissant notamment de son application en cas de singularités territoriales liées en particulier aux traditions locales et aux usages locaux, au-delà de sa seule utilisation pour garantir le bon déroulement des actions culturelles.

788. L'extension de l'intervention publique locale a conduit par la suite à l'émergence de l'intérêt public local indépendant de l'ordre public local. Celui-ci constitue en effet une notion « plus malléable et adaptée à l'idée de prestation »[1595] dans un contexte où les exigences de l'ordre public ne suffisent plus à légitimer les restrictions à la liberté du commerce et de l'industrie et à servir d'arbitrage « entre les différents besoins exprimés par la société, afin

---

[1590] A propos de ces activités distinctes, mais rattachées à l'action culturelle. V. vis-à-vis de l'État, K.-H. VOIZARD, *L'État culturel et le droit, Approche juridique des interventions culturelles de l'État en France*, Thèse Université Panthéon-Assas, 2011, p. 215, note 677.

[1591] T. ROMBAUTS-CHABROL, *op. cit.*, p. 263 s.

[1592] E. PICARD, *La notion de police administrative*, LGDJ, Bibliothèque de droit public, 1984, T. 1, p. 78.

[1593] T. ROMBAUTS-CHABROL, *op. cit.*, p. 267.

[1594] E. PICARD, *op. cit.*, p. 79.

[1595] T. ROMBAUTS-CHABROL, *op. cit.*, p. 269.

d'identifier ceux auxquels doit pourvoir l'État lorsque l'entreprise fait défaut »[1596]. L'intérêt public culturel local permet aux collectivités culturelles territoriales de soutenir les activités culturelles présentes sur leur territoire.

789. Si les modalités de l'action culturelle territoriale seconde semblent classiques, elles permettent cependant de concilier à l'échelon local tant l'efficacité de l'action culturelle, que sa proximité tendant à satisfaire les besoins de la population. En outre, le soutien aux activités et la police administrative contribuent à garantir la diversité des activités culturelles territoriales et leurs spécificités. Ils participent par conséquent à la différenciation territoriale.

790. L'action culturelle territoriale seconde rencontre cependant un certain nombre de difficultés liées notamment à l'incertitude de la qualification juridique de certaines pratiques ou de certains actes. Si certaines de ces problématiques relèvent spécifiquement du domaine culturel, d'autres peuvent être rencontrées ailleurs. Le domaine culturel apparaît alors dans cette perspective comme un révélateur privilégié de ces dernières.

791. Les modalités de l'action culturelle territoriale seconde doivent donc être analysées. Leur appréhension révèle toute leur complexité, qu'il s'agisse tant des soutiens apportés aux activités culturelles (section 2) que de leur encadrement par la police administrative utilisée dans le domaine culturel (section 1).

Section 1 : Le rôle singulier de la police administrative des activités culturelles

792. La police des activités culturelles a fait l'objet de quelques études spécifiques. Celle-ci y est entendue dans un sens plus ou moins large, intégrant ou non la question de la réglementation des activités ou des métiers[1597]. C'est la police culturelle, comme police administrative des activités culturelles qui est uniquement étudiée ici. Cette police comprend la police administrative générale qui vise notamment à « prévenir les risques de débordement nés de

---

[1596] *Ibid.*, p. 268.

[1597] J.-M. PONTIER, « Le contentieux culturel devant le juge administratif, *RDP*, 1989, n° 6, p. 1607 ; C. LAJAUNIE, *La police de la culture*, Thèse, Aix-Marseille, 2000 ; J.-M. PONTIER, « La police des spectacles » *in* R. CHARVIN, B. MAUGER, P. AUVERT, J.-M. PONTIER, *Les contentieux du spectacle vivant*, L'Harmattan, 2004, p. 33 ; J.-P. PASTOREL, « De la police administrative des activités culturelles, *RDP*, 2005, n° 2, p. 395 ; J.-M. PONTIER, « Le contentieux administratif des interventions culturelles », *AJDA*, 2007, p. 1388.

l'expression d'activités culturelles »[1598] ainsi que des polices administratives spéciales.

793. La police administrative des activités culturelles, dans son ensemble et au niveau territorial en particulier, semble néanmoins faire l'objet d'un intérêt moins accru ces dernières années en raison de sa banalisation apparente. L'absence d'entrée « police » dans les lexiques des ouvrages récents de droit de la culture[1599] et la diminution du nombre d'études à son égard en témoignent. De manière tout aussi significative, un observateur attentif au fait culturel en France a rédigé deux articles à près de vingt ans d'écart, le premier consacré au *contentieux culturel devant le juge administratif*[1600] et le second au *contentieux administratif des interventions culturelles*[1601]. Or, l'absence d'allusion au contentieux lié aux activités de police dans l'article le plus récent atteste du changement de préoccupations de la doctrine.

794. L'étude du régime de la police administrative dans le domaine culturel permet de constater le caractère apparemment ordinaire de celle-ci, même si les manifestations culturelles font l'objet d'un régime particulier en raison des risques qu'elles peuvent provoquer. La police administrative des activités culturelles apparaît alors comme initialement destinée à en garantir le bon déroulement (§1).

795. L'analyse de ce même régime montre également que la police administrative des activités culturelles participe à la garantie de la diversité et de la spécificité de certaines activités culturelles territoriales ; ce qui en constitue la singularité (§2).

§1 : La police administrative culturelle, garantie du bon déroulement des activités culturelles

796. Le bon déroulement des activités culturelles, que certains auteurs considèrent comme l'exercice de la liberté culturelle[1602], est garanti d'abord

---

1598 J.-P. PASTOREL, *op. cit.*, p. 402.
1599 S. MONNIER, E. FOREY, *op. cit.*, p. 286 ; J.-R. PELLAS, *op. cit.*, p. 168 ; J.-F. AUBY, *op. cit.*, p. 389 ; J.-M. PONTIER, *La décentralisation culturelle, op. cit.*, p. 174 ; *contra* des ouvrages plus anciens J.-M. PONTIER, J.-C. RICCI, J. BOURDON, *op. cit*, p. 526 ; A.-H. MESNARD, *Droit et politique de la culture, op. cit.*, p. 476.
1600 J.-M. PONTIER, « Le contentieux culturel devant le juge administratif, *op. cit.*, p. 1607.
1601 J.-M. PONTIER, « Le contentieux administratif des interventions culturelles », *op. cit.*, p. 1388.
1602 J.-F. AUBY, *op. cit.*, p. 65 s. Cf. aussi *infra*.

par leur encadrement par le régime général de la police administrative et celui des manifestations sur la voie publique (A).

797. Il est ensuite assuré par la soumission de manifestations culturelles particulières, de rassemblements festifs à caractère musical et de certaines manifestations culturelles à but lucratif, à un régime spécifique en raison des risques que celles-ci induisent (B).

A) La police administrative traditionnelle des activités culturelles

798. L'objectif de dispositions relatives à la police des activités culturelles est de garantir le bon déroulement des activités culturelles. Il semble néanmoins qu'elles peuvent aussi faciliter l'appropriation de l'espace public par la population et ainsi contribuer à sa cohésion autour de projets culturels, le cas échéant dans la perspective d'une stratégie globale de développement territorial.

799. Les activités culturelles sont soumises au régime général de la police administrative générale (1) et de la police administrative spéciale des manifestations sur la voie publique (2).

1) La police administrative générale des activités culturelles

800. La police des activités culturelles obéit d'abord au régime de la police administrative générale. C'est désormais également le cas pour les spectacles, depuis la loi du 18 mars 1999[1603] modifiant très largement l'ordonnance du 13 octobre 1945[1604]. Ces derniers ne sont en effet plus soumis à un régime d'autorisation préalable du maire. À cet égard, une circulaire de 2014 affirme que « le pouvoir de police générale, qui comprend la police des spectacles appartient au maire »[1605].

801. Les autorités de police administrative compétentes dans le domaine culturel, au niveau local sont donc, selon le régime de la police administrative

---

[1603] Loi n° 99-198 du 18 mars 1999 portant modification de l'ordonnance n° 45-2339 du 13 octobre 1945 relative aux spectacles, *JO*, 19 mars 1999, p. 4047. Sur les différents régimes, v. J.-M. PONTIER, « La police des spectacles », *op. cit.*, p. 3.

[1604] Ordonnance n° 45-2339 du 13 octobre 1945 relative aux spectacles, *JO*, 14 octobre 1945, p. 6505.

[1605] MINISTRE DE L'INTERIEUR, 6 janvier 2014, NOR : INTK1400238 C, Circulaire, *Lutte contre le racisme et l'antisémitisme – manifestations et réunions publiques – Spectacles de M. Dieudonné M'Bala M'Bala*. Cette position a pu être discutée. V. sur ce point : O. BUI-XUAN, *op. cit.*, p. 125.

générale, le maire au niveau communal et le préfet au niveau départemental et en cas de carence du maire[1606].

802. La police administrative culturelle vise alors de manière classique à prévenir les troubles à l'ordre public, matériel et immatériel, que la singularité du domaine culturel contribue à forger.

803. L'article L. 2212-2 du Code général des collectivités territoriales dispose à cet égard, que « La police municipale a pour objet d'assurer le bon ordre, la sûreté, la sécurité et la salubrité publiques. Elle comprend notamment : 1° Tout ce qui intéresse la sûreté et la commodité du passage dans les rues, [...] 2° Le soin de réprimer les atteintes à la tranquillité publique 3° Le maintien du bon ordre dans les endroits où il se fait de grands rassemblements d'hommes, tels que [...] spectacles, jeux, cafés, églises et autres lieux publics ».

804. Les autorités de police administrative doivent également prévenir les atteintes aux composantes modernes immatérielles de l'ordre public, moralité publique en cas de circonstances locales particulières[1607] et dignité de la personne humaine[1608]. L'une et l'autre ont été dégagées en particulier à propos d'affaires relevant du domaine culturel, cinéma et spectacle vivant. Au sein des éléments de l'ordre public, la dignité de la personne humaine demeure particulièrement controversée d'abord en raison de l'incertitude de son contenu. Elle l'est aussi de par l'atteinte qu'elle porte aux piliers du régime de police administrative que sont l'adaptation et la conciliation de la mesure

---

[1606] V. par ex. : B. PLESSIX, *op. cit.*, p. 784 s. ; P.-L. FRIER, J. PETIT, *op. cit.*, p. 324 s. ; P. GONOD, *op. cit.*, p. 102 s.

[1607] CE, sect., 18 décembre 1959, *Société des films Lutétia*, *Rec.*, p. 693 ; *S.*, 1960, p. 94, note MAYRAS ; P. LONG, P. WEIL, G. BRAIBANT, P. DELVOLVE, B GENEVOIS, *op. cit.*, n° 72, p. 476 s. ; J.-F. LACHAUME, H. PAULIAT, S. BRACONNIER, C. DEFFIGIER, *op. cit.*, p. 302 s. V. aussi par ex. : CE, 23 février 1966, *Société Franco-London Film*, *Rec.*, p. 112 ; CE, 26 juillet 1985, *Ville d'Aix-en-Provence, Rec.*, p. 236. Sur la police des films v. not. : J.-P. PASTOREL, *op. cit.*, p. 402 ; M. GROS, *Droit administratif. L'angle jurisprudentiel*, 5e éd., 2014, p. 49 s.

[1608] CE, Ass., 27 octobre 1995, n° 1367827, *Commune de Morsang-sur-Orge*, *Rec.*, p. 372, *RFDA*, 1995, p. 1204, concl. FRYDMAN ; CE, Ass., 22 octobre 1995, n° 136727, *Ville d'Aix-en-Provence*, *Rec.*, CE, 9 octobre 1996, n° 173073, *Association « Ici et maintenant »*, *Rec.* ; CE, 9 novembre 2015, n° 376107, M'B..., *Rec.* ; *AJDA*, 2015, p. 2118 ; *AJDA*, 2015, p. 2508, concl. BRETONNEAU ; *AJDA*, 2512, note BIOY ; *AJCT*, 2016, p. 220, obs. GATE ; *RFDA*, 2016, note BON (sur la légalité de la circulaire du 6 janvier 2014).

de police au risque de trouble à l'ordre public[1609]. L'interdiction est, en effet, la seule possibilité de mettre un terme à l'atteinte à la dignité humaine[1610].

805. Les jurisprudences portant sur spectacle vivant dans lesquelles la dignité de la personne humaine est invoquée attestent de la difficulté d'appréhension de celle-ci et de la réticence du juge à l'utiliser comme seul fondement de sa décision. Par exemple, si le Conseil d'État a pu retenir l'atteinte à la dignité de la personne humaine pour interdire un spectacle contenant des propos antisémites, négationnistes et faisant l'apologie des exterminations perpétrées à l'encontre des juifs durant la Seconde Guerre mondiale[1611], il n'en a pas été de même pour un spectacle présentant un zoo sur scène pour dénoncer le colonialisme[1612].

806. Dans cette perspective, l'inexistence d'une police exercée au niveau national réalisant un contrôle *a priori* des œuvres en matière de spectacles vivants, analogue à celui du cinéma[1613], est parfois critiquée[1614]. Celle-ci fait

---

1609 B. PLESSIX, *Droit administratif général*, LexisNexis, 2016, p. 807.

1610 *Ibid.*

1611 CE, ord., 9 janvier 2014, n° 3740508, *ministre de l'intérieur c/Société Les Productions de la Plume et M. Dieudonné M'Bala M'Bala*, *Rec.* ; CE, ord., 10 janvier 2014, n° 374528, *ministre de l'intérieur c/Société Les Productions de la Plume et M. Dieudonné M'Bala M'Bala*, inédit au *Lebon* ; CE, ord., 11 janvier 2014, n° 374552, *ministre de l'intérieur c/Société Les Productions de la Plume et M. Dieudonné M'Bala M'Bala*, inédit au *Lebon* ; CE, 21 juin 2018, n° 416353, *Société Les Productions de la Plume et M. Dieudonné M'Bala M'Bala*, inédit au *Lebon*.
O. GOHIN, « Liberté d'expression, liberté de réunion, police administrative et ordre public », *RFDA*, 2014, p. 87 ; B. SEILER, « La censure a toujours tort », *AJDA*, 2014, p. 129 ; J. PETIT, « Les ordonnances Dieudonné : séparer le bon grain de l'ivraie », *AJDA*, 2014, p. 872 ; M.-A. FRISON-ROCHE, « La conformité de l'ordonnance du Conseil d'État du 9 janvier 2014, Dieudonné M'Bala M'Bala au droit et à la justice », *LPA,* 20 janvier 2014, p. 3 ; J.-B. AUBY, « Benjamin et Dieudonné », *DA*, 2014, n° 2, repères 2, p. 2 ; G. EVEILLARD, « Le Conseil d'État et l'affaire Dieudonné », *DA*, 2014, n° 5, comm. 33, p. 38 ; M. GROS, *op. cit.*, p. 46 s. ; P. ROUJOU DE BOUBEE, « Le référé-liberté Dieudonné. Liberté d'expression, de réunion et ordre public », *Les Annales de l'Université Toulouse 1 Capitole*, PUSS, T. xv, janvier 2015, p. 71 ; J.-F. LACHAUME, H. PAULIAT, S. BRACONNIER, C. DEFFIGIER, *op. cit.*, p.314 s. ; P. COMBEAU, « Rire et ordre public », *in* D. GUIGNARD, S. REGOURD, S. SAUNIER, *Rire, Droit et Société*, Institut Universitaire Varenne, Colloques et essais, 2018, p. 167.

1612 CE, ord., 11 décembre 2014, n° 386328, *Centre Dumas-Pouchkine des Diasporas et Cultures Africaines*, inédit au *Lebon*.

1613 V. par ex. : J. VIGUIER, « Rire, cinéma et… droit », *in* D. GUIGNARD, S. REGOURD, S. SAUNIER, *Rire, Droit et Société*, Institut Universitaire Varenne, Colloques et essais, 2018, p. 269.

1614 P. FRYDMAN, « L'atteinte à la dignité de la personne humaine et le pouvoir de police municipale. A propos des lancers de nains. Conclusions sur CE, Ass., 27 octobre 1995, n° 1367827, *Commune de Morsang-sur-Orge* », *RFDA*, 1995, p. 1204, VIII (Le commissaire du gouvernement suggère même l'institution d'un tel contrôle, *ibid.*, IX).

en effet reposer le contrôle des spectacles sur les seuls maires[1615] et le cas échéant les préfets, en cas de carence de ces derniers. Une telle situation peut s'avérer particulièrement délicate dans certaines affaires parfois très médiatisées, comme l'a montré par exemple l'affaire *Dieudonné*. Des maires ont, suite aux ordonnances de 2014[1616]par lesquelles le juge des référés du Conseil d'État n'a pas suspendu l'exécution des arrêtés municipaux interdisant le *one man show* intitulé « Le Mur », prohibé des spectacles de Dieudonné dans leur ville sur des fondements similaires à ceux alors retenus, en particulier l'atteinte à la dignité humaine. Leur arrêté a cependant été parfois censuré par le juge administratif. Celui-ci a considéré que la situation était différente de celle qui avait donné lieu aux interdictions initiales, l'absence d'atteinte à la dignité humaine, sommairement analysée, et de risques de troubles matériels suffisants impliquant alors une atteinte grave et manifestement illégale à la liberté d'expression et à la liberté de réunion[1617].

807. L'autorité de police administrative a enfin, dans le domaine culturel comme dans les autres, l'obligation d'agir pour prévenir toute atteinte à l'ordre public[1618], et peut engager la responsabilité de la collectivité si elle s'abstient ou si les mesures prises sont insuffisantes[1619]. En outre, l'intervention de l'autorité administrative doit être proportionnée au risque de trouble à l'ordre public[1620]. Le Conseil d'État a ainsi pu juger en ce sens s'agissant de la tenue d'un spectacle que « si un risque de désordre ne peut être complètement exclu, il ne résulte pas de l'instruction que le maire de Marseille ne pourrait y faire face par de simples mesures de sécurité » et que par conséquent, « la décision

---

1615 *Ibid.* ; J.-P. PASTOREL, *op. cit.*, p. 403. MINISTRE DE L'INTERIEUR, 6 janvier 2014, NOR : INTK1400238 C, Circulaire, *Lutte contre le racisme et l'antisémitisme – manifestations et réunions publiques – Spectacles de M. Dieudonné M'Bala M'Bala.*

1616 CE, ord., 9 janvier 2014, n° 3740508, *ministre de l'intérieur c/Société Les Productions de la Plume et M. Dieudonné M'Bala M'Bala*, *Rec.* ; CE, ord., 10 janvier 2014, n° 374528, *ministre de l'intérieur c/Société Les Productions de la Plume et M. Dieudonné M'Bala M'Bala*, inédit au *Lebon* ; CE, ord., 11 janvier 2014, n° 374552, *ministre de l'intérieur c/Société Les Productions de la Plume et M. Dieudonné M'Bala M'Bala*, inédit au *Lebon.*

1617 V. par ex. : CE, ord., 6 févr. 2015, n° 387726, *Commune de Cournon d'Auvergne*, *Rec.* ; *AJDA*, 2015, p. 1658, note SAILLANT-MARAGHNI ; *D.*, 2015, p. 544, note QUIRINY ; CE, ord., 13 novembre 2017, n° 415400, n° 415400, *Commune de Marseille*, inédit au *Lebon.*

1618 CE, 23 octobre 1959, *Doublet*, *Rec.*, p. 540 ; *RDP*, 1959, p. 1235, concl. BERNARD ; *RDP,* 1962, note WALINE.

1619 V. par ex. : CAA Bordeaux, 4 avril 2006, n° 03BX00841, *Commune de Villeneuve sur Vère*, inédit au *Lebon* ; CAA Bordeaux, 30 octobre 2007, n° 05BX152, *Commune d'Ares*, inédit au *Lebon.*

1620 CE, 19 mai 1933, *Benjamin*, *Rec.*, p. 541 ; S., 1934, 3, p. 1, concl. MICHEL, note MESTRE ; P. LONG, P. WEIL, G. BRAIBANT, P. DELVOLVE, B GENEVOIS, *op. cit.,* n° 43, p. 265 s. ; J.-F. LACHAUME, H. PAULIAT, S. BRACONNIER, C. DEFFIGIER, *op.cit.*, p. 313 s.

[...], en interdisant la tenue du spectacle à Marseille, constitue une atteinte grave et manifestement illégale à la liberté d'expression »[1621].

808. Au-delà de la soumission des activités culturelles au régime de la police administrative générale, celles-ci sont parfois soumises au régime général de la police spéciale des manifestations sur la voie publique.

2) Le régime général des manifestations culturelles sur la voie publique

809. Les spectacles et manifestations culturelles sur la voie publique ne nécessitent désormais plus qu'une déclaration préalable accompagnée éventuellement d'une demande d'occupation du domaine public[1622].

810. Cette procédure, permet de faciliter, dans une certaine mesure, l'appropriation ou la réappropriation de l'espace public dans sa dimension matérielle – « lieux physiques où se développent les échanges sociaux, où se déroule la circulation des personnes, des biens et des capitaux et où les mêmes individus communiquent entre eux »[1623], mais aussi sociologique et politique – « lieux physiques et symboliques dans lesquels se développent le débat public et la comparaison entre les idées qui contribuent à nourrir la démocratie »[1624] et à laquelle la culture concourt. L'espace public apparaît alors à la fois comme un espace légitime d'expression artistique et comme un espace de démocratisation et de médiation culturelles[1625]. Elle peut contribuer ainsi à une stratégie globale de développement territorial par l'association de la population.

[1621] CE, ord., 13 novembre 2017, n° 415400, *Commune de Marseille*, inédit au *Lebon*.
[1622] Cf. *infra*.
[1623] F. DI LASCIO, « Espace public et droit administratif », *Philonsorbonne*, 2014, n° 8, p. 134.
[1624] *Ibid.* Sur l'espace public V. aussi : J.-B. AUBY, « Espace public, espaces publics », *Droit administratif*, Juillet 2009, repère p. 3 ; O. BUI-XUAN, « L'espace public : l'émergence d'une nouvelle catégorie juridique ? Réflexion sur la loi interdisant la dissimulation du visage dans l'espace public », *RFDA*, 2011, p. 511 ; T. PAQUOT, *L'espace public*, Paris, La Découverte, 2015.
[1625] J. RUBIO, G. GUILLOT, « Edito », *Organiser un évènement artistique dans l'espace public. Guide des bons usages*, Hors les murs, 2017.

811. Les manifestations sur la voie publique sont soumises à une obligation de déclaration préalable, exception faite des sorties sur la voie publique conforme aux usages locaux[1626], en particulier culturels[1627].

812. L'article L. 211-2 du Code de la sécurité intérieure précise que cette déclaration doit être faite à la mairie de la commune ou aux mairies des différentes communes sur le territoire desquelles la manifestation doit avoir lieu, à la préfecture de police à Paris, ou au représentant de l'État dans le département en ce qui concerne les communes où est instituée la police d'État. Elle doit avoir lieu trois jours francs au moins et quinze jours francs au plus avant la date de la manifestation.

813. En vertu de ce même article, la déclaration doit contenir les éléments permettant à l'autorité de police d'évaluer les risques de trouble pour l'ordre public et la nécessité par conséquent de prendre une mesure de restriction ou d'interdiction de la manifestation. Ainsi, elle doit mentionner le nom des organisateurs et préciser son but, sa date et son heure, les groupements invités à y participer et éventuellement l'itinéraire envisagé.

814. L'autorité de police peut suite à la déclaration, si elle estime que la manifestation est de nature à troubler l'ordre public, l'interdire par arrêté notifié immédiatement aux signataires de la déclaration. Le maire doit transmettre dans les 24 heures la déclaration au représentant de l'État avec le cas échéant son arrêté d'interdiction. Le représentant de l'État peut se substituer au maire s'il s'est abstenu de prendre un arrêté d'interdiction rendu nécessaire par les circonstances[1628]. Le contrôle de la mesure d'interdiction ou de restriction fait l'objet d'un contrôle traditionnel du juge administratif sur

---

[1626] Article L. 211-1 Code de la sécurité intérieure créé par l'Ordonnance n° 2012-351 du 12 mars 2012 relative à la partie législative du code de la sécurité intérieure, *JO*, n° 62, 13 mars 2012, p. 4533, texte n° 16 abrogeant les dispositions du décret-loi du 23 octobre 1935 portant réglementation des mesures relatives au renforcement du maintien de l'ordre public, *JO*, 24 octobre 1935, p. 11203. À noter que le régime juridique des manifestations a été modifié par la loi n°2019-290 du 10 avril 2019 visant à renforcer et garantir le maintien de l'ordre public lors des manifestations, *JO*, 11 avril 2019, texte n°1.
Sur les usages locaux V. *infra*.

[1627] Sur les manifestations culturelles v. le très éclairant dossier de synthèse réalisé par Agnès Garnier, même s'il ne tient pas compte des dernières évolutions. A. GARNIER, « Manifestations culturelles. Les formalités préalables », *Le Jurisculture*, 2011, n° 141, p. 4. V. aussi : P. BON, « Police des activités et lieux susceptibles d'être dangereux », *Encyclopédie des collectivités territoriales*, Dalloz, 2006, folio n° 2523, n° 108 s. ; J. RUBIO, G. GUILLOT, *op. cit.*

[1628] L. 211-4 Code de la sécurité intérieure.

les mesures de police administrative : adaptation, nécessité, proportionnalité[1629].

815. Il existe à côté de la police administrative apparemment ordinaire des activités culturelles, une police administrative spécifique aux manifestations culturelles particulières.

B) La police administrative spécifique des manifestations culturelles particulières

816. Il existe dans le domaine culturel deux types de manifestations faisant l'objet d'un régime juridique particulier : les rassemblements festifs à caractère musical et certaines manifestations culturelles à but lucratif (1). Il semble alors *a priori* possible de voir dans la spécificité de leur régime juridique une reconnaissance de la singularité de certaines actions culturelles. Néanmoins, celle-ci tient en réalité plus aux risques particuliers que ces activités peuvent entraîner qu'à leur caractère culturel. Du fait de ces derniers, le régime juridique applicable est plus contraignant pour les organisateurs et fait l'objet de sanctions (2).

1) Les manifestations culturelles particulières

817. Certains rassemblements festifs à caractère musical organisés par des personnes privées, dans des lieux qui ne sont pas au préalable aménagés à cette fin, sont soumis à une déclaration préalable – plus contraignante que pour les manifestations sur les voies publiques – des organisateurs auprès du préfet du département dans lequel le rassemblement doit se tenir ou auprès du préfet de police à Paris[1630]. Les rassemblements concernés sont ceux « qui donnent lieu à la diffusion de musique amplifiée ; dont le nombre prévisible de personnes présentes sur les lieux dépasse 500 ; dont l'annonce est prévue par voie de presse, affichage, diffusion de tracts ou par tout moyen de communication ou de télécommunication ; qui sont susceptibles de présenter des risques pour la sécurité des participants, en raison de l'absence d'aménagement ou de la configuration des lieux »[1631].

[1629] B. PLESSIX, *op. cit.*, p. 809 s. ; P.-L. FRIER, J. PETIT, *op. cit.*, p. 333 s. ; P. GONOD, *op. cit.*, p. 103.

[1630] Article L. 211-5 al. 1 Code de la sécurité intérieure créé par l'Ordonnance n° 2012-351 du 12 mars 2012 relative à la partie législative du code de la sécurité intérieure, *JO*, n° 62, du 13 mars 2012, p. 4533, texte n° 16 remplaçant l'article 23-1 de la Loi n° 95-73 du 21 janvier 1995 d'orientation et de programmation relative à la sécurité, *JO*, 24 janvier 1995, p. 1249 modifiée par l'article 53 de la Loi n° 2001-1062 du 15 novembre 2001 relative à la sécurité quotidienne, *JO*, 16 novembre 2001, p. 18215.

[1631] Article R. 211-2 Code de la sécurité intérieure.

818. Un régime spécial a été également mis en place s'agissant de certaines manifestations culturelles à but lucratif dont l'objet ou l'importance justifie la mise en place d'un service d'ordre. « Les organisateurs de manifestations [...] culturelles à but lucratif dont le public et le personnel qui concourt à la réalisation de la manifestation peuvent atteindre plus de 1 500 personnes, soit d'après le nombre de places assises, soit d'après la surface qui leur est réservée, sont [ainsi] tenus d'en faire la déclaration au maire, à Paris, au préfet de police et, dans le département des Bouches-du-Rhône, au préfet de police des Bouches-du-Rhône »[1632]. Cette déclaration peut être faite pour une ou plusieurs manifestations dont la programmation est prévue à l'avance et doit être réalisée un an au plus et, sauf urgence motivée, un mois au moins avant la date de la manifestation. L'absence de singularité de ces manifestations culturelles, liée à au caractère culturel de celle-ci, peut être constatée dans le fait que le même régime est applicable aux manifestations récréatives et sportives satisfaisant les mêmes conditions.

819. Les manifestations culturelles particulières font l'objet de régimes juridiques plus contraignants que les autres manifestations0

2) Des régimes juridiques plus contraignants

820. Les déclarations relatives aux manifestations festives à caractère musical et aux manifestations culturelles à but lucratif doivent contenir, en raison des risques spécifiques qu'elles sont susceptibles de faire courir, des informations relatives à la prévention de ces derniers.

821. La déclaration relative aux rassemblements festifs à caractère musical doit ainsi contenir, en plus des informations relatives à l'identité des organisateurs, au lieu et au moment du rassemblement, « les mesures envisagées pour garantir la sécurité, la salubrité, l'hygiène et la tranquillité publiques » [1633] au regard de la configuration des lieux. Elle comporte notamment « l'indication des dispositions prévues afin de prévenir les risques liés à la consommation d'alcool, de produits stupéfiants ou de médicaments psychoactifs, notamment les risques d'accidents de la circulation »[1634] et « précise les modalités de stockage, d'enlèvement des déchets divers et de remise en état du lieu utilisé pour le rassemblement »[1635]. Par ailleurs, l'autorisation d'occuper le terrain ou le local où est prévu le rassemblement,

[1632] Article L. 211-11 Code de la sécurité intérieure.
[1633] Article L. 211-5 al. 2 Code de la sécurité intérieure.
[1634] Article R. 211-4 Code de la sécurité intérieure.
[1635] Article R. 211-4 Code de la sécurité intérieure.

donnée par le propriétaire ou le titulaire d'un droit réel d'usage, doit être jointe à la déclaration[1636].

822. Les informations sont contrôlées par le représentant de l'État dans le département (ou par le préfet de police à Paris et dans les Bouches-du-Rhône[1637]), celui-ci peut alors soit organiser une concertation avec les responsables pour changer le lieu ou adapter les mesures si elles paraissent insuffisantes pour garantir le bon déroulement du rassemblement[1638], soit leur imposer des mesures qu'il juge nécessaires (mise en place d'un service d'ordre ou d'un dispositif sanitaire), soit interdire le rassemblement s'il est de nature à troubler gravement l'ordre public ou si en dépit d'une mise en demeure les mesures prises par l'organisateur restent insuffisantes[1639]. Le préfet de département doit informer le maire de la ou des communes concernées par l'organisation du rassemblement en lui précisant notamment les mesures d'organisation de ce dernier prises par l'organisateur ou qu'il a lui-même imposées[1640]. Par exemple, c'est à l'issue de cette procédure que les six préfets de la région Centre-Val de Loire ont pris des arrêtés[1641] pour interdire l'installation illégale de rassemblements festifs à caractère musical (par exemple le Teknival) dans la région pour la période du 23 avril au 5 mai 2018[1642].

823. La déclaration relative aux manifestations culturelles à but lucratif, faite au maire, ou au préfet de police de Paris ou des Bouches-du-Rhône, doit contenir des informations spécifiques, notamment « les mesures envisagées par les organisateurs en vue d'assurer la sécurité du public et des participants »[1643] et en particulier « toutes précisions utiles sur le service d'ordre éventuellement mis en place par les organisateurs, les mesures qu'ils ont arrêtées en application de la réglementation relative à la protection contre les risques d'incendie et de panique dans les établissements recevant du public »[1644]. Le Code de la sécurité intérieure, précise à cet égard que « les

---

1636 Article L. 211-5 al. 2 Code de la sécurité intérieure.

1637 Article R. 211-9 Code de la sécurité intérieure.

1638 Article L. 211-6 Code de la sécurité intérieure et R. 211-6 et 7 Code de la sécurité intérieure.

1639 Article L. 211-7 Code de la sécurité intérieure.

1640 Article R. 211-8 Code de la sécurité intérieure.

1641 V. par exemple pour le Loiret : Arrêté portant interdiction temporaire de rassemblements festifs à caractère musical (Teknival et rave-party) dans le département du Loiret, 20 avril 2018, [en ligne], www.loiret.gouv.fr.

1642 V. aussi le communiqué de presse du 24 avril 2018, [en ligne], www.loiret.gouv.fr.

1643 Article R. 211-23 Code de la sécurité intérieure.

1644 Article R. 211-23 Code de la sécurité intérieure. Si un tel service d'ordre est mis en place la déclaration doit contenir un certain nombre de précisions le concernant sur

personnes physiques ou morales pour le compte desquelles sont mis en place par les forces de police ou de gendarmerie des services d'ordre qui ne peuvent être rattachés aux obligations normales incombant à la puissance publique en matière de maintien de l'ordre sont tenues de rembourser à l'État les dépenses supplémentaires qu'il a supportées dans leur intérêt »[1645].

824. La déclaration est contrôlée par l'autorité de police (maire, ou préfet de police à Paris ou préfet de police des Bouches-du-Rhône). Si celle-ci juge que les mesures prises par les organisateurs pour assurer la sécurité, compte tenu de l'importance du public attendu, de la configuration des lieux et des circonstances propres à la manifestation, sont insuffisantes, elle peut imposer un service d'ordre ou son renforcement[1646].

825. L'absence de déclaration ou le non-respect de l'interdiction peut enfin faire l'objet de poursuites pénales[1647] s'agissant des rassemblements festifs à caractère musical. Devant les risques engendrés et, selon certains, la « recrudescence de rave-parties illégales »[1648], une proposition de loi a été déposée à l'Assemblée nationale en avril 2018 tendant à renforcer leurs sanctions[1649].

826. L'absence de déclaration ou de mise en place du service d'ordre comme prévu par la déclaration ou conformément aux prescriptions imposées par l'autorité de police est susceptible dans le même sens d'entraîner des poursuites pénales pour l'organisateur, « sans préjudice des sanctions qu'il peut encourir au titre des conséquences dommageables d'une déficience dans l'organisation et le fonctionnement du service d'ordre »[1650], s'agissant des manifestations culturelles à but lucratif.

827. Le régime de la police administrative utilisé dans le domaine culturel permet, en plus de garantir le bon déroulement des activités culturelles, de préserver l'existence de certaines d'entre elles et ainsi la diversité et la spécificité des activités culturelles territoriales.

---

lesquelles il semble inutile de revenir ici : v. not. articles : L. 613-13 ; R. 613- 10 et R. 211-23 Code de la sécurité intérieure.

[1645] Article L. 211-11 Code de la sécurité intérieure.

[1646] Article R. 211-24 Code de la sécurité intérieure.

[1647] Article L. 211-15 Code de la sécurité intérieure.

[1648] T. Bazin (et autres), Proposition de loi visant à renforcer les sanctions à l'encontre des organisateurs de rave-parties illégales, AN, n° 864, 11 avril 2018.

[1649] *Ibid.*

[1650] Article R. 211-31 Code de la sécurité intérieure.

§2 : La police administrative, garantie de la diversité et de la spécificité des activités culturelles territoriales

828. La police administrative garantit la diversité et la spécificité de certaines activités culturelles territoriales. Elle joue alors un rôle singulier et participe à la différenciation territoriale.

829. Les usages locaux et les traditions locales ininterrompues permettent en effet une application particulière de la police dans le domaine culturel, affirmant ainsi l'existence de singularités territoriales et corporatives (A).

830. Ils invitent également à s'interroger sur les liens parfois ténus entretenus entre le culturel et le cultuel au niveau territorial, lesquels peuvent être source d'une relative insécurité juridique à clarifier (B).

A) L'identification délicate des traditions locales et usages culturels locaux

831. Les usages locaux et les traditions locales autorisent des dérogations au régime général de la police intervenant dans le domaine culturel, qu'il s'agisse du régime des manifestations culturelles ou encore de celui de la réglementation des traitements des animaux caractérisant ainsi l'existence de singularités territoriales et corporatives justifiant ces régimes juridiques particuliers.

832. Le Code de la sécurité intérieure prévoit que les manifestations conformes aux usages locaux ne sont pas soumises à déclaration. Cette situation résulte du fait que leur répétition régulière et durable laisse supposer, d'une part, leur légalité, et d'autre part, l'impossibilité qu'ils puissent soulever des troubles nouveaux à l'ordre public que la personne publique ne puisse anticiper.

833. Il semble par ailleurs qu'une partie importante des usages locaux susceptibles d'être considérés comme culturels soient pris en charge directement ou indirectement par la collectivité territoriale. C'est le cas des fêtes traditionnelles, notamment sous le régime du service public[1651] accompagné de la prise de mesures de police administrative générale

---

[1651] CE, 17 novembre 1976, n° 94560 et n° 98364, *Commune de Fayssac c/Sieur X et Caisse de mutualité sociale agricole* (démontage d'une tribune de bal), *Rec. T.* ; CE, 6 juin 1980, n° 14697, *Mme Claire X c/Commune de Saintes-Maries-de-la-Mer* (fête d'abrivado), inédit au *Lebon* ; CE, 10 juin 1988, n° 58109, *Commune des Saintes-Maries-de-la-Mer c/Mme X...* (fête d'abrivado), inédit au *Lebon* ; CAA Lyon, 9 février 2017, n° 15LY00594, *Mlle C. c/Commune de Cranves-Sales* (fête de la Saint Jean), inédit au *Lebon*.

nécessaires[1652]. La réglementation des manifestations traditionnelles peut par ailleurs être prévue par des mesures de police administrative générale, lui étant propres[1653] ou plus générales par exemple relatives à la circulation dans la collectivité[1654].

834. Le Code pénal prévoit dans une logique similaire que les courses de taureaux sont tolérées lorsque peut être invoquée « une tradition locale ininterrompue »[1655]. Il en est de même pour les combats de coqs, selon ce même code, uniquement « dans les localités où une tradition ininterrompue peut être établie »[1656]. Ainsi les dispositions de l'article 521-1 dudit code, prévoyant les sanctions à l'encontre de sévices graves ou de nature sexuelle, ou la commission d'un acte de cruauté envers un animal domestique ou apprivoisé ou tenu en captivité, ne leur sont pas applicables.

835. S'agissant des premières, l'article 521-1 al. 7 du Code pénal a été déclaré conforme à la Constitution[1657]. Plus généralement, les spectacles taurins sont, dans l'hypothèse d'une tradition locale ininterrompue, reconnus comme des spectacles vivants singuliers[1658]. La corrida n'appartient cependant plus au patrimoine immatériel de la France, son inscription à l'inventaire de celui-ci ayant été supprimée[1659].

[1652] CE, 6 juin 1980, n° 14697, *Mme Claire X c/Commune des Saintes-Maries-de-la-Mer* (fête de abrivado), inédit au *Lebon* ; CE, 10 juin 1988, n° 58109, *Commune des Saintes-Maries-de-la-Mer c/Mme X...* (fête d'abrivado), inédit au *Lebon.*

[1653] CE, 10 février 1984, n° 31459, *Pascal X c/Commune de Caraman* (participant à un match de rugby), *Rec.* ; CAA Bordeaux, 30 octobre 2007, n° 05BX00152, *M et Mme X... c/Commune d'Ares* (fête du 14 juillet et fête de l'huitre), inédit au *Lebon.*

[1654] CE, 19 mars 1969, n° 67589, *Sieur X... c/Commune d'Equeurdreville, Rec. T.*

[1655] Article 521-1 al. 7 première phrase Code pénal.

[1656] Article 521-1 al. 7 seconde phrase Code pénal.

[1657] Décision n° 2012-271 QPC du 21 septembre 2012, *Association Comité radicalement anti-corrida Europe et autre.* Pour un rappel de l'évolution de la législation en matière de courses taurines, v. not : P. TIFINE, « A propos des rapports entre l'usage, la coutume, et la loi », *RFDA*, 2002, p. 496 ; CONSEIL CONSTITUTIONNEl, *Commentaire, Décision n° 2012-271 QPC du 21 septembre 2012, Association Comité radicalement anti-corrida Europe et autre,* [en ligne].
Le Conseil constitutionnel avait été saisi sur renvoi du Conseil d'État. CE, 20 juin 2012, n° 357798, *Comité radicalement anti-corrida Europe, Droit des animaux*, inédit au *Lebon.*

[1658] Pour la corrida : CAA Marseille, 27 février 2018, n° 16MA04152, *SAS Simon Casas Production*, inédit au *Lebon*. V. aussi antérieurement : CAA Marseille, 20 décembre 2016, n° 14MA04261, *SAS Plateau de Valras*, inédit au *Lebon.*

[1659] V. CAA Paris, 1er juin 2015, n° 13PA02011, *Fondation Franz Weber, Robin des bois, Comité radicalement anti-corrida Europe, Droit des animaux*, inédit au *Lebon* ; CE, 27 juillet 2016, n° 392277, *Fondation Franz Weber, Robin des bois, Comité radicalement anti-corrida Europe, Droit des animaux, Rec. T.*

836. Les combats de coqs, susceptibles de constituer une tradition locale ininterrompue, semblent appréciés plus sévèrement malgré leur caractère culturel. Ainsi, dans les travaux préparatoires de la loi de 1951 relative à l'exception des dispositions pénales sur les sévices sur les animaux[1660], si les courses de taureaux sont qualifiées de « spectacles » et justifient selon l'auteur du rapport une exception à la législation pénale, ce n'est pas le cas des combats de coqs, « combats lamentables où l'on fait s'entretuer de pauvres bêtes, celles-là incontestablement domestiques et qu'on a spécialement armées pour qu'elles puissent mieux se déchirer »[1661]. L'interdiction de création de nouveau gallodrome, destinée à terme à faire disparaître cette tradition, pourtant déclarée conforme à la Constitution[1662], en témoigne.

837. Aucun texte néanmoins ne définit ou ne liste, en particulier dans le domaine culturel, ce qui relève des usages locaux ou ce qui constitue des traditions locales ininterrompues. Il semble toutefois généralement admis que relèvent des premiers les défilés de carnaval, les fêtes traditionnelles ou les fêtes de village par exemple. Une telle conception semble pouvoir être admise dans la logique de la *Convention pour la sauvegarde du patrimoine culturel immatériel* selon laquelle sont susceptibles d'appartenir au patrimoine culturel immatériel « les pratiques sociales, rituels et évènements festifs »[1663]. Le

---

1660 Loi n° 51-461, du 24 avril 1951 portant modification de la loi du 2 juillet 1850 relative aux mauvais traitements envers les animaux, *JO*, 25 avril 1951, p. 4139.

1661 J. DEFOS DU RAU, Rapport n° 10764 du 26 juillet 1950 (Assemblée nationale), cité *in* CONSEIL CONSTITUTIONNEl, *Commentaire, Décision n° 2015-477 QPC du 31 juillet 2015, Jismy R.,* [en ligne].

1662 Par ex. : Décision n° 2015-477 QPC du 31 juillet 2015, *Jismy R.*, *AJCT*, 2016, p. 44, note FABRE.

1663 Article 2, Convention pour la sauvegarde du patrimoine culturel immatériel, 17 octobre 2003 : « Aux fins de la présente Convention,/1. On entend par "patrimoine culturel immatériel" les pratiques, représentations, expressions, connaissances et savoir-faire - ainsi que les instruments, objets, artefacts et espaces culturels qui leur sont associés - que les communautés, les groupes et, le cas échéant, les individus reconnaissent comme faisant partie de leur patrimoine culturel. Ce patrimoine culturel immatériel, transmis de génération en génération, est recréé en permanence par les communautés et groupes en fonction de leur milieu, de leur interaction avec la nature et de leur histoire, et leur procure un sentiment d'identité et de continuité, contribuant ainsi à promouvoir le respect de la diversité culturelle et la créativité humaine. Aux fins de la présente Convention, seul sera pris en considération le patrimoine culturel immatériel conforme aux instruments internationaux existants relatifs aux droits de l'homme, ainsi qu'à l'exigence du respect mutuel entre communautés, groupes et individus, et d'un développement durable/2. Le "patrimoine culturel immatériel", tel qu'il est défini au paragraphe 1 ci-dessus, se manifeste notamment dans les domaines suivants:/(a) les traditions et expressions orales, y compris la langue comme vecteur du patrimoine culturel immatériel ; /(b) les arts du spectacle ;/(c) les pratiques sociales, rituels et évènements festifs ; (d) les connaissances et pratiques concernant la nature et l'univers ;/(e) les savoir-faire liés à l'artisanat traditionnel. »

carnaval de Granville, les fêtes du feu du solstice d'été dans les Pyrénées et le fest-noz par exemple ont été inscrits, dans cette perspective, sur la *Liste représentative du patrimoine culturel immatériel de l'humanité*[1664]. Le rattachement des usages locaux au patrimoine immatériel semble donc possible de manière générale sans qu'ils soient pour autant nécessairement inventoriés comme tel sur ladite liste.

838. Au regard de la jurisprudence, la notion d'usage local culturel semble néanmoins pouvoir être appréhendée. Seule une faible partie des décisions découle d'un contentieux relatif à la déclaration d'une manifestation culturelle et le qualificatif de « culturel » n'est pas souvent explicitement utilisé par le juge, quand bien même il s'agit d'une affaire relevant de ce domaine.

839. Le juge administratif[1665] a défini l'usage local comme « la pratique régulière et suffisamment durable » de la manifestation « à la condition que [celle-ci] n'ait pas été interrompue dans des conditions qu'il y ait lieu de la regarder comme abandonnée »[1666].

840. Il semble alors ici assimilable à la notion de « tradition locale ininterrompue » définie dans des termes similaires[1667] et utilisée dans les textes relatifs à la tolérance des combats de coqs et des courses de taureaux. Il convient à cet égard de préciser que le caractère traditionnel demeure si la manifestation n'a pas eu lieu depuis plusieurs années en raison par exemple d'une mesure d'interdiction administrative illégale[1668] ou si l'intérêt que lui

---

[1664] Respectivement en 2016, 2015 et 2014. Liste disponible, [en ligne],//ich.unesco.org/fr.

[1665] Certains auteurs soulignent que la « notion de tradition locale ininterrompue » vient essentiellement de la jurisprudence judiciaire. V. not. : P. TIFINE, « A propos des rapports entre l'usage, la coutume, et la loi », *RFDA*, 2002, p. 496 ; A. FROMENT, « Retour sur la QPC du 21 septembre 2012. La tradition locale ininterrompue : une notion controversée. Enfreindre la tradition est aussi une tradition », *Civitas Europa*, vol. 29, 2012, n° 2, p. 158. Par ex. : CA Bordeaux, ch. acc., 11 juill. 1989 : *JCP G* 1989, II, 21344, 2° esp., note AGOSTINI, C. cass., civ., 1re, 7 févr. 2006, n° 03-12.804, *Bull.*, 2006, I, n° 50 ; *JCP G*, 2006, II, 10073, note DE MONTREDON.
Le juge administratif l'utilise essentiellement en matière de cérémonies religieuses et de tauromachie. A. FROMENT, « Retour sur la QPC du 21 septembre 2012. La tradition locale ininterrompue : une notion controversée. Enfreindre la tradition est aussi une tradition », *op. cit.*, p. 153.

[1666] CE, 14 octobre 2015, n° 374601, *Mme A…c/Commune de Boissettes* (sonneries civiles des cloches d'Église), *Rec. T.*

[1667] V. par ex : C. cass., civ., 2e, du 10 juin 2004, 02-17.121, *Bull.*

[1668] CE 26 avril 1950, *Abbé Dalque*, *Rec.*, p. 234. V. not. S. GUERARD, « La liberté religieuse dans les lieux publics », *Cahier de la recherche sur les droits fondamentaux*, 2005, n° 4, p. 49 (en part. p. 57).

porte un nombre suffisant de personnes [1669] permet de constater la persistance d'une tradition locale. La conception du « local » est entendue au-delà de la simple « localité » concernée également pour les combats de coqs. Le juge a ainsi pu préciser que « la tradition locale doit s'apprécier au sens régional de la coutume et s'étendre au-delà des limites territoriales de la commune dans laquelle les combats sont organisés dès lors que celle-ci s'inscrit dans un ensemble démographique uni par la même culture à l'origine de la manifestation »[1670].

841. L'établissement des usages en fait culturel indiscutable[1671] apparaît ainsi en réalité plus à travers la régularité de l'usage et l'attachement de la population à ce dernier en tant que *tradition locale*, qu'à travers son contenu même, les fêtes traditionnelles pouvant se manifester de manières diverses par exemple par un bal, un match de rugby ou encore un lâcher de taureaux[1672]. La position de la doctrine précédemment évoquée doit donc être nuancée. C'est le cadre de la fête traditionnelle qui implique éventuellement et paradoxalement son caractère culturel plus que la nature de l'activité.

842. Toutefois, une difficulté particulière est soulevée par les manifestations cultuelles potentiellement culturelles.

B) La distinction délicate entre culturel et cultuel

843. La recherche de l'appréhension des usages culturels locaux conduit à s'interroger sur le lien qui existe entre le culturel et le cultuel. Les fêtes traditionnelles locales soulèvent parfois des interrogations relatives au lien entretenu entre ces deux domaines. Un certain nombre de fêtes locales traditionnelles a en effet lieu à l'occasion de fêtes religieuses, quand bien même elles n'ont plus ou peu d'aspects cultuels : fête de la Saint-Jean

---

[1669] C. cass., civ., 1e, 7 février 2006, n° 03-12804, Association L'Alliance pour la suppression des corridas et autres contre Association Le Club taurin de Toulouse et autre, Gazette du Palais, 26 septembre 2006, n° 269, p. 12, note BLANC.

[1670] CAA Douai, 6e chambre, 18 septembre 2007, n° 06/03747, cité *in* CONSEIL CONSTITUTIONNEl, *Commentaire, Décision n° 2015-477 QPC du 31 juillet 2015, Jismy R.*, [en ligne].

[1671] Expression empruntée à P. Soubelet. P. SOUBELET, « Corridas : confusion sur « la tradition locale ininterrompue », *D.*, 2002, p. 2267.

[1672] CE, 10 février 1984, n° 31459, *Pascal X c/Commune de Caraman* (participant à un match de rugby), *Rec.* ; CE, 17 novembre 1976, n° 94560 et n° 98364, *Commune de Fayssac c/Sieur X et Caisse de mutualité sociale agricole* (démontage d'une tribune de bal), *Rec.*, *T.* ; CE, 6 juin 1980, n° 14697, *Mme Claire X c/Commune de Saintes-Maries-de-la-Mer* (fête de abrivado), inédit au *Lebon* ; CE, 10 juin 1988, n° 58109, *Commune des Saintes-Maries-de-la-Mer c/Mme X...* (fête d'abrivado), inédit au *Lebon* ; CAA Lyon, 9 février 2017, n° 15LY00594, *Mlle C. c/Commune de Cranves-Sales* (fête de la Saint Jean), inédit au *Lebon*.

ou Noël[1673] par exemple. De plus, et surtout, il est affirmé de manière récurrente que les processions religieuses sont susceptibles de relever des usages locaux[1674]. N'est-il pas permis ici de penser qu'il s'agit ici d'une forme de reconnaissance de leur caractère culturel, comme appartenant *à la tradition locale*, à côté de leur caractère cultuel ?

844. Si le juge administratif se montre en effet en général réticent à l'égard de manifestations religieuses au nom du principe de neutralité[1675], il semble admettre le possible caractère culturel d'une pratique cultuelle. La permanence du caractère cultuel de l'activité justifie cependant encore l'illégalité d'un subventionnement[1676] d'une collectivité territoriale à celle-ci. Le Conseil d'État a ainsi pu considérer que la Cour administrative d'appel, qui a censuré l'octroi d'une telle subvention, n'a pas commis d'erreur de droit en relevant que « les ostensions se concluent par des eucharisties ; [...] que de telles cérémonies revêtent, en elles-mêmes, un caractère cultuel, alors même, d'une part, qu'elles ont acquis un caractère traditionnel et populaire, qu'elles attirent la population locale ainsi que de nombreux touristes et curieux, et qu'elles ont dès lors aussi un intérêt culturel et économique, et, [...], qu'en marge des processions elles-mêmes, sont organisées des manifestations à caractère culturel ou historique, telles que des concerts, des expositions, des conférences ou des visites de musées »[1677]. Une telle position peut paraître surprenante eu égard à l'inscription des ostensions septennales limousines sur

---

[1673] Sans que le contentieux porte sur la nécessité ou pas d'une déclaration V. s'agissant des fêtes traditionnelles locales à l'occasion de fêtes religieuses : CAA Lyon, 9 février 2017, n° 15LY00594, *Mlle C. c/Commune de Cranves-Sales* (fête de la Saint Jean), inédit au *Lebon* ; CAA Nancy, 9 février 2017, n° 16NC00397, *SARL Salaisons Muller-Weber c/Office de tourisme de Colmar* (marché de noël), inédit au *Lebon*.

[1674] CE 25 janvier 1939, *Abbé Marzy*, *Rec.*, p. 709. V. aussi : S. GUERARD, « La liberté religieuse dans les lieux publics », *Cahier de la recherche sur les droits fondamentaux*, 2005, n° 4, p. 49 (en part. p. 57) ; M. LE FUR, Question au ministre de l'Intérieur, outre-mer, collectivités territoriales et immigration, n° 105434, *JO*, 19 avril 2011, p. 3842 et surtout la réponse ministérielle *JO*, 17 janvier 2012, p. 653.

[1675] CE, Ass., 9 novembre 2016, n° 395122, *Fédération nationale des libres penseurs de Seine-et-Marne c/Ville de Melun, Rec.* ; CE, Ass., 9 novembre 2016, n° 395223, *Fédération de la libre pensée de Vendée c/Conseil général de Vendée, Rec*. (à propos de l'installation de crèches).

[1676] Sur les subventions et les difficultés inhérentes à celles-ci v. également *infra*.

[1677] CE, 15 février 2013, n° 347049, *Grande confrérie de Saint Martial, Confrérie de Saint Eloi en Limousin et Comité des ostensions de Saint Victurnien, Rec*. ; *AJDA*, 2015, p. 375, obs. DE MONTECLER ; CE, 15 février 2013, n° 347050, *Grande confrérie de Saint Martial, Confrérie de Saint Eloi en Limousin et Comité des ostensions de Saint Victurnien*, inédit au *Lebon*. V. aussi : M. COMTE-PERRIER, « Loi de 1905 et aides des collectivités publiques aux cultes », *RFDA*, 2013, p. 342.

la *Liste représentative du patrimoine culturel immatériel de l'humanité* en 2013[1678].

845. Il semble alors *in fine* que les processions religieuses peuvent constituer une tradition ou un usage local permettant de déroger au principe de la déclaration préalable des manifestations publiques, mais ne permettent pas d'octroyer une subvention de la part de la collectivité en raison de l'existence maintenue à côté de leur caractère fondamentalement cultuel. Cette situation est donc le résultat d'une conciliation entre deux types de réglementation : celle propre aux usages locaux culturels et celle propre au cultuel. En fonction du caractère culturel ou cultuel prépondérant, le juge exclut le bénéfice de certains pans du régime de l'un ou l'autre.

846. Dans une jurisprudence antérieure, le Conseil d'État avait en effet pu admettre la légalité d'une subvention dont le culte n'était pas l'objet, mais qui pouvait le servir indirectement. Le juge a ainsi considéré qu'une collectivité territoriale pouvait acquérir un orgue et le placer dans une église sous réserve d'un intérêt public local lié à sa politique culturelle et éducative, même s'il sert par ailleurs à l'exercice du culte[1679]. La Haute juridiction administrative a admis, dans le même sens, la possibilité pour une collectivité territoriale d'octroyer une aide par voie contractuelle pour le financement de travaux sur un édifice présentant un intérêt culturel et touristique, quand bien même celui-ci serait utile aux personnes pratiquant le culte[1680].

847. La balance entre le cultuel et le culturel semble alors devoir être appréciée au cas par cas par le juge administratif.

848. À côté de la police administrative utilisée dans le domaine culturel, il existe un autre moyen de garantir la diversité et la spécificité des activités culturelles territoriales. Il s'agit dans cette hypothèse de leur apporter un soutien dans le cadre d'une politique culturelle ou plus largement dans le cadre d'une stratégie plus globale de développement du territoire.

[1678] Liste disponible, [en ligne], ich.unesco.org/fr.

[1679] CE, Ass., 19 juillet 2011, n° 308544, *Commune de Trélazé*, *Rec.*, *AJDA*, 2011, p. 1460, obs. DE MONTECLER ; *AJDA*, 2011, p. 1667, chron. DOMINO, BRETONNEAU ; *AJDA*, 2014, p. 124, note HUBAC ; *D.*, 2011, p. 2025, édito ROME.

[1680] CE, Ass., 19 juillet 2011, n° 308817, *Fédération de la libre pensée et de l'action sociale du Rhône c/M. Picquier*, *Rec.* ; *AJDA*, 2011, p. 1667, chron. DOMINO, BRETONNEAU ; *AJDA*, 2014, p. 124, note HUBAC ; *D.*, 2011, p. 2025, édito. ROME ; *AJCT*, 2011, p. 515, obs. PERRIER ; *RFDA*, 2011, p. 967, concl. GEFFRAY.

Section 2 : La complexité des diverses modalités de soutien aux activités culturelles

849. Le soutien aux activités culturelles constitue un élément essentiel de la politique culturelle territoriale confirmant la complémentarité nécessaire qui peut exister entre les différents acteurs culturels locaux. Les personnes publiques font alors participer les acteurs aidés à leur propre politique culturelle.

850. La diversité des modalités de soutien aux activités culturelles (§1) n'est cependant pas sans causer des difficultés tenant tant à leur articulation qu'à leur régime juridique qu'il conviendrait de clarifier. Le domaine culturel se révèle dans cette perspective, au-delà de ses seules spécificités, comme un terrain d'observation privilégié de problématiques susceptibles d'être retrouvées dans d'autres champs (§2).

§1 : La diversité nécessaire du soutien indispensable aux activités culturelles

851. La diversité des modalités de soutien apparaît comme nécessaire. Elle permet en effet à chaque territoire de trouver la formule qui lui correspond le mieux au regard de sa situation et de son contexte propre.

852. Le soutien indispensable aux activités culturelles est susceptible d'être réalisé par différents procédés[1681]. Ils peuvent être directs. C'est le cas quand la personne publique aide matériellement son « partenaire », financièrement ou par la mise à disposition de locaux (A). Ils peuvent également être indirects par le biais d'exonérations fiscales ou d'achats d'œuvres d'art, entendus comme modalité de soutien à un artiste vivant selon leur conception initiale (B).

A) La diversité des soutiens directs

853. Les collectivités territoriales peuvent choisir d'octroyer des aides aux acteurs culturels locaux. Une distinction semble alors devoir être établie. Les aides ayant une vocation économique ne peuvent être délivrées, selon un régime particulier, qu'à des entreprises[1682], c'est-à-dire des entités qui offrent des biens et des services sur un marché concurrentiel. Les aides n'ayant pas une telle vocation peuvent en principe être « distribuées en toute liberté par les collectivités territoriales à condition de relever de leurs affaires

---

[1681] J.-M. PONTIER, « Les aides à la culture », *JCP A*, 2012, 2351, p. 32 s.
[1682] S. NICINSKI, *Droit public des affaires*, *op. cit.*, p. 263.

locales »[1683], notamment à des associations à but non lucratif. Cette position semble permettre de circonscrire un domaine non économique composé par des activités culturelles, sportives et sociales. La validité de ce « sanctuaire » soulève cependant des doutes au regard du droit de l'Union européenne[1684].

854. Les soutiens directs des personnes publiques peuvent alors se concrétiser à travers des aides financières (1) ou encore la mise à disposition de locaux, (2). La diversité de ces soutiens semble alors bienvenue, car elle permet aux collectivités de procéder selon les moyens effectifs dont elles disposent et de choisir les instruments de leur politique culturelle participant éventuellement de leur stratégie globale de développement territorial.

1) Les aides financières

855. Les subventions accordées aux associations à but non lucratif qui jouent un rôle majeur dans la politique culturelle des collectivités territoriales doivent alors être envisagées (b), après un bref rappel du régime des aides économiques aussi susceptibles d'être utilisées dans le domaine culturel en particulier au profit des entreprises de spectacle cinématographique (a).

a) Les aides économiques aux entreprises et au maintien de services locaux

856. Les collectivités territoriales peuvent souhaiter consentir des aides économiques à des entreprises relevant du domaine culturel, notamment en matière de cinéma[1685]. Ces dernières sont soumises à un régime particulier tendant à les concilier avec le respect du droit de la concurrence[1686], issu pour partie des exigences de l'Union européenne relatives aux aides d'État[1687].

857. Le Code général des collectivités territoriales confie par principe au conseil régional seul la compétence pour définir les régimes d'aides et pour décider de l'octroi des aides aux entreprises dans la région qui ont pour objet la création et l'extension d'activités économiques. La métropole de Lyon, les communes et leurs groupements peuvent néanmoins participer au financement des aides et des régimes d'aides mis en place par la région, dans le cadre de conventions passées avec celle-ci[1688]. Ces aides économiques ne peuvent

---

[1683] *Ibid.*, p. 264.
[1684] *Ibid.*
[1685] J.-F. AUBY, *op. cit.*, p. 229.
[1686] C. conc., 10 juillet 2008, n° 08-A-13, relatif à une saisine du syndicat professionnel Unicité portant sur l'intervention des collectivités locales dans le domaine du cinéma, n° 74.
[1687] Cf. *infra*.
[1688] Article L. 1511-2 Code général des collectivités territoriales ; MINISTRE DE L'INTERIEUR, MINISTRE DE LA DECENTRALISATION ET DE LA FONCTION PUBLIQUE,

prendre la forme que de prestations de services, de subventions, de bonifications d'intérêts, de prêts et d'avances remboursables, à taux nul ou à des conditions plus favorables que les conditions du marché[1689]. Le code prévoit enfin des dispositions permettant l'articulation des aides avec le droit de l'Union européenne et notamment un mécanisme d'information de la Commission des projets ou régime d'aides que les collectivités territoriales ou leurs groupements souhaitent mettre en œuvre[1690].

858. Les aides destinées à certaines entreprises sont néanmoins prévues par des dispositions législatives particulières contenues dans le Code général des collectivités territoriales. C'est le cas, dans le domaine culturel, directement pour l'aide aux entreprises de spectacles cinématographiques et éventuellement indirectement dans le cadre de l'aide au maintien de services locaux.

859. Les communes et les départements, après avis du conseil municipal de la commune où est située l'entreprise concernée, peuvent ainsi aider financièrement les établissements qui, quel que soit le nombre de leurs salles, réalisent en moyenne hebdomadaire moins de 7 500 entrées ou qui font l'objet d'un classement art et essai dans des conditions fixées par décret[1691]. La région peut aussi soutenir ces établissements et ainsi réaliser sa mission de contribution au développement culturel au travers d'une intervention économique[1692].

860. Cette aide doit faire l'objet d'une convention qui d'une part doit mentionner son objet, et en particulier les objectifs correspondant au projet

---

SECRETAIRE D'ÉTAT A LA REFORME TERRITORIALE, 22 décembre 2015, Instruction du Gouvernement relative à la nouvelle répartition des compétences en matière d'interventions économiques des collectivités territoriales et de leurs groupements issue de l'application de la loi NOTRe, p. 2 et annexe, Fiche n° 2, p. 17.

[1689] Article L. 1511-2 al. 2 Code général des collectivités territoriales.

[1690] Articles L. 1511-1 s. Code général des collectivités territoriales. MINISTRE DE L'INTERIEUR, MINISTRE DE LA DECENTRALISATION ET DE LA FONCTION PUBLIQUE, SECRETAIRE D'ÉTAT A LA REFORME TERRITORIALE, 22 décembre 2015, *op. cit.*, annexe, Fiche n° 14, p. 60 s.

[1691] Articles L. 2251-4 (commune) et L. 3232-4 (département) Code général des collectivités territoriales. V. aussi *supra* : décentralisation culturelle (compétences). Le Conseil d'État a néanmoins une conception restrictive de cette possibilité de soutien de la commune (CE, 10 mars 2021, n° 434564, *Société Royal Cinéma*, *Rec.* ; *JCP A*, 2021, note LE ROY ; *JCP A*, 2021, veille FRIEDRICH ; *AJDA*, 2021, note BOTTINI ; *AJDA*, 2021 act. MAUPIN), ce qui explique l'évolution de la législation sur ce point dans le cadre de la loi 3 DS (art. 148, loi n° 2022-217 du 21 février 2022 relative à la différenciation, la décentralisation, la déconcentration et portant diverses mesures de simplification de l'action publique locale, *JO*, 22 février 2022, texte n°3).

[1692] Article L. 4211-1, 6° Code général des collectivités territoriales.

cinématographique « présentant les actions prévues, notamment en matière de programmation en direction de publics déterminés, de formation à la culture cinématographique ou de prospection de nouveaux publics, ainsi que les engagements en matière de politique tarifaire, d'accueil du public ou de travaux d'aménagement »[1693]. D'autre part, doivent y être mentionnés le montant et les modalités de l'aide[1694]. Enfin, le montant de la subvention accordée par une ou plusieurs collectivités locales ne peut excéder 30 % du chiffre d'affaires de l'établissement, ou 30 % du coût du projet si celui-ci porte exclusivement sur des travaux susceptibles de donner lieu à l'octroi d'un soutien financier[1695].

861. Il apparaît alors que les collectivités territoriales peuvent accorder des financements à des salles privées, qui contribuent alors à leur politique culturelle. Néanmoins, cette « intervention se fait dans des conditions d'égale concurrence avec les exploitants privés : l'activité soutenue par la collectivité ne peut bénéficier de ressources financières privilégiées sauf à supporter des contraintes correspondantes. Dans ces conditions, l'intervention des collectivités territoriales sur le marché de l'exploitation peut accroître la concurrence sur ce marché, mais pas fausser les conditions de cette concurrence »[1696].

862. Les communes et les établissements publics de coopération intercommunale à fiscalité propre sont par ailleurs habilités à accorder des aides, sous réserve de la conclusion avec le bénéficiaire de celles-ci d'une convention fixant les obligations de ce dernier, « lorsque l'initiative privée est défaillante ou insuffisante pour assurer la création ou le maintien d'un service nécessaire à la satisfaction des besoins de la population en milieu rural ou dans une commune comprenant un ou plusieurs quartiers prioritaires de la politique de la ville »[1697]. La commune peut pour compléter ses aides également passer des conventions avec d'autres collectivités territoriales, en particulier le

---

1693 Article R. 1511- 41, 6° Code général des collectivités territoriales.
1694 Article R. 1511- 42 Code général des collectivités territoriales.
1695 Article R. 1511- 43 Code général des collectivités territoriales.
1696 A. Perrot, J.-P. Leclerc, *Cinéma et concurrence, Rapport remis à Mme Christine Lagarde, ministre de l'économie de l'industrie et de l'emploi et Mme Christine Albanel, ministre de la culture et de la communication*, mars 2008, p. 52.
1697 Article L. 2251-3 Code général des collectivités territoriales.

département[1698], sous réserve qu'elles disposent de moyens, en particulier financiers, adaptés à la conduite de ces actions[1699].

863. F. Colin relève à l'égard de ces services qu'il doit s'agir de services d'intérêt local qui ne constituent pas nécessairement juridiquement des services publics et cite, significativement pour cette étude, l'exemple d'une salle de cinéma[1700].

864. À côté des aides aux entreprises et au maintien de services locaux, les collectivités territoriales soutiennent les activités culturelles par l'octroi de subventions.

b) Les subventions aux associations

865. Les personnes publiques interviennent traditionnellement dans différents domaines, et en particulier dans le domaine culturel, par le biais de subventions[1701], qu'il s'agisse de l'État ou des collectivités territoriales. Le maintien de la possibilité de recourir à la subvention pour les collectivités territoriales et leurs groupements témoigne de la volonté de l'État de leur permettre d'intervenir dans le domaine culturel selon un principe d'efficacité et de proximité.

866. La loi relative à l'économie sociale et solidaire de 2014 a enfin défini législativement la subvention[1702], ce qui n'était pas le cas avant malgré son utilisation très fréquente par les personnes publiques, notamment au profit des associations en particulier du domaine culturel[1703]. Cette définition limite ainsi relativement les risques de requalification par le juge administratif des conventions de subventionnement en concession de services ou en marchés

---

[1698] MINISTRE DE L'INTERIEUR, MINISTRE DE LA DECENTRALISATION ET DE LA FONCTION PUBLIQUE, SECRETAIRE D'ÉTAT A LA REFORME TERRITORIALE, 22 décembre 2015, *op. cit.*, annexes, Fiche n° 3, p. 19 et Fiche n° 5, p. 22.

[1699] Article L. 2251-3 al. 2 Code général des collectivités territoriales.

[1700] F. COLIN, *Droit public économique*, Gualino, Master, 6e éd., 2017, p. 346.

[1701] Pour une présentation détaillée du régime des subventions publiques. V. not. : S. DAMAREY, « Les subventions publiques », *in* P.-H. DUTHEIL (dir.), *Juris Corpus Droit des associations et des fondations*, Dalloz, 2016 (maj mars 2018). Sur les subventions publiques dans le domaine culture. V. not. : B. CLAVAGNIER, « Focus : les subventions au secteur culturel », *AJCT*, 2017, p. 252 ; J.-D. DREYFUS, « Subventions publiques et financement de la culture », *Juris art etc.*, 2017, n° 49, p. 23.

[1702] Article 59, Loi n° 2014-856 du 31 juillet 2014 relative à l'économie sociale et solidaire, *JO*, 1er août 2014, p. 12666, texte n° 2 ; *JA*, 2014, p. 29, obs. BENAZETH ; *AJDA*, 2014, p. 1517, obs. PASTOR.

[1703] J.-M. PONTIER, *La décentralisation culturelle*, *op. cit.*, p. 126. V. aussi les chiffres clés rappelés par C. Borde : C. BORDE, « Culture et subventions publiques », *Le Jurisculture*, 2014, n° 179, p. 5.

publics de service[1704]. D'aucuns considèrent même, parlant du domaine culturel, que de tels risques sont désormais « bien moindres »[1705]. Une telle définition mérite donc d'être citée *in extenso*. « Constituent [ainsi] des subventions, au sens de la présente loi, les contributions facultatives de toute nature, valorisées dans l'acte d'attribution, décidées par les autorités administratives et les organismes chargés de la gestion d'un service public industriel et commercial, justifiées par un intérêt général et destinées à la réalisation d'une action ou d'un projet d'investissement, à la contribution au développement d'activités ou au financement global de l'activité de l'organisme de droit privé bénéficiaire. Ces actions, projets ou activités sont initiés, définis et mis en œuvre par les organismes de droit privé bénéficiaires. Ces contributions ne peuvent constituer la rémunération de prestations individualisées répondant aux besoins des autorités ou organismes qui les accordent »[1706].

867. L'apport de cette définition de la subvention est cependant contesté par une partie de la doctrine qui considère que sa portée est relative. Celle-ci se contente en effet de reprendre les critères jurisprudentiels[1707] et de les formaliser[1708]. Cela limite donc la sécurisation annoncée[1709] des rapports entre les collectivités territoriales et les bénéficiaires de subventions[1710].

[1704] En délégation de service public ou marchés publics avant le Code de la commande publique. Pour une hypothèse de requalification dans le domaine culturel, v. le célèbre arrêt : CE, 23 mai 2011, n° 342520, *Commune de Six-Fours-les-Plages*, *Rec.*, *JA*, 2011, n° 442, p. 12, obs. JUILLES ; *JT*, 2011, n° 133, p. 13, JUILLES ; *AJDA*, 2011, p. 1059, obs. GRAND ; *AJDA*, 2011, p. 1515, note DREYFUS ; *AJCT*, 2011, p. 467, obs. FAUSSER ; *RJEP*, 2011, comm. 49, BOULOUIS ; *JCP A*, 2011, 2329, note LINDITCH ; *CMP*, 2011, comm. 195, ECKERT ; *DA*, 2011, comm. 79, note PUGEAULT ; *JCP*, 2011, doctr. 1466, EVEILLARD.

[1705] C. BORDE, *op. cit.*, p. 4.

[1706] Article 9-1, Loi n° 2000-321 du 12 avril 2000 relative aux droits des citoyens dans leurs relations avec les administrations, *JO*, 13 avril 2000, p. 5646, texte n° 1, créé par l'article 59, Loi n° 2014-856 du 31 juillet 2014 relative à l'économie sociale et solidaire, *JO*, 1er août 2014, p. 12666, texte n° 2.

[1707] V. par ex. : CE, 26 mars 2008, n° 284412, *Région de la Réunion*, *Rec.*, p. 114. Sur les contrats de subvention avant la loi de 2014, v. not. : Q. EPRON, « Les contrats de subvention », *RDP*, 2010, n° 1, p. 63 ; Y. GAUDEMET, « Qu'est-ce qu'une subvention publique ? », *RJEP*, 2011, n° 689, repère n° 8.

[1708] V. par ex. : B. CLAVAGNIER, « Economie sociale et solidaire – Les subventions aux associations : définition et conséquences », *AJCT*, 2015, p. 234.

[1709] V. par ex. : J.-M. PONTIER, « Subventions, associations et fondations dans la loi relative à l'économie sociale et solidaire », *JCP A*, 2015, n° 2, 2026.

[1710] V. par ex. : S. DUBITON, « Le subventionnement des associations après la loi Economie sociale et solidaire », *AJDA*, 2014, p. 2528 ; A.-C. VIVIEN, « Place des subventions au regard des marchés publics et DSP », *JA*, 2016, p. 32 ; J. GALVEZ,

868. Les réformes territoriales successives n'ont pas remis en cause la possibilité de subvention des collectivités territoriales dans le domaine culturel. L'article L. 1111-2 du Code général des collectivités territoriales prévoit à cet égard que « les communes, les départements et les régions règlent par leurs délibérations les affaires de leur compétence » et concourent avec l'État « au développement [...] culturel ».

869. La possibilité de subvention est en effet subordonnée pour les collectivités territoriales et les établissements publics territoriaux, à l'existence d'un intérêt local[1711] et au respect du principe de spécialité, apprécié tant d'un point de vue fonctionnel – les collectivités territoriales ne pouvant intervenir que dans leur champ de compétences juridiques[1712] et les établissements publics que dans le cadre des missions qui leur sont statutairement dévolues – que territorial – c'est-à-dire entrer dans le champ de compétence territoriale du subventionneur. Il est donc possible pour une collectivité territoriale de subventionner une association dont le champ d'intervention est plus large que celui de la collectivité[1713], et ce, d'autant plus que cette dernière peut intervenir sur des territoires excédant son périmètre territorial sous réserve de l'existence pour elle d'un intérêt local[1714].

870. Le multi-subventionnement public d'une association culturelle est par ailleurs possible. Rien n'interdit en effet « à plusieurs collectivités territoriales de verser chacune une subvention à une association dès lors qu'il s'agit de financer des actions et opérations différentes, présentant un intérêt local appréciable pour chaque collectivité concernée »[1715], le cas échéant en plus de l'État.

871. La subvention est par essence facultative – l'association n'a pas de droit à obtenir une subvention – et précaire – l'association n'a aucun droit à obtenir le renouvellement d'une subvention si celle-ci est attribuée de manière unilatérale. Elle est renouvelée dans les conditions prévues par la convention

---

« Juridique – Financement public – Subventions : à manier avec précaution », *JA*, 2018, p. 34. Cf. *infra*.

1711 V. par ex. : CE, 8 février 2012, n° 339628, *Commune d'Ivry-sur-Seine*, inédit au *Lebon* (à propos d'une subvention à une association pour des échanges à caractère linguistique et culturel).
Cf. *supra*. V. aussi J.-L. PISSALOUX, F. CONNETABLE, « L'intérêt public local face à l'intérêt général dans le subventionnement des associations » *in* N. KADA (dir.), *L'intérêt public local. Regards croisés sur une notion juridique incertaine*, PUG, 2009, p. 197 s.

1712 Articles L. 2121-29 (commune), L. 3211-1 (département), L. 4221-1 (région) Code général des collectivités territoriales.

1713 S. DAMAREY, *op. cit.*, 34.45.

1714 V. par ex. : CE, 16 juin 1997, n° 170069, *Département de l'Oise*, *Rec.*, p. 236.

1715 *Ibid.*, 34.65.

de subvention, si elle est attribuée contractuellement[1716] (dans la majorité des contrats de subvention, la résiliation unilatérale est prévue pour motif d'intérêt général ou en cas de faute dans la mise en œuvre des moyens et l'atteinte des objectifs pour lesquels la subvention lui a été octroyée). L'octroi d'une subvention à une association culturelle par une collectivité territoriale ou un établissement public atteste donc bien du volontarisme culturel de cette personne publique et de sa volonté d'associer le bénéficiaire de ses aides à sa propre politique culturelle.

872. La liberté des collectivités territoriales quant à la possibilité ou non d'octroyer une subvention s'accompagne de celle de choisir la forme que cette dernière peut revêtir. Elle peut ainsi consister en un paiement en espèces, mais aussi être réalisée en nature[1717] en particulier par une mise à disposition de locaux[1718].

2) Les mises à disposition de locaux

873. Les biens de la personne publique peuvent soit être utilisés par la personne publique elle-même, soit être mis à disposition d'autres acteurs publics ou privés. Dans le domaine culturel, cela permet à la personne publique, outre d'éventuellement valoriser son domaine, d'apporter son soutien à une action culturelle, ce qu'elle ne pourrait éventuellement pas faire par d'autres moyens, notamment financiers. Elle peut ainsi mettre à disposition d'une personne privée, en particulier d'une association, des locaux à titre gracieux ou préférentiel pour qu'elle y développe son activité, attestant ainsi d'un certain volontarisme culturel de la part de la personne publique. Cette personne privée participant alors indirectement dans une certaine mesure à la politique culturelle de la personne publique.

[1716] Article 10 al. 4, Loi n° 2000-321 du 12 avril 2000 relative aux droits des citoyens dans leurs relations avec les administrations, *JO*, 13 avril 2000, p. 5646, texte n° 1 et article 1, décret n° 2001-495 du 6 juin 2001 pris pour l'application de l'article 10 de la loi n° 2000-321 du 12 avril 2000 et relatif à la transparence financière des aides octroyées par les personnes publiques, *JO*, 10 juin 2001, p. 9248, texte n° 131 : « L'autorité administrative ou l'organisme chargé de la gestion d'un service public industriel et commercial mentionné au premier alinéa de l'article 9-1 qui attribue une subvention doit, lorsque cette subvention dépasse un seuil défini par décret [23000 euros], conclure une convention avec l'organisme de droit privé qui en bénéficie, définissant l'objet, le montant, les modalités de versement et les conditions d'utilisation de la subvention attribuée. […] ».

[1717] S. DAMAREY, *op. cit.*, 34.24.

[1718] Cf. *infra*. Sur une minoration de la redevance d'occupation du domaine public dans le cadre d'une mise à disposition de locaux constitutive d'une subvention en nature v. par ex. : CAA Paris, 29 mars 2018, n° 16PA01198, *Kali Production*, inédit au *Lebon*.

874. Le Code général des collectivités territoriales prévoit d'ailleurs, à cet égard que « des locaux communaux peuvent être utilisés par les associations [...] qui en font la demande »[1719] ; étant entendu que le maire détermine les conditions de cette utilisation et que le conseil municipal fixe la contribution qui en résulte.

875. L'occupation privative des domaines public et privé de la personne publique est possible pour des activités relevant du domaine culturel. L'un et l'autre relèvent de logiques et donc de régimes différents, qui, s'il est inutile de revenir en détail sur chacun d'eux, doivent ici être brièvement rappelés.

876. Les utilisations privatives du domaine public, entendues comme « celles qui sont effectuées par des personnes individuellement déterminées par un titre conféré par l'administration, ce titre leur donnant droit d'occuper de manière privative une portion du domaine public »[1720], dans le domaine culturel, relèvent du régime général des utilisations privatives du domaine public.

Celles-ci nécessitent en effet un titre particulier[1721] et doivent être compatibles avec l'affectation du domaine[1722]. C'est dans cette perspective que les manifestations culturelles[1723] doivent faire l'objet d'une autorisation, en ce qu'elle constitue une occupation privative de ce dernier. Cette autorisation se justifie par la nécessité de préserver le domaine public et la prise en considération d'autres intérêts tels la sécurité publique[1724]. Elle limite néanmoins indirectement la facilitation d'appropriation de l'espace public[1725].

877. L'occupation ou l'utilisation du domaine public est par ailleurs nécessairement temporaire[1726] et les autorisations d'occupation sont en

[1719] L. 2144-3 Code général des collectivités territoriales. Sur l'étendue précise de cette disposition V. not. l'article très éclairant : P. COLLIERE, « La mise à disposition de locaux communaux au profit d'associations, syndicats et partis politiques », *AJDA*, 2006, p. 1817.
[1720] J.-M. AUBY, P. BON, J.-B. AUBY, P. TERNEYRE, *Droit administratif des biens*, Dalloz, Précis, 7e éd., 2016, p. 126.
[1721] L. 2122-1 Code général de la propriété des personnes publiques.
[1722] L. 2121-1 et L. 2122-1 Code général de la propriété des personnes publiques.
[1723] Cf. *supra*.
[1724] P. BON, « Police des activités et lieux susceptibles d'être dangereux », *Encyclopédie des collectivités territoriales*, Dalloz, 2006, folio n° 2523, n° 108 s. ; A. GARNIER, « Manifestations culturelles. Les formalités préalables », *Le Jurisculture*, 2011, n° 141, p. 4 ; J. RUBIO, G. GUILLOT, *op. cit.*, p. 54.
[1725] Cf. *supra*.
[1726] L. 2122-2 Code général de la propriété des personnes publiques.

principe révocables et précaires[1727]. Ce que le juge a eu l'occasion de rappeler dans sa jurisprudence relative au domaine culturel[1728].

878. L'utilisation privative du domaine public donne enfin lieu en principe au paiement d'une redevance[1729]. Néanmoins, dans le cadre de l'occupation privative du domaine public aux fins d'une activité relevant du domaine culturel, plusieurs exceptions sont susceptibles d'être appliquées, à l'égard notamment des associations à but non lucratif. Le Code général de la propriété des personnes publiques prévoit que l'autorisation d'occupation ou d'utilisation du domaine public peut être délivrée gratuitement à l'occupant « association à but non lucratif[1730] », qui concourt à la satisfaction d'un intérêt général[1731]. Dans ce cas, l'autorisation d'occupation ou d'utilisation constitue bien un outil de soutien à l'association culturelle permettant sa participation à la politique culturelle de la personne publique.

879. Le Code général de la propriété des personnes publiques prévoit que les personnes publiques – État, collectivités territoriales (et leurs groupements), établissements publics – gèrent librement leur domaine privé[1732]. La gestion du domaine privé relève donc essentiellement du droit privé. Dans la plupart des hypothèses, les utilisations privatives du domaine privé sont fondées sur un contrat[1733]. Dans le domaine culturel, les occupations du domaine privé reposent ainsi essentiellement sur un contrat de bail[1734] et sont soumises à son régime général[1735].

880. Il existe, en plus des soutiens directs, plusieurs possibilités de soutien indirect aux activités et aux acteurs culturels locaux à la disposition des collectivités territoriales

---

[1727] L. 2122-3 Code général de la propriété des personnes publiques.

[1728] CAA Paris, 7 septembre 2000, n° 98PA01259 98PA01260, *Commune de Wissous c/Association Théâtre du Menteur*, inédit au *Lebon* ; CE, 26 mars 2012, n° 75539, *Vincent A. c/Commune de Saint-Dié-des-Vosges*, inédit au *Lebon*.

[1729] L. 2125-1 Code général de la propriété des personnes publiques.

[1730] Le caractère lucratif ou non d'une association dans le domaine culturel, comme dans d'autres, n'est pas toujours facile à déterminer. Pour déterminer le caractère lucratif d'une identité il est en général fait appel aux critères posés par la doctrine administrative en droit fiscal dans l'Instruction du 18 décembre 2006, *BOI*, 4H-5-06.

[1731] L. 2125-1 Code général de la propriété des personnes publiques.

[1732] L. 2221-1 Code générale de la propriété des personnes publiques.

[1733] J.-M. Auby, P. Bon, J.-B. Auby, P. Terneyre, *op. cit.*, p. 196.

[1734] Les différents contentieux relatifs à la qualification du contrat de mise à disposition des locaux en contrat de bail ou d'occupation du domaine public en témoignent. Cf. *infra*.

[1735] *Ibid.*

B) La diversité des soutiens indirects

881. Le soutien des personnes publiques, et notamment des collectivités territoriales, aux activités culturelles, peut être indirect. Il en est ainsi lorsque les personnes publiques choisissent d'accorder des exonérations fiscales aux acteurs culturels locaux (1) ou lorsqu'elles achètent des œuvres d'art (2).

1) Les exonérations fiscales

882. Les exonérations fiscales, parfois qualifiées de financements implicites[1736], peuvent constituer un soutien indirect aux activités culturelles locales. Ainsi, les associations régies par la loi de 1901[1737] et les fondations reconnues d'utilité publique[1738] « [...] dont la gestion est désintéressée, lorsque leurs activités non lucratives restent significativement prépondérantes et le montant de leurs recettes d'exploitation encaissées au cours de l'année civile au titre de leurs activités lucratives n'excède pas 72 432 € »[1739] sont exonérées de plein droit de l'impôt sur les sociétés.

883. S'agissant de la cotisation économique et en particulier de la cotisation foncière des entreprises, certaines activités en sont exonérées de plein droit. Il s'agit notamment de l'activité des peintres, sculpteurs, graveurs et dessinateurs considérés comme artistes et ne vendant que le produit de leur art ; des auteurs et compositeurs ; des artistes lyriques et dramatiques,[1740] mais aussi des activités essentiellement culturelles des collectivités territoriales et des établissements publics[1741], cela constituant alors une action culturelle seconde de l'État. D'autres activités sont exonérées sur délibération des communes. Ce choix de la part des collectivités territoriales témoigne alors de leur volonté de soutenir les acteurs culturels locaux.

884. La cotisation foncière des entreprises est assise sur la valeur locative des immeubles à la disposition du redevable. La commune et leurs établissements publics de coopération intercommunale dotés d'une fiscalité propre votent les taux d'imposition et peuvent choisir d'exonérer de la cotisation foncière des entreprises certaines activités culturelles par une délibération de portée générale. Il peut en être ainsi, dans la limite de 100 %, des entreprises de spectacles vivants relevant de la catégorie des théâtres nationaux, des autres théâtres fixes, des lieux de diffusion de spectacles

---

[1736] C. Delivre-Gild, « Le financement des politiques culturelles locales », *in Annuaire des collectivités locales, Le financement des politiques locales*, 2005, T. 25, p. 83.
[1737] Loi du 1er juillet 1901 relative au contrat d'association, *JO*, 2 juillet 1901, p. 4025.
[1738] Article 1447-II Code général des impôts.
[1739] Article 206, 1° bis Code général des impôts.
[1740] Article 1460 Code général des impôts.
[1741] Article 1449, 1° Code général des impôts.

vivants dont la capacité moyenne d'accueil du public est inférieure à 1500 places, des tournées théâtrales et des théâtres démontables exclusivement consacrés à des spectacles d'art dramatique, lyrique ou chorégraphique, des concerts symphoniques et autres, des orchestres divers et des chorales, des théâtres de marionnettes, des cabarets artistiques, des cafés-concerts, des music-halls et cirques à l'exclusion des établissements où il est d'usage de consommer pendant les séances, des spectacles musicaux ou et de variétés[1742], des établissements de spectacles cinématographiques qui ont réalisé un nombre d'entrées inférieur à 450 000 au cours de l'année précédant celle de l'imposition, des établissements de spectacles cinématographiques qui ont réalisé un nombre d'entrées inférieur à 450 000 au cours de l'année précédant celle de l'imposition et qui bénéficient d'un classement « art et essai » au titre de l'année de référence[1743]. Une exonération est également possible dans la limite de 33 % pour les autres établissements de spectacles cinématographiques[1744].

885. Au-delà du cadre général rappelé ci-dessus, la liberté des communes et des intercommunalités est cependant limitée s'agissant de ces exonérations par le contenu même des spectacles ou films représentés ou projetés. Les entreprises donnant des représentations théâtrales ou projetant des films à caractère pornographique ne peuvent ainsi pas bénéficier de ces exonérations[1745].

886. Le soutien indirect des collectivités territoriales passe, outre par les exonérations fiscales, par l'achat d'œuvres.

2) L'achat « d'œuvres »

887. L'achat « d'œuvres » est un instrument ancien de soutien aux artistes contemporains par les personnes publiques, qui jouent alors un rôle de mécène. Cela justifie son étude dans les modes seconds de l'action culturelle territoriale.

888. Cet instrument indirect de soutien aux activités culturelles est depuis toujours l'objet de polémique de par la suspicion qui pèse sur le représentant de la collectivité acquisitrice de privilégier ses goûts privés malgré l'apparente objectivité du choix de l'achat.

[1742] Article 1464 A, 1° Code général des impôts.
[1743] Article 1464 A, 3° Code général des impôts.
[1744] Article 1464 A, 3° Code général des impôts.
[1745] Articles 1464 A, 1° et 3° et 279 bis, 2° et 3° Code général des impôts.

889. L'achat « d'œuvres » entendu *lato sensu* recouvre en réalité deux types d'opérations distinctes, l'acquisition d'une œuvre existante et la commande publique d'une œuvre qui consiste « en la réalisation d'un travail de création moyennant rémunération »[1746]. Si la première est généralement brièvement envisagée dans les ouvrages de droit de la culture ou du marché de l'art[1747], la seconde n'est mentionnée, quand elle l'est, uniquement dans le cadre du « 1 % culturel ». Les deux hypothèses semblent par ailleurs parfois confondues dans la doctrine[1748]. Leur régime juridique respectif originellement différent semble cependant désormais converger suite à la réforme du droit des marchés publics.

890. La réglementation des marchés publics n'était jusqu'en 2016 pas applicable aux « accords-cadres et marchés qui ont pour objet l'achat d'œuvres et d'objets d'art existants, d'objets d'antiquité et de collection »[1749]. Il existait donc une distinction importante, peu envisagée, entre l'achat d'une œuvre existante et la commande publique d'une œuvre[1750]. Cette dernière était, elle, en effet, soumise au Code des marchés publics. La réforme de 2015, sous l'influence notamment de la réglementation européenne[1751], a rapproché ces deux régimes juridiques en supprimant l'exemption existante au profit des achats d'œuvres existantes. Elle a ainsi clarifié le régime des achats des œuvres d'art en les soumettant dans leur ensemble – que ces œuvres soient existantes ou commandées – au droit de la commande publique.

891. Plus précisément, la commande publique de nouvelles œuvres d'art est depuis longtemps soumise à la réglementation des marchés publics, codes des marchés publics successifs[1752] puis ordonnance relative aux marchés publics depuis le 1er avril 2016[1753] et Code la commande publique

---

[1746] S. MONNIER, E. FOREY, *op. cit.*, p. 188 s.
[1747] J.-M. PONTIER, *La décentralisation culturelle*, *op. cit.*, p. 124.
[1748] A.-K. MARTINEAU, *Droit du marché de l'art*, Gualino, Droit expert, 2018, p. 91 s.
[1749] Article 3, 10° Code des marchés publics.
[1750] A. BUREL, « L'achat d'œuvres d'art existantes », *JAC*, 2014, n° 11, p. 24.
[1751] La mise en parallèle des dispositions européennes et nationales sur ce point sont particulièrement significatives : Article 2-1-5, directive, n° 2014/24/UE, 26 février 2014, *JOUE*, du 28 mars 2014, L 94/65 et article 4, Ordonnance n° 2015-899 du 23 juillet 2015 relative aux marchés publics, *op. cit.* V. aussi : M. UBAUD-BERGERON, *Droit des contrats administratifs*, LexisNexis, 2e éd., 2017, p. 133.
[1752] V. CE, 8 décembre 1995, n° 168253, *Préfet de Haute-Corse c/Commune de Bastia*, *Rec.*, p. 435 ; CAA Marseille, 30 septembre 2013, n° 11MA00299, *Commune de Barcarès c/Le Citoyen Barcarésien*, inédit au *Lebon*.
[1753] Ordonnance n° 2015-899 du 23 juillet 2015, *op. cit.*

désormais[1754]. Plusieurs hypothèses sont alors à envisager[1755]. La réglementation des marchés publics est en effet adaptée en raison de la spécificité de certains d'entre eux et, en particulier, de ceux ayant pour objet la commande publique d'œuvres d'art. Celle-ci peut être ainsi réalisée, soit selon une procédure adaptée, soit selon une procédure négociée sans publicité ni mise en concurrence préalables.

892. Il est possible d'avoir recours à cette dernière procédure « lorsque les travaux, fournitures ou services ne peuvent être fournis que par un opérateur économique déterminé »[1756], parce que le marché a « pour objet la création ou l'acquisition d'une œuvre d'art ou d'une performance artistique unique »[1757]. La formulation retenue impose donc désormais l'application de la procédure négociée à « l'acquisition d'une œuvre » supprimant *de facto* l'exemption au Code des marchés publics qui existaient antérieurement s'agissant de l'acquisition d'œuvres d'art existantes[1758].

893. Cette disposition devrait également faciliter l'utilisation de la procédure négociée par les personnes publiques et en particulier les collectivités territoriales, malgré un débat possible sur le caractère unique de l'œuvre ou de la performance artistique. En effet, antérieurement, si le recours à la procédure négociée semblait être applicable au travail de création, la formulation du code qui la réservait notamment « aux marchés et accords-cadres qui ne peuvent être confiés qu'à un opérateur économique déterminé pour des raisons techniques, artistiques ou tenant à la protection des droits

---

[1754] Ordonnance n° 2018-1074 du 26 novembre 2018 portant partie législative du code de la commande publique en vigueur le 1er avril 2019, *JO*, 5 décembre 2018.
[1755] Article 42, *ibid.*
[1756] Article 30, Décret n° 2016-360 du 25 mars 2016 relatif aux marchés publics, *JO*, 27 mars 2016, texte n° 28 et désormais article R. 2122-3 Code de la commande publique.
[1757] *Ibid.* Cette hypothèse est en général simplement mentionnée dans les ouvrages relatifs notamment aux marchés publics et ne fait pas l'objet d'une analyse spécifique. V. not. : C. LAJOYE, *Droits des marchés publics*, Gualino, Master 6e éd., 2017, p. 331 ; P. COSSALTER, *Passation des marchés formalisés*, Territorial éditions, Dossier d'experts, 2018, p. 73.
[1758] ASSOCIATION DES ACHETEURS PUBLICS, *Guide des procédures adaptées*, décembre 2016, p. 11. Sur les marchés exclus de l'ordonnance, v. aussi : L. RICHER, F. LICHERE, *Droit des contrats administratifs*, LGDJ, Manuel, 10e éd., 2016, p. 405 s. ; E. MOURIESSE, « Les « marchés exclus » de l'ordonnance n° 2015-899 du 23 juillet 2015 : notion et contours », *JDA*, Dossier 05 : « La réforme de la commande publique, un an après : un bilan positif ? » (dir. HŒPFFNER, SOURZAT & FRIEDRICH) ; Art. 214, [en ligne].

exclusifs »[1759] et son interprétation stricte par le juge[1760] rendaient *de facto* son application difficile. Les personnes publiques préféraient alors avoir recours à une autre procédure[1761], la procédure adaptée applicable quel que soit le montant de l'achat[1762].

894. La procédure adaptée en matière de commande publique d'œuvres d'art est applicable, soit en raison du montant du marché inférieur aux seuils européens[1763] publiés au Journal officiel de la République française, soit éventuellement en raison de la spécificité de l'objet du marché[1764]. En effet, les services culturels sont bien mentionnés dans l'avis de mars 2016 relatif aux contrats de la commande publique ayant pour objet des services sociaux et autres services spécifiques[1765] qui précise le décret de 2016 en référençant les marchés susceptibles de pouvoir être conclus selon une procédure adaptée en raison de leur objet spécifique. Sur ce point, cet avis s'inscrit dans la lignée de pratique antérieure. Il renvoie effectivement au vocabulaire commun pour les marchés publics dans sa version de 2008[1766]. Il faut néanmoins relever que la commande d'œuvre d'art n'apparaît pas explicitement dans ce vocabulaire.

895. Les marchés passés dans le cadre de l'obligation de décoration des constructions publiques (1 % culturel) sont réalisés selon des procédures particulières, posées dans un décret de 2002[1767] et dans le Code de la

---

[1759] Article 35, II, 8e, Code des marchés publics (2006). Sur la critique des procédures de la commande publique artistique et la nécessité de les clarifier, v. not. M. COURET, *La production de l'œuvre publique d'art contemporain,* Droit, Université Panthéon-Sorbonne - Paris I, 2014, p. 231 s.

[1760] CAA Marseille, 30 septembre 2013, n° 11MA00299, *Commune de Barcarès c/Le Citoyen Barcarésien*, inédit au *Lebon*.

[1761] S. MONNIER, E. FOREY, *op. cit.*, p. 188 s. ; M. COURET, *op. cit.*, p.237.

[1762] Article 30, Code des marchés publics (2006).

[1763] Ces seuils évoluent tous les deux ans. Pour les derniers montants voir : Avis relatif aux seuils de procédure et à la liste des autorités publiques centrales en droit de la commande publique, *JO*, 9 décembre 2021, texte n° 147.

[1764] Article 42, Ordonnance n° 2015-899 du 23 juillet 2015, *op. cit.* et article 28, Décret n° 2016-360 du 25 mars 2016, *op. cit.* et désormais article R. 2123-1 Code de la commande publique.

[1765] Avis relatif aux contrats de la commande publique ayant pour objet des services sociaux et autres services spécifiques, *JO*, 27 mars 2016, texte n° 66.

[1766] 92500000-6 - Services de bibliothèques, archives, musées et autres services culturels, *CVP*, 2008, [en ligne].

[1767] Décret n° 2002-677 du 29 avril 2002 relatif à l'obligation de décoration des constructions publiques et précisant les conditions de passation des marchés ayant pour objet de satisfaire à cette obligation, *JO*, 2 mai 2002, p. 7975, texte n° 87 ; Circulaire du 16 août 2006 relative à l'application du décret n° 2002-677 du 29 avril 2002 relatif à l'obligation de décoration des constructions publiques, modifié par le décret n° 2005-90 du 4 février 2005, *JO*, 30 septembre 2006, p. 14553, texte n° 37.

commande publique[1768]. Celles-ci dépendent du montant de ces derniers et nécessitent en principe des mesures de publicité. Ces dispositions particulières sont applicables tant pour les commandes que pour les achats de réalisations artistiques d'artistes vivants[1769]. La réforme des marchés publics ne semble pas avoir remis en cause la différence qui existe entre commande et achat d'œuvre d'art. En effet, d'une part, le décret et la circulaire relatifs à l'obligation de décoration et désormais le Code de la commande publique établissent bien une distinction entre les deux[1770]. D'autre part, les achats d'œuvres doivent être réalisés auprès d'artistes vivants. Ils poursuivent donc le même objectif que la commande publique à savoir le soutien à la création artistique contemporaine.

896. Les soutiens, directs ou indirects, des collectivités territoriales aux activités culturelles sont à l'origine de plusieurs risques, qu'il convient d'envisager.

§2 : Les risques suscités par la complexité des soutiens apportés aux activités culturelles

897. Les collectivités territoriales et leurs groupements soutiennent les activités culturelles au travers des multiples aides. L'usage de ces dernières n'est cependant pas sans risques résultant notamment de leur possible requalification ou des incertitudes tenant à leur régime juridique. C'est le cas tant des subventions *stricto sensu* que de la pratique des résidences d'artistes (A) et de la mise à disposition des locaux (B).

A) Les risques liés à la pratique des subventions culturelles et des résidences d'artistes

898. L'usage des subventions (1) et la pratique des résidences d'artistes (2) sont parfois sources d'incertitudes juridiques et partant de risques potentiels, en plus de ceux liés à la qualification « culturelle » de l'activité[1771]

1768 Articles L. 2172-2 et R. 2172-7 à R. 2172-19 Code de la commande publique.

1769 Si le montant du marché est inférieur inférieur aux seuils européens HT.

1770 Renvoyant même initialement à la procédure d'achat d'œuvre prévu hors du 1 % décoration Articles 8 s., Circulaire du 16 août 2006 relative à l'application du décret n° 2002-677 du 29 avril 2002 relatif à l'obligation de décoration des constructions publiques, modifié par le décret n° 2005-90 du 4 février 2005, *JO*, 30 septembre 2006, p. 14553, texte n° 37.

1771 Cf. *supra*.

1) Les risques liés à l'utilisation de subventions dans le domaine culturel

899. Les risques liés à l'usage des subventions résultent surtout de la potentielle requalification des actes par lesquels elles sont octroyées en contrats de délégation de service public – et plus largement, en se référant à la nouvelle terminologie en la matière[1772], en contrats de concession de services – ou en marchés publics de services (a) ou à leur soumission éventuelle au régime des aides d'État (b).

a) Le risque de requalification de la convention de subvention

900. Le risque de requalification d'une convention de subvention en concession de services ou en marché public de services dans le domaine culturel constitue un risque majeur tant pour l'attributaire de l'aide que pour son bénéficiaire. Les conséquences juridiques et financières d'une telle requalification peuvent en effet être particulièrement lourdes, du fait notamment du non-respect des mesures de publicité et de mise en concurrence applicables à ces contrats de commande publique, auxquelles les subventions ne sont pas soumises[1773].

901. La célèbre affaire *Commune de Six-Fours-les-Plages*, largement commentée[1774], illustre tant la possible requalification d'une subvention et de l'acte par lequel elle est attribuée que les incertitudes que peuvent connaître tout aussi bien les acteurs culturels que les juges. Sans revenir en détail sur cette espèce, il est possible de relever à cet égard que l'octroi contractuel du financement litigieux à la société Adam Concerts par la Commune de Six-Fours-les-Plages pour l'organisation du festival de musique les Voix du Gaou, a été successivement qualifié de convention de subvention par le maire et la société, de délégation de service public par le tribunal administratif de Toulon

---

[1772] V. Code de la commande publique.

[1773] Article L. 1100-1, 2° Code de la commande publique.

[1774] CE, 23 mai 2011, n° 342520, *Commune de Six-Fours-les-Plages*, *Rec.*, *JA*, 2011, n° 442, p. 12, obs. JUILLES ; *JT*, 2011, n° 133, p. 13, JUILLES ; *AJDA*, 2011, p. 1059, obs. GRAND ; *AJDA*, 2011, p. 1515, note DREYFUS ; *AJCT*, 2011, p. 467, obs. FAUSSER ; *RJEP*, 2011, comm. 49, BOULOUIS ; *JCP A*, 2011, 2329, note LINDITCH ; *CMP*, 2011, comm. 195, ECKERT ; *DA*, 2011, comm. 79, note PUGEAULT ; *JCP*, 2011, doctr. 1466, EVEILLARD.

et la cour administrative d'appel de Marseille[1775], et enfin de marché public de services par le Conseil d'État[1776].

902. Les risques de requalification des conventions de subvention apparaissent désormais limités du fait de la définition législative de ces dernières[1777]. Le Professeur J.-M. Pontier rappelant même que la définition a été adoptée à cette fin, « sinon tout est contestable »[1778]. L'ordonnance de 2015, relative aux marchés publics, renforce cette conception en rappelant explicitement que les subventions au sens de l'article 9-1 de la loi du 12 avril ne sont pas des marchés publics[1779].

903. Cette position doit cependant être nuancée. Si sur le plan théorique, aucune difficulté ne semble se poser pour distinguer les contrats de subvention et les marchés publics, il n'en est pas de même en pratique[1780], et ce, malgré la définition législative de la subvention effectuée à droit constant[1781]. Deux critères permettent de distinguer contrat de subvention et marché public : la rémunération et l'initiative de l'activité en cause. Ainsi, si la somme correspond au paiement d'un prix par la personne publique destiné à satisfaire ses propres besoins, il s'agit en principe d'un marché public dans le cas contraire, d'une subvention. Dans une logique similaire, la personne privée est à l'initiative de l'activité faisant l'objet d'une subvention et la personne publique de celle d'un marché public[1782].

904. L'octroi d'une subvention par une personne publique est cependant subordonné à la réalisation d'une contrepartie de la part de son bénéficiaire. Celui-ci s'engage alors en échange de son versement à réaliser « certaines activités ou prestations participant de la satisfaction de l'intérêt général »[1783],

---

[1775] CAA Marseille, 17 juin 2010, n° 09MA0107, *Commune de Six-Fours-les-Plages*, inédit au *Lebon* ; O. MANENTI, « Le transfert à un tiers personne morale de droit privé de l'organisation et de la gestion d'un festival de musique de variété créé et géré par une collectivité territoriale depuis son origine [...] », *in* J. LEGER, J.-M. PONTIER (dir.), *Les services publics culturels*, Presses Universitaires d'Aix-Marseille, 2012, p. 181.
[1776] CE, 23 mai 2011, n° 342520, *Commune de Six-Fours-les-Plages*, *Rec.*
[1777] Cf. *supra*.
[1778] J.-M. PONTIER, *La décentralisation culturelle*, *op. cit.*, p. 126.
[1779] Article 7, 2°, Ordonnance n° 2015-899 du 23 juillet 2015 *op. cit.*
[1780] Pour un exemple récent v. par ex. : CAA Nantes, 22 décembre 2017, n° 16NT04161, *Société Public Evénements* (à propos du carnaval de Nantes), *AJDA*, 2018, p. 1495, concl. BRECHOT.
[1781] Cf. *supra*.
[1782] Q. EPRON, *op. cit.*, p. 63 ; Y. GAUDEMET, « Qu'est-ce qu'une subvention publique ? », *op. cit.* ; B. CLAVAGNIER, *op. cit.*, p. 234 ; S. DUBITON, *op. cit.*, p. 2528 ; A.-C. VIVIEN, *op. cit.*, p. 32 ; J. GALVEZ, « Juridique – Financement public – Subventions : à manier avec précaution », *op. cit.*, p. 34.
[1783] M. COLLET, *Finances publiques*, LGDJ, Domat, 2e éd., 2017, p. 398.

ce qu'il est parfois compliqué de différencier du paiement d'un prix. La distinction repose alors sur l'absence d'équivalence économique entre le montant de la subvention et celui du service rendu[1784].

905. Il est de même parfois difficile d'appréhender l'origine de l'initiative, d'une part du fait de l'existence d'une contrepartie déterminée par la personne publique, d'autre part, en raison de la reconduction de certaines subventions depuis de nombreuses années. Un auteur s'interroge à cet égard sur la possibilité « lorsqu'une subvention est reconduite depuis 10 ou 15 ans, d'affirmer que l'association bénéficiaire est toujours « à l'initiative » du projet »[1785].

906. Les risques liés à la pratique des subventions culturelles résultent aussi du régime juridique des aides d'État, les notions de subvention et d'aide d'État étant fortement liées.

b) Le risque relativement restreint d'application du régime des aides d'État

907. Le financement public de la culture, notamment par le biais des subventions, doit respecter le droit de la concurrence et peut éventuellement être soumis au droit des aides d'État[1786]. Une telle situation constitue alors une contrainte et potentiellement un risque pour les opérateurs économiques comme pour les personnes publiques, en particulier les collectivités territoriales.

908. L'article 107, 1. du Traité sur le fonctionnement de l'Union européenne dispose ainsi que « sauf dérogations prévues par les traités, sont incompatibles avec le marché intérieur, dans la mesure où elles affectent les échanges entre États membres, les aides accordées par les États ou au moyen de ressources d'État sous quelque forme que ce soit qui faussent ou qui menacent de fausser la concurrence en favorisant certaines entreprises ou certaines productions ». Le droit de l'Union européenne a dans ce cadre une conception large de la notion d'entreprise qui désigne toute entité exerçant une activité économique, c'est-à-dire toute entité qui, indépendamment de son

---

1784 J. GALVEZ, « Juridique – Financement public – Subventions : à manier avec précaution », *op. cit.*, p. 34.
1785 *Ibid.*
1786 V. par ex. : B. CLAVAGNIER, « Focus : les subventions au secteur culturel », *AJCT*, 2017, p. 252 ; J.-D. DREYFUS, « Subventions publiques et financement de la culture », *Juris art etc.*, 2017, n° 49, p. 23.

statut juridique et de son mode de financement[1787], offre des biens ou des services sur un marché donné[1788]. Il en est de même pour la notion d'aides d'État qui recouvre, de manière extensive, non seulement les « aides accordées par des États ou au moyen de ressources d'État », mais également celles octroyées par ou au moyen de ressources des collectivités infra-étatiques et de tout organisme dont l'existence est imputable à une de ces personnes publiques[1789].

909. La possibilité de financer les activités culturelles peut ainsi paraître difficile en raison du risque qu'implique pour les personnes publiques et les opérateurs économiques la qualification d'aide d'État. En effet, en principe, celle-ci doit être notifiée à la Commission européenne. Or, dans le cas où une telle obligation n'est pas respectée, l'aide peut être considérée comme illégale et partant devoir être remboursée par ses bénéficiaires. Par ailleurs, si après l'examen de la Commission l'aide apparaît comme incompatible avec le marché intérieur, il doit être renoncé au projet d'aide ou procédé à la récupération de l'aide assortie d'intérêts.

910. Ce risque peut cependant être limité pour plusieurs raisons. Sans prétendre à l'exhaustivité ou entrer dans le détail de chacune d'entre elles, quelques éléments méritent d'être soulignés du fait de leur spécificité ou de leur applicabilité au domaine culturel.

911. La méconnaissance des règles complexes du droit de l'Union européenne en matière d'aides d'État souvent imputée aux collectivités territoriales est d'abord à relativiser. En effet, plusieurs circulaires successives

---

[1787] CJCE, 23 avril 1991, aff. C-41/90, Höfner et Elser, *Rec. CJCE* 1991 I-1979, N21 ; CJCE, 16 mars 2004, aff. C264/01, C-306/01, C-354/01 et C-355/01, *AOK-Bundesverband e.a.*, *Rec. CJCE* 2004 I-2493, N 46.

[1788] V. par ex. : CJCE, 18 juin 1998, aff. C-35/96, *Commission/Italie*, *Rec. CJCE* 1998 I-3851, N 36 ; CJCE, 11 juillet 2006, aff. C-205/03, *FENIN c/Commission*, *Rec. CJCE* 2006 I-06295, N 25.

[1789] Pour une présentation générale de la notion et du contrôle des aides d'État, v. not. : S. NICINSKI, *Droit public des affaires*, *op. cit.*, p. 228 s. ; J.-P. COLSON, P. IDOUX, *Droit public économique*, LGDJ, Manuel, 8e éd., 2016, p. 303 s. ; F. COLIN, *Droit public économique*, Gualino, Master, 6e éd., 2017, p. 331 s. ; PREMIER MINISTRE, Circulaire du 26 avril 2017 n° 5929/SG, Application des règles européennes de concurrence relatives aux aides publiques aux activités économiques, Annexe 1.
Dans le domaine culturel, v. not : D. JOUVE, « Aides et fiscalité de la culture », *RFDA*, 2014, p. 864 et antérieurement : S. BRACONNIER, « Politiques culturelles locales françaises et principe de libre-concurrence », *RTDE*, 1995, p. 771 s. ; L. MAYER-ROBITAILLE, « Le statut ambivalent au regard de la politique communautaire de concurrence des accords de nature culturelle et des aides relatives à la culture », *RTDE*, 2004, p. 447 s.

du Premier ministre sont venues leur expliquer et préciser les différents régimes juridiques en ce domaine[1790].

912. La qualification d'aide d'État suppose ensuite la réunion de quatre critères cumulatifs relatifs à l'aide. Il doit s'agir d'une aide publique à une entreprise ou à une production, octroyant un avantage sélectif sur un marché concurrentiel, altérant la concurrence et affectant les échanges intra-Union européenne[1791]. Celle-ci n'est donc parfois pas retenue pour le financement culturel, l'un de ces éléments faisant défaut.

913. Le financement de certaines entités, comme les établissements publics administratifs ou établissements publics de coopération culturelle[1792], échappe ainsi à la qualification d'aide d'État parce que celles-ci n'exercent pas « d'activité économique sur un marché concurrentiel »[1793]. Il en va de même quand le financement de l'entité ne risque que peu de porter atteinte aux échanges entre États membres. La Commission a en effet jugé que certaines activités culturelles ont un caractère purement local et n'affectent donc pas les échanges entre États membres. Il en est ainsi des musées et des évènements culturels locaux peu susceptibles d'attirer les visiteurs étrangers[1794] ou dont le public potentiel se limite à la population locale[1795].

914. La qualification d'aide d'État peut enfin ne pas être retenue pour une aide accordée à une entité chargée de la gestion d'un service d'économie d'intérêt général si elle satisfait aux conditions posées dans l'arrêt *Altmark*[1796].

1790 PREMIER MINISTRE, Circulaire du 26 avril 2017 n° 5929/SG, Application des règles européennes de concurrence relatives aux aides publiques aux activités économiques. Celle-ci a abrogé la Circulaire du 26 janvier 2006 relative à l'application au plan local des règles communautaires de concurrence relatives aux aides publiques aux entreprises, *JO*, 31 janvier 2006, p. 1602, texte n° 1 (avant adoption du TFUE et donc référence aux articles 87 et 88 TCE).

1791 Article 107 TFUE ; *Vade mecum des aides d'État*, Paris, 2016, [en ligne], www.economie.gouv.fr.

1792 D. JOUVE, *op. cit.*, p. 864.

1793 Conseil, Règl. (UE) n° 733/2013 du 22 juillet 2013 modifiant le règlement (CE) n° 994/98 sur l'application des articles 92 et 93 du Traité instituant la Communauté européenne à certaines catégories d'aides d'État horizontales, *JOUE* L 204, 31 juil. 2013, p. 11, (5) et (6).

1794 Comm., aff. N 630/2003 — Italie — Aide en faveur des musées locaux de la Région Sardaigne, *JOUE C* 275, 8 décembre 2005, p. 3.

1795 Comm., aff. N 257/2007 — Espagne — Subventions en faveur des productions théâtrales au Pays basque, *JOUE C* 173, 26 juillet 2007, p. 2.

1796 « L'entreprise bénéficiaire est effectivement chargée de l'exécution d'obligations de service public clairement définies ; les paramètres permettant le calcul de la compensation ont été établis de manière objective et transparente ; la compensation ne doit couvrir que ce qui est nécessaire à la satisfaction de l'exécution des obligations de service public ; « lorsque le choix de l'entreprise à charger de l'exécution d'obligations

C'est-à-dire, en particulier, si elle est effectivement chargée de l'exécution d'obligations de service public clairement définies ; ce qui peut être, par exemple, dans le domaine culturel le cas d'un théâtre[1797].

915. De plus, quand bien même, l'aide est qualifiée d'aide d'État, le financement culturel peut échapper aux effets de son droit[1798]. Des dérogations à l'application du régime des aides d'État peuvent être appliquées au secteur culturel, voire être spécifiques à ce dernier.

916. Les financements culturels peuvent éventuellement bénéficier d'une exemption de notification de plein droit liée à leur faible montant selon le principe des aides *de minimis*[1799]. Celles-ci sont considérées comme compatibles avec les règles de la concurrence.

917. Le domaine culturel peut surtout bénéficier des exemptions facultatives fondées sur l'article 107 § 3 d) et e) TFUE. Celui-ci prévoit en effet que « peuvent être considérées comme compatibles avec le marché intérieur [...] d) les aides destinées à promouvoir la culture et la conservation du patrimoine, quand elles n'altèrent pas les conditions des échanges et de la concurrence dans l'Union dans une mesure contraire à l'intérêt commun [et] e) les autres catégories d'aides déterminées par décision du Conseil sur proposition de la Commission ». Sur la base de ces dispositions, plusieurs textes[1800] ont été adoptés, reconnaissant que de nombreuses aides à la

---

de service public n'est pas effectué dans le cadre d'une procédure de marché public, le niveau de la compensation nécessaire a été déterminé sur la base d'une analyse des coûts qu'une entreprise moyenne, bien gérée et adéquatement équipée en moyens de transport afin de pouvoir satisfaire aux exigences de service public requises, aurait encourus pour exécuter ces obligations, en tenant compte des recettes y étant relatives ainsi que d'un bénéfice raisonnable pour l'exécution de ces obligations ». CJCE, 24 juillet 2003, aff. C-280/00, *Altmark Trans GmbH, Regierungspräsidium Magdeburg, Nahverkehrsgesellschaft Altmark GmbH, Rec. CJCE* I-07747. V. aussi : Solution reprise dans le « paquet Almunia ». V. sur ce point : M. KARPENSCHIF, « Du paquet Monti/Kroes au paquet Almunia : le financement des SIEG sécurisé et simplifié ? », *JCP A*, 2012, n° 1, p. 46.

[1797] PREMIER MINISTRE, SECRETARIAT AUX AFFAIRES EUROPEENNES, *Guide des SIEG*, 2013, [en ligne], www.collectivites-locales.gouv.fr.

[1798] D. JOUVE, *op. cit.*, p. 864.

[1799] V. les règlements : Comm., 25 avril 2012, Règl. (UE) n° 360/2012 relatif à l'application des articles 107 et 108 du Traité sur le fonctionnement de l'Union européenne aux aides de minimis accordées à des entreprises fournissant des services d'intérêt économique général, *JOUE* L 114, 26 avril 2012, p. 8 (500 000 euros sur trois exercices fiscaux) ; Comm., 18 décembre 2013, Règl. (UE) n° 1407/2013 relatif à l'application des articles 107 et 108 du Traité sur le fonctionnement de l'Union européenne aux aides de minimis, *JOUE* L 352, 24 décembre 2013, p. 1 (200 00 euros sur trois exercices fiscaux).

[1800] Conseil, Règl. (UE) n° 733/2013 du 22 juillet 2013 modifiant le règlement (CE) n° 994/98 sur l'application des articles 92 et 93 du Traité instituant la Communauté européenne à certaines catégories d'aides d'État horizontales, *JOUE* L 204, 31 juillet 2013, p. 11 ; Comm., Règl. (UE)

culture[1801] étaient compatibles avec le marché intérieur ; celles-ci relevant du règlement général d'exemption par catégorie[1802].

918. La France a dans le même sens fait valider par la Commission un *Régime cadre exempté de notification N°SA.42681 relatif aux aides en faveur de la culture et de la conservation du patrimoine pour la période 2014-2020* permettant de soustraire à l'obligation de notification les aides qui s'intègrent dans celui-ci. Ce régime qui permet des aides au fonctionnement et à l'investissement s'applique à une large part du domaine culturel[1803] limitant encore les incertitudes pour les collectivités territoriales liées au régime des aides d'État.

919. Si le régime des aides d'État peut apparaître comme contraignant ou risqué pour les financeurs publics locaux et leurs bénéficiaires, le constat peut être fait *in fine* que ces craintes doivent être nuancées, la culture jouissant d'un cadre juridique privilégié du fait de sa spécificité.

---

n° 651/2014 du 17 juin 2014 déclarant certaines catégories d'aides compatibles avec le marché intérieur en application des articles 107 et 108 du traité, *JOUE* L 187, 26 juin 2014, p. 1.

[1801] Sont ainsi concernées « Les aides sont octroyées en faveur des objectifs et activités culturels suivants : a) les musées, les archives, les bibliothèques, les centres ou espaces artistiques et culturels, les théâtres, les opéras, les salles de concert, les autres organisations de spectacles vivants, les institutions chargées du patrimoine cinématographique et les autres infrastructures, organisations et institutions artistiques et culturelles similaires ; b) le patrimoine matériel, ce qui inclut toutes les formes de patrimoine culturel mobilier ou immobilier ainsi que les sites archéologiques, les monuments, les sites et bâtiments historiques; le patrimoine naturel lié au patrimoine culturel ou officiellement reconnu comme appartenant au patrimoine culturel ou naturel par les autorités publiques compétentes d'un État membre ; c) le patrimoine immatériel sous toutes ses formes, y compris les coutumes et l'artisanat folkloriques ; d) les évènements et performances artistiques ou culturels, les festivals, les expositions et les autres activités culturelles similaires ; e) les activités d'éducation culturelle et artistique ainsi que la promotion de la compréhension de l'importance de la protection et de la promotion de la diversité des expressions culturelles au moyen de programmes éducatifs et de programmes plus larges de sensibilisation du public, y compris grâce à l'utilisation de nouvelles technologies ; f) l'écriture, l'édition, la production, la distribution, la numérisation et la publication d'œuvres musicales et littéraires, y compris de traductions ». Article 53, Comm., Règl. (UE) n° 651/2014 du 17 juin 2014, *op. cit.*

[1802] Ajout dans l'article 1, a) d'un « v) de la culture et de la conservation du patrimoine ». Conseil, Règl. (CE) n° 994/98 du 7 mai 1998 sur l'application des articles 92 et 93 du Traité instituant la Communauté européenne à certaines catégories d'aides d'État horizontales, *JOUE* L 142, 14 mai 1998, p. 1.

[1803] *Régime cadre exempté de notification N° SA.42681 relatif aux aides en faveur de la culture et de la conservation du patrimoine pour la période 2014-2020,* § 6.1, p. 6, [en ligne], www.associations.gouv.fr.

920. Il existe également des risques liés à la pratique des résidences d'artistes.

2) Les risques liés aux résidences d'artistes

921. Les collectivités publiques et en particulier les collectivités territoriales ont, depuis longtemps[1804], souvent recours à la technique des résidences d'artistes dans le cadre de leur politique culturelle et plus largement de développement territorial.

922. Celles-ci leur permettent en effet en principe d'attirer sur leur territoire des artistes et d'ainsi développer le maillage culturel de ce dernier. En contrepartie, l'artiste y trouve une certaine quiétude matérielle par la mise à disposition de moyens, locaux, soutiens logistiques, *etc.*

923. Il n'existe cependant pas de définition législative de la résidence d'artistes. Ceci implique que cette expression recouvre des réalités extrêmement variées, parfois peu formalisées « sans même faire l'objet d'une convention entre les partenaires »[1805]. Une telle situation est alors source d'une certaine insécurité juridique pour ces derniers.

924. Les acteurs culturels ont donc mis en place des guides[1806] et le ministère de la Culture et de la Communication a successivement adopté plusieurs circulaires relatives aux résidences[1807], afin de pallier les incertitudes provoquées par le faible encadrement juridique de celles-ci. Néanmoins, ces textes interprétatifs ne sont adressés qu'aux préfets de région et ne donnent donc que des indications sur les soutiens à apporter aux résidences d'artistes, par l'État à travers des directions régionales des affaires culturelles (DRAC)[1808].

925. L'ensemble des réalités contenues sous l'expression « résidence d'artistiques » n'est donc pas présenté dans ces textes. La place spécifique

---

1804 S. MONNIER, E. FOREY, *op. cit.*, p. 187.

1805 CENTRE NATIONAL DE LA DANSE, *Convention de résidence*, février 2017 (constat permanent depuis 2010 cf. éd. précédentes).

1806 CENTRE NATIONAL DE LA DANSE, *op. cit.*

1807 Circulaire n° 2006/001, 13 janvier 2006 relative au soutien à des artistes et à des équipes artistiques dans le cadre de résidences, [en ligne], www.cdmc.asso.fr ; Circulaire n° 2016/005, 8 juin 2016, relative au soutien à des artistes et à des équipes artistiques dans le cadre de résidences, [en ligne], www.culture.gouv.fr. V. DIRECTION GENERALE DE LA CREATION ARTISTIQUE, *La résidence d'artiste, un outil inventif au service des politiques publiques*, 2019.

1808 La résidence d'artistes peut donc constituer éventuellement un outil de collaboration indirecte entre l'État et les collectivités territoriales. Cf. *supra.*

des collectivités territoriales n'y est pas non plus indiquée, malgré une conception large des structures d'accueil[1809]. Les circulaires ministérielles relatives aux résidences d'artistes ont donc une portée limitée, et ce, même si le ministère invite à réserver l'usage de l'expression « résidence d'artistes » aux seules situations qui relèvent de sa conception de ces dernières[1810].

926. Le ministère de la Culture et de la Communication définit alors la résidence d'artistes « comme des actions qui conduisent un ou plusieurs artistes d'une part, et une ou plusieurs structures, institutions ou établissements culturels d'autre part, à croiser, pour un temps donné, leurs projets respectifs, dans l'objectif partagé d'une rencontre avec le public »[1811]. Il en fixe également les objectifs – « renforcer non seulement la création artistique dans sa diversité, mais aussi l'accès de tous aux œuvres, y compris dans les territoires qui sont éloignés des lieux de culture »[1812]- et le mode de mise en place qui doit être adapté, concerté et contractuel[1813].

927. La circulaire de 2016 distingue enfin quatre types de résidences d'artistes que les DRAC doivent soutenir de manière privilégiée « la résidence de création, de recherche ou d'expérimentation » qui vise à fournir les prestations financières et techniques pour le travail sur une œuvre ; « la résidence tremplin », destinée à accompagner les créateurs peu repérés ou diffusés ; « la résidence « artiste en territoire » » inscrite dans la politique de développent culturel du territoire et « la résidence d'artiste associé » qui doit permettre le renforcement, la présence durable et la participation d'artistes au projet culturel des structures d'accueil.

928. L'importance prise par les résidences d'artistes dans la politique culturelle des collectivités territoriales invite alors à envisager un encadrement plus étendu et plus précis de celles-ci. Une marge de manœuvre importante doit néanmoins demeurer pour les différents partenaires pour faire coïncider aux mieux leurs objectifs respectifs, tenant ainsi nécessairement compte des besoins du territoire de leur implantation.

1809 Annexe 2 principes de financement et conditions d'examen des projets, Circulaire n° 2016/005, 8 juin 2016, relative au soutien à des artistes et à des équipes artistiques dans le cadre de résidences, [en ligne], www.culture.gouv.fr.

1810 Circulaire n° 2016/005, 8 juin 2016, *op. cit.*

1811 1), Circulaire n° 2006/001, *op. cit.* Il est d'ailleurs surprenant que la circulaire la plus récente (2016) ne définisse pas les résidences, et ce, d'autant plus qu'elle prétend en « renouveler l'approche ».

1812 Circulaire n° 2016/005, 8 juin 2016, *op. cit.*

1813 Circulaire n° 2006/001, 13 janvier 2006, *op. cit.*

929. La mise à disposition de locaux n'est pas non plus exempte de tout risque.

B) Les risques liés à la mise à disposition de locaux dans le domaine culturel

930. L'occupation privative des domaines de la personne publique pour mener à bien des activités culturelles est source pour la personne publique propriétaire comme pour la personne occupante d'incertitudes, et partant d'insécurité juridique relative tant aux règles applicables qu'à l'ordre de juridiction compétent[1814]. Le domaine culturel se révèle alors un terrain d'observation privilégié de problématiques susceptibles d'être retrouvées dans d'autres secteurs et auxquelles il contribue.

931. Ces incertitudes découlent, outre de la détermination de la nature du domaine occupé (1), de celles des actes relatifs à l'occupation privative du domaine privé : contrat d'occupation et actes détachables (2).

1) Les risques liés à la qualification domaniale du bien mis à disposition

932. Le principe de détermination du régime juridique applicable et de l'ordre de juridiction compétent en conséquence s'agissant du domaine de la personne publique paraît relativement compréhensible. Le Code général de la propriété des personnes publiques prévoit en effet, en raison de la nature administrative de l'acte, que « sont portés devant la juridiction administrative les litiges relatifs : 1° Aux autorisations ou contrats comportant occupation du domaine public, quelle que soit leur forme ou leur dénomination, accordées ou conclus par les personnes publiques ou leurs concessionnaires »[1815]. Les litiges relatifs à la gestion du domaine privé relèvent à l'inverse du juge judiciaire[1816], tout comme ceux relatifs à la convention d'occupation, à sa passation et à son exécution[1817].

[1814] V. not. : Y. LAIDIE, « Gestion du domaine privé et dualisme juridictionnel : pour une simplification des règles de compétence », *JCP A*, 2016, n° 25, 2180 ; D. BURRIEZ, « Les multiples visages des conventions d'occupation privative du domaine de la personne publique », *JCP A*, 2016, n° 27, 2191.

[1815] L. 2331-1, 1° Code général de la propriété des personnes publiques.

[1816] TC, 24 octobre 1994, n° 02922, *M. X. et SCI Les Rochettes c/Commune de Saint-Etienne*, *Rec.*

[1817] TC, 22 novembre 2010, n° C3764, *SARL Brasserie du théâtre c/Commune de Reims*, *Rec.* ; *AJDA*, 2010, p. 2423 ; *AJDA*, 2010, p. 2288, note BIGET ; *JCP A*, 2011, n° 5, 2041, note SORBARA, *RJEP*, 2011, n° 684, comm. 13 PELLISSIER ; *DA*, 2011, n° 2, comm. 20, note MELLERAY ; *CMP*, 2011, n° 1, comm. 26, note DEVILLERS.

933. La qualification de la nature du bien concerné et donc du caractère administratif ou privé du contrat fait néanmoins l'objet d'un contentieux important et de requalification de la part des juges. Cette dernière implique une certaine insécurité juridique pour la personne publique propriétaire comme pour l'occupant. La jurisprudence est abondante sur ce point dans le domaine culturel[1818] et apparaît alors comme représentative des difficultés de qualification rencontrées, tout en participant à leur existence.

934. Des contrats de bail ont ainsi pu être requalifiés, par les juges, en contrats administratifs, l'immeuble occupé, de manière connue ou méconnue, constituant non pas une dépendance du domaine privé, mais du domaine public. C'est par exemple le cas de « locaux donnés en location à usage de commerce » dans l'attente de la réalisation complète de travaux, dont il n'est pas démontré qu'ils sont restés à l'extérieur de l'opération de restauration et le projet de création d'un musée[1819].

935. La qualification domaniale des biens mis à disposition n'est pas la seule à être problématique. Il en est de même pour celle des actes relatifs à l'occupation du domaine privé.

2) Les risques liés à la qualification des actes relatifs à l'occupation du domaine privé

936. La qualification des actes relatifs au domaine privé est source d'incertitudes dans le domaine culturel, comme dans d'autres. Les contrats relatifs au domaine privé peuvent parfois être qualifiés d'administratifs entraînant la compétence du juge administratif, soit par la loi, soit par l'utilisation de critères jurisprudentiels[1820].

[1818] Par ex. : CE, 11 mai 1977, n° 00764, *Demoiselle Y. c/Commune de Fumel*, *Rec. T.* ; CE, 21 janvier 1983, *Association Maison des jeunes et de la culture de Saint-Maur c/Commune de Saint-Maur*, *Rec.*, p 14 ; CE, 1 er juin 2005, n° 277092, *M. et Mme X. c/Commune de Sarlat-la-Canéda*, inédit au *Lebon* ; CE, 28 décembre 2009, n° 290937, *SARL Brasserie du théâtre c/Commune de Reims*, *Rec.*, *AJDA*, 2010, p. 6, obs. PASTOR, *AJDA*, 2010, p. 841, note FEVROT ; *DA*, n° 2, Février 2010, comm. 22, note MELLERAY ; *JCP A*, 2010, 2197, note CHAMARD-HEIM ; CE, 26 mars 2012, n° 75539, *Vincent A. c/Commune de Saint-Dié-des-Vosges*, inédit au *Lebon*.

[1819] CE, 1er juin 2005, n° 277092, *M. et Mme X. c/Commune de Sarlat-la-Canéda*, inédit au *Lebon*.

[1820] Le juge administratif peut aussi connaître, en principe, des actes réglementaires portant sur la gestion et la conservation du domaine privé, des actes détachables des opérations contractuelles, du contentieux des services publics organisés sur le domaine privé et des travaux publics réalisés sur celui-ci. V. Y. GAUDEMET, *Droit administratif des biens*, LGDJ, Traité de droit administratif, T. 2, 15e éd, 2014, p. 400 s.

937. Les contrats relatifs au domaine privé et en particulier relatifs à l'acquisition, à la vente, ou à la gestion de ce dernier étaient considérés pendant longtemps comme des contrats de droit privé et relevaient par conséquent essentiellement du droit privé et du juge judiciaire. Les juges se refusaient alors de rechercher l'éventuelle existence de clauses exorbitantes qui auraient conduit à la qualification administrative du contrat[1821].

938. Il est désormais admis que des contrats relatifs au domaine privé puissent être des contrats administratifs et que les litiges qui les concernent puissent relever par conséquent du juge administratif. Il en est ainsi en cas de clause exorbitante[1822] ou d'association du cocontractant à l'exécution du service public. Cette dernière hypothèse a notamment été dégagée dans une affaire relative au domaine culturel, à savoir l'utilisation d'une salle pour l'organisation de spectacles de conférences et de séances cinématographiques[1823]. Celle-ci apparaissait alors encore comme un facteur d'évolution du droit administratif et comme un terrain privilégié d'observation de celle-ci et des difficultés qu'elle induit.

939. La jurisprudence du 12 février 2018, *SCP Ravisse, mandataire liquidateur judiciaire de la SARL The Congres House c/Commune de Saint-Esprit*[1824] portant sur un contrat de mise à disposition d'une salle de spectacle communale, est symptomatique de la permanence des incertitudes. Dans cet arrêt, le Tribunal des conflits a, après 10 ans de contentieux et d'aléas jurisprudentiels, qualifié d'administratif le contrat de mise à disposition d'une

---

[1821] P. GODFRIN, M. DEGOFFE, *Droit administratif des biens*, Sirey, 11e éd., 2015, p. 19 ; J.-M. AUBY, P. BON, J.-B. AUBY, P. TERNEYRE, *Droit administratif des biens*, Dalloz, Précis, 7e éd., 2016, p. 196.

[1822] V. not. : TC, 20 avril 1959, n° 1688, *Société nouvelle d'exploitation des plages, piscines et patinoires*, *Rec.*, p. 866 ; TC, 17 novembre 1975, n° 2011, *Leclert*, *Rec.*, p. 800 ; TC 15 novembre 1999, n° 3144, *Commune de Bourisp c/Commune de Saint-Lary-Soulan*, *Rec.*, p. 478 ; TC, 20 février 2008, n° 3623, *M. et Mme Verrière c/Communauté urbaine de Lyon*, *AJDA*, 2008, p. 436, *JCPA*, 2008, p. 2117, note YOLKA ; *DA*, 2008, n° 5, comm. 64, note MELLERAY ; *CMP*, 2008, n° 6, comm. 12, note ECKERT ; CE, 19 novembre 2010, n° 331837, *ONF c/Girard-Mille*, *Rec.*, *AJDA*, 2011, p. 281, note DREYFUS. V. aussi plus généralement Y. GAUDEMET, *Droit administratif des biens*, *op. cit.*, p. 403 s.

[1823] CE, 4 juillet 1969, n° 75622, *Sieur X c/Commune de Secondigny-en-Gatine*, *Rec.*, p. 360.

[1824] TC, 12 février 2018, n° 4109, *SCP Ravisse, mandataire liquidateur judiciaire de la SARL The Congres House c/Commune de Saint-Esprit* ; F. TESSON, « Identification d'une clause exorbitante au sens de la jurisprudence Axa France IARD », *JCP A*, 2018, n° 8, act. 176 ; J.-N. ESCUDIE, « Quelle est la nature du contrat entre une salle de spectacle de collectivité et un entrepreneur privé », *Localtis*, 2 mars 2018, [en ligne] ; C. DOUBOVETZKY, « La nature du contrat de mise à disposition d'une salle de spectacle communale : le tomber de rideau », *LPA*, 2018, n° 85, p. 6.

salle de spectacle communale au profit d'une société, celui-ci contenant des clauses exorbitantes du droit commun à la personne publique.

940. La juridiction pour déterminer la nature dudit contrat après avoir rappelé de manière très sommaire l'objet du contrat passé entre la commune de Saint-Esprit et la SARL The Congres House, à savoir la mise à disposition d'une salle de spectacle communale pour lui permettre de programmer et d'organiser des manifestations culturelles, exclut d'abord implicitement l'appartenance de la salle au domaine public et l'existence d'un éventuel service public qui aurait été confié à la société. Ces éléments constituent pourtant des arguments essentiels dans les solutions rendues par les juridictions précédentes[1825], soulevant tant des interrogations sur les critères de détermination de la nature du contrat que sur leur appréciation au regard des différentes solutions rendues[1826].

941. Le Tribunal des conflits applique par la suite, comme la Cour de cassation, les critères jurisprudentiels classiques du contrat administratif. Il recherche alors l'existence de clauses exorbitantes du droit commun et conclut à leur présence en application de sa jurisprudence récente[1827]. Il constate en effet sommairement « que la commune pouvait intervenir de façon significative dans l'activité de la société, d'une part, en imposant à celle-ci la communication préalable de ses programmes à la commune et, d'autre part, en lui imposant de laisser la commune organiser douze manifestations pendant l'année ainsi que, avec de très courts préavis, deux manifestations mensuelles à sa convenance »[1828]. Ce faisant, il s'écarte de l'appréciation faite précédemment par la cour administrative de Bordeaux qui considère s'agissant de ces clauses qu'elles n'impliquent pas l'application d'un tel

---

1825 CA de Fort-de-France, civ., 1 mars 2013, n° 13/118, p. 4 ; C. cass., civ., 1e, 15 octobre 2014, 13-18.384, Inédit au *Bull.*, 1°) ; CAA Bordeaux, 12 octobre 2017, n° 15BX01445.

1826 V. not. la différence d'appréciation entre la cour d'appel et la Cour de cassation sur l'existence d'une délégation de service public : CA de Fort-de-France, civ., 1 mars 2013, n° 13/118, p. 4 et C. cass., civ., 1, 1°), 15 octobre 2014, 13-18.384, Inédit au *Bull.*

1827 TC, 13 octobre 2014, n° C3963, *SA AXA France IARD*, *Rec.*, p. 471 ; *Contrats-Marchés publ.* 2014 comm. 322, note ECKERT ; 2015, Repère 5, obs. LLORENS et SOLER-COUTEAUX ; *Dr. adm.* 2015, comm. 3, note BRENET ; *JCP A,* 2014, act. 822, comm. 2010, note PAULIAT ; *AJDA,* 2014, p. 2031 ; *AJDA,* 2180, chron. LESSI et DUTHEILLET DE LAMOTHE ; *D.*, 2014, p. 2115, obs. DE MONTECLER ; *RFDA,* 2014, p. 1068, concl. LAPORTES.

En raison de la date de l'arrêt de la Cour de cassation celle-ci utilise la définition classique de la clause exorbitante. CE 31 juill. 1912, *Société des granits porphyroides des Vosges*, *Rec.*, p. 909, concl. BLUM ; *D.*, 1916, 3, p. 35, concl. BLUM ; *S.*, 1917, 3, p. 15, concl. BLUM ; *RDP,* 1914, p. 145, note JEZE ; CE, 20 octobre 1950, *Stein*, *Rec.*, p. 505.

1828 TC, 12 février 2018, n° 4109, *SCP Ravisse, mandataire liquidateur judiciaire de la SARL The Congres House c/Commune de Saint-Esprit.*

régime exorbitant « eu égard à leur portée limitée au regard de l'objet du contrat et de l'équilibre général des droits et obligations respectifs des parties »[1829].

942. Les Professeurs P. Godfrin et M. Degoffe considèrent par ailleurs que le « caractère détachable ou non d'un acte qui commande la compétence du juge administratif s'avère délicat »[1830]. Sans revenir en détail sur l'évolution de la jurisprudence sur la question qui semblait établir une distinction entre les actes de disposition et de gestion du domaine privé[1831], il apparaît que le Conseil d'État, comme le Tribunal des conflits ont saisi notamment l'opportunité offerte par la célèbre affaire *SARL Brasserie du théâtre*[1832], relevant du domaine culturel, pour expliciter leur position. La juridiction départitrice précise ainsi que « la contestation par une personne privée de l'acte, délibération ou décision du maire, par lequel une commune ou son représentant, gestionnaire du domaine privé, initie avec cette personne, conduit ou termine une relation contractuelle, quelle qu'en soit la forme, dont l'objet est la valorisation ou la protection de ce domaine et qui n'affecte ni son périmètre ni sa consistance, ne met en cause que des rapports de droit privé et relève, à ce titre, de la compétence du juge judiciaire ; qu'il en va de même de la contestation concernant des actes s'inscrivant dans un rapport de voisinage ». Néanmoins, si le requérant n'est pas cocontractant, il est alors considéré comme un simple administré contestant un acte administratif, le juge administratif redevenant alors compétent. En effet, « la juridiction administrative est compétente pour connaître de la contestation par l'intéressé de l'acte administratif par lequel une personne morale de droit public refuse d'engager avec lui une relation contractuelle » [1833] ayant pour objet la valorisation ou la protection de ce domaine et qui n'affecte ni son périmètre ni sa consistance.

[1829] CAA Bordeaux, 12 octobre 2017, n° 15BX01445, pt. n° 6.
[1830] P. GODFRIN, M. DEGOFFE, *Droit administratif des biens*, Sirey, 11e éd., 2015, p. 20.
[1831] Sur ce point V. not. : P. GODFRIN, M. DEGOFFE, *Droit administratif des biens*, Sirey, 11e éd., 2015, p. 20.
[1832] CE, 28 décembre 2009, n° 290937, *SARL Brasserie du théâtre c/Commune de Reims*, *Rec.*, *AJDA*, 2010, p. 6, obs. PASTOR, *AJDA*, 2010, p. 841, note FEVROT ; *DA*, n° 2, Février 2010, comm. 22, note MELLERAY ; *JCP A*, 2010, 2197, note CHAMARD-HEIM ; TC, 22 novembre 2010, n° C3764, *SARL Brasserie du théâtre c/Commune de Reims*, *Rec.* ; *AJDA*, 2010, p. 2423 ; *AJDA*, 2010, p. 2288, note BIGET ; *JCP A*, 2011, n° 5, 2041, note SORBARA, *RJEP*, 2011, n° 684, comm. 13 PELLISSIER ; *DA*, 2011, n° 2, comm. 20, note MELLERAY ; *CMP*, 2011, n° 1, comm. 26, note DEVILLERS.
[1833] TC, 5 mars 2012, n° 3833, *M. D... c/CCAS de Caumont*, *AJDA*, 2012, p. 1684, note MOKHTAR.

Conclusion du chapitre 2

943. L'action culturelle territoriale seconde des collectivités territoriales se compose de l'exercice de la police administrative culturelle et du soutien aux activités culturelles présentes sur le territoire.

944. La police administrative culturelle permet d'abord de s'assurer du bon déroulement des activités culturelles. Elle garantit ensuite le maintien de certaines activités culturelles spécifiques et partant la diversité culturelle. Elle remplit donc un rôle singulier.

945. Les collectivités territoriales soutiennent par ailleurs les différents acteurs culturels, au-delà de ceux imposés, notamment grâce à des aides matérielles, des exonérations fiscales et l'achat d'œuvres.

946. Le choix dont dispose la collectivité territoriale parmi les différents instruments à sa disposition permet d'adapter son action culturelle à ses moyens et à sa politique culturelle incluse le cas échéant dans une stratégie globale de développement territorial.

947. La complexité de ces différentes modalités de l'action culturelle seconde doit cependant être soulignée qu'il s'agisse de l'articulation des différents régimes juridiques, éventuellement avec des règles issues d'autres ordres juridiques, ou des limites et lacunes propres à chacun d'eux.

948. La complexité et les risques subséquents observables dans le domaine culturel peuvent l'être aussi dans d'autres. L'action culturelle territoriale seconde apparaît alors autant comme un facteur des différentes problématiques que comme un révélateur privilégié de ces dernières.

Conclusion du titre 1

949. Les collectivités territoriales, afin de mener à bien leur politique culturelle, le cas échéant dans le cadre d'une stratégie globale de développement territorial, se sont approprié les instruments mis à leur disposition dans le cadre des actions culturelles, primaire ou seconde : service public culturel, mécanismes directs et indirects de soutien aux activités culturelles, police administrative.

950. La diversité de ces moyens leur permet, sauf exception, de choisir les plus efficaces et les plus adaptés à l'orientation qu'elles veulent donner à leur politique culturelle en fonction notamment des moyens dont elles disposent.

951. Le cadre juridique des actions culturelles, primaire et seconde, demeure cependant source d'incertitudes et est par conséquent à l'origine d'une relative insécurité juridique pour les différents acteurs. Les difficultés observables dans le domaine culturel peuvent être constatées dans d'autres domaines. Ce dernier se révèle donc être un terrain d'observation privilégié de ces phénomènes en plus d'en être un des facteurs.

952. Les risques résultent notamment de l'articulation des différents régimes juridiques et des différents ordres juridiques, s'agissant par exemple de l'application des exigences de mise en concurrence ainsi que de l'apparition de nouveaux outils liés principalement au développement du numérique.

953. Ils découlent aussi de la place ambigüe réservée à l'action culturelle, simple politique culturelle ou instrument d'une stratégie globale de développement territorial à forte dimension économique ou touristique.

954. La clarification du cadre juridique apparaît alors souhaitable, et est souhaitée par les différents acteurs. Il convient néanmoins de veiller à ce que celle-ci laisse une marge de manœuvre suffisante aux acteurs territoriaux afin qu'ils puissent toujours satisfaire la diversité de leurs besoins circonstanciés.

955. L'appropriation de l'action culturelle territoriale par les collectivités territoriales implique d'envisager l'influence de cette dernière sur les mutations de l'organisation territoriale de la République.

TITRE 2 : LA PARTICIPATION DE L'ACTION CULTURELLE TERRITORIALE AUX MUTATIONS DE L'ORGANISATION TERRITORIALE

956. L'intérêt des collectivités territoriales pour la culture et la multiplication subséquente de leurs actions en ce domaine implique la recherche d'une rationalisation de celles-ci, dans un contexte plus général de rationalisation de l'action publique. Cela d'autant plus, que la culture demeure une compétence partagée entre l'État et les différentes collectivités.

957. À cette fin sont mobilisés les principes désormais classiques, de l'expérimentation et de la collectivité chef de file, dont l'application est complexe dans le domaine culturel. De nouveaux outils de coopération au sein desquels la culture occupe une place particulière sont également créés. D'autres, tels les fonds régionaux, sont renouvelés.

958. Il existe par ailleurs une volonté des collectivités territoriales d'accroître l'identification de leurs singularités ou spécificités, en particulier culturelles, parfois dans une démarche identitaire, notamment régionale. Ces revendications impliquent, avec les engagements internationaux de la France, la reconnaissance des droits culturels.

959. La recherche de la rationalisation et de l'identification culturelle sont les facteurs qui conduisent l'action culturelle territoriale à accompagner les mutations de l'organisation territoriale de la République ; l'une comme l'autre suggérant le recours à la différenciation territoriale pour se réaliser.

960. Les réformes territoriales successives de cette dernière se traduisent par une importante évolution de celle-ci s'agissant en particulier de la conception et de la place fondamentale accordée désormais à l'intercommunalité. L'action culturelle territoriale contribue à concrétiser ce changement en donnant du sens à leur territoire. L'intercommunalité constitue en outre un moyen d'adaptation institutionnelle à une réalité culturelle territoriale existante.

961. L'action culturelle territoriale participe par ailleurs à l'émergence et à l'affirmation du principe de différenciation territoriale qui tend à concurrencer les principes traditionnels de l'organisation territoriale ; certains souhaitant même qu'il en devienne le nouveau paradigme.

962. Les modalités de la participation de l'action culturelle territoriale aux mutations de l'organisation territoriale de la République sont analysées (chapitre 2) après l'étude des facteurs essentiels qui y ont conduit (chapitre 1).

Chapitre 1 : L'origine du rôle de l'action culturelle territoriale dans les mutations de l'organisation territoriale

963. Deux facteurs semblent pouvoir expliquer la participation de l'action culturelle territoriale aux mutations de l'organisation territoriale dans un contexte de mondialisation, de concurrence territoriale, et de recherche d'efficacité de l'action publique dans une logique managériale.

964. Les collectivités territoriales cherchent de plus en plus à favoriser l'identification de la singularité de leur offre culturelle ou de leurs spécificités culturelles. Cela s'accompagne parfois de revendications identitaires territoriales, notamment régionales. Il a néanmoins pu être considéré à cet égard que « l'identité régionale n'est plus réservée à ces régions, comme la Bretagne, la Corse ou l'Alsace [...]. Elle est devenue un répertoire commun d'action culturelle avec un autre élément clé [...] l'aménagement culturel du territoire »[1834]. Dans cette perspective et du fait des obligations qui découlent des engagements internationaux de la France, les droits culturels sont progressivement consacrés. Leur inscription récente dans deux lois, dont l'une porte sur l'organisation territoriale, atteste de leur rôle dans son l'évolution.

965. Les mesures de protection du patrimoine culturel, le transfert de l'inventaire général aux régions, la police administrative de la culture – en particulier le régime dérogatoire aux manifestations – et certaines prestations culturelles[1835] témoignent néanmoins de la mise en œuvre des droits culturels, par l'État et les collectivités territoriales, antérieurement à cette reconnaissance textuelle[1836].

966. Par ailleurs, la compétence culturelle, qui reste dans le cadre des réformes territoriales successives partagée entre l'État et les collectivités territoriales, fait l'objet de préoccupations spécifiques tendant à la rationalisation de son exercice et partant de l'action culturelle territoriale. Les principes d'expérimentation et de collectivité chef de file sont mobilisés et plusieurs outils de coopération ont été créés ou renouvelés pour parvenir à cette fin.

967. La recherche de la rationalisation de l'action culturelle territoriale (section 2) et de la reconnaissance des droits culturels sont donc à envisager (section 1).

[1834] E. NEGRIER, P. TEILLET, « La question régionale en culture », *in* S. BARONE (dir.), *Les politiques régionales en France*, La Découverte, 2011, p. 150.
[1835] Cf. *supra*.
[1836] P.-A. COLLOT, « La décentralisation culturelle », *RDP*, 2008, n° 2, p. 357.

Section 1 : L'action culturelle territoriale au service de la reconnaissance des droits culturels

968. L'intérêt croissant des collectivités territoriales pour la culture, les revendications territoriales, en particulier régionales, et les engagements internationaux ont conduit le législateur français à consacrer les droits culturels, dans deux lois récentes relatives à l'organisation territoriale et à la liberté de la création artistique, à l'architecture et au patrimoine ; ce qui a provoqué un certain engouement. Cette inscription législative des droits culturels invite à s'interroger sur leur contenu, sur les raisons de cette reconnaissance textuelle tardive et sur sa portée.

969. Elle conduit également à constater que l'affirmation des droits culturels, et notamment de l'identité culturelle qui est l'une de ses composantes, ne soulève pas de difficultés au niveau national, mais peut s'effectuer au détriment des identités territoriales et donc de l'action culturelle des collectivités territoriales.

970. Il convient alors d'envisager l'inscription législative attendue des droits culturels, notion qui demeure controversée (§1). La reconnaissance de ces derniers ne pose traditionnellement pas de problème particulier en cas de référentiel national. Il en va différemment s'agissant d'autres référentiels, notamment locaux, quand bien même la situation a évolué (§2).

§1 : La consécration législative attendue d'une notion controversée

971. L'inscription législative des droits culturels est tardive et sa portée a priori limitée (B). Cela découle peut-être de la difficile appréhension de ces derniers, que le législateur n'a cependant pas souhaité clarifier (A).

A) La difficile appréhension des droits culturels

972. L'objet n'est pas de revenir ici sur l'ensemble du débat relatif à la définition et à la circonscription des droits culturels[1837], qui demeurent

---

[1837] Cf. références *supra*. Au-delà des ouvrages et articles précités, l'analyse de C. Romainville qui considère que « les droits culturels sont éclatés et fragmentés entre plusieurs sources de droit international entre instruments de protection de certaines catégories de personnes et instruments universels » est particulièrement intéressante. C. ROMAINVILLE, *Neuf essentiels pour comprendre « les droits culturels » et le droit de participer à la vie culturelle*, Culture &Démocratie, 2013, p. 16. V. aussi l'étude très approfondie et éclairante de M. Bidault. M. BILDAULT, *La protection internationale des droits culturels*, Bruylant, 2009.

controversées. Il s'agit seulement de déterminer leur appréhension en droit français. Celle-ci s'avère difficile et a pu être assimilée à « un jeu de piste »[1838].

973. Le législateur français « a fait le choix de ne pas définir en tant que tels les droits culturels, et donc de ne pas clarifier leur appréhension. Il a en effet décidé de positionner les politiques culturelles des acteurs publics en référence à ces droits, tels qu'énoncés par la Convention de l'UNESCO de 2005 »[1839]. Le texte des dispositions législatives est à cet égard explicite[1840].

974. La première loi dispose ainsi que « la responsabilité en matière culturelle est exercée conjointement par les collectivités territoriales et l'État dans le respect des droits culturels énoncés par la convention sur la protection et la promotion de la diversité des expressions culturelles du 20 octobre 2005 »[1841].

975. Cette affirmation est reprise dans des termes similaires dans la seconde loi, tout en l'inscrivant dans une politique plus large. Celle-ci indique en effet que « l'État, à travers ses services centraux et déconcentrés, les collectivités territoriales et leurs groupements ainsi que leurs établissements publics définissent et mettent en œuvre, dans le respect des droits culturels énoncés par la convention de l'Organisation des Nations unies pour l'éducation, la science et la culture sur la protection et la promotion de la diversité des expressions culturelles du 20 octobre 2005, une politique de service public construite en concertation avec les acteurs de la création artistique »[1842].

976. À la lecture de la Convention, « l'énoncé des droits culturels » attendu au regard des dispositions législatives internes n'a rien d'une évidence et le terme « droits culturels » n'apparaît qu'une fois, dans le dernier alinéa du Préambule. Ce dernier dispose que la Convention est adoptée par l'UNESCO « se référant aux dispositions des instruments internationaux adoptés par l'UNESCO ayant trait à la diversité culturelle et à l'exercice des droits

---

[1838] J.-M. LUCAS, *Les droits culturels. Enjeux, débats, expérimentations*, territorial éditions, 2017, p. 15.

[1839] P. BLOCHE, « Le point de vue de deux députés », *in* B. FUCHS, V. GUILLON, A.-A. JEANDEL, L. PIGNOT, J.-P. SAEZ (coord.), « Dossier : Droits culturels : controverses et horizons d'action », *l'Observatoire*, 2017, n° 49, p. 15.

[1840] Cf. *supra* : Article 103, Loi n° 2015-991 du 7 août 2015 portant nouvelle organisation territoriale de la République, *JO*, 8 août 2015, p. 13705 ; Article 3, Loi n° 2016-925 du 7 juillet 2016 relative à la liberté de la création, à l'architecture et au patrimoine, *JO*, 8 juillet 2016, texte n° 1.

[1841] Article 103, Loi n° 2015-991 du 7 août 2015 portant nouvelle organisation territoriale de la République, *JO*, 8 août 2015, p. 13705.

[1842] Article 3, Loi n° 2016-925 du 7 juillet 2016 relative à la liberté de la création, à l'architecture et au patrimoine, *JO*, 8 juillet 2016, texte n° 1.

culturels, et en particulier à la Déclaration universelle sur la diversité culturelle de 2001 ».

977. Face à un tel constat, deux attitudes peuvent être adoptées, l'une n'excluant pas l'autre même si la lecture de certaines analyses semble laisser supposer le contraire.

978. La première consiste à chercher, et par conséquent à trouver dans le dispositif de la Convention des éléments d'appréhension des droits culturels. C'est la démarche entreprise notamment par G. Saez. S'appuyant sur deux de ses principes directeurs, « « principe de l'égale dignité et du respect de toutes les cultures » et principe de la complémentarité des aspects économiques et culturels du développement »[1843], il dégage plusieurs éléments conditionnant les droits culturels. Ces derniers tiennent au contexte, qui doit être démocratique et respecter les droits humains et la liberté de pensée et d'expression ; aux bénéficiaires, l'individu qui ne peut être assigné à une culture d'origine supposée et les minorités ou groupes dont les formes culturelles doivent être protégées[1844].

979. La seconde posture conduit à se reporter, tout particulièrement, à la Déclaration de 2001[1845] à laquelle le Préambule de la Convention fait allusion. Cette conception, partagée par le Président de la Commission des Affaires culturelles et de l'Éducation de l'Assemblée nationale[1846], se révèle particulièrement intéressante pour appréhender les « droits culturels ». Cependant, si les dispositions des préambules en droit international font partie

---

[1843] Principes directeurs 3 et 5, Article 2, UNESCO, Convention sur la protection et la promotion de la diversité des expressions culturelles du 20 octobre 2005.

[1844] J.-P. SAEZ, « Les dessous des droits culturels », *in* B. FUCHS, V. GUILLON, A.-A. JEANDEL, L. PIGNOT, J.-P. SAEZ (coord.), *op. cit.*, p. 6.

[1845] J.-M. LUCAS, *Les droits culturels. Enjeux, débats, expérimentations*, territorial éditions, 2017, p. 15 s.

[1846] P. BLOCHE, « Le point de vue de deux députés », *in* B. FUCHS, V. GUILLON, A.-A. JEANDEL, L. PIGNOT, J.-P. SAEZ (coord.), *op. cit.*, p. 15.

des éléments de contexte permettant l'interprétation des traités[1847], elles n'ont en principe pas de valeur obligatoire[1848].

980. L'article 5 de la Déclaration de 2001, qui mérite d'être cité *in extenso*, dispose : « Les droits culturels sont partie intégrante des droits de l'homme, qui sont universels, indissociables et interdépendants. L'épanouissement d'une diversité créatrice exige la pleine réalisation des droits culturels, tels qu'ils sont définis à l'article 27 de la Déclaration universelle des droits de l'homme et aux articles 13 et 15 du Pacte international relatif aux droits économiques, sociaux et culturels (PIDESC). Toute personne doit ainsi pouvoir s'exprimer, créer et diffuser ses œuvres dans la langue de son choix et en particulier dans sa langue maternelle ; toute personne a le droit à une éducation et une formation de qualité qui respectent pleinement son identité culturelle ; toute personne doit pouvoir participer à la vie culturelle de son choix et exercer ses propres pratiques culturelles, dans les limites qu'impose le respect des droits de l'homme et des libertés fondamentales »[1849].

981. Les droits culturels sont ainsi des droits rattachés à des personnes, et non à des groupes, même si leur exercice est en général collectif[1850].

982. La formulation retenue dans l'article 5 de la Déclaration de 2001 invite, comme précédemment, à se référer aux textes qu'il cite. Une analyse de ces derniers permet alors de constater que l'énumération contenue dans celui-ci reprend pour l'essentiel, s'agissant des droits culturels, leurs dispositions en les explicitant. Il en est ainsi de l'affirmation du droit à

[1847] Article 31, Convention de Vienne, 23 mai 1969, [en ligne], treaties.un.org, à laquelle la France n'est pas partie, mais qu'elle applique, car constitutif d'une codification de la coutume internationale. V. par ex. : CIJ, Arrêt, 31 mars 2014, *Chasse à la baleine dans l'Antarctique, (Australie c./Japon ; Nouvelle-Zélande (intervenant), CIJ R.*, 2014, 247 et surtout p. 251. V. aussi : J.-M SOREL, « Article 31 – Convention de 1969 » *in* O. CORTEN, P. KLEIN (dir.), *Les conventions de Vienne sur le droit des traités*, p. 1318 s. ; P. DAILLIER, M. FORTEAU, N. Q. DINH, A. PELLET, *Droit international public*, LGDJ, Traités, 8e éd., 2009, p. 285.

[1848] « Des considérations humanitaires peuvent inspirer des règles de droit ; ainsi le préambule de la Charte des Nations Unies constitue la base morale et politique des dispositions juridiques qui sont énoncées ensuite. De telles considérations ne sont pas cependant en elles-mêmes des règles de droit. Tous les États s'intéressent à ces questions ; ils y ont un intérêt. Mais ce n'est pas parce qu'un intérêt existe que cet intérêt a un caractère spécifiquement juridique ». CIJ, Arrêt, 18 juillet 1966, *Sud-Ouest africain, deuxième phase*, *CIJ R*, 1966, p. 32, N 50.

[1849] Déclaration universelle sur la diversité culturelle du 2 novembre 2001.

[1850] V. not. : O. BUI-XUAN, « La destinée universaliste des droits culturels : les articles 22 et 27 de la Déclaration universelle des Droits de l'homme », *in* CENTRE DE RECHERCHE SUR LES DROITS FONDAMENTAUX ET LES EVOLUTIONS DES DROITS, *Cahiers de la recherche sur les droits fondamentaux*, 2009, n° 7, p. 138 s.

l'éducation[1851], du droit de participer à la vie culturelle[1852] et dans une certaine mesure du droit à la « protection des intérêts moraux et matériels découlant de toute production scientifique, littéraire et artistique dont il est l'auteur »[1853].

983. L'affirmation lapidaire selon laquelle « l'article 13 du Pacte international aux droits précise que cette disposition [article 22 DUDH] vise à favoriser la participation à la vie culturelle de manière à « assurer le maintien, le développement et la diffusion de la science et de la culture »[1854] ; ce qui est une perspective différente de celle des droits culturels »[1855] apparaît dans cette perspective contestable et semble devoir être écartée. Le maintien, le développement et la diffusion de la culture paraissent en effet être partie intégrante de ces derniers, tout comme la liberté indispensable aux activités créatrices que les États s'engagent également à garantir et à protéger dans ce même texte[1856].

984. Les deux approches semblent, en réalité, complémentaires eu égard au rôle joué par le Préambule de la Convention de 2005.

985. Il peut paraître étonnant que dans l'affirmation des droits culturels en France, aucune référence ne soit faite à des textes de droit interne ou européen dont certaines dispositions ont un contenu matériel similaire à celles définissant des droits culturels, quand bien même l'expression n'est pas utilisée. Ainsi en est-il, par exemple, de la liberté d'expression et surtout de la liberté des arts et des sciences ou du droit à l'éducation présents dans la Charte des droits fondamentaux de l'Union européenne[1857].

[1851] Article 13, ASSEMBLEE GENERALE DES NATIONS UNIES, Pacte international aux droits économiques, sociaux et culturels, 16 décembre 1966, *Recueil des Traités*, 1976, vol. 993, I-14531, p. 17.

[1852] Article 15, 1), a), PIDESC, *ibid.*, p. 18 ; article 27, 1), Déclaration universelle des droits de l'homme, 10 décembre 1948.

[1853] Dans les mêmes termes : article 15, 1), c), PIDESC ; article 27, 2) Déclaration universelle des droits de l'homme, 10 décembre 1948. À noter, que les « droits culturels » sont mentionnés également à l'article 22 de ce dernier texte sans être explicités.

[1854] Il s'agit en réalité d'une citation de l'article 15, 2) PIDESC et non de l'article 13 du PIDESC.

[1855] Dans les mêmes termes et sans plus de détails *in* : J.-M. PONTIER, « Entre le national et le supranational : les droits culturels », *AJDA*, 2000, p. 52 ; J.-M. PONTIER, *La décentralisation culturelle*, LGDJ, Systèmes, 2018, p. 14. La référence à l'article 22 de la DUDH n'est présente que dans l'article de 2000.

[1856] Article 15, 3), PIDESC.

[1857] Respectivement articles 11, 13, 14, Charte des droits fondamentaux de l'Union européenne, 12 décembre 2007, *JOUE*, 26 octobre 2012, C 326/. Sur l'évolution du

986. La formulation retenue par le législateur et la référence explicite, directe ou indirecte, à des engagements internationaux ratifiés par la France nécessitent d'analyser la portée juridique de l'affirmation législative des droits culturels et des obligations qui en résultent.

B) La difficile consécration législative des droits culturels

987. Le législateur français s'est longtemps montré réticent à l'inscription législative des droits culturels. Les revendications des collectivités territoriales et l'influence des textes internationaux ont conduit à sa reconnaissance. Celle-ci bien qu'attendue (1) demeure cependant *a priori* limitée (2).

1) Une consécration législative attendue des droits culturels

988. Deux facteurs anciens essentiellement ont conduit à la consécration récente des droits culturels[1858] par le législateur. Elle découle ainsi d'une part de l'attention portée par les collectivités territoriales à la culture, et partant aux droits culturels ; celle-ci entraînant parfois des revendications régionales. Elle résulte d'autre part des engagements internationaux de la France. Ceux-ci participent également à l'appréhension de leur contenu en droit français[1859].

989. La prudence du législateur français à l'égard des droits culturels, malgré cette double influence, interne et externe, est relevée depuis longtemps par la doctrine. Le Professeur J.-M. Pontier considère à cet égard que le « silence »[1860] des textes et de la littérature juridiques internes s'avère symptomatique de la réticence voire de « l'hostilité non avouée au concept de droits culturels »[1861], bien que celui-ci soit ancien en droit international[1862]. Il souligne en effet que la conception selon laquelle les droits culturels seraient reconnus en France sous d'autres formulations, « droit à la culture » ou

statut de la Charte : J.-L. CLERGERIE, A. GRUBER, P. RAMBAUD, *L'Union européenne*, Dalloz, 11e éd., 2016, p. 103 s.

1858 J.-M. PONTIER, « Entre le national et le supranational : les droits culturels », *op. cit.* ; J.-M. PONTIER, *La décentralisation culturelle*, *op. cit.*, p. 13 s.

1859 Cf. *infra* sur l'appréhension du contenu des droits culturels.

1860 J.-M. PONTIER, « Entre le national et le supranational : les droits culturels », *op. cit.*, p. 51.

1861 *Ibid.*, p. 52.

1862 J.-P. SAEZ, « Les dessous des droits culturels », *op. cit.*, p. 5 s. ; H. GIRARD, « Cinq points clés pour comprendre les droits culturels », *in* H. GIRARD, « Dossier : Qui a peur des droits culturels ? », *La Gazette*, 2016, n° 27, p. 34. V. aussi : « Droits culturels », *in* M. CORNU, J. FROMAGEAU, C. WALLAERT (coord.), *Dictionnaire comparé du droit du patrimoine culturel*, CNRS éditions, 2012, p. 437 s.

« service public culturel », n'est pas convaincante[1863] et qu'il ne s'agit donc pas d'une simple « absence » [1864] d'utilisation du terme.

990. L'intérêt des collectivités territoriales pour la culture à l'heure de la mondialisation, qui se traduit par l'accroissement de la « demande d'identification culturelle »[1865], et l'intérêt direct ou indirect pour les droits culturels, parfois à l'origine de revendications identitaires territoriales, incitent à la consécration étatique de ces droits. Ces dernières tendent en effet, en général, à la reconnaissance d'une identité culturelle territoriale, la plupart du temps régionale[1866] ; étant entendue que l'identité culturelle est une composante des droits culturels.

991. Les collectivités territoriales peuvent néanmoins s'engager pour la culture[1867] et, directement ou indirectement, pour la protection et la promotion des droits culturels, indépendamment de toutes revendications identitaires, contribuant ainsi à leur reconnaissance. La participation de plusieurs d'entre elles[1868] à l'Agenda 21 de la culture, « premier document à vocation mondiale qui prend le pari d'établir un engagement des villes et des gouvernements locaux en faveur du développement culturel »[1869], en témoigne par exemple. Il est en effet énoncé dans ses principes « que les gouvernements locaux reconnaissent [que les droits culturels] font partie intégrante des droits de l'Homme [...] » ; « que la liberté culturelle des individus et des groupes est une condition essentielle à la démocratie [...] »[1870] et qu'ils sont [les gouvernements locaux] des « acteurs mondiaux dans la défense et la

---

1863 Cf. *infra* sur le contenu des droits culturels.

1864 J.-M. PONTIER, « Entre le national et le supranational : les droits culturels », *op. cit.*, p. 52.

1865 M. MERCIER, *Rapport d'information fait au nom de la mission commune d'information chargée de dresser le bilan de la décentralisation et de proposer des améliorations de nature à faciliter l'exercice des compétences locales*, Sénat, n° 447, 28 juin 2000, p. 77.

1866 Cf. *infra.*

1867 Cf. *supra.*

1868 Par ex : Amiens, Angers, Baie Mahault, Bayonne, Bobigny, Bordeaux, Clermont-Ferrand, Colombes, Colomiers, Créteil... Toulouse (Communes) ; Gironde, Nord, Loire-Atlantique (Départements) ; Lille métropole (EPCI) ; Lyon (CT à statut particulier), Rhône-Alpes (Région). Pour la liste complète : CITES ET GOUVERNEMENTS LOCAUX UNIS, *Agenda 21 de la culture. Liste de cités, gouvernements locaux et organisations*, 2017.

1869 CITES ET GOUVERNEMENTS LOCAUX UNIS, *Agenda 21 de la culture*, CGLU, 2004, p. 3. V. aussi : CITES ET GOUVERNEMENTS LOCAUX UNIS, *Agenda 21 de la culture. Actions*, CGLU, 2015.

1870 Principe n° 3, CITES ET GOUVERNEMENTS LOCAUX UNIS, *Agenda 21 de la culture*, *ibid.*, p. 7.

promotion des droits de l'Homme », donc des droits culturels[1871]. L'Agenda 21 de la culture prévoit dans cette perspective plusieurs engagements et actions auxquels les collectivités peuvent souscrire.

992. L'adhésion de la France à plusieurs déclarations et conventions internationales reconnaissant les droits culturels et s'engageant à les garantir – Convention sur la protection et la promotion de la diversité des expressions culturelles du 20 octobre 2005[1872], Déclaration universelle sur la diversité culturelle du 2 novembre 2001[1873], le Pacte international relatif aux droits économiques sociaux et culturels du 16 décembre 1966[1874] et la Déclaration universelle des droits de l'homme du 10 décembre 1948[1875] – constitue une autre influence, pour la reconnaissance des droits culturels. La présentation de l'amendement tendant à l'intégration des droits culturels dans l'article relatif au partage de la compétence culturelle s'avère particulièrement représentative. Il est affirmé dans celle-ci à propos de ce partage : « Pour le qualifier, quoi de plus légitime que de préciser notre engagement collectif de respecter les principes de politique culturelle que la France a ratifiés au niveau international et déclinés dans les conventions de l'UNESCO sur la diversité culturelle. Les principes fondamentaux que nous avons ratifiés doivent vivre sur nos territoires. Ce sont les droits culturels de chacun à être reconnu dans son égale dignité au travers de politiques inclusives, co-construites et attentives »[1876].

993. Le législateur se réfère d'ailleurs *in fine* explicitement, directement et indirectement à ces engagements lors de l'inscription des droits culturels dans les différentes lois[1877].

994. À côté de ces facteurs politico-juridiques, un autre facteur d'influence doit être mentionné. Il s'agit des travaux de groupes de réflexions qui s'interrogent depuis longtemps sur la notion de droit culturel qui demeure aujourd'hui encore source de débats ; peut tout particulièrement être citée la *Déclaration de Fribourg* de 2007[1878].

1871 Principe n° 4, *ibid.*, p.7.
1872 Préambule, dernier alinéa.
1873 Article 5.
1874 Articles 13 et 15.
1875 Article 27.
1876 J. DESESSARD, *in* SENAT, Séance du 23 janvier 2015, *JO Débats*, Sénat, 2015, n° 9, p. 825.
1877 Cf. *supra*.
1378 *Les droits culturels*, Déclaration de Fribourg, 7 mai 2007, [en ligne], droitsculturels.org. Pour une présentation de différentes approches, v. not. : J.-M. LUCAS, *Les droits culturels. Enjeux, débats, expérimentations*, territorial éditions, 2017.

995. Dans ce contexte, la consécration des droits culturels en droit français était attendue, bien qu'elle ait fait l'objet de peu d'attention dans les commentaires des lois qui la contiennent. Elle demeure cependant *a priori* limitée, au moins juridiquement, mais permet de revenir sur les obligations des États résultants de leurs engagements internationaux, relatifs notamment aux droits culturels.

2) Une consécration législative a priori juridiquement limitée des droits culturels

996. La portée juridique de la référence aux droits culturels dans les lois, relatives à l'organisation territoriale[1879] et à la liberté de la création, à l'archéologie et au patrimoine demeure, *a priori*, limitée, même si son importance symbolique et politique est saluée. Elle est néanmoins l'occasion de rappeler les obligations étatiques qui découlent des engagements internationaux auxquels les lois renvoient. Il est donc possible de nuancer cette conception, quand bien même une partie de la doctrine considère que, « quel que soit le texte que l'on prenne en compte, il est difficile d'en déduire quoique ce soit de précis sur les droits culturels, les textes renvoyant les uns aux autres sans précision [...] »[1880].

997. La portée normative des dispositions législatives précitées est en effet considérée comme limitée. Lors des débats portant sur l'amendement parlementaire relatif à celles-ci dans la loi de 2015, l'absence de portée normative a été soulignée tant par le secrétaire d'État que par le rapporteur de la commission. L'un et l'autre invitaient pour cette raison à se prononcer contre celui-ci[1881]. Ils considéraient en effet que s'il s'agit d'une « belle déclaration de principe, [...] elle n'a aucune portée normative »[1882]. Cette absence de portée normative n'était pas contestée par les personnes favorables à cette disposition, dans le débat. Elles considéraient en effet par exemple que cet amendement « s'inscrit dans la philosophie de la compétence partagée »

[1879] J.-M. LUCAS, « La place des droits culturels après la loi NOTRe », *JA*, 2016, n° 40, p. 27.

[1880] J.-M. PONTIER, *La décentralisation culturelle*, LGDJ, Systèmes, 2018, p. 15 ; J.-M. PONTIER, « Sur des notions évanescentes. Droit à la culture et droits culturels », *RDP*, 2018, n° 4, p. 1089 s.

[1881] SENAT, Séance du 23 janvier 2015, *op. cit.*, p. 825 s.

[1882] J.-J. HYEST, rapporteur, *in* SENAT, Séance du 23 janvier 2015, *op. cit.*, p. 825. Dans le même sens : F. DE MAZIERES, « Le point de vue de deux députés », *in* B. FUCHS, V. GUILLON, A.-A. JEANDEL, L. PIGNOT, J.-P. SAEZ (coord.), *op. cit.*, p. 16 ; F. SALAZAR-MARTIN, « Les droit culturels : un outil d'interrogation et non une réponse », *in ibid.*, p. 17.

et qu'il « est important de rappeler certaines valeurs pour faire avancer [la] réflexion collective »[1883].

998. L'adoption de l'amendement relatif aux droits culturels dans le cadre de la loi de 2016, résulte de la volonté de garantir une bonne articulation de celle-ci avec la loi portant nouvelle organisation territoriale de la République. La présentation faite de celui-ci dans le rapport précédent la deuxième lecture de la loi à l'Assemblée nationale et la reprise successive de cette disposition lors des lectures successives[1884] en témoigne. Ses dispositions ont donc également une portée normative limitée.

999. La consécration des droits culturels dans la loi est symboliquement et politiquement importante. À cet égard, une sénatrice déclare, après avoir reconnu la faiblesse normative de celle-ci que « l'introduction de cette disposition n'est pas indispensable ; mais le geste est important »[1885]. Il a pu en effet être considéré qu'elle constitue la « reconnaissance d'un fait politique »[1886], une invitation forte lancée par les élus à l'État pour qu'il ne se désengage pas[1887], une vocation à définir le sens de l'action publique en matière culturelle[1888]...

1000. La portée symbolique de cette inscription d'abord dans la loi NOTRe et le peu de réticences initiales relevées à son égard résulte également du contexte de celle-ci au lendemain des rassemblements du 11 janvier 2015 en hommage aux victimes des attentats[1889] ; bien qu'elle ait fait l'objet de débats plus vifs par la suite, notamment relatifs à sa formulation, avant son adoption définitive[1890].

[1883] S. ROBERT, *in* SENAT, Séance du 23 janvier 2015, *op. cit.*, p. 825.
[1884] P. BLOCHE, *Rapport fait au nom de la commission des affaires culturelles et de l'éducation sur le projet de loi modifié par le Sénat, relatif à la création, à l'architecture et au patrimoine*, AN, n° 3583 rectifié, 17 mars 2016, T. 1, p. 47 ; « Tableau comparatif », *in ibid.*, p. 183.
[1885] M.-C. BLANDIN, citée *in* FNCC, « Le retour des droits culturels et des CTAP culture », *La Lettre d'Echanges*, juin 2015, n° 138, *in* ASSOCIATION DES COMMUNAUTES DE FRANCE, « Décentralisation culturelle et intercommunalités », *in* FNCC, *Les étapes successives de la réforme territoriale 2009-2015*, Les documents de la FNCC, 2017, p. 170.
[1886] F. SALAZAR-MARTIN, cité *in* H. GIRARD, « Cinq points clés pour comprendre les droits culturels », *in* H. GIRARD, « Dossier : Qui a peur des droits culturels ? », *op. cit.*
[1887] F. DE MAZIERES, « Le point de vue de deux députés », *op. cit.*, p. 16.
[1888] P. TEILLET, « Ce que les droits culturels f(er)ont aux politiques culturelles », *in* B. FUCHS, V. GUILLON, A.-A. JEANDEL, L. PIGNOT, J.-P. SAEZ (coord.), *op. cit.*, p. 20.
[1889] FNCC, « Inscription des droits culturels dans la loi ? », *La Lettre d'Echanges*, juin 2015, n° 134, *op. cit.*, p. 157.
[1890] FNCC, « Le retour des droits culturels et des CTAP culture », *La Lettre d'Echanges*, juin 2015, n° 138, *in ibid.*, p. 169 s. et 179 s.

1001. L'inscription législative des droits culturels conduit, malgré la prééminence de son caractère politique et symbolique, à s'attarder un instant sur les obligations qui s'imposent aux autorités publiques eu égard au renvoi direct ou indirect à plusieurs engagements internationaux de la France.

1002. Les droits culturels sont traditionnellement considérés comme des droits créances, ce qui renforce l'idée de la faible portée normative de leur inscription législative. Dans cette perspective, les États s'engagent à mettre en place des politiques publiques favorables à leur développement en fonction de leurs ressources. Cette analyse a évolué.

1003. La conception classique conduit à distinguer les droits créances des droits libertés, qui eux impliquent une abstention de l'État. Les propos du Professeur J. Rivéro sont à cet égard particulièrement éclairants : « La satisfaction des droits de créance laisse [...] à l'État un pouvoir d'appréciation discrétionnaire extrêmement large, de telle sorte que l'objet du droit reste pratiquement indéfini jusqu'à ce que le législateur ait procédé aux choix nécessaires. Rien de tel lorsqu'il s'agit des libertés, à l'égard desquelles les obligations de l'État sont simples et définies, puisqu'elles se ramènent à une abstention. [...] Ainsi libertés et créances ne relèvent pas, en ce qui concerne leur mise en œuvre, des mêmes techniques juridiques »[1891].

1004. Cette distinction est contestée par une partie de la doctrine internationaliste[1892]. Elle tend alors à proposer une autre approche selon laquelle « en réalité, tous les droits, quels qu'ils soient, imposent aux États une triple obligation d'abord de respecter, de protéger ensuite, de réaliser, enfin »[1893].

1005. Cette conception trouve écho auprès de la doctrine[1894] et des institutions s'intéressant à la problématique des droits culturels. Le Comité des droits économiques, sociaux et culturels, dans son observation relative au droit de chacun de participer à la vie culturelle, qui est l'un des droits culturels,

---

[1891] J. RIVERO, H. MOUTOUH, *Libertés publiques*, PUF, T. 1, 9e éd., 2003, p. 90 ; L. FAVOREU, P. GAIA, R. GHEVONTIAN, J.-L. MESTRE, O. PFERSMAN, A. ROUX, G. SCOFFONI, *Droit constitutionnel*, Dalloz, Précis, 12e éd., 2009, p. 313 s.

[1892] L'importance de la doctrine internationaliste est reconnue en droit international, y compris le cas échéant en tant que source de celui-ci. V. not. : article 38, 1), d), Statut de la Cour internationale de justice, [en ligne], www.icj-cij.org/fr.

[1893] D. ROMAN, « La justiciabilité des droits sociaux ou les enjeux de l'édification d'un État de droit social », *La Revue des droits de l'homme*, 2012, n° 1, p. 17, N 41 s.

[1894] V. not. : M. BIDAULT, « Liberté, égalité, droits culturels... », *Nectart*, 2016, n° 2, p. 63 ; J.-M. LUCAS, *Les droits culturels. Enjeux, débats, expérimentations*, *op. cit.*, p. 33 s.

adopte en effet cette position et participe ainsi à la renforcer. Il affirme en ce sens que « le droit de participer à la vie culturelle peut être assimilé à une liberté »[1895] et précise que « pour qu'il soit garanti, l'État partie doit à la fois s'abstenir (ne pas s'ingérer dans les pratiques culturelles et l'accès aux biens et services culturels) et agir de manière positive (assurer les conditions nécessaires à la participation à la vie culturelle, faciliter et promouvoir celle-ci et assurer l'accès aux biens culturels ainsi que leur préservation) »[1896].

1006. Une telle conception, semble pouvoir renforcer la portée juridique des droits culturels, et celle de leur inscription législative, et ce d'autant plus que la France a par ailleurs adhéré au Protocole facultatif au PIDESC[1897]. Des particuliers ou des groupes de particuliers[1898] peuvent désormais, en principe[1899], saisir le Comité des droits économiques, sociaux et culturels (CODESC)[1900] d'une communication et alléguer d'une violation par la France d'un des droits énoncés dans le Pacte[1901]. Ce dernier peut alors faire des constatations sur la communication et le cas échéant des recommandations aux parties intéressées[1902] ; ce qui demeure limité.

1007. Les droits culturels étaient déjà pour partie assurés en France avant leur inscription législative, même si le terme n'était pas utilisé ; ce qui renforce éventuellement la portée limitée de celle-ci. C'était le cas en matière linguistique.

1895 CODESC, *Observation générale n° 21. Droit de chacun de participer à la vie culturelle*, E/C.12/GC/21, 21 décembre 2009, p. 2, N 6.

1896 *Ibid.*

1897 Loi n° 2014-1352 du 13 novembre 2014 autorisant la ratification du protocole facultatif se rapportant au pacte international relatif aux droits économiques, sociaux et culturels, *JO*, 14 novembre 2014, p. 19162, texte n° 4. V. : S. GROSBON, « Ratification française du Protocole Facultatif au Pacte international relatif aux droits économiques, sociaux et culturels : Ce qui avait de l'importance, ce qui n'en avait pas », *La Revue des droits de l'homme*, Actualités Droits-Libertés, 8 décembre 2014, [en ligne], journals.openedition.org/revdh ; R. LETTERON, « La ratification du protocole facultatif se rapportant au pacte international relatif aux droits économiques, sociaux et culturels », *Liberté, Libertés chéries*, 16 décembre 2014, [en ligne], libertescheries.blogspot.com.

1898 En leur nom ou au nom de particuliers ou groupes de particuliers relevant de la juridiction d'un État Partie ; la France ici. Article 1, Protocole facultatif se rapportant au pacte international relatif aux droits économiques, sociaux et culturels, signé à New York le 11 décembre 2012.

1899 S. GROSBON, *op. cit.*

1900 Article 1, Protocole facultatif se rapportant au pacte international relatif aux droits économiques, sociaux et culturels, *op. cit.*

1901 Article 2, *ibid.*

1902 Article 9, *ibid.*

§2 : La reconnaissance progressive des droits culturels : l'exemple du droit à la langue

1008. La mise en œuvre et la garantie de certaines composantes des droits culturels soulèvent, encore aujourd'hui, en France, un certain nombre de débats et de difficultés, liés notamment aux revendications identitaires régionales et à leurs conséquences éventuelles. Cela explique pour partie la valeur symbolique et politique de leur consécration législative[1903]. C'est en particulier le cas pour l'identité culturelle.

1009. L'identité culturelle est définie dans la Déclaration de Fribourg[1904] « comme l'ensemble des références culturelles par lequel une personne, seule ou en commun, se définit, se constitue, communique et entend être reconnue dans sa dignité »[1905]. Cette dernière dispose alors que « toute personne a la liberté de choisir de se référer ou non à une ou plusieurs communautés culturelles, sans considération de frontières, et de modifier ce choix »[1906] ; et que « nul ne peut se voir imposer la mention d'une référence ou être assimilé à une communauté culturelle contre son gré »[1907], étant entendu qu'une communauté culturelle désigne « un groupe de personnes qui partagent des références constitutives d'une identité culturelle commune, qu'elles entendent préserver et développer »[1908].

1010. Le droit à l'identité culturelle, comme le droit de participer à la vie culturelle de la communauté, est en France « formellement totale »[1909] si « l'on se réfère à la nation française, une et indivisible »[1910]. Si la personne adhère à plusieurs communautés, se réfère à une autre communauté, le droit à l'identité culturelle et le droit de participer à la vie culturelle soulèvent un certain nombre de difficultés et peuvent faire l'objet de revendications identitaires territoriales et notamment régionales. La dimension linguistique de l'identité

1903 Cf. *infra*.

1904 C'est le texte auxquels la majorité de la doctrine semble se rapporter pour la définir.

1905 Article 2, a), *Les droits culturels*, Déclaration de Fribourg, 7 mai 2007.

1906 Article 4, a), *ibid.*

1907 Article 4, b), *ibid.*

1908 Article 2, c), *ibid.*

1909 J.-M. LUCAS, « Les droits culturels selon Jean-Michel Lucas. Extraits d'un entretien », *in* FNCC, *A propos des droits culturels*, Les documents de la FNCC, 2015, p. 28.

1910 *Ibid.* ; v. dans le même sens : J.-M. PONTIER, « Entre le national et le supranational : les droits culturels », *op. cit.*, p. 55 ; J.-M. PONTIER, *La décentralisation culturelle*, *op. cit.*, p. 15 s.

culturelle, que constitue le droit à la langue, est symptomatique de cette problématique, c'est donc sur celui-ci que porte essentiellement l'étude[1911].

1011. Le droit à la langue nationale, le français, ne soulève pas de problème particulier. Les contestations à l'encontre de ce dernier découlent de sa primauté et des restrictions corrélatives, réelles et/ou perçues, dont font l'objet les autres langues de France, régionales ou minoritaires du fait notamment de la non ratification de la Charte européenne des langues régionales ou minoritaires (A). Néanmoins, le statut de ces dernières connaît d'importantes évolutions (B).

A) L'affirmation du droit à la langue nationale

1012. La primauté de la langue française, consacrée constitutionnellement au détriment des langues régionales et minoritaires (1), conduit à l'absence maintenue de ratification de la Charte européenne des langues régionales ou minoritaires. Cela n'empêche pas les collectivités territoriales de les promouvoir (2).

1) La consécration constitutionnelle de la primauté de la langue française

1013. L'uniformisation linguistique trouve son aboutissement[1912] dans l'adoption de la disposition constitutionnelle[1913] de 1992, préalable à la ratification du Traité de Maastricht[1914]. Elle dispose que « la langue de la

---

[1911] Comme précisé précédemment, certaines mesures ont contribué, avant l'inscription législative des droits culturels, à leur mise en œuvre, y compris dans d'autres domaines que celui de la langue. Cf. *supra*.

[1912] Sur les dispositions relatives au français avant la constitutionnalisation en 1992, v. *supra* et not. : D. LATOURNERIE, « La langue française et le droit », *EDCE*, 1984-1985, n° 36, p. 92 s. ; J.-M. PONTIER, *Droit de la langue française*, Dalloz, Connaissance du droit, 1997, p. 8 s. ; N. ROULAND, « Les politiques juridiques de la France dans le domaine linguistique », *RFDC*, 1998, n° 35, p. 517 s. ; R. DEBBASCH, « La République indivisible, la langue française et la nation », *in* A.-M. LE POURHIET (dir.), *Langue(s) et constitution(s)*, Economica, 2004, p. 58 s. ; V. BERTILLE, *Langues régionales ou minoritaires et Constitution. France, Espagne, Italie*, Bruylant, 2008, p. 67 s. ; J. VIGUIER, « La primauté de la langue nationale française sur les langues régionales secondes », *RDP*, 2009, n° 6, p. 1635 s. ; J. VIGUIER, « La primauté de la langue française sur les langues régionales », *in* F. DE LA MORENA (dir.), *Les symboles de la République. Actualité de l'article 2 de la Constitution de 1958*, PUT, 2014, p. 40 s.

[1913] Article 1, Loi constitutionnelle n° 92-554 du 25 juin 1992 ajoutant à la Constitution un titre : « Des Communautés européennes et de l'Union européenne », *JO*, 26 juin 1992, p. 8406.

[1914] Il semble inopportun de revenir ici sur les débats relatifs aux raisons qui justifient cette inscription relativement tardive de la langue française dans la Constitution. Sur ce point, v. not : V. BERTILLE, *op. cit.*, p. 67s. ; D. LATOURNERIE, *op. cit.*, p. 110.

République est le français »[1915], sous-entendu, à l'exclusion de toutes les autres langues de France[1916], bien que la formule ait été conçue pour défendre le français contre les langues étrangères, les auteurs de l'amendement n'ayant que raisonné par rapport à elles et non par rapport aux langues locales ou régionales[1917]. Le texte constitutionnel consacre donc la primauté de la langue française sur ces dernières. Le Professeur R. Debbasch souligne alors à cet égard que « la disposition constitutionnelle nouvelle vient apporter à la langue française un support juridique qui lui faisait jusqu'ici défaut en cas de conflit avec une langue régionale »[1918].

1014. Lors de la révision de 1992, plusieurs amendements et sous-amendements sont déposés afin d'inscrire dans la Constitution une référence aux langues et aux cultures régionales de France[1919] ; aucun d'entre eux n'est retenu. Le garde des Sceaux, devant l'inquiétude liée au statut de la culture et des langues régionales, affirme alors de manière énigmatique « qu'en matière de liberté, ce qui vaut pour l'Europe vaut également pour la nation »[1920]. Il reconnaît par ailleurs que, selon lui, une « réforme constitutionnelle n'offre pas le cadre souhaitable à la mention de la préoccupation des langues régionales »[1921] qui relève du domaine de la loi ordinaire, et ne se prononce pas sur la ratification de la Charte européenne des langues régionales ou minoritaires.

1015. La consécration constitutionnelle est complétée par la « loi Toubon » de 1994 qui désigne le français comme « la langue de l'enseignement, du travail, des échanges et des services publics »[1922]. Cette dernière est néanmoins partiellement censurée par le Conseil constitutionnel[1923] pour qui si l'usage et le contenu de la langue française peuvent être imposés à la sphère publique – personnes morales de droit public et personnes privées dans le cadre de l'exercice d'une mission de service public -, il ne peut en être de même pour la sphère privée. La primauté de la langue française est donc réaffirmée et la

---

[1915] Article 2, al. 1, Constitution du 4 octobre 1958.
[1916] R. DEBBASCH, « La République indivisible, la langue française et la nation », *op. cit.*, p. 67.
[1917] *Ibid.*, p. 66 et 67.
[1918] R. DEBBASCH, « La reconnaissance constitutionnelle de la langue française », *RFDC*, 1992, p. 466.
[1919] V. BERTILLE, *op. cit.*, p. 71.
[1920] M. VAUZELLE, *JO Débats*, AN, 12 mai 1992, p. 1021
[1921] M. VAUZELLE, *JO Débats*, AN, 18 juin 1992, p. 2578
[1922] Article 1, al. 2, Loi n° 94-665 du 4 août 1994 relative à l'emploi de la langue française, *JO*, 5 août 1994, p. 11392.
[1923] CC, 29 juillet 1994, n° 94-345 DC, Loi relative à l'emploi de la langue française ; *D.*, 1995, p. 303, note ROUX ; *RFDC*, 1995, p. 576, note VERPEAUX ; *RDP*, 1994, n° 6, p. 1664, note CAMBY ; JCP G, 1994, 2, 22359 ; *AJDA*, 1994, p. 731, note WACHSMANN.

place corrélative restreinte des langues régionales et minoritaires quand bien même la loi précise que ses dispositions s'exercent « sans préjudice de la législation et de la réglementation relatives aux langues régionales de France et ne s'opposent pas à leur usage »[1924].

1016. L'affirmation permanente de la primauté de la langue française conduit dans une certaine mesure, la France à s'inscrire à l'opposé du mouvement mondial et européen « poussant à la protection des populations autochtones et à la défense des langues et cultures locales[1925] »[1926], qui a conduit à l'adoption de la Charte européenne des langues régionales ou minoritaires en 1992, que la France a signée le 7 mai 1999, mais n'a toujours pas ratifiée.

2) Les crispations autour de la ratification de la Charte européenne des langues régionales ou minoritaires

1017. La ratification de la Charte européenne des langues régionales ou minoritaires, non réalisée à ce jour, connaît de nombreux rebondissements et fait l'objet d'une abondante littérature dont il ne s'agit pas de faire exhaustivement le détail. Le propos se contente ici de rappeler quelques aspects des problématiques soulevées par cette « impossible » ratification.

1018. La Charte européenne des langues régionales ou minoritaires est adoptée le 5 novembre 1992 dans le cadre du Conseil de l'Europe et signée par la France le 7 mai 1999. Elle n'est cependant pas ratifiée. Le Conseil d'État et surtout le Conseil constitutionnel, saisi par le Président de la République, considèrent en effet qu'une partie de ses dispositions est contraire à l'article 2 de la Constitution. Ces dernières tendent en effet « à reconnaître un droit à pratiquer une langue autre que le français non seulement dans la « vie privée », mais également dans la « vie publique », à laquelle la Charte rattache la justice et les autorités administratives et services publics »[1927], malgré la déclaration

---

[1924] Article 21, Loi n° 94-665 du 4 août 1994 relative à l'emploi de la langue française, *JO*, 5 août 1994, p. 11392.
[1925] Malgré les évolutions mentionnées *infra*.
[1926] J. VIGUIER, « La primauté de la langue française sur les langues régionales », *op. cit.*, p. 45.
[1927] CC, 15 juin 1999, n° 99-412 DC, *Charte européenne des langues régionales ou minoritaires*, *JO*, 18 juin 1999, p. 8964, cons. 11. Dans le même sens antérieurement : CE, avis, 24 septembre 1996, n° 359.461, *Charte européenne des langues régionales ou minoritaires*, *ECDE*, p. 288, IV.

interprétative[1928] faite par la France lors de sa signature[1929]. Le Conseil constitutionnel relève aussi que certaines d'entre elles portent atteinte aux principes d'indivisibilité de la République, d'égalité devant la loi et d'unicité du peuple français en « ce qu'elle confère des droits spécifiques à des « groupes » de locuteurs de langues régionales ou minoritaires, à l'intérieur de « territoires » dans lesquels ces langues sont pratiquées »[1930]. La ratification de la Charte impose donc une révision de la Constitution.

1019. En 2015, un projet de loi constitutionnelle est déposé en ce sens devant le Sénat, conformément à un engagement de campagne de François Hollande, malgré un avis défavorable du Conseil d'État. Celui-ci prévoit d'ajouter dans la Constitution un article 53-3 qui dispose : « La ratification de la Charte européenne des langues régionales ou minoritaires adoptée à Strasbourg le 5 novembre 1992, complétée par la déclaration interprétative annoncée le 7 mai 1999 au moment de la signature, est autorisée »[1931]. La Haute juridiction administrative voit en effet dans ce texte « un risque de contradiction interne génératrice d'insécurité juridique »[1932] et une « contradiction entre l'ordre juridique interne et l'ordre juridique international, exposant tant à des incertitudes dans les procédures contentieuses nationales qu'à des critiques émanant des organes du Conseil de l'Europe chargés du contrôle de l'application de la Charte »[1933].

1020. La commission des lois invite le Sénat à rejeter la proposition de loi constitutionnelle par l'adoption d'une motion tendant à opposer la question préalable[1934], en vertu de l'article 44 alinéa 3 de son règlement[1935],

---

[1928] Sur le contenu de la déclaration et le débat sur son caractère « interprétatif » v. not. : P. BAS, *Rapport fait au nom de la commission des lois constitutionnelles, de la législation, du suffrage universel, du Règlement et d'administration générale sur le projet de loi constitutionnelle autorisant la Charte européenne des langues régionales ou minoritaires*, Sénat, n° 52, 14 octobre 2015, p. 15 s.

[1929] Celle-ci ne peut servir qu'en cas de litige en vue de l'interprétation de la Charte, si elle est ratifiée.

[1930] CC, 15 juin 1999, n° 99-412 DC, *op. cit.*, cons. 10.

[1931] M. VALLS, C. TAUBIRA, *Projet de loi constitutionnelle autorisant la ratification de la Charte des langues régionales ou minoritaires*, Sénat, n° 662, 31 juillet 2015.

[1932] CE, avis, 30 juillet 2015, n° 390.268, *Projet de loi constitutionnelle autorisant la ratification de la Charte européenne des langues régionales ou minoritaires*.

[1933] *Ibid.*

[1934] P. BAS, *op. cit.*, p. 5.

[1935] « En cours de discussion, il est proposé ou discuté des exceptions, questions, motions ou demandes de priorité dans l'ordre ci-après (44 al. 1) : La question préalable, dont l'objet est de faire décider soit que le Sénat s'oppose à l'ensemble du texte, soit qu'il n'y a pas lieu de poursuivre la délibération. Elle ne peut être posée qu'une fois au cours d'un même débat après l'intervention du Gouvernement et des rapporteurs ou, lorsqu'elle émane du Gouvernement ou de la commission saisie au fond, soit après l'intervention du

conformément à l'avis de son rapporteur[1936]. Celle-ci considère en effet que l'absence de ratification n'empêche pas la protection et la promotion des langues régionales et rejoint l'avis du Conseil d'État à propos des contradictions que cette révision constitutionnelle engendrerait. Elle conclut en estimant « qu'accepter la révision constitutionnelle imposerait donc à la fois de contrevenir à la Charte et de déroger aux principes constitutionnels les plus fondamentaux, l'unité de la République et l'égalité des citoyens »[1937].

1021. Le Sénat adopte la motion de question préalable le 27 octobre 2015[1938] et met ainsi un terme au projet de réforme constitutionnelle permettant la ratification de la Charte.

1022. Les débats sur ce texte ont été particulièrement houleux, tant en commission[1939], qu'en séance[1940], ce qui témoigne des crispations, juridiques et surtout politiques, liées à la ratification de la Charte européenne des langues régionales ou minoritaires.

1023. Il convient à cet égard de relever que le rejet de ce texte, dans la formulation proposée, est tant imputable à des partisans de la primauté de la langue française qu'à des « régionalistes authentiques »[1941]. L'un d'entre eux affirme même que l'inscription de la déclaration interprétative dans la Constitution « risque tout simplement d'être catastrophique. Cette déclaration interprétative comporte en effet un ensemble de réserves et de restrictions quant aux mesures de soutien aux langues régionales. En les ancrant dans la Constitution, elles feront obstacle à ce que les langues régionales puissent accéder à un véritable statut protecteur »[1942]. Il affirme, par ailleurs, que les engagements de la Charte peuvent être appliqués sans révision de la Constitution, par exemple dans le cadre d'une Charte régionalisée proposée à toutes les collectivités d'un territoire[1943]. Le préambule de la *Charte de la Région Alsace, du Département du Bas-Rhin, et du Département du Haut-Rhin pour la promotion des langues régionales sur la base de la Charte*

Gouvernement et des rapporteurs, soit avant la discussion des articles, et, en tout état de cause, après la discussion d'une éventuelle exception d'irrecevabilité portant sur l'ensemble du texte. Le vote sur la question préalable a lieu immédiatement après le débat limité prévu à l'alinéa 8. Son adoption entraîne le rejet du texte auquel elle s'applique ».

1936 V. Examen en commission, *ibid.*, p. 65.

1937 *Ibid.*, p. 5 et p. 41 s.

1938 *JO Débats*, Sénat, 27 octobre 2015, p. 9989.

1939 Examen en commission, *in* P. BAS, *op. cit.*, p. 47 s.

1940 *JO Débats*, Sénat, 27 octobre 2015, p. 9949.

1941 R. DANESI, *JO Débats*, Sénat, 27 octobre 2015, p. 9971.

1942 R. DANESI (reprenant des analyses antérieures), *ibid.*

1943 R. DANESI, *JO Débats*, Sénat, 27 octobre 2015, p. 9971.

européenne des langues régionales ou minoritaires, adoptée dans cette perspective précise que celle-ci reprend les dispositions de la Charte européenne qui sont acceptées par ses auteurs, « dans les respects du droit national applicable au statut de la langue officielle »[1944].

1024. Le statut des langues régionales a évolué dans les textes, comme dans la pratique.

B) L'évolution du statut des langues régionales

1025. Le statut notamment constitutionnel des langues régionales évolue, au moins textuellement au niveau étatique, et ce, sans doute pour partie, sous l'influence onusienne[1945] et européenne[1946], qui devrait jouer aussi en faveur de la ratification de la Charte (1). La reconnaissance des langues régionales, corolaire de la protection des droits de l'homme[1947], dont font partie les droits culturels[1948], se traduit matériellement par l'adoption et la mise en œuvre de mesures concrètes (2).

1) L'inscription constitutionnelle des langues régionales, une reconnaissance textuelle

1026. La révision constitutionnelle de 2008[1949] introduit dans le chapitre XII de la Constitution relatif aux collectivités territoriales, un article qui affirme que « les langues régionales appartiennent au patrimoine de la France »[1950]. La portée de cette disposition demeure limitée en raison de sa formulation et de sa place dans le texte constitutionnel. Le Parlement s'est contenté en effet de consacrer la réalité selon laquelle « en France, depuis toujours d'autres langues que le français sont parlées sur le territoire national, dans l'Hexagone et outre-mer. Loin de la fiction qui a longtemps prévalu d'un pays à langue unique, c'est une image riche et bigarrée, largement méconnue,

---

1944 Préambule, *Charte de la Région Alsace, du Département du Bas-Rhin, et du Département du Haut-Rhin pour la promotion des langues régionales sur la base de la Charte européenne des langues régionales ou minoritaires*, 19 juin 2014, [en ligne], www.coe.int/fr.

1945 Cf. *supra*.

1946 Articles 21, 1 et 22 (en part.), Charte des droits fondamentaux de l'Union européenne, *JOCE C*. 364, 18 décembre 2000, p. 14 ; article 3, 3., al. 4, TUE (version consolidée), *JOUE C* 202, 7 juin 2016, p. 17. V. sur ce point not. : C. Le Bris, « Les Langues régionales dans la Constitution », *RDP*, 2009, n° 3, p. 798 s.

1947 *Ibid.*, p. 789 s.

1948 Cf. *supra*.

1949 Article 40, Loi constitutionnelle n° 2008-724 du 23 juillet 2008 de modernisation des institutions de la Ve République, *JO*, 24 juillet 2008, p. 11890, texte n° 2.

1950 Article 75-1, Constitution du 4 octobre 1958.

qu'offre le paysage linguistique de notre pays », de l'aveu même de la Délégation générale à la langue française et aux langues de France[1951].

1027. La formulation elliptique retenue conduit en effet à conférer au texte un caractère normatif restreint. Le Professeur J.-E. Gicquel considère même que « le choix du verbe (« appartenir ») et la simple référence à un patrimoine qui n'est même pas celui de la République, l'absence de référence à des bénéficiaires de droits, inclinent à conférer audit article une portée strictement déclaratoire »[1952]. Il apparaît par ailleurs nécessaire que le « législateur précise ce qu'il entend par « langue régionale » sous peine de vider cette notion de tout contenu »[1953], ce qui ne semble pas encore être le cas. Les langues régionales sont cependant définies par la Délégation générale à la langue française et aux langues de France. Il s'agit des « langues parlées sur une partie du territoire national depuis plus longtemps que le français » ; étant précisé que « si on parle de langues « régionales », c'est que celles-ci étaient les langues d'usage de l'ensemble de la société dans une zone donnée, jusqu'à ce que le français s'impose progressivement, et qu'elles deviennent minoritaires dans la zone en question »[1954]. Une liste de ces dernières est dressée[1955] pour l'Outre-mer[1956] et pour la France métropolitaine[1957]. Les langues régionales se

---

1951 DELEGATION GENERALE A LA LANGUE FRANÇAISE ET AUX LANGUES DE FRANCE, *Les langues de France*, Délégation générale à la langue française et aux langues de France, 2e éd., 2016, p. 1 et 2.

1952 J.-E. GICQUEL, « L'article 2 C et les langues régionales. Une coexistence heurtée », *in* F. DE LA MORENA (dir.), *Les symboles de la République. Actualité de l'article 2 de la Constitution de 1958*, PUT, 2014, p. 23-24. V. aussi : J.-M. PONTIER, « Langues régionales : la porte ouverte ? », *AJDA*, 2008, p. 2193 ; C. LAVIALLE, « Du nominalisme juridique, Le nouvel article 75-1 de la Constitution du 4 octobre 1958 », *RFDA*, 2008, p. 1110 s. ; B. VALERIAN, *Le patrimoine immatériel des collectivités territoriales : Protection et réservation*, Thèse Université d'Avignon et des Pays de Vaucluse, 2017, p. 325 s. ; D. GUIGNARD, « Les langues régionales et l'Europe : autour de l'article 75-1 de la Constitution », *in* H. GAUDIN (dir.), *La Constitution européenne de la France*, Dalloz, 2017, p. 281 s.

1953 M. VERPEAUX, « La reconnaissance constitutionnelle des langues régionales », *LPA*, 2008, n° 254, p. 124.

1954 DELEGATION GENERALE A LA LANGUE FRANÇAISE ET AUX LANGUES DE FRANCE, *Les langues de France*, *op. cit.*, p. 2.

1955 *Ibid.* ; B. CERQUIGLINI, *Les langues de la France*, Rapport au ministre de l'Éducation nationale, de la Recherche et de la Technologie et au ministre de la Culture et de la Communication, 1999, not. p. 5 et annexes.

1956 Délégation générale à la langue française et aux langues de France, *Les langues de France*, *op. cit.*, p. 2.

1957 Basque ; breton ; catalan ; corse ; dialectes allemands d'Alsace et de Moselle (alsacien et francique mosellan) ; flamand occidental ; francoprovençal ; langues d'oïl : franc-comtois, wallon, champenois, picard, normand, gallo, poitevin-saintongeais (dans ses deux variétés : poitevin et saintongeais), lorrain, bourguignon-morvandiau ; occitan ou langue d'oc (gascon, languedocien, provençal, auvergnat, limousin, vivaro-alpin) ; parlers liguriens.

distinguent donc des « langues « non-territoriales » », entendues comme les « langues pratiquées par de nombreux Français, issues d'immigrations et donc sans lien avec une aire géographique particulière dans notre pays, mais qui y sont implantées depuis longtemps » qui, elles, ne relèvent pas de la disposition constitutionnelle. Les langues régionales et les « langues « non-territoriales » »[1958] sont constitutives des langues de France.

1028. La place de la disposition constitutionnelle, qui a fait l'objet de débats avant son adoption[1959], a pour le Professeur J. Viguier « le mérite de la clarté »[1960]. L'auteur affirme que « l'insertion dans le titre XII, et non dans les premiers articles de la Constitution, maintient la primauté juridique de la langue nationale, et en cela, elle est logique »[1961]. Il reconnaît cependant que « lier les langues régionales et les collectivités est excessif, dans la mesure où, effectivement, l'État intervient par l'Éducation nationale sur les langues régionales [...] et, surtout où il n'existe aucune langue départementale ou régionale en usage dans une collectivité territoriale donnée »[1962]. Ce dernier constat est d'ailleurs souvent à l'origine de la revendication tendant à créer des collectivités spécifiques à un territoire linguistique particulier.

1029. Le Conseil constitutionnel dans sa décision du 20 mai 2011 confirme la primauté incontestable de la langue française sur les langues régionales et souligne que l'article 75-1 de la Constitution « n'institue pas un droit ou une liberté que la Constitution garantit »[1963]. Le Conseil constitutionnel tire cette conclusion d'abord du fait qu'à « cet énoncé constitutionnel manque l'ensemble des attributs essentiels d'un droit ou d'une liberté que sont la détermination de son objet et l'identification de son titulaire et de ceux auxquels il serait opposable »[1964]. Il s'appuie ensuite sur les travaux préparatoires à l'insertion de cette disposition dont l'objet est, selon le rapporteur à l'Assemblée nationale, de « marquer l'attachement de la France à ce patrimoine sans pour autant créer un droit pour les particuliers d'exiger de la part des administrations l'usage d'une autre langue que le français ou des

---

[1958] DELEGATION GENERALE A LA LANGUE FRANÇAISE ET AUX LANGUES DE FRANCE, *Les langues de France*, *op. cit.*, p. 3.
[1959] V. not. : J.-E. GICQUEL, *op. cit.*, p. 22 s.
[1960] J. VIGUIER, « La primauté de la langue française sur les langues régionales », *op. cit.*, p. 47.
[1961] *Ibid.*, p. 47, note 24.
[1962] *Ibid.*
[1963] CC, 20 mai 2011, n° 2011-130 QPC, *Mme Cécile Lang et autres*, *JO*, 20 mai 2011, p. 8889, texte, n° 82, p. 3.
[1964] CONSEIL CONSTITUTIONNEL, « Commentaire de la décision n° 2011-130 QPC du 20 mai 2011 *Mme Cécile Lang et autres (Langues régionales)* », [en ligne], www.conseil-constitutionnel.fr.

droits spécifiques pour des groupes »[1965], avis partagé par le Gouvernement[1966]. Les juridictions administratives retiennent la même conception, dans une formulation similaire[1967].

1030. Les dispositions constitutionnelles de l'article 75-1 de la Constitution sont prolongées par la loi du 21 mai 2021 relative à la protection patrimoniale des langues régionales et à leur promotion[1968], dite « loi Molac », malgré une censure partielle du Conseil constitutionnel[1969]. Ce texte modifie l'article L. 1 du Code du patrimoine et consacre au sein du patrimoine culturel immatériel le patrimoine linguistique composé de la langue française et des langues régionales. Cet article précise que l'État comme les collectivités territoriales « concourent à l'enseignement, à la diffusion et à la promotion de ces langues »[1970]. Dans cette logique de patrimonialisation, les biens présentant un intérêt majeur pour le patrimoine national au point de vue de la connaissance de la langue française et des langues régionales sont qualifiés de trésors nationaux au sens de l'article L. 111-1 du Code du patrimoine ; qualification dont l'intérêt peut être discuté[1971]. Plus généralement, la portée de ces nouvelles dispositions législatives apparaît comme limitée et essentiellement symbolique[1972].

[1965] J.-L. WARSMANN, rapporteur, *JO Débats*, AN, 2e séance, 22 mai 2008, p. 2346.

[1966] La garde des Sceaux reprend la formule presque à l'identique en ajoutant que les langues régionales font donc partie de « notre identité ». R. DATI, *JO Débats*, Sénat, 18 juin 2008, p. 2931.

[1967] CAA Marseille, 13 octobre 2011, n° 10MA02330, *Commune de Galéria*, inédit au *Lebon* ; CE, 28 décembre 2016, n° 403928, *Association citoyenne « Pour Occitanie Pays catalan »*, inédit au *Lebon*, cons. 6.

[1968] Loi n° 2021-641, 21 mai 2021 relative à la protection patrimoniale des langues régionales et à leur promotion, *JO*, 23 mai 2021, texte n° 1. V. not. : T. GALLAUD, « Les langues régionales à l'école. État des lieux après la loi du 21 mai 2021 », *AJDA*, 2021, p. 2436 ; A. DENIZOT, « Hauts et bas en droit du patrimoine », *RTD Civ.*, 2021, p. 717 ; V. DOEBELIN, « La valorisation des langues régionales : une action d'équilibriste pour maintenir l'unité de la France », *JCP A*, n° 24, 2196.

[1969] CC, 21 mai 2021, n° 2021-818 DC, *Loi relative à la protection patrimoniale des langues régionales et à leur promotion*, *AJDA*, 2021, p. 1062 ; *AJDA*, p. 1297, tribune Gahdoun ; *AJCT*, 2021, p. 273, obs. PAILLER ; *JT*, 2021, p. 13 note DEVES ; *Dalloz actualité*, 2021, note SYDORYK ; *DA*, 2021, n° 7, alerte COURREGES, *JCP A*, 2021, n°24, comm. HUL ; *AJCT*, 2021, p. 333, note VILLENEUVE. M. VERPEAUX, « Défiance jacobine et réalités constitutionnelles », *AJDA*, 2021, p. 1750.

[1970] Article 1, Loi n° 2021-641, 21 mai 2021 relative à la protection patrimoniale des langues régionales et à leur promotion, *op. cit.*

[1971] V. not. : C. ROUX, « Un tout petit pas en faveur des langues régionales », *DA*, 2021, n°7, alerte 10.

[1972] *Ibid.* V. aussi les notes sur la décision du Conseil constitutionnel, *supra*.

1031. La reconnaissance constitutionnelle a été précédée de mesures de protection et de promotion des langues régionales. Celles-ci tendent encore à se développer.

2) Des mesures de protection et de promotion des langues régionales, une reconnaissance matérielle

1032. L'attention portée par l'État et les collectivités territoriales aux identités culturelles territoriales, notamment régionales, s'accroît depuis plusieurs années, ce qui explique les revendications de certaines d'entre elles. Des mesures concrètes de promotion et de protection des droits culturels sont donc adoptées, ce qui constitue une reconnaissance matérielle de ces derniers.

1033. L'État, malgré les réticences précédemment mentionnées et les accusations de mépris dont il fait encore parfois l'objet[1973], s'investit désormais dans la protection et la promotion de l'identité culturelle, en particulier linguistique ; même si cela demeure limité et pour certains insuffisant. Il est à cet égard significatif que le rapporteur sur le projet de loi constitutionnelle de 2015, relative à la ratification de la Charte des langues régionales ou minoritaires, se soit senti obligé de finir son rapport par une annexe énumérant les « dispositions législatives adoptées depuis 1999 en faveur de l'enseignement et de la promotion des langues régionales »[1974], afin de justifier ses conclusions et notamment la position, discutable et discutée, selon laquelle la défense des langues régionales n'exige en rien sa ratification. Le législateur a, selon lui, en effet « cherché depuis plusieurs décennies à préserver, promouvoir et encourager les langues régionales de France »[1975].

1034. Le constat de l'action de l'État peut être dressé du point de vue institutionnel, au regard de l'évolution des législations en matière d'enseignement des langues régionales, de l'audiovisuel et des médias, de l'utilisation des langues régionales dans la sphère publique, et de la coopération avec les collectivités territoriales ou leurs groupements.

1035. D'un point de vue institutionnel d'abord, un Conseil national des langues et cultures régionales est institué auprès du Premier ministre dès 1985 avec pour mission « d'étudier, dans le cadre des grandes orientations définies par le Président de la République et le Gouvernement, les questions relatives

---

[1973] Par ex. : F. ESPAGNAC, *JO Débats*, Sénat, 27 octobre 2015, p. 9955.
[1974] P. BAS, *op. cit.*, p. 83 s.
[1975] *Ibid.*, p. 7.

au soutien et à la promotion des langues et cultures régionales dont il a été saisi par le Premier ministre »[1976].

1036. Le Conseil supérieur de la langue française et la Délégation générale à la langue française ont vu, dans le même sens, leur dénomination évoluée en même temps que leur rôle. Il est ainsi affirmé que « la Délégation générale à la langue française et aux langues de France contribue à préserver et valoriser les langues de France, à savoir les langues autres que le français qui sont parlées sur le territoire national et font partie du patrimoine culturel national [1977]», autrement dit, les langues régionales[1978].

1037. Dans le domaine de l'enseignement, dont le rôle est central pour le maintien et la diffusion d'une langue[1979], la promotion des langues régionales semble s'accroître[1980]. Elle demeure cependant strictement encadrée.

1038. Une distinction doit être établie entre l'enseignement des langues régionales et l'enseignement en langue régionale.

[1976] Article 2, Décret n° 85-1006, 23 septembre 1985, portant création du Conseil national des langues et cultures régionales, *JO*, 25 septembre 1985, p. 11046. Décret codifié aux articles D. 312-29 à D. 312-32 du Code l'éducation par l'article 2 (voir aussi les annexes contenant le texte) du décret n° 2006-583 du 23 mai 2006 relatif aux dispositions réglementaires du livre III du code de l'éducation, *JO*, 24 mai 2006, p. 7616, texte n° 16 ; puis abrogé par les articles 17 et 18 du décret n° 2006-672 du 8 juin 2006 relatif à la création, à la composition et au fonctionnement de commissions administratives à caractère consultatif, *JO*, 9 juin 2006, p. 8706, texte n° 11.
[1977] Article 2, Décret n° 2001-950 du 16 octobre 2001 modifiant le décret n° 89-403 du 2 juin 1989 instituant un Conseil supérieur de la langue française et une délégation générale à la langue française, *JO*, 19 octobre 2001, p. 16497, texte n° 24.
[1978] Cf. *supra*.
[1979] Cf. *supra*.
[1980] Article 11, Loi n° 51-46, 11 janvier 1951, relative à l'enseignement des langues et dialectes locaux, *JO*, 13 janvier 1951, p. 483. Loi n° 2021-641, 21 mai 2021, *op. cit.*

1039. L'enseignement des langues régionales[1981], langues celtique, basque, catalan, occitan, trouve une place, restreinte, dès 1951[1982]. Il est alors possible « d'autoriser les maîtres à recourir aux parlers locaux dans les écoles primaires et maternelles chaque fois qu'ils pourront en tirer profit pour leur enseignement, notamment pour l'étude de la langue française »[1983]. Dans le même sens, dans le cadre des activités dirigées, un enseignement facultatif des langues locales, et du folklore, de la littérature et des arts populaires locaux[1984] peut être réalisé. Les enseignants sont formés à cet effet. Des cours de langue, de folklore, de littérature et des arts populaires locaux sont ainsi prévus dans les écoles normales à destination des futurs maîtres et maîtresses qui veulent dispenser cet enseignement[1985]. Une épreuve facultative est même prévue au baccalauréat dans « les universités où il est possible d'adjoindre au jury un examinateur compétent[1986]. Des instituts régionalistes peuvent être créés sous condition dans certaines universités[1987].

1040. La loi de 1975, relative à l'éducation, affirme dans son article 12 qu'« un enseignement des langues et cultures régionales peut être dispensé tout au long de la scolarité »[1988]. Le Code de l'éducation contient dès sa mise en place une section consacrée à « l'enseignement des langues et des cultures régionales », qui débute à l'origine par la reprise de cette disposition. Celui-ci prévoit désormais, tenant compte de l'ensemble de l'évolution constitutionnelle et législative, que l'enseignement des « langues et cultures régionales appartenant au patrimoine de la France, [...] est favorisé

1981 Sur l'enseignement des langues régionales. V. not. : D. LATOURNERIE, *op. cit.*, p. 97 ; B. POIGNANT, *Langues et cultures régionales, Rapport au Premier ministre*, La Documentation Française, Collection des rapports officiels, 1998 ; P. FRAISSEIX, « La France, les langues régionales et la Charte européennes des langues ou minoritaires », *RFDA*, 2001, n° 17, p.67 s. ; V. BERTILLE, *op. cit.*, p. 92 s. ; O. BUI-XUAN, « Langues régionales et droit public français : état des lieux », *Pouvoirs locaux*, 2004, n° 61, p. 143 et p. 145 s ; T. GALLAUD, « Les langues régionales à l'école. État des lieux après la loi du 21 mai 2021 », *op. cit.* ; A. DENIZOT, « Hauts et bas en droit du patrimoine », *op. cit.* ; V. DOEBELIN, « La valorisation des langues régionales : une action d'équilibriste pour maintenir l'unité de la France », *op. cit.*

1982 Le Corse à compter du Décret n° 74-33 du 16 janvier 1974, les art. 2 à 9 inclus de la loi du 11-01-1951 et le décret du 10-07-1970 sont applicables dans la zone d'influence du corse, *JO*, 1974, p. 694 et avec des spécificités, dès 1982.

1983 Article 2, Loi n° 51-46, 11 janvier 1951, *op. cit.*

1984 Pour l'enseignement primaire : Articles, 3, 4, 6, *ibid.*

1985 Article 5, *ibid.* V. aussi les circulaires énumérées *in* D. LATOURNERIE, *op. cit.*, p. 98 visant à appliquer ce texte ; V. BERTILLE, *op. cit.*, p. 95 s.

1986 Article 9, Loi n° 51-46, 11 janvier 1951, *op. cit.*

1987 Articles 7, 8, 11, *ibid.*

1988 Loi n° 75-620 du 11 juillet 1975 relative à l'éducation (loi Haby), *JO*, 12 juillet 1975, p. 7180.

prioritairement dans les régions où elles sont en usage »[1989] et précise qu'il « peut être dispensé tout au long de la scolarité selon des modalités définies par voie de convention entre l'État et les collectivités territoriales où ces langues sont en usage »[1990]. L'enseignement facultatif de langue et culture régionales peut prendre deux formes, « un enseignement de la langue et de la culture régionale ou un enseignement bilingue en français et en langue régionale »[1991]. La loi Molac de 2021 contribue à renforcer cet enseignement facultatif d'une part en obligeant les communes à contribuer aux frais de scolarités des écoles privées bilingues si elles n'en disposent pas sur leur territoire[1992], d'autre part, en généralisant l'enseignement des langues régionales dans le cadre de l'horaire normal d'enseignement de l'école maternelle au lycée, et ce, afin de le proposer à tous les élèves[1993].

1041. L'enseignement en langue régionale soulève de nombreuses problématiques, particulièrement dans les hypothèses de la pratique de la méthode de l'immersion qui « se caractérise par l'utilisation principale de la langue régionale, non exclusive du français comme langue d'enseignement, et comme langue de communication au sein de l'établissement »[1994]. Cette dernière, qui « relègue le français au rang de langue étrangère »[1995], est sanctionnée par le juge administratif[1996]. Déjà en 2017, une proposition de loi relative à la promotion des langues régionales vise à surmonter les difficultés que cette méthode d'enseignement induit. Cette proposition prévoit une modification de l'article 310 alinéa 2 du Code de l'éducation qui disposerait que « cet enseignement peut être dispensé tout au long de la scolarité selon des modalités définies par voie de convention entre l'État et les collectivités territoriales où ces langues sont en usage, quelle que soit la durée d'enseignement dans ces deux langues, dans le respect des objectifs de

[1989] Article 312-10 al. 1 Code de l'éducation.
[1990] Article 312-10 al. 2 Code de l'éducation.
[1991] Article 312-10 al. 4 Code de l'éducation.
[1992] Article 6, Loi n° 2021-641, 21 mai 2021, *op. cit.*, codifié à l'article L. 442-5-1 al. 6 Code de l'éducation.
[1993] Article 7, Loi n° 2021-641, 21 mai 2021, *op. cit.*, codifié à l'article L. 312-11-2 Code de l'éducation.
[1994] CE, 29 novembre 2002, n° 238653, *Syndicat national des enseignements du second*, *Rec.*, *AJDA*, 2002, p. 1514, note VIOLA, *DA*, 2003, comm. 37, *LPA*, 2003, n° 111, p. 9, concl. SCHWARTZ.
[1995] D. TURPIN, « Compétences régionales », *JCL Collectivités territoriales*, fasc. 281-20, 2018, 107.
[1996] CE, 29 novembre 2002, n° 238653 et n° 248192, *Syndicat national des enseignements du second* et *Conseil national des groupes académiques de l'enseignement public* (2 espèces), *Rec.*, *AJDA*, 2002, p. 1514, note VIOLA, *DA*, 2003, comm. 37, *LPA*, 2003, n° 111, p. 9, concl. SCHWARTZ.

maîtrise de la langue française »[1997]. Cette proposition de loi n'a jamais abouti. Une disposition relative à l'enseignement immersif existe également dans le texte de la loi Molac adoptée par le Parlement[1998]. Celle-ci a cependant été censurée à l'aune de l'article 2 de la Constitution par le Conseil constitutionnel dans sa décision du 21 mai 2021[1999]. La portée de cette décision semble néanmoins devoir être relativisée par l'adoption de la circulaire du 14 décembre 2021[2000]. En effet, cette dernière consacre la méthode immersive dans le cadre du bilinguisme tout en posant les conditions pour que soit respectée la décision du Conseil constitutionnel. Il faut notamment que le recours à l'enseignement bilingue par méthode immersive soit facultatif pour l'élève et que la langue de communication de l'établissement soit le français.

1042. La promotion des langues régionales est également assurée par l'État dans le cadre de dispositions relatives à l'audiovisuel public. Les sociétés nationales de programmes doivent ainsi proposer « une programmation reflétant la diversité de la société française. Elles assurent la promotion de la langue française et, le cas échéant, des langues régionales et mettent en valeur la diversité du patrimoine culturel et linguistique de la France »[2001].

1043. Dans le même sens, mais dans une moindre mesure, s'agissant de l'audiovisuel privé, la convention conclue en vue de la délivrance des autorisations d'usage de la ressource radioélectrique pour chaque nouveau service diffusé par voie hertzienne terrestre doit notamment porter sur « la proportion substantielle d'œuvres musicales d'expression française ou interprétées dans une langue régionale en usage en France »[2002], même si le reste de l'article qui prévoit des dérogations, seule l'expression française est mentionnée. La portée limitée de cette disposition au regard des langues régionales apparaît à la lecture de la doctrine qui considère que cette mesure vise à défendre « l'identité française culturelle française face à

[1997] Article 2, SENAT, *Proposition de loi adoptée par l'Assemblée nationale relative à la promotion des langues régionales*, Sénat, n° 343, 31 janvier 2017.

[1998] « 3° Un enseignement immersif en langue régionale, sans préjudice de l'objectif d'une bonne connaissance de la langue française ». Article 6.

[1999] CC, 21 mai 2021, n° 2021-818 DC, *Loi relative à la protection patrimoniale des langues régionales et à leur promotion.*

[2000] Circulaire du 14 décembre 2021 relative aux langues et cultures régionales, cadre applicable et promotion de leur enseignement, *Le Bulletin officiel de l'éducation nationale, de la jeunesse et des sports*, n°47, 16 décembre 2021. V. aussi : C. EUZET, Y. KERGOLOT, *L'enseignement des langues régionales état des lieux et perspectives après la décision du Conseil constitutionnel du 21 mai 2021, Rapport au Premier ministre*, juillet 2021.

[2001] Article 43-11, Loi n° 86-1067 du 30 septembre 1986 relative à la liberté de communication (Loi Léotard), *JO*, 1 octobre 1986, p. 11755.

[2002] Article 28, 2 bis, *ibid.*

l'américanisation des contenus »[2003], parfois sans même mentionner les langues régionales dans leur analyse[2004].

1044. La proposition de loi de 2017 relative à la promotion des langues régionales contient des dispositions qui tendent à renforcer la reconnaissance de celles-ci dans les médias, en général. Il est ainsi envisagé un alignement des aides directes et indirectes de l'État pour les publications de presse et les sites internet d'information rédigées en langue régionale sur celles rédigées en français[2005] et un ajout aux missions du Conseil supérieur de l'audiovisuel qui devrait alors veiller à la qualité et à la diversité des programmes, au développement de la production et de la création audiovisuelles nationales ; à la défense et à l'illustration de la langue et de la culture françaises, ainsi qu'à la promotion et au développement des langues et cultures régionales »[2006]. Ces différents éléments ne sont pas repris dans le cadre de la loi Molac.

1045. L'utilisation des langues régionales trouve même une place limitée et acceptée, sous conditions, dans le cadre de la sphère publique à travers l'usage possible de la langue régionale. Il semble alors qu'il y ait peut-être ici « le maintien de « droits privatifs » dans l'espace public »[2007]. Cette possibilité a d'abord été admise par la jurisprudence avant d'être consacrée par la loi. La cour administrative de Marseille a en effet considéré que « l'utilisation de traductions de la langue française dans les différentes langues régionales n'est pas interdite pour les inscriptions apposées sur la voie publique et destinées à l'information du public, lorsqu'en même temps l'utilisation du français est suffisamment et correctement assurée »[2008]. La non-annulation du nom de la région Occitanie par le Conseil d'État relève, dans une moindre mesure, de la même logique. La Haute Juridiction a en effet considéré que le nom Occitanie, qui « ne correspond pas à celui d'un territoire, d'un pays ou d'une province ayant existé en tant que tel dans l'histoire, mais, évoque, [...], une langue et une culture historiques » et qu'« il est constant que la majeure partie du territoire de la nouvelle région est comprise dans l'aire géographique et historique de cette langue et de cette culture », ne porte pas atteinte à l'article

---

2003 M. RASLE, J. NIDDAM, « Les quotas de diffusion d'œuvres audiovisuelles et de chansons », *in* P. MBONGO, C. PICCIO, M. RASLE, *La liberté de la communication audiovisuelle au début du 21e siècle*, L'Harmattan, Les médias en actes, 2013, p. 113.
2004 *Ibid.*
2005 Article 5, SENAT, *Proposition de loi adoptée par l'Assemblée nationale relative à la promotion des langues régionales*, *op. cit.*
2006 Article 6, Article 2, SENAT, *ibid.*
2007 F. ROLIN, « L'espace public en droit administratif », *in* O. BUI-XUAN (dir.), *Droit et espace(s) public(s)*, Fondation Varenne, p. 63.
2008 CAA Marseille, 28 juin 2012, n° 10MA04419, *Commune de Villeneuve-lès-Maguelone*, inédit au *Lebon*, *AJDA*, 2012, p. 1311, note BRONDEL ; *LPA*, n° 232, p. 7, note GICQUEL.

2 alinéa 2 de la Constitution et au principe d'égalité. La diversité des cultures et des langues ne peut pas être sanctionnée en tant que telle[2009]. La loi de 2021 relative à la protection patrimoniale des langues régionales et à leur promotion reconnaît le recours possible à la signalétique bilingue « sur les bâtiments publics, sur les voies publiques de circulation, sur les voies navigables, dans les infrastructures de transport ainsi que dans les principaux supports de communication institutionnelle »[2010].

1046. La coopération de l'État avec les collectivités territoriales, qu'elle soit simplement contractuelle[2011] ou contienne une dimension institutionnelle,[2012] contribue à la promotion des langues régionales et de leur identité culturelle. L'État participe ainsi à plusieurs groupements de coopération tendant à promouvoir les langues régionales. Il en est ainsi par exemple de l'Office public de la langue occitane[2013], de l'Office public de la langue basque[2014] ou encore de l'Office public de la langue bretonne[2015]. Dans cette perspective, la coopération entre l'État et les collectivités territoriales, qui implique en général la participation de ces dernières à sa politique culturelle, permet de réaliser des politiques culturelles issues initialement de volontés territoriales,

---

[2009] CE, 19 juillet 2017, n° 403928, *Association citoyenne « Pour Occitanie Pays Catalan »*, *Rec.*

[2010] Article 8, Loi n° 2021-641, 21 mai 2021, *op. cit.* Le Conseil constitutionnel censure cependant la disposition relative à l'usage de tous les signes diacritiques en langue régionale dans les actes d'état civil au regard de l'article 2 de la Constitution. CC, 21 mai 2021, n° 2021-818 DC.

[2011] V. sous des appellations et des statuts différents par ex. : ÉTAT, PAYS BASQUE, *Contrat territorial 2015-2020*, 7 novembre 2015 ; ÉTAT, REGION ALSACE, DEPARTEMENT DU BAS-RHIN, DEPARTEMENT DU HAUT-RHIN, *Convention cadre portant sur la politique régionale plurilingue. Période 2015-2030*, 1 juin 2015 (et ces conventions opérationnelles du même jour), ÉTAT, REGION BRETAGNE, *Convention de délégation de compétences de l'État à la Région Bretagne*, 30 décembre 2015. Les Contrats de projet État-régions peuvent aussi relever de cette logique. J.-M. PONTIER, « Les données juridiques de l'identité culturelle, *RDP*, 2000, n° 5, p. 1279.

[2012] Pour une présentation sommaire des différentes structures : DELEGATION GENERALE A LA LANGUE FRANÇAISE ET AUX LANGUES DE FRANCE, *Les langues de France*, *op. cit.*, p. 6.

[2013] GIP. Arrêté du 2 septembre 2015 portant délégation au préfet de la région Midi-Pyrénées du pouvoir d'approbation de la convention constitutive du groupement d'intérêt public « Office public de la langue occitane », de son renouvellement et de ses modifications, *JO*, 18 septembre 2015, texte n° 25.

[2014] GIP. Arrêté préfectoral du 27 avril 2017 portant approbation de la convention constitutive modifiée 2017-2022 de l'office public de la langue basque, *Recueil des actes administratifs*, n° 64-2017-028, 2 mai 2017, p. 71 s. (convention initiale du 9 juillet 2004 et toutes les modifications successives, [en ligne], www.mintzaira.fr.)

[2015] EPCC. Arrêté préfectoral du 3 juin 2010 portant création de l'établissement public de coopération culturelle « Ofis publik ar brezhoneg – Office public de la langue bretonne », [en ligne], www.fr.brezhoneg.bzh.

et ce, quand bien même les intérêts territoriaux et étatiques peuvent être sur cet aspect confondus, jusqu'à un certain point.

1047. L'État soutient enfin indirectement l'identité culturelle, et particulièrement la protection et la promotion de la langue régionale, en acceptant la création de certaines institutions fortement marquées par celles-ci et très ancrées sur un territoire. Tel est le cas, par exemple, de l'EPCI Pays Basque[2016].

1048. La reconnaissance des identités culturelles, notamment par celle du pluralisme linguistique qui en est symptomatique, participe à l'émergence et à l'affirmation d'un nouveau paradigme de l'organisation territoriale, la différenciation territoriale. La recherche de la rationalisation de l'action culturelle territoriale contribue à ce même processus.

Section 2 : La recherche de la rationalisation de l'action culturelle territoriale

1049. Le domaine culturel est symptomatique de la problématique de l'enchevêtrement des compétences entre l'État et les différentes collectivités territoriales et de la complexité des situations que celle-ci induit.

1050. Les principes d'expérimentation et de collectivité chef de file sont alors utilisés, parfois avec un succès relatif, afin de pallier ces difficultés dans une perspective de rationalisation de l'action culturelle territoriale (§1).

1051. Le renouveau des outils de coopération territoriale, pour certains spécifiques au domaine culturel, dans le cadre des réformes territoriales récentes, participe de ce processus (§2).

§1 : L'utilisation nécessaire des principes d'expérimentation et de collectivité territoriale chef de file dans l'action culturelle territoriale

1052. L'enchevêtrement des compétences relevant du domaine culturel et les difficultés qui en découlent conduisent à l'usage des principes d'expérimentation et de collectivité chef de file.

1053. Le principe d'expérimentation est utilisé de longue date dans le domaine culturel. Il est en effet régulièrement mobilisé afin d'essayer de clarifier la répartition des compétences relevant du domaine culturel entre l'État et les différentes collectivités territoriales. Le succès des

[2016] Cf. *supra*.

expérimentations dans le domaine culturel, malgré leur fondement juridique variable, reste modéré (A).

1054. Certaines compétences relevant du domaine culturel sont souvent rattachées à l'exercice d'autres compétences. Elles font alors l'objet d'un exercice commun entre plusieurs collectivités territoriales, pour lequel est déterminée une collectivité chef de file (B).

A) L'application difficile du principe de l'expérimentation dans l'action culturelle territoriale

1055. Le domaine culturel est depuis longtemps un terrain privilégié d'expérimentations qu'il s'agisse tant de la déconcentration – par exemple dans le processus de mise en place des directions régionales des affaires culturelles – que de la décentralisation de compétences relevant du domaine culturel ; même si les régimes juridiques sur lesquels celles-ci se fondent sont variables.

1056. Une compétence expérimentale « est une compétence provisoire. Elle autorise le temps de l'expérience, une ou plusieurs collectivités à mettre à l'essai de nouveaux transferts de compétence »[2017]. Elle entraîne donc une différenciation territoriale[2018]. Ce dispositif permet de juger de l'opportunité et de la pertinence d'une réforme et des corrections à y apporter avant son éventuelle généralisation.

1057. Dans le domaine culturel, l'expérimentation a existé de manière originale, notamment dans le cadre des protocoles de décentralisation culturelle, avant sa consécration constitutionnelle par la réforme constitutionnelle de 2003[2019], qui l'a inscrite de manière générale et explicite dans la Constitution[2020] (1). Elle s'est poursuivie par voie législative, dans le domaine culturel, mais demeure de l'avis général plutôt décevante malgré de relatifs succès (2).

1) Un mode d'expérimentation original : les protocoles de décentralisation culturelle

1058. La mise en place des protocoles de décentralisation culturelle découle de la volonté affirmée du ministère de la Culture, dès 2001, de clarifier la situation de deux compétences relevant du domaine culturel, le patrimoine et

---

[2017] B. FAURE, *Droit des collectivités territoriales*, Dalloz, 4e éd., 2016, p. 601.
[2018] Cf. *infra*.
[2019] Articles 3 et 5, Loi constitutionnelle n° 2003-276 du 28 mars 2003 relative à l'organisation décentralisée de la République, *JO*, 29 mars 2003, p. 5568, texte n° 1.
[2020] Articles 37-1 et 72 al. 4, Constitution du 4 octobre 1958.

les enseignements artistiques. Un rapport a en effet constaté qu'au-delà des bibliothèques et des archives qui ont fait l'objet d'un transfert des compétences, « l'enchevêtrement des compétences partagées entre l'État et les collectivités locales, agencé par une multitude de contrats, a engendré une complexité flagrante »[2021]. Il a également précisé que « les tentatives pour clarifier les compétences entre l'État et les collectivités locales n'ont jamais abouti et le ministère de la Culture a préféré la déconcentration à la décentralisation »[2022].

1059. L'objectif de la mise en place des protocoles de décentralisation culturelle est donc « de rendre plus lisibles les rôles des différentes personnes publiques étatiques et décentralisées dans un domaine où les interventions sont particulièrement imbriquées ; de développer le service public de la culture pour le patrimoine et les enseignements artistiques ; de dégager des orientations dont pourraient s'inspirer les prochaines étapes de la décentralisation »[2023]. L'expérimentation menée dans le domaine culturel s'inscrit, par cette dernière mission, dans le cadre plus général des expérimentations visant à préfigurer la prochaine étape de la décentralisation, demandées par le Gouvernement à l'ensemble des ministères.

1060. Ces protocoles constituent une expérience originale de coopération de l'État et des collectivités territoriales. Ils se fondent sur une simple circulaire et interviennent à normes inchangées afin d'en garantir la souplesse. Il ne s'agit donc pas d'une expérimentation normative, réglementaire ou législative[2024]. L'expérimentation dans le cadre des protocoles repose en effet sur la contractualisation entre l'État et les collectivités territoriales et permet une coopération entre les collectivités intéressées. Elle est intervenue suite au choix ou à la sollicitation par l'État de certaines collectivités. Si la logique est contractuelle, « le déroulement traduit [cependant] un encadrement relativement contraignant de telle sorte qu'il peut faire l'objet d'un accompagnement méthodologique, puis d'une évaluation susceptible de déboucher, à terme, sur une généralisation des compétences sujettes à

[2021] M. MERCIER, *« Pour une République territoriale : l'unité dans la diversité », rapport d'information de fait au nom de la mission commune d'information chargée de dresser le bilan de la décentralisation et de proposer les améliorations de nature à faciliter l'exercice des compétences locales*, Sénat, n° 447 (1999-2000), 28 juin 2000, p. 533.

[2022] *Ibid.*

[2023] G. CHAVRIER, « Expérimentation territoriale », *JCl. Administratif*, fasc. 126-20, N 53, 2004 (maj 2009). V. aussi : J. BOUET, *21 propositions pour relancer le partenariat entre l'État et les collectivités territoriales dans le domaine culturel*, IGAC, n° 2010-36, 2010, p. 9 s. et p. 16 s. (sur la place essentielle de l'expérimentation).

[2024] J.-M. PONTIER, « Les protocoles de décentralisation culturelle – bilan et perspectives », *JCP A*, n° 48, 28 novembre 2005, 1374.

expérimentation »[2025], démarche qui n'a pas manqué d'être rappelée au cours de celle-ci[2026].

1061. Douze protocoles de décentralisation culturelle ont ainsi été conclus entre l'État et les collectivités territoriales (avec huit régions et quatre départements) de 2001 et 2004.

1062. Dans le domaine de l'enseignement artistique, un seul protocole a été conclu dans ses deux volets – enseignement de la musique de la danse et du théâtre et arts plastiques – entre l'État et la Région Nord-Pas-de-Calais[2027]. Cela peut paraître décevant, d'autant que l'objectif était de permettre de désigner une collectivité chef de file[2028]. L'enseignement artistique était en effet considéré comme celui qui « présentait peut-être le plus d'incohérences »[2029]. Cette expérimentation a néanmoins permis dans le domaine de la structuration des enseignements de souligner l'importance de la mise en réseau des établissements autour de « sites pilotes » dont l'organisation – désignation d'une « école ressource » comme tête de réseau, recrutement d'un coordonnateur, mise en place de conseils de site – permet l'animation du réseau[2030].

1063. Dans le domaine patrimonial, malgré un succès mitigé de l'expérimentation, les protocoles conclus avec la région Lorraine et avec le département de l'Isère semblent avoir inspiré les expérimentations législatives prévues par la suite dans les lois de 2002 et de 2004[2031]. Le premier était en effet relatif à la réalisation de l'inventaire général du patrimoine et le second portait sur le transfert de la gestion des édifices et objets inscrits à l'inventaire supplémentaire des monuments historiques.

1064. Ces protocoles dans le domaine patrimonial sont à l'origine de certains transferts effectifs de compétences exécutés par la suite. C'est le cas notamment s'agissant du transfert de l'inventaire général du patrimoine culturel dans leur ressort à la région et à la collectivité territoriale de Corse,

---

[2025] P.-A. COLLOT, « La décentralisation culturelle, *RDP*, 2008, n° 2, p. 340.
[2026] MINISTERE DE LA CULTURE ET DE LA COMMUNICATION, Circulaire n° 2002/001 du 7 janvier 2002 relative aux protocoles de décentralisation culturelle en 2002, *BO*, n° 128, p. 61.
[2027] Sur le contenu de ce protocole et ses modalités d'application, v. : C. MORIN-DESSAILLY, *Rapport d'information fait au nom de la commission des Affaires culturelles sur la décentralisation des enseignements artistiques, Sénat, n° 458 (2007-2008)*, 9 juillet 2008, p. 19 s.
[2028] Non qualifiée ainsi explicitement ; J.-M. PONTIER, « Les protocoles de décentralisation culturelle – bilan et perspectives », *op. cit.*
[2029] *Ibid.*
[2030] C. MORIN-DESSAILLY, *op. cit.*, p. 21.
[2031] Cf. *infra*.

suite « au rapport Bady »[2032] et de la possibilité pour ces dernières de confier la conduite de certaines opérations aux collectivités territoriales ou aux groupements de collectivités qui en font la demande[2033]. Les opérations d'inventaires demeurent néanmoins soumises au contrôle scientifique et technique de l'État[2034].

1065. Les dispositions législatives prévoyant de nouvelles expérimentations dans la lignée des protocoles, bien que distinctes, tout comme celles impliquant un nouveau transfert de compétence, ont des incidences négatives sur le déroulement des protocoles, impliquant même l'arrêt de certains. Le Professeur J.-M. Pontier considère à cet égard en 2005 « que cela montre l'absence de cohérence de la politique culturelle de l'État »[2035]. Les réformes récentes permettent, dans une certaine mesure, de nuancer cette affirmation, malgré le caractère jugé décevant de ces nouvelles expérimentations.

2) Un mode d'expérimentation plus classique : l'expérimentation législative

1066. Les lois de 2002 et 2004 contiennent des dispositions relatives à l'expérimentation dans le domaine culturel. Elles n'ont cependant pas eu les effets escomptés quand bien même elles trouvent un certain écho dans des réformes plus récentes.

1067. La loi de 2002, relative à la démocratie de proximité, superpose aux protocoles de décentralisation culturelle une possibilité d'expérimentation de décentralisation culturelle[2036]. Celle-ci est distincte des protocoles de décentralisation culturelle en raison de son fondement juridique législatif et de l'étendue de son champ d'application plus restreinte. La loi prévoit que l'expérimentation peut être engagée dans les douze mois suivant la promulgation de la loi « afin de permettre aux collectivités territoriales

---

2032 Proposition 1, a), J.-P. BADY, M. SANSON, *Réflexions et propositions pour une politique nationale du patrimoine (État, collectivités territoriales et secteur privé)*, ministère de la culture et de la communication, 2002, p. 15 s.

2033 Article 95, II, Loi n° 2004-809 du 13 août 2004 relative aux libertés et responsabilités locales, *JO*, 17 août 2004, p. 14545, texte n° 1.

2034 Article 95, III, *ibid.*, texte n° 1. Décret n° 2005-835 du 20 juillet 2005 pris en application de l'article 95 de la loi n° 2004-809 du 13 août 2004 relative aux libertés et responsabilités locales et relatif au contrôle scientifique et technique de l'État en matière d'inventaire général du patrimoine culturel et au Conseil national de l'inventaire général du patrimoine culturel, *JO*, 23 juillet 2005, texte n° 32.

2035 J.-M. PONTIER, « Les protocoles de décentralisation culturelle – bilan et perspectives », *op. cit.*

2036 Article 111, Loi n° 2002-276 du 27 février 2002 relative à la démocratie de proximité, *JO*, 28 février 2002, p. 3808, texte n° 1.

d'exercer les compétences de l'État en matière : de conduite de l'inventaire des monuments et richesses artistiques de la France ; d'instruction des mesures de classement des monuments historiques ; d'inscription d'immeubles à l'inventaire supplémentaire des monuments historiques ; de participation aux travaux d'entretien et de réparation que nécessite la conservation des immeubles inscrits à l'inventaire supplémentaire des monuments historiques ; et d'autorisation de travaux sur ces immeubles ou ceux situés dans leur champ de visibilité »[2037].

1068. Ces dispositions n'ont jamais connu de commencement d'application, sans doute surtout en raison du changement de majorité et de gouvernement intervenu avant que les mesures d'application ne soient prises, et ont par là même nuit indirectement à l'application des protocoles de décentralisation culturelle existants[2038].

1069. L'expérimentation prévue à l'article 99 de la loi de 2004[2039] est généralement considérée comme un échec[2040]. Celui-ci prévoit qu'une « expérimentation est engagée dans un délai d'un an à compter de l'entrée en vigueur de la présente loi, pour une durée de quatre ans, afin de permettre aux régions et, à défaut, aux départements, de gérer les crédits budgétaires affectés à l'entretien et à la restauration des immeubles, orgues et objets mobiliers classés ou inscrits au titre du titre II du livre VI du code du patrimoine n'appartenant pas à l'État ou à ses établissements publics ».

1070. Aucune région n'a en effet souhaité participer à cette expérimentation et seul le département du Lot, s'est porté candidat et a été retenu en 2007[2041], ce qui peut paraître décevant. Deux points permettent cependant de nuancer ce constat.

1071. Le département du Lot et l'État ont dressé de l'expérimentation un « bilan très largement positif : gouvernance partagée et collégialité des décisions au sein d'un comité de programmation réuni régulièrement, engagements financiers garantis par les deux partenaires, accroissement corrélatif du nombre de chantiers de restauration et avantages offerts aux

---

2037 Article 111, I, *ibid.*

2038 J.-M. PONTIER, « Les protocoles de décentralisation culturelle – bilan et perspectives », *op. cit.*

2039 Loi n° 2004-809 du 13 août 2004, *op. cit.*

2040 J.-R. PELLAS, *op. cit.*, p. 72 ; J.-M. PONTIER, « Culture », *Encyclopédie des collectivités locales*, Dalloz, 2017, n° 4330, N 229.

2041 Décret n° 2007-1343 du 11 septembre 2007 pris pour l'application de l'article 99 de la Loi n° 2004-809 du 13 août 2004 relative aux libertés et responsabilités locales, *JO*, 13 septembre 2007, p. 15266, texte n° 35.

porteurs de projets, en termes de proximité et de simplicité, par la formule du guichet unique »[2042]. Ils ont donc décidé de poursuivre le partenariat par le biais de deux conventions 2012-2014 et 2016-2018[2043].

1072. À une échelle plus importante, cette expérimentation trouve un écho dans l'article 105 de la loi NOTRe, codifié à l'article L. 1111-8-2 du Code général des collectivités territoriales, dont l'objet est de créer des « guichets uniques »[2044] qui constituent l'un des types de nouveaux outils destinés à une meilleure coopération des personnes publiques et à améliorer la gouvernance locale des compétences partagées, utilisables notamment dans le domaine culturel[2045].

1073. Le succès de l'expérimentation demeure dans le domaine culturel relativement mitigé. Aussi, la possibilité d'une expérimentation renouvelée, débarrassée du verrou de la généralisation[2046], pourrait être bénéfique. Il a ainsi pu être affirmé que « ce droit symboliserait une politique de décentralisation aboutie, combinant l'ambition de réformer la gestion publique pour la rendre efficace, avec celle de favoriser sa compréhension et son contrôle par les citoyens pour la rendre plus démocratique »[2047]. L'acceptation de cette différenciation territoriale dans ce contexte ne porte alors pas atteinte au caractère unitaire de l'État français.

1074. Or, du fait de ses limites[2048] et de la non-adoption à l'heure actuelle des projets de révision constitutionnelle de 2018 et 2019[2049], le droit de

---

2042 « Bilan de l'expérimentation 2007-2011 », *in Sauvegarde des Monuments historiques, Convention de partenariat État - Département du Lot 2012 – 2014,* [en ligne].

2043 *Ibid.* ; *Convention de partenariat 2016-2018 entre l'État et le Département du Lot pour la sauvegarde et valorisation du patrimoine* [barèmes en ligne]. V. aussi *infra.*

2044 J.-M. BOCKEL, *op. cit.*, p. 23.

2045 Cf. *infra.*

2046 Article LO 1113-6 Code général des collectivités territoriales (avant l'adoption de la loi organique de 2021, v. *infra*).

2047 S. BLANC, F. CROUZATIER-DURAND, « Le droit à l'expérimentation n'est pas très expérimenté par les collectivités », *La Gazette des communes*, 11 janvier 2016. V. aussi : N. BOUILLANT, E. DURU, « Réformer le droit à l'expérimentation, un enjeu public majeur », Fondation Jean Jaurès, 14 février 2018, [en ligne], jean-jaures.org/.

2048 *Ibid.* V. aussi : CONSEIL D'ÉTAT, *Les expérimentations : comment innover dans la conduite des politiques publiques*, La Documentation française, Les études du Conseil d'État, 2019.

2049 « Dans les conditions prévues par la loi organique, et sauf lorsque sont en cause les conditions essentielles d'exercice d'une liberté publique ou d'un droit constitutionnellement garanti, les collectivités territoriales ou leurs groupements peuvent, lorsque, selon le cas, la loi ou le règlement l'a prévu, déroger, pour un objet limité, aux dispositions législatives ou réglementaires qui régissent l'exercice de leurs

l'expérimentation a été simplifié par la loi organique du 19 avril 2021 relative à la simplification des expérimentations mises en œuvre sur le fondement du quatrième alinéa de l'article 72 de la Constitution[2050]. Ce texte facilite l'accès à l'expérimentation et offre surtout de nouvelles perspectives à l'issue de celle-ci. Ainsi, si auparavant les expérimentations se terminaient soit par la généralisation des mesures soit par leur abandon, elles peuvent désormais être maintenues dans les collectivités territoriales ayant participé à l'expérimentation, ou dans certaines d'entre elles et être étendues à d'autres collectivités territoriales[2051], dans le respect du principe d'égalité ; ce que n'a pas manqué de souligner le Conseil constitutionnel[2052]. Il est alors possible d'envisager que l'évolution de la procédure d'expérimentation peut avoir un impact sur son usage dans le domaine culturel.

1075. Le principe de la collectivité chef de file est également utilisé dans l'action culturelle territoriale afin de la rationaliser.

---

compétences, éventuellement après une expérimentation autorisée dans les mêmes conditions ». Article 15, E. PHILIPPE, N. BELLOUBET, *Projet de loi constitutionnelle pour une démocratie plus représentative, responsable et efficace*, AN, n° 911, 9 mai 2018, p. 22 ; Dispositions reprises à l'article 10, E. PHILIPPE, N. BELLOUBET, *Projet de loi constitutionnelle pour un renouveau de la vie démocratique*, AN, n° 2203, 29 août 2019.

2050 Loi organique n° 2021-467 du 19 avril 2021 relative à la simplification des expérimentations mises en œuvre sur le fondement du quatrième alinéa de l'article 72 de la Constitution, *JO*, 20 avril 2021, texte n° 1. V. aussi : CE, avis, 16 juillet 2020, n° 400490, *Projet de loi organique relatif à la simplification des expérimentations mises en œuvre sur le fondement du quatrième alinéa de l'article 72 de la Constitution*. J.-M. PASTOR, « Une réforme mesurée du régime des expérimentations », *AJDA*, 2021, p. 588 ; L. JANICOT, M. VERPEAUX, « Réformer sans réviser », *AJDA*, 2021, p. 1375 ; F. CROUZATIER-DURAND, « Loi du 19 avril 2021 : vers une relance des expérimentations locales ? », *Horizons publics*, juillet-août 2021, n° 22, p. 30 ; G. PAILLER, « Simplification des expérimentations par les collectivités locales : la loi organique a été publiée », *AJCT*, 2021, p. 220 ; P. MOZOL, « Quels changements pour l'expérimentation normative locale au lendemain de la loi organique du 19 avril 2021 ? », *JCP A*, 2021, n° 18, act. 289.

2051 Article 6, loi organique n° 2021-467, préc. codifié à l'article LO 1113-6 Code général des collectivités territoriales.

2052 CC, 15 avril 2021, n° 2021-816 DC, *Loi organique relative à la simplification des expérimentations mises en œuvre sur le fondement du quatrième alinéa de l'article 72 de la Constitution*, cons. 13 s.

B) L'utilisation fréquente du principe de la collectivité territoriale chef de file dans l'action culturelle territoriale

1076. La culture demeure une compétence partagée dans les réformes territoriales successives[2053]. Elle n'appartient cependant pas aux compétences qualifiées expressément de compétences à chef de file. Elle est néanmoins souvent rattachée à des compétences relevant de cette catégorie au regard de leur formulation large et du caractère potentiellement transversal de l'action culturelle : politique culturelle et/ou stratégie globale de développement territorial.

1077. Cette situation confirme le constat dressé dans un rapport récent selon lequel le concept clé de « compétence » destiné à clarifier et guider l'organisation territoriale fait l'objet d'appréhensions différentes accentuées par la pluralité de ses déclinaisons, « compétence partagée, compétence exclusive, compétences à chef de file »[2054].

1078. Le procédé de la collectivité territoriale chef de file est inscrit à l'article 72 al. 5 de la Constitution, issu de la révision constitutionnelle de 2003[2055]. Il prévoit que « lorsque l'exercice d'une compétence nécessite le concours de plusieurs collectivités territoriales, la loi peut autoriser l'une d'entre elles ou un de leurs groupements à organiser les modalités de leur action commune »[2056] ; étant soulignée « qu'aucune collectivité ne peut exercer une tutelle sur une autre »[2057]. L'objectif de celui-ci est donc de déterminer un niveau de collectivité autour duquel s'organisera l'exercice de la compétence, palliant ainsi, dans une certaine mesure, la problématique régulièrement soulignée, de l'imbrication des compétences.

1079. Le Code général des collectivités territoriales précise l'application de ce procédé et dresse une liste de compétences pour lesquelles chaque catégorie de collectivités territoriales est chef de file[2058]. Le Professeur L. Janicot

---

[2053] Article 103, Loi n° 2015-991 du 7 août 2015 portant nouvelle organisation territoriale de la République, *JO*, 8 août 2015, p. 13705. V. aussi l'article 104 modifiant l'article L. 1111-4 Code général des collectivités territoriales.

[2054] B. ACAR, P. REIX, *Délégation de compétences et conférence territoriale d'action publique, de nouveaux outils au service de la coopération territoriale*, IGA, n° 16119-R, mai 2017, p. 17 s. et 29 s.

[2055] Article 5, Loi constitutionnelle n° 2003-276 du 28 mars 2003 relative à l'organisation décentralisée de la République, *JO*, 29 mars 2003, p. 5568, texte n° 1.

[2056] Article 72 al. 5, Constitution du 4 octobre 1958.

[2057] *Ibid.*

[2058] Article L. 1111-9 Code général des collectivités territoriales (modifié 2015) ; Annexe 2, MINISTERE DE L'INTERIEUR, MINISTRE DE LA DECENTRALISATION ET DE LA

remarque à propos du choix du législateur de fonder la notion de collectivité chef de file sur la compétence plutôt que sur le territoire, sans se « laisser déterminer par la configuration des territoires »[2059], que « la fonction du territoire comme élément d'identification des compétences des collectivités territoriales a perdu de sa force »[2060].

1080. Il semble alors loisible de penser que le législateur considère implicitement que ces compétences peuvent en principe être le mieux mises en œuvre essentiellement à l'échelon des collectivités chef de file, en vertu du principe de subsidiarité[2061], malgré le concours nécessaire de plusieurs d'entre elles.

1081. La région est ainsi chef de file pour les compétences relatives à l'aménagement et au développement durable du territoire ; à la protection de la biodiversité ; au climat, à la qualité de l'air et à l'énergie ; à la politique de la jeunesse ; à l'intermodalité et à la complémentarité entre les modes de transports, notamment à l'aménagement des gares ; au soutien à l'enseignement supérieur et à la recherche. Le département est pour sa part chef de file pour l'exercice des compétences relatives à l'action sociale, le développement social et la contribution à la résorption de la précarité énergétique ; l'autonomie des personnes et la solidarité des territoires. La commune ou l'établissement public de coopération intercommunale à fiscalité propre, auquel elle a transféré ses compétences, est chef de file pour l'exercice des compétences relatives à la mobilité durable ; à l'organisation des services publics de proximité ; à l'aménagement de l'espace ; au développement local[2062].

1082. La culture n'apparaît donc pas explicitement dans les compétences à chef de file, bien qu'elle ne soit pas une compétence exclusive, mais une compétence partagée. À cet égard, il a pu ainsi être affirmé que « normalement cette notion ne s'applique pas (pour l'instant à la culture) pour la simple raison

---

FONCTION PUBLIQUE, SECRETAIRE D'ÉTAT A LA REFORME TERRITORIALE, 22 décembre 2015, Instruction du Gouvernement relative aux incidences de la suppression de la clause générale des départements et des régions sur l'exercice des compétences des collectivités territoriales.

2059 L. JANICOT, « Le territoire des collectivités territoriales dans la réforme territoriale. Brèves observations sur les évolutions affectant les liens entre collectivités territoriales et territoire », *Civitas Europa,* 2015, n° 2, p. 134.

2060 *Ibid.*

2061 Article 72 al. 2 Constitution du 4 octobre 1958.

2062 V. par ex. : P. GONOD, *Droit administratif général*, *op. cit.*, p.73 s.

que la culture étant l'une des « compétences partagées », n'est pas une compétence à chef de file »[2063].

1083. L'action culturelle territoriale, qui peut procéder à la fois de la mise en œuvre d'une politique culturelle et d'une stratégie plus globale de développement du territoire, est cependant susceptible d'être rattachée à l'exercice de compétences qualifiées expressément de compétences à chef de file : aménagement, développement du territoire, service public de proximité ou encore solidarité des territoires. Une telle pratique renforce alors la difficulté d'appréhension du concept de « compétence ».

1084. C'est ainsi dans le cadre de la compétence « matière de solidarité territoriale », qu'une action conjointe[2064] entre un département et une région est envisagée en 2016 notamment dans le domaine « des bâtiments » intégrant le « patrimoine protégé », « le patrimoine non protégé », « le patrimoine non classé d'intérêt communautaire » et de la « culture »[2065] : « salles de spectacle », « équipements culturels, dont médiathèques/bibliothèques, musées labellisés, écoles de musique, patrimoine inscrit ou classé »[2066]. Un tel choix ne semble pas surprenant en ce qu'il a pu déjà être relevé que « le volet social de la culture et le volet culturel de l'action sociale sont en plein développement au sein des conseils généraux [...] Les départements apparaissent ainsi comme le niveau de collectivité le mieux à même de porter cette intersection »[2067]. L'exercice de la compétence « développement du territoire » a conduit, dans le même sens, la région Auvergne-Rhône-Alpes à s'engager en 2017 à soutenir divers festivals de musique et de théâtre dans le cadre d'une convention avec le département du Cantal[2068].

2063 J.-M PONTIER, *La décentralisation culturelle*, *op. cit.*, p. 49. V. aussi : CONSEIL DEPARTEMENTAL DE L'AVEYRON, 26 septembre 2016, Délibération validant la CTEC relative à la solidarité des territoires, *Bulletin officiel du département*, septembre 2016, p. 121 s. (en part. p. 123).

2064 Modalités : Convention territoriale d'exercice concerté (CTEC), cf. *infra*.

2065 Ce qui souligne ce rattachement dans le cadre d'une stratégie de développement territorial global.

2066 CONSEIL DEPARTEMENTAL DES HAUTES-PYRENEES, 23 septembre 2016, Délibération validant le projet de convention territoriale d'exercice concerté de la compétence de solidarité des territoires, *in Extraits des procès-verbaux des délibérations de la commission permanente*, 2016, p. 20. V. aussi : CONSEIL DEPARTEMENTAL DU DOUBS, 23 octobre 2017, Délibération validant le projet de CTET Région/Département « solidarité des territoires », *Rapport ponctuel n° 301*, Annexe 2, p. 8 s.

2067 F. POUTHIER, « Coopération publique et recomposition territoriale. De la nécessité de déplacer les bornes ! », *L'Observatoire*, 2013, n° 2, p. 71.

2068 REGION AUVERGNE-RHONE-ALPES, DEPARTEMENT DU CANTAL, *Convention cadre de développement territorial 2016-2020*, 20 janvier 2017, p. 7. Cf. *infra*.

1085. Ce rattachement ne semble donc pas découler « du vague et sens extensif que l'on peut donner à ce terme « culture » »[2069], contrairement à ce qui a pu être affirmé, mais au choix politique de rattacher des compétences relevant du domaine culturel à d'autres compétences.

1086. Si le rattachement de l'action culturelle à d'autres compétences peut sembler anodin en raison du caractère partagé de la compétence culturelle, il n'en est rien. En effet, le régime juridique des compétences à chef de file et des autres compétences n'est pas le même. Cela soulève un certain nombre de problématiques relatives notamment aux possibilités de partenariats et aux financements subséquents[2070]. La collectivité chef de file est en effet chargée d'organiser les modalités d'actions communes des différentes collectivités[2071].

1087. Cette situation est parfois paradoxale, contestable et source de confusions dans les actes des collectivités territoriales[2072].

1088. Il peut ainsi sembler paradoxal que, soit exclu du domaine de la culture du « patrimoine » – « conservation et restauration du patrimoine protégé ; conservation et restauration du patrimoine rural non protégé ; restauration d'édifices cultuels affectés aux cultes publics » –, « des bâtiments socioculturels » – « acquisition, construction et/ou rénovation de salles socioculturelles ; acquisition, construction et/ou rénovation de bibliothèques et médiathèques ; acquisition, construction et/ou rénovation de salles dédiées à la mise en valeur, l'apprentissage et la pratique des arts » –, « tourisme » – […] « Construction, rénovation et aménagement de sites, infrastructures ou de bâtiments touristiques et de leurs abords (accueil, sanitaires, services, muséographie, *etc.*) » –, « aménagement » – « […] Soutien aux aménagements urbains dans les cités patrimoniales reconnues (…) »[2073].

1089. Les domaines d'action culturelle considérés comme relevant des compétences à chef de file et en particulier des « solidarités territoriales » sont ensuite parfois contestables. Il en est ainsi, par exemple, de la rénovation du patrimoine monumental protégé au titre du Code du patrimoine souvent

---

[2069] J.-M. PONTIER, *La décentralisation culturelle*, LGDJ, Systèmes, 2018, p. 49.
[2070] Cf. *infra*.
[2071] Cf. *infra*.
[2072] Une étude plus globale sur ce point mériterait d'être menée pour une analyse plus systématique.
[2073] Dans son projet d'annexe à la CTEC (sur CTEC v. *infra*), le département du Doubs exclut la culture en tant que compétence partagée, mais y intègre les compétences évoquées. CONSEIL DEPARTEMENTAL DU DOUBS, 23 octobre 2017, *op. cit.*, Annexe 2, p. 8 s.

intégré à cette dernière[2074]. Le Code des collectivités territoriales prévoit en effet dans l'article L. 1111-10, III, al. 3 un régime de contribution minimale de la collectivité maître d'ouvrage aux financements de rénovation des monuments historiques distinct de celui prévu pour les compétences à chef de file. Une instruction du Gouvernement est, à cet égard, particulièrement explicite puisqu'elle classe celle-ci dans « les interventions dans le domaine des compétences autres que celles prévues à l'article L. 1111-9 du Code général des collectivités territoriales »[2075].

1090. Les domaines d'action considérés comme relevant des compétences à chef de file peuvent aussi être source de confusions. Ils sont donc susceptibles d'être à l'origine de difficultés dans l'exercice de la compétence et source de contentieux.

1091. L'existence d'un « domaine d'action « culture » » exercé dans le cadre de la compétence « solidarités territoriales », et donc distinct de la compétence culturelle partagée[2076] peut d'abord être source de confusions. La nature des projets visés, « patrimoine protégé (Monuments historiques) et patrimoine non protégé (sauvegarde du petit patrimoine bâti) », permet certes d'appréhender la nécessaire démarche de solidarité territoriale pour des questions notamment financières. Une telle catégorie d'actions se révèle cependant contestable, et ce, d'autant plus qu'en principe la culture ne relève pas des compétences explicitement qualifiées de compétences à chef de file.

1092. Les confusions résultent par ailleurs de ce que le même type de projet réalisé dans l'exercice de la même compétence « solidarité(s) des territoires » peut appartenir à des domaines d'action différents. Les bibliothèques et médiathèques, en tant qu'équipement culturel, relèvent ainsi tantôt de l'« aménagement » et plus précisément du développement territorial[2077], tantôt des « bâtiments socioculturels »[2078], tantôt de la « culture »[2079]. Le patrimoine

---

[2074] CONSEIL DEPARTEMANTAL DES HAUTES-PYRENEES, 23 septembre 2016, *op. cit.*, p. 20 ; CONSEIL DEPARTEMENTAL DE L'AVEYRON, 26 septembre 2016, *op. cit.*, p. 121 s. ; CONSEIL DEPARTEMENTAL DU DOUBS, 23 octobre 2017, *op. cit.*, Annexe 2, p. 8 s.

[2075] Annexe 5, MINISTERE DE L'INTERIEUR, MINISTRE DE LA DECENTRALISATION ET DE LA FONCTION PUBLIQUE, SECRETAIRE D'ÉTAT A LA REFORME TERRITORIALE, 22 décembre 2015, Instruction du Gouvernement relative aux incidences de la suppression de la clause générale des départements et des régions sur l'exercice des compétences des collectivités territoriales.

[2076] CONSEIL DEPARTEMENTAL DE L'AVEYRON, 26 septembre 2016, *op. cit.*, p. 123.

[2077] *Ibid.*

[2078] CONSEIL DEPARTEMENTAL DU DOUBS, 23 octobre 2017, *op. cit.*

[2079] CONSEIL DEPARTEMENTAL DES HAUTES-PYRENEES, 23 septembre 2016, *op. cit.*, p. 20.

protégé dépend dans le même sens, tantôt de la « culture »[2080], tantôt du « patrimoine »[2081], tantôt des « bâtiments »[2082].

1093. Une harmonisation des termes et des catégories pourrait s'avérer bénéfique, quand bien même les modalités d'actions communes des différentes collectivités passent dans le cadre des compétences à chef de file par la voie contractuelle[2083], et ce d'autant plus au regard de l'importance déjà prise et à venir de la coopération. Cette dernière voit d'ailleurs ses outils renouvelés.

§2 : Le renouveau des outils de la coopération territoriale dans le domaine culturel

1094. Il existe dans le domaine culturel une pluralité de modes de coopération horizontale ou verticale, avec ou sans l'État, institutionnelle ou conventionnelle[2084].

1095. La coopération contractuelle peut consister en la conclusion de « contrats relatifs aux compétences décentralisées », de « contrats relatifs aux institutions de coopération décentralisée » ou encore « de contrats de détermination d'actions décentralisées »[2085].

1096. En raison de la diversité du type de contrats et du nombre de contrats – impliquant notamment un manque de lisibilité et une dilution de la responsabilité – de nouveaux outils ont été mis en place, dans une perspective de rationalisation des actions communes (A). D'autres, plus anciens, ont été, pour partie, modernisés dans le cadre des réformes territoriales récentes (B).

A) De nouveaux outils, encore peu utilisés, de la coopération territoriale dans le domaine culturel

1097. Les réformes territoriales récentes tendent au renforcement et à la rationalisation de la coopération[2086] entre les différents acteurs locaux, aussi

---

[2080] CONSEIL DEPARTEMENTAL DE L'AVEYRON, 26 septembre 2016, *op. cit.*, p. 123.
[2081] CONSEIL DEPARTEMENTAL DU DOUBS, 23 octobre 2017, *op. cit.*
[2082] DEPARTEMENT DES HAUTES-PYRENEES, *op. cit.*
[2083] Cf. *infra.*
[2084] Il ne s'agit en rien ici de faire une présentation ou une analyse exhaustive de ces différents modes de coopération, ni de revenir sur ceux qui ont déjà pu être envisagés par ailleurs, à l'exception des FRAC dont l'évolution est particulièrement éclairante sur ce point. Cf. *supra.*
[2085] Typologie dressée par le Professeur B. Faure, B. FAURE, *Droit des collectivités territoriales*, Dalloz, 4e éd., 2016, p. 473 s.
[2086] A. HASTINGS-MARCHADIER, B. FAURE, *La décentralisation à la française*, LGDJ, Systèmes, 2015, p. 170 s.

dans le domaine culturel. La mise en place obligatoire des conférences territoriales de l'action publique et la possibilité de créer des « guichets uniques »[2087] participent de cette démarche, tout comme les éventuelles délégations de compétence relevant du domaine culturel[2088].

1098. Ces différents outils ne sont donc pas propres au domaine culturel. Celui-ci est cependant l'un des premiers domaines où ils sont utilisés et constitue à cet égard un témoin d'observation privilégié des nouvelles dynamiques territoriales.

1099. Une conférence territoriale de l'action publique est mise en place dans chaque région depuis la loi de modernisation de l'action publique territoriale et d'affirmation des métropoles[2089]. Elle est chargée de favoriser un exercice concerté des compétences des collectivités territoriales, de leurs groupements et de leurs établissements publics.

1100. Elle peut, en ce sens, « débattre et rendre des avis sur tous les sujets relatifs à l'exercice de compétences et à la conduite de politiques publiques nécessitant une coordination ou une délégation de compétences entre les collectivités territoriales et leurs groupements »[2090] et « peut être saisie de la coordination des relations transfrontalières avec les collectivités territoriales étrangères situées dans le voisinage de la région »[2091]. Cette concertation peut porter sur le domaine culturel directement ou indirectement, ce qui d'une part souligne son importance et d'autre part entraîne une relative ambiguïté quant à sa place. Le rôle de la conférence territoriale d'action publique est donc complémentaire de celui du Conseil des collectivités territoriales pour le développement culturel[2092] qui existe au niveau national, s'agissant du domaine culturel.

1101. L'article 4 de la loi relative à la liberté de la création, à l'architecture et au patrimoine[2093] prévoit en effet l'existence d'au moins une commission thématique dédiée à la culture et l'inscription à l'ordre du jour, une fois par an

---

[2087] L. 1111-8-2 Code général des collectivités territoriales. Cf. *infra*.

[2088] Celles-ci en tant qu'instruments fondamentaux de la différenciation territoriale sont étudiées par la suite.

[2089] Article 4, Loi n° 2014-58 du 27 janvier 2014 de modernisation de l'action publique territoriale et d'affirmation des métropoles, *JO*, 28 janvier 2014, p. 1562, texte n° 1.

[2090] Sur la conférence territoriale de l'action publique. V. Article L. 1111-9-1, I à IV Code général des collectivités territoriales.

[2091] *Ibid.*

[2092] Cf. *supra*.

[2093] Loi n° 2016-925 du 7 juillet 2016 relative à la liberté de la création, à l'architecture et au patrimoine, *JO*, 8 juillet 2016, texte n° 1 (codifiée).

au minimum, d'un débat sur la politique en faveur de la culture. La culture en tant que compétence partagée, « chaque collectivité territoriale ou établissement public de coopération intercommunale à fiscalité propre attributaire de cette compétence peut formuler des propositions de rationalisation de son exercice »[2094] qui sont débattues dans le cadre de la conférence territoriale de l'action publique.

1102. Le rattachement de certains domaines d'action relevant du domaine culturel à des compétences à chef de file implique plusieurs conséquences relatives à leur exercice s'agissant notamment des partenariats entre les différentes collectivités territoriales et des financements qui peuvent en découler.

1103. Le Code général des collectivités territoriales prévoit en effet que dans les compétences qu'ils doivent organiser en qualité de chef de file, la région et le département doivent élaborer les projets de *convention territoriale d'exercice concerté d'une compétence* et que les communes et les établissements de coopération intercommunale eux, peuvent en élaborer[2095]. Ces projets sont par la suite examinés par la conférence territoriale de l'action publique. Les conventions sont ensuite signées par les collectivités territoriales concernées et leur deviennent alors opposables. Ces dernières s'engagent alors à prendre toutes les mesures nécessaires à leur mise en œuvre. La convention territoriale d'exercice concerté d'une compétence permet de déroger à la règle de la participation minimale de 30 % des financements apportés par des personnes publiques et l'interdiction de principe de cumul des subventions d'investissement et de fonctionnement de la région et des départements. Le recours à ces conventions apparaît alors *in fine* comme guidé « par une logique opportuniste : lever les contraintes des cofinancements »[2096].

1104. La mise en œuvre de ces conventions dans le domaine culturel, en particulier, peut alors soulever des interrogations relatives à leur articulation

---

[2094] Article L. 1111-9-1, VII Code général des collectivités territoriales.
[2095] Article L. 1111-9-1, V, a) et b) Code général des collectivités territoriales.
[2096] Annexe 7, B. ACAR, P. REIX, *op. cit.*, p. 86. C'est en effet l'un des arguments avancés dans les projets de convention : CONSEIL DEPARTEMENTAL DES HAUTES-PYRENEES, *op. cit.* ; CONSEIL DEPARTEMENTAL DE L'AVEYRON, *op. cit.* ; CONSEIL DEPARTEMENTAL DU DOUBS, *op. cit.*

avec les autres règles juridiques[2097] et quant à leur pertinence si elle permet d'y faire entrer des compétences qui normalement n'en relèvent pas[2098].

1105. La création des conférences territoriales de l'action publique n'est cependant « que peu considérée »[2099], dans l'ensemble, par les acteurs locaux. Les critiques portent essentiellement sur leur composition[2100] : nombre trop élevé de membres, déséquilibre entre la représentation urbaine et rurale[2101]. Il a été aussi regretté, s'agissant du domaine culturel, « l'absence de la mention de la présence de l'État » par le biais des DRAC dans celle-ci[2102]. Il est cependant prévu que le représentant de l'État est informé de la tenue de la conférence, doit y participer dans certaines hypothèses et peut y participer à sa demande dans d'autres[2103].

1106. La conférence territoriale de l'action publique apparaît néanmoins comme utile, aux mêmes acteurs locaux, qui pour la plupart « veulent lui laisser sa chance »[2104]. En tant qu'espace privilégié de concertation entre les collectivités territoriales, leurs groupements et les établissements publics, elle pourrait conduire à une redéfinition de la répartition des compétences sur les territoires, à la rationalisation effective de l'action publique et à la consolidation du fait régional[2105].

1107. À côté de la mise en place de nouveaux outils de coopération territoriale, certains, plus anciens, ont été pour partie renouvelés.

B) Des outils traditionnels, pour partie modernisés, de la coopération territoriale dans le domaine culturel

1108. Il existe une pluralité de partenariats conventionnels et institutionnels[2106] utilisables et parfois utilisés dans le domaine culturel. Certains reposent sur une base contractuelle, groupements d'intérêt public[2107],

---

2097 Annexes 3 et 5, MINISTERE DE L'INTERIEUR, MINISTRE DE LA DECENTRALISATION ET DE LA FONCTION PUBLIQUE, SECRETAIRE D'ÉTAT A LA REFORME TERRITORIALE, 22 décembre 2015, Instruction du Gouvernement relative aux incidences de la suppression de la clause générale des départements et des régions sur l'exercice des compétences des collectivités territoriales.
2098 Cf. *supra*.
2099 B. ACAR, P. REIX, *op. cit.*, p. 40.
2100 Article L. 1111-9-1, II Code général des collectivités territoriales.
2101 B. ACAR, P. REIX, *op. cit.*, p. 40 ; J.-M. BOCKEL, *op. cit.*, p. 24.
2102 J.-M. BOCKEL, *ibid.*
2103 Article L. 1111-9-1, III, al. 4 Code général des collectivités territoriales.
2104 B. ACAR, P. REIX, *op. cit.*, p. 44.
2105 *Ibid.*, p. 44 s.
2106 Il ne s'agit pas de revenir ici sur les éléments déjà étudiés.
2107 Cf. *supra*.

entente intercommunale[2108], entente interdépartementale[2109] contrairement à d'autres, les établissements publics dont la création peut néanmoins s'inscrire « dans le prolongement d'un accord de volonté préalable »[2110]. Dans cette hypothèse, « si l'accord de volonté n'a pas l'effet juridique d'un contrat et ne crée pas l'établissement public, il constitue néanmoins la première étape de sa création par laquelle la vocation coopérative de l'établissement se manifeste »[2111]. Il s'agit des ententes interrégionales[2112], des syndicats mixtes[2113] et des syndicats mixtes particuliers : pôles métropolitains[2114] et pôles d'équilibre territoriaux et ruraux[2115].

1109. La coopération territoriale dans le domaine culturel passe également par des partenariats financiers, qui s'appuient sur des instruments, à l'origine uniquement conventionnels, et qui ont été renouvelés.

1110. Les partenariats financiers dans le domaine culturel reposent notamment sur des instruments élaborés « pour répondre à un besoin financier exclusivement lié à la politique culturelle locale »[2116] : les fonds régionaux d'intervention. Ces derniers ont été multipliés au niveau régional suivant des considérations beaucoup plus circonstancielles que rationnelles[2117]. Il existe ainsi les fonds régionaux d'acquisition des musées (FRAM), les fonds régionaux de restauration et d'acquisition des bibliothèques (FRRAB) et les fonds régionaux d'art contemporain (FRAC) ; qui font seuls ici l'objet d'une analyse de leurs évolutions, bien que les autres doivent être brièvement évoqués. Les FRAC constituent en effet « sans doute la plus grande réussite en matière de fonds culturels »[2118] et sont « révélateurs des évolutions récentes de la politique de décentralisation culturelle »[2119]. Il s'agit donc bien d'un outil traditionnel renouvelé de la coopération territoriale dans le domaine culturel.

[2108] Articles L. 5221-1 s. Code général des collectivités territoriales. Formule utilisée pour proposer l'inscription de Lavaux au patrimoine mondial de l'UNESCO. B. FAURE, *Droit des collectivités territoriales*, Dalloz, 4e éd., 2016, p. 482.

[2109] Articles L. 5411-1 s. Code général des collectivités territoriales.

[2110] B. FAURE, *op. cit.*, p. 483. Cf. *supra*.

[2111] *Ibid.*

[2112] Articles L. 5621-1 s. Code général des collectivités territoriales.

[2113] Articles L. 5711-1 s. et L. 5721-1 s. Code général des collectivités territoriales. Cf. *supra*.

[2114] Articles L. 5731-1 Code général des collectivités territoriales. Cf. *infra*.

[2115] Articles L. 5741-1 s. Code général des collectivités territoriales. Cf. *infra*.

[2116] C. DELIVRE-GILG, « Le financement des politiques culturelles locales », *in Annuaire des collectivités locales, Le financement des politiques locales*, 2005, T. 25, p. 84.

[2117] J.-M. PONTIER, *La décentralisation culturelle, op. cit.*, p. 113.

[2118] *Ibid.*

[2119] J.-M. BOCKEL, *op. cit.*, p. 27.

1111. Les fonds régionaux d'acquisition des musées, créés en 1982[2120], sont un mécanisme de soutien financé par les régions et les DRAC, destinés à faciliter l'acquisition « d'œuvres majeures ». Les FRAM doivent ainsi « réserver [leurs] subventions pour des achats d'œuvres ou d'objets majeurs et significatifs qui, par leur prix, dépassent les possibilités budgétaires normales des collectivités et des associations de tutelle. Ils [ces achats] doivent, dans toute la mesure du possible, manifester la volonté des collectivités et des associations [de tutelle] de mener une politique raisonnée de développement cohérent de leur patrimoine muséographique »[2121]. Le règlement d'intervention du FRAM des Pays de la Loire prévoit dans cette perspective que l'acquisition doit permettre d'enrichir les collections existantes et de compléter les manques thématiques ou chronologiques[2122]. Les FRAM peuvent désormais contenir un volet relatif au fonds régional à l'aide à la restauration (FRAR) destiné à inciter « les collectivités et les personnes morales de droit privé propriétaires de musées à assurer en priorité la conservation préventive de ce patrimoine et sa restauration »[2123].

1112. Les fonds régionaux de restauration et d'acquisition des bibliothèques[2124], créés en 1990, sont un mécanisme de soutien similaire au précédent financé par les régions et les DRAC. Ils sont destinés, comme le précise la convention conclue entre la Région Midi-Pyrénées et l'État, à « aider à l'acquisition et la conservation d'ouvrages pour les bibliothèques des communes, des groupements de communes et des départements ainsi que la mise en valeur des collections patrimoniales : traitement scientifique, catalogues, expositions, transferts sur supports nouveaux… »[2125]. Cinq axes

---

[2120] Circulaire non publiée au Journal officiel de la Direction des musées de France du 23 juin 1982 du ministre de la Culture relative à la création des Fonds Régionaux d'Acquisition des musées.

[2121] Note du ministre de la Culture du 10 juillet 1984, citée *in* M. BOYER, « Le FRAM : Fonds Régional d'Acquisition des Musées », DRAC Hauts-de-France, 21 juillet 2017, [en ligne], www.culture.gouv.fr.

[2122] PAYS DE LA LOIRE, *Règlement d'intervention FRAM*, [en ligne], www.paysdelaloire.fr.

[2123] MINISTRE DE LA CULTURE ET DE LA COMMUNICATION, Circulaire n° 2000/036 du 23 octobre 2000 relative au projet de création de fonds régionaux d'aide à la restauration (FRAR) d'œuvres des collections des musées classés et contrôlés, *BO*, n° 121, septembre et octobre 2000, p. 23.

[2124] Sur les FRRAB, v. [en ligne], www.patrimoineecrit.culture.gouv.fr et not. le tableau récapitulatif des différents fonds avec un lien vers les conventions entre l'État et la région concernée.

[2125] ÉTAT, REGION MIDI-PYRENEES, *Convention FRRAB*, 2000 (Version consolidée 2013), p. 1. L'objectif est toujours le même bien que la formulation varie d'une convention à l'autre et que l'accent est parfois mis sur un des aspects plutôt qu'un autre. V. les autres conventions : Conventions FRRAB Aquitaine, FRRAB Auvergne, FRRAB

sont alors à privilégier dans cette perspective pour l'octroi de la subvention : « Compléter les collections existantes de documents anciens, rares ou précieux ; développer les fonds patrimoniaux dans le sens de leur spécificité régionale ; favoriser l'entrée dans les collections publiques de documents contemporains ; assurer la conservation des documents ; les mettre en valeur »[2126].

1113. Les FRAC créés en 1982 constituent un dispositif de soutien sur la base d'un partenariat financier en principe paritaire entre l'État et les régions. L'objectif des FRAC est triple selon une circulaire de 2002 qui en a également explicité les modalités de fonctionnement[2127] : constituer un patrimoine public d'art contemporain et soutenir, ce faisant, les artistes par l'achat d'œuvres ; diffuser et présenter les collections au public pour le sensibiliser aux formes contemporaines de la création ; réaliser des actions pédagogiques et de formation dans cette même perspective.

1114. Les FRAC connaissent le succès. Depuis leur création, trente-mille œuvres ont en effet été acquises auprès de cinq-mille-sept-cents artistes[2128]. Un rapport souligne en outre, par exemple, que 35 % de leurs collections sont annuellement exposés et que 75 % des acquisitions concernent des primo-bénéficiaires[2129]. L'importance de ce succès est cependant parfois contestée s'agissant tant de l'accès du public aux œuvres, malgré certaines évolutions, que du risque de « momification » des collections dues « à la décroissance lente et irrégulière, mais jamais contrariée des crédits affectés aux acquisitions des FRAC, tant par l'État que par les régions »[2130] ; dont la conséquence subséquente est celle de l'absence de soutien au marché de l'art.

1115. L'inscription progressive des FRAC dans le paysage culturel néanmoins, s'explique d'abord par leur institutionnalisation progressive traduite par la mise en place de lieux d'exposition permanents, mieux adaptés

---

Basse-Normandie, FRRAB Bretagne, FRRAB Centre, FRRAB Champagnes Ardennes, FRRAB Haute-Normandie, FRRAB Pays de la Loire, FRRAB Rhône-Alpes.

[2126] État, Région Midi-Pyrénées, *ibid.*, p. 2.

[2127] MINISTERE DE LA CULTURE ET DE LA COMMUNICATION, Circulaire n° 2002/006 du 28 février 2002 relative aux fonds régionaux d'art contemporain, *BO*, n° 129, p. 55 s.

[2128] [en ligne], www.culture.gouv.fr.

[2129] J.-M. BOCKEL, *op. cit.*, p. 29.

[2130] M. BERTHOD, « À quoi servent les fonds régionaux d'art contemporain ? », *Nectart*, 2017, n° 2, p. 55.

aux différentes missions des fonds et parfois conçus par des architectes de renommée internationale, depuis les années 2000[2131].

1116. Elle découle aussi, et surtout, de la liberté de choix de la structure juridique la mieux adaptée à leur situation ; le statut associatif est ainsi généralement retenu, en raison de sa souplesse[2132].

1117. Du fait de ce succès, même contesté, la loi, relative à la liberté de la création, à l'architecture et au patrimoine[2133], a créé un label « Fonds régional d'art contemporain »[2134], pour renforcer le statut et surtout pour pallier le caractère discutable de l'inaliénabilité des œuvres des FRAC[2135] affirmé par la circulaire de 2002[2136]. Cette sécurisation juridique demeure cependant limitée en ce que la labellisation repose sur le volontarisme des FRAC[2137]. L'instrument de coopération que constituent les FRAC dans le domaine culturel a donc été renouvelé.

1118. Les réformes territoriales récentes invitent les FRAC à se renouveler encore davantage dans une perspective de coopération renforcée. Sur vingt-trois FRAC existants, seize sont en effet directement concernés par le redécoupage régional. Il a pu à cet égard être affirmé que suite à celui-ci, « il ne faut pas recentraliser, mais développer plutôt des coopérations entre les FRAC »[2138], ce qui permettrait également de gagner en efficacité.

2131 Constat dressé dans les différents rapports à leur propos : P. BLOCHE, Rapport fait au nom de la commission des affaires culturelles et de l'éducation sur le projet de loi relatif à la liberté de la création, à l'architecture et au patrimoine, AN, n° 3068, 17 septembre 2015, p. 53 s. ; J.-M. BOCKEL, *op. cit.*, p. 28.
2132 J.-M. BOCKEL, *ibid.*, p. 28 s.
2133 Article 57, Loi n° 2016-925 du 7 juillet 2016 relative à la liberté de la création, à l'architecture et au patrimoine, *JO*, 8 juillet 2016, texte n° 1.
2134 Codifié à l'article L. 116-1 Code du patrimoine.
2135 P. BLOCHE, *op. cit.*, p. 55 ; J.-P. LELEUX, F. FERAT, Rapport fait au nom de la commission de la culture, de l'éducation et de la communication sur le projet de loi, adopté par l'Assemblée nationale, relatif à la liberté de la création, à l'architecture et au patrimoine [...], Sénat, n° 340, 27 janvier 2016, p. 37 ; M. BERTHOD, « À quoi servent les fonds régionaux d'art contemporain ? », *op. cit.*, p. 55 ; J.-M. PONTIER, *La décentralisation culturelle*, *op. cit.*, p. 117.
2136 « Les œuvres acquises par les FRAC ont, quel que soit le statut du FRAC, une destination de service public comme toute collection publique d'œuvres d'art. Il importe donc qu'elles en aient aussi les caractéristiques, et notamment celle de l'inaliénabilité ». MINISTERE DE LA CULTURE ET DE LA COMMUNICATION, Circulaire n° 2002/006 du 28 février 2002, *op. cit.*, p. 56.
2137 *Ibid.*
2138 M. Bernard de Montferrand, cité *in* J.-M. BOCKEL, *op. cit.*, p. 31 ; B. DE MONTFERRAND, « L'impact de la réforme pour les FRAC », *Juris art.*, 2016, n° 40, p. 34.

1119. Cette « nouvelle » coopération est susceptible d'être réalisée de différentes manières dont certaines sont déjà utilisées, en particulier par les FRAC situés dans une même région fusionnée[2139]. Il en est ainsi de l'organisation d'expositions communes[2140], la circulation des expositions réalisées dans l'un des FRAC sur l'ensemble de la région fusionnée[2141], la commande d'œuvres conjointes[2142], la mutualisation des bibliothèques numériques et la collaboration renforcée avec des collectivités territoriales encore trop peu associées aux fonds, comme les petites communes.

1120. La coopération territoriale connaît un bouleversement majeur par le développement de l'intercommunalité, dans lequel l'action culturelle territoriale occupe une place particulière[2143].

[2139] L'ensemble des propositions et des exemples évoqués sur ce point est issu de J.-M. BOCKEL, *ibid.*, p. 31 s.

[2140] Par ex. : exposition des FRAC Bourgogne et Franche-Comté à Dôle de novembre 2016 à février 2017, expositions des FRAC Midi-Pyrénées et Languedoc-Roussillon à Agde de juin à août 2016 et à Centrès de juin à octobre 2016, expositions des FRAC Alsace, Champagne-Ardenne et Lorraine à Châlons-en-Champagne, Strasbourg et Vandoeuvre-lès-Nancy entre février et juillet 2017.

[2141] Par ex. : Projet d'itinérance FRAC Ile-de-France, Normandie Caen et Normandie Rouen en 2017.

[2142] Par ex. : Commande passée par les FRAC Aquitaine, Limousin et Poitou-Charentes en 2016.

[2143] Cf. *infra*.

Conclusion du chapitre 1

1121. L'intervention croissante des collectivités territoriales dans le domaine culturel, les revendications identitaires et les engagements internationaux de la France conduisent tant à la reconnaissance des droits culturels et à leur consécration législative, qu'à la recherche de la rationalisation de l'action culturelle territoriale.

1122. Si l'affirmation des droits culturels, droits personnels non rattachés à un groupe, mais mis en œuvre en général collectivement, ne soulève pas de souci si l'identité culturelle étatique est prise comme référentiel, il en va autrement si tel n'est pas le cas. La problématique linguistique est sur cet aspect représentative. La reconnaissance patente des droits culturels, notamment de la langue française, au niveau national, est réalisée sans difficulté au détriment des langues régionales et minoritaires. Les crispations autour de la ratification par la France de la Charte des langues régionales ou minoritaires en témoignent. Le statut de ces dernières évolue cependant textuellement, par leur constitutionnalisation, et matériellement par la prise de mesures concrètes par l'État et les collectivités territoriales visant à les promouvoir et à les protéger. L'inscription législative plus large des droits culturels s'inscrit dans la même perspective.

1123. La prise en considération des singularités culturelles, et en particulier des identités culturelles, contribue à engager une réflexion sur les mutations de l'organisation territoriale et sur ses fondements. Il a pu être en effet affirmé que c'est « à travers la langue, la culture, le vécu historique que se reconnaissent certains groupes »[2144] et qu'« on recourt alors au droit pour « incarner » les spécificités locales à travers la protection des langues, un préambule constitutionnel ou des institutions locales disposant de compétences juridiques spécifiques »[2145].

1124. La recherche de la rationalisation de l'action culturelle territoriale conduit à la même interrogation.

1125. Le principe d'expérimentation, qui connaît un succès limité, mais réel, se traduit par une différenciation territoriale. Le principe de collectivité territoriale chef de file, pour une partie de la doctrine non applicable à la compétence culturelle, soulève des difficultés malgré le caractère pragmatique de son utilisation. Il permet certes de rationaliser l'action culturelle territoriale en rattachant la compétence culturelle à d'autres compétences pour son

---

2144 A. HASTINGS-MARCHADIER, B. FAURE, *La décentralisation à la française*, LGDJ, Systèmes, 2015, p. 59.
2145 *Ibid.*

exercice, mais rajoute ainsi au manque de lisibilité de l'exercice des compétences, appelant alors à une clarification.

1126. Les outils de coopération territoriale sont également renouvelés aux fins de rationalisation de l'action culturelle territoriale. La culture occupe ainsi une place particulière au sein de la conférence territoriale d'action publique, témoignant des difficultés des compétences de ce domaine. Dans le même sens, des outils traditionnels, comme les fonds régionaux à vocation culturelle, voient leur fonctionnement modernisé.

1127. C'est dans ce contexte que la coopération territoriale connaît un bouleversement majeur par le développement de l'intercommunalité, dans lequel l'action culturelle territoriale occupe une place particulière. Celle-ci constitue un des éléments essentiels de la mutation de l'organisation territoriale à laquelle l'action culturelle participe et l'une des modalités de la différenciation territoriale qui tend à devenir son nouveau fondement.

Chapitre 2 : Les modalités de la contribution de l'action culturelle territoriale aux mutations de l'organisation territoriale

1128. La participation de l'action culturelle aux mutations de l'organisation territoriale de la République est duale.

1129. Le développement de l'intercommunalité modifie substantiellement l'organisation territoriale de l'État français. Dans le cadre de cette « authentique révolution tranquille de l'organisation territoriale »[2146], l'action culturelle territoriale occupe une place singulière. Si l'établissement public de coopération intercommunale permet une certaine rationalisation de cette dernière et la reconnaissance d'une éventuelle identité territoriale, celle-ci facilite l'identification de l'intercommunalité et donne du sens à son territoire.

1130. Les collectivités « locales »[2147] sont initialement considérées, en France, à la fois comme une « production de l'État »[2148], qui les désigne comme telles et qui les englobe, et comme une « reproduction de l'État »[2149] dans leur organisation institutionnelle. Partant, la décentralisation apparaît comme une « manière d'être de l'État »[2150] dans laquelle « la diversité [...] a cédé sous les coups conjugués de l'égalité et de l'autorité, qui entraînent la soumission catégorique du local au national. Tout est forgé au sommet de l'État »[2151]. L'uniformité et l'égalité s'appliquent alors aux collectivités territoriales ; l'organisation administrative répondant, comme l'unité de mesure, de poids ou de langue, à la logique du mètre étalon[2152]. Il ne « saurait [ainsi] être question que certaines collectivités soient soumises à un régime différent d'autres collectivités »[2153].

2146 S. REGOURD, « Intercommunalité : continuité des politiques publiques pour une révolution tranquille », *in* J. CARLES, D. GUIGNARD, S. REGOURD (dir.), *La décentralisation 30 ans après*, Institut Fédératif de Recherche "Mutation des normes juridiques", Presses universitaires de Toulouse, 2014, p. 197.

2147 Terme utilisé par l'auteur. J.-A. MAZERES, « Les collectivités territoriales et la représentation. Essai de problématique élémentaire », *RDP*, n° 3, 1990, p. 607 s.

2148 *Ibid.*, p. 612.

2149 *Ibid.*, p. 615.

2150 M. HAURIOU, « Décentralisation », *Répertoire administratif Béquet*, Paris, éd. Dupont 1892, p. 482.

2151 D. GUIGNARD, J. VIGUIER, « Vers une nouvelle forme d'État ? », *in* N. KADA (dir.), *De la réforme territoriale à la réforme de l'État*, PUG, 2011, p. 239.

2152 Cf. *supra*.

2153 J.-M. PONTIER, « La décentralisation en France au début du XXIe siècle », *RGCT*, 2002, n° 22, p. 104.

1131. Cette conception perdure[2154] malgré le titre XII de la Constitution de 1958 qui établit une distinction entre le régime des collectivités territoriales de l'article 73 et des collectivités territoriales à statut particulier et celui des collectivités territoriales de droit commun. Une partie de la doctrine considère alors sur cette seule base que le principe d'uniformité n'est plus puisqu'il existe des particularismes reconnus[2155]. Cette démarche surprend, comme le souligne D. Guignard, « car la consécration de spécificités n'a jamais signifié la disparition de la règle »[2156].

1132. Néanmoins, l'intercommunalité, la délégation de compétences – dans laquelle le domaine culturel est précurseur – et, dans une certaine mesure, les spécificités territoriales, notamment culturelles, permettent une différenciation territoriale. Celles-ci constituent alors une exception dans le cadre de la conception originelle de l'organisation territoriale.

1133. La place de la différenciation territoriale tend cependant à se renforcer, certains souhaitant même qu'elle devienne le nouveau paradigme de l'organisation territoriale[2157]. Cela implique une nouvelle conception de la décentralisation.

1134. Le glissement des principes classiques qui fondent l'organisation territoriale – égalité, uniformité – au paradigme de la différenciation territoriale et le rôle joué par l'action culturelle dans celui-ci doivent alors être analysés (section 2). Il convient cependant au préalable d'étudier la place de l'action culturelle dans la réorganisation territoriale dans le cadre de l'intercommunalité (section 1).

2154 CONSEIL CONSTITUTIONNEL, « Commentaire de la décision n° 2009-588 DC du 6 août 2009 », *Les Cahiers du Conseil constitutionnel*, n° 27, p. 17.

2155 Le texte originel de la Constitution de 1958 prévoit déjà une possibilité d'adaptation « du régime législatif et de l'organisation administrative pour les départements d'Outre-Mer du fait de leur situation particulière » (article 73). Il en est de même pour les territoires d'Outre-mer de la République qui ont une organisation tenant compte de leurs intérêts propres dans l'ensemble des intérêts dela République (article 74), [en ligne], www.senat.fr.

2156 D. GUIGNARD, *La notion d'uniformité en droit public français*, Dalloz, Nouvelle bibliothèque des thèses, 2004, p. 73.

2157 Les projets de loi constitutionnelle de 2018 et 2019 consacrant la différenciation territoriale comme nouveau paradime de l'organisation territoriale n'ont pas abouti et l'affirmation par la loi 3DS (article 1, loi n° 2022-217 du 21 février 2022 relative à la différenciation, la décentralisation, la déconcentration et portant diverses mesures de simplification de l'action publique locale, *JO*, 22 février 2022, texte n°3) de la possible différenciation territoriale dans l'attribution et l'exercice des compétences en particulier ne constitue *a priori* pas la révolution paradigmatique annoncée (v. *infra*).

Section 1 : L'action culturelle territoriale et la réorganisation territoriale

1135. Les compétences relevant du domaine culturel sont mobilisées par les intercommunalités dans une logique économique et managériale pour participer au développement économique et à l'attractivité du territoire. Elles sont également de plus en plus utilisées pour donner un sens au territoire intercommunal (§1).

1136. A l'inverse, l'utilisation des structures intercommunales fédératives comme intégratives peut servir de support juridique à la reconnaissance d'une identité territoriale forte et à la mise en place de l'action culturelle territoriale qui en découle (§2).

§1 : L'action culturelle territoriale au service du renouveau de l'intercommunalité

1137. La coopération intercommunale est ancienne et existe dans une certaine mesure dès le Moyen Âge pour des motifs de défense et de subsistance au regard du caractère limité des ressources. La nécessité de celle-ci apparaît alors pour certains comme une évidence[2158].

1138. La politique de coopération initiale est cependant progressivement détournée au profit de politiques intégratives plus fonctionnelles et de la recherche de l'efficacité dans le cadre de la libéralisation économique, de la mondialisation et de la construction européenne. Le droit de l'intercommunalité « véhicule [alors] une nouvelle technologie du pouvoir autour d'exigences supérieures de « rationalité, de cohérence, d'efficacité » auxquelles tout doit être sacrifié, notamment la libre administration communale »[2159]. L'intercommunalité n'exprime donc plus la communauté initiale et est donc à l'origine d'une déterritorialisation de l'action publique (A).

1139. Le choix d'une action culturelle intercommunale et les modalités de sa mise en œuvre participent à cette politique fonctionnelle. Elle favorise par ailleurs une forme « d'enchantement de l'intercommunalité par la culture »[2160] (B).

2158 B. PERRIN, *La coopération intercommunale. Bilan et perspectives*, Berger-Levrault, 1994, p. 19 s.
2159 B. FAURE, *op. cit.*, p. 361.
2160 A. FREYERMUTH, « La culture dans les luttes d'institution : les fondements politiques de l'intercommunalité culturelle », *in* V. DUBOIS, C. BASTIEN, A. FREYERMUTH, K. MATZ,

A) L'intercommunalité, modification substantielle de l'organisation territoriale

1140. La prévalence progressive des logiques managériales et fonctionnelles conduit à la réduction du rôle et des pouvoirs des communes regroupées et à l'émancipation corrélative des établissements de coopération intercommunale, impliquant une déterritorialisation de l'action publique (1).

1141. Elle consacre également la prédominance de l'aire urbaine, à travers les métropoles et les pôles métropolitains, à l'origine d'une potentielle forme de reterritorialisation (2).

1) L'émancipation progressive des établissements publics de coopération intercommunale

1142. La coopération intercommunale a initialement pour objectif de remédier au morcellement communal excessif de la France[2161] à partir de la fin du XIXe siècle et la loi du 22 mars 1890 créant les syndicats de communes destinés à la gestion mutualisée de services[2162]. Ces derniers n'ont pas résolu la problématique de la pulvérisation communale.

1143. Elle constitue, après l'échec de la loi Marcelin[2163], une forme de reterritorialisation « moins brutale et plus respectueuse des autonomies locales qu'une politique de fusion ou de regroupement d'office de communes »[2164].

1144. Dans le contexte général de libéralisation, du développement de la logique managériale et de construction européenne[2165], l'intercommunalité

Le politique, l'artiste et le gestionnaire. (Re)configurations locales et (dé)politisation de la culture, éditions du croquant, 2012, p. 135.

[2161] C'est d'ailleurs à partir de celui-ci qu'une part de la doctrine définit « l'intercommunalité ». V. par ex. : B. FAURE, *op. cit.*, p. 357.

[2162] Loi du 22 mars 1890 sur les syndicats de communes ajoutant un titre 8 (art. 169 à 180) à la loi du 05-04-1884 relative à l'organisation municipale, *JO*, 6 mars 1890, p. 91. Pour une présentation des origines de l'intercommunalité et une historique de l'intercommunalité, v. par ex. : V. AUBELLE, *Intercommunalités. Des projets aux pratiques*, Berger Levrault, Les indispensables, 2011, p. 93 s.

[2163] Article 1 et 3, Loi n° 71-588 du 16 juillet 1971 sur les fusions et regroupements de communes, *JO*, 18 juillet 1971, p. 7091.

[2164] S. REGOURD, « Fonctionnalisation et déterritorialisation ou les collectivités territoriales à l'heure du marché », *Cahiers du L.E.R.A.S.S.*, mai 1990, n° 20, p.38. V. aussi : O. GOHIN, M. DEGOFFE, A. MAITROT DE LA MOTTE, C.-A. DUBREUIL, *Droit des collectivités territoriales*, Editions Cujas, 2e éd., 2015, p. 441.

[2165] S. REGOURD, *op. cit.*, p. 187.

tend cependant à changer de sens passant d'une logique de coopération à une logique d'intégration dans une perspective fonctionnaliste[2166].

1145. La volonté intégrative peut être constatée dans les lois successives relatives notamment à l'intercommunalité à partir de 1992[2167] et se manifeste essentiellement sous trois formes : intégration fiscale – mise en place d'EPCI à fiscalité propre –, compétences obligatoirement transférées aux EPCI législativement déterminées et planification de l'intercommunalité[2168].

1146. Le droit positif consacre ce changement de paradigme et le passage corrélatif d'une intercommunalité de gestion à une intercommunalité de projet[2169] visible en particulier dans la définition pratiquement identique des différents types d'établissement public de coopération intercommunale. L'idée est en effet d'associer les communes dans un espace de solidarité pour élaborer et conduire ensemble un projet commun de « développement et d'aménagement de l'espace »[2170], « de développement urbain et d'aménagement de leur territoire »[2171] ou encore « d'aménagement et de développement économique, écologique, éducatif, culturel et social de leur territoire afin d'en améliorer la cohésion et la compétitivité et de concourir à un développement durable et solidaire du territoire régional »[2172].

1147. Il prévoit ainsi que les établissements publics de coopération intercommunale[2173] sont à tous à fiscalité propre[2174], communautés de communes, communautés urbaines, communautés d'agglomération et métropoles, à l'exception des syndicats de communes.

2166 *Ibid.*, p. 188.

2167 V. not. : Loi d'orientation n° 92-125 du 6 février 1992 relative à l'administration territoriale de la République, *JO*, 8 février 1992, p. 2064 (article 66 s.) ; Loi n° 99-586 du 12 juillet 1999 relative au renforcement et à la simplification de la coopération intercommunale, *JO*, 13 juillet 1999, p. 10361 ; Loi n° 2010-1563 du 16 décembre 2010 de réforme des collectivités territoriales, *JO*, 17 décembre 2010, p. 22146, texte n° 1 ; Loi n° 2014-58 du 27 janvier 2014 de modernisation de l'action publique territoriale et d'affirmation des métropoles, *JO*, 28 janvier 2014, p. 1562, texte n° 1.

2168 S. REGOURD, *op. cit.*, p. 188.

2169 Article L. 5210-1 Code général des collectivités territoriales. Sauf pour les syndicats de communes (article 5212-1 Code général des collectivités territoriales).

2170 Article L. 5214-1 Code général des collectivités territoriales (communauté de communes).

2171 Article L. 5215-1 Code général des collectivités territoriales (communauté urbaine) et article L. 5216-1 Code général des collectivités territoriales (communauté d'agglomération).

2172 Article L. 5217-1 Code général des collectivités territoriales (métropole).

2173 Article L. 5210-1-1, A Code général des collectivités territoriales.

2174 Article 1379-0 bis Code général des impôts.

1148. Par ailleurs, pour chaque catégorie d'établissement public de coopération intercommunale, des transferts de compétences obligatoires sont prévus directement – certaines compétences devant être transférées – et indirectement parfois – la possibilité demeurant pour les communes de choisir dans une liste les compétences à transférer[2175].

1149. Il est enfin prévu, toujours dans le cadre de la logique intégrative, l'établissement d'un schéma départemental de coopération intercommunale « au vu d'une évaluation de la cohérence des périmètres et d'un état des lieux de la répartition des compétences des groupements existants et de leur exercice »[2176].

1150. Dans cette perspective, il a pu être affirmé que « l'intercommunalité est [...] un processus d'optimisation de l'ordonnancement des territoires, pouvant s'imposer comme le moyen d'une gestion adaptée et cohérente des territoires dans le cadre de la mutation des fonctionnalités de l'espace »[2177].

1151. La coopération intercommunale apparaît alors comme une source de déterritorialisation de l'action publique. Cela d'autant plus que celle-ci, « alors même que se manifeste un processus de continuité des mêmes politiques fonctionnelles, s'émancipe de plus en plus de sa configuration institutionnelle initiale, et notamment de son seul rattachement aux communes membres »[2178], dont elle n'exprime plus la communauté initiale[2179].

1152. L'émancipation des établissements publics de coopération intercommunale découle de la logique intégrative, en particulier fiscale et des transferts de compétences de plus en plus importants. Elle résulte aussi de l'accroissement de leur légitimité démocratique par l'élection au suffrage universel direct des conseillers communautaires[2180], qui conforte leur ressemblance avec les collectivités territoriales[2181]. Cette dernière est

---

2175 Sur les compétences des EPCI : Articles L. 5214-16 s. (communauté de communes), L. 5215-20 s. (communauté urbaine), L. 5216-5. (communauté d'agglomération), L. 5217-2 s. (métropole) Code général des collectivités territoriales.

2176 Article 5210-1-1, I et II Code général des collectivités territoriales.

2177 F. BENCHENDIKH, *Droit de l'intercommunalité*, Gualino, Fonction publique territoriale, 2016, p. 20.

2178 S. REGOURD, *op. cit.*, p. 193.

2179 E. KERROUCHE, *L'intercommunalité en France*, Montchrestien, 2008, p. 18.

2180 Article 37, Loi n° 2013-403 du 17 mai 2013 relative à l'élection des conseillers départementaux, des conseillers municipaux et des conseillers communautaires, et modifiant le calendrier électoral, *JO*, 18 mai 2013, p. 8242, texte n° 2, codifié à l'article L. 5211-6 Code général des collectivités territoriales pour les métropoles, communautés urbaines, communautés d'agglomération et communautés de communes.

2181 B. FAURE, *op. cit.*, p. 363 s.

renforcée par la tendance du constituant, comme du législateur, de traiter de façon similaire les collectivités territoriales et leurs groupements[2182], y compris dans les projets les plus récents.

1153. L'expérimentation de l'article 72 al. 4 de la Constitution est ainsi ouverte aux collectivités territoriales ou à leurs groupements. Le projet de révision constitutionnelle va plus loin puisqu'il offre également aux collectivités territoriales comme à leurs groupements la possibilité de déroger, pour un objet illimité, aux dispositions législatives ou réglementaires qui régissent l'exercice de leurs compétences ; éventuellement après une expérimentation[2183].

1154. L'article 72 alinéa 5 de la Constitution, dans la même perspective, autorise depuis 2003 les groupements de collectivités territoriales à être « collectivité chef de file », alors que par définition il ne s'agit pas de collectivités territoriales.

1155. Le législateur abonde en ce sens, par exemple en 2014, en prévoyant que « la commune ou l'établissement public de coopération intercommunale à fiscalité propre auquel elle a transféré ses compétences est chargé d'organiser, en qualité de chef de file, les modalités de l'action commune des collectivités territoriales et de leurs établissements publics pour l'exercice de certaines compétences »[2184]. Il semble en être de même en 2015 quand il est précisé que « dans les domaines de compétences partagées, l'État, une collectivité territoriale ou un établissement public de coopération intercommunale à fiscalité propre peut, par convention, déléguer l'instruction et l'octroi d'aides ou de subventions à l'une des personnes publiques précitées »[2185].

1156. Le développement des établissements publics de coopération intercommunale consacre la prédominance de l'aire urbaine.

[2182] S. REGOURD, *op. cit.*, p. 192.

[2183] Article 15, 5, E. PHILIPPE, N. BELLOUBET, *op. cit.*, p. 22. Sur la question de l'expérimentation et son évolution, voir *supra*.

[2184] Article 3, Loi n° 2014-58 du 27 janvier 2014 de modernisation de l'action publique territoriale et d'affirmation des métropoles, *JO*, 28 janvier 2014, p. 1562, texte n° 1, codifié article L. 1111-9 Code général des collectivités territoriales.

[2185] Article 105, Loi n° 2015-991 du 7 août 2015 portant nouvelle organisation territoriale de la République, *JO*, 8 août 2015, p. 13705, codifié article L. 1111-8-2 Code général des collectivités territoriales.

2) La consécration consécutive de la prédominance de l'aire urbaine

1157. Les logiques fonctionnelles et managériales conduisent à la prévalence de l'aire urbaine[2186] dans laquelle le processus d'émancipation et d'intégration connaît sa forme la plus aboutie.

1158. La métropole, en effet, « est un établissement public de coopération intercommunale à fiscalité propre regroupant plusieurs communes d'un seul tenant et sans enclave au sein d'un espace de solidarité pour élaborer et conduire ensemble un projet d'aménagement et de développement économique, écologique, éducatif, culturel et social de leur territoire afin d'en améliorer la cohésion, la compétitivité et de concourir à un développement durable et solidaire du territoire régional »[2187].

1159. Celle-ci se voit dans cet objectif de compétitivité et de cohésion de territoire transférer des compétences[2188] « arrachées simultanément au niveau étatique, communal, régional et départemental »[2189], ce dernier étant considéré traditionnellement comme le soutien, comme le « politiquement « tutélaire » »[2190] des communes rurales. La métropole peut par ailleurs se voir transférer des compétences supplémentaires de ces mêmes personnes publiques par le biais de conventions, étant entendu qu'elle « assure la fonction d'autorité organisatrice d'une compétence qu'elle exerce sur son territoire »[2191].

1160. La métropole s'émancipe encore davantage de son statut institutif et révèle alors une certaine reterritorialisation[2192]. Cette dernière constitue peut-être une réminiscence du projet initial abandonné de la métropole en tant que nouvelle catégorie de collectivités territoriales. L'érection de Lyon en tant que collectivité territoriale à statut particulier semble pouvoir en attester[2193], de par la singularisation de son territoire.

[2186] M. Picot, « Métropole, communes et citoyens : tous en scènes ! », *Juris art etc.*, 2016, n° 40, p. 22 s. ; C. Regourd, *Les métropoles au prisme du modèle territorial français*, Thèse de droit public, Ecole de Droit de la Sorbonne, 2018, p. 8 s.

[2187] Article L. 5217-1 Code général des collectivités territoriales.

[2188] Article L. 5217-2 Code général des collectivités territoriales.

[2189] B. Faure, *op. cit.*, p. 419 ; B. Faure, « La banalisation du statut de métropole », *RFDA*, 2017, p. 637.

[2190] S. Regourd, *op. cit.*, p. 196.

[2191] Article L. 5217-1, IX Code général des collectivités territoriales.

[2192] *Ibid.*, p. 194.

[2193] L. 3611-1 s. Code général des collectivités territoriales.

1161. La création des pôles métropolitains renforce cette prévalence de l'aire urbaine. Ces établissements publics de coopération créés en 2010[2194] rencontrent en effet du succès[2195], amplifié par la possibilité offerte depuis 2014 aux départements et aux régions, sur le territoire desquels se situe le siège des EPCI membres, d'y adhérer à sa demande[2196].

1162. Dans un tel contexte de recomposition territoriale, l'action culturelle territoriale joue un rôle majeur.

B) L'action culturelle territoriale au service du renouveau de l'intercommunalité

1163. Les compétences relevant du domaine culturel peuvent être obligatoires – transfert imposé par la loi des communes membres à l'EPCI – optionnelles [2197]– faire partie des compétences à choisir parmi celles proposées par la loi en vue du transfert des communes membres à l'EPCI -, ou facultatives – transfert volontaire des communes membres à l'EPCI en plus de ce qui est imposé ou proposé par la loi – suivant le type d'EPCI[2198].

1164. La majorité des EPCI prend en charge des compétences du domaine culturel qu'elles soient obligatoires, optionnelles ou facultatives (1). Cet intérêt pour ces compétences atteste la place singulière de l'action culturelle comme concourant à la fois à une politique culturelle et à une stratégie plus globale de développement du territoire. Dans le cadre de la recomposition de l'organisation territoriale, elle contribue par ses modalités de mise en œuvre à une forme de déterritorialisation de l'action publique, dont elle témoigne. Elle peut cependant favoriser une reterritorialisation de celle-ci en donnant un sens à l'intercommunalité, et ce, en participant à fonder de nouvelles communautés, en lieu et place des communautés initiales d'habitants caractéristiques des communes (2).

1) Des compétences différentes relevant du domaine culturel en fonction du type d'EPCI

1165. Les compétences relatives au domaine culturel relèvent pour les syndicats de communes, les communautés de communes et les communautés

---

[2194] L. 5731-1 Code général des collectivités territoriales.

[2195] A. TAILLEFAIT, « Les pôles métropolitains et les pôles d'équilibre territoriaux et ruraux », *AJDA*, 2014, p. 625.

[2196] L. 5731-2, II Code général des collectivités territoriales.

[2197] La catégorie des compétences optionnelles a été supprimée par l'article 13 de la loi n° 2019-1461 du 27 décembre 2019 relative à l'engagement dans la vie locale et à la proximité de l'action publique, *JO*, 28 décembre 2019, texte n°1.

[2198] Sur la distinction entre les différents types de compétences et leurs conséquences, v. not. : V. AUBELLE, *op. cit.*, p. 318 s.

d'agglomération des compétences optionnelles ou facultatives[2199]. Elles sont pour partie obligatoires pour les communautés urbaines et les métropoles.

1166. Les communautés de communes et les communautés d'agglomération peuvent ainsi exercer en lieu et place des communes membres la compétence de « construction, entretien et fonctionnement d'équipements culturels [...] d'intérêt communautaire »[2200] pour les premières et de « construction, aménagement, entretien et gestion d'équipements culturels [...] d'intérêt communautaire »[2201] pour les secondes, en plus des compétences obligatoirement transférées. Celles-ci peuvent en effet faire partie des trois compétences optionnelles minimums à transférer à choisir parmi les neuf[2202] ou sept groupes de compétences[2203] proposés. Les communautés de communes et les communautés d'agglomération par ailleurs sont substituées « de plein droit au syndicat de communes ou au syndicat mixte dont le périmètre est identique au leur, pour la totalité des compétences qu'il exerce » et « pour les compétences qu'elle exerce, au syndicat de communes ou au syndicat mixte inclus en totalité dans son périmètre »[2204].

1167. De manière très indirecte, il pourrait être considéré, comme semble le suggérer les propos d'un auteur, que les communautés de communes, comme les communautés d'agglomération exercent une compétence de plein droit dans le domaine culturel en rattachant celui-ci à la compétence « promotion du tourisme, dont création d'offices du tourisme »[2205]. Celui-ci inclut en effet ces derniers au sein « des outils de gestion publique des équipements et services culturels publics »[2206]. Une telle conception paraît excessive, et ne semble pas partagée par ailleurs ; l'auteur lui-même est d'un autre avis et

---

[2199] Pour les syndicats de communes, les compétences culturelles sont par définition facultatives. Article 5212-1 Code général des collectivités territoriales.

[2200] Article L. 5214-16, II, 4 Code général des collectivités territoriales.

[2201] Article L. 5216-5, II, 5 Code général des collectivités territoriales.

[2202] Article L. 5214-16, II Code général des collectivités territoriales. Suite à la loi n° 2019-1461 du 27 décembre 2019, *op. cit.*, ces compétences relèvent des compétences facultatives.

[2203] Article L. 5216-5, II Code général des collectivités territoriales. Suite à la loi n° 2019-1461 du 27 décembre 2019, *op. cit.*, ces compétences relèvent des compétences facultatives.

[2204] Articles L. 5214-21 I al. 1 et 2 (communauté de communes) et L. 5216-6 al. 1 et 2 (communauté d'agglomération) Code général des collectivités territoriales.

[2205] Articles L. 5214-16, I, 2 (communauté de communes) et L. 5216-5, I, 1 (communauté d'agglomération) Code général des collectivités territoriales.

[2206] J.-F. AUBY, *Le droit public de la culture, op. cit.*, p. 153.

considère qu'il s'agit d'une compétence facultative uniquement dans une autre partie de son ouvrage[2207].

1168. Les communautés urbaines peuvent intervenir dans le domaine culturel directement ou indirectement. Elles exercent ainsi de plein droit en lieu et place des communes membres la compétence de « construction ou aménagement, entretien, gestion et animation d'équipements, de réseaux d'équipements ou d'établissements culturels, socioculturels, [...] lorsqu'ils sont d'intérêt communautaire »[2208]. Elles se substituent par ailleurs « de plein droit au syndicat de communes ou au syndicat mixte dont le périmètre est identique au sien, pour la totalité des compétences qu'il exerce », notamment culturelles[2209] et aux communes qui la composent au sein du syndicat pour l'exercice des compétences autres que celles qui lui sont obligatoirement transférées[2210].

1169. Les métropoles, enfin, sont selon la même analyse susceptibles d'intervenir directement ou indirectement dans le domaine culturel. D'abord, elles exercent de plein droit en lieu et place des communes membres la compétence relative à la « construction, aménagement, entretien et fonctionnement d'équipements culturels, socioculturels, [...] d'intérêt métropolitain »[2211], ensuite elles bénéficient du transfert de plein droit de toutes les compétences acquises par un établissement public de coopération intercommunale avant sa transformation en métropole[2212]. La métropole d'Aix-Marseille-Provence est soumise à ce même régime[2213], s'agissant du domaine culturel.

1170. La singularité de la métropole du « Grand Paris » apparaît particulièrement en matière de développement et d'aménagement économique, social et culturel. Celle-ci exerce en effet, de plein droit en lieu et place de ses communes membres, les compétences de construction, d'aménagement, d'entretien et de fonctionnement de grands équipements culturels de dimension nationale ou internationale de même que celle de la « participation à la préparation des candidatures aux grands évènements internationaux culturels [et] artistiques, [...], accueillis sur son territoire »[2214].

[2207] *Ibid.*, p. 108.
[2208] Article L. 5215-20, I, 1, c Code général des collectivités territoriales.
[2209] Article L. 5215-21 al. 1 Code général des collectivités territoriales.
[2210] Article L. 5215-22, I, al. 2 Code général des collectivités territoriales.
[2211] Article L. 5217-2, 1, c Code général des collectivités territoriales.
[2212] Article L. 5217-1, 4, al. 3 Code général des collectivités territoriales.
[2213] Article L. 5218-1, II Code général des collectivités territoriales.
[2214] Article L. 5219-1, II Code général des collectivités territoriales.

1171. Il convient de souligner par ailleurs que, comme pour les collectivités territoriales[2215], l'intervention culturelle des intercommunalités s'effectue souvent par le biais d'autres compétences[2216] et par l'octroi de compétences facultatives culturelles.

1172. La prise en charge de compétences relevant du domaine culturel par les collectivités est significative du rôle fondamental de celui-ci dans leur développement.

2) Une prise en charge significative de compétences du domaine culturel par les intercommunalités

1173. Les compétences relevant du domaine culture sont prises en charge par la plupart des établissements publics de coopération intercommunale, même dans l'hypothèse où celles-ci sont des compétences optionnelles[2217] ou facultatives[2218] et malgré les débats que ces transferts suscitent souvent[2219].

1174. Cet intérêt pour les compétences culturelles résulte de la volonté d'abord d'utiliser la culture pour le développement du territoire, ensuite de donner une substance visible à l'intercommunalité.

1175. Les transferts de compétences relevant du domaine culturel à des structures de coopération intercommunale, qu'elles soient obligatoires, optionnelles ou facultatives, résultent avant tout des logiques fonctionnelles et managériales qu'ils participent à consacrer. Ils contribuent alors à la déterritorialisation de l'action publique, dont ils témoignent.

1176. Cette prise de compétences résulte en effet essentiellement de finalités extrinsèques à la culture, en général économiques et sociales[2220]. La

---

2215 Cf. *supra*.

2216 ARCADE, *L'intercommunalité culturelle 2008-2012*, Arcade, collection repères, avril 2015, p. 5.

2217 La catégorie des compétences optionnelles a été supprimée par l'article 13 de la loi n° 2019-1461 du 27 décembre 2019 relative à l'engagement dans la vie locale et à la proximité de l'action publique, JO, 28 décembre 2019, texte n°1.

2218 J.-C. DELVAINQUIERE, B. DIETSCH (Deps), *L'intercommunalité culturelle : un état des lieux*, synthèse du rapport E. NEGRIER, J. PREAU, P. TEILLET (dir.), *L'intercommunalité culturelle en France*, Grenoble, Observatoire des politiques culturelles, Publications du département des études et de la prospective, février 2008, 2008-5, p. 3.

2219 E. NEGRIER, *L'intercommunalité : nouvelle frontière des politiques culturelles municipales*, 2011, p. 4 s. (not. pt. 2.), HAL, [en ligne].

2220 J.-C. DELVAINQUIERE, B. DIETSCH (Deps), *op. cit.*, p. 4. Plus récemment : F. DESCHAMPS, « Que peut apporter l'intercommunalité culturelle ? », *La lettre du cadre.fr*, 13 août 2018, [en ligne].

conception de l'Association des Communautés de France de la politique culturelle est à cet égard particulièrement symptomatique. Celle-ci, centrée sur la notion de développement territorial, considère la culture comme « un agent de fertilisation des stratégies touristiques, économiques et sociales »[2221]. L'Association, dans cette perspective, trouve cette fertilisation entravée par le cadre légal actuel qui restreint essentiellement le rôle des établissements de coopération intercommunale aux équipements et suggère en conséquence de le modifier. Elle propose ainsi de « dépasser la seule logique patrimoniale au profit des politiques d'animation et de diffusion à destination du public en confirmant la montée en puissance du spectacle vivant à l'échelle intercommunale » et « d'adapter le cadre légal de la compétence « culture » à la réalité des interventions communautaires en adjoignant à la notion d'équipements celle d'animation, au sein même de la compétence optionnelle »[2222].

1177. Le transfert obligatoire de la compétence relevant du domaine culturel aux communautés urbaines et aux métropoles, conçues parfois comme de « super-communautés urbaines », relève de la même logique managériale, dont elles constituent l'une des formes les plus abouties[2223]. Les métropoles chargées de s'assurer de leur « compétitivité territoriale » sont ainsi dotées d'office d'un outil permettant d'y contribuer. L'équipement ou la politique culturelle menée permet de fait un rayonnement de celles-ci[2224].

1178. Ce rattachement de la culture au développement local soulève un certain nombre de difficultés liées notamment au manque de spécialisation des personnels intercommunaux. À cet égard, un auteur souligne que « les professionnels de la culture se voient [...] exclus de la définition des contenus culturels au profit des élus et des spécialistes de l'aménagement du territoire,

---

[2221] ASSOCIATION DES COMMUNAUTES DE FRANCE, « Décentralisation culturelle et intercommunalités » (étude de 2012), *in* FNCC, *Les étapes successives de la réforme territoriale 2009-2015*, Les documents de la FNCC, 2017, p. 107. V. dans le même sens : ARCADE, *op. cit.*, p. 5 ; M. MALVY, *54 suggestions pour amélirorer la fréquentation touristique de la France à partir de nos patrimoines*, 14 mars 2017, MINISTERE DE LA CULTURE, MINISTERE CHARGE DU TOURISME, *Convention cadre relative au tourisme culturel*, 19 janvier 2018.

[2222] ASSOCIATION DES COMMUNAUTES DE FRANCE, *op. cit.*, p. 107.

[2223] Cf. *supra*.

[2224] FNCC, « A propos de l'étude de E. Negrier, P. Teillet, La culture au tournant métropolitain, ce que l'intercommunalité fait de la culture en Petite Couronne francilienne » (étude de 2014), *in* FNCC, *Les étapes successives de la réforme territoriale 2009-2015*, Les documents de la FNCC, 2017, p. 110 s.

ou sont à tout le moins contraints d'ajuster leurs compétences et leurs savoir-faire aux enjeux exogènes du « développement économique »»[2225].

1179. Les établissements publics de coopération intercommunale du fait de leur émancipation progressive des communes membres s'éloignent des communautés d'habitants initiales de ces dernières. Ce faisant, malgré leur rôle croissant et la recomposition de l'organisation territoriale qui en résulte, les habitants ne parviennent pas encore vraiment à les identifier. La prise de compétences relevant du domaine culturel et leur mise en œuvre par les EPCI se traduisent par la « présence artistique sur les territoires, l'accompagnement des pratiques artistiques et culturelles des habitants et l'existence de lieux ou d'évènements [culturels] structurants »[2226] auxquels les habitants sont particulièrement sensibles. Elles peuvent alors participer à cette identification en servant de « points d'appui à un nouveau récit territorial »[2227] et en donnant par conséquent « un sens au territoire »[2228]. Elles contribuent donc dans cette perspective à l'installation de la nouvelle organisation territoriale et à une certaine forme de reterritorialisation.

1180. Le transfert obligatoire de compétences relevant du domaine culturel aux communautés urbaines et aux métropoles peut aussi être analysé en ce sens. Celui-ci serait en effet destiné à favoriser la cohésion territoriale à laquelle doivent tendre ces dernières.

1181. Dans cette perspective, « loin de répondre à des « besoins », à des « déficits » culturels ou à des exigences concernant la création et la diffusion artistique sur les territoires, les engagements intercommunaux pour la culture constituent « l'effet émergent des stratégies des élus [municipaux] » »[2229].

1182. Les finalités extrinsèques de la prise de compétences relevant du domaine par les EPCI peuvent cependant être associées à des finalités intrinsèques. Ces dernières sont liées à la mise en œuvre d'une véritable politique culturelle intercommunale tendant au développement culturel et à la

---

[2225] A. FREYERMUTH, *op. cit.*, p. 149.
[2226] J.-P. SAEZ, « Culture et intercommunalité : les nouveaux défis. Introduction à la démarche de concertation territoriale du Conseil départemental des Côtes d'Armor », *L'Observatoire*, 26 mars 2018, p. 6, [en ligne].
[2227] *Ibid.*, p. 7.
[2228] *Ibid.*, p. 8.
[2229] A. FREYERMUTH, *op. cit.*, p. 129.

démocratisation culturelle[2230], dans une logique de solidarité au bénéfice d'un meilleur service de proximité[2231].

1183. La mise en œuvre de compétences relevant du domaine culturel diffère alors selon chaque établissement public de coopération intercommunale et ne dépend a priori ni de leur nature juridique ni de leur strate démographique[2232].

1184. Elle s'effectue par ailleurs de façon plus ou moins intégrée[2233]. Il a pu en effet être constaté que si « les équipements transférés font l'objet d'une « gestion intercommunale » [...] la définition d'une politique culturelle ne change pour autant pas [nécessairement] d'échelle »[2234]. Une étude distingue par exemple suivant le « degré d'intercommunalité » de l'offre culturelle les intercommunalités de service et de projet, les intercommunalités de projet, les intercommunalités de simple transfert et les intercommunalités en phase de réflexion[2235].

1185. L'utilisation des compétences relevant du domaine culturel et donc de l'action culturelle territoriale par les intercommunalités tend donc pour l'essentiel à participer à la compétitivité et à l'attractivité du territoire – contribuant ainsi à la déterritorialisation de l'action publique – tout en lui redonnant de cas échéant un sens – participant ainsi à une forme de reterritorialisation. Les compétences du domaine culturel peuvent donc être considérées comme instrumentalisées au profit de la consécration intercommunale.

1186. L'intercommunalité peut servir de support juridique pour la reconnaissance d'un territoire déjà existant. Celle-ci sert alors, dans une certaine mesure, à son institutionnalisation.

2230 J.-C. DELVAINQUIERE, B. DIETSCH (Deps), *op. cit.*, p. 4.
2231 FNCC, « A propos de l'étude de E. Negrier, P. Teillet, La culture au tournant métropolitain, ce que l'intercommunalité fait de la culture en Petite Couronne francilienne » (étude de 2014), *op. cit.*, p. 110.
2232 ARCADE, *op. cit.*, p. 5.
2233 Un tel objet ne relève pas de cette étude et fait l'objet d'analyse de sociologie ou de sciences politiques.
2234 FNCC, « A propos de l'étude de E. Negrier, P. Teillet, La culture au tournant métropolitain, ce que l'intercommunalité fait de la culture en Petite Couronne francilienne » (étude de 2014), *op. cit.*, p. 111.
2235 IAU ILE-DE-FRANCE, *L'intercommunalité culturelle en petite couronne. Eléments pour un prédiagnostic en vue de l'instauration de la métropole du Grand Paris*, mars 2014, p. 73 s.

§2 : L'intercommunalité comme support potentiel de l'action culturelle territoriale

1187. Les structures intercommunales peuvent servir de support juridique à la reconnaissance d'une identité territoriale forte et à la mise en place de l'action culturelle territoriale qui en découle. Celles-ci viennent alors pallier le manque de reconnaissance réel ou perçu de l'identité ou de la singularité territoriale. Elles consacrent alors une forme de reterritorialisation de l'action publique et l'existence de communautés d'habitants méconnues par l'organisation territoriale traditionnelle.

1188. L'intercommunalité associative, à contributions budgétaires (A), comme intégrative, à fiscalité propre (B) peut, dans cette perspective, être mise au service de l'action culturelle territoriale.

A) L'intercommunalité associative au service de l'action culturelle territoriale

1189. Il peut être considéré que « dans le contexte de « productivité » et de performance économique qui tient lieu d'impératif catégorique des temps présents, le devenir des territoires ruraux apparaît comme un peu anachronique [...] »[2236]. La création du pôle d'équilibre territorial et rural, même s'il est l'exception qui confirme la règle, s'inscrit en faux contre cette assertion.

1190. Celui-ci se révèle particulièrement intéressant dans le cadre de cette étude en ce qu'il constitue une structure proche du pays qu'une loi de 2010[2237] tend à faire disparaître en en empêchant toute nouvelle création. En témoigne par exemple le titre sans ambiguïté d'une étude à ce propos : « Le pays est mort... vive le pôle d'équilibre territorial et rural ! »[2238].

1191. Le pôle d'équilibre territorial et rural « est un établissement public constitué par accord entre plusieurs établissements publics de coopération intercommunale à fiscalité propre, au sein d'un périmètre d'un seul tenant et sans enclave »[2239], soumis aux règles applicables aux syndicats mixtes. Celui-ci doit établir un projet de territoire qui définit « les conditions du

---

[2236] S. REGOURD, *op. cit.*, p. 194.
[2237] Article 51 et 52, Loi n° 2010-1563 du 16 décembre 2010 de réforme des collectivités territoriales, *JO*, 17 décembre 2010, p. 22146, texte n° 1.
[2238] H. PAULIAT, « Le pays est mort... vive le pôle d'équilibre territorial et rural ! », *JCP A*, 2014, n° 8, 2051.
[2239] Article L. 5741-1, I Code général des collectivités territoriales.

développement économique, écologique, culturel et social dans le périmètre du pôle d'équilibre territorial et rural »[2240].

1192. Ces dispositions, malgré des changements, ne sont pas sans rappeler celles prévues pour les pays – « lorsqu'un territoire présente une cohésion géographique, culturelle, économique ou sociale, la commission départementale de la coopération intercommunale constate qu'il peut former un pays »[2241] – étant précisé que celui-ci « exprime la communauté d'intérêts économiques et sociaux ainsi que, le cas échéant, les solidarités réciproques entre la ville et l'espace rural »[2242] et que « les collectivités territoriales et leurs groupements définissent, dans le cadre du pays, en concertation avec les acteurs concernés, un projet commun de développement »[2243].

1193. Les multiples débats inhérents à la pertinence de la (re) mise en place de cet outil de coopération par la loi de 2014, tout comme ceux relatifs à son régime juridique ne sont pas abordés ici[2244], pas plus que les différences qui existent entre les régimes juridiques des deux types d'entités.

1194. L'intérêt de la présentation du rappel de la continuité entre ces deux instruments et d'une forme de renouveau du pays réside ailleurs. Le pays, réalité « géo-économique » au-delà du maillage territorial traditionnel, est mis en place essentiellement dans une logique fonctionnelle d'efficacité[2245]. Il a cependant pu être fondé, dans sa forme initiale, sur une dimension culturelle et en conséquence être utilisé pour réaliser sur une action en ce domaine[2246]. Le Professeur M. Verpeaux souligne ainsi dans une analyse sur l'intercommunalité culturelle qu'il « est difficile de faire l'impasse sur la notion de pays tant celui-ci se veut, précisément, plus un territoire doté d'une véritable cohésion qu'une simple et nouvelle administration »[2247]. Il indique

---

[2240] Article L. 5741-2, I al. 3 Code général des collectivités territoriales.

[2241] Article 22, Loi n° 95-115 du 4 février 1995 d'orientation pour l'aménagement et le développement du territoire, *JO*, 5 février 1995, p. 1973.

[2242] Article 23 al. 1, *ibid.*

[2243] Article 23 al. 2, *ibid.* V. aussi : Article 2, Loi n° 99-533 du 25 juin 1999 d'orientation pour l'aménagement et le développement durable du territoire et portant modification de la loi n° 95-115 du 4 février 1995 d'orientation pour l'aménagement et le développement du territoire, *JO*, 29 juin 1999, p. 9515, texte n° 2.

[2244] Sur ces aspects voir not. : H. PAULIAT, *op. cit.* ; A. TAILLEFAIT, *op. cit.*, p. 625.

[2245] S. REGOURD, « Fonctionnalisation et déterritorialisation ou les collectivités territoriales à l'heure du marché », *Cahiers du L.E.R.A.S.S.*, mai 1990, n° 20, p. 38.

[2246] Allant dans le sens de rapprochement tant en terme de portage que de périmètre, une large majorité de territoire labellisé Pays d'Art et d'Histoire est portée par un Pays/Pôle territorial. ASSOCIATION NATIONALE DES POLES D'EQUILIBRE TERRITORIAUX ET RURAUX ET DES PAYS, *Panorama des Pôles territoriaux et des Pays 2016*, [en ligne], anpp.fr, p. 7.

[2247] M. VERPEAUX, « Intercommunalité et service public culturel », *AJDA*, 2000, p. 115.

alors que « le fondement de cette cohésion peut être culturel, lorsqu'il s'agit de patrimoine, architectural ou autre »[2248].

1195. Le pays a été également mis en place pour satisfaire des enjeux politiques fondés sur des considérations culturelles, territoriales et identitaires parfois fortes[2249]. L'intercommunalité fédérative a alors été utilisée pour servir une action notamment culturelle identitaire.

1196. Le Professeur P. Oudart rappelle à cet égard que la cohésion territoriale nécessaire à l'élaboration d'un pays a pu s'appuyer sur des résurgences de découpages anciens auxquels une part de la population demeurait attachée, malgré l'uniformité imposée par l'État[2250]. Il en est ainsi, de contraintes géographiques, de l'héritage des pagi, des fiefs seigneuriaux ou encore des entités économiques et sociales créées par le système des manufactures[2251]. Certaines de ces divisions territoriales passées ont une forte dimension corporative, culturelle et parfois identitaire. Dans cette perspective, le pays a pu être utilisé par les acteurs locaux comme une opportunité pour reconfigurer une situation, générer des alliances nouvelles et ainsi offrir « une définition alternative à l'identité territoriale »[2252]. Ce fut par exemple le cas au Pays Basque où la création du pays est venue dans une certaine mesure pacifier une situation politique conflictuelle et en particulier contrer les revendications tendant à la consécration d'un département Pays Basque[2253].

1197. Le pôle d'équilibre territorial et rural est susceptible, à la suite des pays, de remplir ce rôle, bien qu'en 2018 seuls huit d'entre eux sur 112 recensés possèdent la compétence « activités culturelles ou socioculturelles »[2254]. Les considérations culturelles ne semblent donc pas au cœur de leur préoccupation.

1198. Le pôle d'équilibre territorial de Ségréen, *Pays Ségréen*, néanmoins, place l'identité de son territoire fondé sur des considérations historiques et patrimoniales au cœur de son projet, même si celles-ci sont plus récentes et ne

---

2248 *Ibid.*

2249 Cf. *supra.*

2250 Cf. *supra.*

2251 P. Oudart, « La mise en place des « pays » en Picardie », *in* CURAPP (collectif), *L'intercommunalité – Bilan et perspectives*, PUF, 1997, p. 254 s.

2252 S. Segas, « Les enjeux politiques de l'instrumentation territoriale de l'action publique de développement : le cas du pays « Pays basque » (1992-2002) », *in* P. Boino, X. Desjardins, *Intercommunalité : politique et territoire*, La Documentation française, 2009, p. 161.

2253 *Ibid.*

2254 Annuaire des intercommunalités de France 2018, [en ligne], comersis.fr.

sont pas conflictuelles. La présentation de celui-ci s'avère sur ce point particulièrement intéressante : « Ce territoire a vécu l'extraction du fer et des ardoises puis a connu la fermeture des mines, qui subsistent aujourd'hui comme le patrimoine commun des habitants du Segréen. De cette vitalité est née l'identité forte et présente d'un territoire en développement qui fait la part belle au bien vivre, à la convivialité et à la transmission des savoirs »[2255].

1199. Le pôle d'équilibre territorial et rural permet donc de dépasser les seules logiques fonctionnelles et participe ainsi potentiellement à une reterritorialisation de l'action publique.

1200. L'intercommunalité intégrative peut être mobilisée dans le même sens.

B) L'intercommunalité intégrative au service de l'action culturelle territoriale

1201. La création d'un établissement public de coopération intercommunale peut servir de support à un projet de territoire qui repose essentiellement sur la reconnaissance d'une identité culturelle, quand bien même celui-ci est très controversé. L'intercommunalité intégrative est alors utilisée au service d'une action culturelle identitaire.

1202. L'exemple original du Pays Basque est à cet égard à nouveau symptomatique[2256] tant sur la mise en place d'un tel support juridique que sur son fonctionnement.

1203. Le refus du Gouvernement d'envisager la création d'une collectivité territoriale à statut particulier pour le Pays Basque en novembre 2013 dans le cadre des réformes territoriales[2257] a conduit le Conseil des élus du Pays Basque[2258] à solliciter une expertise afin de déterminer l'avenir de l'organisation institutionnelle à son échelle[2259].

1204. Deux possibilités étaient alors envisageables, la poursuite de l'intercommunalité fédérative sous forme de pôle d'équilibre territorial et

---

[2255] « Un territoire, l'Anjou bleu », [en ligne], www.anjoubleu.com.
[2256] Cf. *supra*.
[2257] D. BEHAR, J. GOURDOU, F. NAVARRE, J.-P. MASSIAS, *Rapport d'expertise sur l'hypothèse de création d'un EPCI unique en Pays Basque*, acadie, septembre 2015, p. 4.
[2258] Ce conseil est composé de 85 membres, 44 représentants des établissements publics de coopération intercommunale et 41 membres issus des conseillers départementaux et conseillers régionaux du Pays Basque et des parlementaires nationaux et européens. V. [en ligne], www.lurraldea.net/fr/conseil-des-elus-du-paysbasque/composition.html.
[2259] D. BEHAR, J. GOURDOU, F. NAVARRE, J.-P. MASSIAS, *op. cit.*

rural à la suite du pays[2260] ou une forme plus intégrative avec la création d'un établissement public de coopération intercommunale[2261].

1205. La deuxième option, bien que contestée[2262], a fait l'objet d'une large convergence. Ce choix résulte de plusieurs facteurs fondés sur une volonté de singularisation territoriale du Pays Basque au niveau territorial, national, européen et mondial. Celle-ci découle à la fois de la recherche de la consécration de l'identité territoriale basque et de l'identification territoriale basque dans un contexte de compétitivité et de concurrence des territoires ; selon les logiques à la fois territoriales, économiques et managériales. Une élue affirme à cet égard que « la Bretagne, la Corse ou l'Alsace, qui possèdent elles aussi une forte identité culturelle et linguistique, ont toutes bénéficié d'une reconnaissance territoriale de l'État. Nous, nous [le Pays Basque, basques] existions seulement sur les mugs et les cartes postales »[2263]. De tels propos doivent cependant être relativisés, la région Alsace ayant été fusionnée dans la région Grand Est, quand bien même un rapport a été remis au Premier ministre le 15 juin 2018 proposant notamment de fusionner les départements du Haut-Rhin et du Bas-Rhin pour créer un département unique « Alsace »[2264].

1206. L'intégration apparaît en effet « comme la condition pour assurer la visibilité du Pays Basque et peser au sein d'un paysage institutionnel largement recomposé »[2265] et « comme une chance historique pour passer à la vitesse supérieure dans le processus d'organisation interne et de développement économique du Pays Basque »[2266], qui constitue pour certains l'aboutissement « d'une vieille revendication identitaire »[2267]. Elle permet en outre « d'installer une scène commune de négociation afin de mettre en œuvre le principe de réciprocité urbain/rural »[2268].

1207. Le choix d'une forme intégrée de coopération intercommunale à l'échelle du Pays Basque s'est traduit par la création par arrêté préfectoral du

---

2260 Cf. *supra*.
2261 D. Behar, J. Gourdou, F. Navarre, J.-P. Massias, *op. cit.*, p. 4.
2262 V. par ex. : J.-P. Segot, P. Lasterra, « Dossier : Ils disent non ! Agglo unique : pourquoi ils n'y croient pas », *La semaine du Pays Basque*, 13 au 19 novembre 2015, n° 1151, p. 2 s. ; D. Picot, « Dossier : Le pays Basque en 2017 », *La semaine du Pays Basque*, 3 au 9 juin 2016, n° 1179, p. 2 s. (en part. p. 3).
2263 C. Capdevielle, citée *in* T. Dupont, « Le Pays basque prend son destin en main », *L'Express*, 5 janvier 2017, [en ligne].
2264 Prefet de la Region Grand Est, Prefet du Bas-Rhin, *Rapport au Premier ministre, Mission Alsace Grand Est*, 15 juin 2018, rendu public le 8 août 2018, p. 71 s.
2265 D. Behar, J. Gourdou, F. Navarre, J.-P. Massias, *op. cit.*, p. 9.
2266 *Ibid.*, p. 10.
2267 V. not. : T. Dupont, « Le Pays basque prend son destin en main », *op. cit.*
2268 *Ibid.*, p. 10.

13 juillet 2016[2269] de la Communauté d'Agglomération du Pays Basque issue de la fusion des intercommunalités préexistantes[2270] à compter du 1er janvier 2017. Cette intercommunalité, parfois qualifiée de XXL ou super XXL, est l'une des plus grandes de France, car regroupant plus de cent communes[2271].

1208. Les compétences relevant du domaine culturel occupent une large place au sein des compétences transférées à la nouvelle communauté d'agglomération au titre des compétences optionnelles[2272] et facultatives.

1209. La Communauté d'Agglomération du Pays Basque exerce ainsi dès l'origine la compétence optionnelle de « construction, aménagement, entretien et gestion d'équipements culturels [...] d'intérêt communautaire »[2273], comme les dix EPCI qui existaient auparavant.

1210. Elle dispose de même de plusieurs compétences facultatives dans le domaine culturel issues des compétences de neuf[2274] des dix établissements publics de coopération intercommunale qu'elle remplace. Ces compétences sont larges : enseignement artistique, soutien au spectacle vivant, politique linguistique, lecture publique...

1211. La mise en œuvre de ces compétences connaît cependant une phase transitoire, à vocation expérimentale[2275].

2269 Arrêté préfectoral portant création de la communauté d'agglomération du Pays Basque, 13 juillet 2016, n° 64-2016-07-13-011, *Recueil des actes administratifs spécial*, n° 64-2016-012, p. 41 s.

2270 Pour la liste des EPCI qui ont fusionné et les communes qui font partie de la nouvelle communauté d'agglomération, voir articles 1 et 3, *ibid.*, p. 42.

2271 Pour une liste des intercommunalités françaises de 100 communes ou plus voir le tableau récapitulatif *in* G. DORE, « Le bouleversement territorial en France : analyse et enjeux », *Population & Avenir*, 2018, n° 1, p. 11. Sur l'évolution des intercommunalités qualifiées de « toujours plus grandes » (par le nombre de communes, la superficie, et le poids dans leur département), P. AIQUEL (réal.), « Dossier : Réforme territoriale. Grandes intercommunalités : objectif proximité », *La Gazette*, 2018, n° 34, p. 36 s.

2272 La catégorie des compétences optionnelles a été supprimée par l'article 13 de la loi n° 2019-1461 du 27 décembre 2019 relative à l'engagement dans la vie locale et à la proximité de l'action publique, *JO*, 28 décembre 2019, texte n°1.

2273 Article 6, arrêté préfectoral portant création de la Communauté d'Agglomération du Pays Basque, *op. cit.*, p. 5.

2274 Article 5, *ibid.*

2275 La Communauté d'Agglomération du Pays Basque a conservé nombre de compétences culturelles. V. la liste des compétences obligatoires et facultatives rappelée Annexe 2, COMMUNAUTE D'AGGLOMERATION DU PAYS BASQUE, *Pacte de gouvernance pour la Communauté d'Agglomération du Pays Basque, manifeste pour un acte II de la construction Communauté Pays Basque, mandature 2020-2026*, 2020.

1212. Il est en effet prévu que les compétences optionnelles héritées des anciens EPCI sont, pendant un an à compter du 1er janvier 2017, exercées sur le seul périmètre de ces derniers. La Communauté d'Agglomération du Pays Basque est chargée à l'issue de cette période d'élargir l'application à l'ensemble de son périmètre, des compétences optionnelles qui n'ont pas été restituées dans cet intervalle[2276].

1213. Les compétences facultatives sont exercées, dans le même sens, par la communauté d'agglomération sur le seul périmètre des anciens EPCI qui en disposaient auparavant, jusqu'au 1er janvier 2019 ; étant entendu qu'il lui appartient, jusqu'à cette date, de décider de leur éventuelle restitution, partielle ou totale, ou de leur exercice sur l'ensemble de son périmètre[2277].

1214. Le choix rapide, dès le premier conseil communautaire, de la prise de compétence par la communauté d'agglomération du Pays Basque des compétences « culture basque » et « langue basque »[2278] et gasconne, en plus des compétences d'enseignement artistique, lecture publique, patrimoine et spectacle vivant, s'avère significatif et cohérent au regard de raison de la mise en place de cet établissement public de coopération intercommunale ; à savoir notamment la reconnaissance de l'identité basque ou au moins l'affirmation de la singularité de son territoire.

1215. Les compétences « culture basque » et « langue basque » font l'objet d'une conception large[2279], ce qui paraît renforcer cette volonté.

1216. La compétence « politique linguistique » tend ainsi à « la promotion et l'usage de la langue basque dans le fonctionnement interne de l'institution intercommunale, dans ses relations avec les usagers et dans sa communication en direction des habitants et des acteurs du territoire », à « la prise en compte de l'usage et de la promotion de la langue basque dans la définition et la mise en œuvre des politiques et services publics intercommunaux » et à la « coopération transfrontalière avec les collectivités publiques d'Euskadi et de Navarre »[2280].

[2276] *Ibid.*

[2277] Article 6, *ibid.*, p. 5.

[2278] CONSEIL COMMUNAUTAIRE DE LA CA PAYS BASQUE, Délibération relative à la prise de compétences « politique linguistique en faveur de la langue basque » et « culture basque », séance du 4 février 2017, *Extrait du registre des délibérations du Conseil*, 9 février 2017, OJ n° 6.

[2279] *Ibid.*, p. 3 s.

[2280] *Ibid.*, p. 3 ; « Communauté d'agglomération Pays Basque : an I », ENBATA, Enbata.info, 23 avril 2018, [en ligne].

1217. La compétence « culture basque », quant à elle, vise en particulier à élaborer et mettre en œuvre un projet stratégique de promotion de la culture basque dans tous les champs culturels et artistiques et à développer la coopération transfrontalière en matière de culture basque et les partenariats avec les différentes collectivités territoriales l'État[2281]. La coopération de ce dernier avec le Pays Basque, dans le domaine culturel et linguistique, est en effet ancienne et s'est notamment traduite par l'existence d'un volet spécifique dans les contrats territoriaux successifs[2282]. Cela permet donc de relativiser l'absence de reconnaissance étatique de la singularité basque.

1218. La prise en charge de ces compétences relevant du domaine culturel semble alors dépasser les dispositions de l'article 104 de la loi NOTre, selon lequel « les compétences en matière de culture, [...] de promotion des langues régionales [...] sont partagées entre les communes, les départements, les régions et les collectivités à statut particulier »[2283]. L'exercice des compétences culturelles relève en effet dans cette hypothèse d'un établissement public de coopération intercommunale dont le territoire embrasse une communauté d'habitants, dont le périmètre ne correspond pas à celui des collectivités territoriales, et permet de le singulariser dans une perspective identitaire et économique.

1219. Il y a donc dans ce cadre une forme de reterritorialisation, d'affirmation de la diversité territoriale dans l'État et donc de mutations de l'organisation territoriale. La taille de la Communauté d'Agglomération Pays Basque soulève des interrogations, communes à l'ensemble des grands EPCI, qu'un auteur résume ainsi : « La coopération intercommunale nécessite certes une certaine masse critique, à moduler selon les situations, afin d'être en capacité de mener des projets. Mais pour être efficiente, elle ne doit pas tomber dans le gigantisme et impliquer les conseils municipaux, le cas échéant en renvoyant certaines compétences de proximité vers les communes »[2284].

1220. L'intercommunalité, dans laquelle l'action culturelle joue un rôle important, participe donc à l'évolution de l'organisation territoriale. Elle

---

2281 *Ibid.*, p. 4. ; « Communauté d'agglomération Pays Basque : an I », *op. cit.*

2282 V. not. : « Préambule », et axes 6 et 7, ÉTAT, PAYS BASQUE, *Contrat territorial 2015-2020*, 7 novembre 2015, p. 5 et 7 ; Note de la DRAC Nouvelle-Aquitaine sur la culture basque dans la nouvelle EPCI CAPB, *in* SYNDICAT INTERCOMMUNAL POUR LE SOUTIEN A LA CULTURE BASQUE, INSTITUT CULTUREL BASQUE, *État des lieux de la culture basque et propositions d'orientations de politique publique*, mai 2017, Annexe 4, p. 90 s. (en part. 90-91).

2283 Loi n° 2015-991 du 7 août 2015 portant nouvelle organisation territoriale de la République, *JO*, 8 août 2015, p. 13705 ; article codifié à l'article L. 1111-4 du Code général des collectivités territoriales.

2284 G. DORE, *op. cit.*, p. 17 ; v. aussi not. : H. PAULIAT, « Quelle carte intercommunale en 2017… et ensuite ? », *JCP A*, 2016, n° 16, act. 353.

contribue aussi, avec d'autres procédés marqués par les singularités culturelles, aux mutations de ses fondements et en particulier à l'émergence du principe de différenciation territoriale.

Section 2 : L'action culturelle territoriale et la différenciation territoriale

1221. La contribution de l'action culturelle territoriale à l'émergence du nouveau paradigme de la différenciation dans l'organisation territoriale est double. Elle constitue d'abord l'une des spécificités territoriales, sujette à revendications, à l'origine de cette différenciation. Elle permet ensuite la matérialisation de la spécificité territoriale, une fois reconnue, et participe ainsi à asseoir ce nouveau paradigme.

1222. Le Conseil d'État, dans un avis de 2017[2285], s'appuyant sur plusieurs décisions du Conseil constitutionnel, indique que les « caractéristiques » propres des collectivités à statut particulier[2286] et les « caractéristiques et contraintes particulières des départements et régions d'outre-mer »[2287] peuvent justifier, sous leur contrôle[2288], l'attribution ou l'exercice différent de compétences de ceux des collectivités territoriales de droits communs.

1223. Il réaffirme en outre le principe selon lequel « les règles d'attribution des compétences et les règles d'exercice des compétences sont en principe les mêmes au sein de chaque catégorie de collectivités territoriales de droit commun »[2289], bien « qu'il n'en résulte pas pour autant que les règles applicables aux compétences territoriales doivent être identiques pour les

---

[2285] CE, sect. de l'intérieur, avis, 7 décembre 2017, n° 393651, *Différenciation des compétences des collectivités territoriales relevant d'une même catégorie et des règles relatives à l'exercice de ces compétences*, N 6 ; G. LE CHATELIER, « La différenciation entre collectivités territoriales : le Conseil d'État définit la marche à suivre », *AJCT*, 2018, p. 207 ; M.-C. DE MONTECLER, « Différenciation territoriale : le oui, mais du Conseil d'État », *AJDA*, 2018, p. 468.

[2286] CC, 17 janvier 2002, n° 2001-454 DC, *Loi relative à la Corse*, cons. 29 ; CONSEIL CONSTITUTIONNEL, « Commentaire de la décision n° 2001-454 DC du 17 juin 2002 », *Les Cahiers du Conseil constitutionnel*, n° 12, p. 7 ; CC, 6 août 2009, n° 2009-588 DC, *Loi réaffirmant le principe du repos dominical et visant à adapter les dérogations à ce principe dans les communes et zones touristiques et thermales ainsi que dans certaines grandes agglomérations pour les salariés* volontaires, cons. 23 ; CONSEIL CONSTITUTIONNEL, « Commentaire de la décision n° 2009-588 DC du 6 août 2009 », *Les Cahiers du Conseil constitutionnel*, n° 27, p. 18.

[2287] Article 73 al. 1, Constitution du 4 octobre 1958.

[2288] CC, 17 janvier 2002, n° 2001-454 DC, *op. cit.*, cons. 28-30 ; CC, 6 août 2009, n° 2009-588 DC, *op. cit.*, cons. 23 ; CE, 10 novembre 2004, n° 253670, *Association droit de cité*, *Rec. T.*

[2289] CE, sect. de l'intérieur, avis, 7 décembre 2017, n° 393651, *op. cit.*, N 7.

collectivités relevant de la catégorie »[2290]. Dans cette perspective, la différenciation territoriale peut découler de l'action culturelle territoriale d'une délégation de compétence ou de spécificités culturelles locales. L'action culturelle territoriale participe donc à l'émergence du paradigme de la différenciation territoriale.

1224. La différenciation territoriale fait l'objet aujourd'hui d'une attention particulière de la part de l'État. La volonté de changer de politique à l'égard de celle-ci est affirmée, notamment par le Président de la République et le Gouvernement, mais aussi dans un rapport parlementaire *sur la préparation d'une nouvelle étape de la décentralisation en faveur du développement du territoire*[2291]. Elle trouve un début de concrétisation juridique en 2018 à travers le dépôt d'un projet de loi constitutionnelle qui prévoit de l'inscrire dans la Constitution et d'en faire « le nouveau paradigme » de l'organisation territoriale[2292].

1225. L'action culturelle territoriale semble néanmoins presque absente du projet tendant à constitutionnaliser le principe de différenciation territoriale (§2) alors que celle-ci occupe une place centrale dans son émergence et sa mise en œuvre en droit positif (§1).

§1 : La place centrale de l'action culturelle dans l'émergence de la différenciation territoriale

1226. La différenciation territoriale est possible en droit positif et peut découler de l'action culturelle territoriale. Le Conseil d'État a en effet rappelé que, sans modifier la Constitution, le législateur dispose déjà de « marges de manœuvre réelles, mais contraintes »[2293], pour permettre la différenciation des compétences des collectivités territoriales. À cet égard, le Professeur A. Roux rappelle que les « évolutions constitutionnelles récentes ont conduit à admettre

---

2290 *Ibid.*

2291 A. VIALA, J.-F. CESARINI, G. VUILLETET, *Rapport d'information sur la préparation d'une nouvelle étape de la décentralisation en faveur du développement du territoire*, AN, n° 1015, 31 mai 2018, p. 53 s.

2292 Les projets de loi constitutionnelle de 2018 et de 2019 n'ont finalement pas abouti et la loi 3DS ne contient que deux articles relatifs au domaine culturel (art. 148 et 19, loi n° 2022-217 du 21 février 2022 relative à la différenciation, la décentralisation, la déconcentration et portant diverses mesures de simplification de l'action publique locale, *JO*, 22 février 2022, texte n°3). L'analyse menée ici sur la place de la culture dans l'affirmation de la différenciation territoriale demeure cependant pertinente.

2293 CE, sect. de l'intérieur, avis, 7 décembre 2017, n° 393651, *op. cit.*, N 14.

davantage de diversité institutionnelle locale et à permettre une diversité accrue en fonction des territoires »[2294].

1227. Le Conseil constitutionnel considère dans cette perspective que « le principe constitutionnel d'égalité ne s'oppose ni à ce que le législateur règle de façon différente des situations différentes ni à ce qu'il déroge à l'égalité pour des raisons d'intérêt général pourvu que, dans l'un et l'autre cas, la différence de traitement qui en résulte soit en rapport avec l'objet de la loi qui l'établit »[2295].

1228. La prise en compte des différentes situations dans le cadre de l'attribution des compétences apparaît d'abord à travers le développement de la coopération intercommunale[2296], qui se « traduit par des compétences différenciées entre communes »[2297] admises par le Conseil constitutionnel[2298], et dans laquelle l'action culturelle territoriale joue un rôle important[2299]. Il convient, à cet égard, de souligner « l'éclatement du principe d'uniformité statutaire » [2300] au sein même des métropoles[2301].

1229. La différenciation territoriale peut également être constatée dans le cadre de la délégation de compétences, dont la culture est un des domaines précurseurs (A). Des différences de situation démographique, sociale, géographique et culturelle peuvent enfin justifier des règles différentes d'exercice des compétences[2302]. C'est depuis longtemps le cas de la Corse (B).

A) Le domaine culturel, précurseur de délégation de compétences

1230. Le domaine culturel est précurseur en matière de délégation de compétences, malgré les difficultés inhérentes à celle-ci et son succès encore

---

[2294] A. Roux, *La décentralisation. Droit des collectivités territoriales*, LGDJ, Systèmes, 2016, p. 160.

[2295] CC, 6 mai 1991, n° 91-291 DC, Loi instituant une dotation de solidarité urbaine et un fonds de solidarité des communes de la région d'Ile-de-France, réformant la dotation globale de fonctionnement des communes et des départements et modifiant le code des communes, cons. 23.

[2296] Cf. *supra* : intercommunalité et action culturelle territoriale.

[2297] CE, sect. de l'intérieur, avis, 7 décembre 2017, n° 393651, *op. cit.*, N 9.

[2298] CC, 26 avril 2013, n° 2013-303 QPC, *Commune de Puyravault [Intégration d'une commune dans un EPCI à fiscalité propre]*, cons. 11 ; Conseil constitutionnel, « Commentaire », p. 15.

[2299] Cf. *supra.*

[2300] C. Regourd, *Les métropoles au prisme du modèle territorial français*, Thèse de droit public, Ecole de Droit de la Sorbonne, p. 113.

[2301] Cf. *supra.*

[2302] CE, sect. de l'intérieur, avis, 7 décembre 2017, n° 393651, *op. cit.*, N 12.

relativement limité. Celle-ci constitue une hypothèse de différenciation territoriale fondée sur l'action culturelle territoriale.

1231. Les lois de 2010[2303] puis 2014[2304] ont introduit un dispositif général de délégation de compétences[2305] à côté de dispositifs spécifiques existants[2306]. Celles-ci ont ainsi « clairement parié sur une volonté des collectivités territoriales – mais aussi de l'État lorsqu'il est concerné – de s'approprier collectivement l'exercice de l'action publique locale »[2307].

1232. La délégation de compétences est de manière communément admise « un dispositif juridique qui prévoit l'exercice de toute ou partie de la compétence par un délégataire, au nom et pour le compte du délégant et sous la responsabilité et la surveillance de celui-ci »[2308] ; pour une durée limitée dans le temps. Dans le cadre de l'exercice de l'action publique locale, elle repose sur quatre éléments : une démarche volontaire des parties, une collaboration sur un pied d'égalité, une volonté de mener une action commune, la conformité de l'action à leur intérêt[2309].

1233. Plusieurs dispositifs sont utilisés dans le domaine culturel, malgré le succès globalement limité de la délégation de compétences.

1234. L'article L. 1111-8-1 du Code général des collectivités territoriales prévoit ainsi que « sauf lorsque sont en cause des intérêts nationaux, l'État peut déléguer par convention à une collectivité territoriale ou à un établissement public de coopération intercommunale à fiscalité propre qui en fait la demande l'exercice de certaines de ses compétences ». Ce dispositif est utilisé dans sept régions dans seulement trois domaines de compétences : emploi (7), eau (2) et culture (2 : Bretagne et Occitanie).

2303 Article 73, V, Loi n° 2010-1563 du 16 décembre 2010 de réforme des collectivités territoriales, *JO*, 17 décembre 2010, p. 22146, texte n° 1.

2304 Article 1, 7°, Loi n° 2014-58 du 27 janvier 2014 de modernisation de l'action publique territoriale et d'affirmation des métropoles, *JO*, 28 janvier 2014, p. 1562, texte n° 1.

2305 Codifié aux articles L .1111-8 ; L. 1111-8-1 Code général des collectivités territoriales. V. A. HASTINGS-MARCHADIER, B. FAURE, *op. cit.*, p. 73 s.

2306 V. not. : Articles L 1111-8-2 ; L. 1111-9 ; L. 5210-4 al. 1 ; L. 5217.-2, IV Code général des collectivités territoriales.

2307 B. ACAR, P. REIX, *op. cit.*, p. 22 ; S. JOUBERT, « Déconcentration, décentralisation ou délégation ? », *in* GRALE, *Les territoires de l'État*, Editions le Moniteur, 2017, p. 223 s.

2308 B. ACAR, P. REIX, *op. cit.*, p. 20.

2309 *Ibid.*, p. 22.

1235. Le domaine culturel est cependant le domaine précurseur de la mise en œuvre de la délégation de compétences dans le cadre d'une convention conclue entre l'État et la région Bretagne en 2015[2310], pour une durée de 6 ans à compter du 1er janvier 2016. Cette dernière vise, après qu'il ait été souligné l'importance de l'identité culturelle de la région Bretagne[2311], à renforcer la coopération entre les collectivités publiques pour le développement de la diversité culturelle[2312]. Il a à cet égard pu être souligné qu'en « matière culturelle, les singularités bretonnes qui construisent une véritable « exception culturelle », originale à l'échelle nationale, […] doivent engendrer une exception institutionnelle, elle aussi originale : une ambitieuse délégation de compétences »[2313].

1236. La culture constitue néanmoins pour la Bretagne un outil de développement territorial global[2314] : « Sa principale richesse [de la Bretagne] aujourd'hui réside dans la volonté des Bretons de construire leur avenir, dans ce sentiment d'appartenance, qui à l'heure de la mondialisation, est un levier capital de tout développement global »[2315].

1237. Le conseil régional de Bretagne exerce ainsi au nom et pour le compte de l'État certaines compétences qui relevaient antérieurement de ses services déconcentrés : soutien à la librairie, à l'édition, aux manifestations littéraires ; soutien en fonctionnement aux manifestations cinématographiques, aux réseaux de diffusion et aux réseaux de cinéma ; soutien à la protection et à la promotion du patrimoine culturel immatériel au travers de subventions aux associations ayant pour missions la collecte, la sauvegarde et la diffusion du patrimoine oral de la Bretagne[2316]. L'État s'engage également à déléguer à la

---

2310 CONSEIL REGIONAL DE BRETAGNE, Délibération sur la Convention de délégation de compétences de l'État à la Région Bretagne dans le domaine culturel, 15-16 octobre 2015, n° 15-DC-DC-01 ; Décret n° 2015-1918 du 30 décembre 2015 portant délégation de compétences du ministère de la culture et de la communication à la région Bretagne, *JO*, 31 décembre 2015, p. 25584, texte n° 321.

2311 Cf. *infra*.

2312 Préambule de la convention, CONSEIL REGIONAL DE BRETAGNE, *op. cit.*, p. 1.

2313 J.-M. LE BOULANGER, « Bretagne et décentralisation, un projet d'ambition », *L'Observatoire*, 2013, n° 2, p. 54.

2314 Pour une présentation des actions envisagées et de leurs objectifs, politique culturelle et stratégie globale de développement territorial et des crédits alloués voir : REGION BRETAGNE, Mission VI, Pour le rayonnement de la Bretagne et la vitalité culturelle bretonne, *BP*, 2018.

2315 J.-M. LE BOULANGER, *op. cit.*, p. 54.

2316 Article 2 de la convention, CONSEIL REGIONAL DE BRETAGNE Délibération […], *op. cit.*, p. 3.

région Bretagne les crédits d'intervention et de fonctionnement correspondants[2317].

1238. Le domaine culturel, en tant que domaine de compétence partagée, relève par ailleurs de l'article L. 1111-8-2 du Code général des collectivités territoriales qui prévoit que « l'État, une collectivité territoriale ou un établissement public de coopération intercommunale à fiscalité propre peut, par convention, déléguer l'instruction et l'octroi d'aides ou de subventions à l'une des personnes publiques précitées »[2318]. Cette disposition a donc pour objet de créer des « guichets uniques », « afin d'améliorer la gouvernance locale des compétences partagées, de simplifier les modalités d'attribution des aides, et de faciliter leur accès du point de vue des usagers »[2319]. Le domaine culturel apparaît ici comme précurseur.

1239. Le département du Lot, après une période d'expérimentation entre 2007 et 2010pour laquelle il a été le seul retenu[2320], a maintenu pour 2012-2014 et 2016-2018 l'existence d'un guichet unique relatif à l'instruction centralisée des demandes de subventions attribuées par lui-même et par l'État pour la restauration, la réparation et l'entretien des immeubles, objets et orgues classés et la restauration et l'entretien des immeubles et objets inscrits[2321]. Des aménagements ont cependant été faits à la suite de l'expérimentation s'agissant de la gestion comptable des subventions, engagements et versements, qui sont à partir de 2012 assurés par chacun des partenaires[2322].

1240. Le domaine culturel n'échappe cependant pas au constat général du succès limité de la délégation de compétences[2323], même s'il s'agit de l'un des domaines où elle a été utilisée. Le choix du transfert de compétences même *a minima* de compétences relevant du domaine culturel alors que la délégation

---

[2317] Article 3 de la convention, CONSEIL REGIONAL DE BRETAGNE, *ibid.*, p. 3.
[2318] Créé par l'article 105, Loi n° 2015-991 du 7 août 2015 portant sur la nouvelle organisation territoriale de la République, *JO*, 8 août 2015, p. 13705. E. ROYER, « Le financement de la politique culturelle et l'impact de la délégation de l'instruction et de l'octroi d'aides ou de subventions », *Juris art etc.*, 2016, n° 40, p. 24 s. Cf. aussi *infra*.
[2319] J.-M. BOCKEL, *op. cit.*, p. 22.
[2320] Cf. aussi *supra*.
[2321] Sauvegarde des Monuments historiques, Convention de partenariat État - Département du Lot 2012 – 2014, [en ligne] ; Convention de partenariat 2016-2018 entre l'État et le Département du Lot pour la sauvegarde et valorisation du patrimoine, [barèmes en ligne].
[2322] « Termes du nouveau partenariat 2012-2014 » Sauvegarde des Monuments historiques, Convention de partenariat État - Département du Lot 2012-2014, [en ligne].
[2323] Sur la faiblesse du nombre de délégation de compétences, voir le tableau récapitulatif : Annexe 4, B. ACAR, P. REIX, *op. cit.*, p. 77.

est aussi possible dans le cadre des conventions métropoles-départements[2324] en témoigne. Ainsi, au 31 décembre 2016, sur treize conventions métropoles-départements, quatre seulement contiennent des dispositions relatives au domaine culturel – équipements culturels, aides au spectacle vivant, ou à l'enseignement artistique, musée de France – et toutes ont fait le choix du transfert de compétences[2325].

1241. Le succès limité de la délégation de compétences, également dans le domaine culturel, semble pouvoir être expliqué par trois facteurs : la perception de la délégation par les acteurs locaux comme pouvant entraîner une forme de tutelle dans l'exercice de la compétence déléguée par le délégataire, les contraintes de la mise en place du dispositif (lourdeur et longueur de la procédure) et l'impression qu'il s'agit d'un outil de clarification et de rationalisation des compétences par défaut[2326].

1242. Certains observateurs se demandent alors « si la délégation de compétences est un outil à la recomposition des compétences entre collectivités territoriales »[2327] et concluent « qu'à certaines conditions, elle pourrait en revanche permettre de préparer de nouveaux transferts de responsabilités de l'État aux collectivités »[2328]. Dans le domaine culturel, les délégations ont bien été faites de l'État au profit des collectivités.

1243. La différenciation territoriale résulte également du fait de l'existence de spécificités culturelles d'un territoire.

B) Une différenciation territoriale en vertu de spécificités culturelles

1244. La création de l'EPCI Pays Basque et la contractualisation avec la Bretagne[2329], pour faire d'elle le « laboratoire d'une France de l'innovation de l'action publique de demain »[2330] en tenant compte de sa spécificité, témoignent de la possible différenciation territoriale en vertu de spécificités culturelle. L'évolution du statut de la Corse et de ses compétences culturelles

---

2324 Délégation de compétences prévue à l'article L. 5217-2, IV Code général des collectivités territoriales.
2325 Annexe 5, B. ACAR, P. REIX, *op. cit.*, p. 20.
2326 *Ibid.*, p. 39 s.
2327 *Ibid.*, p. 40.
2328 *Ibid.*
2329 Cf. *supra*.
2330 E. MACRON, *Transcription du discours du Président de la République à Quimper le 21 juin 2018*, 23 juin 2018, [en ligne], www.elysee.fr.

demeure cependant la plus représentative[2331]. Celle-ci tend à satisfaire à la fois les revendications régionalistes, voire nationalistes et à permettre le développement de l'île[2332].

1245. Dès 1982, la Corse est érigée en collectivité territoriale régionale[2333] et bénéficie de compétences importantes au détriment des départements, spécialement dans le domaine culturel. L'ensemble des dispositions législatives attestent de la spécificité reconnue à la Corse et de l'importance de la dimension culturelle de celle-ci, d'abord institutionnellement avec l'octroi de compétences en ce domaine et la mise en place d'un organisme consultatif particulier. Le Conseil de la culture, de l'éducation et du cadre de vie[2334] apporte son aide pour les décisions de l'Assemblée de Corse et doit être consulté pour toutes les orientations générales de budget « en ce qui concerne l'action culturelle et éducative, notamment pour la sauvegarde et la diffusion de la langue et de la culture corses »[2335].

1246. La singularité de la collectivité est affirmée ensuite d'un point de vue normatif avec possibilité de proposer des adaptations législatives et réglementaires en particulier dans le domaine culturel. Il est ainsi prévu de manière significative que l'Assemblée de Corse peut « de sa propre initiative ou saisie par le Premier ministre, adresser à celui-ci des propositions de modification ou d'adaptation des dispositions législatives ou réglementaires en vigueur ou en cours d'élaboration concernant les compétences, l'organisation et le fonctionnement de l'ensemble des collectivités territoriales de Corse, ainsi que toutes propositions relatives aux conditions du développement économique, social et culturel de la Corse »[2336].

1247. Les modifications successives du statut tendent à renforcer la reconnaissance de cette spécificité en affirmant en particulier son identité

2331 Il ne s'agit pas ici de revenir sur l'ensemble de l'histoire de la Corse, mais simplement d'en rappeler quelques aspects.

2332 O. DUHAMEL, G. TUSSEAU, *Droit constitutionnel et institutions politiques*, Seuil, 4e éd., 2016, p. 971. R. FERRAND, Y. BRAUN-PIVET, M. FESNEAU, *Rapport fait au nom de la commission des lois constitutionnelles, de la législation et de l'administration générale de la République sur le projet de loi constitutionnelle pour une démocratie plus représentative et efficace*, AN, n° 1137, 4 juillet 2018, p. 217 s.

2333 Article 1, Loi n° 82-214 du 2 mars 1982 portant statut particulier de la région de Corse : organisation administrative, *JO*, 3 mars 1982, p. 748. Sur l'histoire de la Corse et l'évolution de son statut v. not. R. FERRAND, Y. BRAUN-PIVET, M. FESNEAU, *op. cit.*, p. 211 s.

2334 Articles 2 et 38, *ibid.* Son statut est aujourd'hui codifié aux articles L. 4422-23 s. Code général des collectivités territoriales.

2335 Article 40, *ibid.*

2336 Article 27, *ibid.*

culturelle, cette dernière apparaît alors comme un moteur de la consécration de la singularité corse et comme un élément qui permet de l'asseoir une fois reconnue. Cette conception semble rejoindre l'idée selon laquelle « l'intervention normative dans le domaine culturel, [...], est souvent révélatrice de choix essentiels de société »[2337], dont il est impératif « d'être conscient pour mieux les apprécier »[2338].

1248. La loi de 1991 relative à la Corse s'inscrit dans cette perspective[2339], bien que les dispositions relatives au « peuple corse » soient déclarées non conformes à la Constitution par le Conseil constitutionnel[2340]. Il admet en effet que la Corse, bien que collectivité métropolitaine, bénéficie d'une organisation spécifique[2341], ce qui s'oppose à sa conception antérieure de vision uniforme des statuts locaux[2342]. Une partie entière de ce nouveau statut est par ailleurs consacrée à « l'identité culturelle de la Corse »[2343] et prévoit les compétences culturelles octroyées à la collectivité en ce domaine. Il convient à cet égard de souligner que les compétences relatives à « l'identité culturelle » sont encore les premières à être présentées[2344] dans la partie du Code général des collectivités territoriales portant sur les compétences de la Corse, ce qui atteste de leur importance.

1249. Le statut issu de la loi de 2002 s'inscrit dans la lignée du précédent et conforte sa spécificité statutaire et la reconnaissance de son identité culturelle. Il est ainsi admis, et non censuré par le Conseil constitutionnel[2345], que l'Assemblée de Corse « peut demander à être habilitée par le législateur à fixer des règles adaptées aux spécificités de l'île, sauf lorsqu'est en cause l'exercice d'une liberté individuelle ou d'un droit fondamental »[2346]. Dans le domaine culturel, les dispositions relatives à l'éducation, désormais intitulées « de l'éducation et de la langue corse » présentes dans la partie portant sur l'identité culturelle, font une place plus importante à l'apprentissage de la langue

---

2337 J.-F. POLI, « A travers les nouvelles compétences culturelles de la Collectivité territoriale de Corse, réflexions sur l'action culturelle », *RFDA*, 2002, p. 702.
2338 *Ibid.*
2339 Loi n° 91-428 du 13 mai 1991 portant statut de la collectivité territoriale de Corse, *JO*, 14 mai 1991, p. 6318.
2340 CC, 9 mai 1991, n° 91-290 DC, *Loi relative à la Corse*, cons. 10 à 14.
2341 *Ibid.*, cons. 15 à 20.
2342 O. DUHAMEL, G. TUSSEAU, *op. cit.*, p. 971.
2343 Articles 50 à 57, Loi n° 91-428 du 13 mai 1991, *op. cit.*
2344 Article L. 4424-1 s. Code général des collectivités territoriales, même si, la première sous-section porte sur l'éducation et la seconde sur la culture et la communication (articles L. 4424-6 s.).
2345 CC, 17 janvier 2002, n° 2001-454 DC, *Loi relative à la Corse*, cons. 10 à 15.
2346 Article 1, Loi n° 2002-92 du 22 janvier 2002 relative à la Corse, *JO*, 23 janvier 2002, p. 1503, texte n° 1.

corse[2347]. Les compétences culturelles de la collectivité sont par ailleurs accrues[2348], dans le sens de l'affirmation de son identité culturelle. Il est alors prévu par exemple que « la collectivité territoriale de Corse définit et met en œuvre la politique culturelle en Corse en concertation avec les départements et les communes, et après consultation du conseil économique, social et culturel de Corse »[2349]. Cette formulation soulève un certain nombre de questions s'agissant de la place et du rôle de l'État[2350]. La collectivité territoriale de Corse définit par ailleurs « les actions qu'elle entend mener en matière d'inventaire du patrimoine ; de recherches ethnologiques ; de création, de gestion et de développement des musées ; d'aide au livre et à la lecture publique [...] ; de soutien à la création, de diffusion artistique et culturelle et de sensibilisation à l'enseignement artistique »[2351].

1250. La loi portant nouvelle organisation de la République parachève cette construction législative en prévoyant la création d'une collectivité unique par la fusion de la collectivité territoriale de Corse et des deux départements[2352]. Cela renforce ses compétences. Elle est alors qualifiée par le Président de la République de collectivité « la plus décentralisée de la France métropolitaine »[2353], ce qui semble justifier, selon lui, sa constitutionnalisation.

1251. Le projet de révision constitutionnelle prévoit ainsi d'inscrire dans la constitution la Corse en tant que collectivité territoriale à statut particulier au sein de la métropole. Cette disposition correspond à l'idée du Conseil d'État selon laquelle « des règles relatives à l'exercice des compétences qui seraient applicables à une seule collectivité territoriale devraient être justifiées par la situation particulière de celle-ci, ce qui peut conduire à faire de celle-ci une collectivité à statut particulier du fait de caractéristiques qui lui sont propres et qui justifient des règles différentes »[2354].

1252. L'idée de différenciation territoriale basée notamment sur des spécificités culturelles au sein de la République est ainsi consacrée même si

---

2347 Article 7, *ibid.*

2348 P.-A. COLLOT, *op. cit.*, p. 349 s. ; J.-F. POLI, *op. cit.*, p. 696 s.

2349 Article 9, Loi n° 2002-92 du 22 janvier 2002, *op. cit.* (codifié à l'article L. 4424-7, I Code général des collectivités territoriales).

2350 J.-F. POLI, *op. cit.*

2351 Article 9, Loi n° 2002-92 du 22 janvier 2002, *op. cit.* (codifié article L. 4424-7, II Code général des collectivités territoriales).

2352 Article 30, Loi n° 2015-991 du 7 août 2015 portant nouvelle organisation territoriale de la République (codifié article L. 4421-1 CGCT), *op. cit.*

2353 E. MACRON, *Transcription du discours du Président de la République Bastia le 7 février 2018*, 8 février 2018, [en ligne], www.elysee.fr.

2354 CE, sect. de l'intérieur, avis, 7 décembre 2017, n° 393651, *op. cit.*, N 12.

les textes se gardent bien de le mentionner ainsi. Il en est de même dans le projet visant à consacrer la différenciation territoriale.

§2 : La place apparemment relative des spécificités culturelles dans la consécration de la différenciation territoriale

1253. Le Président de la République E. Macron, envisage de renforcer la différenciation territoriale en la constitutionnalisant. Dans ses discours comme dans les projets de lois constitutionnelles de 2018 et 2019[2355] qui n'ont pour l'heure pas abouti, la différenciation territoriale fondée sur des spécificités culturelles semble presque oubliée. Elle est cependant bien présente[2356] (A).

1254. La consécration envisagée de la différenciation territoriale, basée sur les spécificités culturelles, demeure compatible avec les principes fondamentaux de la République. Elle peut même contribuer au renforcement de la légitimité de l'État (B).

A) La place discrète des spécificités culturelles dans la politique de constitutionnalisation de la différenciation territoriale

1255. Dans la politique de constitutionnalisation de la différenciation territoriale, discours politiques et projet de loi constitutionnelle, les spécificités culturelles permettant de justifier le recours à celle-ci sont apparemment absentes (1). Néanmoins, le projet de constitutionnalisation du statut de la Corse et, dans une moindre mesure, la réflexion menée relative à l'avenir de « l'Alsace » permettent de nuancer ce constat (2).

[2355] E. PHILIPPE, N. BELLOUBET, *Projet de loi constitutionnelle pour une démocratie plus représentative, responsable et efficace*, AN, n° 911, 9 mai 2018 ; E. PHILIPPE, N. BELLOUBET, *Projet de loi constitutionnelle pour un renouveau de la vie démocratique*, AN, n° 2203, 29 août 2019.

[2356] L'analyse porte sur le seul projet de 2018 dont le projet de 2019 reprend les dispositions sur ces problématiques, ce que souligne le Conseil d'État. V. sur ce point not. : CE, avis, 20 juin 2019, n°397908, *Projet de loi constitutionnelle pour un renouveau de la vie démocratique*, p. 12, N51 et 52. Les projets de loi constitutionnelle de 2018 et de 2019 n'ont finalement pas abouti et la loi 3DS ne contient que deux articles relatifs au domaine culturel (art. 148 et 19, loi n° 2022-217 du 21 février 2022 relative à la différenciation, la décentralisation, la déconcentration et portant diverses mesures de simplification de l'action publique locale, *JO*, 22 février 2022, texte n°3). L'analyse menée ici sur la place de la culture dans l'affirmation de la différenciation territoriale demeure cependant pertinente.

1) Une absence apparente de la spécificité culturelle dans le projet de constitutionnalisation de la différenciation territoriale

1256. Les discours politiques et le projet de loi constitutionnelle tendant à faire de la différenciation territoriale le nouveau paradigme de l'organisation territoriale de la République dans un souci d'efficacité restent silencieux sur la possibilité de son utilisation en vertu de spécificités culturelles, ce qui peut surprendre.

1257. Ainsi, pour le Président de la République « le défi qui est le nôtre [des gouvernants et des gouvernés] c'est de conjuguer l'unité de la République qui nous a faits, cette mondialisation qui parfois bouscule des grands équilibres et dans laquelle nous avons à avancer, et la diversité de ces territoires qui est constitutive de nos identités, de notre identité profonde »[2357]. Celui-ci a donc fait part de sa conception de la décentralisation « de projets », qu'il considère comme un changement de paradigme à plusieurs reprises. Dans cette perspective, il convient, selon lui, d'adapter l'organisation territoriale de l'État dans le territoire, et les relations entre l'État et le territoire, afin de rompre « avec l'exercice jacobin des responsabilités publiques au profit d'une mise en œuvre partagée, concertée, des politiques publiques »[2358]. Trois principes guident cette volonté, d'abord la différence qui existe entre les territoires[2359], ensuite un investissement dans les territoires « dans un objectif offensif »[2360], pour accompagner les transformations industrielle, agricole ou encore sociale, enfin une nouvelle génération de la décentralisation, « la décentralisation de projet »[2361]. Dans cette dernière, « il faut être pragmatique, évaluer, changer l'organisation quand elle n'est pas la bonne » et procéder à une « différenciation territoriale pour s'appuyer sur les projets locaux et développer les solidarités entre collectivités [2362]».

1258. Dans cette perspective, « cette énergie »[2363] que le Président de la République veut rendre au territoire implique de rompre avec l'uniformité de

---

2357 E. MACRON, *Transcription du discours au Sénat lors de la conférence des territoires*, 18 juillet 2017, [en ligne], www.elysee.fr.
2358 E. MACRON, *Transcription du discours du Président de la République à Quimper le 21 juin 2018*, *op. cit.* V. aussi sur cet aspect : E. MACRON, *Transcription du discours du Président de la République devant le Parlement réuni en Congrès*, 3 juillet 2017, [en ligne], www.elysee.fr.
2359 *Ibid.*
2360 *Ibid.*
2361 *Ibid.*
2362 *Ibid.*
2363 E. MACRON, *Transcription du discours du Président de la République au 100e Congrès des maires de France*, 24 Novembre 2017, [en ligne], www.elysee.fr.

traitement[2364] et donc « d'adapter [...] les normes, les capacités normatives pour répondre aux défis [des] territoires »[2365].

1259. La politique de volonté de renforcement de la différenciation territoriale et de l'autonomisation subséquente, de par la responsabilité qu'elle induit, trouve une traduction juridique dans le cadre d'un projet de loi constitutionnelle en cours d'examen[2366], déjà qualifié d'acte I de la réforme des institutions[2367].

1260. Celui-ci envisage d'affirmer la différenciation territoriale dans le cadre de l'attribution des compétences et les conséquences normatives qu'elle implique dès l'alinéa 2 de l'article 72 de la Constitution. Ce dernier disposerait alors que « dans les conditions prévues par la loi organique et sauf lorsque sont en cause les conditions essentielles d'exercice d'une liberté publique ou d'un droit constitutionnellement garanti, la loi peut prévoir que certaines collectivités territoriales exercent des compétences, en nombre limité, dont ne disposent pas l'ensemble des collectivités de la même catégorie »[2368]. Dans cette formulation, il semble avoir été tenu compte des réserves émises par le Conseil d'État sur l'insertion sans condition, envisagée initialement, de la phrase prévoyant que « la loi peut attribuer des compétences différentes à des collectivités relevant de la même catégorie ». Celle-ci aurait eu en effet pour conséquence de nuire à la cohérence du titre XII de la Constitution[2369].

1261. L'expérimentation territoriale contenue à l'article 72 al. 4 de la Constitution[2370] est souvent considérée comme un exemple symptomatique de la différenciation territoriale normative. Il a ainsi pu être considéré que sa seule possibilité « détruit le dogme de l'uniformité législative »[2371], ce qui peut être contesté[2372], malgré son caractère dérogatoire et limité. Le projet de loi constitutionnelle de 2018 (comme celui de 2019) renforce la différenciation territoriale. Celui-ci prévoit en effet de rendre pérenne la possibilité pour les collectivités territoriales de déroger, sous conditions, « pour un objet limité,

---

2364 *Ibid.*
2365 *Ibid.*
2366 E. PHILIPPE, N. BELLOUBET, *op. cit.*. V. DE BRIANT, « Le droit à la différenciation territoriale : entre totems et tabous », *AJCT*, 2018, p. 233. V. aussi sur ce projet : R. FERRAND, Y. BRAUN-PIVET, M. FESNEAU, *op. cit.*, p. 206 s.
2367 E. MAUPIN, « Réforme des institutions, acte I », *AJDA*, 2018, p. 942.
2368 Article 15, 3, E. PHILIPPE, N. BELLOUBET, *op. cit.*, p. 22.
2369 CE, sect. de l'intérieur, avis, 7 décembre 2017, n° 393651, *op. cit.*, N 30. G. LE CHATELIER, ; M.-C DE MONTECLER, *op. cit.*
2370 V. *supra.* sur la question de l'expérimentation.
2371 J. BENETTI, D. CAPITANT, W. MASTOR, *Pour un statut constitutionnel de la Corse. Rapport remis à monsieur le Président de Corse*, 18 janvier 2018, p. 10.
2372 V. *supra.*

aux dispositions législatives ou réglementaires qui régissent l'exercice de leurs compétences, éventuellement après une expérimentation autorisée dans les mêmes conditions »[2373].

1262. L'adoption éventuelle d'une telle disposition renforce le lien qui existe entre subsidiarité et différenciation territoriale, déjà souligné dans l'hypothèse de l'expérimentation de l'article 72 alinéa 4[2374]. Elle permet en effet à une collectivité de déroger volontairement par voie réglementaire aux normes supérieures nationales, législatives et réglementaires, et d'adapter ses décisions dans l'exercice des compétences qu'elle considère pouvoir être le mieux être mis en œuvre à son échelon ; ce qui constitue une concrétisation du principe de subsidiarité. Celle-ci n'est cependant pas absolue, car l'État fixe les conditions et l'objet, nécessairement limité, de la dérogation à titre expérimental ou pérenne. Il détermine donc en amont les collectivités auxquelles est reconnue cette faculté. La dérogation expérimentale ou permanente n'a donc rien de « spontané[e] ni de général[e] »[2375]. À cette limite, s'ajoute dans le cadre de l'expérimentation, le caractère temporaire de celle-ci. Celui-ci relativise alors le lien avec la subsidiarité, ce que pallie la permanence de la dérogation, solution retenue dans la loi organique de 2021, hors de toute réforme constitutionnelle[2376].

1263. Une part de la doctrine considère que « par l'effet combiné de la subsidiarité et de l'expérimentation, le système de répartition entre l'État et les collectivités territoriales devient évolutif » et que « l'on pourrait s'acheminer progressivement vers un régionalisme, où certaines collectivités territoriales disposeraient d'un véritable pouvoir législatif [...] »[2377]. Cette analyse semble pouvoir être étendue dans l'hypothèse d'une différenciation territoriale normative pérenne, où elle s'avère d'autant plus pertinente.

1264. L'absence d'intérêt pour une différenciation territoriale fondée sur des spécificités culturelles n'est qu'apparente. Le projet de loi constitutionnelle dans sa partie relative à la Corse et l'évolution récente du statut de l'Alsace, en témoignent.

2373 Article 15, 5, E. PHILIPPE, N. BELLOUBET, *op. cit.*, p. 22.

2374 A. DURANTHON, *Subsidiarité et collectivités territoriales. Etude sur la subsidiarisation des rapports entre l'État et les collectivités territoriales en droit public français*, Dalloz, Bibliothèque parlementaire et constitutionnelle, 2017, p. 391.

2375 *Ibid.*

2376 Une évolution des modalités de l'expérimentation territoriale est en effet intervenue hors de toute révision constitutionnelle suite à l'adoption de la loi organique n° 2021-467 du 19 avril 2021 relative à la simplification des expérimentations mises en œuvre sur le fondement du quatrième alinéa de l'article 72 de la Constitution, *JO*, 20 avril 2021, texte n°1. Sur ce point, v. *supra* le paragraphe sur l'expérimentation.

2377 F. HAMON, M. TROPER, *Droit constitutionnel*, LGDJ, Manuel, 35e éd., 2014, p. 423.

2) Des consécrations relatives de la possible différenciation territoriale fondée sur des spécificités culturelles

1265. Le projet de loi constitutionnelle envisage d'inscrire le statut de la Corse dans la Constitution, dont la singularité est fondée notamment sur des spécificités culturelles. Cela permet donc de relativiser le constat précédent (a). L'évolution institutionnelle de l'Alsace, finalement réalisée indépendamment de toute révision constitutionnelle, est réalisée dans la même perspective (b).

a) La Corse

1266. Le statut actuel de la Corse lui donne ce qui semble être d'importantes compétences pour permettre la mise en place d'un régime dérogatoire adapté à sa spécificité. Son Assemblée peut ainsi émettre des avis sur les projets et les propositions de loi ou de décret comportant des dispositions spécifiques à la Corse[2378], proposer des adaptations de la législation et de la réglementation en lien avec ses compétences[2379], demander à être habilitée par le législateur à définir les modalités d'application de la loi pour les adapter aux spécificités de l'île sauf lorsqu'est en cause l'exercice d'une liberté individuelle ou d'un droit fondamental[2380].

1267. Il a pu cependant être affirmé que « les compétences spécifiques de l'Assemblée de Corse ne sont, à l'analyse, que faiblement dérogatoires au droit commun et s'avèrent en pratique d'une efficacité limitée »[2381]. Une part de la doctrine considère alors qu'il y a une « absence de pouvoirs réels correspondants »[2382] à la spécificité corse en l'état actuel du droit.

1268. Cette situation conduit à envisager la constitutionnalisation de la Corse. Celle-ci permettrait de pallier les difficultés normatives soulevées.

1269. Le projet de loi constitutionnelle inscrit dans cette perspective le caractère de collectivité à statut particulier de la collectivité de Corse[2383] et envisage de lui octroyer un pouvoir normatif important. Il est en effet prévu

---

[2378] Article L. 4422-16, V Code général des collectivités territoriales.

[2379] Articles L. 4422-16, I et III Code général des collectivités territoriales.

[2380] Article L. 4422-16, II Code général des collectivités territoriales.

[2381] ASSEMBLEE DE CORSE, COMMISSION DES COMPETENCES LEGISLATIVES ET REGLEMENTAIRES, *Les institutions particulières de la Corse. Rapport à l'Assemblée de Corse*, 2013, p. 13. (sur l'appréciation des pouvoirs normatifs, v. p. 12 s.).

[2382] J. BENETTI, D. CAPITANT, W. MASTOR, *op. cit.*, p. 27.

[2383] Article 16, 2, E. PHILIPPE, N. BELLOUBET, *op. cit.*, p. 22. V. aussi : R. FERRAND, Y. BRAUN-PIVET, M. FESNEAU, *op. cit.*, p. 234 s.

d'une part que « les lois et règlements peuvent comporter des règles adaptées aux spécificités liées à son insularité ainsi qu'à ses caractéristiques géographiques, économiques ou sociales »[2384] et, d'autre part, que « sauf lorsque sont en cause les conditions essentielles d'exercice d'une liberté publique ou d'un droit constitutionnellement garanti, ces adaptations peuvent être décidées par la collectivité de Corse dans les matières où s'exercent ses compétences et si elle y a été habilitée, selon le cas, par la loi ou le règlement »[2385] ; étant précisé que « ces adaptations sont décidées dans les conditions prévues par la loi organique »[2386].

1270. Il convient cependant de relever pour nuancer le propos que les amendements qui tendent à ajouter les caractéristiques « linguistiques, historiques et culturelles »[2387] à celles géographiques, économiques ou sociales permettant d'adapter les règles sont tous rejetés en commission.

1271. Dans la même perspective sont rejetés en commission deux amendements identiques malgré toutes les précautions formelles prises par leurs auteurs ; ce qui atteste de l'importance maintenue et reconnue du principe de l'indivisibilité de la République[2388]. Ceux-ci disposent que «la République française garantit à la communauté historique et culturelle vivante que constitue le peuple corse, composante du peuple français, les droits à la préservation de son identité culturelle et à la défense de ses intérêts économiques et sociaux spécifiques. Ces droits liés à l'insularité s'exercent dans le respect de l'unité nationale, dans le cadre de la Constitution, des lois de la République et de son statut »[2389].

1272. Ce constat ne remet cependant pas en cause l'affirmation reconnue selon laquelle des spécificités culturelles participent à la différenciation territoriale et la permettent, comme en témoigne l'état actuel du droit[2390]. Les raisons du silence sur ces dernières tiennent sans doute, malgré tout, à une volonté politique et à la permanence de la crainte, réelle ou fantasmée, d'une remise en cause des principes fondamentaux de la République. Cela souligne la singularité et la dimension symbolique du domaine culturel et de l'action culturelle territoriale, qui ont servi et servent avant tout l'État.

[2384] Article 16, 3, E. PHILIPPE, N. BELLOUBET, *op. cit.*
[2385] Article 16, 4, *ibid.*
[2386] *Ibid.*
[2387] J.-F. ACQUAVIVA, Amendements CL848 et CL1283, 22 juin 2018 ; M. CASTELLANI, J. LASSALLE, Amendement CL1142, 22 juin 2018.
[2388] Cf. *supra.*
[2389] J.-F. ACQUAVIVA, Amendement CL828, 22 juin 2018 ; M. CASTELLANI, J. LASSALLE, Amendement CL1139, 22 juin 2018.
[2390] Cf. *supra.*

1273. La modification du statut de l'Alsace confirme la possible prise en compte des spécificités culturelles pour justifier une différenciation territoriale.

b) L'Alsace

1274. Le statut institutionnel de l'Alsace a fait l'objet d'une évolution récente qui atteste de la possible différenciation territoriale fondée sur des spécificités notamment culturelles. Cette modification devait initialement être réalisée dans le nouveau cadre établi par la révision constitutionnelle consacrant la différenciation territoriale. Elle a été finalement faite indépendamment de celui-ci puisque ni la loi constitutionnelle de 2018, ni celle de 2019 n'ont abouti.

1275. La région Alsace a été supprimée lors de la réforme des régions de 2015 et intégrée à la région Grand Est[2391]. Suite aux revendications alsaciennes, une réflexion est lancée quant à l'avenir de l'Alsace début 2018, dans le cadre de la différenciation territoriale prévue dans le projet de loi constitutionnelle. Le Président de la République s'est dit favorable à celle-ci « pour qu'existe une identité alsacienne qui s'inscrive dans la région Grand Est »[2392].

1276. Le préfet de Région a remis son rapport au mois de juin 2018[2393]. Plusieurs éléments doivent alors être relevés permettant de constater la possible prise en considération des spécificités culturelles pour justifier la différenciation territoriale.

1277. Le rapport constate qu'il « existe un véritable « *désir d'Alsace* », une quête de connaissance et de reconnaissance dont le contenu n'est certes pas seulement institutionnel ». Selon celui-ci, « l'Alsace culturelle, linguistique, historique, climatique,... existe et nombre de ses habitants aspirent à être identifiés à ce territoire »[2394].

1278. Dans cette perspective est envisagée la fusion des départements du Haut-Rhin et du Bas-Rhin pour constituer un département unique, l'Alsace, contenu dans la région Grand Est. Celui-ci serait susceptible de se voir confier

---

[2391] Article 1, Loi n° 2015-29 du 16 janvier 2015 relative à la délimitation des régions, aux élections régionales et départementales et modifiant le calendrier électoral, *JO*, 17 janvier 2015, p. 777, texte n° 1.
[2392] E. MACRON, *Interview*, Dernières nouvelles d'Alsace, 18 avril 2018, [en ligne], www.dna.fr.
[2393] PREFET DE LA REGION GRAND EST, PREFET DU BAS-RHIN, *Rapport au Premier ministre, Mission Alsace Grand Est*, 15 juin 2018, rendu public le 8 août 2018.
[2394] *Ibid.*, p. 137.

« par l'État, dans le cadre du pouvoir de différenciation prévu par la réforme constitutionnelle, des compétences nouvelles »[2395] comme l'indique le Premier ministre. Le rapport en effet, souligne que ce département « pourrait être le réceptacle de compétences renforcées en adéquation avec les caractéristiques, les différences du territoire, [compétences] transférées par l'État [comme le] bilinguisme, [...] [compétences] déléguées ou conventionnées avec la région [comme le] tourisme [et l'] attractivité, culture »[2396]. Cette solution est celle retenue dans la loi du 2 août 2019 relative aux compétences de la Collectivité européenne d'Alsace[2397] dans la continuité de la Déclaration du 29 octobre 2018[2398]. Du fait de cette évolution, intervenue hors de toute révision constitutionnelle consacrant la différenciation territoriale, l'Alsace est alors parfois présentée comme précurseur de la différenciation territoriale à venir[2399].

1279. La différenciation territoriale fondée notamment sur des spécificités culturelles est donc bien envisagée dans le cadre de la réforme constitutionnelle et au-delà, même si elle n'apparaît pas toujours de manière explicite dans les discours généraux qui la présentent ou dans les textes des projets de loi constitutionnelle. Elle est par ailleurs compatible avec les principes fondamentaux de la République.

B) Une différenciation territoriale fondée sur l'action culturelle territoriale compatible avec les principes fondamentaux de la République

1280. Le changement de paradigme de l'organisation territoriale de l'État et la différenciation territoriale fondée potentiellement sur la spécificité

2395 E. PHILIPPE, Lettre adressée aux parlementaires du Grand Est, citée *in* H. DAVID, « Alsace : l'État fait un pas vers la fusion des deux départements », LesEChos.fr, 6 août 2018, [en ligne].

2396 PREFET DE LA REGION GRAND EST, PREFET DU BAS-RHIN, *op. cit.*, p. 139.

2397 Loi, n° 2019-816 du 2 août 2019 relative aux compétences de la Collectivité européenne d'Alsace, *JO*, 3 août 2019, texte n°1. V. aussi : CE, avis, 21 février 2019, n°396789, *Projet de loi relatif aux compétences de la collectivité européenne d'Alsace*. Sur ce point. V. not. : M.-C. DE MONTECLER, « Feu vert du Parlement à la renaissance de l'Alsace », *AJDA*, 2019, p. 1541 ; L. JANICOT, M. VERPEAUX, « La Collectivité européenne d'Alsace ou les fruits d'un non-choix », *AJDA*, 2019, p. 2236 ; J.-D. DREYFUS, « Focus sur... la Collectivité européenne d'Alsace », *AJCT*, 2019, p. 452.

2398 E. PHILIPPE, J. GOURAULT, J.-M. BLANQUER, E. BORNE, J. ROTTNER, F. BIERRY, B. KLINKERT, *Déclaration commune en faveur de la création de la collectivité européenne d'Alsace*, 29 octobre 2018 [en ligne].

2399 M.-C. DE MONTECLER, « L'Alsace, précurseur de la différenciation territoriale », *Dalloz actualité*, 10 avril 2019 ; D. CHARBONNEL, « Préfiguration alsacienne du principe de différenciation des compétences des collectivités territoriales : la loi est promulguée », *JCP A*, 2019, n° 35, act. 533.

culturelle territoriale ne remet pas en cause les principes fondamentaux de la République.

1281. La nouvelle conception de l'organisation territoriale de la République se réalise en effet dans le cadre de l'État. Le processus d'affirmation de la différenciation territoriale fondé pour partie sur l'existence de spécificités culturelles singulières ne constitue pas un danger pour les principes fondamentaux de la République, malgré la volonté exprimée de certains élus nationalistes de renforcer le statut de leur territoire (1). Elle peut donner au contraire une nouvelle légitimité à l'État, ce qui restreint encore davantage les risques d'atteintes à ces derniers (2).

1) La réaffirmation des principes fondamentaux de la République dans la différenciation territoriale

1282. Le processus d'acceptation de la différenciation territoriale, y compris normative, et sa potentielle consécration constitutionnelle ne remettent pas en question les principes contenus dans l'article 1er de la Constitution, en particulier ceux de l'indivisibilité de la République, de son organisation décentralisée et d'égalité devant la loi[2400].

1283. L'ensemble des dispositions relatives à la reconnaissance des droits culturels, notamment linguistiques, en témoigne[2401], tout comme celles constitutives du cadre établi par l'État pour l'action culturelle territoriale des, ou avec, les collectivités territoriales[2402].

1284. La logique du projet de loi constitutionnelle est la même. Il n'envisage en rien de modifier ces principes fondamentaux. Il prévoit certes la possible différenciation territoriale, mais ne l'inscrit que tardivement dans le texte constitutionnel et dans la partie relative aux collectivités territoriales, ce qui a le mérite de la clarté. Le principe d'indivisibilité de la République demeure sans concurrence dans l'article 1er.

1285. Le projet de loi constitutionnelle dispose en outre dans ses motifs que l'actualisation des mécanismes de la Ve République est nécessaire, « tout en préservant ses traits fondamentaux »[2403]. Le même texte fait par ailleurs référence à plusieurs discours du Président de la République, E. Macron, dans

---

[2400] Article 1, Constitution du 4 octobre 1958.
[2401] Cf. *supra*.
[2402] Cf. *supra*.
[2403] E. MACRON, *Transcription du discours du Président de la République Bastia le 7 février 2018*, 8 février 2018, *op. cit.* ; R. FERRAND, Y. BRAUN-PIVET, M. FESNEAU, *op. cit.*, p. 209 s.

lesquels, si la volonté d'une différenciation territoriale est soulignée, le maintien du caractère indivisible de la République est rappelé. À cet égard, il est par exemple affirmé que la Corse « doit construire son avenir au sein de [...] [la] République »[2404], que le bilinguisme n'est pas la co-officialité et que dans la République, « il y a une langue officielle, et c'est le français »[2405].

1286. Il est enfin prévu que la différenciation territoriale, notamment normative, s'effectue dans des conditions[2406] et des limites matérielles déterminées. En l'état actuel du droit, l'expérimentation ne peut être envisagée que « lorsque sont en cause les conditions essentielles d'exercice d'une liberté publique ou d'un droit constitutionnellement garanti »[2407]. Elle ne peut en outre porter que sur un objet limité et pour une durée limitée[2408]. Le projet de révision constitutionnelle, bien qu'élargissant la possibilité de recours à celle-ci, prévoit lui aussi des conditions pour sa mise en œuvre et les mêmes limites matérielles portant sur les conditions essentielles d'exercice d'une liberté publique ou d'un droit constitutionnellement garanti ; qu'il s'agisse d'une dérogation portant sur l'attribution de compétences[2409] ou d'une dérogation normative[2410].

1287. La non-remise en cause de ces principes dans le projet de révision constitutionnelle n'empêche cependant pas plusieurs élus « régionalistes » de se saisir de l'affirmation de différenciation territoriale pour renforcer davantage leur « position » dans le texte constitutionnel. De manière symptomatique, des amendements ont été déposés afin que soient reconnus « les Peuples de France »[2411] dans le Préambule de la Constitution ; que le premier alinéa de l'article 1er de la Constitution [soit] complété par une phrase ainsi rédigée : « Elle tient compte de la diversité culturelle et linguistique du pays »[2412] ; qu'il soit possible aux assemblées régionales de pouvoir adopter un hymne co-officiel[2413] ou encore que l'organisation décentralisée de la République soit affirmée « dans le respect de l'autonomie de ses territoires »[2414].

2404 *Ibid.*
2405 *Ibid.*
2406 LO1113-1 Code général des collectivités territoriales.
2407 72 al. 4, Constitution du 4 octobre 1958.
2408 *Ibid.*
2409 Article 15, 3, E. PHILIPPE, N. BELLOUBET, *op. cit.*
2410 Articles 15, 5 et 16, 4, E. PHILIPPE, N. BELLOUBET, *op. cit.*
2411 M. CASTELLANI, Amendement CL1053, 22 juin 2018 (rejeté).
2412 M. CASTELLANI, Amendement CL1058, 22 juin 2018 et J.-F. ACQUAVIVA, Amendement CL1285, 22 juin 2018 (rejetés).
2413 M. CASTELLANI, Amendement CL1064, 22 juin 2018 (rejeté).
2414 M. CASTELLANI, Amendement CL1237, 22 juin 2018 (rejeté).

1288. Les dispositions relatives à la Corse font par ailleurs des émules et des amendements sont déposés pour que l'Alsace[2415] puisse bénéficier d'un régime similaire, tout comme la Martinique, la Guadeloupe, la Réunion et Mayotte[2416]. Leurs suggestions sont pour l'heure rejetées, ce qui témoigne également de la volonté de préservation de l'indivisibilité de la République, de son organisation décentralisée et d'égalité devant la loi.

1289. La reconnaissance de la différenciation territoriale permet par ailleurs de renforcer la légitimité de l'État.

2) Le renforcement de la légitimité de l'État

1290. La différenciation territoriale participe au renforcement de la légitimité de l'État d'une part en lui donnant un fondement supplémentaire, d'autre part en rendant moins opératoires certains arguments développés par les nationalistes.

1291. La constitutionnalisation des langues régionales[2417] et plus largement la reconnaissance des droits culturels et plus particulièrement de l'identité culturelle, même non constitutionnalisée, a pour conséquence une singularisation possible du territoire, une différenciation territoriale y compris le cas échéant normative. Celle-ci est envisageable, mais contrainte dans le cadre constitutionnel actuel. Elle sera peut-être bientôt affirmée dans la Constitution, si le projet de loi constitutionnelle est adopté.

1292. La reconnaissance de spécificités culturelles peut alors éventuellement constituer, non pas une limitation au principe d'unité nationale sur laquelle se fonde la souveraineté, mais une actualisation des principes traditionnels qui l'accompagnent, indivisibilité, égalité, uniformité. Elle contribue donc à la légitimation étatique. En consacrant la diversité culturelle, notamment par la constitutionnalisation des langues régionales, « l'État répond […] [en effet] à une légitimité singulière qui, pour ne pas se substituer à la première, s'y ajoute »[2418]. Dans ce contexte, l'inscription constitutionnelle envisagée de la différenciation territoriale réaliserait « l'intégration de la diversité, dans une cohésion nationale nécessaire à l'exercice de la souveraineté étatique »[2419]. Il peut en être de même lors de la mise en œuvre de la différenciation territoriale en l'état actuel du droit et si la révision

---

2415 E. STRAUMANN, Amendement CL829, 22 juin 2018 (non soutenu).
2416 M. KECLARD-MONDESIR ET AUTRES, Amendement CL1359, 22 juin 2018 (rejeté).
2417 Cf. *supra*.
2418 J. ARLETTAZ, « La constitutionnalisation des langues régionales, élément nouveau de légitimation de la souveraineté étatique. A propos de la France, l'Espagne et l'Italie », *Politeia*, 2005, n° 7, p. 411.
2419 *Ibid.*

constitutionnelle n'est pas adoptée ; sa portée, en particulier symbolique, est cependant moindre. La différenciation territoriale est par ailleurs reconnue pour les attributions de compétences et l'adaptation des règles pour les collectivités territoriales, mais aussi s'agissant des premières pour leurs groupements. Cela permet d'avoir une multiplicité d'instruments institutionnels pour la mettre en œuvre en fonction des spécificités, notamment culturelles, du territoire : EPCI pour le Pays Basque, collectivité à statut particulier pour la Corse, *etc.*[2420]

1293. Cette analyse peut, par analogie et malgré les différences de conceptions de l'organisation territoriale de l'État, conduire à une nouvelle appréhension de l'État-nation en tant qu'« État de reconnaissance »[2421], tels qu'envisagé avec des variantes en Belgique, Espagne, Italie, Suisse[2422].

1294. L'affirmation de la diversité des identités culturelles et sa traduction juridique relative par la possible différenciation territoriale paraissent par ailleurs éroder certains fondements des revendications nationalistes et donc renforcer la légitimité de l'État.

1295. L'invocation du droit à l'autodétermination, hors de tout processus légal, international ou national, par « plusieurs peuples européens »[2423], – pour ceux qui relèvent de cette étude Basque, Corse et Catalan[2424] – peut ainsi sembler perdre de son intérêt. Il est en effet possible que l'autodétermination résulte de l'exercice du droit de résistance à l'oppression, parfois reconnu par les États eux-mêmes. C'est le cas en France, à l'article 2 de la Déclaration des droits de l'homme et du citoyen[2425].

1296. L'oppression d'un peuple est cependant compliquée à constater et à admettre comme justifiant l'autodétermination et la naissance d'un nouvel État au niveau international ; ce qui ne doit pas empêcher sa recherche puisque « l'affirmation d'un droit à sa dignité ne connaît aucune illégitimité »[2426]. Cette difficulté s'accroît si les droits culturels personnels exercés collectivement et

---

[2420] Cf. *supra* et *infra*.

[2421] J. ARLETTAZ, *L'État-Nation à l'épreuve de la constitutionnalisation des langues régionales. Etude comparée : Belgique, Espagne, Italie, Suisse*, mare & martin, Bibliothèque des thèses, 2014, p. 429 s.

[2422] *Ibid.*

[2423] S. SUR, « Autodétermination des peuples en Europe : manifeste pour l'indépendance », *D.*, 2018, p. 712.

[2424] *Ibid.*

[2425] Article 2, *Déclaration des droits de l'homme et du citoyen du 26 août 1789*.

[2426] G. KOUBI, « Réflexions à propos du droit de résistance à l'oppression, *LPA*, 1989, n° 1, p. 10.

l'autonomie administrative, même relative, du « peuple » concerné sont reconnus et s'il n'existe à son égard aucune discrimination[2427] ; ce qui peut paraître être dans l'ensemble le cas en France[2428], malgré le refus de consacrer d'autres peuples que le peuple français[2429].

1297. La consécration de la différenciation territoriale telle qu'elle existe en droit positif ou dans le projet de loi constitutionnelle, fondée en particulier sur les spécificités culturelles, ne porte pas atteinte aux principes fondamentaux de la République, en particulier son indivisibilité et réfute l'intérêt de certains arguments indépendantistes. Elle peut donc contribuer à la légitimité de l'État.

[2427] S. SUR, *op. cit.*

[2428] Cf. *supra.*

[2429] Cf. *supra.* « Le bilinguisme, ça n'est pas une nouvelle frontière dans la République ! Ça n'est pas la division qu'est la souveraineté de la Nation et de ce qu'est le peuple français ! ». V. en ce sens E. MACRON, *Transcription du discours du Président de la République Bastia le 7 février 2018*, *op. cit.*

Conclusion du chapitre 2

1298. L'organisation territoriale de la République connaît d'importantes mutations du fait des réformes successives renforçant substantiellement la place de l'intercommunalité et de la différenciation territoriale. L'action culturelle territoriale participe à ce processus en même temps qu'elle en témoigne.

1299. Elle contribue en effet d'abord à l'affirmation de l'intercommunalité en facilitant son identification en donnant du sens à son territoire. Cette dernière peut alors éventuellement servir de support à un projet de territoire qui repose essentiellement sur une identité culturelle.

1300. L'action culturelle territoriale concourt aussi, en l'état actuel du droit, à l'émergence et au développement du principe de différenciation territoriale qui tend à concurrencer les principes classiques de l'organisation territoriale. Au-delà du rôle qu'elle joue dans le développement de l'intercommunalité, elle a une place centrale dans les autres instruments qui permettent la différenciation, qu'il s'agisse de la délégation de compétences dans laquelle elle est précurseur ou des spécificités territoriales.

1301. Dans le même sens, les projets récents qui envisagent de renforcer la différenciation territoriale et d'en faire le nouveau paradigme de l'organisation territoriale de la République semblent accorder une place restreinte aux spécificités culturelles et aux actions subséquentes. Celles-ci sont néanmoins bien présentes, ne serait-ce que dans le projet de constitutionnalisation du statut de la Corse.

Conclusion du titre 2

1302. L'intérêt croissant des collectivités territoriales pour la culture se traduit par la multiplication de leurs actions en ce domaine.

1303. Celui-ci les conduit d'abord à revendiquer l'identification de leurs spécificités culturelles à des fins de développement économique, de communication, de rayonnement territorial et éventuellement de reconnaissance identitaire, en particulier régionale, et ce, dans un contexte de compétitivité territoriale à l'heure de la mondialisation. Dans cette perspective, sont progressivement reconnus, matériellement et textuellement, les droits culturels qui, attachés aux individus, font en général l'objet d'un exercice collectif.

1304. La prolifération des actions culturelles territoriales et le maintien de la compétence culturelle partagée nécessitent ensuite la rationalisation de leur mise en œuvre. L'action culturelle territoriale apparaît alors à la fois comme un signe et comme un témoin des problématiques liées à la volonté de rationalisation et de modernisation de l'action publique.

1305. Ces différents facteurs amènent à constater l'influence de l'action culturelle territoriale sur les mutations de l'organisation territoriale de la République et en particulier dans la consécration de l'intercommunalité qui en constitue un élément symptomatique.

1306. L'intercommunalité constitue, avec la spécificité culturelle d'un territoire et la délégation de compétences dans laquelle le domaine culturel est précurseur, l'une des situations dans laquelle la différenciation territoriale est possible en l'état actuel du droit. Cette dernière constitue néanmoins en principe une exception aux principes de l'organisation territoriale de la République.

1307. Le principe de différenciation territoriale tend cependant à se renforcer, voire à être consacré comme nouveau paradigme de l'organisation territoriale selon des modalités compatibles avec les principes fondamentaux de la République comme son indivisibilité. Si l'action culturelle territoriale semble absente des discours à ce propos ou du projet de loi constitutionnelle déposé en ce sens, il n'en est rien comme en témoigne le projet de constitutionnalisation du statut de la Corse ou l'évolution de celui de l'Alsace.

Conclusion de la seconde partie

1308. Les collectivités territoriales jouent un rôle majeur dans l'action culturelle territoriale que ce soit dans le cadre d'une politique culturelle ou de son intégration dans une stratégie plus globale de développement territorial. Elles mènent des actions culturelles volontaristes à côté de celles contraintes par l'État. La culture présente en effet l'intérêt de pouvoir être mobilisée pour participer à l'éducation, à l'insertion sociale, au développement économique, à la communication symbolique sur l'identité et l'image de la collectivité et à son rayonnement dans un contexte de plus en plus marqué par la compétitivité et la concurrence des territoires à l'échelle nationale, européenne et internationale.

1309. L'intérêt croissant des collectivités territoriales pour la culture conduit à ce que l'action culturelle territoriale participe et témoigne des mutations de l'organisation territoriale de la République.

1310. Les collectivités territoriales disposent pour leur politique culturelle d'une pluralité d'instruments qu'elles se sont progressivement appropriés afin de pouvoir choisir celui le plus adapté à l'orientation qu'elles souhaitent donner à leur action, en fonction de leurs moyens et de leurs spécificités territoriales. Les modalités de l'action culturelle territoriale permettent de la diviser en deux catégories, action culturelle territoriale primaire – les collectivités territoriales réalisent l'activité culturelle –, et seconde – les collectivités territoriales y contribuent en en permettant le déroulement.

1311. L'action culturelle territoriale primaire des collectivités territoriales consiste en la création d'un service public culturel, imposée ou facultative, et à sa gestion, éventuellement selon des modalités contraintes. L'existence de ce dernier désormais admise, sa mise en place et son fonctionnement témoignent alors, le cas échéant, du volontarisme des collectivités territoriales dans une logique d'efficacité de proximité. Cette action intervient en complément de l'initiative privée, à l'heure de la libéralisation, de la construction européenne et de la mondialisation.

1312. L'action culturelle territoriale seconde des collectivités territoriales résulte du soutien direct ou indirect qu'elles apportent aux activités culturelles présentes sur leur territoire et de l'exercice de la police administrative culturelle. Ces modalités contribuent, l'une comme l'autre, à garantir la diversité et le maintien des activités culturelles ; ce qui constitue une singularité de la police administrative culturelle.

1313. Le cadre juridique de l'action culturelle territoriale, primaire comme seconde, est complexe et partant source d'insécurité juridique. Les difficultés résultent du choix des ordres de juridiction compétents, du renouveau des obligations de mise en concurrence, du développement du numérique et de l'utilisation de la culture dans une stratégie globale de développement territorial aux dimensions également économiques et touristiques. Cela implique une articulation parfois malaisée des règles juridiques de ces différents domaines. Les problématiques et les risques conséquents constatés dans le domaine culturel peuvent l'être aussi dans d'autres. Ce dernier apparaît alors autant comme un facteur que comme un révélateur privilégié de ces difficultés.

1314. L'accroissement de l'action culturelle territoriale, due outre à l'intérêt pour la culture des collectivités territoriales au maintien du caractère partagé de la compétence culturelle, conduit à rechercher la rationalisation de celle-ci, dans la ligne de la volonté générale de l'action publique. Plusieurs outils sont mobilisés à cette fin. Il en est ainsi du principe d'expérimentation, du principe de collectivité chef de file ou encore d'instruments de coopération, parfois non spécifiques au domaine culturel, comme les conférences territoriales de l'action publique, les fonds régionaux et l'intercommunalité.

1315. Le développement des politiques culturelles des collectivités territoriales et leur inscription éventuelle dans une stratégie globale de développement territorial induisent des revendications de leur part tendant à favoriser l'identification de leur singularité ou spécificité culturelle, parfois dans une démarche identitaire, notamment régionale. Ces dernières et les engagements territoriaux de la France entraînent la reconnaissance et la mise en œuvre progressive des droits culturels.

1316. La volonté de rationaliser l'action culturelle et la prise en considération des singularités ou des spécificités culturelles territoriales impliquent éventuellement le recours à la différenciation territoriale pour pleinement se réaliser. Elles attestent alors de la participation de l'action culturelle territoriale aux mutations de l'organisation territoriale de la République.

1317. Celle-ci est d'abord visible dans le rôle qu'elle joue dans le développement de l'intercommunalité, qui tient une place centrale dans les réformes successives de l'organisation territoriale de la République. L'action culturelle territoriale contribue en effet à la concrétiser et à donner un sens à son territoire. L'intercommunalité quant à elle peut permettre de constituer une structure prenant en compte un territoire fortement marqué par des velléités identitaires.

1318. L'action culturelle territoriale participe également à l'apparition et à la reconnaissance du principe de différenciation territoriale possible en l'état actuel du droit et compatible avec les principes fondamentaux de la République. Des projets de loi constitutionnelle tendent à le renforcer et à l'inscrire dans la Constitution comme nouveau paradigme de l'organisation territoriale. Si la place de la culture semble discrète dans ceux-ci, elle est bien présente s'agissant notamment du statut de la Corse. L'évolution récente du statut de l'Alsace s'inscrit dans cette même perspective.

1319. La consécration de ce principe de différenciation territoriale conduit, même en l'état actuel du droit, au renforcement de l'autonomisation des collectivités territoriales, conforme à la Charte européenne de l'autonomie locale[2430]. Celle-ci s'inscrit dans le cadre d'une décentralisation désormais entendue comme « manière d'être dans l'État »[2431]. En effet, les collectivités sont détachées, en principe, de la tutelle de l'État depuis 1982[2432], elles s'administrent librement et sont « présentes de manière développée dans la Constitution »[2433] depuis 2003, avec l'affirmation du caractère décentralisé de la République[2434].

[2430] Charte de l'autonomie locale, adoptée à Strasbourg le 15 octobre 1985, ratifiée par la France le 17 janvier 2007.

[2431] D. GUIGNARD, J. VIGUIER, « Vers une nouvelle forme d'État ? », *in* N. KADA (dir.), *De la réforme territoriale à la réforme de l'État*, PUG, 2011, p. 242.

[2432] Chapitre 1, suppression de la tutelle administrative (pour les communes), Loi n° 82-213 du 2 mars 1982 relative aux droits et libertés des communes, des départements et des régions, *JO*, 3 mars 1982, p. 730.

[2433] D. GUIGNARD, J. VIGUIER, « Vers une nouvelle forme d'État ? », *op. cit.*, p. 242.

[2434] Article 1, Constitution du 4 octobre 1958.

1320. L'action culturelle territoriale apparaît en définitive comme étroitement corrélée à la manière de penser juridiquement l'action et les relations de l'État avec les collectivités territoriales ; manière de penser qu'elle influence, le droit étant au cœur même de la politique culturelle.

1321. En effet, l'utilisation des théories générales des fonctions de l'État ne permet pas de constater l'existence d'une ou plusieurs fonctions culturelles étatiques et partant des collectivités territoriales, contrairement à ce qui est souvent affirmé. L'action culturelle territoriale résulte donc du choix politique de l'usage des fonctions traditionnelles de police et de prestation dans le domaine culturel. Elle témoigne alors, le cas échéant, de l'importance du volontarisme de ces derniers et des moyens dont ils disposent.

1322. L'action culturelle territoriale dont le droit est un instrument occupe alors une place particulière dans l'évolution tant des modalités d'action publique que dans la conception de l'État et de son organisation territoriale.

1323. Celle-ci joue en effet un rôle déterminant dans le processus permanent de légitimation de l'État, et ce, dès sa mise en place.

1324. L'action culturelle territoriale contribue ainsi à l'émergence et au maintien de l'État moderne. Elle participe d'abord au renforcement de l'autorité royale et à l'apparition du concept de souveraineté, *souveraineté étatique*, dont la possibilité de choisir la langue constitue un attribut. Elle permet alors d'établir un lien de type vertical entre l'État et les individus.

1325. Elle favorise ensuite, après la Révolution française, la régénération de la société et la mise en place d'un lien de type horizontal entre les individus pour donner corps à la Nation qui reste à l'époque encore à construire. L'uniformisation linguistique et l'invention du patrimoine national sont utilisées à cette fin en tant que formes d'expression identitaire.

1326. Dans le cadre de l'État culturel, figure de l'État-providence, l'action culturelle étatique tend à satisfaire les aspects culturels de l'intérêt général et en particulier l'objectif de démocratisation culturelle. Elle participe ainsi à sa légitimation. Celle-ci se concrétise par la mise en place d'un ministère dédié et son décentrement progressif dans un souci de proximité et d'efficacité. Elle témoigne alors tant de l'évolution des modalités de l'action publique que de l'organisation territoriale de la République.

1327. Le décentrement organisationnel de l'État culturel résulte de l'utilisation de la déconcentration et de la décentralisation dans le domaine culturel. Dans l'une comme dans l'autre, la culture occupe néanmoins une place singulière.

1328. La déconcentration se traduit ainsi par la mise en place des directions régionales des affaires culturelles. Celles-ci constituent l'une des cinq directions régionales restantes suite à la réforme de l'État en 2010, et l'une des seules rattachées à un seul ministère.

1329. La décentralisation dans le domaine culturel, et non la décentralisation culturelle, se traduit par des transferts de compétences relevant du domaine culturel tantôt obligatoires, tantôt facultatives, aux collectivités territoriales ou à leurs groupements. Dans cette perspective, la décentralisation apparaît comme une modalité d'organisation administrative, l'État utilisant les collectivités territoriales pour mettre en œuvre sa propre politique culturelle de proximité.

1330. Le décentrement organisationnel de l'État culturel, du fait de ses incertitudes et de ses limites liées à l'enchevêtrement des compétences dans le domaine culturel et au contexte de restriction budgétaire, conduit l'État à procéder à un décentrement par la coopération de son action culturelle. Celui-ci lui permet de s'assurer de la participation effective des collectivités territoriales à sa propre politique culturelle, dans une perspective apparemment partenariale.

1331. Le décentrement par la coopération de l'État culturel, fortement marqué par la logique managériale eu égard notamment à la place centrale du contrat, peut être direct ou indirect. Il est direct d'abord quand l'État conclut des conventions ou crée des institutions culturelles avec les collectivités territoriales. Il l'est aussi quand il labellise une structure culturelle relevant d'une collectivité territoriale ou à laquelle celle-ci participe. Le décentrement indirect résulte d'une part du contrôle offert à l'État sur les biens ou les activités des collectivités territoriales et sur les structures auxquelles elles participent. Il résulte d'autre part des contreparties que celui-ci entraîne. Contrôle et contreparties garantissent en effet la protection et la valorisation des biens culturels de même que la qualité des activités culturelles, selon les critères étatiques et aux fins de sa propre politique dans ce domaine.

1332. Les collectivités territoriales s'approprient néanmoins l'action culturelle territoriale dans le cadre délimité par l'État. Cette dernière leur permet, outre de mener une politique culturelle, d'inclure celle-ci dans une stratégie de développement plus global du territoire, dans un contexte de compétitivité et de concurrence des territoires. Elle conduit également à envisager son influence dans les mutations de l'organisation territoriale de la République.

1333. Les collectivités territoriales choisissent parmi l'ensemble des instruments mis à leur disposition ceux qui sont les plus efficaces et les mieux adaptés à l'orientation qu'elles veulent donner à leur politique culturelle, en fonction des moyens dont elles disposent. Il est alors possible de distinguer deux types d'action culturelle territoriale, action culturelle territoriale primaire et action culturelle seconde, selon les modalités utilisées.

1334. L'action culturelle primaire, activité culturelle réalisée par la collectivité territoriale, consiste en la mise en place et la gestion d'un service public culturel. Ces dernières, désormais admises, sont symptomatiques soit d'une contrainte étatique traduisant l'obligation faite aux collectivités territoriales de participer à sa propre politique culturelle soit du volontarisme de celles-ci pour mettre en œuvre leur propre politique culturelle tout en respectant l'initiative privée.

1335. L'action culturelle seconde des collectivités territoriales, celles-ci contribuant à l'activité culturelle en en permettant le déroulement, résulte du soutien qu'elles apportent aux différents acteurs culturels, directement par des aides matérielles ou indirectement à travers des exonérations fiscales ou encore l'achat d'œuvres. Elle découle aussi de la police administrative encadrant les activités culturelles. Cette dernière permet alors de garantir le maintien d'activités culturelles spécifiques à certains territoires, tauromachie et combats de coqs en particulier.

1336. La mise en œuvre de l'action culturelle primaire et de l'action culturelle seconde est cependant à l'origine d'une relative insécurité juridique. Cette situation résulte de la place ambigüe de l'action culturelle, éventuellement incluse dans une stratégie globale de développement du territoire à forte dimension économique et touristique. L'articulation de régimes juridiques, qui semblent parfois contradictoires, dans le cadre notamment de la mise en place de nouveaux outils et du développement du numérique, s'avère alors délicate et appelle à une clarification.

1337. L'intérêt croissant des collectivités territoriales pour la culture les conduit, dans un contexte de compétitivité et de concurrence des territoires, à revendiquer l'identification de leurs spécificités culturelles à des fins de développement économique, de communication, de rayonnement territorial et parfois de reconnaissance identitaire, en particulier régionale. Cette situation, confortée par les engagements internationaux de la France, amène à la reconnaissance des droits culturels et à leur inscription législative.

1338. L'accroissement de l'action culturelle territoriale nécessite par ailleurs d'envisager sa rationalisation dans le cadre plus général de modernisation de l'action publique, et ce, d'autant plus que la culture reste une compétence partagée. Plusieurs instruments sont mobilisés à cette fin, comme le principe d'expérimentation et le principe de collectivité chef de file. D'autres outils, parfois non spécifiques au domaine culturel, sont créés ou renouvelés dans la même perspective. Il en est ainsi de la délégation de compétences, des fonds régionaux ou encore de l'intercommunalité.

1339. La prise en considération des spécificités culturelles, spécialement des identités culturelles, et la recherche de la rationalisation de l'action culturelle territoriale contribuent à engager une réflexion sur les mutations de l'organisation territoriale de la République et sur ses fondements. L'un et l'autre invitent en effet à procéder à une différenciation territoriale permettant de s'adapter aux spécificités territoriales.

1340. Le développement de l'intercommunalité, qui constitue par essence une des modalités permettant la différenciation territoriale, est une évolution essentielle de l'organisation territoriale de la République. L'action culturelle territoriale facilite son affirmation en la concrétisant et en donnant du sens à son territoire. L'intercommunalité peut, elle, servir de support à un projet de territoire marqué par une forte identité culturelle.

1341. L'action culturelle met par ailleurs en œuvre des techniques de rationalisation de l'action publique, dans laquelle elle est précurseur, comme la délégation de compétences.

1342. Elle participe ainsi, en l'état actuel du droit, à l'émergence d'un nouveau principe permettant de fonder l'organisation territoriale de la République, la différenciation territoriale. Ce constat résulte aussi de la possibilité d'admettre une différenciation territoriale fondée sur les spécificités, notamment culturelles, d'un territoire, ce dont le statut de la Corse atteste.

1343. Dans les discours politiques et les projets qui tendent à consacrer ce principe, voire à en faire le nouveau paradigme de l'organisation territoriale, l'action culturelle occupe une place discrète, mais bien réelle.

1344. L'affirmation du principe de différenciation territoriale, même en l'état actuel du droit, contribue alors au renforcement de l'autonomie des collectivités territoriales et à l'affirmation de la décentralisation comme manière d'être de l'État et dans l'État.

1345. *In fine*, l'action culturelle territoriale occupe bien une place singulière dans l'évolution des modalités d'action publique et de la conception de l'État et de son organisation territoriale dont elle constitue un témoin privilégié. Cette étude de l'action culturelle territoriale en droit public français ne prétend pas à l'exhaustivité sur l'ensemble des aspects évoqués, en raison notamment de l'utilisation d'une méthodologie non analytique et appelle donc à être complétée par des investigations ultérieures, en droit comme dans d'autres disciplines. Elle invite cependant à mesurer l'importance de l'action culturelle dans la définition même des politiques territoriales mises en œuvre sur le terrain juridique.

1346. Au regard des transformations déjà réalisées et des projets actuellement en cours, en ce domaine, « si rien n'est sûr [...] tout est possible »[2435].

[2435] L. Gomez, *Tout est possible, mais rien n'est sûr*, Delcourt, Mirages, 2015, p. 187.

La césure réalisée au sein des sources internes en 1959 ne doit pas surprendre. Elle permet, outre d'en faciliter le classement, de constater l'existence du droit de la culture en France avant la mise en place d'un ministère dédié, et ce, dans le sens de la démonstration qui précède.

Le choix est fait par ailleurs, au risque d'allonger la bibliographie, de mentionner les ouvrages dans lesquels les textes ont été reproduits afin d'en faciliter la recherche et l'accès au lecteur. Ne sont répertoriés que ceux auxquels l'auteur a eu accès en première main.

Enfin, les ouvrages ayant fait l'objet d'une édition plus récente que celle utilisée dans la thèse sont signalés par un « * » suivi de l'année de celle-ci.

TRAITES, MANUELS, OUVRAGES GENERAUX

ARDANT (P.), MATHIEU (B.), *Droit constitutionnel et institutions politiques*, LGDJ, Manuel, 26e éd., 2014 (*2018).

AUBY (J.-B.), AUBY (J.-F.), NOGUELLOU (R.), *Droit des collectivités locales*, PUF, Thémis, 5e éd., 2009 (*2015).

AUBY (J.-B), PERINET-MARQUET (H.), NOGUELLOU (R.), *Droit de l'urbanisme*, LGDJ, Domat, 11e éd., 2017.

AUBY (J.-F.), *Le droit public de la culture*, Berger Levrault, 2016.

AUBY (J.-M.), BON (P.), AUBY (J.-B.), TERNEYRE (P.), *Droit administratif des biens*, Dalloz, Précis, 7e éd., 2016.

BEAUDET (C.), *Histoire des institutions jusqu'à la Révolution de 1789,* Centre de publications universitaires, 1996 (*1999).

BENCHENDIKH (F.), *Droit de l'intercommunalité*, Gualino, Fonction publique territoriale, 2016.

BENOIT (F.-P.), *Le droit administratif français*, Dalloz, 1968.

BERTHELEMY (H.), *Traité élémentaire de droit administratif*, Paris, éd. A. Rousseau, 13e éd., 1933.

BIGOT (G.), *L'administration française. Politique, droit et société, 1789 -1870*, LexisNexis, Manuel, T.1, 2e éd., 2014.

BIGOT (G.), LE YONCOURT (T.), *L'administration française. Politique, droit et société, 1870-1944*, LexisNexis, Manuel, T. 2, 2e éd., 2014.

BOURDON (J.), PONTIER (J.-M.), RICCI (J.-C.), *Droit des collectivités territoriales*, PUF, 1987.

- *Droit des collectivités territoriales*, PUF, 2e éd., 1998.

BURDEAU (G.), *Traité de science politique*, LGDJ, T. 2, 3e éd., 1980.

CARRE DE MALBERG (R.), *Contribution à la théorie générale de l'État*, Dalloz, réed. 2003 (première édition 1920).

CHAMARD-HEIM (C.), MELLERAY (F.), NOGUELLOU (R.), YOLKA (P.), *Les grandes décisions du droit administratif des biens*, Dalloz, 2e éd., 2015.

CHAMPEIL-DESPLATS (V.), *Méthodologies du droit et des sciences du droit*, Dalloz, Méthodes du droit, 2014 (*2016).

CHANTEBOUT (B.), *Droit constitutionnel*, Sirey, Université, 28e éd., 2011 (*2015).

CHAPUS (R.), *Droit administratif général*, Domat, 2 tomes, 2001.

CHEVALLIER (J.), *Science administrative*, PUF, Thémis droit, 4e éd., 2007.

- *Science administrative*, PUF, Thémis droit, 5e éd., 2013.

CHIANEA (G.), *Histoire des institutions publiques de la France. Du démembrement à la reconstitution de l'État (476 - 1492)*, PUG, Le droit en plus, 2001.

CLERGERIE (J.-L.), GRUBER (A.), RAMBAUD (P.), *L'Union européenne*, Dalloz, 11e éd., 2016.

COHEN (A.), LACROIX (B.), RIUTORT (P.), *Nouveau manuel de science politique*, La Découverte, Grands repères, 2009 (*2015).

COLAS (D.), *Sociologie politique*, PUF, 2e éd., 2006.

COLIN (F.), *Droit public économique*, Gualino, Master, 6e éd., 2017.

COLLET (M.), *Finances publiques*, LGDJ, Domat, 2e éd., 2017.

COLSON (J.-P.), IDOUX (P.), *Droit public économique*, LGDJ, Manuel, 8e éd., 2016.

COSSALTER (P.), *Passation des marchés formalisés*, Territorial éditions, Dossier d'experts, 2018.

DAILLIER (P.), FORTEAU (M.), DINH N. (Q.), PELLET (A.), *Droit international public*, LGDJ, Traités, 8e éd., 2009

DANTONEL-COR (N.), *Droit des collectivités territoriales*, Bréal Lexifac, 4e éd., 2011 (*2014).

DELVOLVE (P.), *Le droit administratif*, Dalloz, Connaissance du droit, 7e éd., 2018.

DEVAUX (O.), *Histoire des institutions de la France (Ier - XIVe siècle)*, L'Hermès, 1993.

DUGUIT (L.), *Traité de droit constitutionnel*, E. de Boccard, 5 tomes, 3e éd., 1928.

DUHAMEL (O.), TUSSEAU (G.), *Droit constitutionnel et institutions politiques*, Seuil, 2013 (*2016).

EISENMANN (C.), *Cours de droit administratif*, LGDJ, T. 1, 1982.

ELLUL (J.), *Histoires des institutions. Le Moyen Âge*, PUF, Quadrige, 2013.

- *Histoire des institutions, XVIe - XVIIIe siècle*, PUF, Quadrige, 2e éd., 2014 (1e éd. 1956).

FAURE (B.), *Droit des collectivités territoriales*, Dalloz, Précis, 2e éd., 2011.

- *Droit des collectivités territoriales*, Dalloz, 4e éd. 2016.

FAVOREU (L.), GAIA (P.), GHEVONTIAN (R.), MESTRE (J.-L.), PFERSMAN (O.), ROUX (A.), SCOFFONI (G.), *Droit constitutionnel*, Dalloz, Précis, 12e éd., 2009 (*2017).

FERSTENBERT (J.), PRIET (F.), QUILICHINI (P.), *Droit des collectivités territoriales*, Dalloz, HyperCours, 2e éd., 2016.

FOILLARD (P.), *Droit constitutionnel et institutions politiques*, Bruylant, Paradigme, Manuel, 2012 (*2017).

FOULQUIER (N.), *Droit administratif des biens,* LexisNexis, Manuel, 2011 (*2018).

FRIER (P.-L.), *Droit du patrimoine culturel*, PUF, 1997.

FRIER (P.-L.), PETIT (J.), *Droit administratif*, LGDJ, Précis Domat, 11e éd, 2017 (*2018).

GAUDEMAR DE (H.), MONGOIN (D.), *Les grandes conclusions de la jurisprudence administrative. Volume 1 : 1831 - 1940*, LGDJ, 2015.

GAUDEMET (Y.), *Droit administratif des biens*, LGDJ, Traité de droit administratif, 2 tomes, 15e éd, 2014.

- *Droit administratif*, LGDJ, Manuel, 21e éd., 2015.

GERARD (P.), *L'administration de l'État*, LexisNexis, Manuel, 2014 (*2016).

GICQUEL (J.), GICQUEL (J.-E.), *Droit constitutionnel et institutions politiques*, LGDJ, Domat, 27e éd., 2014 (*2018).

GODFRIN (P.), DEGOFFE (M.), *Droit administratif des biens*, Sirey, 11e éd., 2015 (*2018).

GOHIN (O.), DEGOFFE (M.), MAITROT DE LA MOTTE (A.), DUBREUIL (C.-A.), *Droit des collectivités territoriales*, Editions Cujas, 2e éd., 2015.

GOHIN (O.), SORBARA (J.-G.), *Institutions administratives*, LGDJ, Manuel, 6e éd., 2012 (*2016).

GONOD (P.), *Droit administratif général*, Dalloz, Les mémentos Dalloz, 2018.

GONOD (P.), MELLERAY (F.), YOLKA (P.), *Traité de droit administratif*, Dalloz, Traités Dalloz, 2 tomes, 2011.

GRAWITZ (M.), LECA (J.) (dir.), *Traité de science politique*, PUF, T. 1, 1985.

GUETTIER (C.), *Institutions administratives*, Dalloz, Cours, 5e éd., 2010 (*2015).

GUGLIELMI (G. J.), KOUBI (G.), LONG (M.), *Droit du service public*, LGDJ, 4e éd., 2016.

GUILLOT (O.), RIGAUDIERE (A.), SASSIER (Y.), *Pouvoirs et institutions dans la France médiévale. Des temps féodaux au temps de l'État*, T. 2, Armand Colin, 2008 (éd. 1999).

HAMON (F.), TROPER (M.), *Droit constitutionnel*, LGDJ, Manuel, 32e éd., 2011 (*2018).

HAROUEL (J.-L.), BARBEY (J.), BOURNAZEL (E.), THIBAUT-PAYEN (J.), *Histoire des institutions de l'époque franque à la Révolution*, PUF, Droit fondamental, 11e éd., 2006.

HAURIOU (M.), *Précis de droit administratif et de droit public*, Sirey, 12e éd., 1933 (réimpression Dalloz, 2002).

HUET (M.), *Droit de l'architecture*, Economica, 2001.

JACQUOT (H.), PRIET (F.), *Droit de l'urbanisme*, Dalloz, Précis, 7e éd., 2015.

KALFLECHE (G.), *Droit de l'urbanisme*, PUF, Thémis, 2e éd., 2018.

LACHAUME (J.-F.), PAULIAT (H.), BOITEAU (C.), DEFFIGIER (C.), *Droit des services publics*, LexisNexis, 2e éd., 2015.

LACHAUME (J.-F.), PAULIAT (H.), BRACONNIER (S.), DEFFIGIER (C.), *Droit administratif. Les grandes décisions de la jurisprudence*, PUF, 17e éd., 2017.

LAJOYE (C.), *Droits des marchés publics*, Gualino, Master, 6e éd., 2017.

LATOUR (X.), VALLAR (C.), *Droit administratif général*, Bréal, Grand Amphi Droit, 2017.

LAUBADERE DE (A.), *Traité élémentaire de droit administratif, Grands services publics et entreprises nationales*, LGDJ, 1966.

- *Traité élémentaire de droit administratif, Grands services publics et entreprises nationales*, LGDJ, 1971.

LAVIALLE (C.), *Droit administratif des biens*, PUF, Droit fondamental, 1996.

LOMBARD (M.), DUMONT (G.), SIRINELLI (J.), *Droit administratif*, Dalloz, Hypercours, 12e éd., 2017.

LONG (M.), WEIL (P.), BRAIBANT (G.), DELVOLVE (P.), GENEVOIS (B.), *Les grands arrêts de la jurisprudence administrative*, Dalloz, 21e éd., 2017.

LUCHAIRE (Y.), LUCHAIRE (F.), *Décentralisation et constitution, Commentaire de la loi constitutionnelle relative à l'organisation décentralisée de la République*, Economica, 2003.

MAGNON (X.), *Théorie(s) du droit*, ellipses, 2008.

MAILLARD DESGREES DU LOU (D.), *Institutions administratives*, Thémis droit, 2011 (*2015).

MARTIAL (M.), *Histoire des institutions. L'ancienne France (Ve siècle - 1789)*, LexisNexis, Manuel, 2013.

MBONGO (P.), *Libertés et droits fondamentaux*, Berget Levrault, 2015.

MELIN-SOUCRAMANIEN (F.) (prés.), *Les constitutions de la France de la Révolution à la IVe République*, Dalloz, 2009 (*2018).

MESCHERIAKOFF (A.-S.), *Droit des services publics*, PUF, Droit fondamental, 1997.

MONNIER (S.), *L'essentiel du droit de la culture*, Lextenso éditions, Gualino, 2009.

MONNIER (S.), FOREY (E.), *Droit de la culture*, Lextenso éditions, Master Pro, 2009.

MORAND-DEVILLER (J.), *Droit administratif*, Montchrestien, 11e éd., 2009 (*LGDJ 2013).

MORAND-DEVILLER (J.), BOURDON (P.), POULET (F.), *Droit administratif*, LGDJ, Cours, 2017.

MORAND-DEVILLER (J.), FERRARI (S.), *Droit de l'urbanisme*, Dalloz, Les mémentos Dalloz, 10e éd., 2018.

NICINSKI (S.), *Droit public des affaires*, LGDJ, Précis Domat, 5e éd., 2016 (*2018).

OBERDORFF (H.), KADA (N.), *Les institutions administratives*, Sirey, 8e éd., 2016.

OLIVIER-MARTIN (F.), *Histoire du droit français, des origines à la Révolution*, CNRS Editions, 3e éd., 2010.

PLESSIX (B.), *Droit administratif général*, LexisNexis, 2016.

PONTIER (J.-M.), RICCI (J.-C.), BOURDON (J.), *Droit de la culture*, Dalloz, Précis, 1990.

- *Droit de la culture*, Dalloz, Précis, 2e éd., 1996.

RICHER (L.), LICHERE (F.), *Droit des contrats administratifs*, LGDJ, Manuel, 10e éd., 2016.

RIVERO (J.), MOUTOUH (H.), *Libertés publiques*, PUF, 2 tomes, 9e éd., 2003.

ROUAULT (M.-C.), *Droit administratif et institutions administratives*, Bruylant, Paradigme, 4e éd., 2017.

SAINT-BONNET (F.), SASSIER (Y.), *Histoire des institutions avant 1789*, LGDJ, Domat droit public, 5e éd., 2015.

SERRAND (P.), *Manuel d'institutions administratives françaises*, PUF, Droit fondamental, 4e éd., 2010 (*2015).

SOLER-COUTEAUX (P.), CARPENTIER (E.), *Droit de l'urbanisme*, Dalloz, Hypercours, 6e éd., 2015.

SUEUR (P.), *Histoire du droit public français XVe - XVIIIe siècles, Affirmation et crise de l'État sous l'Ancien Régime*, PUF, Thémis, 2 tomes, 4e éd., 2007.

THAURY (M.), *Leçons de droit public des activités économiques*, Ellipses, Leçons de droit, 2011.

TIMBAL (P.-C.), *Histoire des institutions et des faits sociaux*, Dalloz, Précis, 3e éd., 1966.

TOUZEIL-DIVINA (M.) (dir.), *Initiation au droit*, LGDJ, 2e éd., 2014.

TROPER (M.), CHAGNOLLAUD (D.), *Traité international de droit constitutionnel*, Dalloz, Traités Dalloz, 3 tomes, 2012.

TRUCHET (D.), *Droit administratif*, PUF, Thémis droit, 7e éd., 2017.

UBAUD-BERGERON (M.), *Droit des contrats administratifs*, LexisNexis, 2e éd., 2017.

VALETTE (J.-P.), *Droit public économique*, Hachette, Les fondamentaux, 2e éd., 2009 (*2016).

- *Droit des services publics*, ellipses, 2e éd., 2013.

VERPEAUX (M.), *Droit des collectivités territoriales*, 2e éd., 2008.

VERPEAUX (M.), JANICOT (L.), *Droit des collectivités territoriales*, PUF, 3e éd., 2015 (*2017).

WALINE (J.), *Droit administratif*, Dalloz, 26e éd., 2016 (*2018).

MONOGRAPHIES, OUVRAGES SPECIAUX

ALBERT (N.) (dir.), *Performance et droit administratif*, LexisNexis, Débats et colloques, 2010.

ALBERTINI (J.-B.), *La déconcentration. L'administration territoriale dans la réforme de l'État*, Economica, 1997.

ALLINE (J.-P.), CARRIER (R.) (dir.), *La culture au risque du marché. Le mécénat face à ses acteurs*, L'Harmattan, Droit du patrimoine culturel et naturel, 2010.

ASSOCIATION DES DOCTORANTS EN DROIT PUBLIC DE L'UNIVERSITE DE LYON (dir.), *Théâtre et droit public*, mare & martin, droit public, 2020.

AUBELLE (V.), *Intercommunalités. Des projets aux pratiques*, Berger-Levrault, Les indispensables, 2011.

AUBY (J.-B.), *La décentralisation et le droit*, LGDJ, Systèmes, 2006.

AUBY (J.-F.), *Le droit public de la culture*, Berger-Levrault, Les indispensables, 2016.

AUDUC (A.), *Quand les monuments construisaient la nation*, La Documentation Française, 2008.

AUFFRET (M.), HERVE (E.), MENY (Y.), *La déconcentration*, Librairie Armand Colin, 1971.

AUGUSTIN (J.-P.), LEFEBVRE (A.) (dir.), *Perspectives territoriales pour la culture*, Culture en région, Maison des sciences de l'Homme d'Aquitaine, 2004.

AUSLANDER (L.), *Des révolutions culturelles. La politique du quotidien en Grande-Bretagne, en Amérique et en France XVII*[e] *- XIX*[e], PUM, 2010.

BADY (J.-P.), CORNU (M.), FROMAGEAU (J.), LENIAUD (J.-M.), NEGRI (V.) (coord.), *1913. Genèse d'une loi sur les monuments historiques*, La Documentation Française, 2013.

BARNAVI (E.), SAINT PULGENT DE (M.-Y.) (dir.), *Cinquante ans après : culture, politique, politiques culturelles*, La Documentation Française, 2010.

BASTIEN (H.), *Droit des archives*, La Documentation Française, 1996.

BEAUD (O.), *La puissance de l'État*, PUF, Léviathan, 1994.

BEAUTHIER (R.), *Droit et genèse de l'État*, Editions de l'Université de Bruxelles, 4e éd., 2011.

BENHAMOU (F.), *Les dérèglements de l'exception culturelle*, Seuil, La couleur des idées, 2006.

- *L'économie de la culture*, La Découverte, Repères, 6e éd., 2010 (*2017).

BERTIN (G.), RAUZY (D.), *Pour une autre politique culturelle. Institution et développement*, L'Harmattan, 2011.

BESNIER (J.-M.), *Les théories de la connaissance*, PUF, Que sais-je ?, 2005 (*2016).

BILDAULT (M.), *La protection internationale des droits culturels*, Bruylant, 2009.

BLANC (A.), *La langue de la république est le français, Essai sur l'instrumentalisation juridique de la langue par l'État (1789–2013)*, L'Harmattan, 2013.

BODIGUEL (J.-L.), *L'implantation du ministère de la culture en région : naissance et développement des directions régionales des affaires culturelles*, La Documentation Française, Comité d'Histoire du ministère de la culture, 2000.

BODIN (J.), *Les six livres de la République*, Fayard, 1986 (édition de référence : Gabriel Cartier, 10e éd., 1593).

BONNEFOUS (E.), PEUCHOT (E.), RICHER (L.) (dir.), *Droit au musée. Droit des musées*, Dalloz, 1994.

BORDIER (H.), *Les Archives de la France ou histoire des archives de l'Empire, des archives des ministères, des départements, des communes, des hôpitaux, des greffes, des notaires etc.*, Paris, 1855.

BOURDIEU (P.), *Sur l'État, Cours au Collège de France 1989-1992*, Raisons d'agir/Seuil.

BRACHET (P.), *L'étatisme à la française*, Editions Publisud, 1999.

BRUNOT (F.), *Histoire de la langue française des origines à 1900*, Paris, Armand Colin, T. 9, première partie, 1927.

BUI-XUAN (O.), *Guide juridique de l'action culturelle locale*, Territorial éditions, 2009 (*2011).

BURDEAU (G.), *L'État*, Points, Seuil, 1970.

CAILLOSSE (J.), *La constitution imaginaire de l'administration*, PUF, 2008.

- *Les « mises en scène » juridiques de la décentralisatio*n, LGDJ, Droit et société, 2009.

- *L'État du droit administratif*, LGDJ, Droit et société, 2015, n° 56.

CALVET (L.-J.), *La sociolinguistique*, PUF, Que sais-je ?, 7e éd., 2011 (*2017).

CARON (R.), *L'État et la culture*, Economica, 1989.

CATTEEUW (L.), *Censures et raisons d'État, Une histoire de la modernité politique (XVIe - XVIIe siècle)*, Albin Michel, L'évolution de l'humanité, 2013.

CERTEAU DE (M.), JULIA (D.), REVEL (J.), *Une politique de la langue. La Révolution française et les patois*, Gallimard, 1975.

CHAMPOLLION-FIGEAC (A.), *Manuel de l'archiviste*, Paris, chez Paul Dupont et J. B. Dumoulin, 1860.

CHEVALLIER (J.), *L'État*, Dalloz, Connaissance du droit, 2e éd., 2011.

- *Le service public*, PUF, Que sais-je ?, 9e éd., 2012.

COLLECTIF D'AUTEURS DES EDITIONS FRANCIS LEFEBVRE, *Maire et action communale*, Dalloz, Memento Francis Lefebvre, 2011.

CREUSOT (S.), *Une nouvelle organisation décentralisée de la République*, LGDJ, Systèmes, 2012.

CUCHE (D.), *La notion de culture dans les sciences sociales*, La Découverte, Repères, 3e éd., 2004 (*2016).

DARDY-CRETIN (M.), *Histoire administrative du ministère de la culture, 1959-2012*, La Documentation Française, 2012.

DEGUERGUE (M.) (dir.), *L'art et le droit, écrits en hommage à Pierre-Laurent Frier*, Publications de la Sorbonne, 2010.

DELBO (R.), *La décentralisation depuis 1945*, LGDJ, Politiques locales, 2005.

DIEDERICHS (O.), LUBEN (I.), *La déconcentration*, PUF, Que sais-je ?, 1995.

DJIAN (J.-M.), *Politique culturelle : la fin d'un mythe*, Folio, 2005.

DUBOIS (V.), *La politique culturelle*, Genèse d'une catégorie d'intervention publique, Belin « Sociohist », 1999.

DUBY (G.), *Qu'est-ce que la société féodale ?,* Flammarion, 2011.

DURAN (P.), *Penser l'action publique*, LGDJ, Droit et Société Classics, 2010.

DURKHEIM (E.), *De la division du travail social*, PUF, Quadrige, 8e éd., 2013 (1e éd., 1930).

DURY (M.), *La Censure, La prédication silencieuse*, Publisud, Histoire, 1995.

EISENMANN (C.), *Centralisation et décentralisation. Esquisse d'une théorie générale*, Paris librairie générale de droit et de jurisprudence, 1948.

ESPLUGAS (P.), *Le service public*, Dalloz, Connaissance du droit, 3e éd., 2012 (*2018).

FAVIER (J.), *Les archives*, PUF, Que sais-je ?, 7e éd., 2001.

FINKIELKRAUT (A.), *La défaite de la pensée*, Gallimard, 1989.

FNCC, *Les étapes successives de la réforme territoriale 2009-2015*, Les documents de la FNCC, 2017.

FONTAINE (P.) (coord.), *La culture*, Ellipses, Philo, 2007.

FOURNIER (L. S.), CROZAT (D.), BERNIE-BOISSARD (C.), CHASTAGNER (C.) (dir.), *Patrimoine et désirs d'identité*, L'Harmattan, Conférences universitaires de Nîmes, 2012.

- *Patrimoine et valorisation des territoires*, L'Harmattan, Conférences universitaires de Nîmes, 2012.

FUMAROLI (M.), *L'État culturel. Essai sur une religion moderne*, Editions de Falloi, 1991.

GANSHOF (F.-L.), *Qu'est-ce que la féodalité ?*, Tallandier, Approches, 5e éd., 1982.

GENTIL (G.), POIRRIER (Ph.), *La politique culturelle en débat. Anthologie 1955-2012*, La Documentation Française, 2013.

GUEZOU (O.), MANSON (S.) (dir.), *Droit public et culture*, Bruylant, 2020.

GUILLOT (P. Ch.-A.), *Droit du patrimoine culturel et naturel*, ellipses, mise au point, 2e éd., 2017.

HAROUEL (J.-L.), *Culture et contre-cultures*, PUF, 1994.

HASTINGS-MARCHADIER (A.), FAURE (B.) (dir.), *La décentralisation à la française*, LGDJ, Systèmes pratique, 2015.

JAUNAY (A.) (coord.), *Guide du financement participatif pour le développement des territoires*, FPF et Caisse des dépôts, 2017.

JESTAZ (P.), *Le Droit*, Dalloz, Connaissance du droit, 6e éd., 2010 (*2018).

KELSEN (H.), *Théorie générale du droit et de l'État*, LGDJ, Bruylant, La pensée juridique, 1997.

- *Théorie pure du droit*, LGDJ, Bruylant, La pensée juridique, 1999.

KERROUCHE (E.), *L'intercommunalité en France*, Montchrestien, 2008.

KNEUBÜLER (M.), RENARD (T.), *Pour tous ! : 1789 - 2009 Démocratiser l'accès à la culture*, La passe du vent, 2009.

LACROIX (P.), FOURNIER (E.), SERE (F.), *Histoire de l'imprimerie et des arts et professions qui se rattachent à la typographie*, Paris, 1852.

LAPAUZE (H.), *Le droit d'entrée dans les musées*, Paris, Société française d'imprimerie et de librairie, 1902.

LARANGE (A.), *La déconcentration*, LGDJ, Politiques locales, 2000.

LAURENT (P.), *Décentralisation : en finir avec les idées reçues*, LGDJ, lextenso éditions, Systèmes, 2009.

LA VILLE DE MIRMONT DE (H.), *Histoire du musée de Bordeaux*, Feret et fils, T. 1, 1899.

LEGENDRE (P.), Trésor historique de l'État en France. L'administration classique, Fayard, Les savoirs, 1992.

LEGER (J.), PONTIER (J.-M.) (dir.), *Les services publics culturels*, Presses Universitaires d'Aix-Marseille, 2012.

LUCAS (J.-M.), *Les droits culturels. Enjeux, débats, expérimentations*, territorial éditions, 2017.

MARTINEAU (A.-K.), *Droit du marché de l'art*, Gualino, Droit expert, 2018.

MATHIEU (I.), *L'action culturelle et ses métiers*, PUF, 2011.

MAUVIEL (M.), *L'Histoire du concept de culture*, L'Harmattan, 2011.

MELONIO (F.), *Naissance et affirmation d'une culture nationale. La France de 1815 à 1880*, Point, Histoire, 1998.

MESNARD (A.-H.), *La politique culturelle de l'État*, PUF, 1974.

- *Droit et politique de la culture*, Paris, 1990.

MINOIS (G.), *Censure et culture sous l'Ancien Régime*, Fayard, 1995.

MONNIER (M.), *L'Urbanisme de protection, un droit au service du patrimoine*, Gualino, 2013.

MOULINIER (P.), *Politique culturelle et décentralisation*, L'Harmattan, 2002.

- *Les politiques publiques de la culture en France,* PUF, Que sais-je ?, 2010 (*2016).

MULLER (P.), *Les politiques publiques*, PUF, Que sais-je ?, 2009 (*2018).

MULLER (P.), SUREL (Y.), *L'analyse des politiques publiques*, Montchrestien, Clefs, 1998 (*2000).

NETZ (R.), *Histoire de la censure dans l'édition*, PUF, Que sais-je ?, 1997.

PALLIER (D.), *Les Bibliothèques*, PUF, Que sais-je ?, 12e éd., 2010.

PAQUOT (T.), *L'espace public*, La Découverte, 2015.

PATRIAT (C.), *La culture, un besoin d'État*, Hachette littératures, 1998.

PEIGNOT (G.), *Essai historique sur la liberté d'écrire chez les anciens et au Moyen Âge*, Paris, 1832.

PELLAS (J.-R.), *Droit de la culture*, LGDJ, Systèmes, 2015.

PERRIN (B.), *La coopération intercommunale. Bilan et perspectives*, Berger-Levrault, 1994.

PIATTI (M.-C.), QUIQUEREZ (A.) (dir.), *L'accès aux biens culturels. Quel(s) défi(s) pour le droit ?*, L'Harmattan, 2016.

POIRRIER (P.) (dir.), *Les collectivités locales et la culture, les formes d'institutionnalisation XIXe et XXe siècle*, La Documentation Française, Comité d'Histoire du ministère de la culture, Fondation maison des sciences de l'Homme Paris, 2002.

- *L'État et la Culture en France au XXe siècle,* Le Livre Poche Références inédit, 2009.

- (dir.), *Une ambition partagée ? La coopération entre le ministère de la culture et les collectivités territoriales (1959-2009),* La Documentation Française, Comité d'Histoire du ministère de la culture, 2009.

- (dir.), *Politiques et pratiques de la culture*, La Documentation Française, 2010.

- (dir.), *Pour une histoire des politiques culturelles dans le monde*, La Documentation Française, 2011.

POIRRIER (P.), RAB (S.), RENEAU (S.), VADERLOGE (L.) (dir.), *Jalons pour l'histoire des politiques culturelles locales*, La Documentation Française, 1995.

POIRRIER (P.), RIOUX (J.-P.), *Affaires culturelles et territoires*, La Documentation Française, 2000.

PONTIER (J.-M.), *Droit de la langue française*, Dalloz, Connaissance du droit, 1997.

- *Les contrats de plan entre l'État et les régions*, PUF, Que sais-je ? ; 1998.

- *La décentralisation à la française. Evolutions et perspectives*, LGDJ, Systèmes, 2016.

- *La décentralisation culturelle*, LGDJ, Systèmes, 2018.

POULOT (D.), *Musée, nation, patrimoine. 1789 - 1815*, Gallimard, 1997.

- *Patrimoine et musées. L'institution de la culture*, Hachette supérieur, 2001.

REGOURD (S.), *L'exception culturelle*, PUF, Que sais-je ?, 2004.

RIOU (A.), *Le Droit de la culture et le droit à la culture*, ESF éditeur, 1996.

ROSANVALLON (P.), *L'État en France de 1789 à nos jours*, Editions du Seuil, Points, 1990.

ROUAULT (M.-C.), *L'intérêt communal*, PUL, 1991.

ROUX (A.), *La décentralisation. Droit des collectivités territoriales*, LGDJ, Systèmes, 2016.

SAEZ (G.) (dir.), *Institutions et vie culturelle*, La Documentation Française, 1996.

- (dir.), *Institutions et vie culturelle*, La Documentation Française, 2e éd., 2005.

SAINT ROBERT DE (M.-J.), *La politique de la langue française*, PUF, Que sais-je ?, 2000.

SCARPELLI (U.), *Qu'est-ce que le positivisme juridique ?*, LGDJ, La pensée juridique, 1998.

SIERRA MARKIEWICZ (S.) (dir.), *Guide pratique de l'enseignement artistique*, éditions du CNFP, 2008.

TANKERE (O.), *La conservation du mobilier archéologique : un enjeu scientifique, culturel et social*, L'Harmattan, 2011.

THIESSE (A.-M.), *La création des identités nationales. Europe XVIIIe - XIXe siècle*, Editions du Seuil, Points, 2001.

TOCQUEVILLE DE (A.), *L'Ancien régime et la révolution*, GF-Flammarion, 1988 (rééd 4e éd., 1858).

TOUZEAU-MOUFLARD (L.), VERJAT (A.), *La protection des monuments historiques*, Dalloz, Fondation pour les monuments historiques, 2015.

TOUZEIL-DIVINA (M.) (dir.), *Entre opéra et droit*, LexisNexis, 2020.

TROPER (M.), *La séparation des pouvoir et l'histoire constitutionnelle française*, LGDJ, 1980.

- *La philosophie du droit*, PUF, Que sais-je ?, 2011 (*2018).

URFALINO (P.), *L'invention de la politique culturelle*, Hachette, 2004.

VERCLYTTE (S.), *La déconcentration en France. Histoire et actualité*, La Documentation Française, Rapport d'étude, 1997.

VIALA (A.), *Histoire du théâtre*, PUF, Que sais-je ?, 2e éd., 2010 (*2018).

WEBER (M.), *Le savant et le politique*, Plon, 10/18, 2002 (1ère éd. 1963).

- *Economie et société. Les catégories de la sociologie*, T. 1, Pocket, 1995.

WERDET (E.), *Histoire du livre en France depuis les temps les plus reculés jusqu'en 1789*, T. 2, Paris, 1861.

WOLKOWITSCH (G.), *Archives, bibliothèques, musées : statut des collections accessibles au public*, Economica, 1986.

THESES ET MEMOIRES

ARLETTAZ (J.), *L'Etat-Nation à l'épreuve de la constitutionnalisation des langues régionales. Etude comparée : Belgique, Espagne, Italie, Suisse*, mare & martin, Bibliothèque des thèses, 2014.

BAHOUGNE (L.), *Le financement du service public*, LGDJ, Bibliothèque de droit public, 2015.

BECHILLON DE (D.), *Hiérarchie des normes et hiérarchie des fonctions normatives de l'État*, Economica, Droit public positif, 1996.

BERTILLE (V.), *Langues régionales ou minoritaires et Constitution. France, Espagne, Italie*, Bruylant, 2008.

BLANC (A.), *La langue du roi est le français, Essai sur la construction juridique d'un principe d'unicité de langue de l'État royal (842 - 1789)*, L'Harmattan, 2010.

BOSSEBOEUF (C.), *Les collectivités territoriales et leurs musées : Recherches sur le développement et les modalités de gestion et de gouvernance d'un service public local*, Université Paris Descartes, Thèse soutenue le 1e décembre 2012.

BOUL (M.), *Le patrimoine immatériel des personnes publiques*, Thèse Université Toulouse 1 Capitole, 2017.

BUI-XUAN (O.), *Le droit public français entre universalisme et différencialisme*, Economica, 2004.

CONSTANS (L.), *Recherches sur la notion et la classification des personnes morales administratives*, Dalloz, 1966.

COURET (M.), *La production de l'œuvre publique d'art contemporain,* Droit, Université Panthéon - Sorbonne - Paris I, 2014.

DEBBASCH (R.), *Le principe révolutionnaire d'unité et d'indivisibilité de la République*, Economica, P.U.A.M, 1988.

DOAT (M.), *Recherche sur la notion de collectivité locale en droit administratif français*, LGDJ, Thèses, Bibliothèque de droit public, T. 230, 2003.

DUBOIS (V.), *La culture comme catégorie d'intervention publique*, Thèse IEP de Lyon, 1994.

DURANTHON (A.), *Subsidiarité et collectivités territoriales. Etude sur la subsidiarisation des rapports entre l'État et les collectivités territoriales en droit public français*, Dalloz, Bibliothèque parlementaire et constitutionnelle, 2017.

DURUPTY (M.), *L'État et les Beaux-Arts,* Thèse de droit public, Bordeaux, 2 tomes, 1964.

ESPINAT (P.), *Les plans de développement de la lecture publique et des bibliothèques, entre changement et continuité de l'activité des BDP. Le cas particulier du plan et de la BDP de la Corrèze*, Mémoire d'étude ENSSIB, 2005.

FOURNIE (F.), *Recherche sur la décentralisation dans l'œuvre de Maurice Hauriou*, LGDJ, Bibliothèque de droit public, 2005.

GAUTHIER-DUVIEUSART (M.), *La notion de représentation dans la théorie du droit et de l'État*, Université des Sciences sociales, Toulouse 1, 2008.

GUIGNARD (D.), *La notion d'uniformité en droit public français*, Dalloz, Nouvelle bibliothèque des thèses, 2004.

HERITIER (A.), *Genèse de la notion juridique de patrimoine culturel. 1750 — 1816*, L'Harmattan, Droit du patrimoine culturel et naturel, 2003.

LAHALLE (A.), *Les écoles de dessin au XVIIIe siècle*, P. U. Rennes, 2006.

LAJAUNIE (C.), *La police de la culture*, Thèse, Aix-Marseille, 2000.

LANG (J.), *L'État et le théâtre*, LGDJ, Bibliothèque de droit public, 1968.

LARROUMET (G.), *L'art et l'État en France*, Thèse de droit public, Paris, 1895.

LE MEAU (T.-H.), *La décentralisation culturelle*, Université de Paris XI, Thèse de droit public, 1990.

MESNARD (A.-H.), *L'action culturelle des pouvoirs publics*, Thèse droit public, Paris, LGDJ, 1969.

MORAUD (J.), *L'établissement public, mode de gestion de la politique culturelle de l'État*, Thèse Université de Reims Champagne-Ardenne, 2013.

MOSSU-GROUAZEL (A.-C.), *La déconcentration de la politique culturelle de l'État dans un contexte de décentralisation. Contribution à l'étude d'une administration déconcentrée : les directions régionales des affaires culturelles*, Thèse Université de Nantes, 1997.

PERLO (N.), *L'évolution du droit public du cinéma en France et en Italie*, Thèse de droit public, Université Paul Cézanne/Universita degli studi di Firenze, 2011.

PICARD (E.), *La notion de police administrative*, LGDJ, Bibliothèque de droit public, 1984.

POLI (J.-F.), *La protection des biens culturels meubles*, LGDJ, Bibliothèque du droit de l'urbanisme et de l'environnement, 1996.

RAUTENBERG (J.), *Les contrats ville-lecture : évaluation du dispositif*, Mémoire d'étude, Diplôme de conservateur des bibliothèques, 2013.

REGOURD (C.), *Les métropoles au prisme du modèle territorial français, Thèse de droit public*, Ecole de Droit de la Sorbonne, 2018.

REGOURD (M.), *Les musées entre décentralisation et labellisation*, HDR, 2009.

REGOURD (S.), *L'acte de tutelle en droit administratif français*, LGDJ, 1982.

ROMAINVILLE (C.), *Le droit à la culture, une réalité juridique. Le régime juridique du droit de participer à la vie culturelle en droit constitutionnel et en droit international*, Bruylant, 2014.

ROMBAUTS-CHABROL (T.), *L'intérêt public local*, Dalloz, Bibliothèque parlementaire et constitutionnelle, 2015.

ROUJOU DE BOUBEE (P.), *Les fondements constitutionnels de la liberté de la communication audiovisuelle. Approche comparative entre les grands modèles dans l'Union européenne*, Thèse Université Toulouse 1 Capitole, 2017.

TARLET (F.), *Les biens publics mobiliers,* Thèse de droit public, Université Jean Moulin Lyon 3, 2015.

THURIOT (F.), *Décentralisation culturelle et territoires*, Université de Reims, 1998.

TIMSIT (G.), *Le rôle de la notion de fonction administrative en droit administratif français*, Bibliothèque de droit public, Paris, 1963.

VALERIAN (B.), *Le patrimoine immatériel des collectivités territoriales : Protection et réservation*, Thèse Université d'Avignon et des Pays de Vaucluse, 2017.

VOIZARD (K.-H.), *L'État culturel et le droit, Approche juridique des interventions culturelles de l'État en France*, Thèse Université Panthéon-Assas, 2011 (*LGDJ, Bibliothèque de droit public, 2014).

WAGENER (N.), *Les prestations publiques en faveur de la protection du patrimoine culturel*, Thèse Université Paris sud, 2014.

WU (C.-W.), *La coopération entre les personnes publiques en droit public français en matière culturelle*, PUAM, 2009.

ARTICLES ET CONTRIBUTIONS

AIQUEL (P.) (réal.), « Dossier : Réforme territoriale. Grandes intercommunalités : objectif proximité », *La Gazette*, 2018, n° 34, p. 36.

ALCAUD (D.), « Patrimoine, construction nationale et inventions d'une politique culturelle : les leçons à tirer de l'histoire italienne », *in* POIRRIER (P.) (dir.), *Politiques culturelles et patrimoines. « Vielle Europe » et « Nouveaux Mondes »*, Actes Sud, Culture et musées, 2007, p. 39.

ALIBERT-FABRE (V.), « La reconnaissance jurisprudentielle des services publics culturels locaux », *RA*, 1989, n° 251, p. 415.

ALLAIRE (F.), « Les « trésors nationaux » », *AJDA*, 2004, p. 1338.

ARLETTAZ (J.), « La constitutionnalisation des langues régionales, élément nouveau de légitimation de la souveraineté étatique. A propos de la France, l'Espagne et l'Italie », *Politeia*, 2005, n° 7, p. 407.

ASSOCIATION DES ACHETEURS PUBLICS, *Guide des procédures adaptées*, décembre 2016.

AUBY (J.-B.), « Espace public, espaces publics », *DA*, Juillet 2009, repère p. 3.

- « Benjamin et Dieudonné », *DA*, 2014, n° 2, repères 2, p. 2.

BALAYE (S.), « La Bibliothèque du Roi, première bibliothèque du monde 1664 - 1789 », *in* JOLLY (C.) (dir.), *Histoire des bibliothèques française. Les bibliothèques sous l'Ancien Régime : 1530 - 1789*, Editions du Cercle de la libraire, T. 2, 2e éd., 2008, p. 261.

BALEYNAUD (P.), « La culture oubliée de la décentralisation ? », *RDP*, n° 1, 1991, p. 156.

BALLEY (N.), « La gestion des fonds patrimoniaux est dans une certaine incertitude juridique », *Juris art etc.*, 2015, n° 26, p. 30.

BARON (E.), « Les modes de gestion privés du service public culturel », *AJDA*, 2000, p. 131.

BEAUD (O.), « Ouverture : L'honneur perdu de l'État ? », *Droits, L'État*, PUF, T.1, 1992, p. 5.

- « Le Souverain », *La souveraineté, Pouvoirs,* 1993, n° 67, p. 33.

- « Compétence et souveraineté », *in* AFDA, *La compétence*, Actes du colloque organisé les 12 et 13 juin 2008 à Nancy, LexisNexis, Colloques et débats, 2008, p. 5.

- « L'État » *in* GONOD (P.), MELLERAY (F.), YOLKA (P.) (dir.), *Traité de droit administratif*, Dalloz, Traités Dalloz, T. 1, 2011, p. 207.

BELVAL DE (B.), « De la question de clauses d'inaliénabilité dans les collections des Musées de France », *Juris art etc.*, 2017, n° 52, p. 22 s.

BENABOU (V.-L.), « Droit d'accès au contenus culturels » *Juris art etc.*, n° 26, p. 36.

BENOIT-ROHMER (F.), « Les langues officieuses de la France », *RFDC*, n° 1, 2001, p. 3.

BERTHOD (M.), « À quoi servent les fonds régionaux d'art contemporain ? », *Nectart*, 2017, p. 55.

BERTRAND (A.-M.), « Tarification et bibliothèques municipales, *in* ROUET (F.) (dir.), *Les tarifs de la culture*, La Documentation française, 2002, p. 223.

- « Censures, bibliothèques et pouvoirs locaux », *Juris art etc.*, 2015, n° 26, p. 31.

BIDART (P.), « Construction et devenir de la bipolarité culturelle, basque et français », *Hérodote*, 2002, n° 2, p. 123.

BIDAULT (M.), « Liberté, égalité, droits culturels… », *Nectart*, 2016, n° 2, p. 63.

BIOY (X.), « Notions et concepts en droit interrogations sur l'intérêt d'une distinction », *Les notions juridiques, Journée d'étude de la promotion d'agrégation de droit public 2005-2006, in* TUSSEAU (G.) (dir.), Economica, 2009.

BLANC (A.), « Les gloses de Pierre Rebuffi sur l'article 111 de l'Ordonnance de Villers-Cotterêts interrogation sur la véritable signification du texte », *in* ROBERT (J.-C.) (coord.), *Mélanges offerts au doyen François-Paul Blanc*, T.1, PUP, PUT, 2011.

BLANC (E.), « Edito », *in* EY, *Les collectivités à l'heure du mécénat*, EY, Régions de France, 2e éd., septembre 2016, p. 4.

BLANC (S.), CROUZATIER-DURAND (F.), « Le droit à l'expérimentation n'est pas très expérimenté par les collectivités », *La Gazette des communes*, 11 janvier 2016.

BLANCHET (P.), « La politisation des langues régionales en France », *Hérodote*, 2002, n° 2, p.85.

BLOCHE (P.), « Le point de vue de deux députés », *in* FUCHS (B.), GUILLON (V.), JEANDEL (A.-A.), PIGNOT (L.), SAEZ (J.-P.) (coord.), « Dossier : Droits culturels : controverses et horizons d'action », *l'Observatoire*, 2017, n° 49, p. 15.

BODIGUEL (J.-L.), « Naissance et affirmation des directions régionales des affaires culturelles », *in* POIRRIER (P.), RIOUX (J.-P.), *Affaires culturelles et territoires*, La Documentation française, 2000, p. 22.

BON (P.), « Police des activités et lieux susceptibles d'être dangereux », *Encyclopédie des collectivités territoriales*, Dalloz, 2006, folio n° 2523.

BONET (L.), SASTRE (E.), « Le financement participatif, une alternative à la politique culturelle ? », *Nectart*, 2016, n° 2, p. 121.

BORDE (C.), « Culture et subventions publiques », *Le Jurisculture*, 2014, n° 179, p. 4.

BORDIER (D.), « Les chassés-croisés de l'intérêt local et de l'intérêt national », *AJDA*, 2007, p. 2188.

BOSSEBOEUF (C.), « Le contrôle de l'État sur la gestion des musées territoriaux. Des questions encore en suspens », *AJDA*, 2014, p. 1423.

BOUILLANT (N.), DURU (E.), « Réformer le droit à l'expérimentation, un enjeu public majeur », Fondation Jean Jaurès, 14 février 2018, [en ligne], jean-jaures.org/.

BOUTAN (P.), « Langue nationale et langues régionales à l'école : le débat politique de 1925 », *Mots*, 1999, n° 61, p. 29.

BRACONNIER (S.), « Politiques culturelles locales françaises et principe de libre-concurrence », *RTDE*, 1995, p. 771.

BRIANT DE (V.), « Le droit à la différenciation territoriale : entre totems et tabous », *AJCT*, 2018, p. 233.

BRISSAUD (O.), « L'élaboration du principe d'inaliénabilité pour les collections muséales et les biens du domaine public mobilier sous la Révolution française », *Livraisons de l'histoire de l'architecture,* [en ligne], n° 26, 2013.

BRONDEL (S.), « Comment sortir l'enseignement artistique de la crise ?, *AJDA*, 2008, p. 1462.

BUI-XUAN (O.), « Langues régionales et droit public français : état des lieux » *Pouvoirs locaux*, 2004, n° 61, p. 141.

- « La décentralisation culturelle : Bilan et perspectives », *AJDA*, 2007, p. 563.

- « Questions sur l'établissement public de coopération culturelle, *AJDA*, 2008, p. 1737.

- « Opéra et décentralisation », *in* TOUZEIL-DIVINA (M.), KOUBI (G.) (coord.), *Droit et Opéra*, LGDJ, faculté de Droit et des sciences sociales de l'Université de Poitiers, 2008, p. 55.

- « L'instrumentalisation des établissements publics de coopération culturelle », *Pouvoirs locaux*, 2009, n° 81, p. 125.

- « La destinée universaliste des droits culturels : les articles 22 et 27 de la Déclaration universelle des Droits de l'homme », *in* CENTRE DE RECHERCHE SUR LES DROITS FONDAMENTAUX ET LES EVOLUTIONS DES DROITS, *Cahiers de la recherche sur les droits fondamentaux*, 2009, n° 7, p. 133.

- « L'inaliénabilité des collections en question », *AJDA*, 2010, p. 233.

- « L'espace public : l'émergence d'une nouvelle catégorie juridique ? Réflexion sur la loi interdisant la dissimulation du visage dans l'espace public », *RFDA*, 2011, p. 511.

- « La RGPP dans le secteur culturel », *Penser la science administrative dans la post-modernité. Mélanges en l'honneur du Professeur Jacques Chevallier*, LGDJ, lextenso éditions, 2013, p. 441.

- « Services publics culturels locaux et alternances politiques », *in* BOUHIER (V.), FOULQUIER (N.), ROLIN (F.), *Théorie et pratique du droit public en hommage à Olivier Févrot*, Editions La Mémoire du Droit, 2016, p. 133.

BURDEAU (G.), « Remarques sur la classification des fonctions étatiques », *RDP*, 1945, p. 202.

BUREL (A.), « L'achat d'œuvres d'art existantes », *JAC*, 2014, n° 11, p. 24.

BURRIEZ (D.), « Les multiples visages des conventions d'occupation privative du domaine de la personne publique », *AJCT*, 2016, n° 27, p. 2191.

CAILLOSSE (J.), « Retour sur le couple décentralisation et déconcentration », *Pouvoirs locaux*, 2013, n° 98, p. 61.

- « Quelques variations sur le thème : territoire(s) et institution(s) », *Pouvoirs locaux*, 2015, n° 107, p. 35.

CARBASSE (J.-M.), « Langue de la nation et « idiomes grossiers » : le pluralisme linguistique sous le niveau jacobin », *in* VAN GOETHEM (H.), WAELKENS (L.), BREUGELMANS (K.) (dir.), *Libertés, pluralisme et droit. Une approche historique.* Bruxelles, Bruylant, 1995, p. 157.

CARRERE D'ENCAUSSE (H.), « L'Académie française : pouvoir intellectuel, pouvoir politique, une relation compliquée ». *Conférence prononcée à l'exposition universelle de Shanghai, Pavillon français*, 23 septembre 2010, [en ligne], www.academie-française.fr.

- « La présence de la langue française », Interventions dans le cadre du Dialogue de haut niveau à l'Université de Pékin sur la langue : sa présence et son futur, 16 décembre 2014, [en ligne], www.academie-française.fr.

CAYLET (S.), « Décentralisation et contractualisation », *in* REGOURD (S.), CARLES (J.), GUIGNARD (D.), *La décentralisation 30 ans après*, LGDJ, 2014, p. 253.

CERF (M.), « La Censure Royale à la fin du XVIIIe siècle », *Communications*, 1967, n° 9, p. 2.

CHAVRIER (G.), « Expérimentation territoriale », *JCl. Administratif*, fasc. 126 -20, 2004 (maj 2009).

CHEVALLIER (J.), « Essai sur la notion juridique de service public », *Publications de la faculté de droit d'Amiens*, 1976, n° 7, p. 136.

- « Réflexions sur l'idéologie de l'intérêt général », *in* J. CHEVALLIER (dir.), *Variations autour de l'idéologie de l'intérêt général*, PUF, 1978, p. 11.

- « L'État – Nation », *RDP*, 1980, p. 1271.

- « Contractualisation(s) et action publique », *RFDA*, 2018, p. 209.

CHARBONNEL (D.), « Préfiguration alsacienne du principe de différenciation des compétences des collectivités territoriales : la loi est promulguée », *JCP A*, 2019, n° 35, act. 533.

CHEVRIER (C.), « Chargé de mécénat : une activité peu répandue dans la territoriale », *laGazette.fr*, juillet 2016, [en ligne].

CHICOT (P.-Y.), « Les rapports centre-périphérie : construction, déconstruction et reconstruction de l'État », *in* KADA (N.) (dir.), *De la réforme territoriale à la réforme de l'État*, PUG, 2011, p. 249.

- « Le renouvellement de l'État territorial : le prisme de la décentralisation autonomique », *in* GRALE, *Les territoires de l'État*, Editions le Moniteur, 2017, p. 187.

CHIRON (J.), « Le service public a un coût et les Entreprises publiques locales doivent permettre de le mesurer et de l'optimiser », *Pouvoirs locaux*, 2016, n° 107, p. 66.

CLAVAGNIER (B.), « Economie sociale et solidaire – Les subventions aux associations : définition et conséquences », *AJCT*, 2015, p. 234.

- « Focus : les subventions au secteur culturel », *AJCT*, 2017, p. 252.

COHEN (G.), « Charte de la conservation dans les bibliothèques », *Juris art etc.*, 2015, n° 26, p. 33.

COLLIERE (P.), « La mise à disposition de locaux communaux au profit d'associations, syndicats et partis politiques », *AJDA*, 2006, p. 1817.

COLLOT (P.-A.), « La décentralisation culturelle », *RDP*, 2008, n° 2, p. 329.

COMBEAU (P.), « Les nouveaux visages territoriaux de la déconcentration », *RFDA*, 2010, p. 1011.

- « La nouvelle « loi de 1901 » », des groupements d'intérêt public. Entre rupture et continuité », *JCP A*, 2011, p. 2235.

- « Rire et ordre public », *in* GUIGNARD (D.), REGOURD (S.), SAUNIER (S.), *Rire, Droit et Société*, Institut Universitaire Varenne, Colloques et essais, 2018, p. 157.

COMTE-PERRIER (M.), « Loi de 1905 et aides des collectivités publiques aux cultes », *RFDA*, 2013, p. 342.

CORNU (M.), « Le législateur culturel et les chantiers de la création, de l'architecture et du patrimoine », *Communication Commerce électronique,* 2017, n° 3, étude 5.

COSTA (D.), « Mission de service public assurée par une personne privée : clarification ou codification », *AJDA*, 2007, p. 825.

- « Décentralisation : à la recherche d'un nouveau souffle ; métropoles, ruralités et financements de collectivités. Propos introductifs », *AJCT*, 2013, p. 550

COUCHOUX (S.), « Le mécénat culturel : un dispositif « sur mesure » ou encore perfectible ? », *in* ORSONI (G.), (dir.), *Le financement de la culture*, Economica, 2007, p. 127.

COUVREUR (S.), MIGAYROU (J.), « Les modes de gestion du service public de la culture », *La Gazette des communes*, 8 avril 2013, p. 46.

CROUZATIER-DURAND (F.), « La décentralisation culturelle française. A la recherche de « l'effet Bilbao » », *in* REGOURD (M.) (dir.), *Musées en mutation. Un espace public à revisiter*, L'Harmattan, 2012, p. 111.

- « Du territoire aux territoires, les transformations de l'action publique », *in* GRALE, *Les territoires de l'État*, Editions le Moniteur, 2017, p. 167.

- « Loi du 19 avril 2021 : vers une relance des expérimentations locales ? », *Horizons publics*, juillet-août 2021, n° 22, p. 30.

DAMAREY (S.), « Les subventions publiques », *in* DUTHEIL (P.-H.) (dir.), *Juris Corpus Droit des associations et des fondations*, Dalloz, 2016 (maj mars 2018).

DEBBASCH (R.), « La reconnaissance constitutionnelle de la langue française », *RFDC*, 1992, p. 466.

- « La République indivisible, la langue française et la nation », *in* LE POURHIET (A.-M.) (dir.), *Langue(s) et constitution(s)*, Economica, 2004, p. 55.

DELAPORTE (V.), « La loi relative à l'emploi de la langue française », *RCDIP*, 1976, p. 452.

DELIVRE-GILG (C.), « Le financement des politiques culturelles locales », *in Annuaire des collectivités locales, Le financement des politiques locales*, 2005, T. 25, p. 77.

DELOCHE (B.), « Institution », *in* DESVALLEES (A.), MAIRESSE (F.) (dir.), *Dictionnaire encyclopédique de muséologie*, Armand Colin, 2011, p. 202.

DELSALLE (P.), « L'archivistique sous l'Ancien Régime, le Trésor, l'Arsenal, et l'Histoire », *Histoire, économie et société*, 1993, n° 4, p. 447.

DELVAINQUIERE (J.-C.), DIETSCH (B.) (Deps), *L'intercommunalité culturelle : un état des lieux*, synthèse du rapport NEGRIER (E.), PREAU (J.), TEILLET (P.) (dir.), *L'intercommunalité culturelle en France*, Grenoble, Observatoire des politiques culturelles, février 2008, Publications du département des études et de la prospective, 2008-5.

DENIZOT (A.), « Hauts et bas en droit du patrimoine », *RTD Civ.*, 2021, p. 717.

DESCHAMPS (F.), « Que peut apporter l'intercommunalité culturelle ? », [en ligne], *La lettre du cadre.fr,* 13 août 2018.

DESGRAVES (L.), « Vers la bibliothèque publique », *in* JOLLY (C.) (dir.), *Histoire des bibliothèques française. Les bibliothèques sous l'Ancien Régime : 1530 - 1789*, Editions du Cercle de la libraire, T. 2, 2e éd., 2008, p. 498.

- « Bordeaux au XVIIIe siècle », *in* JOLLY (C.) (dir.), *Histoire des bibliothèques française. Les bibliothèques sous l'Ancien Régime : 1530 - 1789*, Editions du Cercle de la libraire, T. 2, 2e éd., 2008, p. 618.

DI LASCIO (F.), « Espace public et droit administratif », *Philonsorbonne*, 2014, n° 8, p. 133.

DOAT (M.), « L'aménagement des compétences locales », *in* AFDA, *La compétence*, Actes du colloque organisé les 12 et 13 juin 2008 à Nancy, LexisNexis, Colloques et débats, 2008, p. 181.

- « De la suppression de la clause générale des compétences », *Pouvoirs locaux*, 2017, n°107, p. 115.

DOEBELIN, « La valorisation des langues régionales : une action d'équilibriste pour maintenir l'unité de la France », *JCP A*, n° 24, 2196.

DORE (G.), « Le bouleversement territorial en France : analyse et enjeux », *Population & Avenir*, 2018, n° 1, p. 4.

DOUENCE (J.-C.), « Les incidences du caractère national ou local du service public », *AJDA*, 1997, p. 113.

DOUGNAC (M.-T.), GUILBAUD (M.), « Le dépôt légal : son sens et son évolution », *Bulletin des bibliothèques de France*, 1960, n° 8.

DRAGO (R.), « Les fonctions de l'État dans la pensée de Charles Eisenmann », *La pensée de Charles Eisenmann, in* AMSELEK (P.) (dir.), Economica, 1986.

DREYFUS (J.-D.), « Musées et autres équipements muséographiques : perméabilité des frontières, recherche de nouveaux modèles », *AJCT*, 2011, p. 159.

- « Subventions publiques et financement de la culture », *Juris art etc.*, 2017, n° 49, p. 23.

- « L'utilisation par les collectivités territoriales des financements innovants – exemples du mécénat et du crowfunding », *AJCT*, 2018, p. 138.

- « Focus sur… la Collectivité européenne d'Alsace », *AJCT*, 2019, p. 452.

DUBITON (S.), « Le subventionnement des associations après la loi Economie sociale et solidaire », *AJDA*, 2014, p. 2528.

DUBOIS (V.), « L'art et l'État au début de la IIIe République, ou les conditions d'impossibilité de la mise en forme d'une politique », *Genèses*, 1996, n° 23, p. 6.

- « Le ministère des arts (1881-1882) ou l'institutionnalisation manquée d'une politique artistique républicaine », *Sociétés & Représentations*, 2001, n° 11, p. 229.

DUBY (G.), « Féodalité », dans *Encyclopaedia Universalis*, Corpus 9, 2002, p. 308.

DÜRR (D.), « Bibliothèques publiques : la gratuité du prêt des ouvrages », *in* KOUBI (G.), GUGLIELMI (G. J.), *La gratuité une question de droit ?*, L'Harmattan, Logiques juridiques, 2003, p. 79.

EMIN (S.), GUIBERT (G.), « Mise en œuvre des sociétés coopératives d'intérêt collectif (SCIC) dans le secteur culturel. Diversités entrepreneuriales et difficultés managériales », *Innovations*, 2009, vol. 30, p. 88.

EPRON (Q.), « Les contrats de subvention », *RDP*, 2010, n° 1, p. 63.

ETHIS (E.), LEXTRAIT (F.) (coord.), Dossier : « Politique culturelle : l'État peut-il encore inventer ? », *Nectart*, 2017, n° 4, p. 36.

EVEILLARD (G.), « Le Conseil d'État et l'affaire Dieudonné », *DA*, 2014, n° 5, comm. 33, p. 38.

FAURE (B.), « La clause générale de compétence et le chercheur », *AJDA,* 2015, p. 1825.

- « La banalisation du statut de métropole », *RFDA,* 2017, p. 637

FEDERATION DES ENTREPRISES PUBLIQUES LOCALES , *Les sociétés publiques locales : un an après la loi, quel bilan ?*, Fepl, 29 juin 2001.

- *SPL et dynamiques territoriales. L'implication des communautés dans les premières Sociétés publiques locales*, Fepl, AdcF, 2014.

FINCK (N.), « Finances locales – Le crowdfunding au service des collectivités territoriales », *La Gazette des communes*, 2018, n° 2402, p. 47.

FOSSEYEUX (J.), « Les modes de gestion du service public culturel », *AJDA*, 2000, p. 126.

FRAISSEIX (P.), « La France, les langues régionales et la Charte européenne des langues régionales ou minoritaires », *RFDA*, 2001, p. 59.

FRANÇOIS (S.), « Commentaire de la loi n° 2016-925 du 7 juillet 2016 relative à la liberté de la création, à l'architecture et au patrimoine », *JCP A*, n° 1, 2017.

FRANGI (M.), « Les langues régionales enjeu constitutionnel ? », *in Renouveau du droit constitutionnel, Mélanges en l'honneur de Louis Favoreu*, Dalloz, 2007, p. 673.

FREYERMUTH (A.), « La culture dans les luttes d'institution : les fondements politiques de l'intercommunalité culturelle », *in* DUBOIS (V.), BASTIEN (C.), FREYERMUTH (A.), MATZ (K.), *Le politique, l'artiste et le gestionnaire. (Re) configurations locales et (dé) politisation de la culture*, éditions du croquant, 2012, p. 135.

FRIER (P.-L.), « La répartition actuelle des compétences entre l'État et le pouvoir local », *AJDA*, 2000, p. 58.

- « Les transferts de compétences dans les secteurs de la formation professionnelle, de l'éducation et de la culture », *AJDA*, 2004, p. 1984.

FRISON (X.), « Le mécénat bouscule les codes », Dossier : Collectivités territoriales – les élues du mécénat, *JA*, 2017, n° 569, p. 29.

FRISON-ROCHE (M.-A.), « La conformité de l'ordonnance du Conseil d'État du 9 janvier 2014, Dieudonné M'Bala M'Bala au droit et à la justice », *LPA,* 20 janvier 2014, p. 3.

FROMENT (A.), « Retour sur la QPC du 21 septembre 2012. La tradition locale ininterrompue : une notion controversée. Enfreindre la tradition est aussi une tradition », *Civitas Europa*, 2012, n°. 2, p. 153.

FRONTON (P.), « La gestion d'un musée de France », *Juris art etc.*, n° 52, p. 20.

GALAN (P.), « Les musées de France », *Droit et ville*, 2003, p. 245.

GALLAUD (T.), « Les langues régionales à l'école. État des lieux après la loi du 21 mai 2021 », *AJDA*, 2021, p. 2436.

GALVEZ (J.), « Le mécénat dans l'environnement de la commande publique », Dossier : Collectivités territoriales – les élues du mécénat, *JA*, 2017, n° 569, p. 26.

- « Juridique – Financement public – Subventions : à manier avec précaution », *JA*, 2018, p. 34.

GARDERE (A.), « EPCI, attention aux effets de la définition de l'intérêt communautaire ! », *Le courrier des maires*, 23. Mai 2014.

GARNIER (A.), « Manifestations culturelles. Les formalités préalables », *Le Jurisculture*, 2011, n° 141, p. 4.

- « L'établissement public de coopération culturelle, *Le Jurisculture*, 2014, n° 169, p. 4.
- « Soutien à la culture et mécénat d'entreprise », *Le Jurisculture*, 2015, n° 188, p. 4.
- « Les nouveaux labels du spectacle vivant », *Le Jurisculture*, 2017, n° 206, p. 4.

GAUDEMET (Y.), « Qu'est-ce qu'une subvention publique ? », *RJEP*, 2011, n° 689, repère n° 8.

GERBEAU (D.), SOUTRA (H.), « La course aux labels, ou l'art de gouverner à distance », *La Gazette*, 2016, n° 32, p. 6.

GERBOD (P.), « L'action culturelle de l'État au XIXe siècle (à travers les différents chapitres du budget général », *Revue historique*, 1983, n° 548, p. 389.

GICQUEL (J.-E.), « L'article 2 C et les langues régionales. Une coexistence heurtée », », *in* LA MORENA DE (F.) (dir.), *Les symboles de la République. Actualité de l'article 2 de la Constitution de 1958*, PUT, 2014, p. 15.

GIRARD (A.), « Planification culturelle » *in* WARESQUIEL (E.) (dir.), *Dictionnaire des politiques culturelles de la France depuis 1959*, CNRS Editions, 2001, p. 500.

- « Les politiques culturelles d'André Malraux à Jack Lang : histoire d'une modernisation » *in* SAEZ (G.) (dir.), *Institutions et vie culturelles*, La Documentation française, 2e éd., 2005, p. 14.

GIRARD (H.), « Dossier : Qui a peur des droits culturels ? », *La Gazette*, 2016, n° 27, p. 34.

- « Les bibliothèques départementales de prêt face à un flou juridique », *la Gazette.fr*, février 2017, [en ligne].

GOHIN (O.), « Liberté d'expression, liberté de réunion, police administrative et ordre public », *RFDA*, 2014, p. 87.

GONOD (P.), « La réforme des archives : une occasion manquée », *AJDA*, 2008, p. 1597.

- « La réception des arrêts par la doctrine juridique », *RFDA*, 2013, p. 1007.

GOUNIN (Y.), « L'action extérieure des collectivités locales : un intérêt local difficile à trouver mais pas toujours impossible à prouver », *AJDA*, 2010, p. 329.

GOUSTINE DE (L.), « préface » à BODIN (J.), *Les six livres de la République* (morceaux choisis), Editions confluences, « Voix de la cité », 1999 (édition de référence : Gabriel Cartier, 10e éd., 1593), p. 12.

GOUTAL (Y.), « Les collectivités locales et la loi liberté de création, architecture et patrimoine », *Les cahiers juridiques de La Gazette*, 2016, n° 195, p. 12.

GRIVEVALD (P.-M.), « Besançon au XVIIIe siècle » *in* JOLLY (C.) (dir.), *Histoire des bibliothèques française. Les bibliothèques sous l'Ancien Régime : 1530 - 1789*, Editions du Cercle de la libraire, T. 2, 2e éd., 2008, p. 604.

GROSBON (S.), « Ratification française du Protocole Facultatif au Pacte international relatif aux droits économiques, sociaux et culturels : Ce qui avait de l'importance, ce qui n'en avait pas », *La Revue des droits de l'homme*, Actualités Droits-Libertés, 8 décembre 2014, [en ligne], journals.openedition.org/revdh.

GUENAIRE (M.), « La qualité juridique à l'intérieur de l'administration : l'exemple du ministère de la Culture et de la Communication », *AJDA*, 1990, p. 75.

GUERARD (S.), « La liberté religieuse dans les lieux publics », *Cahier de la recherche sur les droits fondamentaux*, 2005, n° 4, p. 49.

GUESMI (S.), DELFOSSE (J.), LEMOINE (L.), OLIVERI (N.), « Crowdfunding et préservation du patrimoine culturel », *Revue française de gestion*, 2016, n° 258, p. 89.

GUIGNARD (D.), « Coopération décentralisée et intérêt public local », *RGCT*, 2013, p. 27.

- « Les langues régionales et l'Europe : autour de l'article 75-1 de la Constitution », *in* GAUDIN (H.) (dir.), *La Constitution européenne de la France*, Dalloz, 2017, p. 281.

- « Rire et collectivités territoriales », *in* GUIGNARD (D.), REGOURD (S.), SAUNIER (S.), *Rire, Droit et Société,* Institut Universitaire Varenne, Colloques et essais, 2018, p. 195.

GUIGNARD (D.), VIGUIER (J.), « Vers une nouvelle forme d'État ? », *in* KADA N. (dir.), *De la réforme territoriale à la réforme de l'État*, PUG, 2011, p. 229.

GUILLARD (D.), « Les établissements publics de coopération culturelle : premier bilan », *AJDA*, 2006, p. 183.

HAURIOU (M.), « Décentralisation », *Répertoire administratif Béquet*, Paris, éd. Dupont, 1892, p. 471.

HERITIER (A.), « Le musée face au public. A la recherche du service public culturel. Une approche historique », *in* REGOURD (M.), *Musées en mutation. Un espace public à revisiter*, L'Harmattan, 2012, p. 87.

- « L'invention du droit du patrimoine culturel. Une nécessité politique et économique, un aperçu historique ; une leçon pour le temps présent », *in* TOUZEIL-DIVINA (M.), ESPAGNO-ABADIE (D.), GARCIA (T.), *« Les mots d'Annie Héritier. Droit(s) au Cœur & à la culture »*, Editions L'Epitoge, 2017, p. 169.

HINTZE (O.), « Nature et diffusion de la féodalité » *in* HINTZE (O.), *Féodalité, Capitalisme et État moderne*, textes choisis et présentés par BRUHNS (H.), Editions de la maison de l'homme Paris, 1991, p. 89 (titre original : Wesen und Verbreitung der Feudalismus, *Sitzungsberichte der Preußischen Akademie der Wissenschaften 20*, 1929, p. 321).

HUET (M.), « Création, architecture et patrimoine saisis par la loi », *RDI*, 2017, p. 56.

JANICOT (L.), « Le territoire des collectivités territoriales dans la réforme territoriale. Brèves observations sur les évolutions affectant les liens entre collectivités territoriales et territoire », *Civitas Europa,* 2015, n° 2, p. 134.

- « Les collectivités territoriales, une définition doctrinale menacée ? », *RFDA,* 2011.

JANICOT (L.), Verpeaux (M.) « La Collectivité européenne d'Alsace ou les fruits d'un non-choix », *AJDA*, 2019, p. 2236.

- « Réformer sans réviser », *AJDA*, 2021, p. 1375.

JENSDOTTIR (B.), « Qu'est-ce que la Charte européenne des langues régionales ou minoritaires ? », *Hérodote*, 2002, n° 2, p. 169.

JORION (B.), « Un groupement public peut-il être à double visage ? », *JCP A*, 2005, p. 1321.

JOUBERT (S.), « Déconcentration, décentralisation ou délégation ? », *in* GRALE, *Les territoires de l'État*, Editions le Moniteur, 2017, p. 223.

JOUVE (D.), « Aides et fiscalité de la culture », *RFDA*, 2014, p. 864.

KELSEN (H.), « Qu'est-ce que la théorie pure du droit ? », traduction française par COPPENS (P.), *Droit et Société*, 1992, n° 22, p. 539.

KOUBI G, « Réflexions à propos du droit de résistance à l'oppression, *LPA*, 1989, n° 1, p. 10.

- « Gratuité ? Sans prix certes, mais pas sans valeur ! », *in* KOUBI (G.), GUGLIELMI (G. L.), *La gratuité une question de droit ?*, L'Harmattan, Logiques juridiques, 2003, p. 9.

LAIDIE (Y.), « Gestion du domaine privé et dualisme juridictionnel : pour une simplification des règles de compétence », *AJCT*, 2016, n° 25, p. 2180.

LAUBADERE DE (A.), « Vicissitudes actuelles d'une distinction classique : établissement public et collectivité locale », *in Mélanges Couzinet*, Toulouse, Université des sciences sociales, 1974, p. 411.

LAVIALLE (C.), « De la fonction du territoire et de la domanialité dans la genèse de l'État en France sous l'Ancien Régime », *Droits*, 1992, n° 15, p. 21.

- « Du nominalisme juridique, Le nouvel article 75-1 de la Constitution du 4 octobre 1958 », *RFDA*, 2008, p. 1110.

LE BOULANGER (J.-M.), « Bretagne et décentralisation, un projet d'ambition », *L'Observatoire*, 2013, n° 2, p. 54.

LE BRIS (C.), « Les Langues régionales dans la Constitution », *RDP*, 2009, n° 3, p. 787.

LE CHATELIER (G.), « La différenciation entre collectivités territoriales : le Conseil d'État définit la marche à suivre », *AJCT*, 2018, p. 207.

LEGLISE (P.), « Conclusions sur TA Versailles, 18 juin 2004, n° 041928 », *AJDA*, 2004, p. 2158.

LEONARD (Y.) (dir.), « Culture et société », *Les Cahiers français*, 1993, n° 260.

LEROY (E.), « Vers une redéfinition de la décentralisation culturelle ? », *in* REGOURD (S.), CARLES (J.), GUIGNARD (D.) (dir.), *Réformes et mutations des collectivités territoriales*, L'Harmattan, 2012, p. 341.

LETTERON (R.), « La ratification du protocole facultatif se rapportant au pacte international relatif aux droits économiques, sociaux et culturels », *Liberté, Libertés chéries*, 16 décembre 2014, [en ligne], libertescheries.blogspot.com.

LOYER (B.), « Langues nationales et régionales : une relation géopolitique », *Hérodote*, 2002, n° 2, p. 15.

LUCAS (J.-M.), « Les droits culturels selon Jean-Michel Lucas. Extraits d'un entretien », *in* FNCC, *A propos des droits culturels*, Les documents de la FNCC, 2015, p. 28.

- « La place des droits culturels après la loi NOTRe », *JA*, 2016, n° 40, p. 27.

MAGNIER-MERRAN (K.), « La « plate-formologie » ou l'art de se dégager de l'essentiel – Aspect contractuels du crowdfunding », *AJ contrat*, 2017, p. 421.

MALAURIE (P.), « Le droit français et la diversité des langues », *JDI.*, 1965, p. 565.

MARCETTEAU - PAUL (A.), « Paris sous l'Ancien Régime », *in* JOLLY (C.) (dir.), *Histoire des bibliothèques française. Les bibliothèques sous l'Ancien*

Régime : 1530 - 1789, Editions du Cercle de la libraire, T. 2, 2e éd., 2008, p. 545.

MARCILLOUX (P.), « Les archivistes et les comités régionaux des affaires culturelles : une occasion manquée ? », *in* AUBRY (M.), CHAVE (I.), DOOM (V.) (dir.), *Archives, archivistes, archivistique dans l'Europe du Nord-Ouest du Moyen Âge à nos jours*, Villeneuve d'Ascq, IRHiS (« Histoire et littérature de l'Europe du Nord-Ouest », 2007, n° 36.

MARCOVICI (E.), « L'acte 5 de la déconcentration ou la nécessaire métropolisation de l'action de l'État dans les territoires », *JCP A*, 2015, n° 4, p. 2020.

MARTIN (H.-J.), « Censure », *in* ALLAND (D.), RIALS (S.), *Dictionnaire de la culture juridique*, PUF, Quadrige, 2003, p. 178.

MARTINEZ (E.), « Exemple d'une décentralisation culturelle : le Centre Pompidou-Metz », *AJCT*, 2011, p. 170.

MARTINS DA SILVA (M.-L.), « Les modalités de gestion d'un musée », *AJCT*, 2011, p. 162.

MAUPIN (E.), « Réforme des institutions, acte I », *AJDA*, 2018, p. 942.

MAYER-ROBITAILLE (L.), « Le statut ambivalent au regard de la politique communautaire de concurrence des accords de nature culturelle et des aides relatives à la culture », *RTDE*, 2004, p. 447.

MAZERES (J.-A.), « Essai d'analyse archéologique de la décentralisation », *Cahiers de L.E.R.A.S.S*, 1990, n° 21, p. 93.

- « Les collectivités locales et la représentation », *RDP*, 1990, n° 3, p. 607.

MAZERES (J.-A.), REGOURD (S.), « Collectivités locales : du modèle communautaire et territorial au modèle fonctionnel de l'entreprise », *Revue française d'administration publique*, 1990, n° 53, p. 119.

- « Du modèle communautaire et territorial au modèle fonctionnel de l'entreprise », *La commune, l'État et le droit*, Actes du colloque du 9 et 10 novembre 1989 à l'Université de Tours, LGDJ, 1990, p. 293.

MAZIERES DE (F.), « Le point de vue de deux députés », *in* FUCHS (B.), GUILLON (V.), JEANDEL (A.-A.), PIGNOT (L.), SAEZ (J.-P.) (coord.),

« Dossier : Droits culturels : controverses et horizons d'action », *l'Observatoire*, 2017, n° 49, p. 16.

MBONGO (P.), « Souveraineté interne », *in* MBONGO (P.), HERVOUËT (F.), SANTULLI (C.) (dir.), *Dictionnaire encyclopédique de l'État,* Berger-Levrault, 2014, p. 857.

MELLA (E.), « Le prix du service public de la culture », *AJDA*, 2010, p. 2037.

MERITE (P.), « Le développement des équipements culturels de proximité », *LPA*, 1997, n° 155, p. 17.

MESNARD (H.), « Vers de nouvelles politiques publiques du spectacle vivant ? », *AJDA*, 2004, p. 1691.

MESTRE (J.-L.), « La notion de service public après les débats de l'Assemblée nationale constituante », *EDCE*, n° 40, La Documentation française, 1988, p. 187.

MEYNET (W.), « Quel régime fiscal ? », Dossier : Collectivités territoriales – les élues du mécénat, *JA*, n° 569, 2017, p. 22.

MIRIEU DE LABARRE (E.), « Naissance d'un statut général des musées : l'apport du livre IV du code du patrimoine », *AJDA*, 2004, p. 1344.

MONNIER (S.), « La réforme du droit des archives. A propos de la loi du 15 juillet 2008 », *DA*, 2008, p. 21.

- « L'action en revendication d'archives publiques », *AJDA*, 2017, p. 1927.

MORGANT (L.), « Choisir son mode de gestion : un enjeu majeur », Dossier : Collectivités territoriales – les élues du mécénat, *JA*, 2017, n° 569, p. 17.

MOURIESSE (E.), « Les « marchés exclus » de l'ordonnance n° 2015-899 du 23 juillet 2015 : notion et contours », *JDA*, Dossier 05 : « La réforme de la commande publique, un an après : un bilan positif ? » (dir. HŒPFFNER (H.), SOURZAT (L.) & FRIEDRICH (C.)) ; Art. 214, [en ligne].

MOZOL (P.), « Quels changements pour l'expérimentation normative locale au lendemain de la loi organique du 19 avril 2021 ? », *JCP A*, 2021, n° 18, act. 289.

NEGRIER (E.), *L'intercommunalité : nouvelle frontière des politiques culturelles municipales*, 2011, HAL, [en ligne].

- « Le pire n'est pas sûr », *Nectart*, 2015, n° 1, p. 78.

NEGRIER (E.), TEILLET (P.), « La question régionale en culture », *in* BARONE (S.) (dir.), *Les politiques régionales en France*, La Découverte, 2011, p. 135.

- « La réforme de l'État culturel local. Reconcentration instrumentale ou « contrôle orienté » ? » *in* AUST (J.), CRESPY (C.), EPSTEIN (R.), REIGNIER (H.) (coord.), « L'État et ses territoires », *Sciences de la société*, 2014, n° 90, p. 77.

- « Le pire n'est pas sûr », *Nectart*, 2015, n° 1, p. 78.

NICINSKI (S.), « Culture et concurrence selon le juge administratif », *RFDA*, 2014, p. 836.

NICOLAIEFF (B.), « La nouvelle charte de la déconcentration : une audace contrariée », *Pouvoirs locaux*, 2015, n° 105, p. 3.

OCTOBRE (S.), ROUET (F.), « La gratuité du premier dimanche du mois, dans les monuments et les musées nationaux », *in* ROUET (F.) (dir.), *Les tarifs de la culture*, La Documentation française, 2002, p. 303.

OUDART (P.), « La mise en place des « pays » en Picardie », *in* CURAPP (collectif), *L'intercommunalité – Bilan et perspectives*, PUF, 1997, p. 254.

PAILLER (G.), « Simplification des expérimentations par les collectivités locales : la loi organique a été publiée », *AJCT*, 2021, p. 220.

PASTOR (J.-M.), « Relation État-collectivités : doit-on craindre une recentralisation ? », *Juris art etc.*, 2016, n° 40, p. 28.

- « Une réforme mesurée du régime des expérimentations », *AJDA*, 2021, p. 588.

PASTOREL (J.-P.), « De la police administrative des activités culturelles », *RDP*, 2005, p. 400.

PAULIAT (H.), « Le pays est mort… vive le pôle d'équilibre territorial et rural ! », *JCP A*, 2014, p. 2051.

- « La déconcentration nouvelle est arrivée ! », *JCP A*, 2015, n° 24, p. 27.

- « Quelle carte intercommunale en 2017… et ensuite ? », *JCP A*, 2016, n° 16, act. 353.

PECOUT (T.), « Féodalité », *in* VAUCHEZ (A.) (dir.), *Dictionnaire encyclopédique du Moyen Âge*, Editions du CERF Paris, T. 1, 1997, p. 586.

PETIT (J.), « Les ordonnances Dieudonné : séparer le bon grain de l'ivraie », *AJDA*, 2014, p. 872.

PFERSMANN (O.), « Hans Kelsen et la théorie de la centralisation et de la décentralisation : le cas de la supranationalité », *Revue d'Allemagne et des pays de langue allemande*, 1996, p. 179.

PICOT (M.), « Métropole, communes et citoyens : tous en scènes ! », *Juris art etc.*, 2016, n° 40, p. 22.

PIERRE-CAPS (S.), « Le statut constitutionnel de la langue nationale et/ou officielle. Etude de droit comparé », *in* LE POURHIET (A.-M.) (dir.), *Langue(s) et constitution(s)*, Economica, 2004, p.93.

PIERUCCI (C.), « Action culturelle », *in* GRALE, *Annuaire des Collectivités Locales. La gouvernance territoriale*, T. 26, 2006, p. 507.

- « Action culturelle », *in* GRALE, *Annuaire des Collectivités Locales. Les collectivités territoriales et l'énergie*, T. 27, 2007, p. 451.

- « Action culturelle », *in* GRALE, *Annuaire des Collectivités Locales. Où en est la gestion locale ?*, T. 28, 2008, p. 499.

- « Action culturelle », *in* GRALE, *Annuaire des Collectivités Locales. Éducation, formation, recherche. Quelle place pour les collectivités territoriales ?*, T. 34, 2014, p. 481.

- « Action culturelle », *in* GRALE, *Annuaire des Collectivités Locales. Collectivités territoriales et emploi*, T. 35, 2015, p. 399.

PIGNOT (L.), SAEZ (J.-P.) (dir.), « Décentralisation et culture : vers un grand chambardement ? », *Observatoire des politiques culturelles*, 2013, n° 43, p. 56.

PISSALOUX (H.-L.), CONNETABLE (F.), « L'intérêt public local face à l'intérêt général dans le subventionnement des associations » *in* KADA (N.) (dir.), *L'intérêt public local. Regards croisés sur une notion juridique incertaine*, PUG, 2009, p. 197.

PLANCHET (P.), « La mutation des espaces protégés », *Juris art etc.*, 2017, n° 44, p. 26.

PLANCHET (P.), « La rénovation du cadre de la protection patrimoniale : une réforme sous le signe du compromis », *RDI*, 2017, p. 59.

PLANSON (C.) (coord.), Dossier : « Territoires : le « big bang » culturel, *La scène*, 2016, n° 80, p. 87.

- « Quel rôle a encore l'État ? », *in «* Dossier : Culture et politique : et maintenant ? », *La Scène*, 2017, n° 85, p. 70.

POIRRIER (P.), « Les territoires des Affaires culturelles. Le développement du partenariat entre l'État et les villes (1959-1999) », *Revue historique*, n° 612, PUF, 1999, p. 866.

- « La construction historique de l'État culturel », *in* POIRRIER (P.) (dir.), *Politiques et pratiques de la culture*, La Documentation française, 2010, p. 9.

POLI (J.-F.), « A travers les nouvelles compétences culturelles de la Collectivité territoriale de Corse, réflexions sur l'action culturelle, *RFDA*, 2002, p. 696.

PONGY (M.), « Municipalité en action et politiques publiques locales dans le champ de la culture », *Cahiers de L.E.R.A.S.S*, 1990, n° 21, p. 77.

PONTIER (J.-M.), « Le contentieux culturel devant le juge administratif, *RDP*, 1989, n° 6, p. 1607.

- « La danse et le droit », *AJDA*, 1990, p. 84.

- « Mémoire, administration et culture », *RA*, 1992, n° 268, p. 297.

- « Territorialisation et déterritorialisation de l'action publique », *AJDA*, 1997, p. 726.

- « Les modulations tarifaires des services publics locaux et le principe d'égalité ». A propos des décisions commune de Gennevilliers et comme de Nanterre », *RA*, 1998, n° 303, p. 406.

- « Le service public culturel existe-t-il ? », *AJDA*, 2000, p. 8.

- « Entre le national et le supranational : les droits culturels », *AJDA*, 2000, p. 52.

- « Les données juridiques de l'identité culturelle », *RDP*, 2000, p. 1271.

- « L'établissement public de coopération culturelle. Un nouvel outil juridique pour la culture ? », *AJDA*, 2002, p. 430.

- « La décentralisation en France au début du XXIe siècle », *RGCT*, 2002, n° 22, p. 104.

- « La police des spectacles », *in* CHARVIN (R.), MAUGER (B.), AUVERT (P.), PONTIER (J.-M.) (dir.), *Les contentieux du spectacle vivant*, L'Harmattan, 2004, p. 33.

- « La décentralisation culturelle et la loi du 13 août 2004 », *RFDA,* 2005, p. 697.

- « Les protocoles de décentralisation culturelle – bilan et perspectives, *JCP A*, 2005, n° 48, p. 1374.

- « Le contentieux administratif des interventions culturelles », *AJDA*, 2007, p. 1388.

- « La problématique du territoire et du droit », *in* DOAT (M.), LE GOFF (J.), PEDROT (P.) (dir.), *Droit et complexité. Pour une nouvelle intelligence du droit vivant*, PUR, Collection « L'univers des normes », 2007, p. 39 s.

- « Langues régionales : la porte ouverte ? », *AJDA*, 2008, p. 2193.

- « Ministère de la culture : inutilité, nécessité ? », *AJDA*, 2009, p. 634.

- « Le patrimoine d'intérêt local », *RLCT*, 2010, n° 56.

- « La nouvelle régulation des musées », *in* REGOURD (M.) (dir.), *Musées en mutation. Un espace public à revisiter*, L'Harmattan, 2012, p. 49.

- « L'État de proximité : quel rôle pour la déconcentration ? », *in* CHICOT (P.-Y.) (dir.), *Décentralisation et proximité. Territorialisation et efficacité de l'action publique locale*, Dalloz, 2013, p. 28.

- « Subventions, associations et fondations dans la loi relative à l'économie sociale et solidaire », *JCP A*, 2015, n° 2, p. 2026.

- « Service public et bibliothèques », *Juris art etc.*, n° 26, p. 24.

- « La compétence culture des collectivités territoriales après la loi NOTRe », *Juris art etc.*, 2016, n° 40, p. 17.

- « Culture », *Encyclopédie des collectivités locales*, Dalloz, 2017, n° 4330.

- « La politique de la labellisation », *AJDA*, 2017, p. 1700.

- « Les enjeux de la loi LCAP en matière de patrimoine », *Juris art etc.*, 2017, n° 44, p. 18.

- « L'appellation Musée de France », *Juris art etc.*, 2017, n° 52, p. 176.

- « Qu'est-ce que le local ? », *AJDA*, 2017, p. 1093.

- « Sur des notions évanescentes. Droit à la culture et droits culturels », *RDP*, 2018, n° 4, p. 1089.

- « Certificat d'exportation et classement », *AJDA*, 2018, p. 1276.

POULOT (D.), « Le patrimoine des musées : pour l'histoire d'une rhétorique révolutionnaire », *in Genèses*, Patrie, patrimoine, 1993, p. 35.

- « Les origines de l'espace public français », *in* REGOURD (M.) (dir.), *Musées en mutation. Un espace public à revisiter*, L'Harmattan, 2012, p. 19.

POUMAREDE (J.), « Décentralisation et pluralisme culturel », *Annales de l'Université des sciences sociales de Toulouse*, 1988, T. XXXVI, p. 153.

POUTHIER (F.), « Coopération publique et recomposition territoriale. De la nécessité de déplacer les bornes ! », *L'Observatoire*, 2013, n° 2, p. 71.

QUENTIN (A.), « L'État a-t-il perdu toute sa capacité d'influence ? », *La scène*, 2015, n° 77, p. 68.

RAGOT (D.), « Le cinéma est-il devenu un loisir de luxe ? Une étude économétrique de la demande Française », *Revue d'économie politique*, 2010, n° 1, p. 117.

RASLE (M.), NIDDAM (J.), « Les quotas de diffusion d'œuvres audiovisuelles et de chansons », *in* MBONGO (P.), PICCIO (C.), RASLE (M.), *La liberté de la communication audiovisuelle au début du 21e siècle*, L'Harmattan, Les médias en actes, 2013, p. 111.

RAYMUNDIE (O.), LA BROSSE DE (L.), « Régularité de la mise à disposition d'agents publics non titulaires auprès d'un groupement d'intérêt public », *AJDA*, 2005, p. 2183.

RAYNAUD (P.), RIALS (S.) (dir.), « Légitimité », *Dictionnaire de philosophie politique*, PUF, Quadrige, 3e éd., 2008.

REGOURD (M.), « Le musée un espace de communication, symbolique des mutations politiques », *in* TOBELEM (J.-M.) (coord.), *Politique et musées*, L'Harmattan, Patrimoines et Sociétés, 2001, p. 27.

- « Introduction générale », *in* REGOURD (M.) (dir.), *Musées en mutation. Un espace public à revisiter*, L'Harmattan, 2012, p. 9.

REGOURD (S.), « Le service public et la doctrine : pour un plaidoyer dans le procès en cours », *RDP*, 1987, p. 5.

- « Fonctionnalisation et déterritorialisation ou les collectivités territoriales à l'heure du marché », *Cahiers de L.E.R.A.S.S*, 1990, n° 20, p. 33.

- « Décentralisation, culture et communication », *AJDA*, 1992, p. 95.

- « Contradictions à la française », *Le Monde Diplomatique*, février 2011.

- « Intercommunalité : continuité des politiques publiques pour une révolution tranquille », *in* CARLES (J.), GUIGNARD (D.), REGOURD

(S.) (dir.), *La décentralisation 30 ans après*, Institut Fédératif de Recherche "Mutation des normes juridiques", 2014, p. 185.

RENEAUD (F.), « Inaliénaliénabilité et déclassement : quelques réflexions sur la « valeur cultutrelle » des collections publiques, *in* REGOURD (M.), *Musées en mutation. Un espace public à revisiter*, L'Harmattan, 2012, p. 139.

RIBOT (C.), VIDELIN (J.-C.), « Les modes de gestion publique du service public culturel », *AJDA*, 2000, p. 136.

RICHARD (H.), « Des bibliothèques des districts aux bibliothèques municipales » *in* VARRY (D.) (dir.), *Histoire des bibliothèques françaises. Les bibliothèques de la Révolution et du XIX*[e] *siècle : 1789 - 1914*, Editions du Cercle de la Librairie, T. 3, 2e éd., 2009, p. 60.

RIGAUD (J.), « Service public culturel et mécénat », *AJDA*, 2000, p. 29.

RIGAUDIERE (A.), « L'invention de la souveraineté », *Pouvoirs*, 1993, n° 67, p. 6.

RIOU (A.), « Le droit de la culture », *RA*, 1991, n° 260, p. 112.

- « Culture et codification », *LPA,* 21 janvier 1994, n° 9, p. 22.

- « Histoire et actualité du droit de la culture », *LPA*, 2 décembre 1994, n° 144, p. 8.

- « Culture et constitutionnalité », *LPA*, 10 février 1995, n° 18, p. 4.

RIZZARDO (R.), « La répartition réelle des rôles entre l'État et le pouvoir local », *AJDA*, 2000, p. 81.

ROLIN (F.), « L'espace public en droit administratif », *in* BUI-XUAN (O.) (dir.), *Droit et espace(s) public(s)*, Fondation Varenne, p. 59.

ROMAINVILLE (C.), *Neuf essentiels pour comprendre « les droits culturels » et le droit de participer à la vie culturelle*, Culture &Démocratie, 2013.

ROMAN (D.), « La justiciabilité des droits sociaux ou les enjeux de l'édification d'un État de droit social », *La Revue des droits de l'homme*, 2012, n° 1, p. 17.

ROTHIOT (J.-P.), « Des bibliothèques ecclésiastiques aux bibliothèques publiques. L'exemple des Vosges, 1789 – 1840 », *Annales historiques de la Révolution française*, 2011, n° 366, p. 37.

ROUAULT (M.-C.), « Compétences des collectivités territoriales et intérêt public local », *JCl. Collectivités territoriales*, fasc. 383, 2018.

ROUET (F.), « Le retour de la question tarifaire », *in* ROUET (F.) (dir.), *Les tarifs de la culture*, La Documentation française, 2002, p. 11.

ROUJOU DE BOUBEE (P.), « Le référé-liberté Dieudonné. Liberté d'expression, de réunion et ordre public », *Les Annales de l'Université Toulouse 1 Capitole*, PUSS, T. 15, 2015, p. 71.

ROULAND (N.), « Les politiques juridiques de la France dans le domaine linguistique », *RFDC*, 1998, n° 35, p. 517.

ROUX (M.), « Protection du patrimoine culturel : la propriété publique mobilisée », *AJDA*, 2018, p. 313.

- « Un tout petit pas en faveur des langues régionales », *DA*, 2021, n°7, alerte 10.

ROYER (E.), « Mise en œuvre de la réforme des archives », *AJDA*, 2009, p. 1688.

- « L'intérêt public local : une précision utile pour l'accès des collectivités territoriales à la commande publique », *AJCT*, 2015.

- « Le financement de la politique culturelle et l'impact de la délégation de l'instruction et de l'octroi d'aides ou de subventions », *Juris art etc.*, 2016, n° 40, p. 24.

- « Culture – Labels – De nouvelles règles », *Juris tourisme*, 2017, n° 197, p. 8.

RUBIO (J.), GUILLOT (G.), *Organiser un évènement artistique dans l'espace public. Guide des bons usages*, Hors les murs, 2017.

SAEZ (G.), « Villes et culture : un gouvernement par la coopération », *Pouvoirs*, 1995, n° 73, p. 109.

SAEZ (J.-P.), « Les dessous des droits culturels », *in* FUCHS (B.), GUILLON (V.), JEANDEL (A.-A.), PIGNOT (L.), SAEZ (J.-P.) (coord.), « Dossier : Droits culturels : controverses et horizons d'action », *l'Observatoire*, 2017, n° 49, p. 15.

- « Culture et intercommunalité : les nouveaux défis. Introduction à la démarche de concertation territoriale du Conseil départemental des Côtes d'Armor », *L'Observatoire*, 26 mars 2018, p. 6.

SALAZAR-MARTIN (F.), « Les droit culturels : un, outil d'interrogation et non une réponse », *in* FUCHS (B.), GUILLON (V.), JEANDEL (A.-A.), PIGNOT (L.), SAEZ (J.-P.) (coord.), « Dossier : Droits culturels : controverses et horizons d'action », *l'Observatoire*, 2017, n° 49, p. 17.

SANTULLI (C.), « Souveraineté externe », *in* MBONGO (P.), HERVOUËT (F.), SANTULLI (C.) (dir.), *Dictionnaire encyclopédique de l'État,* Berger-Levrault, 2014, p. 857.

SAUNIER (S.), « Les entreprises publiques culturelles », *RFDA*, 2014, p. 880.

- « Rire et service public », *in* GUIGNARD (D.), REGOURD (S.), SAUNIER (S.), *Rire, Droit et Société*, Institut Universitaire Varenne, Colloques et essais, 2018, p. 173.

SEGAS (S.), « Les enjeux politiques de l'instrumentation territoriale de l'action publique de développement : le cas du pays « Pays basque » (1992-2002) », *in* BOINO (P.), DESJARDINS (X.), *Intercommunalité : politique et territoire*, La Documentation française, 2009, p. 161.

SEILER (B.), « La censure a toujours tort », *AJDA*, 2014, p. 129.

SEURIN (J.-L.), « Les origines historiques de la séparation des pouvoirs », *Etudes offertes à Jean-Marie Auby*, Dalloz, 1992, p. 652.

SOLEIL (S.), « L'Ordonnance de Villers-Cotterêts cadre juridique de la politique linguistique des rois de France ? » *in* LE POURHIET (A.-M.) (dir.), *Langue(s) et constitution(s)*, Economica, 2004, p. 19.

SOREL (J.-M.), « Article 31 – Convention de 1969 » *in* CORTEN (O.), KLEIN (P.) (dir.), *Les conventions de Vienne sur le droit des traités*, p. 1318.

SOUBELET (P.), « Corridas : confusion sur « la tradition locale ininterrompue », *D.*, 2002, p. 2267.

SUR (S.), « Autodétermination des peuples en Europe : manifeste pour l'indépendance », *D.*, 2018, p. 712.

TAILLEFAIT (A.), « Les pôles métropolitains et les pôles d'équilibre territoriaux et ruraux », *AJDA*, 2014, p. 625.

TEILLET (P.), « Ce que les droits culturels f (er) ont aux politiques culturelles », *in* FUCHS (B.), GUILLON (V.), JEANDEL (A.-A.), PIGNOT (L.), SAEZ (J.-P.) (coord.), « Dossier : Droits culturels : controverses et horizons d'action », *l'Observatoire*, 2017, n° 49, p. 20.

TEXIER (B.), « Accès aux archives : la gratuité est-elle « banalisante et dévalorisante » ? », archIMAG, 18 avril 2014, [en ligne], www.archimag.com.

THURIOT (F.), « Les musées sur fond de réforme des collectivités territoriales », *AJCT*, 2011, p. 156.

TIFINE (P.), « A propos des rapports entre l'usage, la coutume, et la loi », *RFDA*, 2002, p. 496.

TOUZEAU-MOUFLARD (L.), « Les travaux sur les immeubles protégés après la loi du 7 juillet 2016 », *RDI*, 2017, p. 64.

TOUZEIL-DIVINA (M.), « « Ah ! Je ris ! » : du rire – en France – au théâtre lyrique : condamné et contenu par le Droit mais amplifié sur les scènes d'Opéra », *in* GUIGNARD (D.), REGOURD (S.), SAUNIER (S.), *Rire, Droit et Société*, Institut Universitaire Varenne, Colloques et essais, 2018, p. 235.

TRUCHET (D.), « Nouvelles récentes d'un illustre vieillard. Label de service public et statut du service public », *AJDA*, 1982, p. 429.

- « Réponse à un article de Serge Regourd : « Label de service public et droit administratif », *RDP*, 1987, p. 501.

TURPIN (D.), « Compétences régionales », *JCl. collectivités territoriales*, fasc. 281-20, 2018, p. 107.

VAN VLIET (N.), « Edito », *in* EY, *Les collectivités à l'heure du mécénat*, EY, Régions de France, 2e éd., septembre 2016, p. 4.

- « Les collectivités à l'heure du mécénat », Dossier : Collectivités territoriales – les élues du mécénat, *JA*, 2017, n° 569, p. 21.

VARRY (D.), « Il faut que les lumières arrivent par torrent. La Révolution française et la création des bibliothèques publiques : projets et réalités », *Bull. Bibl. France*, Paris, 1989, n° 2-3, p. 162.

- « Les confiscations révolutionnaires », *in* VARRY (D.) (dir.), *Histoire des bibliothèques françaises Les bibliothèques de la Révolution et du XIXe siècle : 1789 - 1914*, Editions du Cercle de la Librairie, T. 3, 2e éd., 2009, p. 7.

VASSEUR (J.-L.), « Les enjeux de la tarification des services publics locaux », *Les cahiers juridiques de La Gazette*, 2017, n° 203, p. 12.

VEITL (A.), « Des politiques et des musiques », *in* POIRRIER (P.) (dir.), *Politiques et pratiques de la culture*, La Documentation française, 2010, p. 144.

VERJAT (A.), « Du neuf pour les collections des musées », *Juris art etc.*, 2017, n° 44, p. 34.

VERPEAUX (M.), « Intercommunalité et service public culturel », *AJDA*, 2000, p. 115.

- « La reconnaissance constitutionnelle des langues régionales », *LPA*, n° 254, 2008, p. 123.

VIGNER (G.), « L'école française et les langues régionales XIXe-XXe siècles », *Documents pour l'histoire du français langue étrangère ou seconde*, 45, 2010.

VIGUIER (J.), « Que devient la liberté d'expression cinématographique ! » *in Pouvoir et Liberté : études offertes à Jacques Mourgeon.*, Bruylant, 1998, p. 687.

- « L'expression cinématographique en France : liberté réelle ou/et liberté formelle », *in Mélanges offerts à Jean-Pierre Marichy*, Toulouse, Presses IEP, 2003, p. 151.

- « La décentralisation territoriale est-elle encore au XXIe siècle une « manière d'être » de l'État ? » *in* KRYNEN (J.), HECQUARD-THERON (M.) (dir.), *Regards critiques sur quelques (r) évolutions récentes du droit*, Les travaux de l'IFR Mutation des Normes Juridiques, PUSS de Toulouse, 2005, T. 2, p. 619.

- « La primauté de la langue nationale française sur les langues régionales secondes », *RDP*, 2009, n° 6, p. 1635.

- « La décentralisation : d'une manière d'être de l'État vers une manière d'être hors de l'État », *in* REGOURD (S.), CARLES (J.),

GUIGNARD (D.) (dir.), *La décentralisation 30 ans après*, LGDJ, 2013, p. 29.

- « Pour en finir avec la polémique relative aux Actes de la décentralisation », *AJDA*, 2013, p. 1993.

- « La primauté de la langue française sur les langues régionales », *in* LA MORENA DE (F.) (dir.), *Les symboles de la République. Actualité de l'article 2 de la Constitution de 1958*, PUT, 2014, p. 40.

- « Rire, cinéma et… droit », *in* GUIGNARD (D.), REGOURD (S.), SAUNIER (S.), *Rire, Droit et Société*, Institut Universitaire Varenne, Colloques et essais, 2018, p. 257.

VILLIERS DE (M.), LE DIVELLEC (A.), « Légitimité », *Dictionnaire du droit constitutionnel*, Sirey, 9e éd., 2013, p. 209.

VIVIEN (A.-C.), « Place des subventions au regard des marchés publics et DSP », *JA*, 2016, p. 32.

VON BUSEKIST (A.), « Les révolutionnaires et la politique des langues », *in* LE POURHIET (A.-M.) (dir.), *Langue(s) et constitution(s)*, Economica, 2004, p. 35.

WAGENER (N.), « Quel droit et quelle loi pour les bibliothèques ? », *Juris art etc.*, 2015, n° 26, p. 20.

- « Nouveaux enjeux de la décentralisation », *Juris art etc.*, 2015, n° 26, p. 28.

- « Patrimoine mobilier – Domaine public – Revendications de biens culturels passés en mains privées (suite), *Juris art etc.*, 2016, n° 32, p. 14.

- « Le rôle archéologique du droit de l'urbanisme », *Juris art etc.*, 2016, n° 37, p. 35.

- « *Cloud* souverain et archives publiques », *Juris art etc.*, 2017, n° 43, p. 38.

- « La réforme du droit de l'archéologie », *RDI*, 2017, p. 68.

WAGENER (N.), TOUZELIN (D.), NAVARRO (P.), « Patrimoine mobilier – Revendications par l'État des biens culturels en mains privées : quelles pratiques ? », *Juris art etc.*, 2016, n° 31, p. 38.

WALLIG (R.), « Le mécénat culturel. Une histoire au service des musées », *Cahiers espaces*, 2005, n° 87, p. 25.

WALLON (E.), « Le théâtre et les spectacles », *in* POIRRIER (P.) (dir.), *Politiques et pratiques de la culture*, La Documentation française, 2010, p. 113.

- « Avis de turbulences pour les politiques culturelles territoriales », *Nectart*, 2015, n° 1, p. 69.

SOURCES INTERNES

Sources légales et administratives

Anciennes (avant 1959)

Sources légales et réglementaires

Lettres du 23 février 1535 de François Ier. V. Académies des sciences morales et politiques, *Catalogue des actes de François Ier*, T. 3, Paris, 1889, p. 23.

Ordonnance de Montpellier du 28 décembre 1537 de François I[e], [en ligne], www.bnf.fr.

Ordonnance de Villers-Cotterêts, 1539, [en ligne], www.gallica.fr.

Édict du Roy touchant la congnoissance, jurisdiction et jugementdes procès des luthériens et hérétiques, appartenans à tous juges royaux et présidiaulx (Henri II) ; 26 juin 1551 ; Publié en la court de parlement, à Paris, le 3e jour de septembre, Paris, 1551, [en ligne], www.gallica.fr.

Ordonnances du Roy pour la réformation et reiglement de la justice, tant ès cours souveraines que inférieures (Charles IX), février 1566, Paris, 1572, [en ligne], www.gallica.fr.

Ordonnance du roy Louis XIII sur les plaintes et doléances faittes par les députés des Estats de son royaume convoqués et assemblés en la ville de Paris en 1614 (Louis XIII), publiée au Parlement le 15 janvier 1629, *in Code de la librairie et imprimerie de Paris, ou Conférence du règlement arrêté au Conseil d'État du Roy, le 28 février 1723... avec les anciennes ordonnances... depuis l'an 1332 jusqu'à présent*, 28 février 1723, Paris, 1744.

Lettres patentes pour l'établissement de l'Académie françoise de Louis XIII, Paris, janvier 1635, enregistrées au Parlement le 10 juillet, 1637 et Statuts et règlements de l'Académie françoise, 22 février 1635, *in Statuts et règlements de l'Académie française*, p. 7, [en ligne], www.academie-française.fr.

Lettres patentes de Louis XIV, février 1648, *in Etablissement de l'Académie royale de peinture et de sculpture*, Imprimerie de Jacques Collombat, imprimeur ordinaire du Roy, 1723, p. 13.

Statuts et règlements de l'Académie Royale de Peinture et de Sculpture, 1648, *in Etablissement de l'Académie royale de peinture et de sculpture*, Imprimerie de Jacques Collombat, imprimeur ordinaire du Roy, 1723, p. 7.

Ordonnance de Louis XIV Roy de France et de Navarre donnée à Saint Germain en Laye, chez les Associez choisis par ordre de sa majesté pour l'impression de ses nouvelles ordonnances, avril 1667, [en ligne] (bibliothèque de Lyon), numelyo.bm-lyon. fr.

Lettres patentes de Louis XIV, novembre 1676, *in Etablissement de l'Académie royale de peinture et de sculpture*, Imprimerie de Jacques Collombat, imprimeur ordinaire du Roy, 1723, p. 91.

Règlement pour l'établissement des Ecoles Académiques de Peinture et Sculpture dans toutes les Villes du Royaume où elles seront jugées nécessaires, 1676, *in Etablissement de l'Académie royale de peinture et de sculpture*, Imprimerie de Jacques Collombat, imprimeur ordinaire du Roy, 1723, p. 94.

Arrêt du Conseil du 21 juillet 1704 reproduit *in* Code de la librairie. *Code de la librairie et imprimerie de Paris, ou Conférence du règlement arrêté au Conseil d'État du Roy, le 28 février 1723… avec les anciennes ordonnances… depuis l'an 1332 jusqu'à présent*, 28 février 1723, Paris, 1744, p. 201.

Code de la librairie et imprimerie de Paris, ou Conférence du règlement arrêté au Conseil d'État du Roy, le 28 février 1723… avec les anciennes ordonnances… depuis l'an 1332 jusqu'à présent (Louis XV), 28 février 1723, Paris, 1744.

Déclaration du Roy, Concernant la forme de tenir les registres de Batêmes, Mariages, Sepultures, Vestures, Noviciats & Professions ; Et des Extraits qui en doivent être delivrez, (Louis XV), 9 Avril 1736, [en ligne], www.gallica.fr.

Arrêt du Conseil du 31 mars 1739 reproduit *in* Code de la librairie. *Code de la librairie et imprimerie de Paris, ou Conférence du règlement arrêté au Conseil d'État du Roy, le 28 février 1723… avec les anciennes ordonnances… depuis l'an 1332 jusqu'à présent*, 28 février 1723, Paris, 1744, p. 203.

Règlements pour l'Académie françoise donnés par le roi (Louis XV), Marly, 30 mai 1752, *in Statuts et règlements de l'Académie française*, p. 27, [en ligne], www.academie-française.fr.

Décret du 2 Novembre 1789 relatif à la disposition des Biens Ecclésiastiques, reproduit *in Notes et Remarques sure le Décret du 2 Novembre 1789 relatif à la disposition des Biens Ecclésiastiques*, chez G. Desprer, 1789, p. 1.

Lettres patentes, 27 novembre 1789 concernant la conservation des biens ecclésiastiques et celle des archives et bibliothèques des monastères et chapitre (voir dans le même sens les Lettre patentes du 18 novembre) reproduit *in* CHAMPOLLION – FIGEAC (A.), *Manuel de l'archiviste*, Paris, chez Paul Dupont et J. B. Dumoulin, 1860, p. 1.

Instructions de l'Assemblée nationale, du 8 janvier 1790, relatives à la formation des assemblées représentatives et des corps administratifs reproduit en partie *in* CHAMPOLLION – FIGEAC (A.), *Manuel de l'archiviste*, Paris, chez Paul Dupont et J. B. Dumoulin, 1860, p. 2.

Proclamation du roi du 20 avril 1790 concernant les comptes à rendre par les anciens administrateurs aux nouveaux corps administratifs, et la remise des pièces et papiers relatifs à l'administration de chaque département, reproduite en partie *in* CHAMPOLLION – FIGEAC (A.), *Manuel de l'archiviste*, Paris, chez Paul Dupont et J. B. Dumoulin, 1860, p. 3.

Décret du 7 septembre 1790 relatif aux archives nationales, LEPEC (M.), *Recueil général des Lois, décrets, ordonnances etc...*, T 1, Paris, 1839, p. 279.

Décret du 13 octobre 1790, sur l'instruction publique, la conservation des établissements devenus domaines nationaux, et les monuments publics, dépôts, bibliothèques, etc, qui existent à Paris (adopté suite au rapport Talleyrand du 13 octobre 1790), *in Collection générale des décrets rendus par l'Assemblée nationale*, Paris, chez Baudouin, 1790, p. 73.

Décret du 23 octobre 1790, sur la désignation des biens nationaux à vendre dès à présent ; sur leur administration jusqu'à la vente, sur les créanciers particuliers des différentes maisons et sur l'indemnité de la dîme inféodée, *in Collection générale des décrets rendus par l'Assemblée nationale*, Paris, chez Baudouin, 1790, p. 136.

Constitution du 3 septembre 1791, *in* MELIN-SOUCRAMANIEN (F.) (prés.), Les constitutions de la France de la Révolution à la IVe République, Dalloz, 2009, p. 5.

Décret du 9 février 1792 relatif au séquestre des biens émigrés, LE CARON (P. L.), *Code des émigrés*, Paris, A. Guyot, 1825, p. 38.

Décret 14 août 1792, tendant à convertir en canon les œuvres d'art et monuments en bronze qui se trouvent dans les établissements publics et royaux, *Archives parlementaires*, vol. XLVIII, p. 116.

Décret du 16 septembre 1792, relatif au triage et à la conservation des statues, vases et autres monumens des arts qui se trouvent dans les maisons ci-devant royales et autres édifices nationaux reproduit *in* DUVERGIER (J.-B.), *Collection complète des Lois, Décret, Ordonnances, Réglemens, Avis du Conseil-D'Etat*, Paris, chez A. Guyot et Scribe, T. 4, 1824, p. 534.

Décret du 16 septembre 1792 qui réunit à la commission des monuments la commission nommée en vertu du décret du 11 août, reproduit *in* DUVERGIER (J.-B.), *Collection complète des Lois, Décret, Ordonnances, Réglemens, Avis du Conseil-D'Etat*, Paris, chez A. Guyot et Scribe, T. 6, 2e éd., 1834, p. 458.

Décret du 20 septembre 1792 qui détermine le mode de constater l'état civil des citoyens, [en ligne], www.gallica.fr.

Décret du 13 avril 1793 qui prononce la peine de deux ans de détention contre ceux qui mutileront ou casseront les chefs-d'œuvre de sculpture des lieux publics, *in* DUVERGIER (J.-B.), *Collection complète des Lois, Décret, Ordonnances, Réglemens, Avis du Conseil-D'Etat*, Paris, chez A. Guyot et Scribe, T. 5, 1825, p. 248.

Décret du 6 juin 1793 concernant la peine applicable pour dégradation de monumens nationaux, *in* DUVERGIER (J.-B.), *Collection complète des Lois, Décret, Ordonnances, Réglemens, Avis du Conseil-D'Etat*, Paris, chez A. Guyot et Scribe, T. 5, 1825, p. 319.

Décret du 8 août 1793 portant suppression de toutes les académies et sociétés littéraires ou dotées par la nation, reproduit *in* DUVERGIER (J.-B.), *Collection complète des Lois, Décrets, Ordonnances, Réglemens, Avis du Conseil-D'Etat*, Paris, chez A. Guyot et Scribe, T. 6, 2e éd., 1834, p. 77.

Décret 8 pluviôse an II (27 janvier 1794), relatif à l'établissement de bibliothèques publiques dans les districts, Archives nationales, Paris, Imprimerie nationale exécutive du Louvre, 1794, p. 1.

Loi du 7 messidor an II (25 juin 1794) concernant l'organisation des archives établies auprès de la représentation nationale, *Bulletin des lois 12,* N° 58.

Décret 14 fructidor an II (31 août 1794), reproduit *in* GREGOIRE (H.), 14 fructidor an II (31 août 1794), *Rapport sur les destructions opérées par le vandalisme, et sur les moyens de le réprimer*, Paris, Imprimerie nationale, 1794, p. 27.

Décret du 2 thermidor an II, reproduit *in* MERLIN (P.-A.), *Répertoire universel et raisonné de jurisprudence*, Paris, chez Garnery, T. VI, 3e éd., 1808, p. 661.

Décret relatif à l'établissement des écoles nationales, 9 brumaire an III, *R.L.R.*, T. 1, deuxième section, p. 26, [en ligne] (Laboratoire de recherche historique Rhône-Alpes), rhe.ish-lyon. cnrs.fr.

Décret relatif aux écoles primaires, 27 brumaire an III (17 novembre 1794), *Bulletin annoté des lois, décrets et ordonnances depuis le mois de juin 1789 jusqu'au mois d'août 1830*, Paris, Paul Dupont éditeur, T. 5, 1835, p. 401.

Règlements pour la Bibliothèque nationale, 12 fructidor an IV (29 août 1796), *in Recueil des décrets, ordonnances, arrêtés et règlements concernant le régime de la Bibliothèque royale (an IV-1847)*, Paris, de Guiraudet et Jouaust, 1848, p. 12.

Loi du 21 fructidor an IV (7 septembre 1796), relative aux fonctions des corps administratifs, reproduite en partie *in* CHAMPOLLION – FIGEAC (A.), *Manuel de l'archiviste*, Paris, chez Paul Dupont et J. B. Dumoulin, 1860, p. 3.

Loi du 5 brumaire an V (26 octobre 1796) qui ordonne la réunion dans les chefs-lieux de département, de tous les titres et papiers acquis à la République, reproduite *in* CHAMPOLLION – FIGEAC (A.), *Manuel de l'archiviste*, Paris, chez Paul Dupont et J. B. Dumoulin, 1860, p.8.

Arrêté du 14 fructidor IX (31 août 1801), reproduit *in* LA VILLE DE MIRMONT DE (H.), *Histoire du musée de Bordeaux*, Feret et fils, T. 1, 1899, Chap. 3, p. 42.

Loi du 11 Floréal An X (1er mai 1802), loi générale sur l'instruction publique, [en ligne], www.education.gouv.fr.

Décret du 8 pluviôse an XI (28 janvier 1803) plaçant les bibliothèques sous la surveillance des municipalités, *in* ROBERT (U.), *Recueil de lois, décrets, ordonnances, arrêtés, circulaires, etc. concernant les bibliothèques publiques, communales, universitaires, scolaires et populaires*, Paris, H. Champion, 1883, p. 73.

Arrêté du 24 prairial an XI, reproduit *in* MERLIN (P.-A.), *Répertoire universel et raisonné de jurisprudence*, Paris, chez Garnery, T. VI, 1808, 3e éd., p. 661.

Décret du 8 juin 1806, sur le théâtre, reproduit *in* VIVIEN (M.), EDMOND BLANC (M.), *Traité de la législation des théâtres*, Brissot-Thivars éditeur, 2e éd., 1830, p. 359.

Règlement du 25 avril 1807, sur le théâtre, VIVIEN (M.), EDMOND BLANC (M.), *Traité de la législation des théâtres*, Brissot-Thivars éditeur, 2e éd., 1830, p. 362.

Ordonnance du roi concernant la nouvelle organisation de l'Institut (Louis XVIII), 21 mars 1816 ; Statuts de l'Académie française délibérés dans sa séance extraordinaire VIII, 21 juin 1816 ; *Décision royale sur les honneurs accordés à l'Académie française* (Louis XVIII), 10 juillet 1816, *in Statuts et règlements de l'Académie française*, p. 35 s., p. 39 s., p. 47 s., [en ligne], www.academie-française.fr.

Règlement pour la Bibliothèque royale, 31 décembre 1828, *in Recueil des décret,, ordonnances, arrêtés et règlements concernant le régime de la Bibliothèque royale (an IV-1847)*, Paris, de Guiraudet et Jouaust, 1848, p. 29.

Règlement concernant la Bibliothèque royale, 26 mars 1833, *in Recueil des décret,, ordonnances, arrêtés et règlements concernant le régime de la Bibliothèque royale* (an IV-1847), p. 60.

Circulaire du 29 octobre 1830 sur la création d'un poste d'Inspecteur général des monuments historiques, [en ligne], archives.gironde.fr.

Circulaire du 10 août 1837, *in Note, circulaires et rapports sur le service de la conservation des monuments historiques*, Paris, Imprimerie impériale, 1862, p. 13.

Loi du 10 mai 1838, *sur les attributions des conseils généraux et des conseils d'arrondissement*, reproduite *in* CHAMPOLLION – FIGEAC (A.), *Manuel de l'archiviste*, Paris, chez Paul Dupont et J. B. Dumoulin, 1860, p. 10.

Circulaire du 29 décembre 1838, *in Note, circulaires et rapports sur le service de la conservation des monuments historiques*, Paris, Imprimerie impériale, 1862, p. 18.

Ordonnance du Roi concernant l'organisation des bibliothèques publiques , 22 février 1839, *in* ROBERT (U.), *Recueil de lois décrets, ordonnances arrêtés circulaires etc. concernant les bibliothèques publiques, communales universitaires, scolaires et populaires*, Paris, H. Champion, 1883, p. 57.

Circulaire du 19 février 1841, *in Note, circulaires et rapports sur le service de la conservation des monuments historiques*, Paris, Imprimerie impériale, 1862, p. 21.

Loi du 3 mai 1841, Expropriation pour cause d'utilité publique, *JO*, 20 août 1944, p. 120.

Circulaire du 18 septembre 1841, *in Note, circulaires et rapports sur le service de la conservation des monuments historiques*, Paris, Imprimerie impériale, 1862, p. 18.

Circulaire du 31 octobre 1845, *in Note, circulaires et rapports sur le service de la conservation des monuments historiques*, Paris, Imprimerie impériale, 1862, p. 25.

Ordonnance du roi et règlement concernant les Archives du Royaume, 15 novembre 1846, Paris, Firmin Didot, 1846, p. 13.

Loi du 22 mars 1890 sur les syndicats de communes, *JO*, 6 mars 1890, p. 91.

Loi du 5 avril 1884 relative à l'organisation municipale, *JO*, 6 avril 1884 p. 1557.

Arrêté du 18 janvier 1887 et Règlement scolaire modèle pour servir à la rédaction des règlements départementaux relatifs aux écoles primaires, [en ligne], www.inrp.fr.

Loi du 30 mars 1887, pour la conservation des monuments et objets d'art ayant un intérêt historique et artistique, *JO*, 31 mars 1887, p. 1521.

Loi du 31 décembre 1913, sur les monuments historiques, *JORF*, 4 janvier 1914, p. 129.

Ordonnance n° 45-1546 du 13 juillet 1945 portant organisation provisoire des musées des beaux-arts, *JO*, 14 juillet 1945, p. 4342.

Décret n° 45-2098 du 13 septembre 1945 portant application de la loi du 27 septembre 1941 sur la réglementation des fouilles archéologiques, *JO*, 14 septembre 1945 p. 5756.

Ordonnance n° 45-2339 du 13 octobre 1945 relative aux spectacles, *JO*, 14 octobre 1945, p. 6505.

Ordonnance n° 45-2678 du 2 novembre 1945 création d'une bibliothèque centrale de prêt dans certains départements, *JO*, 4 novembre 1945, p. 7241.

Décret n° 46-272 du 21 février 1946 portant organisation d'agences des bâtiments de France pour l'entretien des bâtiments civils et palais nationaux, *JO*, 22 février 1946 p. 1578.

Loi n° 46-2360 du 25 octobre 1946 Création du Centre national de la cinématographie, *JO*, 26 octobre 1946, p. 9070.

Loi n° 47-1775 du 10 septembre 1947 portant statut de la coopération, *JO*, 11 septembre 1947, p. 9088.

Loi n° 51-46, 11 janvier 1951, relative à l'enseignement des langues et dialectes locaux, *JO*, 13 janvier 1951, p. 483.

Loi n° 51-461, du 24 avril 1951 portant modification de la loi du 02 -07 -1850 relative aux mauvais traitements envers les animaux, *JO*, 25 avril 1951, p. -4139.

Autres sources administratives : rapports, discours

COMITE DE SALUT PUBLIC, *Rapport du Comité de Salut Public sur les idiomes*, Archives parlementaires, 1ère série, T. LXXXIII, séance du 8 pluviôse an II, n° 18 pp. 713-717, Paris, éd. CNRS, 1961, reproduit *in* CERTEAU DE (M.), JULIA (D.), REVEL (J.), *Une politique de la langue. La Révolution française et les patois*, Gallimard, 1975, p. 291.

COMITE DE SALUT PUBLIC, *Rapport sur la nécessité et les moyens d'anéantir les patois et d'universaliser l'usage de la langue française*, séance du 16 prairial an II (6 juin 1794), reproduit *in* CERTEAU DE (M.), JULIA (D.), REVEL (J.), *Une politique de la langue. La Révolution française et les patois*, Gallimard, 1975, p. 302.

PERSIGNY DE (F.), ministre de l'Intérieur, Rapport au prince – président sur le décret du 25 mars 1852 renforçant le pouvoir des préfets.

GREGOIRE (H.), 14 fructidor an II (31 août 1794), *Rapport sur les destructions opérées par le vandalisme, et sur les moyens de le réprimer*, Paris, Imprimerie nationale, 1794.

GREGOIRE (H.), 22 germinal an II (11 avril 1794), *Rapport sur la bibliographie*, Imprimerie Quiber-Pallissaux, 1794.

GREGOIRE (H.), Adresse de la Convention nationale, portant invitation au peuple français d'apprendre et de respecter la langue nationale, 16 prairial an II (6 juin 1794), *in Choix de rapports, opinions et discours prononcés à la Tribune Nationale depuis 1789 jusqu'à ce jour*, T. XV, année 1794-1795, Paris, Alexis Eymery, 1821, p. 255.

GUIZOT (F.), *Rapport présenté au Roi le 21 octobre 1830 pour faire instituer un inspecteur général des monuments historiques en France*, reproduit *in* GUIZOT (F.), *Mémoires pour servir à l'histoire de mon temps*, Paris, M. Lévy Frères, T. 2, p. 385.

MINISTRE DE L'INTERIEUR, *Rapport présenté aux Consuls de la République par le ministre de l'Intérieur*, le 13 fructidor an IX, reproduit *in* LA VILLE DE MIRMONT DE (H.), *Histoire du musée de Bordeaux*, Feret et fils, T. 1, 1899, Chap. 3 p. 41.

MINISTERE D'ÉTAT, *Note, circulaires et rapports sur le service de la conservation des monuments historiques*, Paris, Imprimerie impériale, 1862.

VILLAR (N. G. L.), 6 vendémiaire an IV (28 septembre 1795), *Rapport sur l'organisation de la Bibliothèque nationale, Recueil des décrets, ordonnances, arrêtés et règlements concernant le régime de la Bibliothèque royale (an IV-1847)*, Paris, de Guiraudet et Jouaust, 1848, p. 1.

Récentes (à partir de 1959)

Sources légales

Loi n° 71-588 du 16 juillet 1971 sur les fusions et regroupements de communes, *JO*, 18 juillet 1971, p. 7091.

Loi n° 75-620 du 11 juillet 1975 relative à l'éducation, *JO*, 12 juillet 1975, p. 7180.

Loi de 1979 (Loi n° 79-18 du 3 janvier 1979 sur les archives, *JO*, 5 janvier 1979, p. 43.

Loi n° 82-213 du 2 mars 1982 relative aux droits et libertés des communes, des départements et des régions, *JO*, 3 mars 1982, p. 730.

Loi n° 82-214 du 2 mars 1982 portant statut particulier de la région de Corse : organisation administrative, *JO*, 3 mars 1982, p. 748.

Loi n° 82-653 du 29 juillet 1982 portant réforme de la planification, *JO*, 30 juillet 1982, p. 2441.

Loi n° 83-663 du 22 juillet 1983 relative à la répartition des compétences entre les communes, les départements, les régions et l'État, *JO*, 23 juillet, 1983, p. 2292.

Loi n° 86-1067 du 30 septembre 1986 relative à la liberté de communication, *JO*, 1 octobre 1986, p. 11755.

Loi n° 87-571 du 23 juillet 1987 sur le développement du mécénat, *JO*, 24 juillet 1987, p. 8255.

Loi n° 91-428 du 13 mai 1991 portant statut de la collectivité territoriale de Corse, *JO*, 14 mai 1991, p. 6318.

Loi d'orientation n° 92-125 du 6 février 1992 relative à l'administration territoriale de la République, *JO*, 8 février 1992, p. 2064.

Loi 92-651 du 13 juillet 1992 relative à l'action des collectivités locales en faveur de la lecture publique et des salles de spectacle cinématographique, *JO*, 16 juillet 1992, p. 9514.

Loi n° 94-665 du 4 août 1994 relative à l'emploi de la langue française, *JO*, 5 août 1994, p. 11392.

Loi n° 95-73 du 21 janvier 1995 d'orientation et de programmation relative à la sécurité, *JO*, 24 janvier 1995, p. 1249.

Loi n° 95-115 du 4 février 1995 d'orientation pour l'aménagement et le développement du territoire, *JO*, 5 février 1995, p. 1973.

Loi n° 96-142 du 21 février 1996 relative à la partie législative du Code général des collectivités territoriales, *JO*, 24 février 1996, p. 2992.

Loi n° 99-198 du 18 mars 1999 portant modification de l'ordonnance n° 45 -2339 du 13 octobre 1945 relative aux spectacles, *JO*, 19 mars 1999, p. 4047.

Loi n° 99-533 du 25 juin 1999 d'orientation pour l'aménagement et le développement durable du territoire et portant modification de la loi n° 95 -115 du 4 février 1995 d'orientation pour l'aménagement et le développement du territoire, *JO*, 29 juin 1999, p. 9515, texte n° 2.

Loi n° 99-586 du 12 juillet 1999 relative au renforcement et à la simplification de la coopération intercommunale, *JO*, 13 juillet 1999, p. 10361.

Loi n° 2000-321 du 12 avril 2000 relative aux droits des citoyens dans leurs relations avec les administrations, *JO*, 13 avril 2000, p. 5646, texte n° 1.

Loi n° 2001-624 du 17 juillet 2001 portant diverses dispositions d'ordre social, éducatif et culturel, *JO*, 18 juillet 2001, p. 11496 (modifiée 2014).

Loi n° 2001-1062 du 15 novembre 2001 relative à la sécurité quotidienne, *JO*, 16 novembre 2001, p. 18215.

Loi n° 2002-5 du 4 janvier 2002 relative aux musées de France, *JO*, 5 janvier 2002 p. 305.

Loi n° 2002-6 du 4 janvier 2002 relative à la création d'établissements publics de coopération culturelle, *JO*, 5 janvier 2002, p. 309.

Loi n° 2002-92 du 22 janvier 2002 relative à la Corse, *JO*, 23 janvier 2002, p. 1503, texte n° 1.

Loi n° 2002-276 du 27 février 2002 relative à la démocratie de proximité, *JO*, 28 février 2002, p. 3808.

Loi n° 2004-809 du 13 août 2004 relative aux libertés et responsabilités locales, *JO*, 17 août 2004, p. 14545.

Loi n° 2006-450 du 18 avril 2006 de programme pour la recherche, *JORF* n° 92, 19 avril 2006, p. 5820.

Loi n° 2006-723 du 22 juin 2006 modifiant le code général des collectivités territoriales et la loi n° 2002-6 du 4 janvier 2002 relative à la création d'établissements publics de coopération culturelle, *JO*, 23 juin 2006, p. 9427.

Loi n° 2010-559 du 28 mai 2010 pour le développement des sociétés publiques locales, *JO*, 29 mai 2010, p. 9697, texte n° 1.

Loi n° 2010-1563 du 16 décembre 2010 de réforme des collectivités territoriales, *JO*, 17 décembre 2010, p. 22146.

Loi n° 2011-525 du 17 mai 2011 de simplification et d'amélioration de la qualité du droit, *JO*, 18 mai 2011, p. 8537.

Loi n° 2013-403 du 17 mai 2013 relative à l'élection des conseillers départementaux, des conseillers municipaux et des conseillers communautaires, et modifiant le calendrier électoral, *JO*, 18 mai 2013, p. 8242, texte n° 2.

Loi n° 2014-58 du 27 janvier 2014 de modernisation de l'action publique territoriale et d'affirmation des métropoles, *JO*, 28 janvier 2014, p. 1562.

Loi n° 2014-173 du 21 février 2014 de programmation pour la ville et la cohésion urbaine, *JO*, 22 février 2014, p. 3138.

Loi n° 2014-856 du 31 juillet 2014 relative à l'économie sociale et solidaire, *JO*, 1er août 2014, p. 12666, texte n° 2 ; *JA*, 2014, p. 29, obs. BENAZETH ; *AJDA*, 2014, p. 1517, obs. PASTOR.

Loi n° 2014-873 du 4 août 2014 pour l'égalité réelle entre les femmes et les hommes, *JO*, 5 août 2014, p. 12949.

Loi n° 2014-1352 du 13 novembre 2014 autorisant la ratification du protocole facultatif se rapportant au pacte international relatif aux droits économiques, sociaux et culturels, *JO*, 14 novembre 2014, p. 19162, texte n° 4.

Loi n° 2015-29 du 16 janvier 2015 relative à la délimitation des régions, aux élections régionales et départementales et modifiant le calendrier électoral, *JO*, 17 janvier 2015, p. 777, texte n° 1.

Loi n° 2015-991 du 7 août 2015 portant nouvelle organisation territoriale de la République, *JO*, 8 août 2015, p. 13705.

Loi n° 2016-925 du 7 juillet 2016 relative à la liberté de la création, à l'architecture et au patrimoine, *JO*, 8 juillet 2016, texte n° 1.

Loi n°2019-290 du 10 avril 2019 visant à renforcer et garantir le maintien de l'ordre public lors des manifestations, *JO*, 11 avril 2019, texte n°1.

Loi n° 2019-463 du 17 mai 2019 tendant à sécuriser l'actionnariat des entreprises publiques locales, *JO*, 18 mai 2019, texte n°1.

Loi, n° 2019-816 du 2 août 2019 relative aux compétences de la Collectivité européenne d'Alsace, *JO*, 3 août 2019, texte n°1.

Loi n° 2019-1461 du 27 décembre 2019 relative à l'engagement dans la vie locale et à la proximité de l'action publique, JO, 28 décembre 2019, texte n°1.

Loi organique n° 2021-467 du 19 avril 2021 relative à la simplification des expérimentations mises en œuvre sur le fondement du quatrième alinéa de l'article 72 de la Constitution, *JO*, 20 avril 2021, texte n° 1.

Loi n° 2021-641, 21 mai 2021 relative à la protection patrimoniale des langues régionales et à leur promotion, *JO*, 23 mai 2021, texte n° 1.

Loi n° 2021-1308 du 8 octobre 2021 portant diverses dispositions d'adaptation au droit de l'Union européenne dans le domaine des transports, de l'environnement, de l'économie et des finances, *JO*, 9 octobre 2021, texte n° 1.

Loi n° 2021-1717 du 21 décembre 2021 relative aux bibliothèques et au développement de la lecture publique, *JO*, 22 décembre 2021, texte n° 3.

Loi n° 2022-217 du 21 février 2022 relative à la différenciation, la décentralisation, la déconcentration et portant diverses mesures de simplification de l'action publique locale, *JO*, 22 février 2022, texte n°3.

Sources administratives

Ordonnances, décrets et arrêtés

Décret n° 59-171 du 7 janvier 1959 portant harmonisation des circonscriptions administratives de la France métropolitaine en vue de la mise en œuvre des programmes d'actions régionales, *JO*, 11 janvier 1959, p. 761.

Décret n° 59-212 du 3 février 1959 relatif aux attributions d'un ministre d'État, *JO*, 4 février 1959, p. 1556.

Décret n° 59-889 du 24 juillet 1959 portant organisation du ministère chargé des affaires culturelles, *JO*, 26 juillet 1959, p. 7413.

Décret n° 60-516 du 2 juin 1960 portant harmonisation des circonscriptions administratives, *JO*, 3 juin 1960, p. 5007.

Décret n° 64-250 relatif aux pouvoirs des préfets, à l'organisation des services de l'État dans les départements et à la déconcentration administrative, *JO*, 20 mars 1964, p. 2588.

Décret n° 64-251 relatif à l'organisation des services de l'État dans les circonscriptions d'actions régionales, *JO*, 20 mars 1964, p. 2590.

Décret n° 64-252 portant création de commissions de développement économique régional, *JO*, 20 mars 1964, p. 2591.

Décret n° 77-115 du 3 février 1977 portant création de directions régionales des affaires culturelles, *JO*, 8 février 1977, p. 809.

Décret n° 85-1006 du 23 septembre 1985 portant création du Conseil national des langues et cultures régionales, *JO*, 25 septembre 1985, p. 11046.

Décret n° 86-538 du 14 mars 1986 relatif aux attributions et à l'organisation des directions régionales des affaires culturelles, *JO*, 16 mars 1986, p. 4428.

Arrêté du 6 janvier 1989 relatif à la terminologie économique et financière, *JO*, 31 janvier 1989, p. 1448.

Décret n° 91-857 du 2 septembre 1991 (modifié) portant statut particulier du cadre d'emplois des professeurs territoriaux d'enseignement artistique (musique, danse, art dramatique, arts plastiques), *JO*, 4 septembre 1991, p. 11616.

Décret n° 91-1215 du 28 novembre 1991 relatif aux groupements d'intérêt public constitués pour exercer des activités dans les domaines de la culture, *JO*, 4 décembre 1991, p. 15829.

Décret n° 92-604 du 1er juillet 1992, portant charte de la déconcentration, *JO*, 4 juillet 1992, p. 8898.

Décret n° 94-1218 du 29 décembre 1994 pris en application des articles 5 -IV et 48-IV de la loi no 82-213 du 2 mars 1982 modifiée relative aux droits et libertés des communes, des départements et des régions, *JO*, 31 décembre 1994, p. 19060.

Arrêtés 2 juin 1997, *JO*, du 3 juin 1997 et du 7 juillet 2017 portant approbation des modifications de la convention constitutive d'un groupement d'intérêt public, *JO*, 13 juillet 2017, texte n° 21.

Décret n° 2001-495 du 6 juin 2001 pris pour l'application de l'article 10 de la loi n° 2000-321 du 12 avril 2000 et relatif à la transparence financière des aides octroyées par les personnes publiques, *JO*, 10 juin 2001, p. 9248, texte n° 131.

Décret n° 2001-950 du 16 octobre 2001 modifiant le décret n° 89-403 du 2 juin 1989 instituant un Conseil supérieur de la langue française et une délégation générale à la langue française, *JO*, 19 octobre 2001, p. 16497, texte n° 24.

Arrêté du 21 novembre 2001 portant approbation de la convention constitutive d'un groupement d'intérêt public, *JO*, 6 décembre 2001, p. 19438.

Arrêté du 18 février 2002 portant création du conseil des collectivités territoriales pour le développement culturel, *JO*, 20 avril 2002, p. 7072.

Décret n° 2002-628 du 25 avril 2002 pris pour l'application de la loi n° 2002-5 du 4 janvier 2002 relative aux musées de France *JO*, 28 avril 2002, p. 7742.

Décret n° 2002-677 du 29 avril 2002 relatif à l'obligation de décoration des constructions publiques et précisant les conditions de passation des marchés ayant pour objet de satisfaire à cette obligation, *JO*, 2 mai 2002, p. 7975, texte n° 87.

Décret n° 2002-754 du 2 mai 2002 portant application des articles 238 bis-0 A et 238 bis-0 AB du code général des impôts et relatif aux réductions d'impôt pour l'achat de biens culturels, *JO*, 4 mai 2002, p. 8473.

Décret n° 2002-852 du 2 mai 2002 pris en application de la loi n° 2002-5 du 4 janvier 2002 relative aux musées de France, *JO*, 5 mai 2002, p. 8880.

Décret n° 2002-1172 du 11 septembre 2002 relatif aux établissements publics de coopération culturelle et modifiant la partie Réglementaire du code général des collectivités territoriales, *JO*, 18 septembre 2002, p. 15370.

Décret n° 2004-1430 du 23 décembre 2004, relatif aux directions régionales des affaires culturelles et modifiant les attributions des directions régionales de l'environnement, *JO*, 29 décembre 2004, p. 22234.

Décret n ° 2005-835 du 20 juillet 2005 pris en application de l'article 95 de la loi n ° 2004-809 du 13 août 2004 relative aux libertés et responsabilités locales et relatif au contrôle scientifique et technique de l'État en matière d'inventaire général du patrimoine culturel et au Conseil national de l'inventaire général du patrimoine culturel, *JO*, 23 juillet 2005, texte n° 32.

Décret n° 2006-672 du 8 juin 2006 relatif à la création, à la composition et au fonctionnement de commissions administratives à caractère consultatif, *JO*, 9 juin 2006, p. 8706, texte n° 11.

Décret n° 2006-1248 du 12 octobre 2006 relatif au classement des établissements d'enseignement public de la musique, de la danse et de l'art dramatique, 13 octobre 2006, p. 15223.

Arrêtés du 27 octobre 2006 portant approbation de la convention constitutive d'un groupement d'intérêt public, *JO*, 9 novembre 2006, texte, n° 34 et du 19 octobre 2015 (approbation de l'avenant), *JO*, 25 octobre 2015, texte n° 26.

Arrêtés du 6 mars 2007 portant approbation de la convention constitutive d'un groupement d'intérêt public, *JO*, 21 mars 2007, p. 5184 et du 18 décembre 2014 portant approbation d'un avenant n° 1 à une convention constitutive d'un groupement d'intérêt public, *JO*, 3 janvier 2015, p. 138.

Décret n° 2007-788 du 10 mai 2007 relatif aux établissements publics de coopération culturelle et modifiant le code général des collectivités territoriales (partie réglementaire), *JO*, 11 mai 2007, p. 8583.

Décret n° 2007-1343 du 11 septembre 2007 pris pour l'application de l'article 99 de la loi n° 2004-809 du 13 août 2004 relative aux libertés et responsabilités locales, *JO*, 13 septembre 2007, p. 15266, texte n° 35.

Décret n° 2008-263 du 14 mars 2008 relatif aux dispositions réglementaires du livre IV du code de l'éducation, *JO*, du 18 mars 2008 p. 30003.

Arrêté préfectoral du 3 juin 2010 portant création de l'établissement public de coopération culturelle « Ofis publik ar brezhoneg – Office public de la langue bretonne », [en ligne], www.fr.brezhoneg.bzh.

Décret n° 2010-633 du 8 juin 2010, relatif à l'organisation et aux missions des directions régionales des affaires culturelles, *JO*, 10 juin 2010, texte n° 72.

Décret n° 2011-574 du 24 mai 2011 relatif à la partie réglementaire du code du patrimoine (livres Ier à VI), *JO*, 26 mai 2011, p. 9084.

Décret n° 2012-91 du 26 janvier 2012 relatif aux groupements d'intérêt public, *JO*, 27 janvier 2012, p. 1523.

Ordonnance n° 2012-351 du 12 mars 2012 relative à la partie législative du code de la sécurité intérieure, *JO*, n° 62, 13 mars 2012, p. 4533, texte n° 16.

Décret n° 2013-292 du 5 avril 2013 relatif au régime de droit public applicable aux personnels des groupements d'intérêt public, *JO*, 7 avril 2013, texte n° 16.

Décret n° 2014-794 du 9 juillet 2014 relatif à la partie réglementaire du code du cinéma et de l'image animée, *JO*, 11 juillet 2014, p. 11529.

Arrêté du 31 mars 2015 portant approbation de la convention constitutive du groupement d'intérêt public dénommé « Cafés-Cultures », *JO*, 12 avril 2015, p. 6604.

Décret n° 2015-510 du 7 mai 2015 portant charte de la déconcentration, *JO*, 8 mai 2015, texte n° 23.

Ordonnance n° 2015-899 du 23 juillet 2015 relative aux marchés publics, *JO*, 24 juillet 2015, p. 12602, texte n° 38.

Arrêté du 2 septembre 2015 portant délégation au préfet de la région Midi-Pyrénées du pouvoir d'approbation de la convention constitutive du groupement d'intérêt public « Office public de la langue occitane », de son renouvellement et de ses modifications, *JO*, 18 septembre 2015, texte n° 25.

Décret n° 2015-1918 du 30 décembre 2015 portant délégation de compétences du ministère de la culture et de la communication à la région Bretagne, *JO*, 31 décembre 2015, p. 25584, texte n° 321.

Ordonnance n° 2016-65 du 29 janvier 2016 relative aux contrats de concession, *JO*, 30 janvier 2016, texte, n° 66.

Décret n° 2016-360 du 25 mars 2016 relatif aux marchés publics, *JO*, 27 mars 2016, texte n° 28.

Arrêté préfectoral portant création de la communauté d'agglomération du Pays Basque, 13 juillet 2016, n° 64-2016-07-13-011, *Recueil des actes administratifs spécial*, n° 64-2016-012, p. 41.

Décret n° 2017-432 du 28 mars 2017 relatif aux labels et au conventionnement dans les domaines du spectacle vivant et des arts plastiques, *JO*, 30 mars 2017, texte n° 50.

Décret n° 2017-433 du 28 mars 2017 relatif au label « Architecture contemporaine remarquable » pris en application de l'article L. 650-1 du code du patrimoine, *JO*, 30 mars 2017, texte n° 51.

Décret n° 2017-434 du 28 mars 2017 relatif au label « centre culturel de rencontre », *JO*, 30 mars 2017, texte n° 52.

Ordonnance n° 2017-650 du 27 avril 2017 modifiant le livre III du code du patrimoine, *JO*, n° 100, 28 avril 2017, texte n° 83.

Ordonnance n° 2017-651 du 27 avril 2017 relative aux immeubles et objets mobiliers classés ou inscrits au titre des monuments historiques, *JO*, 28 avril 2017, texte n° 85.

Arrêté préfectoral du 27 avril 2017 portant approbation de la convention constitutive modifiée 2017-2022 de l'office public de la langue basque, *Recueil des actes administratifs*, n° 64-2017-028, 2 mai 2017, p. 71.

Arrêté du 5 mai 2017 fixant le cahier des missions et des charges relatif au label « Pôle national du cirque », *JO*, 11 mai 2017, texte n° 217.

Arrêté du 5 mai 2017 fixant les conditions d'attribution et le cahier des missions et des charges de l'appellation « Scène conventionnée d'intérêt national », *JO*, 11 mai 2017, texte n° 218.

Arrêté du 5 mai 2017 fixant le cahier des missions et des charges relatif au label « Centre de développement chorégraphique national », *JO*, 11 mai 2017, texte n° 219.

Arrêté du 5 mai 2017 fixant le cahier des missions et des charges relatif au label « Centre d'art contemporain d'intérêt national », *JO*, 11 mai 2017, texte n° 220.

Arrêté du 5 mai 2017 fixant le cahier des missions et des charges relatif au label « Centre national des arts de la rue et de l'espace public », *JO*, 11 mai 2017, texte n° 221.

Arrêté du 5 mai 2017 fixant le cahier des charges relatif au label « Centre national de création musicale », *JO*, 11 mai 2017, texte n° 222.

Arrêté du 5 mai 2017 fixant le cahier des missions et des charges relatif au label « Fonds régional d'art contemporain », *JO*, 11 mai 2017, texte n° 223.

Arrêté du 5 mai 2017 fixant le cahier des missions et des charges relatif au label « Opéra national en région », *JO*, 11 mai 2017, texte n° 224.

Arrêté du 5 mai 2017 fixant le cahier des missions et des charges relatif au label « Orchestre national en région », *JO*, 11 mai 2017, texte n° 225.

Arrêté du 5 mai 2017 fixant le cahier des missions et des charges relatif au label « Scène de Musiques Actuelles-SMAC », *JO*, 11 mai 2017, texte n° 226.

Arrêté du 5 mai 2017 fixant le cahier des missions et des charges relatif au label « Scène nationale », *JO*, 11 mai 2017, texte n° 227.

Arrêté du 5 mai 2017 fixant le cahier des missions et des charges relatif au label « Centre chorégraphique national », *JO*, 11 mai 2017, texte n° 228.

Arrêté du 5 mai 2017 fixant le cahier des missions et des charges relatif au label « Centre dramatique national » et le contrat type de décentralisation dramatique, *JO*, 11 mai 2017, texte n° 229.

Décret n° 2017-1845 du 29 décembre 2017 relatif à l'expérimentation territoriale d'un droit de dérogation reconnu au préfet, *JO*, 31 décembre 2017, texte n° 33.

Décret n° 2017-1876 du 29 décembre 2017 portant adaptation des dispositions relatives aux services d'archives et aux conseils d'architecture, d'urbanisme et de l'environnement à la collectivité de Corse, *JO*, 31 décembre 2017, texte n° 107.

Arrêté du 6 avril 2018 portant organisation de la direction des patrimoines, de la mémoire et des archives, *JO*, 14 avril 2018, texte n° 11.

Arrêté, 20 avril 2018, portant interdiction temporaire de rassemblements festifs à caractère musical (Teknival et rave-party) dans le département du Loiret [en ligne], www.loiret.gouv.fr.

Circulaires

Circulaire du 23 février 1963 relative aux conditions de coordination administrative pour la préparation et la mise en œuvre des programmes de caractère culturel se rattachant au plan d'équipement, *JO*, 10 mars 1963, p. 2372.

Circulaire du 23 avril 1966 relative à la mission et au statut des correspondants permanents des affaires culturelles auprès des préfets de région, *JO*, 14 mars 1966, p. 3887.

Circulaire du Premier ministre du 12 avril 1994 relative à l'emploi de la langue française par les agents publics, NOR PRMX9400J62C, *JO*, 20 avril 1994, p. 5773.

Circulaire du 17 juillet 1998 relative aux contrats ville-lecture, Bulletin officiel, n° 108, novembre 1998, reproduit *in* RAUTENBERG (J.), *Les contrats ville-lecture : évaluation du dispositif*, Mémoire d'étude, Diplôme de conservateur des bibliothèques, 2013, p. 69.

Circulaire n° 169053 du 18 juin 1999 sur le patrimoine du XXe siècle, [en ligne], www.rhone-alpes.culture.gouv.fr.

Circulaire du 13 juillet 2000 relative à la licence d'entrepreneur de spectacles, *JO*, 4 novembre 2000, p. 17517.

Circulaire n° 2000/036 du 23 octobre 2000 relative au projet de création de fonds régionaux d'aide à la restauration (F.R.A.R.) d'œuvres des collections des musées classés et contrôlés, *BO*, n° 121, septembre et octobre 2000, p. 23.

Circulaire n° 2002/001 du 7 janvier 2002 relative aux protocoles de décentralisation culturelle en 2002, *BO*, n° 128, p. 61.

Circulaire n° 2001/006 du 1er mars 2001 relative à là l'institution d'un label Patrimoine du XXe siècle, [en ligne], www.rhone-alpes.culture.gouv.fr.

Circulaire n° 2002/006 du 28 février 2002 relative aux fonds régionaux d'art contemporain, *BO*, n° 129, p. 55.

Circulaire n° 2003/005 du 18 avril 2003 sur la mise en œuvre de la loi n° 2002 -6 du 4 janvier 2002 relative à la création d'EPCC et du décret n° 2002-1172 du 11 septembre 2002, [en ligne], www.syndeac.org.

Circulaire n° 2004/003 du 17 février 2004 relative aux parcs et jardins », [en ligne], www.culturecommunication.gouv.fr.

Circulaire n° 2006/001 du 13 janvier 2006 relative au soutien à des artistes et à des équipes artistiques dans le cadre de résidences, [en ligne], www.cdmc.asso.fr.

Circulaire du 16 août 2006 relative à l'application du décret n° 2002-677 du 29 avril 2002 relatif à l'obligation de décoration des constructions publiques, modifié par le décret n° 2005-90 du 4 février 2005, *JO*, 30 septembre 2006, p. 14553, texte n° 37.

Circulaire du 8 avril 2008 relative au réseau des Ville et Pays d'art et d'histoire, [en ligne], www.culturecommunication.gouv.fr.

Circulaire n° 2008/1563 du 29 octobre 2008 relative au label « Jardin remarquable », [en ligne], www.culturecommunication.gouv.fr.

Circulaire du 7 décembre 2012 relative à l'institution d'un label « Maisons des Illustres », [en ligne], www.culturecommunication.gouv.fr.

MINISTRE DE L'INTERIEUR, 6 janvier 2014, Circulaire, *Lutte contre le racisme et l'antisémitisme - manifestations et réunions publiques - Spectacles de M. Dieudonné M'Bala M'Bala.*

Circulaire du Premier ministre n° 5729/SG, Elaboration des contrats de ville nouvelle génération, 30 juillet 2014.

Circulaire interministérielle, Instruction relative à l'intégration des enjeux culturels au sein des contrats de ville, 21 mai 2015.

MINISTRE DE L'INTERIEUR, MINISTRE DE LA DECENTRALISATION ET DE LA FONCTION PUBLIQUE, SECRETAIRE D'ÉTAT A LA REFORME TERRITORIALE, 22 décembre 2015, Instruction du Gouvernement relative à la nouvelle répartition des compétences en matière d'interventions économiques des collectivités territoriales et de leurs groupements issue de l'application de la loi NOTRe.

MINISTRE DE L'INTERIEUR, MINISTRE DE LA DECENTRALISATION ET DE LA FONCTION PUBLIQUE, SECRETAIRE D'ÉTAT A LA REFORME TERRITORIALE, 22 décembre 2015, Instruction du Gouvernement relative aux incidences de la suppression de la clause de compétence générale des départements et des régions sur l'exercice ces compétences de collectivités territoriales.

Circulaire n° 2016/005 du 8 juin 2016 relative au soutien à des artistes et à des équipes artistiques dans le cadre de résidences, [en ligne], www.culture.gouv.fr.

Circulaire n° 5929/SG du 26 avril 2017, Application des règles européennes de concurrence relatives aux aides publiques aux activités économiques.

PREMIER MINISTRE, Circulaire n° 5968/SG du 26 septembre 2017, Programme « Action publique 2022 ».

Circulaire du 14 décembre 2021 relative aux langues et cultures régionales, cadre applicable et promotion de leur enseignement, *Le Bulletin officiel de l'éducation nationale, de la jeunesse et des sports*, n°47, 16 décembre 2021.

Conventions

CENTRE NATIONAL DE LA DANSE, *Convention de résidence*, février 2017.

ÉTAT, DEPARTEMENT DU LOT, *in Sauvegarde des Monuments historiques, Convention de partenariat État - Département du Lot 2012 - 2014.*

ÉTAT, DEPARTEMENT DU LOT, *Convention de partenariat 2016 - 2018 entre l'État et le Département du Lot pour la sauvegarde et valorisation du patrimoine*.

ÉTAT, PAYS BASQUE, *Contrat territorial 2015 - 2020*, 7 novembre 2015.

ÉTAT, REGION ALSACE, DEPARTEMENT DU BAS-RHIN, DEPARTEMENT DU HAUT-RHIN, *Convention cadre portant sur la politique régionale plurilingue. Période 2015 - 2030*, 1 juin 2015.

ÉTAT, REGION BRETAGNE, *Convention de délégation de compétences de l'État à la Région Bretagne*, 30 décembre 2015.

ÉTAT, REGION MIDI-PYRENEES, *Convention FRRAB*, 2000 (Version consolidée 2013).

MINISTERE DE L'AGRICULTURE, DE L'ALIMENTATION, DE LA PECHE, DE LA RURALITE ET DE L'AMENAGEMENT DU TERRITOIRE, MINISTERE DE LA CULTURE ET DE LA COMMUNICATION, *Alimentation, Agri-Culture pour promouvoir et valoriser l'art et la culture dans les territoires ruraux*, 23 septembre 2011.

MINISTERE DE LA CULTURE ET DE LA COMMUNICATION – DRAC AUVERGNE ET SANCY ARTENSE COMMUNAUTE, *Convention de développement culturel triennale entre le ministère de la Culture et de la Communication – DRAC Auvergne et Sancy Artense Communauté*, 30 août 2011.

MINISTERE DE LA VILLE, DE LA JEUNESSE ET DES SPORTS ET LE MINISTERE DE LA CULTURE ET DE LA COMMUNICATION, *Convention d'objectif 2016-2020*, 8 février 2017.

REGION AUVERGNE-RHONE-ALPES, DEPARTEMENT DU CANTAL, *Convention cadre de développement territorial 2016 - 2020*, 20 janvier 2017.

MINSITERE DE LA CULTURE, MINISTERE CHARGE DU TOURISME, *Convention cadre relative au tourisme culturel*, 19 janvier 2018.

Délibérations

CONSEIL COMMUNAUTAIRE DE LA CA PAYS BASQUE, Délibération relative à la prise de compétences « politique linguistique en faveur de la langue basque » et « culture basque », séance du 4 février 2017, *Extrait du registre des délibérations du Conseil*, 9 février 2017.

CONSEIL DEPARTEMENTAL DE L'AVEYRON, 26 septembre 2016, Délibération validant la CTEC relative à la solidarité des territoires, *Bulletin officiel du département*, septembre 2016, p. 121.

CONSEIL DEPARTEMENTAL DES HAUTES-PYRENEES, 23 septembre 2016, Délibération validant le projet de convention territoriale d'exercice concerté de la compétence de solidarité des territoires, *in Extraits des procès-verbaux des délibérations de la commission permanente*, 2016, p. 20.

CONSEIL DEPARTEMENTAL DU DOUBS, 23 octobre 2017, Délibération validant le projet de CTET Région/Département « solidarité des territoires », *Rapport ponctuel n° 301*, Annexe 2, p. 8.

CONSEIL REGIONAL DE BRETAGNE, Délibération sur la Convention de délégation de compétences de l'État à la Région Bretagne dans le domaine culturel, 15-16 octobre 2015, n° 15-DC-DC-01.

Autres sources administratives : rapports, projets ou propositions de loi, études, synthèses

ACAR (B.), REIX (P.), *Délégation de compétences et conférence territoriale d'action publique, de nouveaux outils au service de la coopération territoriale*, IGA, n° 16119-R, mai 2017.

ARCADE, *L'intercommunalité culturelle 2008 - 2012*, Arcade, collection repères, avril 2015.

ASSEMBLEE DE CORSE, COMMISSION DES COMPETENCES LEGISLATIVES ET REGLEMENTAIRES, *Les institutions particulières de la Corse. Rapport à l'Assemblée de Corse*, 2013.

ASSEMBLEE NATIONALE, *Projet de loi adopté par l'Assemblée nationale en première lecture, après déclaration d'urgence*, texte adopté, AN, n° 669, 10 mai 2001 (transmis au Sénat projet de loi n° 323).

ASSEMBLEE NATIONALE, *Projet de loi relatif aux musées de France*, texte adopté, AN, n° 729, 20 novembre 2001.

BADY (J.-P.), SANSON (M.), *Réflexions et propositions pour une politique nationale du patrimoine (État, collectivités territoriales et secteur privé)*, ministère de la culture et de la communication, 2002.

BAS (P.), *Rapport fait au nom de la commission des lois constitutionnelles, de la législation, du suffrage universel, du Règlement et d'administration générale sur le projet de loi constitutionnelle autorisant la Charte européenne des langues régionales ou minoritaires*, Sénat, n° 52, 14 octobre 2015.

BAZIN (T.) (et autres), *Proposition de loi visant à renforcer les sanctions à l'encontre des organisateurs de rave-parties illégales*, AN, n° 864, 11 avril 2018.

BEDAGUE-HAMILIUS (V.), MCINNES (R.), MION (F.) (prés.), pour CAP 2022, juin 2018, *Rapport Service public se réinventer pour mieux servir*, Action publique 2022, publication juillet 2018.

BEHAR (D.), GOURDOU (J.), NAVARRE (F.), MASSIAS (J.-P.), *Rapport d'expertise sur l'hypothèse de création d'un EPCI unique en Pays Basque*, acadie, septembre 2015.

BELOT (L.), *Nos ruralités, une chance pour la France, synthèse des travaux des assises des ruralités*, 2015.

BENETTI (J.), CAPITANT (D.), MASTOR (W.), *Pour un statut constitutionnel de la Corse. Rapport remis à monsieur le Président de Corse*, 18 janvier 2018.

BERTHOD (M.), *Rapport sur les établissements publics de coopération culturelle*, IGAC, 2010.

BLOCHE (P.), *Rapport fait au nom de la commission des affaires culturelles et de l'éducation sur le projet de loi modifié par le Sénat, relatif à la création, à l'architecture et au patrimoine*, AN, n° 3583 rectifié, 17 mars 2016.

BOCKEL (J.-M.), *Rapport d'information fait au nom de la délégation aux collectivités territoriales et à la décentralisation sur l'incidence de la nouvelle donne territoriale sur la politique de décentralisation culturelle*, Sénat, n° 543, 2 mai 2017.

BOUËT (J.), *21 propositions pour relancer le partenariant entre l'État et les collectivités territoriales dans le domaine culturel*, IGAC, n° 2010-36, 2010.

BOUËT (J.), CHAVIGNY (D.), DUPUIT (J.-S.), *La réorganisation des directions régionales des affaires culturelles*, Inspection générale des affaires culturelles, n° 2016-18-30.

BOYER (M.), « Le FRAM : Fonds Régional d'Acquisition des Musées », DRAC Hauts-de-France, 21 juillet 2017, [en ligne], www.culture.gouv.fr.

BRAIBANT (G.), *Les archives en France, Rapport au Premier ministre,* La Documentation française, Collection des rapports officiels, 1996.

CARCASSONNE (G.), *Etude sur la compatibilité entre la Charte européenne des langues régionales ou minoritaires et la Constitution*, La Documentation française, 1998.

CASTEX (J.), GOURAULT (J.), *Projet de loi relatif à la différenciation, la décentralisation, la déconcentration et portant diverses mesures de simplification de l'action publique locale*, Sénat, n° 588, 12 mai 2021.

CERQUIGLINI (B.), *Les langues de la France*, Rapport au ministre de l'Éducation nationale, de la Recherche et de la Technologie et au ministre de la Culture et de la Communication, 1999.

CONSEIL D'ÉTAT, *L'intérêt général,* La Documentation française, Etudes et documents, n° 50, 1999.

CONSEIL D'ÉTAT, *Rapport public 2003 : jurisprudence et avis de 2002. Perspectives pour la fonction publique*, *EDCE,* 2003.

CONSEIL D'ÉTAT, *Les expérimentations : comment innover dans la conduite des politiques publiques*, La Documentation française, Les études du Conseil d'État, 2019.

COUR DES COMPTES, *L'organisation territoriale de l'État*, Rapport public thématique, La Documentation française, 2013.

DELEGATION GENERALE A LA LANGUE FRANÇAISE ET AUX LANGUES DE FRANCE, *Les langues de France*, Délégation générale à la langue française et aux langues de France, 2e éd., 2016.

DIRECTION GENERALE DE LA CREATION ARTISTIQUE, *La résidence d'artiste, un outil inventif au service des politiques publiques*, 2019.

DIRECTION GENERALE DES MEDIAS ET DES INDUSTRIES CULTURELLES, *Contrats territoire-lecture*, 2016.

CITES ET GOUVERNEMENTS LOCAUX UNIS, *Agenda 21 de la culture*, CGLU, 2004.

CITES ET GOUVERNEMENTS LOCAUX UNIS, *Agenda 21 de la culture. Actions*, CGLU, 2015.

COMMUNAUTE D'AGGLOMERATION DU PAYS BASQUE, *Pacte de gouvernance pour la Communauté d'Agglomération du Pays Basque, manifeste pour un acte II de la construction Communauté Pays Basque*, mandature 2020-2026, 2020.

COUR DES COMPTES, *Les contrats de projets Etats/Régions*, Enquête demandée par la commission des finances du Sénat, 2014.

ELBLE (V.), BARGETON (J.), *Rapport général au nom de la commission des finances sur le projet de loi de finances, adopté par l'Assemblée nationale, pour 2019, Les moyens des politiques publiques et les dispositions spéciales*, T. III, Annexe n° 8, Culture, n°147, 22 novembre 2018.

EUZET (C.), KERGOLOT (Y.), *L'enseignement des langues régionales état des lieux et perspectives après la décision du Conseil constitutionnel du 21 mai 2021, Rapport au Premier ministre*, juillet 2021.

FERON (H.), *Avis, présenté au nom de la commission des affaires culturelles et de l'éducation sur le projet de loi de finances pour 2014, Culture, création, transmission des savoirs et démocratisation de la culture*, Assemblée nationale, n° 1429, 10 octobre 2013.

FERRAND (R.), BRAUN-PIVET (Y.), FESNEAU (M.), *Rapport fait au nom de la commission des lois constitutionnelles, de la législation et de l'administration générale de la République sur le projet de loi constitutionnelle pour une démocratie plus représentative et efficace*, AN, n° 1137, 4 juillet 2018.

GAILLARD (Y.), Rapport d'information fait au nom de la commission des finances du Sénat : *Sur le rapport de la Cour des comptes relatif aux services déconcentrés du ministère de la culture et de la communication*, 2002-2003, Sénat, n° 393.

GERBAUD (F.), *Rapport d'information fait au nom de la délégation du Sénat à l'aménagement et au développement durable du territoire sur les orientations définies par le Gouvernement lors du comité interministériel d'aménagement et de développement du territoire (CIADT) de décembre 2003 sur l'avenir de la contractualisation État-régions*, n° 418, 16 juillet 2004.

GUY (M.), « Les grandes lignes d'une politique culturelle », *Bulletin d'information au secrétariat d'État à la Culture*, 1er août 1974, *in* POIRRIER (P.), *Les politiques de la culture en France*, La Documentation française, 2016, p. 432.

IAU ILE-DE-FRANCE, *L'intercommunalité culturelle en petite couronne. Eléments pour un prédiagnostic en vue de l'instauration de la métropole du Grand Paris*, mars 2014.

INSPECTION GENERALE DES BIBLIOTHEQUES, *La gestion du dépôt légal de l'imprimeur, Rapport à madame la ministre de la Culture et de la Communication*, n° 2012-032, 2013.

INSPECTION GENERALE DES BIBLIOTHEQUES, *Rapport annuel de l'Inspection générale des bibliothèques 2013*, 2014.

INSPECTION GENERALE DES BIBLIOTHEQUES, *Rapport de l'inspection générale des bibliothèques. Année 2016*, 2017.

LANG (J.), « Pourquoi un ministre de la Culture, AN, 17 novembre 1981, *in* POIRRIER (P.), *Les politiques de la culture en France*, La Documentation française, 2016.

LATOURNERIE (D.), « La langue française et le droit », *EDCE*, n° 36, 1984 - 1985.

LEGENDRE (F.), *La nouvelle politique de la lecture publique du Département des Yvelines*, IGB, Rapport, n° 2017-B-02, mars 2017.

LELEUX (J.-P.), FERAT (F.), *Rapport fait au nom de la commission de la culture, de l'éducation et de la communication sur le projet de loi, adopté par l'Assemblée nationale, relatif à la liberté de la création, à l'architecture et au patrimoine (...)*, Sénat, n° 340, 27 janvier 2016.

LOUISE (P.), « Actualité de l'ordonnance rendue en août 1539 à Villers-Cotterêts », *Rapport de la Cour de cassation 1989*, La Documentation française, 1990.

MALVY (M.), *54 suggestions pour amélirorer la fréquentation touristique de la France à partir de nos patrimoines*, 14 mars 2017

MARTIN-LALANDE (P.), Avis présenté au nom de la commission des affaires culturelles, familiales et sociales sur le projet de loi de finances pour 1999, n° 1112, 8 octobre 1998.

MAUROY (P.), *Refonder l'action publique locale, Rapport au Premier ministre*, La Documentation française, 2000.

MERCIER (M.), *Rapport d'information fait au nom de la mission commune d'information chargée de dresser le bilan de la décentralisation et de proposer des améliorations de nature à faciliter l'exercices des compétences locales*, Sénat, n° 447, 28 juin 2000.

MINISTERE DE LA CULTURE ET DE LA COMMUNICATION, « Charte de l'enseignement artistique spécialisé en danse, musique et théâtre », *La lettre d'information*, Hors-série, n° 80, 2001.

MINISTERE DE LA CULTURE ET DE LA COMMUNICATION, *Le dispositif contrats territoire lecture*, 2012.

MINISTERE DES FINANCES ET DES COMPTES PUBLICS, *Guide relatif aux GIP*, Fiche n° 1, DAJ, 2017.

MORIN-DESSAILLY (C.), *Rapport d'information fait au nom de la commission des Affaires culturelles sur la décentralisation des enseignements artistiques, Sénat, n° 458 (2007 - 2008)*, 9 juillet 2008.

NEUSCHWANDER (I.), BEYAERT (P.), *Evaluation de la formule de gestion en EPCC des structures muséales en partenariat État/collectivités territoriales*, IGAC, 2014.

NYSSEN (F.), *Discours Stratégie pluriannuelle en faveur du patrimoine*, 17 novembre 2017.

ORSENNA (E.), CORBIN (N.), *Voyage au pays des bibliothèques. Lire aujourd'hui, lire demain, Rapport*, n° 2017-35, 2018.

PERROT (A.), LECLERC (J.-P.), *Cinéma et concurrence, Rapport remis à Mme Christine Lagarde, ministre de l'économie de l'industrie et de l'emploi et Mme Christine Albanel, ministre de la culture et de la communication*, mars 2008.

PHILIPPE (E.), BELLOUBET (N.), *Projet de loi constitutionnelle pour une démocratie plus représentative, responsable et efficace*, AN, n° 911, 9 mai 2018.

PHILIPPE (E.), BELLOUBET (N.), *Projet de loi constitutionnelle pour un renouveau de la vie démocratique,* AN, n° 2203, 29 août 2019.

POIGNANT (B.), *Langues et cultures régionales, Rapport au Premier ministre*, La Documentation française, Collection des rapports officiels, 1998.

PREFET DE LA REGION GRAND EST, PREFET DU BAS-RHIN, *Rapport au Premier ministre, Mission Alsace Grand Est*, 15 juin 2018, rendu public le 8 août 2018.

PREMIER MINISTRE, SECRETARIAT AUX AFFAIRES EUROPEENNES, *Guide des SIEG*, 2013, [en ligne], www.collectivites-locales.gouv.fr.

RECOURS (A.), *Rapport fait au nom de la commission des affaires culturelles, familiales et sociales sur le projet de loi relatif au musée de France*, AN, n° 3036, 9 mai 2001.

RENAR (I.), *Rapport d'information fait au nom de la commission des Affaires culturelles sur l'application de la loi n° 2002-6 du 4 janvier 2002 relative à la création d'établissements publics de coopération culturelle*, Sénat, n° 32, 19 octobre 2005.

RICHERT (P.), *Rapport fait au nom de la commission des Affaires culturelles sur le projet de loi, adopté par l'Assemblée nationale, après déclaration d'urgence, relatif aux musées de France*, Sénat, n° 5, 10 octobre 2001.

RIGAUD (J.), Rapport remis à la ministre de la Culture et de la Communication : *Réflexion sur la possibilité pour les opérateurs publics d'aliéner les œuvres de leurs collections*, janvier 2008.

RIZZARDO (R.), *La décentralisation culturelle. Rapport au ministre de la Culture et de la communication*, Paris, La Documentation française, 1990.

SENAT, *Projet de loi modifié par le Sénat relatif aux musées de France* (urgence déclarée), adopté le 23 mai 2001, 23 octobre 2001.

SENAT, *Projet de loi relatif aux musées de France*, texte adopté, Sénat, n° 46, 20 décembre 2001.

SENAT, *Proposition de loi adoptée par l'Assemblée nationale relative à la promotion des langues régionales*, Sénat, n° 343, 31 janvier 2017.

SYNDICAT INTERCOMMUNAL POUR LE SOUTIEN A LA CULTURE BASQUE, INSTITUT CULTUREL BASQUE, *État des lieux de la culture basque et propositions d'orientations de politique publique*, mai 2017.

TASCA (C.), *Projet de loi relatif aux musées de France*, enregistré à la Présidence de l'Assemblée nationale le 21 mars 2001, AN, n° 2939, 26 mars 2001.

VALLS (M.), TAUBIRA (C.), *Projet de loi constitutionnelle autorisant la ratification de la Charte des langues régionales ou minoritaires*, Sénat, n° 662, 31 juillet 2015.

VIALA (A.), CESARINI (J.-F.), VUILLETET (G.), *Rapport d'information sur la préparation d'une nouvelle étape de la décentralisation en faveur du développement du territoire*, AN, n° 1015, 31 mai 2018.

Jurisprudences, avis et commentaires

Juridictions administratives et Tribunal des conflits

Ancienne (avant 1959)

CE, 16 avril 1863, *Sieur Berr*, *Rec.*, p. 378, concl. L'HOPITAL.

CE, 21 juillet 1870, *Ville de Châlons-sur-Marne*, *Rec.*, p. 938.

CE, 29 mars 1901, *Casanova*, *Rec.*, p. 333 ; *S.*, 1901, 3, p. 73, note HAURIOU.

CE, 6 février 1903, *Terrier*, *Rec.*, p. 94, concl. ROMIEU, *D.*, 1904, 3, p. 65, concl. ROMIEU ; S., 1903, 3, p. 25, concl. ROMIEU, note HAURIOU.

CE, 5 décembre 1906, *Ville de Lyon*, *Rec.*, p. 892.

TC, 29 février 1908, *Feutry*, *Rec.*, p. 208, concl. TEISSIER, *D.*, 1908, p. 348, concl. TEISSIER ; *S.*, 1908, p. 397, concl. TEISSIER ; *RDP*, 1908, p. 206, note JEZE.

CE, 7 mai 1909, *Chemins de fer du Nord*, *D.*, 1911, 3, p. 30.

CE, 4 mars 1910, *Thérond*, *Rec.*, p. 193, concl. PICHAT ; *D.*, 1912, 3, p. 57 concl. PICHAT ; *S.*, 1911, 3, p. 17, concl. PICHAT, note HAURIOU ; *RDP*, 1910, p. 249, note JEZE.

CE 31 juill. 1912, *Société des granits porphyroïdes des Vosges*, *Rec.*, p. 909, concl. BLUM ; *D.*, 1916, 3, p. 35, concl. BLUM ; *S.*, 1917, 3, p. 15, concl. BLUM ; *RDP*, 1914, p. 145, note JÈZE.

CE, 7 avril 1916, *Astruc et Société du Théâtre des Champs-Elysées c. ville de Paris*, *S.*, 1916, 3, p. 41, note HAURIOU ; *RDP*, 1916, p. 363, concl. CORNEILLE, note JEZE.

CE, 8 août 1919, *Berck, syndic de la faillite Gay Cavé*, *Rec.*, p. 741.

CE, 17 janvier 1923 , *ministre des Travaux publics et gouverneur général de l'Algérie c/Sieurs Picciolli*, n° 69886 et n° 77666, *Rec.*, p. 44 ; *D.*, 1923, 3, p. 29 ; *RDP*, 1923, p. 527, concl. CORNEILLE, note JEZE ; S., 1925, 3, p. 17, note HAURIOU.

CE, 27 juillet 1923, *Gheusi*, *Rec.*, p. 638, *D.*, 1923, 3, p. 57, note APPLETON, *RDP*, 1923, p. 560, note JEZE, concl. MAZERAT.

CE, 11 juin 1926, *Sieur Raynaud*, *Rec.*, p. 591.

CE, sect., 30 mai 1930, *Chambre syndicale de commerce en détail de Nevers*, *Rec.*, p. 583, *RDP*, 1930, concl. JOSSE, *S.*, 1931, 3, p. 73, note ALIBERT.

CE, 27 février 1931, *Sieur Giaccardi*, *Rec.*, p. 225, *S.*, 1931, 3, p. 73, note ALIBERT.

CE, 19 mai 1933, Benjamin, *Rec.*, p. 541 ; S., 1934, 3, p. 1, concl. MICHEL, note MESTRE.

CE, sect., 2 novembre 1938, *Sieur Goldberg et Lichtenberg*, *Rec.*, p. 822.

CE, 25 janvier 1939, *Abbé Marzy*, *Rec.*, p. 709.

CE, 16 février 1940, *Sieur Capelle et Union syndicale des directeurs de spectacles de Lyon et de la région du sud-est*, *Rec.*, p. 61.

CE, 21 janvier 1944, *Sieur Léoni*, 1ère esp., *Rec.*, p. 25.

CE, 21 janvier 1944, *Sieur Léoni*, 2e esp., *Rec.*, p. 26.

CE, Ass., 21 novembre 1947, *Consorts de Castex*, *Rec.*, p. 433 ; CE, sect., 19 mars 1948, *Société des amis de l'opérette*, *Rec.*, p. 142.

CE, 26 avril 1950, *Abbé Dalque*, *Rec.*, p. 234.

CE, 20 octobre 1950, *Stein*, *Rec.*, p. 505.

CE, sect, 9 mars 1951, *Société des concerts du conservatoire*, *Rec.*, p. 151.

Récente (à partir de 1959)

TC, 20 avril 1959, n° 1688, *Société nouvelle d'exploitation des plages, piscines et patinoires*, *Rec.*, p. 866.

CE, 11 mai 1959, *Sieur Dauphin*, *Rec.*, p. 294 ; *D.*, 1959, *J.*, p. 315.

CE, 23 octobre 1959, *Doublet*, *Rec.*, p. 540 ; *RDP*, 1959, p. 1235, concl. BERNARD ; *RDP*, 1962, note WALINE.

CE, sect, 18 décembre 1959, *Société les films Lutétia et Syndicat français des producteurs et exportateurs de films*, *Rec.*, p. 693 ; *S.*, 1960, p. 94, concl. MAYRAS ; *AJDA*, 1960, p. 21, chron. COMBARNOUS et GALABERT ; *D.*, 1960,

p. 171, note WEIL ; *RA*, 1960, p. 31, note Juret ; JCP, 1961, 2, p. 11898, note MIMIN.

CE, 29 novembre 1968, *Tallagrand*, *RDP*, 1969, p. 687, note WALINE.

CE, 31 janvier 1969, *Moraly*, *RDP*, 1969, p. 687.

CE, 19 mars 1969, n° 67589, *Sieur X... c/Commune d'Equeurdreville*, *Rec. T.*

CE, 4 juillet 1969, n° 75622, *Sieur X c/Commune de Secondigny-en-Gatine*, *Rec.*, p. 360.

CE, sect., 10 mai 1974, n° 88032, *Denoyez et Chorques*, *Rec.*, p. 274.

TC, 17 novembre 1975, n° 2011, *Leclert*, *Rec.*, p. 800.

CE, 17 novembre 1976, n° 94560 et n° 98364, *Commune de Fayssac c/Sieur X et Caisse de mutualité sociale agricole*, *Rec. T.*

CE, 11 mai 1977, n° 00764, *Demoiselle Y. c/Commune de Fumel*, *Rec. T.*

CE, 6 juin 1980, n° 14697, *Mme Claire X c/Commune de Saintes-Maries-de-la-Mer*, inédit au *Lebon*.

CE, 21 janvier 1983, *Association Maison des jeunes et de la culture de Saint-Maur c/Commune de Saint-Maur*, *Rec.*, p 14.

CE, 10 février 1984, n° 31459, *Pascal X c/Commune de Caraman*, *Rec.*

TC, 22 avril 1985, n° 02368, *Paul Y... c/Comité des fêtes de la Commune de Saint-Rémy-de-Provence*, *Rec. T.*

CE, 22 novembre 1985, *Quillevère*, *Rec.*, p. 333.

CE Ass, 8 janvier 1988, n° 74361, *Ministre de l'aménagement du territoire c/Communauté urbaine de Strasbourg* ; *Rec.*, p. 3, *AJDA*, 1988, p. 137, chron. AZIBERT et DE BOISDEFFRE, *RA*, 1988, p. 141, note. TERNEYRE; *RFDA*, 1988, p. 25, concl. DAEL, *JCP*, 1988, 2, p. 21084, note DRAGO.

CE, 25 mars 1988, *Commune d'Hyères*, *Rec.*, p. 688.

CE, 10 juin 1988, n° 58109, *Commune des Saintes-Maries-de-la-Mer c/Mme X...*, inédit au *Lebon*.

TC, 19 décembre 1988, n° 02541, *Ponce c. Ville de Cannes*, *Rec.*, p. 497.

CE, 8 février 1989, n° 75539, *Jean-Pierre X. c/Association de gestion de l'orchestre lyrique de région Avignon-Provence*, inédit au *Lebon*.

CE, 21 juillet 1989, n° 73108, *M. Robert c/Commune de Mane*, inédit au *Lebon*.

TC, 22 novembre 1993, n° 028779, *Nicolas X... c/Ville de Toulouse*, *Rec.*

TC, 17 janvier 1994, n° 02903, *Mme X... c/Ville de Bordeaux*, *Rec. T.*

CE, 13 mai 1994, *Commune de Dreux*, *Rec.*, p. 233 ; *RFDA*, 1994, p. 711, concl. DAËL, *AJDA*, 1994, p. 652, obs. HECQUART-THERON.

TC, 24 octobre 1994, n° 02922, *M. X. et SCI Les Rochettes c/Commune de Saint-Etienne*, *Rec.*

CE, Ass., 27 octobre 1995, n° 1367827, *Commune de Morsang-sur-Orge*, *Rec.*, p. 372, *RFDA*, 1995, p. 1204, concl. FRYDMAN.

CE, 8 décembre 1995, n° 168253, *Préfet de Haute-Corse c/Commune de Bastia*, *Rec.*, p. 435.

CE, avis, 24 septembre 1996, n° 359.461, *Charte européenne des langues régionales ou minoritaires*, *ECDE*, p. 288.

CE, 9 octobre 1996, n° 173073, *Association « Ici et maintenant »*, *Rec.*

CE, 25 octobre 1996, n° 169557, *Association Estuaire-Ecologie* ; *RFDA*, 1997, p. 339, concl. STAHL, note MADIOT, *D.*, 1997, p. 441, note LE NOAN.

CE, sect., 29 décembre 1997, n° 157425, *Commune de Gennevilliers*, *Rec.*, p. 499, *RFDA*, 1998, p. 539, concl. STAHL ; *AJDA*, 1998, p. 168.

CE, sect., 29 décembre 1997, n° 157500, *Commune de Nanterre*, *Rec.* ; *RFDA*, 1998, p. 539, concl. STAHL ; *AJDA*, 1998, p. 168.

TC, 15 novembre 1999 , n° 3144, *Commune de Bourisp c/Commune de Saint-Lary-Soulan*, *Rec.*, p. 478.

TC, 14 février 2000, n° 03170, *GIP habitat et interventions sociales pour les mal-logés et les sans-abri c/Mme Verdier* ; *Rec.*, p. 748, *AJDA*, 2000, p. 410, chron. ; *JCP*, 2000, 2, p. 10301, note EVENO.

CAA Paris, 7 septembre 2000, n° 98PA01259 et n° 98PA01260, *Commune de Wissous c/Association Théâtre du Menteur*, inédit au *Lebon*.

CE, 27 août 2001, N° 236374, *Epoux X. c/Ville de Rennes*, *Rec.*, *T.* ; *RDI*, 2002, p. 65 obs. DEREPAS.

CE, 29 novembre 2002, n° 238653 et n° 248192, *Syndicat national des enseignements du second* et *Conseil national des groupes académiques de l'enseignement public* (2 espèces), *Rec.*, *AJDA*, 2002, p. 1514, note VIOLA, *DA*, 2003, comm. 37, *LPA*, 2003, n° 111, p. 9, concl. SCHWARTZ.

CE, 30 décembre 2002, n° 218110, *Département des Côtes-d'Armor*, *Rec. T.*

CE, 10 novembre 2004, n° 253670, *Association droit de cité*, *Rec. T.*

CE, 1er avril 2005, n° 245088, *Syndicat national des affaires culturelles, Union des syndicats des personnels des affaires culturelles*, *Rec. T.*

CE, 1 er juin 2005, n° 277092, *M. et Mme X. c/Commune de Sarlat-la-Canéda*, inédit au *Lebon*.

CAA Bordeaux, 4 avril 2006, n° 03BX00841, *Commune de Villeneuve sur Vère*, inédit au *Lebon*.

CE, Ass., 31 mai 2006, *Ordre des avocats au barreau de Paris*, *Rec.*, p. 272 ; *AJDA*, 2006, p. 1592, chron. LANDAIS et LENICA ; *RFDA*, 2006, p. 1048, concl. CASAS ; *JCP A*, 2006, p. 1133, note LINDITCH, *Dr. adm.*, 2006, n° 129, note BAZEX.

CE, 21 mars 2007, n° 281793, *Commune de Boulogne-Billancourt*, *Rec.*

CE, sect., 6 avril 2007, n° 284736, *Commune d'Aix-en Provence*, *Rec.*, *JCP A*, 2007, 2111, note KARPENSCHIF ; *JCP A*, 2007, 2125, note LINDITCH ; *JCP A*, 2007, 2128, note PONTIER ; *AJDA*, 2007, p. 1020, chron. LENICA et BOUCHER ; *RFDA*, 2007, p. 812, concl. SENERS ; *RFDA*, 2007, p. 821 note DOUENCE, *RTD Com.*, 2007, p. 694, ORSONI ; *D.*, 2007, 2617, Clamour ; *JA*, 2007, p. 26, note CLAVAGNIER.

CE, 5 octobre 2007, *Société UGC-Ciné-Cité*, *Rec.*, *AJDA*, 2007, p. 2260, note DREYFUS.

CAA Bordeaux, 30 octobre 2007, n° 05BX152, *M et Mme X... c/Commune d'Ares*, inédit au *Lebon*.

CAA Nantes, 4 décembre 2007, n° 07NT00337, *Union de la publicité extérieure c/Ville de Rennes*, inédit au *Lebon*.

CE, 21 décembre 2007, n° 293260, *Région du Limousin*, *Rec.*, p. 534 ; *JCP A*, 2008, n° 9, p. 2050, note PONTIER ; *BJDCP*, 2008, n° 57, p. 138, concl. BORDENAVE.

TC, 20 février 2008, n° 3623, *M. et Mme Verrière c/Communauté urbaine de Lyon*, *AJDA,* 2008, p. 436, *JCPA*, 2008, p. 2117, note YOLKA ; *DA*, 2008, n° 5, comm. 64, note MELLERAY ; *CMP*, 2008, n° 6, comm. 12, note ECKERT ; CE, 19 novembre 2010, n° 331837, *ONF c/Girard-Mille*, *Rec.*, *AJDA*, 2011, p. 281, note DREYFUS.

CAA Nantes, 8 avril 2008, n° 07NT01696, *M. et Mme X. c/Ville de Rennes*, inédit au *Lebon*.

CE, 30 septembre 2009, n° 326230, *Commune de Saint-Pol-sur-Ternoise c/MJC*, inédit au *Lebon*.

CE, 28 décembre 2009, n° 290937, *SARL Brasserie du théâtre c/Commune de Reims*, *Rec.*, *AJDA*, 2010, p. 6, obs. PASTOR, *AJDA*, 2010, p. 841 ; *DA*, février 2010, n° 2, comm. 22, note MELLERAY ; *JCP A*, 2010, 2197, note CHAMARD-HEIM.

CE, 3 mars 2010, *Département de la Corrèze*, *Rec.* ; *AJDA*, 2010, p. 957, concl. BOULOUIS ; *RDSS*, 2010, p. 341, note KOUBI et GUGLIELMI ; *JCP A*, 2203, note IDOUX ; *RJEP*, 2010, comm. 44, note PELISSIER.

TC, 22 novembre 2010, n ° C3764, *SARL Brasserie du théâtre c/Commune de Reims*, *Rec.* ; *AJDA*, 2010, p. 2423 ; *AJDA*, 2010, p. 2288, note BIGET ; *JCP A*, 2011, n° 5, 2041, note SORBARA, *RJEP*, 2011, n° 684, comm. 13 PELLISSIER ; *DA*, 2011, n° 2, comm. 20, note MELLERAY ; *CMP*, 2011, n° 1, comm. 26, note DEVILLERS.

CE, 23 mai 2011, n° 342520, *Commune de Six-Fours-les-Plages*, *Rec.*, *JA*, 2011, n° 442, p. 12 obs. JUILLES ; *JT*, 2011, n° 133, p. 13, Juilles ; *AJDA*, 2011, p. 1059, obs. GRAND ; *AJDA*, 2011, p. 1515, note DREYFUS ; *AJCT*, 2011, p. 467, obs. FAUSSER ; *RJEP*, 2011, comm. 49, BOULOUIS ; *JCP A*, 2011, p. 2329, note LINDITCH ; *CMP*, 2011, comm. 195, Eckert ; *DA*, 2011, comm. 79, note PUGEAULT ; *JCP*, 2011, doctr. 1466, EVEILLARD.

CE, Ass., 19 juillet 2011, n° 308544, *Commune de Trélazé*, *Rec.*, *AJDA*, 2011, p. 1460 obs. MONTECLER ; *AJDA,* 2011, p. 1667, chron. DOMINO,

BRETONNEAU ; *AJDA,* 2014 , p. 124, note HUBAC ; *D.*, 2011, p. 2025, édito ROME.

CE, Ass., 19 juillet 2011, n° 308817, *Fédération de la libre pensée et de l'action sociale du Rhône c/M. Picquier, Rec.* ; *AJDA,* 2011, p. 1667, chron. DOMINO, BRETONNEAU ; *AJDA,* 2014, p. 124, note HUBAC ; *D.*, 2011, p. 2025, édito. F. ROME ; *AJCT,* 2011, p. 515, obs. PERRIER ; *RFDA,* 2011, p. 967, concl. GEFFRAY.

CAA Marseille, 13 octobre 2011, n° 10MA02330, *Commune de Galéria*, inédit au *Lebon.*

CE, 8 février 2012, n° 339628, *Commune d'Ivry-sur-Seine*, inédit au *Lebon.*

TC, 5 mars 2012, n° 3833, *M. D... c/CCAS de Caumont*, *AJDA*, 2012, p. 1684, note MOKHTAR.

CE, 26 mars 2012, n° 75539, *Vincent A. c/Commune de Saint-Dié-des-Vosges*, inédit au *Lebon.*

CE, 20 juin 2012, n° 357798, *Comité radicalement anti-corrida Europe, Droit des animaux*, inédit au *Lebon.*

CAA Marseille, 28 juin 2012, n° 10MA04419, *Commune de Villeneuve-lès-Maguelone*, inédit au *Lebon*, *AJDA*, 2012, p. 1311, note BRONDEL ; *LPA*, n° 232, note GICQUEL.

CE, 29 octobre 2012, n° 341173, *EURL Photo Josse c/ Commune de Tours*, *Rec.* ; *AJDA*, 2012, p. 2031, obs. MONTECLERC ; *AJDA*, 2013, p. 111, note FOULQUIER ; *AJDA*, 2013, p. 992, (article) MELLERAY ; *AJCT*, 2013, p. 153 obs. BLANC ; RTD. Com., 2013, p. 27, note POLLAUD-DULIAN ; *JCP A*, 2012, n° 50, p. 2390, note CARPI-PETIT et p. 2391, note VOCANSON ; *DA*, 2012, n° 12, comm. 96, note ZIANI ; *Contrats et Marchés publics*, 2012, n° 12, comm. 342, note DEVILLERS ; *JCP*, 2013, n° 5, p. 115, note POLI ; *JCP*, 2013, n° 6, doctr. 158, chron. EVEILLARD.

CE, sect. 18 janvier 2013, n° 328230, *Association SOS Racisme*, *Rec.* ; *AJDA*, 2013, p. 1010, concl. HEDARY.

CE, 15 février 2013, n° 347049, *Grande confrérie de Saint Martial, Confrérie de Saint Eloi en Limousin et Comité des ostensions de Saint Victurnien*, *Rec.* ; *AJDA*, 2015, p. 375, obs. MONTECLER DE.

CE, 15 février 2013, n° 347050, *Grande confrérie de Saint Martial, Confrérie de Saint Eloi en Limousin et Comité des ostensions de Saint Victurnien*, inédit au *Lebon*.

CAA Marseille, 30 septembre 2013, n° 11MA00299, *Commune de Barcarès c/Le Citoyen Barcarésien*, inédit au *Lebon*.

CE, ord., 9 janvier 2014, n° 3740508, *Ministre de l'intérieur c/Société Les Productions de la Plume et M. Dieudonné M'Bala M'Bala, Rec.*

CE, ord., 10 janvier 2014, n° 374528, *Ministre de l'intérieur c/Société Les Productions de la Plume et M. Dieudonné M'Bala M'Bala*, inédit au *Lebon*.

CE, ord., 11 janvier 2014, n° 374552, *Ministre de l'intérieur c/Société Les Productions de la Plume et M. Dieudonné M'Bala M'Bala*, inédit au *Lebon*.

CAA Lyon, 13 mars 2014, n° 12LY20465, *syndicat mixte de gestion de l'école départementale de musique et de danse du Thor*, *Rec.*

CAA Nantes, 2 mai 2014, n° 12NT02454, *Mlle A. et... c/Ville de Rennes*, inédit au *Lebon*.

TC, 13 octobre 2014, n° C3963, *SA AXA France IARD*, *Rec.*, p. 471 ; *Contrats-Marchés publ.*, 2014, comm. 322, note ECKERT (G.) ; 2015, Repère 5, obs. LLORENS (F.) et SOLER-COUTEAUX (P.) ; *Dr. adm.*, 2015, comm. 3, note BRENET (F.) ; *JCP A* 2014, act. 822, comm. 2010, note PAULIAT (H.) ; *AJDA* 2014. 2031 ; *AJDA*. 2180, chron. LESSI (J.) et DUTHEILLET DE LAMOTHE (L.); *D.* 2014. 2115, obs. MONTECLER DE (M.-C.); *RFDA* 2014. 1068 concl. LAPORTES (F.).

CE, ord., 11 décembre 2014, n° 386328, *Centre Dumas-Pouchkine des Diasporas et Cultures Africaines*, inédit au *Lebon*.

CE, ord., 6 févr. 2015, n° 387726, *Commune de Cournon d'Auvergne*, *Rec.* ; *AJDA*, 2015, p. 1658, note SAILLANT-MARAGHNI ; *D.*, 2015, p. 544, note QUIRINY.

CE, avis, 30 juillet 2015, n° 390.268, *Projet de loi constitutionnelle autorisant la ratification de la Charte européenne des langues régionales ou minoritaires*.

CAA Paris, 1e juin 2015, n° 13PA02011, *Fondation Franz Weber, Robin des bois, Comité radicalement anti-corrida Europe, Droit des animaux*, inédit au *Lebon*.

CE, 14 octobre 2015, n° 374601, *Mme A…c/Commune de Boissettes* (sonneries civiles des cloches d'Église), *Rec. T.*

CE, 9 novembre 2015, n° 376107, M'B…, *Rec.* ; *AJDA*, 2015, p. 2118 ; *AJDA*, 2015, p. 2508, concl. BRETONNEAU ; *AJDA*, p. 2512, note BIOY ; *AJCT*, 2016, p. 220, obs. *Gaté* ; *RFDA*, 2016, note BON.

CE, 15 février 2016, n° 384228, *Société Cathédrale d'images SARL c/Commune des Beaux-de-Provence*, *Rec. T.* ; *JCP A*, 2016, act. 176 ; *JCP A*, 2016, 2183, note PAULIAT ; *DA*, 2016, comm. 29, note BRENET.

CAA Nantes, 29 avril 2016, n° 15NT01796, *M. et Mme D. c/Ville de Rennes*, inédit au *Lebon*.

CAA Marseille, 9 mai 2016, *Société Cathédrale d'images SARL c/Commune des Beaux-de-Provence*, n° 15MA01074, inédit au *Lebon*.

CE, 20 mai 2016, n° 387105, *M. B… A… c/Communauté urbaine de Strasbourg*, *Rec.*

CE, 27 juillet 2016, n° 392277, Fondation Franz Weber, Robin des bois, Comité radicalement anti-corrida Europe, Droit des animaux, Rec. T.

TC, 5 septembre 2016, n° C4069, *M. B…c/Association Philharmonie de Paris*, *Rec.*

CAA Nantes, 28 septembre 2016, n° 15NT02005, *M. et Mme B. c/Commune de Barneville-Carteret*, inédit au *Lebon*.

CE, Ass., 9 novembre 2016, n° 395122, *Fédération nationale des libres penseurs de Seine-et-Marne c/Ville de Melun*, *Rec.*

CE, Ass. 9 novembre 2016, n° 395223, *Fédération de la libre pensée de Vendée c/Conseil général de Vendée*, *Rec.*

CE, 9 décembre 2016, n° 396352, *Madame B…c/Commune de Fontvieille*, inédit au *Lebon*.

CAA Marseille, 20 décembre 2016, n° 14MA04261, *SAS Plateau de Valras*, inédit au *Lebon*.

CE, 28 décembre 2016, n° 403928, *Association citoyenne « Pour Occitanie Pays catalan »*, inédit au *Lebon*.

CE, 23 décembre 2016, n° 378879, *Société Photo J. L. Josse c/Commune de Tours*, inédit au *Lebon*.

CE, 19 juillet 2017, n° 403928, *Association citoyenne « Pour Occitanie Pays Catalan »*, *Rec.*

CAA Nancy, 9 février 2017, n° 16NC00397, *SARL Salaisons Muller-Weber c/Office de tourisme de Colmar*, inédit au *Lebon*.

CAA Lyon, 9 février 2017, n° 15LY00594, *Mlle C. c/Commune de Cranves-Sales*, inédit au *Lebon*.

CE, ord., 13 novembre 2017, n° 415400, *Commune de Marseille*, inédit au *Lebon*.

CE, sect. de l'intérieur, avis, 7 décembre 2017, n° 393651, *Différenciation des compétences des collectivités territoriales relevant d'une même catégorie et des règles relatives à l'exercice de ces* compétences, *AJDA*, 2018, p. 468, note DE MONTECLER.

CAA Nantes, 22 décembre 2017, n° 16NT0146, *Société Public Evénements*, AJDA, 2018, concl. BRECHOT.

TC, 12 février 2018, n° 4109, *SCP Ravisse, mandataire liquidateur judiciaire de la SARL The Congres House c/Commune de Saint-Esprit* ; TESSON, « Identification d'une clause exorbitante au sens de la jurisprudence Axa France IARD », *JCP A*, 2018, n° 8, act. 176, obs. TESSON.

CAA Marseille, 27 février 2018, n° 16MA04152, *SAS Simon Casas Production*, inédit au *Lebon*.

CAA Paris, 29 mars 2018, n° 16PA01198, *Kali Production*, inédit au *Lebon*.

CE, Ass, 13 avril 2018, n° 397047, *Société Les Brasseries Kronenbourg*, *AJDA*, 2018, p. 1850, note Tarlet.

CE, Ass., 13 avril 2018, n° 410939, *Association du Musée des Lettres et Manuscrits et autres* (à propos des archives de l'État), *Rec.* ; *RFDA*, p. 531, concl. CREPEY ; *AJDA*, 2018, p. 820 ; *AJDA*, 2018, p. 973, note ROUSSEL, NICOLAS ; *D.*, 2018, p. 853, DE MONTECLER ; *JCP G*, 2018, p. 653, note VERPEAUX ; *JCP G*, 2018, doct. 908, chron. EVEILLARD ; *DA*, 2018, comm. 43, EVEILLARD ; *JCP A*, 2018, act. 390, TOUZEIL-DIVINA ; *CCE*, 2018, étude 15, BEIGNIER, NOUAL, *RFDA*, 2018, p. 770, note MELLERAY.

CE, 21 juin 2018, n° 408822, *Société Pierre Bergé*, *Rec. T.*, *JCP A*, 2018, comm. 2333, NOUAL ; *AJDA*, 2018, p. 1303.

CE, 21 juin 2018, n° 416353, *Société Les Productions de la Plume et M. Dieudonné M'Bala M'Bala*, inédit au *Lebon*.

CE, avis, 21 février 2019, n°396789, *Projet de loi relatif aux compétences de la collectivité européenne d'Alsace*.

CE, 14 novembre 2018, n°405628, *Syndicat mixte pour l'aménagement et le développement des Combrailles*.

CE, avis, 20 juin 2019, n°397908, *Projet de loi constitutionnelle pour un renouveau de la vie démocratique*.

CE, avis, 16 juillet 2020, n° 400490, *Projet de loi organique relatif à la simplification des expérimentations mises en œuvre sur le fondement du quatrième alinéa de l'article 72 de la Constitution*.

CE, 10 mars 2021, n° 434564, *Société Royal Cinéma*, *Rec.* ; *JCP A*, 2021, note LE ROY ; *JCP A*, 2021, veille FRIEDRICH ; *AJDA*, 2021, note BOTTINI ; *AJDA*, 2021 act. MAUPIN.

Juridictions judiciaires

Ancienne (avant 1959)

C. cass., 10 août 1841, *Cousin c/la liste civile et les héritiers de Maillé*, *D.*, 1841, p. 332 ; *S.*, 1841, I, p. 742.

Cour royale, Paris, 3 janvier 1846, *Bibliothèque royale c/Charron*, *D.*, 1846, II, p. 212 ; *S.*, 1847, p. 77.

Cour royale, Paris, 18 août 1851, *Bibliothèque nationale c/Feuillet de Conches*, *S.*, 1851, p. 475 ; *D.*, 1852, II, p. 96.

C. cass., 4 août 1859, *Giorgi c. Mazapino*, *Dalloz*, 1859, p. 454.

Trib. civ. de Lyon, 30 juillet 1874, *Commune de Nantua c/Conseil de fabrique et de Brame*, *D.*, 1876, II, p. 89.

Trib. civ. de la Seine, 22 décembre 1875, *Bachelin-Deflorenne c/ Bibliothèque nationale*.

C. cass., 15 février 1875, *Renucci*, *Dalloz*, 1875, p. 240.

Trib civ., Paris, 12 juillet 1879, *Préfet de la Seine c/Recappé et de Camondo*, *D.*, 1880, II, p. 101.

Trib. civ., Paris, 13 mars 1880, *Commune de Breuil c/Cordelat, de Salverte et Gaudouin*, *D.*, 1880, II, p. 97.

Trib. civ. d'Orléans, 23 décembre 1880, *L'État c/prince et princesse de Bauffremont*, *D.*, 1882, II, p. 89.

CA de Dijon, 3 mars 1886, *De Vesvrotte c/ État*, *S.*, 1887 (1890), II, p. 74.

Trib. civ. de Gap, 30 octobre 1895, *Héritiers Amat c/Abbé Guillaume*, *D.*, 1897, II, p. 54.

Trib. civ. de Nancy, 16 mai 1896, *Dufresne c/État*, *D.*, 1896, II, p. 411.

C. cass., 17 juin 1896, *Bonnin c/ Villes de Mâcon et de Lyon*, *D.*, 1897, I, p. 257, note GUENEE.

Trib. civ. de Lyon, 25 janvier 1899, *Départements du Rhône, de la Loire, de l'Isère, la ville de Lyon, la ville et les hospices de Crémieu c/les héritiers de Verna*, *D.*, 1899, II, p. 230.

C. cass., civ., 12 juin 1901, *État c. Dessauer*, *S.*, 1906, 1, p. 41, note FERRON.

C. cass., req., 8 novembre 1909, *Vergnes c/Verdet et a.*, *S.*, 1912, I, p. 521, note MESTRE (A.).

Récente (à partir de 1959)

C. cass., civ., 1e, 15 octobre 1963, *Bull.*, n° 434.

C. cass. ch. crim., 4 mars 1986, *Turkson*, *Dalloz*, *Somm.*, 1987, p. 78, note PRADEL (J.) ; *Gaz. Pal.*, 1986, p. 598.

C. cass., civ., 2e, 11 janvier 1989, *Société composants et produits électroniques c. Société TRW Inc*, *Dalloz*, *Sommaire* 1989, p. 181.

C. cass., civ., 1e, 7 février 2006, n° 03-12804, *Association L'Alliance pour la suppression des corridas et autres contre Association Le Club taurin de Toulouse et autre*, *Gazette du Palais* 26 septembre 2006, n° 269, p. 12, note BLANC.

C. cass., civ., 1e, 23 juin 2010, n° 09-14592, *AGF c/MAIF*, *Bull.* 2010, I, 149.

C. cass., civ., 1e, 3 juillet 2013, n° 12-19146 et n° 12-204067, *Mmes B. c/Commune de Martigues*, inédit au *Bull.*

C. cass., soc., 25 septembre 2013, n° 12-18573, *M. X... c/Commune de Mulhouse*, inédit au *Bull.*

C. cass., comm., 8 juillet 2014, n° 12-28764, *Galerie Alain le Gaillard c/Commune de Nice*, inédit au *Bull.*

C. cass., civ., 1e, 15 octobre 2014, n° 13-18.384, inédit au *Bull.*

Conseil constitutionnel

CC, 9 mai 1991, n° 91-290 DC, *Loi relative à la Corse.*

CC, 6 mai 1991, n° 91-291 DC, *Loi instituant une dotation de solidarité urbaine et un fonds de solidarité des communes de la région d'Ile-de-France, réformant la dotation globale de fonctionnement des communes et des départements et modifiant le code des communes.*

CC, 20 janvier 1993, n° 92-316 DC, *Loi relative à la prévention de la corruption et à la transparence de la vie économique et des procédures publiques*, pt. n° 49 ; *RFDA*, 1993, p. 902, note POUYAUD.

CC, 29 juillet 1994, n° 94-345 DC, Loi relative à l'emploi de la langue française ; *D.*, 1995, p. 303, note ROUX ; *RFDC*, 1995, p. 576, note VERPEAUX ; *RDP*, 1994, n° 6, p. 1664, note CAMBY ; JCP G, 1994, II, 22359 ; *AJDA*, 1994, p. 731, note WACHSMANN.

CC, 15 juin 1999, n° 99-412 DC, *Charte européenne des langues régionales ou minoritaires*, *JO*, 18 juin 1999, p. 8964.

CC, 17 janvier 2002, n° 2001-454 DC, *Loi relative à la Corse*, cons. 29 ; CONSEIL CONSTITUTIONNEL, « Commentaire de la décision n° 2001-454 DC du 17 juin 2002 », *Les Cahiers du Conseil constitutionnel*, n° 12, p. 7.

CC, 6 août 2009, n° 2009-588 DC, *Loi réaffirmant le principe du repos dominical et visant à adapter les dérogations à ce principe dans les communes et zones touristiques et thermales ainsi que dans certaines grandes agglomérations pour les salariés* volontaires, cons. 23 ; CONSEIL CONSTITUTIONNEL, « Commentaire de la décision n° 2009-588 DC du 6 août 2009 », *Les Cahiers du Conseil constitutionnel*, n° 27, p. 18.

CC, 9 décembre 2010, n° 2010-618 DC, *Loi de réforme des collectivités territoriales*, note VERPEAUX (M.), *AJDA*, 2011, p. 99.

CC, 20 mai 2011, n° 2011-130 QPC, *Mme Cécile Lang et autres*, *JO*, 20 mai 2011, p. 8889, texte n° 82 ; CONSEIL CONSTITUTIONNEL, « Commentaire de la décision (…) », [en ligne], www.conseil-constitutionnel.fr.

CC, 21 septembre 2012, n° 2012-271 QPC, *Association Comité radicalement anti-corrida Europe et autre* ; Conseil constitutionnel, « Commentaire, de la décision », [en ligne].

CC, 26 avril 2013, n° 2013-303 QPC, *Commune de Puyravault [Intégration d'une commune dans un EPCI à fiscalité propre]*, cons. 11 ; CONSEIL CONSTITUTIONNEL, « Commentaire de la décision (…) », [en ligne].

CC, 31 juillet 2015, n° 2015-477 QPC, *Jismy R.*, *AJCT*, 2016, p. 44, note FABRE.

CC, 15 juillet 2017, n° 2017-655 QPC, M. François G. [Accès aux archives publiques émanant du Président de la République, du Premier ministre et des autres membres du Gouvernement], *D.*, 2017, p. 1764 ; *AJDA*, 2017, p. 1752.

CC, 2 février 2018, n° 2017-687-QPC, *Association Wikimédia France et autre*, *AJDA*, 2018, p. 247 ; *D.*, 2018, p. 297 ; *AJCT*, 2018, p. 155, obs. DREYFUS ; *Constitutions*, 2018, p. 86, obs. BOUL.

CC, 15 avril 2021, n° 2021-816 DC, Loi organique relative à la simplification des expérimentations mises en œuvre sur le fondement du quatrième alinéa de l'article 72 de la Constitution.

CC, 21 mai 2021, n° 2021-818 DC, *Loi relative à la protection patrimoniale des langues régionales et à leur promotion*, *AJDA*, 2021, p. 1062 ; *AJDA*, p. 1297, tribune Gahdoun ; *AJCT*, 2021, p. 273, obs. PAILLER ; *JT*, 2021, p. 13 note DEVES ; *Dalloz actualité*, 2021, note SYDORYK ; *DA*, 2021, n° 7, alerte COURREGES, JCP A, 2021, n°24, comm. HUL ; AJCT, 2021, p. 333, note VILLENEUVE.

SOURCES EUROPEENNES ET INTERNATIONALES

Union européenne

Droit primaire

Charte des droits fondamentaux de l'Union Européenne, *JOCE* C. 364,18 décembre 2000, p. 14.

Traité sur le fonctionnement de l'Union européenne aux aides de minimis, *JOUE* L 352, 24 décembre 2013, p. 1.

Traité sur l'Union européenne (version consolidée), *JOUE C* 202, 7 juin 2016, p. 17.

Droit dérivé

Directives

Directive n° 2014/23/UE du 26 février 2014, *JOUE*, 28 mars 2014, L 94/1.

Directive n° 2014/24/UE 26 février 2014, *JOUE*, 28 mars 2014, L 94/65.

Règlements

Conseil, Règl. (CE) n° 994/98 sur l'application des articles 92 et 93 du Traité instituant la Communauté européenne à certaines catégories d'aides d'État horizontales, *JOUE*, 14 mai 1998, L 142/1.

Conseil, Règl. (UE) n° 733/2013 du 22 juillet 2013 modifiant le règlement (CE) n° 994/98 sur l'application des articles 92 et 93 du Traité instituant la Communauté européenne à certaines catégories d'aides d'État horizontales, *JOUE*, 31 juil. 2013, L 204/11.

Comm., 25 avril 2012, Règl. (UE) n° 360/2012 relatif à l'application des articles 107 et 108 du Traité sur le fonctionnement de l'Union européenne aux aides *de minimis* accordées à des entreprises fournissant des services d'intérêt économique général, *JOUE*, 26 avril 2012, L 114/8.

Comm., 18 décembre 2013, Règl. (UE) n° 1407/2013 relatif à l'application des articles 107 et 108 du Traité sur le fonctionnement de l'Union européenne aux aides *de minimis*, *JOUE*, 24 décembre 2013, L 352/1.

Comm., 17 juin 2014, Règl. (UE) n° 651/2014 de la Commission du déclarant certaines catégories d'aides compatibles avec le marché intérieur en application des articles 107 et 108 du traité, *JOUE*, 26 juin 2014, L 187/1.

Décisions

Comm., aff. N 630/2003 – Italie – Aide en faveur des musées locaux de la Région Sardaigne, *JOUE C* 275, 8 décembre 2005, p. 3.

Comm., aff. N 257/2007 – Espagne – Subventions en faveur des productions théâtrales au Pays basque, *JOUE C* 173, 26 juillet 2007, p. 2.

Jurisprudence Cour de justice des Communautés européennes/Cour de justice de l'Union européenne

CJCE, 23 avril 1991, aff. C-41/90, Höfner et Elser, *Rec. CJCE* 1991 I-1979.

CJCE, 18 juin 1998, aff. C-35/96, *Commission/Italie*, *Rec. CJCE* 1998 I-3851.

CJCE, 16 janvier 2003, aff. C-388/01, *Commission des Communautés européennes contre République* italienne, *Rec. CJCE*, I-00721.

CJCE, 24 juill. 2003, aff. C-280/00, *Altmark Trans GmbH, Regierungspräsidium Magdeburg, Nahverkehrsgesellschaft Altmark GmbH*, *Rec. CJCE* I-07747.

CJCE, 16 mars 2004, aff. C264/01, C-306/01, C-354/01 et C-355/01, *AOK-Bundesverband e.a.*, *Rec. CJCE* 2004 I-2493.

CJCE, 11 janvier 2005, aff. C-26/03, *Stadt Halle et RPL Lochau*, *Rec. CJCE* 2005 I-00001.

CJCE, 11 juillet 2006, aff. C-205/03, *FENIN c/ Commission*, *Rec. CJCE* 2006 I-06295.

CJCE, 19 avril 2007, aff. C-295/05, *Asociación Nacional de Empresas Forestales (Asemfo) c/ Transformación Agraria SA (Tragsa) et Administración del Estado*, *Rec. CJCE* 2007 I-02999.

Sources internationales

ONU, Déclaration universelle des droits de l'homme, 10 décembre 1948.

ONU, Pacte international aux droits économiques, sociaux et culturels, 16 décembre 1966, *Recueil des Traités*, 1976, vol. 993, I-14531, p. 17.

UNESCO, Convention concernant la protection du patrimoine mondial culturel et naturel, 16 novembre 1972.

UNESCO, Déclaration universelle sur la diversité culturelle du 2 novembre 2001.

UNESCO, Convention pour la sauvegarde du patrimoine culturel immatériel, 17 octobre 2003.

UNESCO, Convention sur la protection et la promotion de la diversité des expressions culturelles du 20 octobre 2005.

GROUPE DE FRIBOURG, *Les droits culturels*, Déclaration de Fribourg, 7 mai 2007.

ONU, Protocole facultatif se rapportant au pacte international relatif aux droits économiques, sociaux et culturels, 11 décembre 2012.

Les chiffres renvoient aux numéros de paragraphes.

- B -

- C -

- D -

- J -

- L -

- M -

- O -

- P -

- R -

- S -

- T -

- U -

- V -

Structures éditoriales du groupe L'Harmattan

L'Harmattan Italie
Via degli Artisti, 15
10124 Torino
harmattan.italia@gmail.com

L'Harmattan Hongrie
Kossuth l. u. 14-16.
1053 Budapest
harmattan@harmattan.hu

L'Harmattan Sénégal
10 VDN en face Mermoz
BP 45034 Dakar-Fann
senharmattan@gmail.com

L'Harmattan Cameroun
TSINGA/FECAFOOT
BP 11486 Yaoundé
inkoukam@gmail.com

L'Harmattan Burkina Faso
Achille Somé – tengnule@hotmail.fr

L'Harmattan Guinée
Almamya, rue KA 028 OKB Agency
BP 3470 Conakry
harmattanguinee@yahoo.fr

L'Harmattan RDC
185, avenue Nyangwe
Commune de Lingwala – Kinshasa
matangilamusadila@yahoo.fr

L'Harmattan Congo
219, avenue Nelson Mandela
BP 2874 Brazzaville
harmattan.congo@yahoo.fr

L'Harmattan Mali
ACI 2000 - Immeuble Mgr Jean Marie Cisse
Bureau 10
BP 145 Bamako-Mali
mali@harmattan.fr

L'Harmattan Togo
Djidjole – Lomé
Maison Amela
face EPP BATOME
ddamela@aol.com

L'Harmattan Côte d'Ivoire
Résidence Karl – Cité des Arts
Abidjan-Cocody
03 BP 1588 Abidjan
espace_harmattan.ci@hotmail.fr

Nos librairies en France

Librairie internationale
16, rue des Écoles
75005 Paris
librairie.internationale@harmattan.fr
01 40 46 79 11
www.librairieharmattan.com

Librairie des savoirs
21, rue des Écoles
75005 Paris
librairie.sh@harmattan.fr
01 46 34 13 71
www.librairieharmattansh.com

Librairie Le Lucernaire
53, rue Notre-Dame-des-Champs
75006 Paris
librairie@lucernaire.fr
01 42 22 67 13

www.ingramcontent.com/pod-product-compliance
Lightning Source LLC
LaVergne TN
LVHW011219061026
849535LV00001BA/102
* 9 7 8 2 1 4 0 2 5 6 3 8 7 *